Sextrologia

A astrologia do sexo e dos sexos

STARSKY + COX

Sextrologia

A astrologia do sexo e dos sexos

Tradução de
ALICE XAVIER

NOVA ERA

Rio de Janeiro
2005

CIP-Brasil. Catalogação-na-fonte
Sindicato Nacional dos Editores de Livros, RJ.

S797s Starsky, Stella e Cox, Quinn
Sextrologia: a astrologia do sexo e dos sexos / Starsky + Cox; tradução de Alice Xavier. – Rio de Janeiro: Nova Era, 2005.

Tradução de: Sextrology
ISBN 85-7701-004-X

1. Astrologia e sexo. I. Cox, Quinn. II. Título.

CDD – 133.5815533
CDU – 133.52: 159.922.1

05-1704

Título original norte-americano:
SEXTROLOGY

Ilustrações reproduzidas do original de Lesley Marker

Publicado mediante a acordo com Harper Resource, um selo da HarperCollins Publishers, Inc.

Impresso no Brasil

ISBN 85-7701-004-X

PEDIDOS PELO REEMBOLSO POSTAL
Caixa Postal 23.052
Rio de Janeiro, RJ – 20922-970

Para Laurie Litchford

Agradecimentos

Temos uma grande dívida de gratidão com os amigos, familiares, colegas e até conhecidos que durante os últimos anos, de uma forma ou de outra, por vezes sem perceber, colaboraram para a realização deste livro. Há muita gente para mencionar, desde nossos pais e irmãos a nossos queridos companheiros Griet Vandekerckhove, Mark Ciolli, Laurie Pike e Gene e Brenda DeRose; de nossos mentores da Faculdade de Estudos Astrológicos a Debi Greenberg em Louis Boston; da equipe de vendas na Pucci, na Barneys New York e na Jeffrey, às gracinhas do Doma Cafe, e a Miles no Chocolate Bar, cujos cafés gelados forneceram combustível aditivado a muitas sessões de edição nos finais de tarde.

Agradecimentos especiais à nossa agente, a deliciosa Elaine Markson, e seu sereno assistente Gary Johnson, cujo estímulo e lealdade — sobretudo nos dias de humor sombrio em que parecia impossível chegar a um manuscrito que pudéssemos amar — tornaram o desenvolvimento deste livro um processo muito mais prazeroso do que eles talvez imaginem.

Nosso sincero obrigado a Christina Ferrari, primeira pessoa a publicar em revistas nossos textos de astrologia, e a Rob Weisbach, que originalmente nos convidou a escrever este livro; agradecemos a HarperCollins por nos colocar em contato com Greg Chaput, nosso lépido editor, cujo olhar paciente e rigoroso foi uma bênção do princípio ao fim. E também agradecemos à diretora editorial da HarperResource, Megan Newman, que constantemente encontrou formas astuciosas de nos acelerar, quando os prazos estavam apertados.

De todos os amigos maravilhosos que nos animaram e divertiram durante o longo processo, alguns merecem menção especial. Caríssimos a nós, Matthew Pritchett e Pascale Smets, que em inúmeras ocasiões nos acolheram num estilo ímpar em sua residência londrina, permitindo-nos uma rara oportunidade de descansar e relaxar naquela esfuziante cidade. Em Manhattan, Maria Jones e Babe Pantera, por vezes armados com Pol Roger, foram nossos guerreiros espirituais. E por último, nossa dívida máxima: gratidão a William Leone e Lynne Corbett, e suas imaginações férteis, que nos ajudaram a conceber *Sextrologia*.

Sumário

Introdução

Durante anos, argumentamos que homens e mulheres do mesmo signo astrológico são, na verdade, signos distintos. A maior parte dos livros de astrologia junta no mesmo pacote homens e mulheres, ao passo que os livros que buscam dar tratamento diferenciado aos gêneros nunca exploraram plenamente as distinções entre os chamados signos sexuais, nem tampouco se aventuram a explicar por que serão marcadamente diferentes uns dos outros, como freqüentemente é o caso. Sustentamos que a astrologia deve decompor em fatores a grande divisão existente entre os sexos, e que as energias constituintes dos signos são filtradas pelos sexos opostos como se atravessassem prismas, terminando separadas e singulares em relação umas às outras.

Em nossa opinião, o zodíaco tem sido ignorado como *verdadeira* ferramenta de meditação para o entendimento da natureza humana. Os próprios astrólogos contribuíram para desacreditar-lhe a validade, armando polêmica ao declarar charlatanismo a astrologia solar, principalmente os horóscopos, enquanto recomendavam o uso do mapa natal individual, atitude que equivale a jogar fora o bebê com a água do banho. Naturalmente, o traçado do mapa natal irá delinear as potencialidades específicas da vida de cada indivíduo; mas isto não deve ser usado como argumento contrário à astrologia de signo solar, de caráter mais geral, e por meio de explorações pode-se de fato ganhar muito mais do que a maioria percebe, particularmente no que se refere à sexualidade.

Para sermos justos, não podemos condenar de todo os céticos. Em especial no tema sexo e astrologia, não há nada mais constrangedor que o tipo de material que abarrota as estantes especializadas. Dificilmente será uma grande revelação afirmar, por exemplo, que como prelúdio para uma transa, uma "garota" de Touro gosta de um banho de espuma à luz de velas e champanhe rosé. Acreditamos que o assunto sexo e astrologia não foi suficientemente explorado, e é nosso objetivo, ao escrever este livro, mostrar o quanto o tema é pródigo em revelações potenciais.

Convenhamos, todos gostamos de ler a nosso próprio respeito. No entanto, o mais forte argumento contra a astrologia continua a ser: a totalidade da raça humana não pode ser dividida em doze (ou, como neste caso, em 24) categorias. Pois bem: só porque a maior parte da astrologia de signo solar tem sido tão genérica e alvo de tanta publicidade negativa não quer dizer que não seja válida. E, em nossa opinião, ela é mais interessante quando investigada por meio da natureza sexual dos signos. Acreditamos que o público, ao ler *Sextrologia*, ficará agradavelmente surpreendido, e de certa forma estimulado, ao descobrir que homens ou mulheres de um signo sexual específico têm muito mais em comum que uma lista de surrados adjetivos. Eles correspondem a um mesmo arquétipo de personalidade cuja essência, como logo explicaremos, você não precisa ser um psicólogo junguiano para entender. Mas voltemos um pouco atrás.

O próprio zodíaco é um diálogo, e, quase sempre, uma certa disputa entre os sexos. *Sextrologia* é uma exploração dos signos astrológicos a partir da perspectiva do gênero, da identidade sexual e do comportamento sexual. A roda do zodíaco está dividida segundo linhas de gênero, principalmente, em seis signos masculinos (fogo, ar) e seis femininos (terra, água). Isso reflete o equilíbrio universal, pois a existência é um grande sistema de yin e yang. A premissa básica de *Sextrologia* é a existência de 24 signos, e não apenas 12, pois cada signo está novamente dividido em polaridades de gênero.

Homens e mulheres do mesmo signo podem ser bem diferentes entre si, pois manifestam de formas opostas a dinâmica da energia de seu signo. Especificamente, se uma pessoa está alinhada com a polaridade de gênero do próprio signo — homens de signo masculino, mulheres de signo feminino —, ela *encarna* a qualidade elementar do signo; enquanto homens de signo feminino e mulheres de signo masculino *representam* aquela dinâmica. Quando dizemos qualidade elementar, estamos nos referindo à mistura específica, para cada signo, do elemento (fogo, terra, ar, água) e da qualidade (cardinal, fixa, mutável) — cada signo é uma amálgama singular desses dois componentes zodiacais que são a chave para a compreensão do caráter individual — e que, ao serem emparelhados, uma categoria com outra, quatro vezes três, fornecem as doze combinações dos signos tradicionais.

Por exemplo, o signo masculino de Áries é o primeiro e único signo cardinal de fogo. Em termos simples, a qualidade cardinal sugere iniciativa; e o elemento fogo representa vida-espírito. O homem do signo de Carneiro, alinhado com a coletividade de gênero de seu signo, encarna assim essa dinâmica: ele é como uma centelha, ou uma explosiva bola de fogo. A mulher do signo de Carneiro, por outro lado, é uma personagem bastante fria, que mesmo assim é a pequena iniciadora do fogo no zodíaco, uma instigadora, que incita outros à ação explosiva enquanto permanece impassível. Ao olharmos para um nativo e uma nativa de Carneiro, diríamos que não poderiam ser mais distintos em temperamento, pois embora estejam lidando com a mesma receita astrológica ditada por seu signo, eles manifestam esses ingredientes específicos numa seqüência muitas vezes diametralmente oposta. É nesse ponto que entram em jogo os arquétipos de personalidade.

Nas páginas a seguir, o zodíaco será ilustrado como uma mandala da existência humana e, especificamente, da sexualidade humana. Quer se refira ao gênero ou ao intercurso, o sexo é a chave primordial da vida. Nós somos nossa natureza sexual. E assim, ao explorar as variadas personalidades dos 24 signos astrológicos genéricos, é mais divertido, além de essencial, focar-se na sexualidade desses personagens. No intuito de atrair o público leitor primordialmente ocidental, os arquétipos de cada signo foram retirados de modelos clássicos — o panteão dos vários deuses e deusas —, assim como seus equivalentes bíblicos da tradição judaico-cristã, e os ecos dessas caracterizações na literatura antiga e moderna.

O próprio zodíaco, originado em grande parte na Grécia Antiga, está permeado de simbolismo clássico, e os arquétipos de personalidades individuais daquele panteão emergiram, organicamente, dentro do rico catálogo de imagens que cerca cada signo. Assim, se voltamos ao exemplo de Áries, o signo está regido pelo planeta Marte; e, de fato, encontramos muito do deus da guerra (em grego, *Ares*), homônimo do planeta, no agressivo meteoro de masculinidade que é o homem nativo de Carneiro. Ao examinarmos a mulher do mesmo signo, naturalmente se segue que ela está fundamentada no arquétipo da deusa da guerra, Atena, muito distinta, em caráter, de seu irmão quase sempre belicoso. De fato, a mitologia nos diz que, de todos os deuses, Marte era o que ela mais detestava. Igualmente, o nativo e a nativa de Áries não formam o casal mais simbiótico do arraial astrológico.

E por aí vai: cada um dos 24 signos do zodíaco está dotado de uma certa energia arquetípica, a ponto de vermos esses deuses e deusas extremamente humanos reviverem no panteão da humanidade, por assim dizer, caracterizados pelos ditames da localização astrológica. E como a rosa que floresce no verão, em oposição ao crisântemo do inverno, as formas de vida surgidas em certos momentos do ano manifestam o caráter daquela estação. O mesmo ocorre com os seres humanos.

Além disso, cada um dos signos está associado com um ciclo de sete anos, em que Áries inaugura o zodíaco com sua correspondência ao período que vai do nascimento até os sete anos de idade. Quando tomado em sentido metafórico, não só vemos, por exemplo, o sentimento característico do nativo de Carneiro de sentir que "nasceu" para fazer tudo o que empreender, mas a metáfora se estende mais para incluir comparações da natureza do ariano com o próprio advento da criação do "Big Bang" numa escala universal. Tamanha é a carga de analogia que as pessoas contêm.

Desde que, naturalmente, seja aceita a "mentira nobre" da astrologia, muita verdade se pode depreender da plena análise de cada preceito e arquétipo zodiacal associados a cada uma das 24 caracterizações. Sobretudo no tocante à sexualidade, os próprios mitos são uma novela bastante tórrida, que fornece muito insight à natureza erótica de cada indivíduo, no qual estão estranhamente codificadas as tendências específicas dos arquétipos associativos.

O capítulo de cada personagem astrológico está dividido em três seções: *signo + mente*, um perfil psicológico da personalidade zodiacal conforme ditado pela simbologia do signo; *corpo + alma*, atributos físicos e também a modalidade de expressão do indivíduo; e *sexo + sexualidade*, detalhamento das atitudes e dos comportamentos sexuais. Cada capítulo termina com uma resenha dos relacionamentos do indivíduo com cada um dos outros signos, homem e mulher, gay e hétero. Essas seções de *casais* são, na verdade, só a ponta do *iceberg*, pois abrangem material de tal complexidade como para garantir, por si, um volume à parte.

Esperamos que *Sextrologia* seja lido segundo as mesmas diretrizes e no mesmo espírito em que foi escrito: nossa proposta foi compor uma exploração *pop* da astrologia e da sexualidade, com a intenção de entreter, e de até mesmo titilar, mas sem se levar demasiado a sério. Com o deslanchar do projeto, tornou-se simplesmente impossível ignorar dinâmicas mais esotéricas do assunto; os arquétipos, em especial, pediram (e às vezes durante o sono profundo) para ser incluídos no material; o roteiro criativo acabou se apoiando na intermediação de um casamento entre as especulações intelectuais e as informações picantes. De fato, foi mais um processo de *deixar* as conexões se estabelecerem, em vez de tentar fazê-las enfaticamente; com o tempo, tudo foi se encaixando. Aos leitores se aconselha seguir essa direção, entrando no livro à cata de diversão esclarecedora, lendo o capítulo específico referente a si próprios e seus amados, e permitindo ao texto acender algumas luzes, enquanto lhes excita o riso, quando não outras partes da anatomia.

Se, no entanto, o livro, por meio de sua pesquisa mais acadêmica da "astrologia do sexo e dos sexos", realmente lhes inspirar uma fascinação mais profunda, tanto melhor. Neste caso, o leitor ou leitora deve ler a obra do começo ao fim, formando uma impressão do arco zodiacal e de como cada signo, com seus inerentes símbolos e preceitos, se constrói do signo anterior, passando de um personagem para o próximo o bastão da filosofia pessoal, até o infinito. De fato, em vez de círculo estático, a roda astrológica é um contínuo em espiral, no qual cada um dos 24 signos tem algumas pepitas de sabedoria a oferecer aos demais, por intermédio de sua abordagem individual à vida, ao amor e à compreensão da libido, sem cujos ímpetos precisos nenhum de nós estaria aqui, para começo de conversa.

O homem de Áries

o número um

Se no dicionário a definição da palavra *homem* viesse acompanhada de uma ilustração, esta lembraria mais o nativo de Áries que qualquer outro homem do zodíaco. Áries é o homem prototípico da astrologia — o modelo preferencial de macho —, e em tal condição personifica a suprema e mais estrita essência do gênero: eternamente infantil ou dolorosamente machão, o ariano é uma exploração, em termos físicos, emocionais e psicológicos, da masculinidade na forma mais pura. Muito autoconfiante e pouco conciliatório em atitude e comportamento, ele está à vontade consigo mesmo e não teme as próprias ambições. O nativo de Áries leva a vida como se ele fosse o único homem do planeta, sentindo-se autorizado a receber livremente o que deseja, indiferente a obstáculos e advertências dos demais. Direto ao extremo, possui espírito de conquista e se compraz em perseguir objetivos na vida profissional ou pessoal. Transpirando virilidade, literalmente gerando um calor aromático, ele não deixa dúvidas ao expressar interesse romântico ou erótico. Por trás da aparência típica de ordem e asseio oculta-se um animal de hormônios indomáveis, sempre disposto a tomar a iniciativa sexual; contudo, ele também sente a obrigação de domar o que percebe como sua natureza animalesca, na esperança de alcançar uma conexão mais elevada e espiritual com as mulheres e ser para elas o consumado cavaleiro da armadura cintilante. No fim, ele deve chegar à percepção de que as intenções puras e os desejos lúbricos não precisam excluir-se mutuamente. Quando envolvido sexualmente com outro homem, o nativo de Áries manifesta uma franca necessidade de dominação, volun-

PRINCÍPIO

O Princípio Masculino. Áries emerge da dissolução aquosa do útero primordial de Peixes. Aí residem os princípios de forma, objetividade, atividade e agressividade. O eu e sua realização constituem a principal razão de ser. O homem de Áries considera o mundo maduro para ser colhido.

tariamente dobrando um homem a seu desejo, e afastando de forma inequívoca toda e qualquer dúvida quanto a quem manda na cama.

Signo + Mente

Como primeiro homem do zodíaco, Áries é o macho primordial da astrologia, tema fundamental e direto em contraponto ao qual todos os outros homens ressoam em variações infinitas. Como o protótipo masculino número um da civilização ocidental — o primeiro adequadamente alfabético Adão —, o homem nascido sob o signo de Carneiro não foi criado para nuances ou desvios; sexualmente falando, acima de tudo, ele existe para fazer o serviço — senão para crescer e se multiplicar no processo. Para o homem de Áries, a existência é uma questão decididamente sem complicação, e nela seu papel tem clareza meridiana. De todos os homens do zodíaco, o ariano é o que mais personifica o protótipo masculino — impulsivo, agressivo, muitas vezes pouco dado a emoções ou mesmo brutal; e, como resultado, ele acaba rotulado de insensível e egoísta, tanto por homens quanto por mulheres, em todas as áreas da vida, principalmente nas relações sexuais. Isto constitui sua simples natureza: à semelhança de qualquer macho prioritário da vida silvestre, o Áries tem seu tesão pela vida diretamente ligado à necessidade de garantir a dominação. Marte, planeta regente do signo, representa no zodíaco o princípio masculino. Freqüentemente chamado "escudo e lança de Marte", em função do deus romano da guerra e homônimo — em grego, *Ares* —, o planeta sinaliza a energia ativa (masculina) no universo. Como planeta ou como deus da guerra, Áries simboliza uma visão exteriorizante e objetiva da experiência que predispõe o ariano à iniciativa, à avidez e a uma flagrante incapacidade de ver a vida de qualquer outro prisma que não o próprio. Em termos bíblicos, o signo está associado com a Criação à maneira da explosão cósmica adequada ao signo, o único signo cardinal de fogo do zodíaco, uma atribuição denotativa da centelha vital inicial que vemos espelhada na aurora de cada dia. Prototipicamente, Áries é o filho ascendente, o primogênito de Deus, e em tal capacidade encarna o descomprometido espírito do cheque em branco. De fato, qual uma imagem congelada de Adão antes da criação de Eva, ele carece do conceito de "outro", ou, como parece freqüentemente o caso, de saídas suficientes para suas inexoráveis necessidades eróticas. O pictograma do planeta regente lembra, graficamente, o conjunto pênis-testículos na ereção, resumindo num golpe a persona sexual do nativo de Áries: ele é o eterno tesão humano. E deveria ser, pois até no âmbito físico Marte rege o movimento do sangue sendo bombeado para fora, centrifugamente, para as extremidades, inclusive para a genitália externa, em ambos os sexos, e especificamente os penduricalhos masculinos. Como filho número um do deus Marte (o planeta também tem a co-regência de Escorpião), Áries é a pura personificação deste chamado às armas do macho primal. Ele é o valente soldadinho da astrologia, ereto e perpetuamente em estado de alerta. De fato, Áries é uma figura grandiosa, despida de qualquer ironia ou ambigüidade na típica atitude ousada, no profissionalismo implacável, e ainda na infalível sofreguidão pelo butim. A energia de seu planeta regente é tão espontânea quanto decidida, o que torna o Carneiro impulsivo e determinado em sua campanha para dar livre curso à libido. Entretanto, como veremos, nem toda e qualquer mulher se qualificará, senão com ressalvas, a objeto adequado de seu desejo sempre premente.

No sentido estritamente astrológico, o pictograma de Marte é considerado significativo da emergência da matéria (flecha) do divino (círculo), representando, assim, a matéria do nascimento-vida que sai do círculo não material ou da fonte concreta do útero, óvulo ou semente no qual o espírito primeiro assume forma. De fato, o signo de Áries é uma singular expressão humana da combinação de corpo e alma — não existe, na natureza do homem de Áries, qualquer dualidade inerente à separação de um aspecto metafísico do outro. Para usar uma expressão bem Nova Era, ele é o modelo da "unidade" corpo-espírito. Infelizmente, como tanto deve acontecer, o homem de Áries impõe uma cisão psicológica no qual não deveria haver nenhuma — sentindo-se tão sintonizado com as forças impetuosas de seu corpo, ele é capaz de se rotular, de se menosprezar por ser demasiado baixo ou animalesco, e assim procura domar esse aspecto tão surpreendente de sua natureza. Afinal, ele é o filho da Primeira Casa zodiacal, aquela que se refere, entre outros aspectos, à *condição física*, à *individualidade* e à *força vital* do ser humano. E embora o ariano seja nativo desta casa, ele também é o principal signo zodiacal de fogo, aquele elemento simbólico do Espírito. Da perspectiva astrológica, pode-se dizer que o homem de Carneiro é a alma encarnada, a única e mesma. Vemos isto em sua própria pessoa, uma presença total em pleno comando do corpo, sem qualquer desconexão aparente entre suas necessidades impulsivas e as ações físicas que dão expressão a estas. Sem recalques, apesar das típicas tentativas de menosprezar seu cio animal, o Áries transborda vida, cuja força pulsa em sua plenitude.

♂

SÍMBOLO PLANETÁRIO

A flecha (materialidade) emergindo do círculo (espírito) representa o nascimento, e também a ação divinamente inspirada. Freqüentemente chamado de escudo e lança de Marte, ele também lembra a mãe genitália masculina, e o ímpeto objetivo e agressivo inerente no signo de Áries.

QUADRANTE DO SIGNO

Os quadrantes zodiacais correspondem aos planos metafísicos da existência — físico, emocional, mental e espiritual. O primeiro quadrante é o do eu e da percepção individual. Para o homem de Áries, a importância reside em cultivar e, de fato, purificar o eu como meio de alcançar a unidade com o universo.

Marte, o planeta vermelho incandescente, rege o sangue — a própria substância ígnea que corre ardente em nossas veias, literalmente substanciando nossa existência a partir do momento em que surgimos para a vida intra-uterina. Adequadamente, Áries está associado com o nascimento — o signo rege a primeira fatia da vida humana, de 0-7 anos, exatamente como corresponde ao nascimento de toda a criação. De fato, o homem de Áries encarna adequadamente a energia do nascimento — uma dinâmica urgente e explosiva — em todos os encontros de sua vida. Além disso, o ariano sente-se nascido para qualquer experiência que lhe ocorra naturalmente buscar, vivenciando sua vida como se fosse uma série cuidadosamente planejada de circunstâncias predestinadas, nas quais ele é escolhido para propósitos específicos determinados, por seus objetivos intrínsecos e desejos estritamente pessoais. Todos os machos do signo de fogo — Áries, Leão, Sagitário — até certo ponto são legendários aos próprios olhos; mas é especificamente ao longo de linhas temáticas exatas do direito hereditário que o homem de Áries fica para sempre construindo mitos ao próprio respeito. Ele sente, inerentemente, que é o único (e exclusivo) sujeito talhado para fazer qualquer coisa, ou, aliás, com qualquer pessoa que lhe atraia a fantasia. Assim como ele pode considerar a carreira escolhida uma vocação divina, quando atraído por alguém ele acredita, soberbamente, estar cumprindo seu destino ao entrar numa relação com aquela pessoa. Trata-se de uma postura bastante egocêntrica, com certeza, mas isto também é uma predisposição ariana. O lema de seu signo, "Eu sou", parece constituir justificativa suficiente para as imensas liberdades naturalmente tomadas pelo homem de Áries, pois comunica o subtexto de que só ele existe. Na verdade, o ariano vê a vida como uma eterna criancinha nos estertores da autopercepção, completamente indiferente às preocupações alheias.

Para Áries, o pictograma do signo, a cabeça de Carneiro, simboliza o ego e, especificamente, o ego masculino, brotando como chifres, como o gesto mais definitivo de seu caráter. Conforme convém ao perfil, até mesmo do carneiro de verdade, os chifres são a orgulhosa declaração de identidade estritamente masculina; da mesma forma, a virilidade do próprio nativo de Carneiro está ligada, em grande medida, à expressão de seu ego saudável. O tamanho dos chifres determina a capacidade do macho em afirmar sua dominância — o Carneiro dotado do equipamento maior normalmente tem a escolha das ovelhas —, servindo como símbolo de supremacia masculina, tanto como arma em sua guerra sexual contra outros concorrentes machos, quanto como totem de sua própria virilidade, literalmente, o poder ativo de criar a vida. Na mitologia, tanto

Áries-Marte quanto Zeus-Júpiter assumem a forma de um carneiro, sobretudo quando envolvidos na batalha. Nos chifres do Carneiro vemos a ligação inextricável de raiva/agressividade e expressão sexual libidinosa, ambas energias que se encontram sob a regência marciana.

Áries é a personificação zodiacal do arquétipo do filho ascendente ou do deus rival, representada pelas divindades salvadoras e guerreiras Ares e Zeus, com freqüência considerados pelos eruditos como o mesmo deus sob dois aspectos — o imaturo Zeus derruba seu pai Cronos-Saturno, que, por sua vez, havia deposto o próprio pai, Urano. Esses personagens, todos eles um só e o mesmo, em sua jovial fase inicial, caracterizam essa energia rival, personificada pela carne e o sangue do homem de Áries (o equivalente do hinduísmo é o deus guerreiro Rudra, "o vermelho", que combina com a rude associação planetária do signo, exatamente como Lancelot "o portador da lança" é o Ares-Marte medieval, que nada pode fazer senão solapar o rei, Arthur, apesar de suas nobres intenções iniciais). Enquanto Zeus nasceu para combater e derrotar os Titãs, Ares é impedido de repetir o padrão patrilinear de tomar a coroa de Zeus, e, em vez disso, chega até nós, no mito, como um choramingas que sai correndo para junto da mãe, Hera, no minuto em que leva o menor golpe. Tais são os dois aspectos primários da persona do homem de Áries — herói conquistador e/ou covarde cruel. Mesmo assim, apesar da constituição brutal de Áries, ou talvez em função disso, ele ainda é um garanhão deificado tão bonito e atraente a ponto de colher a superdeusa do amor, Afrodite, recém-saída da concha, exatamente como Lancelot é casado com a Afrodite medieval, Colombina, que significa "pomba", a forma de animal totêmico assumida pela deusa grega. Trata-se de uma antiga história de amor arquetípica — lenda que, no restante, termina bem para o homem de Áries: não importa o quanto insistam no fato de que valorizam a sensibilidade emocional no homem, a maioria das mulheres não consegue resistir à natureza direta de animal macho do nativo de Áries, pelo qual se sentem atraídas no âmbito estritamente físico, sexual. As necessidades dele são simples, básicas, primárias. E da parte dele, nenhuma mulher servirá, a não ser aquela que está gotejando feminilidade, como a encarnação viva da própria Afrodite. Ele anseia por ultra-receptividade, quando não pela passividade direta, numa parceira, ou, aliás, numa transa fortuita, fugindo ao tipo de poder feminista demonstrado pela mãe dele, ela própria, com freqüência, um tipo prepotente de Hera. É a fêmea dócil que ele considera exótica e em cujo seio ruborizado busca consolação. Por mais chauvinista que pareça, o nativo de Carneiro procura o amor da donzela tímida, e não o

PICTOGRAMA DO SIGNO

O emblema ariano é a cabeça e os chifres do Carneiro, significando dominação masculina, virilidade, força e afirmação. É uma expressão do ego masculino diretamente ligada à virilidade física. O símbolo de Áries é o Carneiro, animal totêmico das divindades fálicas da fertilidade masculina por toda a Antiguidade.

ELEMENTO + QUALIDADE

O elemento fogo significa a energia vital. A qualidade cardinal denota uma chamada à ação e à iniciativa. No conjunto, a combinação cardinal-fogo específica de Áries é mais bem ilustrada como a centelha ou explosão espontânea. Ela aponta para a iniciativa criativa, a franqueza e a liderança de Áries.

POLARIDADE

Os homens de signos masculinos (ar, fogo) estão alinhados com a polaridade de gênero do próprio signo, encarnando assim a combinação qualidade-elemento do signo. O homem de Áries é um irrefreável meteoro. Como o conquistador cintilante do zodíaco, ele explode em cada situação. A vida está aí para ser tomada, e amor e sexo devem ser perseguidos, jamais convidados.

daquela que compete pela oportunidade de usar calças. O ariano tem uma forte alergia por mulher que não tem papas na língua, principalmente a que prageja e bebe como um marinheiro.

Seja uma objetificação negativa ou nobre da mulher, o sexismo encontra suas sementes nos desenvolvimentos iniciais do ariano. A mãe dele pode ser uma força avassaladora, enquanto a influência do pai tende a ser negligenciada, ou mesmo hostil. Mesmo assim, a vontade do pai do ariano sempre estará oposta à tendência invariável da mãe para mimar o filho. Ela irá mimá-lo, chamá-lo um presente de Deus, e até dar a impressão de favorecer o "homenzinho" dela em detrimento do marido, com o qual sua vida é tensa, pelo menos durante os anos formativos da educação de Áries — com a principal discórdia conjugal sendo geralmente a decepção que a ela causaram a ambição e a posição profissional do marido. A mãe poderá despertar a rivalidade entre o ariano e seu pai, sempre realçando as deficiências do marido como armadilhas a serem evitadas pelo filho, para não desmerecer a estima dela, seja na perseguição de uma carreira ou no desenvolvimento de um caráter moral. Não querendo ser pintado com as mesmas tintas do fracasso, o ariano separa-se emocionalmente do pai. Este também se retira, exatamente como Urano se afastou de Cronos-Saturno, que, por sua vez, afastou-se de Zeus. Em virtude da natureza sinônima desses personagens, poderíamos dizer que o menino de Áries em certo sentido também se separa de si mesmo, ou pelo menos das partes "menores" de sua natureza, não admitindo sequer o humilde reconhecimento das deficiências inerentes que a maioria de nós reconhece, em graus variados. É importante assinalar que Hera concebeu Ares completamente sozinha, em retaliação pelo fato de que Zeus solitariamente deu nascimento a Atena (adequadamente, o arquétipo da nativa de Áries), parida de sua cabeça regida por Ares (na verdade, parida por sua primeira esposa, Metis, que significa "Prudência", a qual externamente reside nos testículos do deus. A exemplo de Hera, a mãe do nativo de Áries pode dotar o próprio filho com o objetivo de suplantar o pai, embora subconscientemente. Entretanto, é uma trama que fracassa — Áries não é o herdeiro de Zeus; assim também, Áries está, até certo ponto, aprisionado ao papel marciano de guerreiro em luta, sem nunca sentir que poderá sentar-se comodamente em algum trono metafórico. Ele é o eterno cavaleiro andante, que jamais interrompe as lutas de sua vida pelo tempo suficiente de desfrutar o tipo de luxo costumeiro a certos reis. Mas tudo é tal qual deveria ser.

Por intermédio dessa dinâmica paterna, o garoto de Áries está condicionado a associar um excesso de afeto feminino com a retirada da aprovação masculina, que a partir daí ele buscará abraçar, e, de fato, encarnar por si mesmo. No ínterim, obterá a maior parte de sua força da conquista do favor feminino, ao ser um paladino das mulheres, à maneira de Sir Lancelot. Contudo, o machão do zodíaco ironicamente se amedrontará ante o proverbial poder feminino, sempre que não conseguir explorá-lo à sua vontade. Em vez disso, este poder ameaça esmagá-lo, seja numa escala social ou em sua própria vida pessoal. E pela simples razão de que freqüentemente nos assusta aquilo que não conseguimos entender. Na infância, de vez em quando ele explodirá diante da mãe, dizendo-lhe que o deixe em paz, exatamente como na idade adulta evitará as feministas inflamadas. Sobretudo no tocante às relações sexuais, o ariano está programado com alarmes contra a força feminina, a qual ele arquetipicamente suspeita capaz de lhe provocar a derrocada: o poder de Guinevere sobre Lancelot causou a desgraça do guerreiro — exatamente como a primeira companheira de Adão, Lilith, era decidida demais para o gosto dele, que então conseguiu que fosse demonizada e banida, abrindo espaço para Eva, aparentemente mais dócil, e que, convenhamos, também não era nenhum mar de rosas. O nome Lilith ainda assinala o poder feminino na cultura popular, mais notadamente em sua adoção como o nome da "fada" que constitui o movimento feminista na música — o ciclo de concertos nos quais dificilmente se encontra reunida uma substancial população de nativos de Áries.

Mesmo devendo à mãe seu apoio original, o menino do signo de Carneiro apressa-se em evitar que o vejam como o protótipo de filhinho da mamãe que ele de fato é, e por isso começa a evitar energicamente o que considera sentimentos e comportamentos femininos "mais suaves", adotando uma conduta mais impassível. É então que entra em cena a insolência marciana, uma forma física de sinalizar masculinidade. Ele é insubordinado na infância, o supremo homem macho na fase adulta, e o tempo todo muito seguro de que seus chifres metafóricos estão impressionando as garotas. Infelizmente, esse tipo de demonstração não pára por aí: os meninos de Áries podem ser notoriamente briguentos, dando a impressão de estar sempre envolvidos nas disputas do *playground*. Adequadamente, o planeta Marte rege o sistema supra-renal, o qual regula o instinto de luta ou fuga que talvez inspire a tendência do nativo de Carneiro a sair nos chifres (da mesma forma que dita a tendência das nativas do signo a permanecerem para sempre acima de conflitos). Para o ariano, os outros machos enquadram-se mais ou menos na mesma categoria: eles são a concorrência, senão

1

NÚMERO DO SIGNO

O número da vida: o número um é a base de todos os demais. Na cabala ele está associado com a unidade e a completude no indivíduo. É o número da objetividade, que vê a vida de fora, a partir de uma visão singular de individualidade.

0-7

ASSOCIAÇÃO ETÁRIA DO SIGNO

A idade da singularidade. O nascimento é violento e sangrento, e o ímpeto primal do bebê é um instinto animal de sobrevivência. O homem de Áries encarna em todos os seus dias esta luta pela vida. A idade está associada com a necessidade infantil de brincar sozinho.

PSICOLOGIA

O homem de Áries geralmente sofre com grandes desilusões, pouco-caso dos outros e comportamento anti-social. Pode atribuir uma importância exagerada, quando não divina, às circunstâncias que enfrenta. Tem dificuldade com autoridade e é particularmente propenso a comportamentos agressivos. O ariano pode manifestar preconceito e xenofobia.

diretamente o inimigo. Na maior parte das vezes, entretanto, ele aprende a relaxar a postura combativa a que está predisposto, criando uma estratégia típica para lidar com os membros de seu próprio sexo; ou seja, ele não lida. Partindo do princípio de que todos os homens vêem o mundo como ele o vê — daquela perspectiva puramente objetiva do Princípio Masculino —, o ariano acredita que os outros homens não necessitam de nada de sua parte. Ele não forma laços: limita-se a coexistir, raramente fazendo algum investimento emocional no semelhante masculino. Para o ariano, a vida no mundo masculino é um jogo de "pegação", e ele não trepida ao entrar em ambientes carregados de testosterona, cumprimentando os estranhos com o mesmo interesse enfadado com que cumprimenta seus amigos mais íntimos. Para a mentalidade simplista do indivíduo de Áries, todos os homens parecem iguais. Ele raramente se deixa impressionar, o que dirá intimidar, nem mesmo pelas mais celebradas figuras do esporte ou outros super-homens da sociedade, e sente-se perfeitamente em seu elemento nos ambientes mais machistas, sejam eles o botequim, uma caserna, um vestiário masculino ou um mictório público.

No mundo de Áries, é cada homem por si mesmo. O que o macho número um do zodíaco nos ensina, por intermédio do exemplo, é o poder de adotar uma atitude do "eu, primeiro". O pendor do ariano pela sobrevivência do mais forte, originária de sua Primeira Casa do eu, significa não se tornar indevidamente envolvido com os demais em termos emocionais, mas em vez disso colocar a energia em objetivos liberais, pessoais, atacando a vida, retirando dela o que ele desejar. Não há como negar que as influências astrológicas de Áries predispõem os nativos a um senso inato de ávida prerrogativa, quando não mais que a parcela justa de arrogância. Áries é o único signo cardinal de fogo no zodíaco, o que significa que literalmente encarna aquele fulgurante espírito de iniciativa. O homem de Áries é um meteoro, lançando-se à experiência e também a todo e qualquer objeto de seu desejo; ao passo que, em contraste, a mulher de Áries é um personagem frio e desapegado, que parece, contudo, estar sempre atiçando o fogo do desejo por ela no coração dos demais. Despido de sutileza, Áries é sua raiva e sua lascívia personificadas, metafórica ou literalmente dando estocadas em quem quer que lhe desperte a raiva ou a paixão. As duas maiores armas nas guerras antigas eram a lança, para matar as facções rivais masculinas, e o pênis, para impregnar as mulheres com a raça do conquistador. Como a personificação do deus da guerra, Áries retém muito de semelhante sensibilidade. Mas sua natureza cardinal de fogo não termina com as campanhas corpóreas, mas sim lança fagulhas igualmente em outro nível metafísico:

o fogo, conforme sugerido, simboliza o espírito ariano de idealização de si mesmo, e assim a cardinalidade, neste particular, refere-se à busca vigilante do Carneiro pela realização espiritual inerente, ainda, em sua perseguição de uma parceira romântica, pelo menos até o ponto em que freqüentemente não se evidencia se ele estará seguindo suas inatas intenções nobres ou aquele perpétuo tesão. A grande revelação, para esta criatura da unidade, é que a sexualidade e a espiritualidade estão inextricavelmente ligadas. Mas por não conseguir — pelo visto — separá-las nunca, isto pode ser um paradoxo doloroso de suportar, não só para ele, mas para o futuro companheiro, que conforme o caso deverá aceitar o manto da responsabilidade de ser o príncipe predestinado ou a princesa prometida.

Aqui descobrimos o ponto crucial da psicossexualidade do homem de Áries, capaz de lhe causar uma perigosa cisão da personalidade: ele está eternamente dividido entre a raiva e a luxúria, por um lado, e por sua inerente necessidade de ser um cruzado da virtude, por outro lado. No tocante ao sexo, luta contra seus instintos básicos e se esforça para se tornar um cavaleiro andante transcendente que dominou sua natureza bestial predeterminada. Além disso, o ariano anseia por um sentido de espiritualidade, da qual acredita-se totalmente destituído, a julgar pela intensa condição física do signo. Apesar do possível delírio de receber direção divina na vida, ou talvez até mesmo por isso, Áries se sente inseguro quanto ao que percebe como essa deficiência em si próprio; assim, ele freqüentemente a compensa simulando uma persona de homem espiritual, ainda que seja uma pose subconsciente. A ênfase de sua primeira casa na condição física deixa-o confuso — ele é simples, básico, porém confunde isso com ser baixo e inacessível ao "plano mais elevado". O que não percebe é que tem uma condição física incomum. Lembra o computador no qual qualquer programa ideológico pode ser rodado. Como no caso de qualquer pessoa, a capacidade de "existir" em mais níveis cósmicos é determinada, antes de tudo, pela saúde e a integridade do eu como organismo físico. O que o ariano precisa compreender é que seu computador pessoal veio munido de programas já instalados para a compreensão espiritual, programas que ele talvez não reconheça porque estão perfeitamente integrados a seu sistema singular. Sua forma de espiritualidade não é de transcendência, ele deveria perceber, e sim uma que está fundamentada em seu próprio ser. O ariano faria a si mesmo um grande favor se entendesse que seu modelo espiritual não é uma figura apoteótica como Cristo, que se transformou de homem em deus mediante um sacrifício pessoal muito público, mas sim o Buda, ele próprio um nativo de Áries, que alcançou

ARQUÉTIPO + MITO

Áries se inspira no deus da guerra, o Ares dos gregos, o Marte dos romanos. Originalmente, eram imagens de fertilidade; a lança fálica tornou-se instrumento de caça e daí passou à conquista marcial. A agressividade de Áries tem potencial igualmente criativo e destrutivo. Ele encarna o rival ou o deus filial arquetípico. A natureza objetiva do ariano também é retratada na busca de Jasão pelo Tosão de Ouro do Carneiro. A indiferença dele pela condição feminina (Medéia) espelha a misoginia do próprio Áries. A associação de Marte com o nascimento ainda se evidencia no mês homônimo de março, e no equinócio de inverno, que marca o começo de Áries.

BÍBLIA + LITERATURA

O signo de Áries corresponde à criação no gênesis, e o ariano corresponde a Adão, significando a vida do barro.
Adão, como Áries, não tem malícia, e é completamente objetivo em seu ponto de vista.
Outro personagem bíblico é Sansão, que tem a força centrada nos cabelos, símbolo de sua virilidade.
A ariano arturiano é Lancelot, "o portador da lança", casado com colombina, a "pomba", animal totêmico de Afrodite.
Em Dom Quixote, vemos a caracterização do homem de Áries na vergonhosa cruzada pela desilusão.
Como Buda, o ariano precisa descobrir a si mesmo para alcançar a iluminação.
Os heróis modernos, como Super-homem, Zorro e GI Joe são todos do signo de Áries.

a iluminação, a "unidade", por meio de se sentar e contemplar sua individualidade endêmica de Primeira Casa, em vez de sair em cruzada por alguma experiência externa de exaltação. A simplicidade, Áries pode nos mostrar, é o estado mais sublime de todos. E, no entanto, apesar do exemplo de Buda, ficar sentado em silêncio, e menos ainda fazer um auto-exame, não é o forte do extrovertido e objetivo ariano. Aqui reside seu maior desafio e as mais caras esperanças de realização.

Corpo + Alma

O homem de Áries e particularmente sua cabeça regida pelo signo estão sempre a mil por hora. Numa festa, digamos, ele é geralmente o sujeito do monólogo interminável, dirigido a uma pessoa só, decidido a provar algum argumento ou teoria que (ele tratará de informar a você) tem lhe ocupado a mente. Tipicamente, isso acarreta elaboradas teses em torno de um tema específico — ele mesmo —, enquanto procura esclarecer aos demais o que o define, o que o entusiasma, convencido de que os outros estão morrendo de vontade de saber o que se passa na cabeça dessa criatura tão instigante. Continue a balançar a cabeça (nem que seja para evitar cair no sono). Mas, se algum outro conseguir de alguma forma tomar a palavra, o ariano ficará perdido na solidão da vida e das necessidades físicas, fazendo pedidos especiais ao garçom, arriscando uma olhada para o relógio, o pager ou as mensagens do celular, anotando alguma idéia, ajeitando a roupa, e o que é mais provável, conferindo a própria imagem em todas as superfícies refletoras ao alcance da vista. Este filho de Marte realmente herdou a excelente aparência e o notório ego do deus da guerra. Além disso, ele precisa manter-se ocupado de alguma forma, pois pretende ouvir o que você está dizendo. Isto faz lembrar um velho boato sobre Marlon Brando, que ilustra a forma daquele ator de se relacionar com outros numa cena: ele supostamente dizia alguma coisa do tipo: "Babaquice, babaquice, babaquice, minha fala, babaquice, babaquice, minha fala." Esta atitude é tipicamente ariana.

Uma lista de homens famosos de Áries — que inclui Russel Crowe, Colin Farrel, Steve McQueen, Hugh Hefner, Roger Corman, Warren Beatty, Serge Gainsbourg, James Caan, Charlie Chaplin, Pete Rose, Alec Baldwin, William Holden, James Garner e Buda — revela que os arianos são indivíduos egocêntricos, cuja perspectiva de vida, tipo "dane-se o mundo", que constitui seu maior patrimônio, pode às vezes ser seu defeito mais fatal. Basta dizer que eles não são conhecidos como os homens mais sensíveis, principalmente no que se relaciona ao sexo oposto, faltando-lhes qualquer conexão com o que pode ser rotulado de "lado feminino". Na aparência, os homens de Áries percorrem a escala completa: ou são figuras eternamente infantis (David Cassidy, Ewan MacGregor, Matthew Broderic, Dudley Moore, Gary Oldman, Michael York, Dana Carvey, Martin Short, Jackie Chan, Robert Downey Jr.) sempre vestidos em jeans, camisetas, tênis e boné de beisebol, ou são homens decididamente masculinos (Gregory Peck, Daniel Day-Lewis, Spencer Tracy, James Woods, Dirk Bogarde, Timothy Dalton, Jean-Paul Belmondo), que dão a impressão de terem nascido de peito cabeludo. De fato, transbordante de testosterona, o homem de Áries pode praticamente precisar cortar de facão o pêlo dos peitorais, que freqüentemente ameaça se misturar com a barba. Algo que todos os arianos têm em comum é o jeito de quem acabou de cortar o cabelo. Associado ao nascimento, o signo de Áries rege a cabeça, e o nativo sempre considera essa parte de sua anatomia a primeira a ser exibida. O ariano passa pela tesoura, a navalha, a gilete, o barbeador, com mais freqüência que qualquer outro habitante do arraial astrológico, em geral optando por um corte de cabelo baixinho e uniforme, com acabamento em linha reta acima do pescoço, na parte de trás, em vez de cortada em ponta. Um corte limpo e seco, como o de um agente do serviço secreto. Na verdade, sua aparência inteira tem o mesmo visual quadrado — os ombros são tão retos que ele parece ter vestido a camisa com o cabide. Suas roupas geralmente parecem recém-passadas, com as pregas e os vincos nos lugares certos; e, no entanto, apesar de todo o aparente frescor, paira sobre ele algo inegavelmente animal. Embora perceptível quando ele está vestido, quando despido é inconfundível: ele tem uma qualidade crua e primitiva que chega mesmo a beirar levemente o troglodita. Não é de admirar que em *Um Bonde Chamado Desejo* Blanche (Vivien Leigh) pergunte a Stanley (Marlon Brando) se ele é ariano; embora aquele tosco personagem de ficção seja, na verdade, um nativo de Capricórnio. O próprio Brando é claramente um homem de Áries. O físico combativo do ariano é inegavelmente masculino. Mesmo vestido, o nativo parece tosco, e nu para a imaginação, como se as roupas não conseguissem esconder a contento sua virilidade protuberante. Com a musculatura a se mostrar perceptível sob as roupas, ele irradia um perturbador calor aromático. Forte, rijo e ávido de sexo vigoroso e atlético, o ariano parece estar no mundo com a mente concentrada em seu desejo de subjugar o objeto de sua afeição, sem falar em fazer sexo tantas vezes quanto possível, e, no processo, dar prazer e exaurir a parceira ou o parceiro.

CASA ASTROLÓGICA

auto-imagem
individualidade
identidade
personalidade
constituição
aparência
temperamento/disposição
inclinações
individualidade
auto-expressão
como somos vistos
como queremos ser vistos
embalagem pessoal
forma/condição física
linguagem corporal
saúde
condicionamento
primeiros anos
abordagem à vida
visão de vida
atitude
aparência
novos começos
iniciativa
preocupação consigo
interesses individuais
separação
autopercepção
idiossincrasias
reações naturais
instintos
primeiras impressões
objetividade
a mente/o psiquismo
metas e objetivos
adaptação à experiência

PALAVRAS-CHAVE

o eu
forma
ação
corpo
impulso
iniciativa
agressividade
impacto
força
destruição
confiança
ego
masculinidade
expectativa
entusiasmo
espontaneidade
verve
exposição
vitalidade
singularidade
propósito
inclinação
dinamismo
vigor
saúde
limpeza
aridez
bazófia
erudição
lascívia
energia
vivacidade
inteligência
instinto
cautela
heroísmo
moralidade
grandeza
rivalidade
cavalheirismo
militância
audácia
liderança
sinceridade
masculinidade

Largos, o pescoço e o peito se avolumam, quer ele pratique ou não exercícios físicos disciplinados. Comparado aos outros homens, o ariano tem músculos que lembram os do marinheiro Popeye. Seus antebraços são tão grossos que se ele não tomar cuidado terminarão maiores que os bíceps. Apesar desses traços aborígines, o ariano possui um andar gracioso e lépido, além de equilíbrio; um centro de gravidade baixo que confere ao nativo um ar de estar bem plantado, sem vestígio de ser atarracado. Tipicamente, ele tem músculos peitorais arredondados e mamilos retraídos, um tórax forte e bem definido, com a musculatura dorsal desenvolvida e aberta em leque, como uma naja, acentuando a estrutura naturalmente em forma de V. Um abdômen achatado, bem definido (para desespero de outros homens), que começa a ficar saliente muito abaixo do umbigo, e que de tão irrelevante pode ficar quase invisível (como o de Adão, de existência discutível), e mergulha num feixe de tendões. O baixo ventre do ariano, expandido por inalações profundas e infantis, está apoiado em quadris abertos e resistentes, talvez ligeiramente jogados para diante. A pelve também é muito pronunciada, com os pêlos pubianos espessos e ásperos que se espalham de forma generosa para os dois lados, mal permitindo vislumbrar a pele, à medida que vai se espalhando para baixo ao longo da parte interior das coxas vigorosas, com grossas lâminas de musculatura, acima de panturrilhas peludas e robustas. O pênis tende ao tamanho entre médio e grande, embora bastante grosso e reto, com a cabeça freqüentemente terminada em ponta aguda. Os testículos, embora do tamanho de ameixas, são contraídos, um sinal de tensão e agressividade no macho de qualquer espécie do reino animal, sem mencionar a prontidão do corpo para a descarga. Os glúteos podem ser bastante musculosos e firmes, mesmo com o avançar da idade. Os pés e mãos do nativo de Carneiro são sempre significativos, e com freqüência mais delicadamente formados que o resto do corpo. Igualmente, seu rosto, de pele retesada com malares bem pronunciados e bastante planos, como os dos índios das Planícies — uma tela imensa, esticada e adequada para as linhas da pintura de guerra (um aceno ao arquétipo de Áries o deus da guerra) —, é infantil, os traços situados bem abaixo da linha do Equador, o que deixa uma testa ampla e nobre a flutuar aparentemente muito acima. Apenas o osso frontal, dramaticamente acentuado, faz eco ao tema recorrente do primitivo, sobretudo se os hábitos estéticos do nativo ainda não subjugaram a sobrancelha monobloco pela intervenção da pinça. O nariz é pequeno e definido, os olhos ágeis e atentos, a linha da boca extensiva e horizontal, embora com freqüência os lábios em si sejam finos e pálidos. Isto, juntamente com a pele áspera, forma um contraste fotográfico com a constante sombra da barba de cinco horas por fazer (que exige uma cautelosa navegação por parte dos parceiros sexuais de pele sensível), sobrancelhas mais escuras que o cabelo, o qual, independente da cor, sempre parece ter um aspecto seco e arenoso. Em geral, o nativo tem um maxilar de granito dramaticamente protuberante, talvez até causando um ligeiro problema de oclusão dental. Apesar desses traços caracteristicamente masculinos, a aparência geral do ariano tem um certo tom de infantilidade sugerida, sobretudo pela forma sempre alerta de descansar sobre as almofadas dos pés, como se estivesse a ponto de se lançar numa corrida. O ariano distingue-se entre os homens por exibir uma percentagem baixa de gordura corporal; o todo físico parece perfeitamente encaixado numa unidade aerodinâmica. Ele manifesta uma linguagem corporal direta, tanto na pose ereta quanto na forma como os braços ficam pendentes com as mãos abertas ao longo do corpo. É uma proclamação não reprimida do eu, que não sugere o menor sinal de astúcia em sua conduta. Os movimentos podem ser um pouco duros, pouco fluidos, e ele se movimenta rigidamente, como um boneco articulado. De fato, as articulações e a musculatura do ariano são tensas e cheias de nós, e ele está sempre sofrendo entorses e luxações durante a prática de atividades físicas ou de atletismo.

O nativo de Carneiro parece estar acabando de sair de algum campo de esportes; sua pele saudável parece sempre viçosa. Quando muito próximos de seu corpo, sentimos de fato um calor que se irradia dele, um doce aroma almiscarado que nos dispara os hormônios, independentemente do interesse mental ou sentimental. A influência fogosa de Marte sobre seu filho de Áries é muito mais que metafórica: o planeta trabalha centrifugamente, levando a energia a fluir constantemente do macho de Carneiro, que está sempre mexendo as pernas ou reclinado na cadeira, esforçando-se para ficar em repouso, tendo excesso de energia para queimar. A pele é tão seca quanto sua personalidade. Áries é quase sempre deficiente em matéria de senso de humor. De fato, é raro ouvir um ariano soltar uma gargalhada. A verdade é que ele não absorve o suficiente para deflagrar uma reação tão espontânea, por sua constante preocupação com o que está pensando ou com o que vai dizer a seguir. Ele talvez consiga dar um sorriso, mas não é o tipo que se escancara de rir. Transpirando bastante quando faz exercícios físicos, o ariano costuma ter excesso de calor até quando está parado, e por vezes pode emitir um odor corporal muito forte, que necessita ser controlado, o que o torna muito mais consciente de si mesmo, e obcecado com a higiene e com os hábitos de asseio pessoal — como se estivesse tentando suprimir a excessiva masculinidade que espreita por trás de sua

REGÊNCIA DO CORPO

Áries rege a cabeça e os cabelos. O ariano está sujeito a dores de cabeça e ferimentos, insolação, inflamações, nevralgias e acidentes motivados por natureza compulsiva. O planeta regente Marte controla o sistema supra-renal e o sistema vascular centrífugo (fluxo externo), e também a testosterona, o sangue, as gônadas e os músculos.

HOMENS FAMOSOS DE ÁRIES

De garotos a homens e super-homens

Ewan McGregor
Vince Vaughn
Giovanni Ribisi
Gary Oldman
Jackie Chan
Martin Short
Dana Carvey
Dudley Moore
Martin Lawrence
Michael York
Matthew Broderick
Robert Downey Jr.
Charlie Chaplin
Samuel Beckett
Warren Beatty
Clyde Barrow
Hugh Heffner
Steve McQueen
David Lean
James Caan
Serge Gainsbourg
Marlon Brando
Gregory Peck
Spencer Tracey
William Holden
James Garner
James Woods
Eric Roberts
Quentin Tarantino
Adrien Brody
Colin Farrel
Michael Imperioli
Vincent Gallo
Tomothy Dalton
Daniel Day-Lewis
Dennis Quaid
Christopher Walken
Matthew Modine
Billy Dee Williams
Francis Ford Coppola
Max Von Sydow
Marvin Gaye
Omar Shariff
David Letterman
William Shatner
Leonard Nimoy

aparência típica de Clark Kent. De fato, o ariano se empenha profundamente em aparentar maneiras suaves, vestindo-se com estilo apurado, por vezes pouco faltando para usar um chapéu branco. Falem-me de visual de "mauricinho", programado para passar a mensagem de que conseguiu êxito em subjugar sua animalidade selvagem. De fato, a moda explicitamente máscula pode transformar-se num fetiche para esse homem regido por Marte. Ele pode chegar a usar apenas roupa de academia, ou jeans e camisa de flanela com botinas, ou até um estilo caubói e roupas de couro. Caso seja heterossexual, algum amigo extremado lhe informará que semelhante estilo se popularizou graças à comunidade gay, o que explica os olhares carregados que anda recebendo de certos caras na rua. Alguns nativos de Áries são semi-samurais autoprogramados, que tentam usar um visual de artes marciais orientais, informal — tipicamente um sinal seguro de que ele está absorvido em seu grande delírio de ser uma espécie de guerreiro espiritual. E, no fim das contas, o ariano alcança o objetivo de parecer masculino, mas não animalesco. Ao conseguir este equilíbrio, ele espera atrair uma mulher tão comprometida com a própria feminilidade quanto ele, que está casado com sua exagerada natureza masculina.

Sexo + Sexualidade

Por ser tão fascinado consigo mesmo, o ariano é, portanto, agudamente consciente e de fato quase fetichista quanto à própria masculinidade e à condição masculina em geral. Um artista como Matthew Barney só poderia ser ariano, fascinado que é pelo tema de seu próprio corpo e aspecto atlético masculinos, além da diferença sexual em relação às mulheres. Sua obra-prima, o *Ciclo do Cremáster*, foi batizada em homenagem ao músculo cremastérico, que controla a ascensão e a queda dos testículos, sendo seu uso inicial no estágio fetal parte do delineamento do gênero masculino. De fato, como o nativo de Áries não consegue evitar a obsessão por aquilo que o define como o macho do *Homo sapiens*, ele também fica intrigado por aquilo que oferece à sua condição existencial um agudo contraste. Dois antônimos de *homem* se convertem numa preocupação para o ariano: *mulher* e *animal*. E sua relação com essas duas entidades, vistas tanto em separado quanto juntas, transforma-se no tema principal da exploração pessoal que caracteriza no todo a vida do nativo de Áries. Por um lado, quase desprovido do proverbial lado feminino com o qual outros signos masculinos estão inclinados, em graus variados, a entrar em contato, o ariano anseia, contudo, por se relacionar tão bem quanto possível com as mulheres. Por outro lado, ele está demasiado consciente das forças animais que lhe fervem no íntimo e assim procura se divorciar o mais possível do que considera animalesco. E essas forças, que puxam em direções opostas — externamente ele busca se relacionar com o sexo oposto para o qual se sente tão naturalmente atraído, enquanto tenta romper com a natureza animal que sente corcovear e empinar-se dentro de si — se associam numa dinâmica cerebral. Vamos chamá-la de mania quixotesca.

Desde o começo da adolescência, o ariano terá começado a desprezar sua própria prepotência, isolando-a como a fera interior, e tentando elevar-se acima dela. Dessa forma tem início a florescente fixação da virtude, tornando-se quixotesca sua abordagem à vida, e de forma específica às relações sexuais. O personagem de Cervantes que se batia contra os moinhos, Dom Quixote — do qual originou-se o termo que significa "extravagantemente cavalheiresco", e a inspiração para o tema musical da peça *O Homem da Mancha*, acertadamente batizado de "Sonho Impossível" — é o supra-sumo do personagem masculino ariano, embora em seu estágio mais delirante. Vemos aqui a necessidade de Áries de "morrer para sua natureza animal", como fez o Buda ao atingir a iluminação, ao lado de seu desejo de atrair as mulheres, como atrairá, mediante uma cultivada natureza heróica. O valor desenvolvido por ele para atrair as mulheres é, por vezes, ironicamente chauvinista na essência, pois incorpora o conceito de que as mulheres são frágeis, o que, segundo nos parece, seria efeito colateral do fato de o homem protestar demais contra a própria natureza — o ápice da pressão sobre seu Gallant interno para castigar seu Goofus interno. A infância também fornece combustível para este motor: a mãe introduziu no homem de Áries a percepção de ser melhor que os outros garotos, uma idéia enganosa que contribuiu para fazê-lo julgar-se o máximo que a porção masculina da espécie tem a oferecer. Ainda assim, a atitude dominadora da mãe determina que ele só sinta atração por mulheres totalmente distintas dela, o que quer dizer donzelas tímidas e que estão, a maior parte das vezes, em perigo. Confundindo o excesso de controle da mãe com força feminina, o ariano enfrentará como um de seus desafios específicos na vida aprender que as mulheres podem ser poderosas sem serem castradoras. As mães de nativos de Áries também podem cumular os filhos de amor romântico mal dirigido, uma transferência do sentimento com que não conseguiram alcançar seus maridos indiferentes. Em conseqüência disso, enquanto muitos homens sofrem de alguma forma de impotência mais adiante na vida, o ariano tem dificuldade em reter a

Karl Malden
Robbie Coltrane
Buddy Ebsen
Sir Alec Guiness
Sir John Geilgud
Harry Houdini
Marcel Marceau
Roscoe "Fatty" Arbuckle
Merce Cunningham
John Bartlett
Marc Jacobs
Eric Idle
Al Gore
Thomas Jefferson
John D. Rockfeller
Tennessee Williams
L. Mies Van der Rohe
J. S. Bach
Florenz Ziegfield
Lawrence Ferlinghetti
Arturo Toscanini
William Wordsworth
Paul Verlaine
Robert Frost
Akira Kurosawa
Ravi shankar
Raphael
Francesco de Goya
Leonardo DaVinci
Vincent Van Gogh
Juan Gris
Joseph Campbell
Descartes
Buda
Herb Alpert
Otto Bismark
Lon Chaney
Ting Tim
Charles Baudelaire
Henry James
Rick Schroder
Ram Dass
Colin Powell
Bill Irwin

ereção na infância, sem dúvida como conseqüência de seu potencial excesso de estresse edipiano. Assim, durante o crescimento, o nativo de Áries procura emular seu distante pai ambicioso, já dando início à caçada ao tipo feminino da donzela carente. O nativo começa igualmente a mergulhar no universo do masculino — entra em cena o fetiche da masculinidade —, o que pode constituir um ponto de partida para se identificar como homossexual, se esta for sua inclinação. Ele pode ser o machão consumado ou o marombeiro crônico, cujo quarto ficará repleto, pela vida inteira, de artigos de prática esportiva, vitaminas e revistas masculinas de cultura física; pode ser fascinado por todo tipo de parafernália militar e viver cercado de objetos, lembranças e armamentos de guerra; pode se converter num fanático do boxe, dos circuitos automobilísticos ou das corridas de destruição. Sejam quais forem os detalhes específicos, desde cedo o ariano vive obcecado pelos papéis sociais masculinos, com nenhum interesse em suas contrapartidas femininas. Ele não consegue idolatrar de forma assexuada a mulher. Mal consegue reconhecê-la de uma perspectiva platônica. Uma mulher não pode sequer destoar de sua boa educação ou pronunciar um palavrão esporádico sem receber um olhar gelado.

O ariano é o macho mais resoluto e ambicioso de todos e a integridade de seu ser sexual depende, acima de tudo, da perseguição física de suas paixões. A exemplo daquele Carneiro que, à força de cabeçadas, jogará para fora da competição cada rival, na disputa pela fêmea para acasalar, este homem viril tem em ação dentro de si as mesmas necessidades primitivas: cortejar e ganhar como prêmio a maior quantidade possível de fêmeas. Sendo um dos homens mais exigentes do zodíaco, esta não é uma tarefa simples. Ele espera que a mulher satisfaça os pré-requisitos idealizados de uma parceira perfeita, conforme previsto em sua imaginação, que o mitifica. Qual Adão, ele aguarda a aparição miraculosa de sua Eva, alguma enviada pelos céus (como ele próprio) que está predestinada a obedecer aos mandados do destino determinado por ele. Ela deve ser a imagem da perfeição — magra, bonita, talvez até um pouco afetada —, um troféu que servirá de prova física da premiação dele por seu privilegiado heroísmo. E ele exige dela a mesma adoração que se espera de Eva diante de Adão — como se este fosse um deus. Pois o nativo de Áries tem dificuldade em perceber a mulher eleita como algo mais que uma parte de si mesmo — exatamente como Eva foi feita da costela de Adão, o ariano só consegue ver tal ligação de seu próprio ângulo. A associação de Áries com a zodiacal da *condição física* significa que a embalagem e a aparência físicas dele mesmo e de outras pessoas será, por decreto astrológico, de importância suprema. Mais espontaneamente que a maioria dos homens, o ariano busca um relacionamento baseado apenas nas aparências — o visual pode ser tudo. A empatia pelo funcionamento interno de uma mulher, diga-se de passagem, é anátema para ele. O que figura no alto de sua lista de preocupações, muito mais que qualquer consideração pelo conteúdo emocional ou intelectual da mulher, é a forma cálida assumida por uma parceira em potencial — pelo menos no início. Na visão dele, seria um crime catastrófico contra Deus, ou a humanidade, ou qualquer coisa, pleitear uma parceira menos perfeita do que seria seu direito levar para a cama e/ou o altar — aquele alguém especial que, desde a infância, ele se convenceu de que reconhecerá no próprio momento milagroso em que ela surgir. Isto explica melhor por que o ariano tende a se apaixonar à primeira vista: depois de passar a vida toda esperando ouvir o toque de sininhos, ele não precisa hesitar nem duvidar, quando isso acontece.

A mitificação de si mesmo, que invariavelmente se apodera do ariano, começa quando ele é muito pequeno, engolfado que está no interesse por interpretar papéis masculinos, dedicando-se muito mais que os meninos de sua idade a jogos imaginários de super-heróis. Por ser o típico oposto do jogador de time, ele se dedicará a esportes de competição mais individual, exceto se jogar na posição de zagueiro ou alguma outra de igual destaque. Com seu característico interesse pelas artes marciais, o ariano procura uma saída para sua agressividade sexual naturalmente emergente, enquanto cultiva uma calma espiritual. Não muito inclinado pela masturbação (por questão moral, e também por medo, embora subconsciente, de esgotamento "espiritual"), ele prefere se cansar em atividades atléticas, o moderno equivalente dos jogos de guerra medievais de Lancelot, até conseguir fazer gol ao vivo numa desejada parceira. E mesmo que comece cedo, já no ensino secundário, a namorar alguma princesa desamparada, aplacando seu desejo erótico ao representar fundo o papel do príncipe nobre, as gatas turbinadas irão, mesmo assim, incitar um pouco de ação na zona do cremáster. Ele tenta resistir, pois não quer parecer um troglodita; e ainda mais vigilante desvia a atenção na direção de mulheres delicadas, quase frágeis, que se enquadram no programa da "recompensa nobre" que terá por toda a sua purgação e purificação. De fato, essas mulheres são emblemáticas do que (ele quer que o mundo saiba) são seus ideais na vida. Naturalmente não deseja que os demais vejam sua natureza animal refletir-se de volta nele, por meio das minas sensuais que fazem balançar seu mundo hormonal. É claro que ao preservar essa visão imaculada de mulher, ele jura manter a pureza de sua princesa no pedestal. Muitos arianos, no extremo da expressão quixotesca, chegam a

LANCES ERÓTICOS

NATIVO HÉTERO

dominação
mulheres mais jovens
corpos esbeltos
louras, bronzeadas
pernas longas
seios pequenos
atletas, dançarinas
cabeleira longa
perfumes do corpo
genitália depilada
submissão e disciplina (ativas)
sexo oral (passivo)
sexo anal (ativo)
domínio
intercurso vigoroso
papai-e-mamãe (posição do missionário)
posição do cachorrinho
calcinhas de algodão e de renda
provocações, súplicas
empregadas
líderes de torcida
maratona sexual
tantrismo
nudismo

fazer um pacto de castidade até a data do casamento. Se não o fizerem, a prometida corre o risco de sofrer uma queda em sua estima, embora vá ser ele o que derruba o pedestal. A coisa pode beirar à patologia: muitos arianos não vacilam em admitir que podem perder por completo o interesse numa mulher depois de fazer sexo com ela. Ironicamente, as mulheres que desprezam são as que mais os excitam, inspirando, e na verdade preservando para ele a emoção da caça. Deixando de parte toda a reserva de cavalheiros, eles irão perseverar até receberem um *sim,* ou serem golpeados com uma medida cautelar, ou o que vier primeiro.

Enquanto isso, as famosas noites em claro se devem ao impulso sexual excepcionalmente urgente do ariano, sua necessidade muito maior de descarregar a arma que a de qualquer outro signo masculino do zodíaco. E na maior parte das vezes, a insurgente rebelião do corpo contra as intenções mais valentes levará a melhor, com sua represada energia marciana levando-o a buscar o sexo sem alianças embaraçosas. O que fazer, se você não consegue abandonar a idéia fantasiosa de se casar com uma eterna virgem? Ora, procurar despojos de guerra sem compromisso. De uma forma ou de outra, o nativo de Áries transforma as mulheres em objetos. Se não são princesas em cima de um pedestal, são objetos para se brincar. Deve haver alguma justificativa para o ariano ter merecido uma reputação de ser bruto na cama, pois raramente é um boato que está sendo espalhado por sua mimosa esposa ou namorada. O ariano envolvido em puro sexo, sem amor, está mais que disposto a tirar as luvas de pelica e demonstrar, em termos inequívocos, por que seu signo é chamado o signo do aríete. Ele é mais exageradamente brusco na cama com uma parceira de intercurso que a maioria dos homens, simplesmente por ter muito mais energia sexual represada. Quanto mais Clark Kent ele é na rua, mais será o homem de aço na cama. Ainda bem que há garotas que gostam de uma saudável agressividade sexual, e algumas unhadas e mordidas da parte dela só irão funcionar como um eterno afrodisíaco para nosso homem de Áries. Desde que a parceira fique igualmente excitada por um pouco de inofensiva aspereza, tudo terminará no melhor dos mundos. Naturalmente, para nosso semidelirante — quando não superdelirante — Quixote, a primeira coisa a fazer na manhã seguinte é voltar à luta com os moinhos. A esperança é de que o ariano descubra — e quanto mais cedo, melhor — que a cisão operada por ele em sua percepção das mulheres — seu velho complexo de santa x puta — é passível de cura (a verdade é que, quando o ariano se apaixona, ele é incapaz de ver aquela pessoa especial de outra forma que não seja através das lentes quixotescas. É irreversível. Mesmo que tenha um passado duvidoso, ela instantaneamente será transformada numa rainha, por intermédio da visão idealizada dele). Veja-se Hugh Heffner, outro ariano inveterado, que transformou na missão de sua vida combinar essa típica coisificação dualística das mulheres — as coelhinhas da *Playboy*, para serem olhadas com lascívia e reverenciadas — de uma maneira tão classuda que, por décadas, os assinantes imbuíram-se da crença de que realmente liam a revista "por causa dos artigos".

Homem algum espera mais que ele, o Quixote do zodíaco, que a mulher, seja como esposa ou como amante secreta, se assemelhe a uma imagem retocada a aerógrafo da garota do encarte central da revista. O ariano está tão alinhado com o Princípio Masculino que funções femininas explícitas fogem demais ao referencial para serem atraentes, e que dirá intrigantes, como o são para tantos homens. O ariano se arrepia ante a simples menção da menstruação, e os pêlos supérfluos femininos ofendem seu ideal de mulher lisinha como a boneca Barbie. Aquele triângulo peludo, em especial, precisa estar criteriosamente aparado. Ele tem uma fixação em mulheres esbeltas, pequenas, espertas, mas sobretudo que falam baixo. Às vezes, no empenho de assegurar uma parceira mais passiva, o ariano talvez até escolha uma pessoa carente a ponto de estar paralisada por uma atitude de vitimização. Ela pode sofrer de problemas emocionais, ter vivido outras relações abusivas, ou ser mais velha que ele e, vez ou outra, lamentar não ter tido filhos. O ariano menos auto-atualizado poderá chegar à necessidade de enredos mais aflitivos nos quais interpreta o papel de salvador. Tais mulheres, ele pensa, interpretarão para sempre o papel de donzela em perigo, oferecendo ao cavaleiro andante a oportunidade de salvá-las, enquanto, ironicamente, cuidarão de continuar na posição subserviente. Para o ariano isto se traduz numa ereção instantânea: ele é o cara que se derrama todo pela mulher submissa, quer se trate de um drama da vida real ou de uma encenação armada somente com o objetivo de desfrute sexual. Embora a marca do ariano progressista, em relação à sua vida amorosa, seja o compromisso com uma mulher igualmente forte e independente, será preciso que a ela própria agrade deixar a autoridade fora do quarto de dormir, consentindo que o triunfante herói-salvador faça na cama o que ele melhor sabe fazer.

Não há como contornar o fato de que o homem de Áries é um amante atlético com necessidade de dominação. Totalmente a favor do sexo rápido e furioso, ao contrário de muitos homens, ele nunca irá cansar alguém facilmente nem sentir a necessidade de ajustar o próprio ritmo. Nativo da Primeira Casa do *interesse próprio*, ele está ali, acima de tudo, em busca do próprio prazer; porém,

LANCES ERÓTICOS

NATIVO GAY

- ficar por cima
- forçar
- glúteos musculosos
- uniformes militares
- cabeça raspada
- conjuntos esportivos
- agasalhos
- fisiculturistas
- sexo ao ar livre
- héteros
- botas
- couro
- cintura fina
- cueca *slip* branca, meias sociais
- nudismo
- queda de braço
- imobilização
- peitorais
- corte de cabelo à máquina
- cuidados estéticos
- carícias nas nádegas
- pugilato (ativo)
- submissão e disciplina (ativo)
- sadomasoquismo leve (ativo)
- exibicionismo
- adoração do corpo (passivo)
- tortura leve (ativo)
- humilhação
- grampo peniano
- cinto com fivela

como tal, explora o lugar primal onde a experiência vem despojada dos fogos de artifício que levam muita gente à loucura na cama. O ariano não endossa o tipo de instruções societais que as revistas masculinas publicam sobre como agradar a parceira. Ele é um animal direto, e está ali visando ao próprio ganho. Não procura controlar a maré do orgasmo — não pedindo desculpas nem ao gozar depressa demais — pois aquele pictograma de Marte que carrega entre as pernas irá continuar em alerta ou voltará em breve à posição ereta, antes que se possa dizer "foi bom pra você?". Trata-se de um lugar, felizmente, no qual o ariano não pode domar sua tórrida expressão amorosa e no qual suas aspirações a planos superiores vão direto para o espaço. Ironicamente, ao satisfazer suas próprias necessidades, ele vai bem mais longe em satisfazer uma parceira do que muitos homens considerados sensíveis, cuja cabeça é um manual de instruções. Em sua infamante segunda, terceira ou mesma quarta trepada, com o orgasmo já não mais eminente, ele derramará energia, levando a parceira ao clímax muitas e muitas vezes, em meio a um ruidoso monólogo de adulações e incitamentos. E por mais clichê que isto pareça, ao ouvir "não!" e "pára!" num crescendo, ele só consegue ficar cada vez mais excitado. Talvez a parceira sinta falta das preliminares, coisa que o Carneiro egoísta não costuma realizar. Ele pensa: quem precisa disso? O ato sexual em si permite variação suficiente, por meio das posições, desde que ele esteja firme no comando das operações.

Acima de tudo, o cavaleiro andante do zodíaco é um missionário, porém sob uma miríade de formas: possuir uma mulher por trás, de pé, de quatro ou em colherinha. Embora deseje que a mulher se comprometa a um papel de submissão, o ato não deve ser forçado. Ou seja, ele não embarca em cenas tão elaboradas que peçam o uso de figurinos especiais; seu desejo é de que a experiência seja real, e não uma representação fantasiosa. A restrição ocasional lançada espontaneamente no pacote pode causar algum barato, mas ações planejadas como, por exemplo, o uso de algemas, raramente atrai este espontâneo fogaréu. Apaixonado, mas abrupto em seus beijos, da mesma forma como é perito na penetração rápida, ele não está em nada interessado nos beijos longos e lânguidos, ou no intercurso sonolento de carícias lentas. Se for afeto amoroso o que a mulher está buscando, Áries pode parecer excessivamente focalizado no aspecto físico; mas um montão de parceiras se candidataria a ele por essa exata razão. E quanto mais apreciação uma amante expressar em relação a isso, melhor. Alguns *ohs* e *ahs* bem colocados, à vista de seu equipamento, bastam para lhe satisfazer a presunção, pois (só não conte a ele) aprovação é realmente o que procura. De fato, uma amante notará seu constante afã em manter contato visual, em ficar sempre conferindo o efeito causado. Testemunhar as reações a seus esforços excita o ariano ainda mais — não se esqueça de que tudo gira em torno dele — e seu ego fica inflado em resposta ao impacto óbvio que está causando; e, com isso, outras partes dele também se inflam. Às vezes, ele brinca com a idéia de infligir um pouco de dor, guerreiro triunfante que toma certas liberdades, adotando comportamentos que estão mais para tapinhas que para cócegas. Ele adora ouvir a companheira chamá-lo pelo nome, quando não chamá-lo de *tio*. Às vezes, chamá-lo de *senhor* é um ingrediente que também pode funcionar na receita. O ariano não está acima de bradar ordens, ficando feliz em deixar a parceira dando pulinhos, como quem brinca de uma versão adulta do jogo "se o mestre mandar". Ele fará alguns movimentos tipicamente pessoais, como alternar cunilíngua com a enérgica penetração vaginal — em movimentos rápidos e repetidos — considerando isto altamente inovador (nós não vamos discordar dele, você vai?). Verdade seja dita, é necessário um grande esforço para acompanhar o ritmo de um ariano, e a amante talvez acabe sendo pressionada a se ajustar ao ritmo. Dessa forma, ela tem seu trabalho predeterminado, e fica procurando se equilibrar numa corda bamba, tentando continuar a exercer atração simultânea sobre as visões alternadas que ele tem dela como santa/libertina. Contudo, a ele compete resolver essas questões — o bom é que o ariano acaba, enfim, por harmonizar suas necessidades contraditórias e conquista sua própria Afrodite, permitindo que ela seja, como aquela deusa mítica, ao mesmo tempo uma eterna virgem e uma feiticeira do erotismo.

Por estar mergulhado num signo tão extremamente masculino, é muito possível que o filho zodiacal de Adão se conte como um dos signos de menor incidência de homossexuais masculinos. Por outro lado, o ariano gay é difícil de aferir, por ser tão machão que faz a maioria dos héteros parecer afeminados em comparação. De fato, a condição homossexual só parece acentuar o caráter machão da identidade do ariano, e certamente aprofunda a inclinação dos nativos do signo pela transformação em fetiche de tudo que se refere aos homens. Da mesma forma que para os héteros de Marte as mulheres parecem as proverbiais "outras" habitantes de Vênus, elas são praticamente anátema para o ariano, capaz de, em casos extremos, sentir tamanha aversão ao belo sexo que beira o desprezo ou até a repulsão. Enquanto muitos homossexuais masculinos de outros signos têm apreço pelas mulheres, alguns a ponto de veneração ou emulação, o ariano gay sofre de alergia neste capítulo, nunca exibindo um CD da Barbra ou da Judy em sua coleção. Ele se deleita com a masculinidade e, segundo admite sem rodeios, não suporta a menor alusão às bichas. Como ele não é nunca o ativo agressivo que fica por cima do passivo submisso, e sim do passivo agressivo, seu parceiro também deve ser um cara decididamente masculino, se é que não adota um comportamento de hétero. Os homens que agradam ao ariano devem ser como a literatura de sua preferência: enxuta e muscular. Em geral sente atração por figuras morenas e vigorosas, que podem parecer do tipo forte e silencioso, mas haverá em seu companheiro, entretanto, uma sensibilidade emocional que desmente as aparências. Atraído por homens de sua mesma idade ou um pouco mais velhos — ele geralmente despreza os mais jovens, rotulados de ingênuos e inadequados para sua velocidade —, o ariano cede espaço ao parceiro no âmbito doméstico, deixando que tome as rédeas dos assuntos domésticos, tais como a culinária, a decoração e o rumo social, desde que em todos os aspectos o minimalismo permaneça o tema predominante. O estilo de vida ativo é crucial para o Carneiro, que nunca se satisfaz em ficar deitado no sofá, isto é, a não ser que haja alguém deitado ali.

O ariano deseja um companheiro de brincadeiras, e o envolvimento nos esportes será um fator crucial dos relacionamentos, pois ele estará sempre planejando viagens e excursões, não da variedade hotel-spa, mas sim daquelas onde ele encontrará muita ação. Tem uma preferência especial pelos ambientes ao ar livre e exige um companheiro suficientemente robusto para passar o dia todo caminhando e a noite toda montando. Na verdade, o simples fato de estar ao ar livre deixa excitado nosso Carneiro, e ele se delicia ante a idéia de fazer sexo com outro homem encostado numa árvore ou deitado no chão no meio do mato. Por outro lado, possuir um homem à força, em qualquer ambiente, figura em primeiro lugar na agenda sexual do nativo de Áries, sobretudo se houver um pouco de luta. A queda de braço é um grande e excitante jogo sexual do guerreiro do zodíaco, cujo fetichismo com coisas masculinas motiva uma inclinação por sungas com suporte atlético, meias sociais, conjuntos para prática esportiva, botinas pesadas, roupas da construção civil e às vezes um toque de couro. Ele gosta de uma certa disposição de luta no companheiro, e agrada-lhe conquistar o direito de ficar por cima do outro, o que explica sua aversão por homens submissos e excessivamente dóceis. O conceito de "tomar as coisas como homem" tinha de ser inventado por um nativo de Áries, para quem o sexo sempre tem um sabor de auto-erotismo; assim, subjugar e submeter sexualmente, por outros métodos, um companheiro másculo envia para a mente do ariano a mensagem certa, a de que ele é mais garanhão que o sujeito que ele está segurando de cara no chão. Fácil de entediar, como seu correspondente hétero, o ariano gay muitas vezes na vida sexual parte para uma dinâmica de rodízio, que não se deve em absoluto a seu interesse na quantidade de homens, sendo o resultado de seu gosto radicalmente específico. O companheiro deve manter o ariano sempre na dúvida, nunca ficando demasiado disponível para o Carneiro, de maneira que o elemento da conquista se conserve sempre vivo. Independente da preferência sexual, o ariano não deseja aquilo que pode obter com muita facilidade. Ele quer um relacionamento duradouro, pois o amante também fará a vez de melhor amigo. Mesmo assim, o Áries raramente é fiel numa base puramente sexual. Entretanto, não tem envolvimentos sentimentais, sendo eternamente fiel em suas emoções; a questão é que ele não consegue deixar de dar o recado ao ver em rabo quente — sexo rápido, seguro, fácil, sem compromisso e quase sempre sem revelar nomes.

O ariano costuma aderir a um círculo social quase exclusivamente gay, e que muitas vezes tem uma inclinação acentuadamente militante, não importa o quanto ele seja politicamente incorreto na vida particular. Sem levar, de forma alguma, uma cômoda existência conformista, ele pode ser muito eloqüente em relação a isso, embora, por outro lado, sua posição política nem sempre vá abranger a totalidade da comunidade homossexual. Publicamente, o amante sempre estará a seu lado, satisfeito em interpretar um papel secundário, atitude a que deve estar acostumado, dado o teor da vida particular que compartilham. Na verdade, as necessidades libidinosas do ariano devem sempre vir em primeiro lugar, e ele não se inclina a prestar serviço ao parceiro, que logo entende que a culminação de seu próprio prazer será um efeito colateral da licença dada ao ariano para exercer a própria vontade. Mas ainda que tudo esteja perfeito na cama, o nativo de Áries, excessivamente analítico, sempre achará algum "problema de relacionamento" para ser solucionado. Assim como ele se parabeniza por estar "comprometido" com uma relação — em função de sua abordagem egocêntrica da vida, é para ele quase um triunfo manter um vínculo amoroso com outro homem —, também não verá problema algum em arrastar o namorado para alguma "terapia de casal" em, digamos, dois ou três meses depois de começado o relacionamento. E adivinhe quem tem todas as reclamações! O ariano exige absoluta lealdade do amante. Os mais imaginativos (por falta de termo melhor) chegam a encenar um elaborado drama de senhor e escravo. Mas com aquele seu fraco por encontros eróticos fortuitos, ele não aceita submeter-se às mesmas regras rígidas, e disso não fará segredo. O que o ariano talvez não admita, entretanto, são as raras instâncias de sua vida em que lhe agradou ver o parceiro virar a mesa e ver a si próprio submetido à vontade de outro homem. Nessas instâncias, ele considera sua própria masculinidade realçada, pois somente se submeteria a um verdadeiro super-homem. Porém, essas ocasiões são assunto para o diário do ariano, ou para os recessos de sua cabeça regida por Áries. No entanto, suas visões são um pouco mais pitorescas — sozinho, em companhia do amante e companheiro, bagagens e barracas a reboque, em busca de aventuras e da sensação de unidade resultante da comunhão silenciosa e solitária com a paisagem ilimitada da vida.

Casais

Hétero

Homem de Áries / Mulher de Áries

Ele está buscando; ela está inalcançável. Ela é menos refinada do que ele desejaria que fosse; ele é explícito demais. Voluntariosos ao máximo, ninguém cede terreno sem lutar. Duas libidos ferozes, muita energia sexual.

Homem de Áries / Mulher de Touro

Ela é para ele o ideal ultrafeminino; ele realiza as fantasias dela de um garanhão com espírito empreendedor. Em matéria de casal, são clássicos: a taurina gaba-se de ser a mulher por trás do homem. Na cama, é amante do senhor lascivo.

Homem de Áries / Mulher de Gêmeos

Ela é uma nova ninfa para deflorar; ele é o bruto a que ela não consegue resistir. Às vezes puramente física no começo, esta ligação acaba por se fundamentar na amizade. Sexualmente, ela é incansável; ele tem a persistência necessária a sustê-la.

Homem de Áries / Mulher de Câncer

Ela é uma Cinderela, inspirando as fantasias de resgate tão típicas dele. Declarado cavaleiro andante de armadura brilhosa, ele é todo rosto cinzelado e intenções nobres. A co-dependência é uma armadilha. Porém, o amparo amoroso os fortalece. O relacionamento sexual é uma experiência de cura.

Homem de Áries / Mulher de Leão

A solércia e a autoconfiança da parte dela sugerem o sexo vigoroso pelo qual ele anseia. Para além de uma primeira atração mutuamente intensa, Áries e Leão compartilham uma ética tradicional. A relação sempre será sentida como um romance ilícito, proibido, e estimulante.

Homem de Áries / Mulher de Virgem

Ela parece tão pura quanto a neve recém-caída; ele encarna a ambição que ela acha tão atraente. Ele aceitará o patrocínio dela, que poderá administrar a carreira dele, e quiçá sua vida. Com freqüência, as necessidades entrarão em conflito. Mesmo assim, o sexo é uma revelação.

Homem de Áries / Mulher de Libra

Ela está buscando um romance sem complicação; ele parece o perfeito parceiro desobrigado. Desde o começo é uma luta pelo poder. Ambos são voluntariosos, quando não combativos. Na cama, eles fazem as pazes. O sexo é silencioso, mas pode beirar o perverso.

Homem de Áries / Mulher de Escorpião

Ela parece inatingível; ele luta para ganhar sua afeição. Indiferente no começo, ela acabará concordando com seu ardor. Freqüentemente, eles possuem tudo: boa aparência, sofisticação, dinheiro. Sua vida sexual é invejavelmente ativa.

Homem de Áries / Mulher de Sagitário
Ela é uma evidente portadora de mensagens sexuais; ele reage prontamente. Áries e Sagitário compartilham uma consciência do corpo — a cultura física é por vezes um fetiche. O sexo é sem rodeios, espontâneo; não há muita empolgação, mas tampouco é entediante.

Homem de Áries / Mulher de Capricórnio
Um par como poucos. A fé inquebrantável por parte dela, mais o espírito combativo por parte dele faz a vida ser vivida como uma cruzada. Ainda assim, independência é o mantra mútuo desses dois. Sexualmente, a capricorniana é menos hesitante com o ariano. De fato, ela se submete à vontade dele.

Homem de Áries / Mulher de Aquário
Ela guarda uma forte individualidade; ele é acessado emocionalmente por intermédio da associação deles. O crescimento intelectual é o resultado. O sexo é brincalhão e abundante. Na posição do missionário há mais prazer do que ela imaginou.

Homem de Áries / Mulher de Peixes
Ele encontrou aquela donzela extremamente recatada — poucas com tamanha inclinação a serem arrebatadas. De forma subconsciente ela busca sufocá-lo. Ainda assim, eles entram no jogo fácil de dar e receber. O sexo é carinhoso, com nuances edipianas.

Gay

Homem de Áries / Homem de Áries
Aparência bem cuidada e o amor às "grandes paisagens ao ar livre" são os traços comuns desses dois namorados da Barbie. O sexo será melhor no começo. Surgem preocupações em torno da falta de profundidade emocional ou espiritual. Para eles, a terapia de casal está freqüentemente nas estrelas.

Homem de Áries / Homem de Touro
Flacidez é um palavrão, portanto segue-se um estilo de vida de baixas calorias: nenhum dos dois morde mais do que pode facilmente mastigar. Um casal confiante — sexualmente compatível e igualmente autocentrado. Na cama, eles mantêm a simplicidade.

Homem de Áries / Homem de Gêmeos
O efeito de um sobre o outro é visceral — o começo de uma transformação total. Com Áries dominante, Gêmeos expressa seu lado submisso. Rica em lances dramáticos, a vida ganha realce. Sexualmente, cada um é a metade do outro.

Homem de Áries / Homem de Câncer
Câncer é o homem da vida de Áries. O ariano é alterado pelo humor e pela sensibilidade do Caranguejo. Eles têm a necessidade de obter sucesso; seu mantra é apoio mútuo. Vínculo dinâmico, porém com tendência à tensão. Sexualmente, é uma salada mista.

Homem de Áries / Homem de Leão
Dois personagens supermasculinos que se mantêm ao largo dos tipos femininos. Uma conexão intensamente sexual e bastante espiritual. Juntos, eles vêem a vida como diversão, e não como trabalho. O sexo é tão bom que se converte em preocupação.

Homem de Áries / Homem de Virgem
Pode começar como envolvimento sexual sem compromisso. O virginiano fica excitado ante a conduta autoritária do ariano. Porém, o vínculo entre eles rende uma sentida compreensão de si próprios. O sexo permanece livre, até certo ponto "aberto".

Homem de Áries / Homem de Libra
Áries e Libra formam um impressionante pacote — e eles sabem disso, pois a vaidade constitui seu traço definidor. A vida comum é estruturada, mas para os pratos da balança é uma luta se equilibrar sem muita oscilação. O ariano gosta de um toque de couro em seu libriano.

Homem de Áries / Homem de Escorpião
A ligação entre eles é elementar: o planeta Marte, sensual e agressivo, rege os dois signos. Áries e Escorpião compartilham uma profunda compatibilidade física. Escorpião é quase sempre o instigador. Emocionalmente a dinâmica deles é complexa — a raiva está sempre presente.

Homem de Áries / Homem de Sagitário
Estes signos de fogo compartilham uma série de qualidades: masculinidade palpável, o amor pelas aventuras, um obsceno senso de humor. Mesmo assim, há discórdia: Áries é todo certinho; Sagitário não. Na cama, os dois homens tentarão tudo em dose dupla.

Homem de Áries / Homem de Capricórnio
Áries é um ingênuo que venera o capricorniano bem-educado e mundano. Passada a fascinação, o foco se transfere para a amizade. Depois de um começo declaradamente sexual, o par poderá aos poucos se tornar abstêmio.

Homem de Áries / Homem de Aquário
Áries talvez precise de mais afeto do que Aquário está inclinado a oferecer. Mas quando a relação funciona, a individualidade e a independência aguardam. De certa forma, o sexo permanece comodamente casual. Outros casais com freqüência entram no mix.

Homem de Áries / Homem de Peixes
Por vezes, um par puramente físico. O pisciano é geralmente superficial ao perceber o vigoroso ariano como mera ferramenta sexual. Sob semelhante influência corruptora, aflora o barbárico e triunfante espírito erótico do Carneiro.

A mulher de Áries

a original

Para a mulher de Áries, a viagem existencial transcorre pelo caminho de menor resistência. Minimalista de primeira ordem, ela nunca sobrecarrega sua experiência com obstáculos desnecessários, obrigações, lances dramáticos ou envolvimentos emocionais embaraçosos. Pragmática nos objetivos artísticos ou profissionais, ela adota um plano definido para a realização dos mesmos, alcançando sucesso ao manter a vida simples e sacrificando facilmente os luxos supérfluos. Ela é a mulher mais ascética do zodíaco, e deixa especialmente de lado aqueles atributos femininos que a maioria das mulheres consideram essenciais. Chamá-la "a mulher dos homens" não é exagero, pois ela se sente mais identificada e à vontade com o sexo oposto que com o próprio. Ela vai aonde os homens vão; ela quer o que os homens querem — nada de duplo critério, e nada de contestação. No tocante ao sexo, a ariana é muito pouco puritana, e não precisa ser cortejada para manifestar seus desejos carnais. Ela busca satisfazer seu próprio e intenso impulso sexual onde, quando e com quem lhe "dá na telha". De fato, essa postura pouco cerimoniosa em relação ao sexo é um importante fator de definição da sua identidade. Para ela, os homens são, acima de tudo, objetos sexuais. Ela não planeja se apaixonar — há ocasiões em que se empenha ao máximo para não fazê-lo. Seu homem ideal é, igualmente, um individualista vigoroso de escassas necessidades emocionais e uma saudável disposição libidinosa. Nos enredos homossexuais, entretanto, ela se permite um pouco mais de indulgência: atraída por mulheres de fortes impulsos sexuais comparáveis aos seus próprios, ela estabelece vínculos quase sempre intensamente possessivos e psicologicamente intensos, além de explosivamente eróticos.

PRINCÍPIO

Com o primeiro preceito zodiacal, da essência primordial da dissolução de Peixes emerge a sólida energia física de Áries com seu Princípio Masculino diretivo de forma, objetividade e ação. A individualidade é crucial e a ariana tem uma extrema preocupação com a própria preservação. Ela é realista, pouco lhe importando as emoções ou preocupações espirituais, que, como tudo mais na vida, são simplesmente questões práticas. O pragmático lema do signo é "Eu sou".

Signo + Mente

Áries é regido pelo fogoso planeta Marte, que representa na astrologia o Objetivo ou Princípio Masculino. A personalidade de Áries se distingue, portanto, por ser ativa, diretiva e orientada para objetivos — aquilo que se reconhece universalmente como o poder produtivo "masculino", em oposição à energia passiva, subjetiva e receptiva considerada "feminina". Ser a nativa de um signo supermasculino significa, com efeito, que a ariana é a personificação da masculinidade sob forma feminina. Até aí, nenhuma surpresa: como sem dúvida concordarão todos os que estão intimamente associados com ela, a ariana é a garota menos "feminina" que se poderia encontrar. O signo número um da astrologia está associado ao nascimento, tanto na escala individual — o signo de Áries rege a faixa etária de 0-7 anos — quanto no espectro humano mais amplo, o advento de toda a Criação. Pode-se dizer que o Áries é a resposta astrológica ao Gênesis, ou mesmo à teoria do Big Bang: adequadamente, Áries é o único signo cardinal de fogo do zodíaco, e identificado, assim, com a chama, centelha ou fagulha iniciatória. De fato, arianos de ambos os gêneros manifestam, embora de forma diversa, essa energia explosiva, característica que freqüentemente é visível aos olhos da mulher de Áries, aos demais parece que são feitos de aço.

Ao discernir os arquétipos que podem oferecer um insight psicológico para o signo de Áries, ficam evidentes os protótipos masculinos, tanto no Adão bíblico quanto entre as figuras gregas do machão clássico, quais Zeus e Ares (o Marte romano) — personagens que encarnam a energia ígnea direta do homem de Áries. Entretanto, a ariana não é nenhuma Eva para seu Adão — persona representada pela taurina, que manifesta as energias opostas de subjetividade, passividade e de submissão. Em vez disso, para a ariana, a fêmea masculina, devemos discernir os semelhantes arquetípicos de Ares-Marte e Adão: Atena, a deusa clássica da guerra e da sabedoria, e Lilith, a primeira esposa de Adão.

À semelhança dessas duas valentonas primordiais, que, respectivamente, representam a visão nobre do poder-sabedoria da fêmea e seu lado oposto, a visão demonizada de tal força, a ariana é uma criatura que inspira respeito e que representa um desafio para o mundo masculino. Herdeira da imponente força feminina, não deve ser tomada levianamente. Embora seja fácil para seu correspondente masculino, alinhado com a polaridade masculina do próprio signo, ser ele próprio sem pedir licença ao mundo, nem ser questionado — o lema de Áries é "Eu sou" —, o indivíduo feminino do signo é alvo de intensa pressão ao plasmar e sustentar a própria identidade numa sociedade que só na história recente e, mesmo assim, em raras regiões ocidentais, começou a permitir à mulher todos os direitos e privilégios garantidos ao homem. A ariana não pode simplesmente abrir caminho nos chifres pela vida afora, à maneira típica do nativo de Carneiro. Só a manutenção de uma saudável distância das circunstâncias lhe permite uma adequada base privilegiada para tramar seus próprios sucessos. Como a bíblica Lilith, a ariana não se enquadra na visão patriarcal de feminilidade. Lilith gostava de ficar por cima e, portanto, não deixaria que Adão assumisse tal posição de poder, e por isso se retirou, escolhendo como alternativa viver junto ao Mar Vermelho (ou oceano de *sangue*, substância sob a regência planetária de Áries). Ao seguir este exemplo arquetípico, a mulher de Áries também procura seu frio distanciamento da dominação dos homens, recusando-se a corresponder à visão de mundo da mulher como criatura de subjugação. Seu característico isolacionismo não se deve realmente ao fato de que prefira ficar sozinha; não, ela tende a evitar a companhia de outras mulheres, sobretudo porque percebe a si mesma como um destaque e, portanto, quer ser percebida assim: não tanto por não ser como as outras, mas por não ver termo de comparação.

A Primeira Casa zodiacal, regida por Áries, é a da *visão mundana*, e também da *separação do ser*, da *individualidade*, da *personalidade* e do *interesse próprio*, alguns dos inúmeros atributos que são particularmente relevantes para a nativa do signo. Ao contrário da maioria dos seres humanos, que se beneficia da conexão com os demais, a nativa de Áries sobrevive na vida por meio de uma independência obstinada, quando não diretamente por via da segregação. Sob a influência de Marte, qualidades psicológicas e fisiológicas masculinas são muito óbvias na constituição dela, manifestando-se nesta moleca peralta, muito antes de começada a metamorfose para mulher adulta. Até onde sua memória alcança, são as companheiras de gênero, e não os homens, o que ela vivencia como "o outro". Quando atinge a maturidade sexual, entretanto, a ariana já não se entende tão bem com os homens, sem tampouco se sentir íntima das outras jovens. Bonita e confiante ao extremo, ela parece uma pessoa solitária e superior, ao invés de uma excluída social. Totalmente individual, ela consegue,

♂

SÍMBOLO PLANETÁRIO

A flecha (materialidade) emergindo do círculo (espírito) sugere a vida física a emergir da origem divina. Isso reflete o corpo de Atena, totalmente coberto pela armadura — o pictograma lembra um escudo e uma lança —, emergindo da cabeça de Zeus. O poderio formal é assim enfatizado em detrimento do conteúdo emocional ou espiritual.

QUADRANTE DO SIGNO

Os quadrantes zodiacais correspondem a planos metafísicos de existência: físico, emocional, mental e espiritual. O primeiro quadrante é o do eu e da percepção individual. Para a mulher de Áries, a importância está na santidade de suas idéias e liberdade pessoal. Para manter intacta sua identidade, ela por vezes busca a reclusão diante do que percebe como um mundo dominado pelos homens, de duplo critério e cheio de restrições.

com sua presença, fazer os outros se sentirem como um rebanho de carneiros. Desde cedo ela será rotulada, quase sempre, como "feminista", quando tal propósito político não podia estar mais afastado de sua intenção: o Áries não tem outras prioridades senão as próprias. Entretanto, ela rapidamente aprende que sua encenação de superioridade funciona como mágica para colocar os homens de joelhos a seus pés: enquanto todas aquelas "Evas" ficam timidamente em segundo plano, ela é a única a quem todos os homens olham cobiçosos. Mesmo sem se esforçar, ela parece inatingível, detalhe que só inspira os homens a persegui-la com redobrado vigor.

Em razão do símbolo de seu signo, o carneiro montês, a ariana lembra em muito a ovelha dos montes, que se mantém altiva em alguma escarpa isolada e varrida pelos ventos, enquanto os machos rivais se batem, na esperança de lhe conquistar o afeto. Aqui se evidencia a maneira pela qual a condição do signo cardinal de fogo se manifesta de forma distinta no macho e na fêmea: o inflamado nativo de Áries, que abre caminho a chifradas em tudo na vida, inclusive nas relações sexuais, encarna os objetivos de fogo do signo, sendo virtualmente um meteoro para quem lida com ele. Em contraste, a nativa de Áries é uma pessoa notoriamente fria, que inflama os outros à ação. Da mesma forma, Ares-Marte e Atena são ambos divindades guerreiras, mas enquanto Ares se lança com atrevimento ao calor da batalha, Atena é uma estrategista, é a deusa da "guerra prudente" (diplomacia) ou, conforme convém a seu status, a divindade tutelar da engenhosidade, a arte bélica. Assim é, em resumo, a nativa de Áries: em vez de se limitar a atacar seus objetivos e ambições, ela lhes arma uma tocaia. O mesmo acontece com o sexo: ela acende o fogo nos amantes potenciais, por ser, ao mesmo tempo, dona de uma indiferença segura de si — inatingível em seu "penhasco" de ovelha dos montes — e desconcertantemente acessível, mais enturmada que as demais garotas. Ela estabelece a si mesma como um objetivo para esses homens que tentam cativar-lhe o coração. Tal postura pode ser precária de manter: ao se orgulhar de ser exclusiva, uma original, ela projeta superioridade, fomentando o desprezo nas outras mulheres, cujos atributos femininos e sorrisos sociais ela só pode considerar presunçosos. E assim a ariana se equilibra entre a promoção da estima e do desejo, por um lado, e a exposição ao escrutínio e à zombaria, pelo outro.

A associação da nativa de Áries com a faixa etária de 0-7 anos, o advento do nascimento para este signo, o Gênesis zodiacal, é altamente relevante. De fato, o pictograma de Marte, apesar de sua evocação gráfica da genitália masculina e o fato de sinalizar, em todo o planeta, o banheiro masculino, pode ser

PICTOGRAMA DO SIGNO

A cabeça e os chifres do Carneiro significam a expressão da mente e a emergência da identidade. Alternativamente, ele evoca a górgona coroada de serpentes, o poder vingador feminino, que Atena usa no peitoral. A ovelha era a forma animal da deusa primordial. O pictograma também evoca a fronte e o nariz de um ser humano, simbolizando a sabedoria adquirida por intermédio dos instintos.

ELEMENTO + QUALIDADE

O elemento fogo conota vida e poder criativo. A qualidade cardinal sinaliza ação e iniciativa. Juntos, a combinação cardinal-fogo específica de Áries é mais bem ilustrada como uma centelha ou súbita explosão de chamas. A nativa é uma instigadora de primeira ordem, sempre de olho na produtividade, como a que pode surgir quando explode a tampa que cobre situações reprimidas.

lido como simbólico do nascimento: o corpo (flecha de matéria) emergindo do útero (círculo divino). Embora a ênfase do nativo de Áries esteja no fato do nascimento, dando origem a questões da vida inteira ao longo do tema do direito congênito legitimado, para a mulher de Áries é o aspecto feminino do pictograma — o círculo evocativo do útero — que lhe fala à condição humana específica: ela vivencia a vida como criadora, e com freqüência a criadora que escolhe permanecer numa pequena bolha isolada, parindo suas concepções para o mundo. Afinal, essa filha de Atena é reputadamente artesanal em seus esforços profissionais, preferindo trabalhar sozinha, num ambiente isolado, e em seu próprio ritmo, difundindo seus produtos com o mínimo de interação social. É espantosa a quantidade de nativas do signo que trabalham com as mãos, nas artes plásticas — principalmente na criação e manufatura de cerâmicas, de têxteis e outros produtos afins. Freqüentemente, também, seu artesanato característico se manifesta como literatura, sendo as palavras de sabedoria o domínio diplomático de Atena. Poucos indivíduos do zodíaco são tão inteligentes quanto ela, e por vezes a produção de textos — criativos, filosóficos, jornalísticos, acadêmicos ou psicológicos — se converte em sua perfeita vazão. Seja qual for a atividade, uma coisa é certa: a mulher de Áries mantém uma saudável atitude de distanciamento e objetividade em relação à sua vocação, e raramente é consumida por tentativas, ou se perde nelas. Uma realista de primeira ordem, a ariana jamais delira em relação às suas habilidades, apesar de ter um ego obstinado regido pela Primeira Casa. A nativa de Áries adota em relação à vida uma abordagem de guerreira e raramente se sente desafiada — impaciente, sim — ou desanimada pelo escárnio ou pelos detratores, que se enquadram na categoria de outros não significativos que ela se empenha em derrotar com seu engenho. A rigor, um sintoma primordial da correspondência do Áries ao grupo etário 0-7 anos é a natureza voluntariosa da ariana — ela é uma eterna criancinha de dois anos: quando quer alguma coisa da vida, simplesmente não aceita a idéia de não consegui-la; e não está acima de ter o mais explosivo ataque de fúria se não conseguir. Para ver em ação na ariana o denodo cardinal do elemento fogo, basta colocar-se entre ela e seus objetivos desejados, ocasião em que toda sua diplomacia ateniana se esvai. Para garantir seus propósitos ou planos, ela irá deflagrar uma guerra total. Qual criança que começa a aprender a se relacionar com os outros, a ariana age como se a interação sempre fosse, aparentemente, algo novo para ela, cuja vida inteira é um processo de aprender a compartilhar, a cooperar e, concretamente, a jogar limpo. Francamente, ela só visa aos próprios interesses, adotando, no extremo, a opinião de que, por

POLARIDADE

As mulheres de signos masculinos (fogo, ar) não estão alinhadas com a polaridade de gênero de seu signo, e assim representam, em vez de encarnar, a combinação qualidade-elemento no signo. Portanto, a ariana procura "atear fogo", produzindo fumaça para desalojar problemas e dessa forma provocar resultados desejados. Como a principal estrategista do zodíaco, ela é capaz de irritar os outros até a fúria ou de algum outro modo levá-los a forçar a mão, enquanto permanece fria, calma e serena.

1

NÚMERO DO SIGNO

O fato de o número um ser o mais solitário de todos não é tipicamente um problema para a ariana amante da privacidade. A independência é uma preocupação importante, e vivenciar uma certa unidade com a existência é algo para o qual ela está capacitada. Ao contrário de outras, a ariana não sente uma ardente necessidade de encontrar parceiros.

0-7

ASSOCIAÇÃO ETÁRIA DO SIGNO

A faixa etária da individualidade. A vida inteira a ariana personifica um pouco a energia da "criancinha rebelde", distinguida por obstinada adesão a necessidades egoístas, relutância em compartilhar e capacidade de se entregar a um intenso ataque de fúria, se contrariada ou desafiada.

PSICOLOGIA

A mulher de Áries pode ser egoísta ao extremo. Tipicamente desprovida, até certo ponto, de compaixão, sente por vezes um forte desprezo pelas outras mulheres. Falta-lhe empatia e pode ser levada a condutas pouco honestas ou à trapaça, por seu espírito competitivo. Tem muita dificuldade em assumir compromissos românticos e às vezes prefere abandonar o relacionamento a buscar um diálogo para a conciliação. Sexualmente liberada, ela não considera a fidelidade um aspecto particularmente forte.

exigir tão pouco na vida, ela tem, portanto, direito àquilo que reivindica — quer se trate de propriedades, de oportunidades, de posições de poder, ou de pessoas. Além disso, como a criancinha ao ver outra apanhar um dos brinquedos que ela espalhou, muitas vezes a nativa quer as coisas simplesmente porque não pode tê-las. Independente da situação, de trabalho ou de prazer, e apesar de seu típico ar de desprendimento, no trato com a ariana poderíamos jurar, por vezes, que a qualquer momento ela faria o equivalente adulto de jogar para o alto o tabuleiro de jogo com todas as peças, seja por estar ganhando ou por ter sido apanhada trapaceando, o que, em função de seu temperamento de criança gananciosa e malcriada, ela é bem capaz de fazer.

Excetuando-se os típicos acessos de raiva, a nativa de Áries é por outro lado bastante desprovida de emoções. Ela só parece capaz de sentimentos na medida em que as circunstâncias lhe dizem respeito, e falta-lhe por vezes um olhar solidário em relação ao outro. Seu olhar é de aço, qual o de sua deusa regente de olhos acinzentados. E se você não acredita no que estamos dizendo, pergunte à mãe dela, da qual a ariana jamais pareceu solicitar terno cuidado ou simples calor. Ela não tem necessidades, mas exige atenção e o consentimento para exercer sua vontade de aço. Exatamente como a deusa Atena surgiu da fronte de Zeus, assim também a ariana está alinhada com o pai. Ela é uma versão feminina dele; e sintonizada com seu arquétipo, a filha cerebral do pai. Normalmente gerada por um homem independente e bem-sucedido por esforço próprio, a ariana enxerga no pai uma figura que desfruta de perfeita autoridade e inconteste liberdade na vida familiar — e ela pensa: "Isto é para mim." E aí está: as primeiras sementes da necessidade dela de ter uma identidade inalienável começam a germinar como os chifres do carneiro simbólico do signo. Exatamente como Zeus deixou de herança para Atena a "égide", seu possante peitoral de pêlo de carneiro, assim também o estilo de vida, a atitude e, por vezes, a escolha profissional do pai da ariana tornam-se a égide protetora sob a qual ela encontra sua identidade pessoal e/ou profissional. Mesmo assim, as garotas de Áries sentem algum vestígio de compaixão, não importa quão tênue, por suas mães. Enquanto para o menino ariano a criação pode ser indulgente e quase emasculante, a atitude leniente da mãe da menina ariana inicia um referencial de auto-suficiência que começa a se manifestar já na primeira infância. Embora não sinta necessariamente desdém pela mãe, a nativa de Áries sente pena dela por ter, como lhe parece, sublimado suas próprias necessidades e objetivos diante daqueles do marido — o que a menina de Áries está decidida a jamais permitir. Afinal, Atena teve uma mãe — Métis (deusa da prudência)

— que, segundo profetizado, daria a Zeus o filho que o deporia, exatamente como Zeus (Júpiter) havia destronado o próprio pai Cronos (Saturno), que igualmente matara o próprio pai, Urano. Uma família feliz! Mas Zeus engoliu Métis transformada em mosca para evitar que a profecia se cumprisse. E a menina ariana também sente que o pai "engoliu" a mãe dela por intermédio do casamento; porém, não se rebela contra o pai. Afinal, ele é seu maior fã: como Atena, que era a filha favorita de Zeus, a menina de Áries pode ser os filhos que o pai nunca teve, mesmo que ele tenha outros filhos de sexo masculino. Com freqüência, Áries vem de uma família grande com muitos irmãos, na qual a mãe é suprimida, sobretudo pelos homens da vida dela — uma espécie de patriarcado doméstico. À luz daquilo que ela vê como a relação dos pais, a ariana associa feminilidade à fraqueza e identifica a força com a presença masculina do pai. No entanto, conforme veremos, ela abomina a idéia de entrar numa relação com um homem forte e capaz de desafiar a necessidade que ela sente de liberdade e da própria identidade em formação, demasiado precária.

ARQUÉTIPO + MITO

A ariana personifica as deusas clássicas da sabedoria. Como Lilith que precedeu Eva como esposa de Adão, a deusa grega Métis (deusa da prudência) é a esposa de Zeus que precedeu Hera e que mora na cabeça de Zeus. Métis é, ao mesmo tempo, Atena (sabedoria), que nasceu já adulta da cabeça de Zeus, o arquétipo primordial da nativa de Áries é Atena, a deusa da guerra, mas também da prudência, diplomacia e estratéqia. Palas Atenas sugere uma natureza fálica, guerreira. Protetora das artes, a ariana possui também grande sensibilidade para o artesanato. Como essa "deusa virgem", a nativa de Áries não quer ser incomodada pelos homens.

Corpo + Alma

A nativa de Áries é um espírito indomável que aparentemente existe para ilustrar o que a mulher é capaz de alcançar por conta própria, contra todas as probabilidades sociais. Ela é uma pioneira, um símbolo de força, de autoconfiança e liberação. Este fato surpreende em especial quando consideramos a lista de mulheres icônicas de Áries na tradição afro-americana dos Estados Unidos, que inclui algumas cantoras valentes como Bessie Smith, Pearl Bailey, Aretha Franklin, Sarah Vaughn, Billie Holiday e Diana Ross — artistas pioneiras que só podiam ter nascido sob o signo do Carneiro. Naturalmente, esta é uma turma corajosa, conforme se evidencia uma lista contínua de atrizes do signo de Áries — Gloria Swanson, Bette Davis, Joan Crawford, Sarah Jessica Parker, Julie Christie, Emma Thompson, Simone Signoret, Jessica Lange, Robin Wright Penn, Reese Witherspoon, Lara Flynn Boyle e Julia Stiles —, nenhuma das quais, na tela ou na vida real, conseguiu retratar, convincentemente, a donzela em perigo. Este é o signo de Camille Paglia, Maya Angelou, Jane Goodall, Eudora Welty, Gloria Steinem, Erica Jong e Clare Booth Luce, um grupo de meninas atrevidas que não pedem licença e cuja beleza provém da recusa de sucumbir à visão frívola da sociedade daquilo que deve ser a feminilidade. Em nenhum outro lugar senão nessa fatia demográfica feminina você verá tão poucos sutiãs por cabeça.

BÍBLIA + LITERATURA

O arquétipo de Áries e Lilith, a primeira companhia de Adão, que não se conformou com um relacionamento dominado pelo homem, seu nome remete ao lírio de lótus, símbolo do poder de órgão genital feminino. Raquel, chamada "a ovelha sagrada", foi uma das matriarcas da cultura hebraica. Na literatura moderna, o protótipo da ariana é encontrado em elegantes destruidoras de coração, como Lady Brett Ashley, de Hemingway, na revolucionária Jo, do ironicamente intitulado *Little Women*, de Louisa May Alcott, e na invariavelmente lésbica Xena, a princesa guerreira.

Se você reparar numa beldade longilínea, natural, despida de complicações, na companhia exclusiva de homens, possivelmente tomando bebida alcoólica pura e tagarelando, ainda que em voz baixa, como um marinheiro, é possível que esta mulher seja do signo de Áries. Ser ariana é uma atitude: como alguma heroína ardente, porém distante, dos romances de Hemingway, ela habita livremente os ambientes masculinos, confraternizando-se com os companheiros que podem muito bem fazer a vez de parceiros sexuais. Para os homens, ela é deliciosamente original, uma mulher que encontra homens e os aceita nos próprios termos deles. Até um celibatário confesso sente que pode ficar à vontade, que não precisa alterar seu comportamento em relação a ela, que é mais um dos rapazes, e com o guarda-roupa combinando. Embora, na maioria das ocasiões, seja uma dessas mulheres nas quais tudo assenta bem, seu traje preferencial consta de jeans e camiseta. E isso não exclui a capacidade de se enfiar num vestido justo e colante e parecer o próprio modelo da feminilidade. Porque, para grande perturbação das outras mulheres, ela também é capaz desse truque; embora com a mesma desenvoltura com que se mete em seu jeans 501 da Levi's. A preferência por estilos masculinizados transforma-a numa criatura ainda mais fascinante, criando um forte contraste com sua aparência ingênua de cordeirinho. Embora exista o que pode ser chamado de "ariana sombria" — uma modalidade ainda mais resistente, de olhos ágeis e coruscantes e uma conduta intensamente terrena, quase de mulher das cavernas —, a ariana é, em geral, mais alta, mais magra e mais clara que os outros membros de sua família, independente da etnia. Os cabelos, também mais claros, são por vezes finos, secos e lisos; ela tende a usá-los longos, num penteado solto ou optar por um corte reto simples ou pelo estilo pajem. Porém, é sempre o rosto desta mulher, uma característica regida pelo signo de Áries, o que mais surpreende: uma estrutura óssea decididamente escultural torna o rosto largo e plano — que não se distingue tanto pelas maçãs da face quanto pela configuração dos outros traços —, olhos arredondados e sobrancelhas espessas, o nariz pequeno e reto, a boca em forte proximidade com os outros traços, bem abaixo da linha média do rosto, o que lhe confere para toda a vida uma beleza infantil. A boca é uma contradição, com o lábio inferior generoso e o superior delgado; este às vezes parece inexistente. A fronte é alta, o que lhe dá um ar de sabedoria e nobreza. O mais notável é que a pele da ariana parece esticada sobre o plano bastante amplo do rosto, como uma tela esticada e tensionada pelas cravelhas do bastidor apertado. Essa aparência achatada faz com que lembre um pouco uma coruja (não surpreende que seja o pássaro sagrado de Atena). Ela pode ter vestígios quase invisíveis de pelinhos finos e infantis ao longo dos maxilares; mas, tipicamente, com poros tão minúsculos, sua pele parece impecável e tem a textura da porcelana. Em geral, não apresenta sardas nem sinais. Sob as bochechas relativamente pronunciadas, os maxilares da ariana são proeminentes e podem até se projetar um pouco para diante (com freqüência ela sente muita tensão nessa área, que pode se transformar num ponto problemático, uma região na qual se concentra todo o estresse). O pescoço, ligeiramente retesado, também aparenta tensão. Mas o rosto é honesto e franco, definido pelos olhos de uma frieza desconcertante, freqüentemente pálidos, de tom cinza-azulado ou castanho-claro e colocados num bonito leito de linhas expressivas, que cedo demais se transformam em pés-de-galinha, se ela não for cuidadosa, e por um batalhão de dentes brancos e delicados a brilhar num sorriso em que as gengivas ficam à mostra.

As costas e os ombros da ariana são fortes e retos, a cabeça é alta, ela exibe uma postura perfeita ligeiramente inclinada para a frente, com os braços finos e firmes. Em geral, não tem seios grandes; e no caso excepcional de tê-los, eles serão firmes como se feitos de músculos — nos dois casos, ela exibe peitorais desenvolvidos sob os seios. As aréolas são espetaculares, e os mamilos protuberantes ficam rígidos e longos quando ela está excitada, causando neste estado quase tanta dor quanto prazer. De linhas tipicamente mais delicadas em cima e ossos largos embaixo, a ariana mesmo assim não apresenta muitas curvas no corpo, cuja cintura pode ser bastante alta; os quadris praticamente não existem, e ela tem pernas longas, de coxas fortes, embora aerodinâmicas, que se prestam bem ao atletismo — de uma forma ou de outra, um aspecto definitivamente característico de seu estilo de vida. Suas articulações tendem a ser frouxas, o que mesmo lhe garantindo uma aparência flexível, também pode conferir um aspecto vacilante de marionete. Essa qualidade é acentuada por uma bacia proeminente e projetada para a frente, justaposta a uma musculatura alongada das coxas, criando um espaço vazio entre as pernas — este é o segundo ponto, depois do rosto, que atrai o olhar do observador. Embora no todo a nativa não tenha muitos pêlos supérfluos — mal necessitando depilar as pernas e axilas —, sua região púbica é coberta de pêlos abundantes, que podem se espalhar pela pronunciada pélvis, e ficar pendurados como uma barba na famosa encruzilhada entre as pernas. Ali nunca falta umidade, pois a energia centrífuga de Marte fornece todas as efusões prazerosas de que ela necessita; e exatamente como os mamilos, o clitóris também se expande facilmente, talvez em virtude da regência de Marte sobre os elementos mais protuberantes do

CASA
ASTROLÓGICA
IMAGEM PESSOAL

individualidade
identidade
personalidade
constituição
fisionomia/aparência
temperamento/
disposição
inclinações
auto-expressão
como somos vistos
apresentação pessoal
forma/condição física
linguagem corporal
saúde
condicionamento
primeiros anos
abordagem à vida
visão de vida
atitude
aparência
recomeços
espírito de iniciativa
preocupação consigo
própria
interesses individuais
separação
autopercepção
idiossincrasias
reações naturais
instintos
primeiras impressões
objetividade
mente/psiquismo
metas e objetivos
adaptação à
experiência

PALAVRAS-CHAVE

identidade
separação
mente
prudência
ânimo
distinção
independência
inconformismo
diplomacia
estratégia
feminismo
desapego
distensão
austeridade
intenção
singeleza
controvérsia
condicionamento físico
libido
exibição
energia
execução
premeditação
presença
entusiasmo
competição
simplicidade
liberação
desprezo
espírito de cálculo
engenhosidade
brio
discrição
circunspecção
constituição
atitude
antecipação
idiossincrasia
espírito incisivo
tato
severidade
solenidade
habilidade

aparelho reprodutor de ambos os sexos, isto é, o pênis e o clitóris. Assim, não é de admirar que o nome completo do arquétipo mitológico da ariana seja *Palas Atenas* — como um *palo* ou falo anexado ao nome dessa deusa feminina, sugerindo sua condição como a original deusa hermafrodita do panteão. Realmente, o "botão do prazer" da ariana pode se projetar de forma ultrajante, levando a crer que esteja tentando substituir o mítico pênis ausente.

A ariana caminha com molejo, os movimentos um pouco balançados, embora nunca desprovidos de graciosidade. Trata-se apenas de um pouquinho da energia de um garoto, a ricochetear pela sua forma feminina, que às vezes lembra a de um elfo. A ariana pode ser bastante brusca, ríspida ou diretamente insolente, num primeiro encontro, encarando com ceticismo, e sem muita sutileza, as pessoas que não conhece. Extremamente consciente de seu território, ela encontra seu domínio habitual no meio dos homens. Portanto, se estivermos, digamos, numa festa e os presentes se agruparem pelo critério de gênero, como de praxe, constataremos que a típica ariana não irá ajudar na cozinha; em vez disso, ficará rondando a churrasqueira, ou se sentará no bar, ou sairá correndo para a mesa de bilhar, para a degustação de charutos e conhaque, ou se juntará de algum outro jeito à rapaziada. Muitas vezes ela se agarra a algum homem que não é seu namorado, nem marido, nem necessariamente acompanhante, fazendo pelo resto da noite uma dobradinha com um velho amigo ou até um novo conhecido (para desespero do par dele). Quando ri, sua risada é alta e monótona, bem parecida com a fala, e mantém os maxilares trancados e o corpo imóvel e ereto.

Sente-se uma grande vitalidade nesta mulher: ela irradia saúde e parece capaz de enfrentar enormes desafios físicos. Se fosse uma árvore, seria um cruzamento de salgueiro e carvalho — uma árvore alta, leve, de ramagem em pluma, e ainda assim vigorosa e cordial. Pode-se considerá-la toscamente feminina, mais que ambiguamente andrógina, uma beleza agradável que, além de despertar admiração, atrai sexualmente a homens e mulheres.

Sexo + Sexualidade

Como os semelhantes se atraem, o ideal físico da ariana é um homem forte e viril, capaz de lhe fornecer a promessa da atividade sexual vigorosa pela qual anseia. Ainda assim, como ela procura não repetir os erros cometidos pela mãe, eles também devem ser do tipo calado. Nenhuma dose de cautela tomada ao entrar numa relação com um homem tirânico substitui a prudência de saber evitar a entrada nesta relação, para começo de conversa. De fato, dentre todos os signos do zodíaco, masculinos ou femininos, nenhum é mais indiferente à noção de relações permanentes que a mulher de Áries. Porém, como nativa da Primeira Casa da *condição física*, ela não consegue viver sem atividade sexual, que deve constituir um elemento quase diário de sua rotina. Como qualquer homem estereotipado, a ariana está constantemente à procura de "pegar alguém", sempre com a desculpa nos lábios de não estar em busca de nada mais "sério". Afinal, a condição de melhor partido do século exige dela que permaneça disponível, ou que pelo menos o pareça. Embora a ariana acabe procurando uma companhia duradoura, ela nunca está pronta a se lançar de cabeça no casamento — a nativa de Carneiro sempre deixa as opções em aberto. Além disso, esta mulher decidida tem sua própria sarna para coçar. Inequivocamente alerta para os atributos físicos dos homens, ela é a consumidora de sexo que pesquisa antes de comprar. Portanto, de acordo com isso, na juventude ela costuma se associar com rapazes mais velhos e mais espertos, pois é incapaz de suportar a idéia de ser a namoradinha de colégio de alguém. Por outro lado, à medida que amadurece, passa a preferir homens mais jovens, confiantemente buscando garanhões avantajados e capazes de oferecer na cama exercícios pesados, mas que, à semelhança dela, não estão procurando se amarrar. Em geral, a ariana encontra pouca dificuldade em cumprir essa agenda sexual tão direta.

Quando a vida de solteira perder o encanto — para muitas, jamais perderá —, a nativa de Áries ainda continuará a evitar as personalidades dominadoras, selecionando homens que lhe ofereçam carinho, ao mesmo tempo permanecendo bastante fáceis, para que ela sempre possa se afirmar. E dada a grande quantidade de machos pouco comunicativos e reticentes no conjunto genético, ela poderá se relacionar com muita facilidade. Mesmo assim, ela mantém por longo tempo no vestíbulo de sua vida afetiva um companheiro potencial, antes de permitir que ele penetre no sacrário. Enquanto isso sempre haverá, é claro, no mencionado vestíbulo, uma porta que leva ao quarto de dormir. Ela não tem, como tantas mulheres, uma lista quilométrica de qualidades a exigir de um homem. Para a nativa de Áries, trata-se de uma barganha: como ela exige manter absoluta autonomia dentro do relacionamento, não pode ficar escolhendo muito. Uma dinâmica na qual ela às vezes incorre, embora de forma subconsciente, é manter uma relação que prove concretamente o acerto de todas as idéias que formou a respeito da tirania dos homens sobre as mulheres. Levantando

REGÊNCIA DO CORPO

Áries rege a cabeça, o que no caso da mulher ariana aponta para a necessidade de uma mente independente, além de uma visão estratégica da vida, distinguida pela prudência e a autoproteção. Marte rege os traços masculinos nos dois sexos, o sistema supra-renal, que sinaliza a fuga, em vez da luta, nas nativas do signo. O planeta também controla funções corporais de movimento externalizante como a lubrificação genital e a expulsão do óvulo durante a menstruação.

os braços em admissão de derrota, como a dizer que não adianta ficar travando essa milenar guerra dos sexos, ela recua para uma vida ainda mais solitária, com aventuras sexuais sem compromisso.

Começar um relacionamento sempre parece para a nativa de Áries como entrar num acordo, cujos termos são a aceitação por parte dela de uma quantidade imensa de manias e/ou deficiências, em troca de manter as rédeas soltas. Liga-se com freqüência a um homem que não parece nem um pouco "à altura" dela, principalmente diante da fila de homens que desejam sua modalidade de afeto desafeiçoado, aquele relaxado vínculo amigável prometido por ela. O homem escolhido pode ser até deficiente, se não físico, então emocional ou psicológico. Isto pode ser para ela o "salvo-conduto" — como se dissesse: "Vou aturar suas deficiências, então você devia dar graças a Deus de eu ainda estar aqui." O interessante é que, enquanto o homem de Áries procura a perfeição absoluta na companheira potencial, semelhante ao mitológico romance ilícito entre Ares e a megapiranha, a deusa Afrodite (casada com o deus Hefesto, coxo e corno), Atena, como a antítese de Ares, era amplamente venerada em templos compartilhados com aquele mesmo deus ardoroso; alguns eruditos alegam que eles seriam igualmente consortes sexuais. Da mesma forma, a nativa de Áries pode montar casa com um personagem "aleijado", cuja deficiência usará de forma inconsciente como influência contra o sentimento de culpa pela própria incapacidade de plena dedicação. Seja como for, o que ela está procurando é uma relação realista e "operacional" — por ser uma relativa descrente nos vínculos espirituais — que se ajuste a seu pendor independente, ao mesmo tempo em que satisfaz uma necessidade básica de companhia. Para sermos justos, vale mencionar a existência de um tipo de grupo dissidente de arianas, aquelas nativas que sentem uma forte compulsão de coabitar ou de se casar como meio, ironicamente, de angariar literal apoio para seu estilo de vida, afora isso "independente". Mesmo assim, ainda quando perdidamente apaixonada, a ariana típica detesta se casar e se tornar legalmente comprometida.

A coabitação com um homem comum e humilde, que não fará exigências indevidas, na verdade impulsiona a eterna busca da ariana por uma liberdade cada vez maior. Exatamente como o golpe de martelo desferido por Hefesto, que libertou Atena da cabeça de Zeus, um homem gentil desprovido de propósitos de dominação manterá acesa a fornalha doméstica, enquanto a nativa de Áries emerge como diva do mundo deste homem. Tipicamente, seu parceiro ideal será um artesão como Hefesto, pois a presença de um brutamontes de patas calejadas no *front* doméstico irá mantê-la sexualmente saciada (ela não

MULHERES FAMOSAS DE ÁRIES

Feministas audazes e rebeldes ferrenhas

Gloria Steinam
Camille Paglia
Jane Goodall
Erica Jong
Bette Davis
Joan Crawford
Gloria Swanson
Billie Holiday
Diana Ross
Julie Christie
Robin Wright Penn
Sarah Jessica Parker
Sara Michelle Geller
Cynthia Nixon
Kate Hudson
Patricia Arquette
Reese Witherspoon
Julia Stiles
Claire Danes
Paulina Porizkova
Catherine Keener
Jessica Lange
Ellen Barkin
Emma Thompson
Emmylou Harris
Elizabeth Montgomery
Cloris Leachman
Doris Day
Debbie Reynolds
Shirley Jones
Amy Sedaris
Maria Bello
Jane Adams
Norah Jones
Ashley Judd
Lara Flynn Boyle
Elle McPherson
Dusty Springfield
Terre Roche
Michael Learned
Jennifer Esposito
Hayley Mills

quer *ser obrigada* a sair da linha). A nativa de Áries aprecia as feições firmes tanto quanto o trabalho árduo — nada de estetas bonitinhos ou sonhadores intelectuais para esta sensual atiradora. O que ela deseja do companheiro é a carne física, e não os conselhos de moda ou as elucubrações existenciais. A ariana assume naturalmente a própria superioridade sobre seu outro significativo, sobretudo em termos intelectuais; portanto, não quer ver grandes indícios do contrário. Sentindo-se mais homem que a maioria dos homens, ela deseja um sujeito com o qual, por contraste, tenha a chance de ser sua identidade mais feminina, principalmente quando sabe que, ao sair da cama, será ela quem vestirá as calças. Às vezes, porém, seu julgamento pode se equivocar, e na busca fisicamente focalizada de homens cada vez mais inchados de testosterona, ela pode fisgar um indivíduo violento, que usará seu corpo masculino de forma mais agressiva que o esperado. Essas armadilhas do personagem feminino parecem saídas das páginas de um romance de Hemingway — como na obra *O sol também se levanta*, Brett Ashley e sua inclinação por toureiros machões e sanguinários.

Bastaria dizer que a nativa de Áries não possui uma sexualidade sutil. No entanto, apesar de sua maneira direta e petulante, ela está imensamente sujeita a mal-entendidos, e com freqüência é percebida como provocadora e calculista pelos homens que impõem o duplo critério de julgamento, negando à mulher a mesma liberdade de "amar e deixar" que eles aceitam dos homens. As mulheres podem simplesmente rotulá-la de "fácil" — uma típica projeção da própria repressão sexual. Afinal, a maioria não aceita bem as influências astrológicas do pragmático Marte sobre a nativa de Áries, que lhe *força* a libido a entrar em ação. Ela não tem nem tempo nem inclinação para mandar convites, de teor hormonal ou não; tal focalização nos outros vai contra a natureza dela e é sentida como imposição sobre o seu caráter decidido, e, por que não dizer, um falso desperdício de tempo. Semelhante deferência para com um homem é o que ela considera a suprema derrota de sua mãe — e, de fato, da maioria das mulheres. Dispensar é uma coisa; ser dispensada é outra bem diferente.

Sexualmente, a ariana age por impulso e reage a tudo que lhe desperta atração física. Só quando um homem consegue realmente lhe fazer fluir os líquidos regidos por Marte, ela dá a ele bons momentos. Sufocar tais impulsos parece um atentado à natureza. Ao contrário da crença popular entre as mulheres que viram seus homens serem arrebatados pela ariana, esta não é conivente nem mesmo calculista — ela simplesmente obedece aos sinais enviados por seu corpo, sentindo-se justificada em fazê-lo. Não há nada romântico nem emocional em

Simone Signoret
Aretha Franklin
Mariah Carey
Bessie Smith
Loretta Lynn
Pearl Bailey
Celine Dion
Sarah Vaughan
Maya Angelou
Chaka Khan
Luise Lasser
Ruth Page
Paloma Picasso
Olívia Hussey
Armanda Plummer
Ali McGraw
Lena Olin
Victoria Beckham
Annabella Sciorra
Claire Booth Luce
Mary Pickford
Marguerite Duras
Ann Miller
Betty Ford
Jane Mansfield
Flannery O'Connor
Barbara Kingsolver
Eudora Welty
Rhea Perlman
Janis Ian
Santa Teresa de Ávila
Madre Hale
Isak Dinesen
Lucrezia Borge
Rosie O'Donnell
Lucy Lawless
Sandra Day O'Connor
Reba McEntire
Selena
Marsha Mason
Claudia Cardinale
Ethel Kennedy
Liz Phair
Keri Russell
Dianne Wiest
Astrud Gilberto

Símbolo mítico de Atena, cujo asteróide ou "planetóide" homônimo Palas também carrega o símbolo *yoni**, um diamante encimando uma cruz.

suas ações. Em geral, ela não é passional o suficiente para sequer agir como predadora. Poucas arianas desejam ter tanto trabalho. Por outro lado, ela é capaz de espumar de fúria se um homem não morder a isca — e ficar tão desatinada quanto Atena ao ver Páris considerar Afrodite mais bonita que ela. A partir daí toda a diplomacia foi jogada pela janela e começou a guerra total (de Tróia). O desprezo é o único sentimento que ela não tolera receber de um homem.

É claro que no tocante às relações sexuais, a ariana pode ser uma verdadeira hipócrita: tudo bem ela ficar de olho em todo mundo, seguindo seus impulsos "honestos"; mas basta surpreender o namorado firme saindo da linha, para jogar fora todo o discurso ideológico sobre a igualdade de direitos nos relacionamentos. Para a nativa de Áries a rejeição é como uma condenação; é ela quem costuma se servir no bufê de carne masculina, cuspindo fora a seu prazer os pedaços mastigados. É claro que essa visão unilateral das relações é uma seqüela da formação recebida: o pai deve ter escapado incólume de uma série de aventuras extraconjugais, mas a mãe não poderia de forma alguma ter alimentado tais veleidades para si mesma. E a nativa de Áries espera que o mesmo critério duplo se aplique às suas relações. Ela precisa ter, no mínimo, aquilo de que o pai desfrutou — normalmente aspira a ter mais que isso. Suplantar o pai é uma força subconsciente hereditária — conforme mencionamos, talvez siga a mesma profissão do pai, só para um dia ultrapassá-lo. Inconscientemente, procura castrar o pai pelo que considera a forma indigna como tratou a mãe. Uma parte integrante daquela castração subliminar — aliás, de onde Atena obteria aquele falo suplementar? — é a tendência da nativa de Áries para botar chifres nos homens de sua vida. Naturalmente, é preciso ter colhões para tanto. O que talvez não seja levar a metáfora muito longe — de todas as mulheres, a nativa de Áries é o pior caso imaginável de inveja do pênis. Às vezes isso não é tão ruim: o tipo de homem forte e calado ao qual ela por vezes se junta de forma permanente talvez se alegre de que ela seja a pessoa na relação a usar as calças e botar a cara na frente, e talvez prefira que ela seja a força motivadora na cama, enquanto ele, a reboque, deixa-a assumir o volante na ação.

No que diz respeito a sexo, a ariana exige gratificação instantânea. Se for solteira, em geral terá digitado uma lista de presas de guerra na discagem automática do celular; se estiver num relacionamento, precisará transar com mais freqüência que qualquer outra mulher da roda do zodíaco. Pouco afeita a nuances, a nativa de Áries geralmente opta por passar direto ao evento principal, saltando as preliminares, que nada mais são que isso. Do que ela nunca se farta é do ato em si. De fato, a necessidade que sente dessa forma específica e direta

*Símbolo da genitália feminina, venerado pelos hindus.

de contato sexual é tão urgente que ela acaba por achar que a maioria das pessoas considera o preâmbulo erótico muito mais frustrante que gratificante. A ela não incomoda o fato de sua índole alimentada por Marte colocar grande ênfase no *ato* físico do amor, sem mencionar dirigir a ênfase ao protuberante aparato em si, seja a fome pela ereção do homem, seja a preocupação com seu próprio clitóris. De fato, o planeta regente de Áries, Marte, o último dos planetas regentes vermelho-fogo, confere a ela uma parcela mais que pródiga de energia libidinosa, provocando algumas das mais vigorosas aventuras sexuais imagináveis. Contudo, Áries não é sensualista nem por um esforço de imaginação. Tal fato pode realmente revelar-se uma decepção. Por vezes seus seios e mamilos não são especialmente sensíveis, e costumam ser uma parte não erógena de sua anatomia, ou quiçá uma área sensível demais que ela prefere ignorar. Não, quando se chega às vias de fato, coisa que ela espera que aconteça, a totalidade da sexualidade ariana está agudamente concentrada na vagina, que anseia por se envolver na única função, ou nas duas funções para a qual esta foi especificamente planejada. A propósito: o símbolo mítico representativo de Palas Atena é, incidentalmente, um triângulo invertido espetado numa haste. Isto explica bem por que a ariana é tão exigente em relação aos atributos físicos do amante: incapaz de encontrar satisfação nos níveis sugestivos, e menos ainda nos mentais ou imaginários do contato sexual, ela quer ver bastante carne — nesse aspecto ela está muito consciente do tamanho. Independente da afeição que talvez sinta por um homem, o desembrulhar do equipamento dele deve suscitar pelo menos uma discreta exclamação de espanto, ou ela não estará propensa a deixar a relação progredir. Entretanto, a ênfase que coloca no corporal não deve fazê-la parecer superficial. Ao contrário: o que a ariana ensina pelo exemplo é que ao se preencher este nível básico da conexão física, os relacionamentos podem prosseguir no âmbito completamente natural, não verbalizado e decididamente tranqüilo. Nenhuma compensação emocional ou intelectual será necessária, da parte de nenhum dos dois envolvidos. O Áries deixa aos restantes signos do zodíaco a tarefa de forrar o bolso dos terapeutas sexuais e orientadores matrimoniais.

Tipicamente, a ariana não passa um só dia sem atividade erótica, de uma forma ou de outra. Ela é notória pela prática da masturbação, coisa que não tarda em admitir; principalmente se estiver dormindo sozinha, ela com freqüência não consegue nem pegar no sono sem umas agitadas certeiras. Durante o ato sexual ela brinca com os próprios órgãos, não querendo desperdiçar o tempo do parceiro neste procedimento. Não importa o quanto ele seja adepto, não

LANCES ERÓTICOS
NATIVA HÉTERO

homens mais jovens
pessoa de pele escura
constituição tosca
pêlos corporais
barba por fazer
pênis avantajado
prepúcio
trio mulher/mulher/homem
sexo extraconjugal
masturbação recíproca
operários
madeireiros
mãos grandes
antebraços carnudos
mulher por cima
cunilíngua
submissão e disciplina (ativa)
humilhação
traição ao marido
humilhação
cunete (passiva)
copular em pé
deitada no chão
encontro sexual fortuito
fantasias de estupro masculino
sexo com estranhos
sexo casual
stripper masculino
acompanhante
inversão de papéis
vestiários masculinos
suor
cheiro de corpo

LANCES ERÓTICOS

NATIVA GAY

mulher mais jovem
louras
mulher muito feminina
mulher casada hétero
sedução (ativa)
veneração (passiva)
penetração (ativa)
fazer *strip-tease*
triângulos
quartetos
sexo casual
primeiro encontro
sexo oral
luta corporal
carícias rudes
uso dos dedos
ruídos de prazer
estranhos
dupla feminina + homem
excitamento (ativo)
tortura leve
pênis artificial para dupla penetração
mordidas
sucção dos mamilos
esfregação
intercurso, pressão com as coxas
fantasias sexuais
sadomasoquismo leve (ativo)

conseguirá levá-la até lá tão seguramente quanto ela própria. Além disso, não quer vê-lo distraído do papel simples que está ali para cumprir, e que consiste em, para falar sem rodeios, penetrá-la total e destramente. É claro que ela gosta de sexo oral; mas, por outro lado, este só poderá ser um meio para lograr um fim, sem que seja permitida nenhuma demora indevida. Em sua lista de prioridades, a felação está inscrita lá embaixo, pois este ato ofende a sensibilidade da nativa de Carneiro, pouca afeita a servir. Ela poderá experimentar o sexo anal, embora este lhe pareça, de forma bastante literal, deslocado. O intercurso é o verdadeiro objetivo. Ainda assim, nunca irá cair na rotina: versada em posições e conhecedora de técnicas, ela esbanja talento em seu papel na transa mais ousada do planeta. Incapaz de ficar simplesmente deitada ali, somente o desenho de sua anatomia sugere que ela seja passiva na situação carnal.

Como um aceno para seu arquétipo de Lilith, ela gosta principalmente de ficar por cima — foi esta a inclinação específica que deu origem a um dos conflitos matrimoniais desta mulher primordial com o Adão de ego fragilizado. Áries irá, simultaneamente, apertar, bombear e montar seu homem com tanto ardor que ele precisará dispor de reservas de tenacidade natural, se não quiser decepcionar a esta fêmea extremamente insistente. Assim como é capaz de derrotar a maioria dos homens numa rodada de bebida, ela consegue facilmente superá-los em número de coitos, e se isso quer dizer passar a noite toda em claro, melhor — com ela o sexo parece um tanto competitivo. Embora de todas as mulheres seja a ariana a mais capaz de apreciar um pouco de jogo bruto, ela nunca vai deixar de dar tanto quanto receber. Excitada ao ver um homem ficar pouco à vontade, ela pode envolver-se em atos eróticos cujo objetivo é impor a própria vontade sobre os tipos decididamente submissos. Mesmo assim, em vista do caráter basicamente pouco psicológico, não facilmente dado a fetiches, da nativa de Áries, esta inclinação raramente progride até o estágio das correntes e chicotes (embora se presenteada com um par de algemas, a ariana encontrará certamente uma utilidade para elas). A certa altura, igualmente, poderá manifestar-se de alguma forma sua inveja do pênis. Se o parceiro estiver inclinado a tanto, ela pode inverter os papéis e dar a ele uma boa demonstração com a ajuda de um ou outro instrumento de borracha.

Para a nativa de Áries, toda atividade sexual deveria conter, no mínimo, uma pequena dose de elementos chocantes, principalmente quando houver a oportunidade de um pouco de exibicionismo da parte dela. Excitada ao ser observada — luzes acesas, persianas abertas —, ela tem um fraco pelo sexo em público, o que, na verdade, se trata de sua esperança de que ela e o amante sejam notados (enquanto para muitos o que encerra uma emoção secreta é conseguir escapulir *sem* ser notado). A nativa do Carneiro deseja causar comoção ao ser detectada como altamente erótica. Ela pode discutir detalhes das peripécias da noite anterior de uma forma tão pouco passional quanto quem descrevesse uma visita ao dentista. E tem a tendência a se gabar das conquistas sexuais, confiante de que tal revelação só venha inspirar aos demais assombro e admiração. E seu senso de discrição freqüentemente falha, pois ela não vê conflito em misturar os negócios com o prazer, e até se atreve a dar uma "rapidinha" no escritório, a portas fechadas, só para emergir com o parceiro diante das sobrancelhas erguidas dos desconfiados. Com freqüência, ainda que numa relação estável, a ariana terá necessidade de atividades extraconjugais. De fato, não há mulher com mais tendência que ela a se desviar do compromisso principal. Ela talvez não diga nada, achando que não é assunto alheio, ou talvez seja tão acintosa em relação ao próprio espírito liberado que, já na saída, tenha estabelecido a relação como "aberta". E poderá até querer a presença do parceiro enquanto tem relações com outro homem — querer que ele a observe com, talvez, um garanhão mais jovem ou quiçá alguém que ela escolheu no cardápio de algum serviço de acompanhantes. Entretanto, esse tipo de comportamento é raro, nem que seja porque a afeição do parceiro é profunda demais para aceitar isso sem problemas. De fato, para a nativa de Áries as relações heterossexuais duradouras podem ser relativamente unilaterais, com o homem se tornando uma presença protetora e maternal. Pois cabe assinalar que a ariana típica é, em geral, pouco dotada de instinto materno, o que ajuda a explicar por que freqüentemente busca um homem que faça a vez de mãe dela, isto é, quando não estão na cama. Ela raramente reserva tempo para demonstrações simples de afeição, coisa que ameaça se transformar na principal armadilha da relação — e isso também esclarece por que tantas arianas levam vidas solitárias, conquanto satisfatórias, até uma certa altura da vida adulta. É que dá muito trabalho desencavar sentimentos ternos e nebulosos quando você não os possui.

Em vários aspectos, a mulher de Áries se parece muito a um homem estereotipado com quem as mulheres costumam discutir por lhe faltar sensibilidade. Mais uma vez, a garota de Carneiro está muito mais alinhada com uma perspectiva de vida de estereótipo masculino, visão que de diversas formas torna uma mulher parecida ao sexo oposto. O que talvez explique por que a nativa de Áries é facilmente uma das mulheres mais sexuais do zodíaco. Comparada com a maioria das mulheres, ela não se perturba em formar um triângulo com seu parceiro masculino e outra mulher, sobretudo se esta for marcadamente distinta dela — superpassiva, suave e aparentemente vulnerável. A ariana se empolga em observar uma mulher superfeminina a se contorcer indefesa debaixo dela, e desfruta o papel de fêmea dominante a ser levada em conta. Há um toque levemente sádico na forma como ela se relaciona com uma mulher no ambiente bissexual, pois ela se impõe à força, principalmente com alguém novato na experiência com lesbianismo. Ela realmente se intromete, pressionando a outra a lhe proporcionar prazer oral, afivelando o pênis de borracha regulamentar. Mesmo a ariana mais heterossexual, se na verdade existe este animal, teria a curiosidade de sentir a excitação de levar outra mulher ao orgasmo e ouvi-la suplicar por mais (ou por menos). Embora praticamente toda nativa de Áries se apanhe na cama com outra mulher a alguma altura, quando a nativa de Carneiro se identifica como gay, ela o faz de forma inequívoca. Exatamente como a típica ariana hétero circula com um elenco de amigos exclusivamente do sexo masculino, a ariana lésbica irá procurar a companhia exclusiva de outras mulheres, dando, por completo, as costas ao mundo masculino, e para todos os efeitos. Pessoalmente, ela pode ter vivenciado uma mudança gradual para a identificação com o lado gay, mas para quem a conhece a impressão será de que ela mudou de time da noite para o dia. Até o momento daquela virada total, ela pode ter estado bastante ativa sexualmente com qualquer quantidade de homens (cujos queixos irão invariavelmente cair no chão). Não é que a nativa de Áries fique no armário por mais tempo que as outras lésbicas: trata-se apenas de ter vivido por tanto tempo aquele sentimento bissexual, e agido de acordo com ele o tempo todo; semelhante experimentação aberta de fato faz subir a maré de uma epifania sexual extremamente arrebatadora. A bem da verdade, não se trata tanto da descoberta de um abrupto desejo pelas mulheres, mas sim do desenvolvimento de uma repulsa incremental, mas por último violenta, em relação aos homens.

Ao contrário da ariana hétero, que ao ir para a cama com uma mulher busca expressar uma dominância quase travessa sobre ela, a ariana homossexual está buscando a experiência exatamente oposta — ela acaba, em geral, atraída por mulheres ainda mais dominadoras, com as quais ela própria pode brincar um pouco de ser um objeto sexual. A lésbica nativa de Áries pode ser muito feminina, concedendo a si mesma toda espécie de atributos femininos que teriam botado para correr horrorizadas as garotas hétero de seu signo. E, no entanto, por se obliterar de tal forma do olhar dos homens, a lésbica de Áries sente-se à vontade para explorar, de fato para converter em fetiche a experiência feminina, sem assim sinalizar uma rendição à tirania masculina. Com uma mulher, a ariana gay fará coisas com que jamais sonharia a ariana hétero: vestir-se com *lingerie* de rendas e roupas íntimas provocantes, realizar *strip-tease* para a amante — o número completo da coelhinha da *Playboy*. Por fora será o mesmo pacote jeans e camiseta de sempre, mas sob este podem estar à espreita páginas completas do catálogo da Victoria's Secret. A lésbica de Áries compartilha seu status de fêmea dominante com uma amante, à qual ela deixa interpretar o papel de decisória e conselheira paterna, enquanto se dedica a seu outro papel estelar de garota ingênua venerada e mimada, não importa a idade que tenha a essa altura. A ariana costuma se conectar com amantes mais velhas, ainda que ligeiramente, e que sejam ao mesmo tempo mais masculinas e certamente mais maternais que ela mesma. A amante poderá ser até uma amálgama das energias dos pais dela mesma, alguém que se consulta com o pai dela ao oferecer aconselhamento profissional, e também dialoga com a mãe da outra sobre a melhor maneira de negociar a obstinação da ariana. Para quem ama uma mulher de Áries — seja ela hétero, gay, ou, como tantas vezes é o caso, alguma coisa intermediária —, a atenção sempre estará na prestação de cuidados, e também no jeito de contornar os típicos e terríveis acessos de cólera.

Em geral, a ariana lésbica deseja ter relações no quarto de dormir, o recipiente bastante unilateral da atividade sexual, exigindo que a amante se contente com a posição de prestar a ela serviço oral ou de outra natureza. Do contato heterossexual talvez o único que falte à ariana é a penetração muito real proporcionado por aquele — mesmo assim, ela não tem estômago para aquilo que vem preso a um pênis de verdade. Numa relação lésbica estável, será a amante quem precisará se munir do pênis ou se esforçar por estimular a ariana com brinquedos ou técnicas igualmente penetrantes. Para grande satisfação da parceira, a ariana dará testemunho audível dos prazeres incomparáveis que isso proporciona, principalmente satisfazendo os desejos eróticos da companheira mais dominante. Se a outra for decididamente masculinizada, a ariana irá interpretar mais ainda a mulherzinha, tentando sempre satisfazer extensivamente quaisquer fantasias que a parceira possa ter. A ariana, por sua parte, sente-se bem numa relação eroticamente carregada, e tudo fará para manter no ar uma aura de eletricidade. Na verdade, para ela a vida é exatamente o que acontece entre dois intercursos.

Nadando como de hábito num ambiente só feminino, limitando cada vez mais os contatos com homens em cada setor de sua vida — mesmo na profissão, a ariana lésbica continuará a gravitar para fomentar um ambiente inteiramente feminino —, ela irá, em geral, privar com outras mulheres emblemáticas, principalmente as ultrafemininas, para socializar. Em solteira, ela irá se enturmar de forma bastante exclusiva com outras caçadoras do mesmo teor, de virar cabeças femininas, em sua busca por parceiras sexuais ou por um relacionamento permanente. Quando já envolvida seriamente com outra pessoa, ela mantém uma colméia de amigas elegantes, freqüentemente aquelas que também têm companheiras mais retraídas. Juntas, elas continuam a conferir o ambiente social do lesbianismo, sempre em evolução. A exemplo da heterossexual de mesmo signo, para ela todos os relacionamentos beiram o flerte, e poderá mesmo arriscar um romance ocasional. Mas como anseia pela veneração sem adultério de uma companheira explicitamente pouco afetada, alguém para quem sua beleza e sofisticação funcionam como afrodisíacos (e não como estímulo de competição, como no caso de uma lésbica de mesmo perfil), ela guarda seus carinhos principalmente para aquela rocha emocional que a espera em casa. De certa forma, ela gostaria de transformar tudo numa festa, compartilhando uma conquista sexual com a amante, trazendo para casa um lindo presente para divertir a companheira. Nesse jogo, ela e a convidada se empenhariam numa brincadeira sensual destinada, na mente da ariana, a proporcionar um petisco visual para a parceira, que poderia então ter o prazer de impor sua vontade à novata visitante. Ainda assim, à parte alguma ocasião em que outra mulher esteja com elas num "sanduíche" por acordo mútuo, nada nem ninguém deve jamais se interpor entre a ariana e sua amante. Se o que têm entre elas não for suficiente, a nativa de Áries sairá disparada como um foguete. Ela gosta de respeitar os limites da parceira; se isso significar a exclusão de terceiros, pois então que seja. Afinal, Áries não investe levianamente seu coração. Quando encontra uma amante a quem se dedicar, fará tudo e qualquer coisa para proteger e preservar aquele vínculo.

Casais

Hétero

Mulher de Áries / Homem de Áries

Ele está buscando; ela está inalcançável. Ela é menos refinada do que ele desejaria que fosse; ele é explícito demais. Voluntariosos ao máximo, ninguém cede terreno sem lutar. Duas libidos ferozes, muita energia sexual.

Mulher de Áries / Homem de Touro

Ela vê imensas possibilidades carnais. Ele demora a ler os sinais explícitos que ela emite. A conduta descontraída é o que finalmente acaba conquistando a feição deles. O sexo é uma questão psicológica — os papéis são invertidos, as fantasias de dominação exploradas.

Mulher de Áries / Homem de Gêmeos

Para eles, a vida é uma festa. Ele é uma excitante e vigorosa viagem sexual; ela foi feita para a velocidade. Uma péssima "ficada" poderia transformá-los em ótimos amigos. Um casal liberado — os triângulos são praxe.

Mulher de Áries / Homem de Câncer

A atração é sutil — menos sentida fisicamente, mais subconsciente. A relação sexual é um antídoto — uma cura emocional para dores do passado. Ele oferece o apoio que ela busca. O sexo exorciza ex-amantes.

Mulher de Áries / Homem de Leão

Amor à primeira vista: ele vê uma coexistência fácil; ela encontra o macho dominante que lhe corresponde. Um caso ardente que logo se transforma em compromisso. Uma ameaça à felicidade doméstica: os namoros dela. Na cama, nada de firulas; o êxtase é automático.

Mulher de Áries / Homem de Virgem

Eles são um mistério mútuo. Na melhor hipótese a combinação significa mudança psicológica positiva. Desafiada, a ligação desautoriza o crescimento pessoal. Com ela, ele fica livre para explorar inclinações menos convencionais.

Mulher de Áries / Homem de Libra

Aliados desde o começo, compartilham o anseio de liberdade sexual e expressão intelectual. Como casal consideram-se uma elite exclusiva; têm um cunho especial quando outros endossam essa percepção. Na cama, ela é o agressor.

Mulher de Áries / Homem de Escorpião

Talvez não encarnem o ideal mútuo, mas é instigante seu temperamento igualmente desafiador. Um casal subversivo com uma dinâmica sexual complicada — os dois são quentes e pesados ao extremo. As preferências eróticas são exploradas em seqüência.

Mulher de Áries / Homem de Sagitário

Rebeldes à autoridade, eles vivem bem à margem das normas. Ele é descansado e torto; ela é desobrigada e autônoma. Este supercasal facilmente encontra sucesso profissional. Em termos sexuais, mentes excepcionalmente abertas.

Mulher de Áries / Homem de Capricórnio

Se estiver procurando complicação, ela se ligará ao complexo capricorniano. Uma combinação controvertida — dramática, caótica, confusa. As fantasias radicais são confortavelmente expressadas: troca de papéis sexuais, troca de casais, ou sadomasoquismo podem ser o trivial.

Mulher de Áries / Homem de Aquário

Ele tem um efeito de sobriedade; o temperamento remoto dela reflete o dele. Cada um habita uma esfera separada — o efeito geral é meditativo ou desemparelhado. Sexualmente, eles são irrestringíveis. Pode haver carência de limites.

Mulher de Áries / Homem de Peixes

Com este homem ultra-receptivo, ela se suaviza, estimulado o instinto materno. Ele precisa buscar a própria definição emocional ou a porta de saída. A relação sexual não é simples: ela quer intercurso longo e vigoroso; ele prefere aconchego.

Gay

Mulher de Áries / Mulher de Áries

Duas personagens sem complicação que não precisam de validação. Ambas concordam em que a androginia é o supremo estado de ser. No desejo delas existe boa dose de narcisismo. A masturbação mútua pode ser a maneira de começar.

Mulher de Áries / Mulher de Touro

Um par social, elas querem ver e ser vistas. Áries tem o fulgor da boa saúde; Touro é atraente, mas descomplicada. Touro oferece a Carneiro a proteção que ela própria normalmente busca. O ato sexual é terreno e orgástico.

Mulher de Áries / Mulher de Gêmeos

Romance de garota de colégio interno: Áries inicia Gêmeos, invariavelmente fascinada com o Carneiro, permitindo-se experimentar atos que só conhecia de leituras. Em cada aspecto, a ariana é quem lidera. Na cama, não há inibições.

Mulher de Áries / Mulher de Câncer

Aqui há uma promessa de hedonismo: perigo e excitação funcionam como atrativo. Juntas, desfrutam espontaneidade social e descobertas inesperadas. O ato sexual, principalmente com um vibrador, é sensacional. Os triângulos são eletrizantes.

Mulher de Áries / Mulher de Leão

Um par carinhoso, romântico e otimista. A leonina assume o papel de mentora. Em caso extremo, ela irá explorar seu poder sobre a ariana, buscando cada vez mais veneração e obediência. Porém, em geral, é caso duradouro.

Mulher de Áries / Mulher de Virgem
Elas são um prazer de se ver: Áries encontra sua consorte, arrebatadora e reverente. Inclinações artísticas são seguidas com carinho, paixões criativas se inflamam. Por vezes, parecem irmãs siamesas. Na cama a nativa de Áries é assediada.

Mulher de Áries / Mulher de Libra
No brilho dos olhos da outra, um desafio: quem é o animal sexual mais evoluído? Antagônicas desde o começo, elas processam as tensões como agressividade erótica represada. O ato sexual é o lado mais selvagem de cada uma.

Mulher de Áries / Mulher de Escorpião
Escorpião se porta como um prêmio — papel normalmente assumido por Áries. Na virada de mesa, Carneiro é vencida pelos sentimentos dedicados à sensual e ardente Escorpião. Este vínculo consumidor talvez não dure, mas é cheio de tesão.

Mulher de Áries / Mulher de Sagitário
A competitividade cria uma saudável tensão sexual. Áries é o caráter mais aberto; Sagitário mantém suas emoções atipicamente escondidas. A armadilha no caso é a superficialidade. Mesmo assim, é um par doméstico e acolhedor.

Mulher de Áries / Mulher de Capricórnio
Para elas, a curva de aprendizagem é íngreme, com poderoso conhecimento adquirido: o aperfeiçoamento pessoal tem precedência; os interesses individuais são promovidos. A fascinação dura. O sexo é arrebatador — um caso de veneração.

Mulher de Áries / Mulher de Aquário
No começo, elas escondem o envolvimento. Mas o tabu é o que as mantém tentadas. Mesmo no compromisso formal, elas permanecem uma das combinações lésbicas mais eróticas e exóticas do zodíaco. A lascívia é um dado obrigatório.

Mulher de Áries / Mulher de Peixes
Com prioridades muito distintas, Áries e Peixes sentem-se livres para proteger e promover os interesses mútuos. Juntas levam uma vida mais rica. Na cama, a pisciana é a consumada mulher fatal para a ariana ardente e apaixonada.

O homem de Touro

o ídolo

O homem obscuro: o nativo de Touro é propositalmente reticente. Na conquista de suas ambições de vida, ele funciona melhor ao guardar para si suas intenções e deixar os outros na dúvida. Não é homem de ação, mas sim de reação, um brilhante estrategista que, tanto nas questões profissionais quanto nas pessoais, força outros a mostrarem suas cartas, antes de jogar as dele, cuidadosamente ocultas, de acordo com o que viu. Aparentemente sem malícia, desarma os circunstantes ao não ter nenhuma posição aparente a afirmar — uma forte defesa é seu melhor ataque. Deixando as experiências ocorrerem, em vez de forçar os acontecimentos, o taurino permanece descontraído até mesmo em suas manobras mais grandiosas, o que passa a ser conhecido como suas peculiares elegância e firmeza. Mantendo-se suspenso nas situações, ele domina tudo aquilo que observa, e qual uma criança deslumbrada numa loja de doces, conserva seu apetite pelo prazer, não dispondo de talento algum para a abstinência. Na vida sentimental, e também nos negócios, o taurino personifica uma atitude insinuante que lhe vale o título de preeminente objeto sexual masculino do zodíaco. Ele quer ser desejado, e da forma mais intensa, com sua aparente inquietação inspirando as parceiras potenciais a fazer todos os movimentos necessários. Assim, sente atração por mulheres dominantes que irão tratá-lo como a um troféu, e ao mesmo tempo ser indulgentes com seus notórios hábitos de garotinho, para o melhor ou o pior. Com uma mulher tão poderosa, ele está disposto e capacitado a se sentar no banco do carona, freqüentemente sendo carregado numa viagem pela vida inteira. Numa ligação homem a homem, o Touro adota um ritmo mais direto, dando claros sinais de afeição, interesse sexual e necessidades relacionais. Mesmo assim, ele ainda conserva o distanciamento emocional e psicológico suficiente para levar o amante a trabalhar para vê-lo sempre feliz.

PRINCÍPIO

O Princípio Feminino. O segundo preceito zodiacal do Touro é o contraponto do Princípio Masculino do Áries. Aqui a objetividade é substituída pela subjetividade, e o conteúdo adquire precedência sobre a forma. O planeta Vênus deseja e exige qualidade em todas as coisas. Em consonância com o lema de seu signo, "Eu tenho", o homem de Touro enxerga a existência com a visão de um colecionador, preenchendo sua vida com propriedades prazerosas, inclusive pessoas.

Signo + Mente

Touro é um dos dois signos regido por Vênus — o outro é Libra —, a esfera celestial que significa o Princípio Feminino no zodíaco. O taurino pode ser visto como o oposto de Áries, que o precede na roda zodiacal e representa o Princípio Masculino, além de ser regido por Marte. Vênus, o planeta que governa Touro, foi batizado em homenagem à deusa romana do amor (entre os gregos, Afrodite), e dá origem às energias centrípetas como a passividade, a receptividade, a subjetividade, a integração e grande quantidade de outros conceitos de teor apaziguante. Então, aqui no começo do zodíaco, delineia-se diante de nós a fundamental batalha dos sexos, batalha de ponto e contraponto: a ação e a agressividade externalizantes masculinas, conforme convém ao planeta homônimo do deus da guerra, Marte, contra a tentadora sedução feminina, simbolizada por Vênus. O inesperado, entretanto, é que no caso do taurino o princípio feminino está personificado no homem. Não é dizer que isso o torne automaticamente feminino, mas sim que até o taurino mais careta não será um machão empedernido. A energia convidativa de Vênus combina-se com a qualidade de terra fixa do Touro para torná-lo ainda mais inerte, se não aparentemente submisso, que os outros homens. Ele é o avesso do pragmático Áries, impossível de conhecer desde o começo. De fato, qualquer relação com o taurino é uma verdadeira tortura. Quando se fazem planos sociais, ele tem uma maneira dócil e obsequiosa, conseqüentemente deixando aos outros o ônus de tomar as decisões — e de arcar com o fracasso, se o plano não der certo. A incapacidade de ser assertivo, ou simplesmente direto, fica patente acima de tudo em sua conversa: você tem a sensação de que ele está tentando lhe dizer algo, mas nem sempre transparece com clareza exatamente o quê. Ele é crítico, na melhor hipótese, e fica tão perdido em suas percepções subjetivas que freqüentemente não consegue formular em palavras seus pensamentos e impressões. Ele hesita, vacila, tropeça. Incapaz de apreender o óbvio da vida, ele é todo sutileza e nuance. E, no entanto, esta própria "incapacidade" define a modalidade taurina de expressão e visão artística: ele é um pensador original e surpreendente. A

Segunda Casa do zodíaco, regida por Touro, é a casa da *singularidade*, marcando o nativo como o vanguardista original do zodíaco, alguém que alcança a exaltação ao nadar, ainda que ligeiramente, contra a corrente do que é considerado norma.

É direito inato do taurino permanecer obscuro, suscitando sempre a curiosidade alheia sobre sua pessoa. Ele conhece o poder de provocar o interesse e o emprega como um raio magnético, arrastando para si pessoas e situações desejáveis. Ao revelar cada vez menos sobre si mesmo, mantendo ocultas suas intenções, propositalmente força os demais a tirarem as próprias conclusões, as quais ele então utiliza para sua maior vantagem. Macho subjetivo do zodíaco, este menino-Vênus vê uma beleza específica em se tornar o que os outros desejam que ele seja — e isto o leva mais longe, e com muito menos esforço, do que lutar por aquilo que deseja. Para ele, os arianos do mundo não passam de muito ronco de motor e cantar de pneus, em que sua propalada franqueza é um obstáculo à percepção do contexto maior. O taurino acredita que restringir objetivos limita as possibilidades e as oportunidades imprevistas, que podem então exceder às expectativas. Na verdade, o taurino faz menos movimentos decisivos durante sua vida que qualquer outro homem do zodíaco. Ele espera, pesa e observa. Então, como seu Touro simbólico, uma criatura essencialmente parada e meditativa que precisa ser incitada ao ataque, o taurino parte para a carga acelerada em direção aos objetivos, mas só depois de tê-los seguramente sob seu controle. É desnecessário dizer que ele não assume riscos. Embora muitas vezes pareça ter alcançado sucesso num só golpe certeiro, isto não corresponde à verdade plena: na típica aquiescência do taurino entrou muito planejamento — manter a cara-de-pau é um lance de esperteza que ele vai passar a vida aperfeiçoando. Enquanto isso, em seu perpétuo estado de blefe, ele parece a própria imagem da elegância descontraída.

Mas é esta a questão: o que pode ser percebido como a passividade taurina é realmente uma força poderosa e ativa. Enquanto o lema do ariano é "Eu sou" (... uma força a ser levada em conta), o mantra do Touro é "Eu tenho" (... você na palma da minha mão). O Touro emprega a força recatada de Vênus como meio de adquirir tudo o que deseja, inclusive as pessoas, como se fossem *propriedades*, coisas de se pegar e possuir, outro atributo primordial da Segunda Casa astrológica. Ele jamais escapa dessa dinâmica, seja ao colecionar obras de arte, ao planejar uma série de fusões empresariais ou ao procurar alguém para amar. A experiência, para o nativo de Touro, vem sempre de mão beijada, e quase sem suor. Mas a atraente sedução exercida pelo taurino não é menos

♀

SÍMBOLO PLANETÁRIO

O pictograma de Vênus — o círculo do espírito acima da cruz da matéria — representa o conteúdo sobre a forma. Chamado o espelho de Afrodite, ele aponta para uma certa vaidade física, evocando o mito de Narciso, o que reflete o fato de que o Touro se vê, subjetivamente, observando, com uma preocupação às vezes obsessiva, a forma como os outros o vêem.

QUADRANTE DO SIGNO

Os quadrantes zodiacais correspondem aos planos metafísicos da existência: físico, emocional, mental e espiritual. O primeiro quadrante é o do eu e da percepção individual. Para o taurino, a sensação física tem precedência sobre a ação.

♉

CRIPTOGRAMA DO SIGNO

A cabeça e os chifres do Touro significam o poder da passividade inerente deste animal, que precisa ser provocado para atacar. O Touro é ao mesmo tempo possessivo e solícito, qualidades primordiais do taurino.

potente que a ação que inspira — a veneração, sob uma forma ou outra, algo que não pode ser obtido pela força. Ao contrário, o taurino incita a adoração da parte dos demais, apresentando-se como superfície em branco sobre a qual eles podem grafitar suas próprias prioridades projetadas: ele os incita, e depois confia nos impulsos alheios de vandalismo para grafar sua proverbial plataforma. A passividade é um elemento extremamente poderoso. A única advertência é que o taurino muitas vezes acaba aprisionado em papéis que outros determinaram para ele. Mas esta é a conseqüência negativa de se promover a idolatria. Na Antiguidade o Touro (e as imagens de bovinos em geral) eram emblemas onipresentes de veneração, principalmente como figuras de fertilidade masculina. Assim, não é acidental o fato de nosso expectante Touro ser um arquétipo vivo desse desejo de idolatria.

Vindo em segundo lugar no zodíaco, o Touro é o signo fixo (central) do Primeiro Quadrante zodiacal, aquele que está associado com o eu e o nível metafísico do corpo. Enquanto Áries, via Marte, está envolvido na ação física, o Touro, em contraste, está impregnado da sensação física, a parte invisível da experiência corporal que, em vez disso, é receptiva e reativa aos estímulos. Isto não surpreende: o Touro está totalmente preso aos cinco sentidos, arrebatado pela beleza venusiana em todas as suas formas. Este é o sintoma mais fundamental da distinção do Touro como o único signo de terra fixa do zodíaco: ele está concentrado nos prazeres terrestres. Principal macho pastoral do zodíaco, o Touro é um personagem naturalmente dócil, porém hedonista, como o touro Ferdinando, eternamente a rolar no canteiro de rosas da vida. Afirma-se, com freqüência, que o pictograma de Vênus representa uma flor, aquela minúscula expressão de delícia terrena que cativa com sua aparência e seu perfume agradáveis. E qual o Touro, a flor é completamente passiva e não diretiva, ao mesmo tempo inspirando as pessoas a simplesmente estender a mão para colhê-la. O aroma é sua forma de garantir a propagação sexual da espécie — semelhante aos sinais enviados por nosso Tourinho. Desse modo, o Touro também retira muito de sua natureza arquetípica dos deuses florais masculinos da primavera, figuras como Adônis, Jacinto e Narciso, nos quais vemos refletida a visão subjetiva que o taurino tem de si mesmo (sem mencionar sua famosa vaidade). Também à luz da afinidade do signo com a faixa etária 7-14 anos, quando estamos na proverbial "flor da juventude", esses deuses adolescentes retratam a masculinidade à beira da maturação sexual, ainda inocente de suas tentações. Durante toda a vida, o Touro retém essa mesma sensação de inocência imaculada, se não de abençoada ignorância — no mínimo, é o que são levados a crer aqueles que procuram seduzi-lo.

Igualmente, em termos bíblicos, o Touro representa a paisagem pastoral arquetípica das delícias terrenas, o paraíso edênico — o jardim é o símbolo da condição de terra fixa do Touro. Aqui, conforme sugeriu Joseph Campbell em *O poder do mito*, vive-se num mítico "momento onírico", uma espécie de abençoado esquecimento que existe fora da temporalidade, no qual estamos inconscientes do mundo de opostos, olvidados do conceito de dualidade. Pois, à semelhança de Adão e Eva antes da queda, o Touro ignora que aquele "outro" seja separado dele mesmo. Conforme espelhado na história de Adão, o Touro vivencia as prioridades de um parceiro como sendo iguais às suas. Da mesma forma, ele é notoriamente inconsciente dos papéis sexuais tradicionais. No paraíso floral onde o taurino "vive" (as antigas culturas agrícolas tinham estrutura matriarcal), o homem é o proverbial segundo sexo, subordinado à vontade feminina. Mas conforme indica essa história milenar, há um preço a ser pago.

A mitologia também está repleta de histórias sobre touros e as mulheres que os amaram. Uma dessas histórias é de Europa (uma descendente da ninfa Io, a cujo mito ancestral a nativa de touro deve seu caráter arquetípico). Zeus, atraído pela núbil Europa, disfarça-se como um touro branco de neve, e oferece à moça uma carona em seu dorso. Imediatamente sai galopando com ela às costas através dos mares, instalando-a como rainha de Creta. Da união deles nasce um filho, Minos, que junto a sua rainha Pasífae governa a ilha, com suas muralhas palacianas coroadas de chifres de touro dourados. A população adora o animal, considerado sagrado. Porém, surgem problemas: invejoso do legado de seu irmão Zeus, Posêidon envia igualmente ao rei um touro branco, exigindo que seja sacrificado. Entretanto, Pasífae fica tão encantada pela viril criatura que manda construir uma vaca de madeira em tamanho natural com uma porta traseira convenientemente retrátil, e se esconde de quatro dentro do animal. Ela dá à luz o monstro Minotauro, meio homem, meio touro, que é mantido preso no labirinto e alimentado com os corpos de moças e rapazes núbeis. Este mito vive no coração e na mente de todos os homens de Touro: pois quando o Touro se entrega abertamente na expressão de seu próprio desejo, como Zeus se aproximou de Europa, o resultado é enobrecedor. Mas quando se apresenta para objeto de adoração, uma porta fica aberta para a corrupção, literalmente gerando a perversão em lugar do mais puro desejo. O próprio taurino presta a si mesmo, também, um grande desserviço ao não assumir uma postura categórica na vida profissional. Aceitar simplesmente as ofertas por serem lisonjeiras ou prestigiosas irá deixá-lo em desvantagem. Da mesma forma, não tomar a iniciativa no amor, mas ficar à mercê dos avanços de uma

ELEMENTO + QUALIDADE

O elemento terra tem a conotação de materialidade e substância. A qualidade fixa significa foco, concentração e um certo magnetismo. A combinação elemento-qualidade peculiar ao signo de Touro é mais bem ilustrada por um jardim, simbólico da beleza e das delícias terrenas, do espaço sagrado, do cultivo cuidadoso, da propriedade e do sentido de propriedade.

POLARIDADE

Os homens de signos femininos (terra, água) não estão alinhados com a polaridade de gênero do próprio signo e, assim, representam em vez de encarnar a combinação qualidade-elemento do signo. O homem de Touro procura possuir, à guisa de mobiliário de sua vida, bens materiais e indivíduos capazes de refletir para ele sentido e valor.

mulher, talvez o leve apenas a imaginar que mulher "melhor" ele poderia incitar a cair a seus pés. O que nos chega sem esforço, perdemos sem esforço. Querer ser cada vez mais desejado se converte em armadilha: o desejo só gera mais desejo. Como Minotauro, o nativo de Touro deve encontrar uma saída para o labirinto psicológico construído por sua necessidade de adoração. É claro que o taurino deve assumir o fato de ser descontraído, como o Touro Ferdinando, sempre parando para se coçar e cheirar as rosas. Mas ao fazê-lo, sem dúvida como o querido Nando, o nativo de Touro poderia fertilizar seu próprio jardim de sonhos, em vez de ficar para sempre fecundando o jardim alheio.

A Segunda Casa também está associada com valor(es), mérito próprio, conforto, contentamento e uma série de outros atributos valorizados que buscamos acumular. De fato, o Touro é o coletor e o colecionador do zodíaco, que vê a vida como um processo de cultivo, em contraste com o Áries caçador-guerreiro. Invariavelmente, ele acumulou um grupo de amigos, dos quais é o líder designado, enquanto no local de trabalho ele se transforma no queridinho dos figurões. Seus esforços nesse departamento são ingentes, enquanto ele puxa o saco dos poderosos e os afaga, interpretando o papel de simplório cúmplice e ingênuo, de um sujeito qualquer, de um membro da equipe e papo afável, muitas vezes com um respeitável *handicap* no golfe — seus esportes favoritos são os pachorrentos —, enquanto, com as mulheres do escalão superior, ele é uma insinuação ambulante. Conforme convém a seu arquétipo edênico, o taurino cultiva o território conhecido, em vez de buscar novas conquistas, fixando-se em situações que passa a cultivar como o faria um jardineiro. O famoso personagem de Jerzy Kosinski, Chauncey Gardner, pode ser visto como a suprema figura taurina da literatura moderna, um sujeito que conhece o poder de tão-somente *Estar presente*. Na superfície, a condição de terra fixa do taurino retrata sua notória fixação em bens materiais. Porém, há um sentido mais profundo: o taurino afixa etiquetas de preço às pessoas, baseando-se no valor substancial que elas têm para ele. E está sempre tentando, sutilmente, se apossar do interesse dos outros, seja por colocar os parceiros profissionais no bolso do colete ou por amealhar um harém de adoradoras, sem mais propósito que inflar seu mérito próprio. O nativo de Touro freqüentemente tem uma fila de admiradoras tão grande quanto seu braço, ou acaso uma outra porção inflacionada de sua anatomia. É parte integrante de sua obsessão pessoal: tem gente que toma vitamina todo dia, mas o taurino tem como parte da rotina inspirar as pessoas a se apaixonarem por ele. E pouco faz no sentido de manter na trela seu sempre aumentado rebanho de admiradores, de não se exibir diante deles. Mas,

2

NÚMERO DO SIGNO

O número da afinidade: o número dois representa a combinação de masculino e feminino em uma unidade. Ele sinaliza o andrógino primordial, Adão e Eva, fundidos num mesmo ser, antes da necessidade da afirmativa da folha de parreira.

7-14

ASSOCIAÇÃO ETÁRIA DO SIGNO

A idade da inocência e a primeira floração da juventude. Este período é associado com a pré-adolescência e, portanto, uma época de tímido embaraço e beleza masculina andrógina, na qual as ondas hormonais, a se desencadearem em breve, ainda estão latentes.

por outro lado, o Touro dá a impressão de ter muita coisa a exibir. Para ele, existe um importantíssimo *conforto* da Segunda Casa em saber que, a qualquer momento, pode simplesmente estalar os dedos e aparecerá uma legião de mulheres em tropel, prontas a fazer o que for preciso para transformar o Touro no homem delas. Na verdade, ele tem um medo-pânico à rejeição — esta é a raiz de sua compulsão de arregimentar aquele harém, para começo de conversa, e também o motivo pelo qual ele não "tomará a iniciativa". Da mesma forma, na vida profissional ele se sente mais seguro com insinuar-se nos corações e mentes de seus associados, permitindo tanto progresso quanto isto possa trazer. Raramente ele se manifesta professando suas ambições por temor a ouvir a odiada palavra *não.*

Marca registrada de Touro, o afrouxamento das rédeas encontra suas origens na primeira infância no taurino. Nativos de ambos os sexos são geralmente criados numa família dominada pela mãe, na qual o pai, embora presente, talvez seja passivo. Como acaba se revelando, o pai quase sempre tem paralelamente uma mulherzinha mais dócil; sua ausência psicológica é, portanto, um sintoma de sua atenção estar desviada para outra parte. No esforço de compensar a inadequação do pai, o taurino se transforma numa espécie de consorte da própria mãe. Em troca, a mãe o afoga em atenções; mas ao transferir para ele os sentimentos destinados ao marido, ela também ferra a cabeça do garoto. Começa a supervalorizar as decisões dele, a desautorizar suas opiniões, a sufocar suas demonstrações de espontaneidade e a esmagar sua identidade sexual emergente. Enquanto isso, fundamentado no modelo dos pais, o Touro vê as relações como sinônimo de instabilidade, e em vez disso procura canalizar a energia para esforços que possam acrescentar lastro (terra fixa) à sua existência: o dinheiro e as coisas que este pode comprar — tangíveis — tornam-se fundamentais. Da mesma forma, ele mantém os amigos e os interesses amorosos na prateleira, esperando que estejam disponíveis quando lhe convier. Essas pessoas lhe pertencem, para brincar com elas quando tiver vontade, e espera que, como propriedades, elas estejam de acordo. Ele, por outro lado, permanece desobrigado. Enquanto isso, tendo estado submetido à natureza prepotente da mãe, ele não consegue evitar que mulheres igualmente dominadoras acabem por conduzi-lo pelo nariz. Na mitologia, a mãe de Adônis se chamava Mirra — um outro nome da própria Afrodite-Vênus —, reforçando o fato de que, como seu arquétipo de deus floral, o Touro, metaforicamente falando, deseja se casar com a própria mãe.

PSICOLOGIA

Um Minotauro em construção, o taurino pode sofrer de excessiva possessividade, exatamente como pode expressar glutonice na comida, na bebida e outras substâncias. Pode ser obscuro e retentivo com suas emoções, vivenciando dificuldade de auto-expressão. Ele é obstinadamente fixado em suas maneiras e pode ser sigiloso, outrossim, trancando no armário suas obsessões, sexuais ou não. Muitas vezes é fetichista no tocante a objetos femininos, e pode chegar a se entregar ao transformismo.

Corpo + Alma

ARQUÉTIPO + MITO

O homem de Touro personifica os clássicos deuses florais — Jacinto, Narciso, Adônis —, representando a natureza como masculina, o segundo sexo, sujeito aos avanços de uma mulher dominante, ou mesmo de uma divindade masculina. Os touros eram antigos símbolos do desejo, com Zeus assumindo a forma taurina em seu ultrajante rapto de Europa. O Minotauro simboliza o desejo (de comida, bebida, sexo) que escapa ao controle, sendo o labirinto que o aprisiona a um labirinto psicológico de sua perversão. Teseu é o herói taurino que ainda confia na direção feminina — ele encontra a saída para a armadilha ao seguir o fio tecido por sua amante Ariadne, "mãe fértil".

Conforme poderia sugerir seu símbolo taurino, o nativo de Touro freqüentemente parece o tipo forte e calado. Encontrando dificuldades em articular os pensamentos, o Touro resolve desde cedo que quanto menos disser, melhor. Entretanto, ele se arrisca a parecer obtuso, dando diretamente a ilusória impressão de ser pouco mais que um brutamontes. Sua linguagem corporal não ajuda a desmentir a imagem: como algumas esculturas curvadas de um deus jovem, a própria presença do taurino é sugestiva. Lânguido e fisicamente à vontade, ele é ao mesmo tempo atraente e alusivo. Com olhares compridos, solertes, filtrados pelas pálpebras pesadas, ele transpira uma sedução que, entretanto, não parece intencional. Seus movimentos lentos e meditativos implicam uma qualidade pesada de salgueiro — de fato, os taurinos são legendários por uma certa generosidade —, o que fala de horas e horas de sexo vagaroso, satisfatório e sonolento. Não sem razão, ele é o objeto amoroso masculino do zodíaco: apesar dos atributos causaram certo sobressalto pelo tamanho, a inerente sensualidade do nativo é vista como totalmente inofensiva para as mulheres. O Touro personifica a perfeição masculina no plano físico, porém, ainda mais importante, mediante o Princípio Feminino é a síntese de masculinidade do ponto de vista feminino. Sendo raramente uma entidade abertamente erótica, como é o imponente Áries impulsionado por Marte, o Touro é uma entidade erotizada vista através das lentes vaselinadas de Vênus. Na mitologia, Tauros era uma ilha de regime matriarcal, na qual os homens eram escravizados e usados para procriação e sacrifício ritual. De fato, mais que qualquer outro homem, o taurino se encaixa no papel de um figurante semidespido de alguma produção barata do cinema da década de 50, cujo título é algo como *Eles vieram de Vênus*, sobre um planeta dominado pelas mulheres, onde os homens são o segundo sexo e só devem falar quando solicitados, antecipando muitos relacionamentos românticos de nativos de Touro.

Abençoados pela energia suave e refinadora de Vênus, os filhos dela da Segunda Casa costumam ser verdadeiras "gracinhas", já que o planeta rege a manifestação de traços femininos no corpo. Ainda assim, o taurino é mais que um rostinho bonito. Sua expressão serena não é sintomática de vacuidade, mas sim parte integrante de uma elegância naturalmente contida. Uma lista de famosos nativos de Touro — que inclui gente como Duke Ellington, Burt Bacharach, Fred Astaire, Bing Crosby, James Mason, Charles Mingus, Richard Avedon, Andre Gregory, William Inge, Henry Fonda, Gary Cooper, Jimmy

Stewart, Michael Palin, David Byrne, Richard E. Grant, Peter Townshend, Steve Winwood e Bryan Eno —, revela um grupo de declarado bom gosto, embora às vezes com um definitivo toque original. O taurino é tipicamente mais delgado, ainda que não mais alto, que os outros homens de sua família. E mesmo quando tem baixa estatura, as proporções perfeitas ajudam-no a projetar uma aparência alta. Ele tem uma fisicalidade flexível e tendinosa, que o coloca em surpreendente contraste com os adolescentes mais corpulentos. Igualmente, sua transição pela puberdade é lenta e sutil. Para imensa irritação dos outros rapazes, o taurino é muitas vezes aquele garoto que atravessa a adolescência bastante incólume — nada de espinhas, nem sobrancelhas emendadas, nem excesso de pêlos no corpo. Sua pele costuma ser um pouco mais macia e cremosa que a de seus irmãos de gênero, e dificilmente se podem detectar os poros. Os pêlos do rosto distribuem-se com precisão, às vezes se adensando sobre o lábio superior e o queixo. O taurino tem um estilo despojado, que se distingue pelas roupas informais, porém caras — tipicamente limpas, bem cuidadas e de fibras naturais puras —, ele usa basicamente jeans, *blazers*, suéteres, mocassins e coisas do gênero. Apesar dos cuidados estéticos quase sempre impecáveis, o taurino tem um ar de quem acabou de sair da cama, principalmente em função do cabelo que, apesar de homogêneo, costuma parecer rebelde e talvez sofra com a presença errática dos chamados rodamoinhos. Em muitos casos, os cabelos escasseiam cedo, e ele acaba ficando careca antes de atingir a meia-idade. Mesmo assim, a calvície só parece realçar o encanto másculo do nativo de Touro.

Um indício seguro para a identificação de um nativo de Touro é a maneira como ele fala, meio de lado, uma manifestação física que espelha sua modalidade obscura de discurso. Verdade seja dita, o Touro pode parecer perpetuamente colocado em alguma tangente estranha, e suas respostas de certa forma parecem não combinar com o que foi dito anteriormente, e nem mesmo acompanhá-lo. Seus comentários subjetivos podem até paralisar completamente uma conversa, com uma proverbial exclamação aturdida pairando no ar. Em resumo, se um homem bonitão, com um jeito bobo e um corpo como o do jovem Davi de Michelangelo começar a conversar com você (mas você não conseguir saber de que diabos ele está falando), provavelmente trata-se de um Touro. Como seu animal totêmico, o taurino tem os olhos bem separados, de forma a parecer que ele só consegue enxergar os demais por um lado do rosto. O crânio e a testa são indistintamente estreitos, às vezes a tal ponto que o rosto parece ter sido espremido pelas portas do elevador. Ele tem uma implantação capilar

BÍBLIA + LITERATURA

O signo de terra fixa de Touro corresponde ao jardim do Éden. O taurino retira elementos da passiva caracterização do Adão edênico que está *sujeito* à influência, ao poder e à tentação da mulher. Como na história do bezerro de ouro, as figuras taurinas eram antigos ídolos de fertilidade. O sangue dos touros também era um agente fertilizador. Na história do touro Ferdinando, que ficava a cheirar as flores, o ídolo taurino combina-se com os deuses florais masculinos da fecundidade. O personagem Chauncey Gardner, da obra de Jerzy Kosinski *Estar presente* —, ilustra o quanto é sugestionável o arquétipo masculino edênico.

CASA ASTROLÓGICA

valores
matéria
aquisição
negócios financeiros
propriedades
investimentos
potencial de ganho
ganhos mediante esforço
talentos internos
recursos internos
desejo de realização
emoções
mérito próprio
liberdade pessoal
dívida material
proteção pessoal
dinheiro ganho
dinheiro gasto
acúmulo de dinheiro
amor-próprio
individualidade
singularidade
dotação
contribuição
ingenuidade
conforto
descanso e lazer
prioridades
força interior
protetores/mentores
o que representamos na vida
o que dirige nossas ações
felicidade
ganhos mediante esforços
recursos para existência
poder de ganho
capacidade de gastar
modo de cumprir obrigações
responsabilidade
economia

alta e o rosto ossudo, profundamente cavado sob as maçãs. Sua fronte é bastante delicada, o cabelo é fino e claro; tem olhos grandes de pálpebras pesadas e cílios abundantes, o nariz longo, afilado e proeminente, quando não de ponta ligeiramente achatada e fremente. E assim como os olhos parecem discretamente divergentes, os maxilares são um pouco frouxos; a boca, por vezes de um vermelho cereja, com os lábios cheios e úmidos e explicitamente sensuais. O afamado pescoço taurino — a parte do corpo regida por seu signo — costuma justificar a reputação de ser extremamente forte e resistente, e nunca é atarracado, quadrado ou troncudo, como afirma a astrologia popular. Ao contrário, é um pescoço longo e tendinoso, como o de um bailarino. Na verdade, juntamente com o nativo de Peixes, o homem de Touro é considerado um dos principais dançarinos do zodíaco. Seus ombros são largos, porém de ossos delicados, e embora não lhe faltem músculos naquela área, seus tendões envolvem a estrutura do esqueleto como um brocado. O Touro é como um desenho de modelo vivo de aulas de artes: há nesta criatura uma delicadeza que só o porte do seu corpo desmente — as energias femininas e masculinas do Touro-Vênus trabalhando em perfeita harmonia. Os movimentos do corpo do taurino são lânguidos, e nunca arrastados. De fato, existe uma soltura poética em sua marcha e uma graça deliberada e quase coreografada em seus menores gestos, desde o cruzar de uma perna ao ato de tomar um gole da bebida. O homem de Touro pode ser indulgente ao extremo com seu apetite por comida, bebida, sexo ou qualquer coisa que cause prazer a seus importantes sentidos — outros sintomas de seus insaciáveis desejos minotaurinos pelas delícias terrenas. Felizmente, seu tipo específico de refinamento natural afasta qualquer impressão de glutonice. De fato, o homem de Touro pode fazer um assalto à geladeira se assemelhar mais à prática de Tai chi.

Conforme adequado à correspondência do signo de Touro à faixa etária de 7-14 anos, este homem possui a beleza física inconfundível do efebo. Mais liso que peludo, o taurino apresenta toda e qualquer pilosidade corporal tipicamente organizada em áreas estritamente contidas. Leves tufos de pêlo costumam brotar em torno dos mamilos, que embora situados sobre peitorais firmemente másculos, são discretamente protuberantes, botõezinhos que lembram os de uma pré-adolescente. Não se impressione, pois a aparência é melhor que a descrição. As costas do Touro são tão fortes quanto as do animal homônimo — o que é bom, pois a porção média dianteira do corpo é surpreendentemente macia, sugerindo sensibilidade emocional. O nativo tem muitas vezes o tórax longo, com quadris fortes e largos, o baixo ventre pronunciado e coberto de uma peluda "avenida do paraíso", que conduz à sua região púbica. Nos "países baixos" o rapaz é grande, exibindo um dos mais avantajados pacotes que se possa encontrar no zodíaco. Os atributos do taurino costumam ser mais do tipo frouxo e pendurado, sintoma dos animais de baixo estresse, enquanto suas nádegas são tipicamente firmes e altas, abaixo de uma coluna dorsal arqueada. Com freqüência, ele tem as pernas arqueadas, e os membros parecem se mover à revelia do resto do corpo. As mãos e os pés são grandes e sensuais. Entretanto, apesar da graciosidade com que Vênus dotou seu formoso garoto, às vezes o taurino é desajeitado — a síndrome do Touro em loja de louças —, o que tem a ver com uma deficiência geral de sua percepção de profundidade. O taurino é, com freqüência, míope, e sobretudo quando bebe ou está muito relaxado, quiçá não consiga observar adequadamente o entorno — da mesma forma como sua voz irá ribombar acima dos limites da polidez em seu ambiente, despertando um ocasional *psiu* por parte do acompanhante. Além disso, quando o taurino está zangado, encantado ou geralmente excitado, sua voz pode se tornar estranhamente alta e estridente, como a de um pré-adolescente. Porém, tudo isso deve ser atribuído à sua exuberância natural de garoto, e não à menor falta de traquejo social que requeira advertências mais sérias. Embora suas maneiras possam despertar olhares intrigados dos estranhos, semelhante conduta só consegue tornar o taurino ainda mais querido por seu círculo de admiradores sempre em expansão.

Sexo + Sexualidade

A educação recebida condicionou o taurino a acreditar que o afeto feminino é conseguido quando se permite à mulher assumir o controle. E muito para satisfação própria, em algum ponto de seu desenvolvimento sexual, ele aprende que a inércia o leva a ver aumentada sua condição de ídolo. Talvez por volta dos 13-14 anos o garoto taurino receba o reforço positivo para seu comportamento informal: ele é o rapaz despretensioso que está sendo alvo de olhares e de risinhos de um bando de garotas — sempre fingindo que não percebeu. No entanto, na altura em que chega à faculdade, ele já terá encarado tantas experiências eróticas, à custa de um esforço próprio tão mínimo, que começa a imaginar: "Minha vida sexual não está quebrada, por que eu iria consertá-la?" Para o Touro, a passividade se transforma num poderosíssimo ímã para atrair garotas. Ao sexo oposto ele parece o supremo homem maleável: aquele cara que

PALAVRAS-CHAVE

tentação
bem-aventurança
gozo
determinação
metodologia
sagacidade
rotina
contenção
obstinação
equanimidade
passividade
fertilidade
apetite
gosto
incitação
saudade
posse
súplica
capacidade
beleza
idolatria
ciúme
domínio
subjetividade
reflexo
retenção
magnetismo
influência
fascinação
custódia
união
relação
confiança
afeição
dificuldade
força
coragem
resistência
tenacidade
pragmatismo
cautela
repressão
intensidade
exibição
necessidade

HOMENS FAMOSOS DE TOURO

Gênios elegantes e ídolos cobiçados

David Beckham
Javier Bardem
George Clooney
Al Pacino
Jack Nicholson
Tyrone Power
Jimmy Stewart
Gary Cooper
Rodolfo Valentino
Enrique Iglesias
Pierce Brosnan
Chow Yun-Fat
Henry Fonda
David Byrne
Bing Crosby
Fred Astaire
Richard Avedon
Burt Bacharach
Brian Eno
James Mason
Duke Ellington
Peter Townshend
Jasper Johns
Thomas Pynchon
Michael Palin
Jean-Paul Gaultier
Dries Van Noten
Tim Roth
Jason Biggs
Dennis Rodman
Trent Reznor
Liberace
John Waters
Keith Haring
Dr. Benjamin Spock
Frank Capra
Paul Mazursky
Bertrand Tavernier
Charles Mingus
William Shakespeare
William De Kooning
William Inge

deixa uma mulher botar as mãos nele e moldá-lo. Infelizmente, o que acompanha essa atitude dócil é a apatia em relação ao compromisso. No começo, ao se aventurar em busca de sexo, o taurino é muitas vezes encontrado no bando de outros jovens, quase sempre rapazes que lhe são fisicamente inferiores — o que não é difícil de imaginar, considerando o visual agradável deste nativo. Ele evita, em especial, a companhia de outros rapazes excessivamente bonitos, que poderiam lhe fazer sombra, sempre temeroso da competição e possível derrota. Em sua opinião, só pode haver um verdadeiro Touro por curral: num certo sentido, o Touro vê os rapazes seus amigos como novilhos, como uma espécie de eunucos, destinados a diverti-lo e acalmá-lo, até o momento em que ele for isolado por alguma toureira. Aí então — *que venga el toro!* — a coisa nunca demora muito.

O primeiro encontro sexual do taurino será com uma mulher muito mais velha. Com ela, ele vai interpretar uma espécie de papel de gigolô *light*, talvez lhe jogando no rosto a diferença de idade, incorrendo em comportamento imaturo. Em suma, talvez se comporte como um menino da faixa dos 7 aos 14 anos, com uma mãe tolerante demais. Com tal parceira, ele sente uma liberdade implícita, em função da qual não se espera que leve demasiado a sério a relação.

Tampouco necessita aplicar muita energia na cama, deixando a mulher mais experiente assumir a obrigação de dirigir a ação sexual. Ele quer a prova do desejo dela, e freqüentemente esta prova é fornecida mais vivamente por personagens com uma aura de desespero. O que a mulher não percebe, entretanto, é que o taurino acha excitante aquela dinâmica de deixá-la "exercer sua vontade". Naturalmente, ao entrar no relacionamento com a mulher mais velha, o nativo de Touro busca reviver sua infância, mas desta vez com uma figura materna bastante tolerante, em oposição a uma mãe estritamente autoritária. É provável que na companhia de alguém tão obviamente encantado por estar com um garanhão jovem e cheio de vida, ele consiga fazer só o que deseja. Na verdade, poderá tratá-la como lixo, mesmo abusando sutilmente do poder sexual que maneja, forçando os limites da boa vontade dela em lhe perdoar os atrevimentos. Para o taurino, nada mais excitante que uma mulher jurar fazer ou aceitar qualquer coisa para manter a posse sobre ele. Mesmo se iniciado no sexo por uma mulher mais jovem, esta também adotará uma conduta igualmente protetora e exigente (ainda que leniente). E a essa altura de seu desenvolvimento o taurino faz alarde, com sua autoconfiança exagerada, da convicção de que qualquer mulher estaria feliz por se ligar a ele. Desse modo, como o

Touro, seu viril mascote, ele é por vezes acusado de saltar sobre qualquer coisa que se mova em sua direção, mesmo que deseje, ao mesmo tempo, a afeição de uma mulher menos "disponível". Mas como deve acontecer, as moças mais sofisticadas vão geralmente exigir uma boa dose de sedução, quando não uma caçada; mas nosso passivo Touro não é absolutamente um animal predatório.

A abordagem do taurino ao sexo seria considerada feminina em todo o reino natural: ele sinaliza prontidão, mas espera que o sexo oposto tome a necessária iniciativa para fechar negócio. Em nove entre dez casos, o Touro é aparentemente seduzido a fazer sexo; em oito entre nove vezes, a suposta sedução foi orquestrada pelo próprio taurino. Para ele é questão automática, e não tanto de manha: assim dá menos trabalho, e para este habitante do "tempo onírico" a vida inteira deveria ser só moleza. Ele não está disposto a desperdiçar preciosos tempo e energia fazendo jogo de cena para uma mulher, se pode acabar dispensado no final. E assim se dá ao luxo de raramente (leia-se: nunca) ser dispensado ou fracassar de alguma outra forma nos relacionamentos. Evidentemente, alguém que não se permite vivenciar o fracasso não precisa lidar com o sentimento incômodo e complexo de derrota. Este é o segredo da modalidade de confiança inconsciente e do natural espírito corporativo do taurino. Ainda assim, fica pairando a pergunta: "Que tipo de mulher o taurino atrairá, se não buscar ativamente aquelas que de forma objetiva desejaria, em outras circunstâncias?"

Certas mulheres consideram o taurino, em função de seu jeito reservado, o proverbial tipo forte e calado. Outras ainda podem ser levadas a crer que seja tímido. Com frequência, ele exerce atração como um personagem "bonitinho, mas despistado", em relação ao qual as mulheres dão de ombros, reviram os olhos e dizem, fazendo beicinho: "O que seria dele sem mim?" Esta é exatamente a reação que o taurino deseja provocar — afinal, ele evita não só a necessidade de exercer um papel ativo e entrar num relacionamento: assim também passa a contar com a manutenção daquele envolvimento indireto, depois de estabelecido e funcional. Mesmo assim, algumas mulheres ficarão francamente excitadas com a simples idéia de seduzi-lo. Enquanto isso, o taurino solteiro muitas vezes tem diversas mulheres, simultaneamente, em cada categoria. Em todos os enredos dados, uma coisa é certa: o objeto sexual masculino do zodíaco vive do calor reflexivo dos desejos alheios por ele. O sultão taurino nada é, afinal, sem suas reverentes esposas e concubinas. Mais que qualquer outro homem, ele tem a capacidade, e, sem dúvida, o privilégio de inspirar veneração numa legião de adeptas, sintomática de sua condição magnética de signo

Bernard Malamud
Vladimir Nabokov
Georges Braque
James Beard
Orson Welles
Donovan
Chris Franz
Stevie Wonder
Bono
Harvey Keitel
Dennis Hopper
John Corbett
Anthony Quinn
Jack Klugman
Tony Danza
Lee Majors
Jean Gabin
Robert Montgomery
Edward R. Murrow
L. Frank Baum
Iggy Pop
Justin Bond
John Cameron Mitchell
John Ebersol
Harry S. Truman
Malcolm X
Honoré de Balzac
Louis Farrakhan
Sigmund Freud
Glen Campbell
Eugene Delacroix
Ulysses S. Grant
André Agassi
Jerry Seinfeld
George Carlin
Sócrates
George Lucas
Willie Nelson
Joey Ramone
Bill Paxton
Immanuel Kant
Peter Seeger
Robespierre
Stewart Granger
Eric Satie
Niccolo Machiavelli

REGÊNCIA DO CORPO

Touro rege a garganta e o pescoço, respectivamente simbólicos da expressão e da força de sustentação. Há uma tendência a infecções do ouvido e da garganta, obesidade e outros problemas endocrinológicos. O planeta Vênus rege os atributos femininos no corpo, o estrógeno e o fluxo centrípeto do sangue de volta ao coração.

fixo, que corresponde a seu status arquetípico de ídolo encarnado da fertilidade. De fato, muitas mulheres dominadoras vêem nele simplesmente um garanhão no cio, programado para dar prazer, e quiçá produzir esperma de boa qualidade. Os casamentos do nativo — e o caso típico é haver mais de um — freqüentemente já começam com um filho a caminho. Conforme sugerido pelo mito do Minotauro, o desejo obsessivo de ser idolatrado não é fácil de satisfazer, e exige um número cada vez maior de sacrifícios humanos a seu desejo de adoração. Mesmo quando num relacionamento estável, o nativo acha difícil passar ao largo de qualquer sedutora que se atire a seus pés. Quando namora como passatempo, raramente deixa transparecer o tesão, nem mesmo pelas mais cobiçadas aquisições: ele é o frio colecionador dessas peças de valor inestimável — neste caso, um rabo de saia. Dar a perceber seu investimento emocional ou de outra ordem desmentiria o desapego característico pelo qual ele é venerado. Aqui existe, entretanto, uma possível armadilha paradoxal: a de que ele, o principal colecionador do zodíaco, esteja, entretanto, colocando a si próprio em leilão, o tempo todo, disponível para a mais inflamada aspirante a seu afeto e favor sexual.

Raramente assumindo riscos, o Touro exige "uma coisa segura", alguém que venha demonstrar, acima de qualquer dúvida, que sua aposta nele é mais alta que a dos outros jogadores envolvidos. A garantia pendente, entretanto, é de que *prevalecerá* a candidata mais ardente por sua afeição, e por vezes à revelia da intensidade do real sentimento do nativo por ela. Ele se submete à mulher que compartilha sua mais tórrida paixão — ele próprio —, cega a qualquer outra consideração. Isto muitas vezes leva os circunstantes a colocarem em dúvida seu bom julgamento na escolha de parceiros, fazendo a clássica pergunta: "Ele está *mesmo* com ela?" No entanto, para sermos justos, o que a maioria de nós não consegue entender é que o Touro valoriza a tenacidade numa pessoa — tal característica significa persistência no cuidar e focalização estabilizada, elementos que para seu signo de terra fixa adquirem importância crucial. Além disso, o taurino pode ter vislumbrado valores num parceiro que não estão imediatamente visíveis a olho nu para os demais. Diga-se a seu favor que ele, em geral, valoriza mais a personalidade e a inteligência que a aparência. Por vezes inseguro em relação ao próprio intelecto, para ele uma inteligência obviamente superior no parceiro pode eclipsar com facilidade a ênfase na beleza ou na clamorosa falta da mesma. A associação do signo com a Segunda Casa, a do *conteúdo* em vez da forma, deixa o nativo astrologicamente programado a ver além da superfície — de fato, esta é uma de suas melhores qualidades. Em sua essência, o taurino está buscando segurança e orientação — ele não se esforça por dirigir o barco do amor, e sim por se fartar de tudo que lhe esteja sendo oferecido a bordo. Esse filé-mignon é totalmente submisso, e, mais ainda, ele gosta de ser assim. Quando está sozinho com uma mulher, é incrivelmente demonstrativo e carinhoso, necessitando de constantes afagos e sinais físicos de reafirmação. Também do ponto de vista sexual, ele não é nada do que aparenta.

O taurino tem pouca percepção de atrair as mulheres por motivos estritamente sexuais. Da mesma forma, em geral não percebe quais são as expectativas em relação a ele na cama. E assim continua a se pavonear, inconsciente do fato de excitar as mulheres, irradiando um magnetismo quase palpável que é atribuído, em grande parte, à sua própria energia sexual represada e necessitada de vazão. Ao deixar nas mãos da mulher tanta responsabilidade pelo namoro, o Touro pode às vezes passar muito tempo no curral sexual — qual o Minotauro, aprisionado em seu próprio complexo de desejo sem encontrar uma saída fácil. Esse confinamento sexual também se manifesta no aspecto físico, pois o taurino possivelmente sofre mais de dor nos testículos que os nativos da maioria dos signos. Tipicamente, o Touro não se interessa pela masturbação — uma predisposição que não se apóia em princípios morais, como é muitas vezes o caso do vigilante e ascético ariano, porém se origina da incapacidade do nativo de visualizar pensamentos e até mesmo conjurar as imagens adequadas, sem que se intrometam na visão mental seus típicos conceitos obscuros e aleatórios. Além disso, o que mais lhe causa excitação é ver a parceira ficar excitada por *ele*. Mesmo nas circunstâncias mais íntimas, ele é incapaz de visualizar a experiência diretamente, mas, em vez disso, precisa vê-la através dos olhos alheios. Isso porventura explicará por que o taurino pode ser pouco discriminatório em relação a quem leva para a cama. Mulheres que num exame superficial aparentemente não estariam "à altura" são exatamente as que o Touro talvez encontre mais firmemente apreciativas na cama. Mal emparelhado com alguma beldade cheia de expectativas, o taurino irá quase sempre explorar, contudo, qualquer resquício de verdade existente no argumento de que as moças, digamos assim, incapazes de sair na capa da *Vogue*, simplesmente são mais esforçadas na cama. E nesse sujeito cujo animal homônimo do zodíaco precisa ser provocado por gesticulação explícita para entrar em ação, vislumbramos novos significados para a expressão "sair pegando tudo o que se mexe". Na qualidade de objeto sexual masculino ele só irá sentir, concretamente, uma parcela mínima da excitação despertada na amante, que precisará fazer uma

LANCES ERÓTICOS
NATIVO HÉTERO

mulheres mais velhas
dominadoras
tipos morenos
mulheres orientais
corpos redondos
cabelo curto
preliminares épicas
sexo lento
no sono
ginastas
dançarinas
adoração do corpo (passiva)
exibicionismo
provocação
sedução (passiva)
humilhação
mulheres casadas
chifrar outros homens
bancar o gigolô
jogos anais (passivo)
submissão + disciplina
púbis cabeludo
ficar abraçado, carícias
usar calcinha
meias longas
cinta-liga
comida
bebida
psicotrópicos
bissexualidade

tremenda ginástica para provocar a mais pálida reação. De fato, deixado por conta própria, o Touro é bastante plácido na cama. Em alguns casos, a parceira terá muita dificuldade em saber se ele está sequer se divertindo, dadas suas reações imperceptíveis; ele poderá simplesmente ficar deitado ali, deixando que ela faça o trabalho todo. Trata-se, porém, quase sempre de um sintoma de que ele está perdido na estimulação sensual, pois quanto menos se mexer, mais estará aberto à excitação crescente. Portanto, se há alguém capacitado a absorver tamanha sensação de excitação, deixando-a envolvê-lo e se potencializar a níveis extraordinários, que levariam a maioria dos homens de roldão, este alguém é o nativo de Touro. Na altura em que a maioria dos homens estaria atingindo o clímax, o taurino está só começando sua vagarosa descida para o auge da *sensação* da Segunda Casa. Enquanto isso, a exemplo de Chauncey Gardner, ele "gosta de ficar olhando" uma mulher usá-lo como se fosse um boneco inflável, deliciado em ver brilhar nos olhos de uma parceira proativa o tesão por ele. Para outras pessoas, os olhos talvez sejam o espelho da alma, mas para o Narciso do zodíaco, eles são espelhos que lhe devolvem sua própria imagem. E se a amante está em busca de uma sessão lenta e fácil, tudo irá dar certo — mas é aí que saem do jogo, ou não se empolgam, aquelas que por engano o julgaram um dínamo sexual.

Ao sentir a renomada aura de poder sexual do taurino, uma mulher naturalmente imagina a proverbial "surra de pica", coisa que, entretanto, ele, em geral, não está disposto a proporcionar. De fato, o desejo ardente que o nativo inspira nas mulheres, e até a exclamação expectante, frente à visão do porte geralmente generoso do aparato taurino, provoca uma excitação muito maior que os dividendos a recolher. Pelo visto, a legendária magnificência sexual do taurino existe principalmente na imaginação dos que ainda não foram para a cama com ele. Não que se pode dizer que o taurino é uma péssima trepada. Ao contrário. Porém, o ato sexual com ele pode ser como assistir a um filme sobre o qual você ouviu muitos elogios — talvez não corresponda à expectativa de ser um recordista de bilheteria. De toda forma, na altura em que ocorre o ato sexual, já foi satisfeito muito do que ele buscava — o reforço ao ego trazido pelo fato de a mulher desejá-lo a ponto de levá-lo para a cama a laço. Além disso, em sua bendita ignorância, o próprio taurino talvez acreditou tanto na propaganda de pré-produção de seu talento, que nem mesmo ele percebeu se, e quando, fracassou "na bilheteria". Raramente um caso de ejaculação precoce, como pode ser o ariano, se o taurino tiver algum problema será o oposto — ele perde a ereção com mais facilidade que a maioria dos machos do zodíaco.

Não se trata de impotência, propriamente, porém de um atestado do nível de estimulação necessário para disparar todos os sistemas dele. Mesmo assim, nosso amigo subjetivo e indócil sente que a firmeza do membro, ou a falta dela, constitui um barômetro dos talentos titilantes da parceira, e não um motivo pelo qual deva sentir culpa ou vergonha. Enquanto isso, ele nem adota essa linha de pensamento: no intervalo dos atos sexuais, contenta-se em ficar na platéia perdido naquele famigerado tempo onírico, corpos entrelaçados, simplesmente desfrutando a espécie de troca íntima que, em geral, as mulheres reclamam que os homens não praticam bastante.

É imperativo lembrar que o taurino está mergulhado na experiência feminina. Ele busca ternura, e na cama anseia por compreensão paciente. Subconscientemente, talvez, sente-se vitimado por uma espécie de sexismo: a ele não permitem querer o que muitas mulheres desejam do ato sexual — uma experiência amorosa e sensível —, mas esperam que se comporte como um garanhão profissional (na verdade fazendo o que por vezes é para ele pura fantasia sexual, algo que pode praticar voluntariamente se numa disposição mais solerte, mas não um papel que queira interpretar numa relação estável e cotidiana, e, com certeza, não por obrigação). Em todo caso, o taurino dificilmente personifica o Big Bang; e se conseguir driblar a legião de mulheres libidinosas no cio e encontrar uma mulher que lhe permita ser o velho Touro Ferdinando — sua porção tipicamente tranqüila —, chegando de fato a amá-lo por isso, tudo estará perfeito. Na verdade, o Touro é um amante vagaroso e meditativo, que quando autorizado a manifestar seu melhor caráter descansado é singularmente capaz de sustentar maratonas sexuais. O queridinho do zodíaco, ele se deixará adorar ativamente por horas a fio, da mesma forma como sairá por aí deixando escorregar certas partes de si próprio — dedos, língua, pênis — para qualquer lugar quente e receptivo. Conforme convém à sua condição de ídolo, o taurino adora provocar a amante, aumentando-lhe a literal devoção, quando não o franco desespero, pelo corpo dele; oferecendo-lhe apenas uma sutil e breve estimulação necessária a colocá-la em ação, vendo-a implorar e, de fato, agarrar o que deseja dele. Eterno jovem núbil da astrologia, poder-se-ia suspeitar de sua completa falta de astúcia sexual e de que lhe falte experiência; mas, naturalmente, é este o truque habitual do Touro, o labirinto mental ao qual ele, subconscientemente, atrai a amante, enquanto espera e observa o sacrifício humano realizado por ela, e vê o recatado decoro que ela encarna desmentido num faminto abandono carnal de prostituta. Embora arrebatador, o jogo erótico do taurino começa e termina aqui, pois não é de seu feitio ficar confundindo de

LANCES ERÓTICOS

NATIVO GAY

rapazes bonitos
cabelos escuros
traços bem definidos
corpos macios
ventres
pescoço
orelhas
degustação de comidas e vinhos
adoração do corpo (passiva)
sexo oral mútuo
massagem profunda
fricção
esfregação
banho de língua
cunete (passivo)
leve sujeição + disciplina (passivo)
mulheres héteros casadas
ternos masculinos
cueca samba-canção
travestismo
strip-tease
filmes pornôs domésticos
charutos
tatuagens
piercings
mordiscos
mordidas

propósito a cabeça das mulheres. Eterno adolescente, ele não tem um objetivo racional: é só o eterno Adônis pedindo para ser deflorado. Até o orgasmo lhe chega como de surpresa, como se fosse a primeira vez que vivesse a experiência. Adequadamente, o *verde* é a cor associada ao Touro.

O taurino não tem uma relação muito psicológica com o sexo. Ele é um sensualista, e não um erotômano, e não se empolga por encenações ou fantasias elaboradas. O sexo grupal, principalmente, é demasiado impessoal, e, portanto, desestimulante para ele; exceto, é claro, se for um triângulo íntimo em que duas mulheres participam para lhe dar prazer sensual. Situações de pleno lesbianismo, para muitos homens um bônus, são especialmente tantalizantes para o nativo de Touro: bastante fetichista em relação ao feminino, a mera idéia de duas garotas suculentas com igual preferência expressando mútua satisfação na presença dele oferece um grau de excitação quase impossível de suportar. Além disso, ele fica tão à vontade com as mulheres — sobretudo se o roteiro não lhe atribuir a exclusiva tarefa de proporcionar êxtase sexual —, que é capaz de relaxar e participar do prazer delas, feliz de não ser o foco principal. Mas o fetiche nem sempre se limita a isso: por um lado, ele pode ter uma fantasia com garotas corpulentas, pois entre os nativos do zodíaco é o mais propenso de todos a sentir excitação por mulheres "redondinhas", encantando-lhe ser esmagado por uma mulher de proporções avantajadas como as modelos de De Kooning. Além disso, deve-se mencionar que os taurinos são os proeminentes travestis do zodíaco. Sem elaborar as implicações mitológicas de vestir "trajes de deusa", usar calcinhas desperta uma desejada comoção sexual no taurino, o que tem inconfundíveis implicações arquetípicas. É algo que não o constrange, em absoluto — pergunte a qualquer homem de Touro, e ele confirmará, principalmente por isso não ter quase nada, ou mesmo nada, a ver com preferência ou identidade sexual. O taurino ama as mulheres, mas a sua empatia natural com elas tem evidentes desvantagens para a parceira. O nativo pode muito facilmente cair nas relações sexuais extracurriculares — não por má-fé, nem por solércia, mas, na prática, por preguiça de seguir "normas" de relacionamento. Quase sempre, se brincar com outras mulheres será com uma vizinha ou colega de trabalho — alguém bem visível — que por vezes estará, ela também, em busca de uma relação extra. Mesmo taurinos solteiros são famosos por namorar alguma moça que esteja "ocupada". De fato, muitas mulheres comprometidas com taurinos começam a ligação após recém-saírem de outras relações duradouras, vínculos aos quais ainda estavam presas quando encontraram o nativo. Pode-se afirmar que o Touro, como o principal colecionador de admiradoras do zodíaco, tem um interesse especial em "pré-fabricados". Contudo, o melhor de acordar ao lado de um Touro é que ele, por colocar as mulheres no centro, naturalmente entende o que elas querem. Com tempo e paciência ele acabará conseguindo fazer tudo o que a mulher poderia esperar que fizesse. O nativo é um profundo conhecedor do clitóris e costuma ter uma língua tão deliciosamente longa quanto outra generosa parte de sua anatomia. Sua fixação oral no monte de Vênus é a prova de que este garoto é o amante original de Vênus. De fato, o taurino eleva à condição de ritual religioso o hábito de comer fora. Naturalmente, ele espera a retribuição; mas o longo tempo que talvez precise para atingir o clímax, sem mencionar o quanto o membro, propriamente, costuma ser longo e grosso, pode transformar a retribuição do favor numa probabilidade cansativa.

Às vezes, é trabalho para homem. E se há um signo cujo nativo, independente da identificação sexual, é favorável a receber serviço gratuito de outro homem, este será nosso informal Touro, que é tão sugestionável quanto o grupo etário que lhe está associado. E diante do turbilhão de energias masculinas e femininas do signo, a rapaziada de Touro, na maioria, costuma ser bastante bissexual por natureza, em vez de polarizada de um jeito ou de outro, homo ou hétero. Poucos taurinos heterossexuais não andaram com outro homem em algum momento de suas vidas, da mesma forma como alguns taurinos homossexuais conseguem se ver apaixonados por alguma mulher, vez ou outra, fazendo fortes conexões emocionais com o sexo oposto. Há exceções, e elas são surpreendentes: alguns homossexuais de Touro são tão tangivelmente afeminados que o termo masculino só parece aplicar-se a eles no sentido mais estritamente biológico. Tal como é lugar comum entre taurinos héteros vestir-se do sexo oposto, é também comum entre homossexuais masculinos do signo a troca de papéis, assim como casos de realocação sexual. Ao operar sua mágica no plano físico terreno, Vênus pode causar alguns efeitos muito reais e tangíveis. Quando simplesmente identificado como gay, não como mulher — e cabe observar que muitos taurinos héteros realmente se identificam como mulheres e acabam transformados em lésbicas transexuais, fato aplicável a qualquer signo, porém ao Touro mais que aos outros —, o nativo tenderá de alguma forma a ficar menos sujeito que seu correspondente heterossexual à necessidade de veneração como objeto amoroso. Talvez porque a sexualidade explícita já constitui um traço relevante da vida gay, e o taurino gay está, em geral, perfeitamente saciado pelo ardor que costuma inspirar, ele manifesta uma necessidade de afeição mais profunda, em lugar da atenção generalizada. O taurino hétero provoca uma verdadeira corrida por seus favores sexuais, mas o taurino gay lida com um número ainda maior de abordagens. O que sente faltar em sua vida é uma focalização maior em típicas preocupações taurinas, como o envolvimento emocional e a estabilidade que os relacionamentos estáveis podem trazer. Por sua natureza, a vida gay tende a envolver mais sexo inconseqüente, o que leva o nativo da Segunda Casa a procurar a consolação dos *confortos da criatura* com renovado vigor.

O taurino gay, tendo sido bombardeado com tantas solicitações de seu favor sexual, acaba sendo forçado a um discernimento mais estrito, concentrando sua atenção nos atributos menos superficiais de um amante potencial. Ele geralmente deseja um companheiro com quem possa compartilhar um estilo de vida sensualmente gratificante — que possa incluir uma moradia de boa qualidade, cheia de móveis bonitos, férias de luxo regulares, de preferência com o mesmo e acolhedor círculo de amigos. Definitivamente, ele não é adepto do circuito dos bares, e a maior parte de suas amizades pode ser com mulheres hétero. No entanto, ao contrário de outros homossexuais que também se relacionam melhor com as amigas, o Touro não desempenha papel de esposa em seu relacionamento. De fato, sua tendência é assumir uma posição mais ligada ao estereótipo de marido ou de pai, talvez interpretando alguma imagem da perfeita figura paterna masculina que faltava em sua própria formação. Ele é um verdadeiro cuidador e gosta de dar aconselhamento ao amante, quase sempre mais jovem e menos experiente. Às vezes, essa dinâmica paterna toma um rumo diferente, com o Touro se apaixonando pelo namorado ou marido de uma amiga íntima — ou pelo próprio casal. Neste caso, ele pode estar projetando no casal amado sua própria necessidade reprimida de pais felizes.

Para o nativo de Touro, uma sugestão de bissexualidade é sempre instigante. Até o nativo de identidade mais estritamente gay poderá em algum momento acabar na cama com uma mulher. Porque vive num nível tão sensual, no qual o aspecto físico da sexualidade nem sempre lhe penetra por completo a mente, o apego emocional a um membro do sexo oposto poderia levá-lo a seguir tal trilha. Enquanto isso, seu comportamento sexual com os homens é, em geral, direto e psicologicamente descomplicado. O taurino gay gosta de estar no comando, mas não tanto para dominar; pelo contrário, ele gosta de demonstrar fisicamente ao amante o prazer que pode ser derivado de ficar por baixo de um amante passional, conquanto terno. Principalmente se a experiência anterior do parceiro lhe tiver ensinado que quem fica por cima só está realmente interessado em homens submissos, o amante taurino deseja dispersar tal estigma e até oferecer um sentido de cura sexual. Conforme convém à sua conformação astrológica, o taurino pode ser visto como um ativo passivo, e muitas vezes prefere que o parceiro fique sentado acima dele, que o penetrará por baixo. O que o nativo de Touro em geral exige é uma boa dose de adoração do corpo. Agrada-lhe especialmente ter alguém rastejando a seus pés — ou lhe lambendo os testículos ou o ânus. Para ele, esses sinais de adulação são uma intensa experiência de intimidade. Interpretar papéis é um aborrecimento para o Touro; e normalmente acrescentar um convidado ao conjunto está fora de cogitação, pois o taurino gay é ciumento e possessivo. Se o parceiro quiser mesmo soltar o monstro que vive dentro do taurino, tudo o que precisa fazer é flertar — *uma vez*. Por trás da conduta pacífica e meditativa do Touro fermenta um gênio que, embora só se revele raramente, de tão feroz é capaz de derrubar e ferir alguém num só golpe. Tamanha é a necessidade do Touro de ter uma sensação segura de pertinência que qualquer coisa que lhe pareça ameaçadora será instintivamente esmagada. Para o taurino, hétero ou gay, o amante é sua propriedade mais valorizada, a tal ponto que se este sair do sério, arrisca-se a terminar pisoteado.

Casais

Hétero

Homem de Touro / Mulher de Áries

Ela vê imensas possibilidades carnais. Ele tarda a ler os sinais explícitos que ela emite. A conduta descontraída afinal conquista a afeição deles. O sexo é uma questão psicológica — os papéis se invertem e as fantasias de dominação são exploradas.

Homem de Touro / Mulher de Touro

Intensa no começo, a ligação torna-se depois um pouco estática. Mesmo assim, trata-se de uma vinculação simpático-astrológica. O sexo é reconfortante, de validação emocional: eles podem passar dias e dias na cama.

Homem de Touro / Mulher de Gêmeos

Ela procura alguém assim tão sensível e forte; ele encontrou uma mulher sensual e fogosa. A amizade deles é primordial, logo, o sexo raramente constitui o foco. De fato, na cama, às vezes parecem relutantes. No entanto, ainda há esperança.

Homem de Touro / Mulher de Câncer

Ela vê nele um homem seguro e estável — alguém de confiança. A volatilidade dela estimula os cuidados do taurino. É uma dupla dada aos jogos sexuais — muito barulho por nada; eles choram até rir. Na cama, ela é uma talentosa instrutora sexual.

Homem de Touro / Mulher de Leão

Fixação: uma relação entre dois tipos teimosos — ela é obstinadamente ambiciosa, ele é complacentemente imóvel; é complicado de sustentar, mas há recompensas na tentativa: as tensões emocionais criam um excepcional ardor sexual.

Homem de Touro / Mulher de Virgem

Material de casamento: ele é facilmente arrebatado pela adoração que ela lhe devota. Ela aceita a carinhosa tutela dele. Existem obstáculos, mas quase sempre são superados. De um jeito ou de outro, o sexo é ardente desde o começo.

Homem de Touro / Mulher de Libra

Ela irrompe na vida dele, introduzindo novas experiências sensuais. Ele se delicia em todo tipo de excessos. Esse vínculo talvez não ultrapasse jamais o superficial — eles estão em "lugares" distintos —, mas a conexão erótica é séria.

Homem de Touro / Mulher de Escorpião

Ele é o tipo submisso que ela espera reformular. Qualquer aliança entre esses dois opostos astrológicos beira o obsessivo. É de se esperar a mútua dependência sexual: a paixão alcança os limites da selvageria.

Homem de Touro / Mulher de Sagitário

Por terem tanto em comum — principalmente a necessidade de atenção — eles entram em conflito nas coisas essenciais: a maior alegria dela está no mundano; ele prefere os prazeres domésticos. Entretanto, do ponto de vista sexual é suntuoso.

Homem de Touro / Mulher de Capricórnio
Cada um encontra o par capaz de puro amor. Porém, mesmo emocionalmente alinhados pelos signos terrenos — é raro um arrepio temendo ser traída, ela impõe restrições. Na cama, é necessária uma comunicação mais clara.

Homem de Touro / Mulher de Aquário
Ela se prepara para fazer um ninho com uma pessoa "normal". Ironicamente, ele está explorando o lado escuro de seu psiquismo. Mudanças enormes e desarraigantes ocorrem. Aquário está acostumada com mais paixão; para ele, ela é exceção exótica.

Homem de Touro / Mulher de Peixes
Ela é a mulher superfeminina das fantasias dele. Devoção instantânea é toda a prova de que ela necessita: ele é o homem de sua vida. A harmonia está nas estrelas. O desejo sexual dos dois é urgente — cada um agrada e mima o outro.

Gay

Homem de Touro / Homem de Áries
Excesso de peso é palavrão, e daí se segue um estilo de vida dietético: nenhum dos dois morde mais do que consegue mastigar comodamente. Um casal confiante — sexualmente compatível e igualmente egocêntrico. Na cama, mantêm a simplicidade.

Homem de Touro / Homem de Touro
Uma combinação gay incomum — dois narcisistas à procura de um adorador. Ambos disputam o centro da atenção. O convívio é tenso, os gênios explodem regularmente. Em seu melhor desempenho, na cama, esta é uma sociedade de admiração mútua.

Homem de Touro / Homem de Gêmeos
O interesse de Gêmeos é sobretudo sexual; e Touro sente grande atração emocional. Se tudo funciona, a vida é livre e fácil. No sexo, eles combinam: o geminiano banca o escravo do robusto senhor taurino, mas os papéis também se invertem.

Homem de Touro / Homem de Câncer
Um casal conservador e calado — duas pessoas caseiras que gozam de boa qualidade de vida. Não há nada a provar: o Touro encarna seu eu mais sereno; e o Câncer assume o comando. Romances ocultos podem acabar partindo corações.

Homem de Touro / Homem de Leão
A vida com o leonino parece prometer luxos, a boa vida. O leão, um *voyeur*, empolga-se com o belo Adônis taurino. A lealdade mútua é o tema deles. Fartura de amigos e familiares. O sexo é cerimonioso, às vezes autoconsciente.

Homem de Touro / Homem de Virgem
A erudição é a atração. A comunicação é extraordinária. Cada um dá ao outro atenção infinita, sem ressentimento. No extremo, dar tanto significa que o bastante acaba não bastando. Na cama, eles são graciosos, bem-humorados.

Homem de Touro / Homem de Libra

Touro é o ideal homoerótico de Libra. Além do físico, compartilham o amor às coisas refinadas. A vida social é uma forma de arte. Comidas e bebidas são copiosamente consumidas. Cada um se orgulha do outro. O sexo é uma intensa exploração.

Homem de Touro / Homem de Escorpião

Personagens evasivos e indiretos cuja ligação sexual permanece secreta. Desprezo e lutas de poder se intrometeu no vínculo. Uma clássica escaramuça masculina, como a de Caim e Abel. O sadismo do escorpião pode ser a desgraça deles.

Homem de Touro / Homem de Sagitário

Uma força da natureza. Juntos, sentem-se capazes de dominar o mundo. Entretanto, há problemas: Sagitário assume o comando e Touro vai a reboque, demasiado predisposto. Talvez fosse preferível um enredo puramente sexual.

Homem de Touro / Homem de Capricórnio

O apreço mútuo talvez não seja verbalizado; o envolvimento sexual também pode ficar debaixo do pano. Amizade garantida — a combinação Touro-Capricórnio produz grandes amigos. Na cama, a habilidade manual do Bode atiça o desejo do Touro.

Homem de Touro / Homem de Aquário

Um vínculo destinado a ter lastro. Cada um ciente de que encontrou o parceiro perfeito. O dinâmico aquariano apresenta a seu garoto taurino novas e estimulantes situações, sexuais ou de outra ordem. Eles levantam o perfil profissional um do outro.

Homem de Touro / Homem de Peixes

Peixes parece aquele "elo perdido" da vida do taurino. É uma ligação simbiótica. Estar com o Touro é como realizar um sonho. A vida produtiva, os objetivos profissionais são alcançados — e mais. Na cama, os motivos egoístas são deixados de lado.

A mulher de Touro

a ideal

A taurina é a Condessa Descalça do zodíaco, uma espécie de princesa tribal que encarna o espírito combinado da imunidade real com a ingenuidade pastoral. Em todos os aspectos, ela é uma "boneca de carne e osso" — uma personagem com infinita paixão pela diversão, e que aborda a vida com uma visão infantil e intacta, disseminando livremente a alegria ao fazê-lo. A nativa de Touro sente que seu objetivo é criar um pouquinho do céu aqui na Terra, em certo nível buscando e se permitindo tantos prazeres epicuristas quanto possíveis, enquanto, em outro nível, vive como se tivesse um sagrado direito de fazê-lo. Profissionalmente, sua tendência é seguir uma carreira que lhe perpetue a sensibilidade descuidosa e lhe dê um sentido lúdico, ao mesmo tempo em que oferece diversão aos demais. Embora seja uma materialista de primeira ordem, ela adota os luxos simples, considerando a riqueza um direito natural, e freqüentemente se dedicando aos necessitados, e em especial às crianças. Sua alegria franca assegura um sentido de individualidade e leva os demais a se sentirem como se na presença de uma babá predileta. Na verdade, nenhuma mulher desfruta tanto a condição de garota quanto essa eterna ninfeta, cuja existência inteira é uma exploração da experiência feminina — da tentativa à apoteose. Seu maior objetivo na vida é ser digna de tê-la vivido. Assim sendo, a taurina procura se cercar de pessoas "de qualidade": num homem ela procura o pacote completo: a boa aparência, a personalidade, o senso de humor, o charme malandro, a habilidade sexual, um espírito juvenil e uma conta bancária capaz de engasgar um touro, esperando ser venerada sem dúvidas e ao extremo. Suas ligações com pessoas do mesmo sexo são uma celebração concentrada de feminilidade, uma caminhada a duas, por vezes marcada pelos cuidados mútuos, e uma jornada compartilhada de autodescoberta.

Signo + Mente

Vênus é regente do Touro e também de Libra; mas neste mais vívido dos signos terrenos, os poderes do planeta estão totalmente focalizados no plano material. Representativo do Princípio Feminino em astrologia, o planeta Vênus significa os conceitos de subjetividade, e, portanto, de reatividade, unidade, integração e harmonia, juntamente com uma série de atributos tomados de empréstimo à deusa homônima: beleza, graça, encanto, amor e desejo. Em Libra, signo ideológico (de ar), essas qualidades são cruciais por considerá-las valores abstratos, mas no Touro elas devem ser tomadas muito mais literalmente, exploradas tangivelmente em sua aplicação. De fato, a taurina pouco liga para teorias — ela lida com a substância, com aquilo que pode ver, tocar, cheirar e provar. E como personificação feminina da patronesse de seu planeta, alinhada assim com a posição feminina que ela tão firmemente ocupa, a taurina procura manifestar essas condições venusianas da forma mais visível, ou de fato palpável, que lhe for possível. A aparência das coisas, e das pessoas, aliás, é muito mais importante para ela do que para qualquer dos outros signos — o criptograma do planeta é quase sempre mencionado como "o espelho de Afrodite" — na medida, pelo menos, do poder e do valor que tais coisas possam conter. A primeira impressão é crucial para a nativa de Touro, cuja natural disposição deixa-a suscetível a uma certa vaidade do tipo "dizei-me, espelho meu". E, no entanto, pode ser enganadora sua preocupação com as aparências físicas, que possuem para ela um significado menos profundo do que poderíamos prontamente imaginar. Mesmo a nativa poderá não perceber que em seu notório amor pelas roupas, cosméticos e objetos de *design*, para si e a casa, ela canaliza a energia espiritual específica de seu signo. O fato de ser a garota material do zodíaco não é gratuito: a taurina é a encarnação terrestre da deusa, e em tal qualidade adorna-se de vestimentas com tanto fervor ritualístico (você já ficou esperando a taurina se arrumar para sair?), que faz lembrar as sacerdotisas do próprio templo das deusas — desde a libidinosa Vênus até as atendentes da virgem Vesta —, as quais, segundo a história, recorriam ao

PRINCÍPIO

O Princípio Feminino. O segundo preceito zodiacal do Touro é o contraponto do Princípio Masculino do Áries. Aqui a objetividade é substituída pela subjetividade. Vênus invoca a passividade e a receptividade nos nativos de Touro, que absorvem a vida, em vez de atacá-la agressivamente. Por meio da energia do desejo e a sedução que vem do cultivo do eu, a taurina invoca a regra da atração. Ao fazê-lo, entretanto, ela se expõe a transtornos inesperados.

sacramento do disfarce para se transformarem na deusa, em preparação para os ritos sexuais sagrados com os sagrados reis ou sacerdotes divinos.

Lembremo-nos de todas aquelas exageradas taurinas do mundo do entretenimento, espalhafatosas em seu resplendor, muitas vezes com figurinos exclusivos de Bob Mackie: Cher, Barbra Streisand, Carol Burnett, Joanna Lumley, Pia Zadora, Rita Coolidge, Janet Jackson, Grace Jones, Shirley MacLaine, Bea Arthur e Ann-Margret. Poderia muito bem se tratar de um cortejo de transformistas. E resumi-las assim seria adequado: o travestismo masculino tem suas raízes nos sacerdotes xamãs, que também se vestiam com as vestimentas sagradas da deusa, como recurso para lhe adquirir o poder. A nativa de Touro, já plenamente dotada pela natureza de atributos femininos, pode assim ser rotulada a *travestida* do zodíaco — termo que, tal qual *vestimenta*, também tem origem na própria Vesta. O sentido de todo este palavreado reduz-se a uma só palavra: expressão. Da mesma forma como o signo rege a voz, simbolicamente interpretada como aquilo que dá origem ao idioma pessoal, o signo da taurina vem envolvido na necessidade de abraçar e celebrar a si mesma como mulher, de uma maneira intensamente vívida. De fato, podemos perguntar como a indústria cosmética seria prejudicada, se não fosse pela taurina, eternamente amaciando a si mesma com cremes e loções, perfumando-se e polindo-se para atingir o ideal de perfeição feminina. A Segunda Casa do zodíaco é a casa da *expressão*, e enquanto a ariana, sua antecessora na roda astrológica, procura desfrutar tudo o que os homens fazem no mundo, abandonando os adereços femininos como presunção, a taurina encontra o poder numa nuvem de pó-de-arroz, vendo sua condição de segundo sexo como uma oferta de vantagens nesta vida: as portas estão continuamente sendo abertas e seguradas por alguém, enquanto ela passa rebolando a caminho de qualquer objetivo que procure alcançar.

Nativa do único signo de terra fixa do zodíaco, a taurina está predisposta a *se arrumar* em termos materiais, exatamente como está inclinada a ter todas as "coisas certas". O lema de seu signo é "Eu tenho", e dificilmente ela será uma das que não têm — condição que, de fato, gostaria de ver universalmente erradicada. Ainda mais essencialmente, a taurina passa a vida adquirindo uma lista cada vez maior de atributos capazes de se enquadrar na categoria descrita por seu lema. Para começar, ela é excepcionalmente preocupada, se não obcecada, por sua própria pessoa, haja vista que os traços físicos femininos são regidos por Vênus. E assim a mulher de Touro está muito atenta ao que deixa entrar — sim, em todos os níveis — em seu corpo, sendo muito exigente em

♀

SÍMBOLO PLANETÁRIO

O criptograma de Vênus — o círculo do espírito sobre a cruz da matéria — representa o conteúdo espiritual, e, na verdade, sensual sobre a forma física. Chamado o espelho de Afrodite, ele aponta para uma certa vaidade e visão subjetiva do eu. A cruz do símbolo lembra um hímen, remetendo ao aspecto virginal da terra. Os "braços" estendidos da cruz são um convite à união.

relação às comidas, bebidas e outras substâncias que permite descer por sua garganta regida por Touro. Igualmente, como o criptograma de Vênus recorda de forma vívida uma vagina cruzada pelo hímen, que conduz ao útero, também estão realçados a pureza e o discernimento na arena sexual. Acima de tudo, a taurina trata o corpo como um templo, tomando cuidado especial com seus encantos físicos. Ela nos mostra, pelo exemplo, a beleza de enxergar a si mesma como um lugar sagrado — mostra que devemos valorizar e jamais conspurcar nossos corpos. No nível mais metafórico, a taurina acredita que ao se cultivar, ela transforma, também para os outros, seu pedacinho do mundo num lugar melhor.

Conteúdo, valor e poder são atributos primordiais da Segunda Casa zodiacal associada ao Touro. Isto explica muito por que ela está sempre criando novos *hobbies* — atividades que falam do que uma pessoa "é feita" —, acrescentando algo mais a seu cofre de propriedades valiosas. E por muito cheia de boas intenções, mas mexendo em tantas panelas, a taurina pode ser considerada uma amadora. Com freqüência, ela está tão consciente de seu sistema de crenças pessoais — aqueles valores mais metafóricos — quanto das etiquetas de preços dos xales de caxemira ou de seus objetos decorativos prediletos. As posses e convicções da taurina são para ela poderosamente investidas, carregadas e sagradas. E para ninguém se esquecer, ela não deixa de oferecer lembretes: a nativa de Touro gosta de realizar seus rituais temporários diante das pessoas, demonstrando o quanto ela cuida bem de si mesma e dos amados. Igualmente, ela lhe informará sobre a alta qualidade daquilo sobre o qual você está sentado, ou que está olhando, ou que está comendo, quando presente aos sagrados salões dela. Mas tudo isso é parte de seu encanto: pois ninguém poderia jamais afirmar que a taurina não está atenta aos menores detalhes. Em geral, ela entende a vida como uma dádiva; e por isso, fica difícil reclamar de alguma coisa. Em todo caso, no tocante ao conceito de valor, a Segunda Casa não discrimina entre a riqueza material e o mérito pessoal, como, por bem ou por mal, tampouco faz a taurina.

O signo de Touro está associado com a experiência bíblica do Éden, aquela porção mais fixa da Terra, exatamente como a nativa do signo personifica o arquétipo de Eva — o protótipo essencial da mulher, a fêmea topo de linha. O proverbial jardim, paraíso, é assim, literalmente, o Céu na Terra. É nesse estado de graça, antes da queda, que os taurinos de ambos os sexos "vivem", metaforicamente falando. Exatamente como o taurino está representado no Adão edênico, o grego Adônis — seus nomes (*Adonai* significa "senhor") são um só

QUADRANTE DO SIGNO

Os quadrantes zodiacais correspondem aos planos metafísicos da existência: físico, emocional, mental e espiritual. O primeiro quadrante é o do eu e da percepção individual. Enquanto Áries se concentra na ação externalizante, o Touro está mergulhado nas sensações que chegam e concentrado em qualidade de vida e atributos pessoais. A mulher de Touro procura cultivar seus numerosos encantos, perseguindo pelo resto da vida um sentido cada vez maior de valor e auto-estima. Seu lema "Eu tenho" pode facilmente ser seguido pela frase: "...o melhor que a condição feminina pode oferecer".

♉

CRIPTOGRAMA DO SIGNO

Emblema taurino, a cabeça e os chifres do Touro significam o poder inerente da resposta. É o mesmo símbolo da deusa egípcia Ísis, que à semelhança de Eva e de Io é uma encarnação divinizada da natureza feminina.

— e em outros "deuses florais" agrícolas, assim, também, a nativa de Touro baseia-se na energia arquetípica de mitológicas deusas da terra virgem, as ninfas, que encarnam os espíritos de espaços sagrados terrestres e fixos, especificamente jardins, bosques e santuários erigidos nestes locais. Nas antigas literaturas e religiões, o jardim é sempre simbólico do feminino — é o lugar fértil onde as sementes são plantadas. Com todo esse poder primordial feminino empilhado dentro dela, como poderia a taurina ser condenada por se preocupar tanto consigo mesma? É meramente a cruz pessoal arquetípica que ela deve carregar. Como um jardim, a taurina dá trabalho para cuidar — felizmente ela própria faz a maior parte do esforço. Ainda assim, qualquer um a quem se associe intimamente sentir-se-á na obrigação de agarrar uma boa enxada e participar da tarefa de cavar o solo da experiência da taurina.

As ninfas, aquelas deusas telúricas adolescentes, são a perfeita combinação para a associação do signo com a faixa etária 7-14 anos. No nível fundamental, é a época da vida de uma garota em que ela anseia pela condição de mulher, sempre ensaiando sobre aquele tema — a alegria e a excitação da moda e da beleza regidos por Vênus são aspectos dos quais a taurina jamais se cansa, não importa a sua idade. Porém, a relevância desse grupo etário não termina aí: esta é também uma época da vida marcada para a menina pela consciência em desenvolvimento de sua própria sexualidade crescente, e da responsabilidade atrelada a esta — temas cruciais na vida da taurina. E por falar em ninfas: essas deusas da vegetação, turbulentas e pubescentes, eternamente caçadas por deuses licenciosos, vivem nos corações e mentes de nossas taurinas naturalmente ingênuas.

O mito mais adequado para expor os temas básicos da luta da moça taurina com o mérito próprio, e sua subseqüente relação com os homens, é o da bela ninfa Io, que ficou numa saia justa para dizer não ao deus supremo, Zeus-Júpiter, disfarçado de nuvem negra, presságio que a ela passou despercebido. A esposa de Zeus, a deusa-rainha Hera, num ataque de ciúmes quase apanha os dois em pleno ato, se Zeus não tivesse transformado Io numa linda novilha, branca como a neve. Hera, cuja intuição não foi enganada, conhecia o roteiro e perguntou ao marido se ela não poderia conservar a vaquinha como animal de estimação. A Zeus não restou saída senão conceder, e Io acabou aprisionada. No final, foi ajudada a fugir, e Hera mandou em seu encalço uma mutuca que a perseguiu a ferroadas, até que deixasse a Europa, atravessando o mar Jônico, assim batizado em sua homenagem, para chegar à Ásia, onde recuperou sua forma anterior e foi adorada, por mérito próprio, como a superdeusa egípcia Ísis. Eis aí,

ELEMENTO + QUALIDADE

O elemento terra tem conotação de substância, materialidade e conteúdo. A qualidade fixa significa uma necessidade de estabilidade, conforto, focalização e cultivo. No conjunto, a combinação de terra fixa, específica de Touro, é mais bem ilustrada como um jardim, como o Éden, ou o fruto dele. Qualquer bosque, clareira ou templo pode ser considerado um espaço sagrado taurino.

POLARIDADE

As nativas de signos femininos (terra, água) estão alinhadas com a polaridade de gênero de seu signo, e assim encarnam a combinação qualidade-elemento do signo. A mulher de Touro considera a si mesma sua melhor propriedade, um foco substancial, conforme convém à condição de terra fixa de seu signo.

em resumo, a nativa de Touro: atraída por homens másculos e poderosos, aqueles que imagina provavelmente mais capazes de prover todos aqueles *bens* necessários, ela se arrisca a ser subjugada por eles e ficar parecendo uma vaca estúpida, principalmente aos olhos de outras mulheres, mais velhas e sábias. Entretanto, só ao passar pela experiência de levar uma boa dose de ferroadas no rabo, ela finalmente fica esperta e se reconhece auto-suficiente, exatamente como a mulher insolente que botou Io para correr da cidade. Em toda a sua subjetividade superfeminina, a nativa de Touro não pode evitar atrair para si a atenção masculina, seja isto positivo ou negativo. Tanto Eva quanto Io — a mesma personagem, realmente, sendo cada uma delas a mãe antediluviana da humanidade vista por tradições separadas — atraem sua respectiva quota de gente traiçoeira. E esta é uma das numerosas armadilhas que esperam pela taurina, para a qual a única forma de sair fora desses padrões destrutivos é passar *através* deles.

Os touros, na natureza, não enxergam muito bem. E os nativos dos dois sexos compartilham essa visão míope; simbolicamente, falta discernimento em especial à fêmea do signo. Tão focalizada está em si própria, até mesmo como forma de atrair situações e pessoas desejadas, que muitas vezes deixa de filtrar adequadamente as coisas ou pessoas que chegam a ela, apesar de astrologicamente concentrada em tratar a si mesma como um templo. De fato, as duas dinâmicas se completam, com um discernimento subdesenvolvido originando um consciente controle de qualidade. A coisa funciona assim: enquanto o nativo de Touro é um colecionador de admiradores, que prende a seus conhecidos uma etiqueta com o valor de cada um, a taurina busca se transformar num tesouro inestimável, na esperança de atrair aquele alguém especial e merecedor. É uma presunção presunçosa, com certeza — e as relações do Touro são freqüentemente uma sociedade de mútua admiração a dois. O melhor de tudo é que essa preparação para o sucesso romântico, em geral, consegue atrair o partido perfeito — com um defeito, porém: necessariamente, também atrai os indesejáveis. A taurina não é muito hábil em detectar os traiçoeiros, sobretudo quando jovem; ela precisa aprender que as aparências enganam, e talvez desperte bruscamente para a constatação de que nem todo mundo se veste com a verdadeira vestimenta da alma, como ela o faz. A nativa de Touro considera-se um modelo de mulher feminina e então *se arruma* para *substanciar* essa crença, tornando-se uma imagem ambulante do ideal feminino, pelo menos segundo sua visão, ou melhor, segundo o que ela imagina que os homens podem querer que ela pareça. Em toda a sua evidente subjetividade, a taurina não consegue se enxergar senão através dos olhos alheios, principalmente os masculinos. Supondo que isso seja um comportamento padrão, ela também escolhe os homens baseando-se na aparência deles, acreditando no velho ditado de que "o que você vê é o que você leva". Além disso, porque a Segunda Casa não faz distinção entre *valor financeiro* e *valor humano*, a taurina freqüentemente parte do princípio de que dinheiro e mérito se equivalem, o que faz dela uma das mulheres mais inclinadas a serem iludidas por uma gorda carteira de dinheiro. Ela não consegue entender que, em assuntos do coração, ou na caça de parceiros no proverbial mercado de carne, há pouquíssima verdade na propaganda.

Naturalmente, a visão que a taurina tem dos relacionamentos origina-se em grande parte de padrões estabelecidos por seus pais durante a infância dela. A mãe pode ser uma figura dominadora, uma típica Hera, aquela deusa cujo território engloba as mulheres, o casamento, e a maternidade (a deusa também confere riqueza e poder, dois elementos da Segunda Casa). O pai costuma ser do lado passivo. Enquanto o garoto de Touro tenta exercer um papel de companheiro para a mãe, a garota de Touro toma o partido do pai, numa subconsciente condenação à mãe por emasculá-lo com seu temperamento opressivo. Enquanto isso, de forma também subconsciente, a taurina começa, em geral, a associar homens e passividade, plantando as sementes de sua típica atitude de governanta para com eles. Aprisionada na luta entre os pais, a taurina vê, naturalmente, sua infância refletir a de Io — ela se coloca entre a Mãe Hera e o Pai Zeus, lançando o poder feminino primordial contra uma dominação masculina bastante vacilante. A moça de Touro sente que grande parte da tensão no lar poderia facilmente ter sido evitada se a mãe não tivesse sido tão controladora. Se ela tivesse adotado um espírito mais suave de aquiescência, mais afim ao da homônima de seu regente planetário, Vênus-Afrodite, o pai da taurina quiçá não fosse tão humilhado e psicologicamente castrado. A filha se esforça ao extremo para copiar a mãe, que mesmo quando bonita é decididamente férrea e severa. Este fato é muitas vezes o ímpeto para a nativa de Touro começar a usar roupas claras, em tom pastel e cheias de babadinhos, transformando-se num verdadeiro confeito feminino, algo mais doce e macio que os pais para lhe dar abrigo. Naquela altura lhe falta a consciência de que tal pendor para se embelezar com tanto empenho irá se transformar num artifício tão astucioso quanto qualquer outro perpetrado pela megera matriarcal de quem ela está tentando escapar. Não surpreende ver que a concorrência se acende entre a taurina e a mãe, à medida que a filha vai se tornando cada vez mais o amor da vida de seu pai. A cada aplicação de batom e jogada de cabelos, a taurina esfrega

2

NÚMERO DO SIGNO

Um número feminino de unidade e solidariedade. Na cabala, este número significa a fusão masculino-feminino. Os ensinamentos da Antiguidade consideram Eva a metade do andrógino primordial, com Adão, unidos num mesmo corpo-alma antes de serem separados pela consciência de dualidade.

7-14

ASSOCIAÇÃO ETÁRIA DO SIGNO

A idade da nupcialidade: o signo do Touro está associado com este período do desabrochar da mulher em que a menina se transforma em jovem. Essa transformação é metaforicamente aplicável à taurina durante toda vida, pois as lições de sua vida se concentram no significado de preencher seu papel de mulher substancial.

o nariz da mãe no chão, embora inconscientemente. Às vezes, os efeitos cosméticos tornam-se tão exagerados e artificiais — entra em cena o "travesti" —, que até o rosto de 14 anos com que a taurina desperta não é o mesmo que os colegas de escola verão. Falem-me de *O espelho de duas faces* — dá até para a gente quebrar a unha! E já que estamos falando daquele espelhinho maluco de Afrodite, eis aqui três palavras para vocês: Branca de Neve. O famoso conto de fadas não passa da disfarçada história de Io. Hera é a bela rainha má; Io, a novilha "branca de neve", é... bem, você já entendeu.

Embora, como Branca de Neve, a garota de Touro ameace brilhar mais que a mãe, não há um conflito aberto, e sim uma surda competição. É principalmente a mãe quem se sente chamuscar, ao passo que a filha continua sem nada suspeitar a maior parte do tempo. De fato, como a srta. Branca, a taurina vive naquele estado idílico e edênico associado a seu signo, movendo-se num tempo onírico do mito, como se assistida por uma revoada de passarinhos de desenho animado, e lhe escorrem por entre os pés animaizinhos do bosque, no qual as flores de animação brotam metaforicamente a cada passo. Ela é santamente ignorante a tal ponto. A vida é vivida como a de Eva naquele jardim onde não havia distinção dualística entre bom ou mal, e, que dirá, maldade. Por isso, freqüentemente não reconhece quando as coisas não estão *certas* para os demais, com certeza inconsciente do fato de se ela própria está agindo *errado* contra eles. Naturalmente, para quem não está de acordo com a taurina é muito mais irritante perceber que ela não tem má intenção. Branca de Neve ou Io, afinal, não estavam procurando incorrer na ira de ninguém, principalmente não de suas poderosas figuras maternas. Entretanto, haverá mulheres por toda a vida delas — você pode chamar isso de padrão — que não confiam na encenação inocente da taurina, seguras de que tudo não passa de teatro. Começa com a mãe dela, que discute se a ingenuidade da filha será um artifício, pois não consegue conceber alguém tão centrado em si mesma que nem sequer perceba o efeito que causa aos demais. Bem-aventurança. Muitas outras mulheres estarão convencidas de que ela é conivente. O filme adequadamente intitulado *All About Eve** explora essa dinâmica, com a taurina Anne Baxter batendo as pestanas no papel-título. Na verdade, trata-se do mito de Io-Hera recontado, no qual Eve é uma moça de origem humilde que idolatra uma grande dama do teatro, conquistando-lhe a simpatia enquanto vai aos poucos se apoderando da vida e da posição da outra. Trava-se uma eterna

*Exibido no Brasil como *A malvada* (*N. da T.*)

discussão sobre até que ponto Eve é uma cobra — ou será que ela parece maldosa para as mulheres porque estas se reconhecem nela? Com sua doçura, talvez o personagem seja detestável por ter a qualidade, freqüentemente invejável, de não se deter diante de coisa alguma para conseguir seu intento — uma visão estreita é por vezes justamente o necessário, ao passo que a preocupação em não pisar nos sapatos Manolo Blahnick que a outra está calçando só nos faz tirar o olho do alvo.

Haja o que houver, para a nativa tudo gira em torno do signo. A manifestação psicológica subjacente é que a moça de Touro procura compensar o que sente como deficiência — que ela, como a eterna ninfa núbil, não é tão mulher quanto são as outras, a exemplo de Io confrontando um mundo de Heras. Então este se torna seu problema mais premente, em relação ao qual tanto protesta: o empenho em ser *mais*. Seu lema "Eu tenho" transforma-se em obsessão, e os atributos da Segunda Casa (*riqueza*, *mérito* e *poder*) são elevados à condição de necessidades prementes. Daí o hábito de se vestir como boneca, o excesso de *hobbies* e de realizações potenciais, numa tentativa de preencher os vazios com coisas, quando não ampliando sua pessoa com maquiagem e penteados volumosos. Ela quer ser uma garota crescida, mas é atormentada pelos sentimentos de falta de mérito e de maturidade. Como resultado, muitas taurinas das artes cênicas, por exemplo, sofrem de pânico do palco; e, pela mesma razão, convertem-se em divas exageradas: por compensação excessiva.

Não é de se admirar que, com freqüência, o castelo, mesmo na juventude, se torne pequeno demais para Branca de Neve e sua mãe, que costumam se debicar constantemente durante a adolescência da taurina. À mãe talvez preocupe a filha estar atraindo uma atenção um pouco exagerada, não só da variedade pai extremoso, como do tipo do macho insidioso. E a taurina, sendo uma moça muito feminina, já começa a retribuir os olhares dengosos dos rapazes que ela consegue excitar. Como as garotas amadurecem mais rápido que os garotos, em breve nossa Branca de Neve de crescimento rápido terá uma fila de namorados que ela reduzirá à estatura de anões. Porém, mais adiante, no desenrolar da saga da taurina, trataremos do significado desses industriosos camaradinhas. Por enquanto basta dizer que aquela nativa de Touro perde sua velha brancura de neve mais cedo que muitas outras princesas do reino, e que sua dominadora matriarca não ficará nem um pouco feliz com isso. Como sugere o mito original, mãe e filha são imagens espelhadas uma da outra, e grande parte da angústia da mãe realmente visa cuidar para que a filha não repita os mesmos erros cometidos por ela na juventude (entretanto, na loucura da taurina,

PSICOLOGIA

A vaidade é exagerada entre as mulheres taurinas. A nativa costuma personalizar em excesso a experiência, perdendo a objetividade. Também pode ficar preocupada demais com as aparências, e assim ter dificuldade em aceitar envelhecer. Pode ainda lutar com problemas de auto-estima. Talvez coloque demasiada ênfase em questões materiais, sendo ávida e sovina com o dinheiro. Distúrbios alimentares também podem atormentá-la.

ARQUÉTIPO + MITO

A nativa de Touro é a representante viva da Terra Virgem e das deusas da natureza núbil (ninfas) que personificam a energia natural de antigos bosques, clareiras e jardins onde surgem as tentações. As ninfas estão eternamente sendo caçadas e defloradas, exatamente como Eva era cortejada pela serpente. O dilema temático para o arquétipo taurino reside numa visão polarizada da feminilidade — a relação com os homens *versus* a responsabilidade com o próprio eu e com a parcela feminina da humanidade.

embora não em sua loucura pelos homens, existe mais lógica do que a percebida pela mãe). Com o amadurecimento da taurina, ela e a mãe irão, gradualmente, conciliando as diferenças. No fim, terminarão como reflexos geracionais uma da outra, cortadas com o mesmo molde, farinha do mesmo saco.

Corpo + Alma

Sem o duvidoso benefício do penteado com laquê e da maquiagem pesada, a taurina é provavelmente a mulher mais naturalmente bonita do arraial astrológico (desde que consiga resistir à necessidade de se maquiar como um transformista). Ela encarna tão completamente a forma e o espírito de sua ninfa arquetípica que carregará por toda a vida um ar de frescor e meninice. Uma lista de famosas Barbies taurinas — inclusive os tipos de cabelo armado como Bianca Jagger, Penelope Cruz, Anouk Aimée, Debra Winger, Glenda Jackson, Cate Blanchett, Audrey Hepburn, Katharine Hepburn, Uma Thurman, Natasha Richardson, Michelle Pfeiffer, Candice Bergen, Renee Zellwegger, Valerie Bertinelli, Shirley Temple, Leslie Gore, Ann-Margret, Kirsten Dunst, Sandra Dee, muitas das quais ganharam atenção pública durante seus tenros anos regidos por Touro — revela que as beldades nascidas sob o signo são personagens telúricas escandalosamente femininas. Na verdade, a taurina pé-no-chão raramente é uma criatura etérea. Ao contrário, ela tem uma presença marcante e visceral: a atração de seu encanto específico atinge um homem da cintura para baixo. Nenhuma quantidade de indumentária estruturada consegue esconder sua sensualidade física — uma criatura tão bucólica que está doida para tirar os sapatos e a roupa. Ela pode parecer pouco cômoda em roupas com corte de alfaiataria, como se fosse alguma beldade núbil trazida recentemente do campo e jogada no ambiente urbano. Isto explica bem por que a taurina usa tecidos e estilos suaves, fluidos ou drapeados — caso contrário, essa mulher natural se sentirá sufocar. Às vezes, ela consegue estar envolta num conjunto todo elaborado de túnica, blusa e saia ciganas, xale, capa, luvas e outros adereços do gênero, que a fazem parecer uma guloseima preciosa, embrulhada em delicadas e múltiplas camadas de papel.

Uma forma segura de localizar uma taurina no meio da multidão é ativar os cinco sentidos: procure ouvir o tilintar de uma miríade de braceletes e pulseiras de prata, ou o roçar das miçangas e de um xale franjado, ou a sonora cascata de riso infantil. Ou, ao contrário, procure pela mulher de cabelos revoltos e partidos ao meio, vestida em cores surdas e empoeiradas de tons pastel, que faz lembrar a profusão de sabores dos doces turcos. Depois, confira os olhos: semelhantes aos do homem de Touro, os olhos da nativa tendem a ser separados, aparentemente colocados na lateral da cabeça. Esses olhos grandes e bonitos, acertadamente denominados "olhos de vaca", exibem cílios longos e luxuriantes que piscam lentamente como se estivessem capturando você com uma câmera de obturador de baixa velocidade. Ela é a rainha incontestável dos olhares deliberados, examinando o homem sem precisar sequer voltar-se em sua direção. O rosto é geralmente estreito, e fotografado muito melhor e (por isso mesmo) com mais frequência em perfil. Ela tem um ar ligeiramente infantil, senão de bebê prematuro, que reflete sua condição psicológica fundamental de quem se sente irrealizada ou incompleta. Outra característica surpreendente do rosto da nativa de Touro é sua pele ultramacia e sedosa. Independente da etnia, a taurina costuma ser mais clara que outras mulheres de sua família e, freqüentemente, umas leves sardas se espalham sobre o nariz, que é longo, afilado e ligeiramente arrebitado. Ela está sujeita a sofrer de minúsculas e incongruentes erupções cutâneas — não acne propriamente —, talvez em parte em decorrência de sua biologia excessivamente feminina. A influência de Vênus afoga a taurina em estrógeno, às vezes tornando-lhe oleosa a pele bem hidratada. Os lábios cheios e de curvas sensuais não precisam mais que um pouco de brilho labial para parecer "irresistíveis". Em geral, a taurina prefere usar os cabelos longos e soltos, penteando-os em ondas ou caracóis à Rapunzel, notoriamente aparado, ou de pontas irregulares, ou cortado em "v" para emoldurar a fronte e o maxilar de linhas fortes. O queixo é decidido e, em geral, levantado, um aceno para sua taurina decisão, talvez obstinação. O pescoço regido por Touro é longo como o de um cisne, embora não tão delicado que pareça minimamente frágil. Pois é aqui que ela exibe mais claramente uma robustez de signo de terra. Igualmente, seu físico é saudável e forte, mesmo quando emagrecido à custa de dieta. Em contraste, os ombros são graciosos e os braços delicados, terminados em mãos macias, pequenas e infantis. Como seu cabelo lustroso, as unhas da taurina têm uma qualidade naturalmente brilhosa, como se ela tivesse acabado de sair da manicure (o que, aliás, é normalmente o caso). E conforme convém à correspondência da taurina à faixa etária dos 7-14 anos, os seios são quase sempre firmes e altos, independente do tamanho concreto, que costuma ser pequeno a médio, de forma bastante cônica, como as protuberâncias incipientes de uma criatura núbil. Deve-se acrescentar que freqüentemente eles apontam para as laterais, como os olhos. Em geral, não há escassez

BÍBLIA + LITERATURA

O signo de Touro é comparado à bem-aventurança endêmica. O protótipo bíblico do Touro em forma feminina é Eva, que representa a condição da mulher. Eva é a Terra virgem, o aspecto núbil de Maria, cujo título Ave inverte o pecado original de comer a maçã. E Branca de Neve recebe uma lição de sua mãe, que lhe deu a maçã envenenada, assim como Hera (para quem as maçãs são sagradas) ensinou um par de coisas à novilha branca de neve Io. O roteiro cinematográfico que Joseph L. Mankiewicz's escreveu para *All About Eve*, baseado no conto de Mary Orr "A sabedoria de Eva", explora o personagem da suposta inocente tomando o lugar da mulher poderosa que lhe serviu de modelo feminino.

CASA ASTROLÓGICA

valores
matéria
aquisição
negócios financeiros
propriedades
investimentos
potencial de ganho
ganhos mediante esforço
talentos internos
recursos internos
desejo de realização
emoções
mérito próprio
liberdade pessoal
dívida material
proteção pessoal
dinheiro ganho
dinheiro gasto
acúmulo de dinheiro
amor-próprio
individualidade
singularidade
dotação
contribuição
ingenuidade
conforto
descanso e lazer
prioridades
força interior
protetores/mentores
o que representamos na vida
o que dirige nossas ações
felicidade
ganhos mediante esforços
recursos para existência
poder de ganho
capacidade de gastar
modo de cumprir obrigações
responsabilidade
frugalidade

no departamento quadris e nádegas, que parecem arredondados em contraste com a típica cintura esguia e longa. Muitas nativas de Touro são dançarinas naturais, com as pernas, às vezes extremamente fortes, mais alongadas em proporção com o corpo. Entretanto, a maior queixa das taurinas se refere às panturrilhas e tornozelos grossos.

Como o signo rege a garganta, as taurinas típicas apresentam uma voz grave e aveludada. E ao contrário da voz de Áries, o berrador natural do zodíaco, a voz da taurina é como uma flauta de madeira muito usada, que emite sem esforço sons bem torneados e melodiosos. Ela é sensual ao telefone — seja falando de negócios ou praticando sexo à distância; e não há como superá-la na manifestação sonora na cama — algo evocativo dos doces mugidos da vaca. Seus lábios carnudos sugerem o outro par de lábios que ela possui, situados mais embaixo e igualmente entumescidos, tal como o acetinado som da garganta sugere um outro instrumento acetinado no qual naturalmente se localizam muitos outros talentos da taurina. De fato, no âmbito puramente físico, o poder de resposta desta garota de Touro é notoriamente manifesto, tanto na forma como sua vagina se incha de excitação, quanto se lubrifica intensamente, diante da mera sugestão da atividade sexual. Os pêlos do púbis são em geral macios e finos; entretanto, apesar da natural parcimônia, a taurina quase sempre os apara ainda mais, em forma de "v". O monte de Vênus é bem pronunciado, como num tributo silencioso à deusa planetária homônima, em homenagem ao qual foi batizado. Entretanto, apesar de todos os aspectos proeminentes associados a suas partes privadas, ela freqüentemente tem um gatilho complicado que exige a habilidade de um dedo ou da língua para encontrá-lo. Para a nativa de Touro, a parte interna das coxas e a barriga são zonas erógenas, assim como o períneo. Também os mamilos são pontos especiais de prazer, e nunca estão excessiva e incomodamente sensíveis. Na verdade, é provável que a taurina, mais que qualquer outra nativa do zodíaco, use *piercings* nos mamilos, desfrutando uma discreta dorzinha juntamente com o prazer erótico que seus seios costumam proporcionar.

A nativa de Touro é, no zodíaco, a maior adepta feminina do culto ao corpo; e como tal, está mais inclinada que a maioria a se aventurar a usar uma ou algumas tatuagens, juntamente com os *piercings* em lugares estranhos que, além de prazerosos para ela, também pretendem acrescentar um elemento de prazer para o amante: peça à taurina que diga "ah" e se revelará por vezes um brinco de língua. No entanto, à parte o elemento sexual, a taurina simplesmente gosta de adereços; e também escolhe variações menos drásticas, inclusive anéis para os dedos dos pés, correntinhas no tornozelo, suas ruidosas e múltiplas pulseiras e uma coleção de brincos de argola. No geral, existe um toque tribal em qualquer estilo adotado por ela. Sem se dar conta, na maioria dos casos, a nativa de Touro está representando um processo ritualístico endêmico aos arquétipos, agregados a seu signo, de ninfa terrena e sacerdotisa do templo. Seja optando por um visual neo-hippie boêmio natural, ou um estilo superurbano de *glam rock*, ela parece sinalizar que pertence a alguma sociedade metaforicamente consangüínea de indivíduos de mesma mentalidade — de fato, ela muitas vezes se associa com uma horda de hippies de metrô, ou um bando de figuras da boemia. Não importa, qualquer grupo que ela freqüente sempre irá manifestar uma certa combinação de total prosaísmo e suprema extravagância — a expressão *hippie chic* tinha de ser originalmente cunhada em homenagem a alguém do signo de Touro. E tal como consegue parecer natural e nua ao mesmo tempo em que está maquiada e totalmente vestida, a taurina também pode fazer qualquer modelito apanhado numa arara de loja parecer digno da realeza. Mesmo assim, ela sempre insiste em parecer confortavelmente sensual; e o estilo específico que escolhe dependerá, até certo ponto, da praia socioeconômica na qual ela anda jogando a rede, principalmente se estiver tentando pescar um companheiro para a vida inteira (roupa de couro significa "astro do rock"; terninho significa "Banco de investimentos"; tubinho básico — embora raramente preto — identifica "megaempresário"). Mas ninguém deve se enganar imaginando que a taurina seja antifeminista. Muito pelo contrário — ela é mais um protótipo feminino que um estereótipo feminino. Seu prático mundanismo e as associações de Segunda Casa com *valor* e *substância* lhe instilam a necessidade de fazer propaganda do produto pessoal que está oferecendo, tornando-se uma espécie de *outdoor* que dificilmente deixaria de ser avistado por um parceiro em potencial. Naturalmente, às vezes ela poderá errar o alvo, e ao tentar se apresentar como um consumado tesouro ou pitéu, acabar parecendo mais uma piranha (desculpe, taurina, mas você sabe que é verdade). Só não lhe digam isso. Embora dotada de um tipo de humor amplo e bastante desinibido — o signo se orgulha de possuir uma multidão de mulheres comediantes —, a nativa tem capacidade limitada de rir à própria custa. Do ponto de vista astrológico, nem poderia fazê-lo: além de encarnar a subjetividade — a sensação de que todos os olhos estão postos nela —, ela tem um signo terrestre com tanto lastro que acaba ainda mais incapacitada a olhar objetivamente para si mesma. A taurina sente como seu dever fazer-se bonita, e esta é uma obrigação que ela decerto, com toda sinceridade, cumpre de todo coração.

PALAVRAS-CHAVE

conteúdo
vaidade
excitação
atração
pertinência
inércia
subjetividade
fruição
simbiose
natureza
inocência
resistência
persistência
propriedade
contenção
domesticação
materialismo
aquisição
paciência
aceitação
segurança
sensualidade
doçura
compostura
graciosidade
tranqüilidade
maturidade
luxo
sustentação
modéstia
tradição
capacidade
refinamento
reação
anseio
receptividade
acompanhamento
rusticidade
impecabilidade
candura
entusiasmo
refinamento
compostura
aprumo
engenhosidade

Sexo + Sexualidade

MULHERES FAMOSAS DE TOURO

Bonecas de carne e osso e adeptas do luxo

Anouk Aimée
Andie Macdowell
Bianca Jagger
Laetitia Casta
Tionne "T-Boz" Watkins
Fairuza Balk
Janet Jackson
Penelope Cruz
Joanna Lumley
Donatella Versace
Michelle Pfeiffer
Candice Bergen
Jill Clayburgh
Kirstin Dunst
Traci Lords
Jessica Alba
Sandra Dee
Renee Zellwegger
Sofia Coppola
James King
Samantha Morton
Natasha Richardson
Uma Thurman
Cate Blanchett
Glenda Jackson
Barbra Streisand
Shirley Maclaine
Audrey Hepburn
Danielle Darrieux
Katharine Hepburn
Kate Mulgrew
Debra Winger
Enya
Cher
Rita Coolidge
Judy Collins
Ann-Margret
Jan Hooks
Patti LuPone
Eva Perón
Talia Shire
Elaine May

Desde muito pequena, a taurina deseja uma relação tradicional à moda antiga, na qual os homens e mulheres desempenham os papéis costumeiros dos contos de fada. E embora à medida que avança para a maturidade vá aprendendo a corrigir essa postura patética, a taurina é naturalmente cínica em relação às ligações heterossexuais, acreditando que só podem funcionar bem segundo esse modelo estereotipado. Por qualquer problema que os pais tiveram, ela põe a culpa na mãe e tem pena do pai, exatamente como seu arquétipo Io deve ter sentido pena de Zeus por ter uma companheira tão autoritária. Entretanto, o que a taurina, a exemplo de Io, talvez não entenda é que sua própria mãe, ao ser tão caracteristicamente severa com ela, talvez estivesse tentando evitar que cometesse erros com os homens. O mito não alude tanto ao fato de Hera ter apanhado Zeus com a mão na massa, mas sim ao fato de a própria deusa — incidentalmente apelidada "olhos de vaca" — salvar Io, na verdade seu próprio aspecto virginal, do poder libidinoso de um pretenso homem onipotente; pois, ao fazê-lo, ela transforma a ninfa em seu animal de estimação e sua pupila, fustigando-lhe o rabo até que aprenda a ter mais respeito pela própria feminilidade. A mãe da taurina enfrenta o mesmo tipo de batalha inglória. Como a mulher mais feminina do zodíaco, a taurina foi programada para ser receptiva, e até submissa nos relacionamentos e, de fato, no próprio ato sexual com os homens. Mas juntamente com o rótulo de signo da resposta sexual vem uma imensa responsabilidade: ao ser excessivamente aberta e oferecida, a boneca ideal, ela pode acarretar má fama para as mulheres.

E ao se provar o oposto de sua mãe dominadora, a garota de Touro começa desde cedo a andar com homens mais velhos e populares, aqueles que lhe parecem valorizados na visão pública dos pares dela. Em algumas instâncias, a história amorosa da taurina termina aí, pois ela, mais que as nativas de outro signo, quase sempre se casa com o namoradinho de infância ou de escola. Entretanto, apesar das nobres intenções que consiga inspirar num rapaz, em geral não será seu cérebro o que os homens cobiçam. Depilada, perfumada e embelezada à perfeição, a iguaria taurina parece estar no ponto para se comer. O que também espicaça o interesse dos homens é a combinação de óbvia feminilidade e de *poder* da Segunda Casa: mesmo quando não passa de um fiapo de gente, com o verdadeiro tipo Audrey Hepburn, a taurina parece robusta, com o pescoço forte e as pernas pesadas contribuindo para que não pareça uma flor demasiado recatada ou delicada. Além disso, tem uma atitude decidida; com certeza não é nenhuma flor de estufa — de fato, já pode ter exibido um pouco do espírito dominador da mãe, apesar das tentativas de refreá-lo. Ao verem sua energia taurina, os rapazes acreditam que ela não é tão frágil que não possa levar uns amassos. Na verdade, o impulso sexual da jovem taurina é tão forte quanto o de qualquer garoto adolescente, e ela está programada para algumas brincadeiras eróticas bastante pesadas. O que a bela jovem taurina talvez ainda não percebeu, na pressa de brincar de casinha, é que ela pode estar confundindo amor com desejo sexual. Em geral, o conselho dado às garotas é o contrário: é não confundir desejo sexual com a necessidade amorosa; mas para a taurina, o contrário costuma se aplicar. Ela foi a astrologicamente condicionada, acima de tudo, para a união física, conforme convém a seu status de ninfa terrena e regida por Vênus. Habituada a sentir desde há muito a força ultrafeminina de seu signo, ela vem há tempos se aperfeiçoando para o papel — interpretar a mulher ideal — e agora, iniciada em seu corpo a corrida dos hormônios, imediatamente se vê pronta a brincar de casinha. Ela confunde suas necessidades sexuais emergentes com uma vocação para o matrimônio, ou para uma razoável cópia do mesmo. Querem saber por que tantas taurinas se casam com os namorados de infância? Muitas vezes porque, ao se casar, mal terminaram o secundário. Mas é incerto o índice de sucesso da felicidade matrimonial duradoura. A moral do mito de Io, que adverte contra ser mais uma marca na perna da cama de algum homem tirânico, não se destina a dizer à vaqueira que não entregue a fazenda; ao contrário, ela se destina a instilar a crença de que as mulheres têm o poder, e que a taurina pode fazer uma marca em sua própria cama. Um estudo aprofundado do mito revela que Io não era nenhuma virgem — mas uma ninfa, e fazia o que fazem as ninfas, ou seja, ter uma porção de amantes. Zeus era só mais um da série. O crime dela não foi considerar Zeus um prêmio, mas sim o fato de ele já fazer parte do cardápio de Hera. As cenas de ninfas a fugir das perseguições de deuses e heróis nada tem a ver com a proteção da virgindade, mas sim com o desejo de não se submeter à tirania masculina. As ninfas estavam sempre aos amassos com qualquer sátiro que surgisse na floresta. Talvez Hera visasse menos a proteger a santidade de seu próprio casamento que a ajudar a ninfa a escapar da tirania de um vínculo. Porém, pensa a taurina, eu não quero dominar um homem como minha mãe dominava, nem quero vestir calças, como costumam fazer, digamos, as mulheres arianas deste mundo, na qualidade de encarnação feminina do Princípio Masculino. O que a nativa de Touro, alinhada com o Princípio Feminino, acabará por perceber é que pode dirigir o espetáculo enquanto continua

Ella Fitzgerald
Anita Loos
Sandy Dennis
Ann B. Davis
Alice B. Toklas
Bea Arthur
Carol Burnett
Grace Jones
Celeste Holm
Eve Arden
Sheena Easton
Shirley Temple Black
Lesley Gore
Valerie Bertinelli
Joyce DeWitt
Golda Meir
Coretta Scott King
Rainha Elizabeth II
Catarina de Médici
Mary Robinson
Madeleine Albright
Anne Baxter
Margot Fonteyn
Carolyn Roehm
Hedda Hopper
Alice Faye
Judith Jamison
Martha Graham
Daphne Du Maurier
Charlotte Bronte
Mary Wollstonecraft
Katherine Anne Porter
Kate Smith
Alice Liddell
Harper Lee
Blossom Dearie
Catarina, a Grande
Ida Rolf
Odette Sanson
Pia Zadora
Tammy Wynette
Nancy Walker
Florence Nightingale
Nora Ephron

REGÊNCIA DO CORPO

Touro rege a garganta, simbólica da expressão, e o pescoço, que dá a conotação de uma certa pose e graciosidade na postura. Há uma tendência para infecções nos ouvidos e garganta, e outros problemas glandulares. Vênus rege os atributos femininos do corpo, o estrógeno e o fluxo centrípeto do sangue de volta ao coração.

comodamente deitada. Mas, a exemplo da ninfa Io, ela geralmente aprende pelo método mais difícil.

De mentalidade materialista, a taurina anseia por entrar na vida adulta e começar a ticar os itens de sua famosa lista de aquisições. Esta é mais uma razão para a senhorita "Eu tenho" começar bem cedo a brincar de casinha, afinal acha que ela e o jovem companheiro devem malhar o ferro quente. E, além disso, na pressa de escapar dos tacões da mãe, ela pode se jogar, sem olhar duas vezes, num relacionamento de coabitação e terminar com um homem "inferior" ao planejado, caso não termine com uma longa fila de ogros — entra em cena o simbolismo dos anões da Branca de Neve. É claro que esses micro-homens são orientados para o dinheiro, e vão assobiando para o trabalho de minerar o mundo em busca das riquezas da Segunda Casa, mas vejamos com o que ela tem de lidar: todos aqueles homenzinhos, dotados dos sete vícios, costumam sumir do pedaço tão logo uma mulher concorda em brincar de casinha, quando não em limpar a sujeira deles. Se ela não estiver lidando com um hipocondríaco, pode acabar sofrendo na mão de um cabotino, bobalhão, fóbico, maníaco, depressivo ou um raivoso compulsivo. E a melhor coisa que a bruxa já fez foi entregar a maçã a Branca de Neve — a qual finalmente acordou e viu que tudo o que queria era um príncipe, sem os complicados, doentios e enfadonhos pecados (Hera, naturalmente, tinha pomares cheios de maçãs mágicas e freqüentemente se manifestava, disfarçada de bruxa velha, a alguma biscatinha a quem queria ensinar uma lição). Quem dera essa reação fosse tão automática para todas as taurinas. Em sua juventude, a nativa de Touro, com muita freqüência, se focaliza estritamente no mercado de solteiros promissores — nenhuma outra mulher precisa tanto quanto ela ver a cor do dinheiro —, o que é um convite para os homens cuja preocupação com materialismo pode excluir uma moral sadia, e por que não dizer, simples bondade humana. Ao mesmo tempo ela quer um homem que brinque de ser o Ken para a eterna Barbie que ela é. De fato, ela gosta de relacionamentos com homens de sua mesma faixa etária, aqueles com os quais ela possa envelhecer balançando-se na cadeira ao pé da lareira. Mesmo quando famosa cidadã do mundo, a moça taurina normalmente se apega a um gatão gostoso, quando não a um completo bundão, com quem ela possa ir vida afora do mesmo jeito como outrora no colégio, com as mãos enfiadas no bolso traseiro um do outro. No final, relacionamentos, sexo e todo o referente aos casais deveriam ser uma questão decididamente simples, sem maiores complicações que nos velhos tempos em que ela dava uns amassos, no corredor da escola. O seu desafio particular, no tocante ao amor, é estabelecer um equilíbrio entre a necessidade que tem de um eterno namorado, um Adão igualmente doce e sinérgico para sua Eva, e seu desejo da riqueza e do poder que acredita se possa comprar com dinheiro. Na verdade, ela não é apenas a Branca de Neve naquela saga, porém — espelho, espelho meu — ela é igualmente, em potencial, a bruxa velha vaidosa e sovina. Se tiver sorte, como a maioria das taurinas tem, abençoadas que são pela Vênus doadora de fortuna, chamada no zodíaco "a beneficiária inferior", a Gidget da astrologia viverá feliz para sempre com seu Moondoogie, *je m'appelle* Barbie *avec* seu Ken, e conseguirá, numa extensão de todas as analogias, pagar à vista pela casa dos sonhos deles em Malibu.

Enquanto isso, o problema é por vezes a incapacidade de separar o amor impulsionado por Vênus e as *propriedades* da Segunda Casa, se não vierem combinados no mesmo pacote alto, moreno e bonito. A cor associada ao Touro é o *verde*, e no alto de sua famosa lista de ingredientes desejados no parceiro, nossa típica vaqueira coloca a "erva". Mais uma vez, como não consegue separar o valor material do valor moral, ou mesmo espiritual, ela é levada por sua motivação pelo *conforto* da Segunda Casa a supor que um homem que compartilhe sua necessidade de segurança financeira também estará inclinado, como ela, a ser emocionalmente caloroso e solícito (zumbido de cigarra de programa de jogos na televisão). Não é fácil agarrar um figurão que também goste de massagens nas costas e churrascos no quintal. Entretanto, se alguém vai conseguir achá-lo, será a taurina. E uma vez confrontada com alguém que ela rotulou candidato adequado, não deixará nada ao acaso. Afinal, a taurina está jogando para valer, e, qual seu correspondente masculino, não gosta de cantar pneu nem desperdiçar energia em tentativas amorosas frustradas. Inevitavelmente, ela tropeça nas primeiras tentativas, envolvendo homens que fingem compartilhar suas paixões — novamente, falta-lhe a de visão de profundidade —, o que a faz cair no velho truque da capa vermelha dos toureiros: olé! Além disso, quando busca um parceiro potencial, sua famosa mania de se arrumar demais pode parecer excessivamente superficial para certos homens: o candidato, incapaz de enxergar o "verdadeiro rosto" por sob o outro, pode achá-la um tanto falsa. Entretanto, na maioria das vezes, com sua atenção para os detalhes, a taurina acaba se enquadrando no ideal de um homem.

O amor é, em geral, uma situação de mútua vantagem para a taurina. Se ela tiver a sorte de conseguir um companheiro abastado que não seja um chato, tudo está perfeito. Se correr atrás do dinheiro e agarrar um sujeito baixo-astral, é mais provável que ela vá embora do que manter reprimida a infelicidade. Se

LANCES ERÓTICOS

NATIVA HÉTERO

- homens altos
- físico de nadador
- tórax liso
- aparência escanhoada
- pernas cabeludas
- executivos
- *lingerie* e lençóis de seda ou cetim
- olhos azuis
- nariz grande
- sexo oral (ativo)
- sessenta-e-nove
- submissão
- submissão + disciplina (leve)
- filmes eróticos, pornô *light*
- mãos e pés musculados
- adulação
- sedução (passiva)
- mordidas leves
- lambidas
- penetração com almofada sob as nádegas
- presentes
- surpresas
- sexo anal (passiva)
- dinheiro
- sucesso
- representar garota de programa
- fantasias de mulher/mulher/homem
- sedução
- *strip-tease*

ficar apaixonada por um sonhador azarado, constatará em seguida que, numa decisão séria, o amor levará a melhor sobre o dinheiro — talvez não seja a lógica de sua mente, mas certamente é o sentimento de seu coração — e apesar da pressão psicológica trazida pela situação, ela jamais dará o fora em Ken por ganhar uma miséria, nem, aliás, por comer biscoito na cama. É neste ponto que entra em cena aquele conto de fadas pelo qual ela esperou ansiosa durante toda a história de sua vida: no momento em que pára de tentar agarrar o universo e deixa entrar a abundância, nossa amiga taurina vira uma espécie de ímã para atrair dinheiro. Não depende dela: praticamente cada vez que ela se mexe, o universo faz plim-plim — é seu direito de nascença. Então, antes que perceba, aquela abençoada energia de Vênus que corre através da Segunda Casa começa a realizar a sua mágica financeira. Como se a nativa de Touro não tivesse bastante autoconfiança. Apesar do regente planetário deixá-la obcecada com a união romântica, na maioria das vezes o que mais rende dividendos para a nativa são seus talentos pessoais, em relação aos quais ela é atipicamente modesta. Os *hobbies* e interesses a que se dedicou na adolescência, na esperança de se tornar um ser humano mais valioso, e nos quais, por ironia, deposita sua menor expectativa monetária, freqüentemente lhe permitem transformar-se na galinha dos ovos de ouro do arraial astrológico. Pois que tal sirva de lição a toda taurina com talentos naturais — cultive seus talentos, e os poderes superiores, até mesmo os financeiros, irão conspirar para lhe ajudar.

Enquanto isso, que ela batalhe pela cotação do namorado. Na verdade, muitos relacionamentos da nativa de Touro acarretam parcerias comerciais com o companheiro, da mesma forma como está previsto o funcionamento conjunto dos aspectos de amor e dinheiro do signo. Por vezes, Ken é o administrador, ou o produtor, dos talentos da Barbie, ou faz parte de uma empresa conjunta na qual ela finalmente acaba sendo valorizada e cuidada, como o tesouro do zodíaco. Com menos frequência acontece o oposto, com a taurina servindo de âncora, a proverbial mulher por trás do homem. De uma forma ou de outra, a nativa de Touro adotará a abordagem "negócios de família" para qualquer das atividades individuais de cada membro do casal que pareça mais rentável em determinado momento, casando recursos para otimizar a chance de sucesso e garantindo uma economia doméstica tão agressiva quanto possível. Ela prefere que todas as facetas da parceria deles permaneçam privadas e auto-sustentadas. Jamais deverá haver necessidade de influências externas. Isto, naturalmente, se estende ao quarto de dormir, no qual, se a taurina não conseguir atender até os pedidos mais mirabolantes, nenhuma outra mulher conseguirá.

De todos os possíveis ambientes de convívio, é na cama que a taurina está mais em seu elemento — e declaradamente lasciva e instintiva, sua sexualidade não é sobrecarregada por distrações psicológicas. Seu cérebro, qual o de seu irmão taurino, não funciona como órgão sexual; sua interação com o amante permanece puramente sensual. Ela fica estimulada pelo desejo masculino de ser agradado, e está pronta e inclinada a atender a todos os pedidos do homem e acrescentar alguns dos seus. Essa moça realmente corresponde ao papel que lhe foi designado de ninfa terrena do zodíaco — como jovens núbeis da mitologia —, aparentemente programada para ser tomada, sem mencionar o fato de ter um pouco da mania das ninfas. Nativa do signo da resposta sexual, a taurina é um recipiente extremamente reativo no quarto de dormir — embora, em geral, não em qualquer outro cômodo da casa, pois ela prefere o ato sexual no santificado ambiente de alcova —, excitando-se com a perspectiva de interpretar um tradicional papel feminino, sobretudo na escolha de posições sexuais. Decididamente, essa garota gosta de ficar por baixo, sendo o mais estritamente passivo dos signos femininos. Da forma mais gulosa e audível, ela convida um homem a entrar em todo e qualquer cantinho que esteja desesperadamente clamando por penetração. Sua exagerada inclinação a agradar oralmente o homem leva a suspeitar que ela tenha um ponto G a mais, alojado em algum lugar de sua garganta regida por Touro. Ela é uma prostituta do templo devolvida à vida, programada para receber um homem como um príncipe sagrado ou sacerdote sacrificial; seu próprio ser é o glorioso portal para o divino êxtase no qual não há divisão entre os aspectos sublimes e os pecaminosos do prazer erótico. Ela é, não nos esqueçamos, aquela Eva arquetípica e desprovida de um conceito de divisão dualística entre o certo e errado no plano sexual.

A taurina leva a exploração de sua feminilidade quase a níveis de fetichismo, caindo, organicamente, num jogo de papéis como bailarina de *strip-tease*, gueixa, ou mesmo experiente garota de programa, sem qualquer premeditação ou sombra de ironia. Em sua visão, está simplesmente se expressando, explorando suas inclinações sexuais naturais. Este é talvez o aspecto mais invejável da persona sexual da taurina: ela tem fácil acesso a sua identidade erótica primal, entregando-se francamente às necessidades mais dominantes de um homem. Não cabe participar do ato sexual sem empenho, nem se envolver superficialmente — para a taurina, ele exige entrega completa, o que por sua vez culmina numa espécie de estado estático de transcendência. Isso raramente se alcança pela tomada do controle ou a adoção de uma posição assertiva na cama, à maneira da ariana. A nativa de Touro é o oposto da de Áries, signo que precede o seu,

LANCES ERÓTICOS
NATIVA GAY

mulheres mais velhas
submissão
atletas
machonas
transformistas
feições morenas
ser perseguida
seios grandes
pêlos corporais
massagens
carícias
beijo de língua
luxos
música romântica
velas
piercing
cremes
loções
perfumes almiscarados
sexo oral mútuo
penetração (passiva)
lambidas
brincar de professora e aluna
creme *chantilly*
adoração
jogos com os pés (passivo)
plumas
cócegas
monogamia

e, portanto, precisa ser completamente trabalhada pelo homem. No entanto, não deseja ser tomada de assalto, sob qualquer forma que seja. Ao contrário, ela pede um detalhamento vagaroso, sensual e sistemático de seu inteiro ser, e a maior parte de sua excitação sexual virá da extrema aquiescência à exploração e dominação por um homem, executadas com doçura, porém em profundidade. A nativa de Touro gosta mesmo de muita carne, principalmente esta quando recobre certas partes de seu eterno namorado. Para ela, a substância importa *tanto quanto* o movimento; e a incapacidade de fornecer a mercadoria em quantidade suficiente é algo capaz de desfazer — e depressa — sua visão ingênua e não contestadora do companheiro.

A pura verdade é que a taurina raramente assumirá compromisso duradouro com um homem se ele não for bom de cama. Dinheiro, beleza, senso de humor — todos esses pontos de sua lista de controle para nada contam se o homem for deficiente nas artes eróticas. Se a taurina se relacionar firme com, digamos, aquele namorado de infância mencionado antes, talvez não disponha de um padrão para comparar, e terá a suspeita insidiosa de que alguma coisa está faltando. Ela talvez queira explorar suas opções, curiosa de saber o que estará se balançando dentro das calças de cada potencial Mr. Big que encontrar. Não que ela seja promíscua; tal palavra lhe pareceria ofensiva, além de sexista, pois raramente se aplica aos homens. Apesar de olhar, ela não está inclinada a tocar, pelo menos não de forma indiscriminada. Quando ela se casa jovem, por exemplo, ou quando sente que a satisfação sexual encontrada está aquém do potencial, pode proceder a uma situação seletiva, não exatamente buscando, porém aberta à possibilidade de que surja um certo alguém capaz de disparar seus instintos hormonais de forma indubitável. Mesmo sem instituir uma situação abrangente de "casamento aberto" de per si, ela expressará honestamente, porém, sua necessidade de expandir os horizontes, se e quando sentir que tal medida é integrante de seu próprio desenvolvimento, sexual ou não. A taurina não é o tipo que age pelas costas do parceiro. E um movimento tão ousado raramente resulta do predomínio do arquétipo de ninfa em seu psiquismo, mas sim é parte integral do cultivo de uma compreensão mais profunda de si mesma como mulher. O sexo, em si e por si, exerce pouca fascinação na taurina. Entretanto, ele é por vezes um componente vital de sua importantíssima viagem de autodescoberta feminina, um meio de dar voz à sua expressão individual, cantando a canção de si mesma. A própria sexualidade é uma fonte de libertação para a taurina pastoral, que quando entra em conflito social com os próprios instintos e desejos pessoais sempre seguirá o que ela sustenta ser sua inclinação *natural*. Se mesmo envolvida num relacionamento, ela sentir desejo por outro homem que não o namorado ou marido, isso deverá estar certo *porque* ela o sente. É mais uma instância em que a taurina pode provocar a ira de outras mulheres, pois para ela é pouco relevante se suas fantasias são aceitas ou não. Ela pensa no que está certo para ela, e não no que está errado para suas colegas mulheres, incorrendo naquela modalidade menos circunspeta do padrão *All About... Taurus*. A ninfa terrena opera por intermédio de suas respostas sexuais muito humanas, e até que aceite a responsabilidade sobre as próprias ações, comunicada por Hera, confiará em que seu caminho pessoal é o correto, malgrado as conseqüências. Isto poderá representar o fracasso do negócio para o chifrado Ken, que se fosse mais anatomicamente correto quiçá tivesse evitado semelhante evolução. Contudo, a taurina jamais fica se lamentando — para ela, toda experiência é válida.

É claro que encontrar uma boa combinação sexual num companheiro deixaria menos complicada a vida da nativa — talvez, se Adão tivesse prestado mais atenção, Eva não teria estado aberta à sedução da serpente. Embora jamais dominadora, a taurina é, apesar disso, a mulher mais exigente na cama. Sua vida de fantasia é especialmente impregnada de pensamentos de submissão, e pode mesmo beirar aos atos que muitas outras mulheres rotulariam de aviltantes. Quando solteira, ela pode marcar encontros com uma série de homens, no intuito de degustar do bufê masculino, revisando-lhes o potencial, praticamente indo esperar cada um na porta, de prancheta em punho. A variedade poderá até lhe apimentar a vida por algum tempo, mas não é nada que a sustente. A grande fã zodiacal das carinhas bonitas, excitada tanto pelo fator social masculino quanto pelo indivíduo em si, tem um fraco por gatinhos colunáveis ou por jovens universitários. De fato, suas fantasias podem incluir ser "tomada" por dois garanhões excitados ao mesmo tempo — com certeza ela pode ser mulher demais para um homem só. Mas mesmo que tal idéia não passe de um cintilar em seus famosos olhos de vaca, ela se excitará em flertar com um grupo de amigos, lançando uns contra outros só de brincadeira, desfrutando a delícia sensual, quando não o cheiro concreto dos hormônios que seu deliberado coquetismo pode ter feito disparar. Em seu estilo típico, é claro, ela faz isso ingenuamente, pois sua camaradagem é explícita e honesta, sem nada de provocativa. Na verdade, ela é por vezes uma espécie de mascote feminino para os homens, quando não é a diva iluminada pelos holofotes com seus dançarinos ao fundo. A imagem de Shirley MacLaine nos ocorre, como a única mulher a se infiltrar no famigerado e exclusivamente masculino Rat Pack*. Com esse tipo de presença feminina, que não é a maria-sabonete passando de mão em mão, nem um dos caras da gangue, a taurina é capaz de encontrar os homens em seus próprios termos ultrafemininos. Ela busca os mesmos privilégios que eles, principalmente o da liberdade sexual, porém, da perspectiva inconfundível de quem gosta de ser mulher.

Também nos relacionamentos homossexuais a taurina dificilmente interpreta papel de machão. Nossa ninfeta típica não é bissexual, e sim mais definitivamente polarizada, seja hétero ou gay. Embora na adolescência a taurina hétero talvez tenha experimentado com outra garota — em geral alguém que mostrou uma quedinha por ela, e não o contrário —, o foco da interação foi, na verdade, a liberação da energia sexual reprimida da taurina. E dessa forma ela pode simplesmente se deitar e deixar rolar, grata por uma liberação que não seja induzida por ela mesma (em todo caso, a taurina não é nada boa de masturbação). Igualmente, na idade adulta, ela poderá representar a passiva num ato sexual de lésbicas, e com o fim de agradar a seu homem, caso ele solicite tal demonstração. Entretanto, se e quando a taurina se assume plenamente, não há como retroagir. A sexualidade é uma enorme fonte de força e poder pessoal para ela, que irá buscar uma amante de mesma atitude, capaz de viver tão resolutamente quanto ela — taurinas costumam desempenhar um papel crucial na defesa das causas homossexuais, agindo em nome de suas irmãs. Entretanto, na hora de levar a questão para as ruas, em vez de marchar ela perambula, meio descrente em bandeiras e rótulos que segregam a comunidade gay da sociedade como um todo. Não consumida pelos enfeites quase estereotípicos da feminilidade que encharcam a nativa hétero, a taurina gay se concentra com firmeza em compartilhar e comemorar com sua amante as virtudes mais delicadas e solenes da condição feminina. Ela se deleita no tipo de ternura sexual só possível de ser compartilhada com outra mulher, da mesma forma como gosta de escolher os perfeitos lençóis de piquê entre os quais fazê-lo.

A típica taurina gay é uma lésbica de batom, só que sem o batom. Ela costuma ser eternamente uma garotinha, mas por vezes, com o passar do tempo, vai simultaneamente mergulhando cada vez mais no estado naturalista, muito ao contrário de sua contrapartida hétero, notoriamente adornada e adepta dos cosméticos. Em vez de transformar sua aparência externa numa tentativa de telegrafar disponibilidade, ela explora outros atributos da Segunda Casa, tais

*Gangue de famosos dos anos 60, como Frank Sinatra, Dean Martin, Peter Lawford e outros (*N. da T.*)

como *conforto* e *estabilidade*, tanto na apresentação de sua pessoa quanto na de seu ambiente. A taurina gay é bastante caseira, preferindo cultivar suas artes e astúcias domésticas, em vez de gastar dinheiro socializando em restaurantes, bares ou clubes. Quase sempre, a taurina desposará ainda mais, nas relações lésbicas, seu arquétipo de ninfa, sendo atraída por mulheres mais velhas e mais sábias que adotarão comportamento de mães, embora de forma mais severa, ampliando a educação da nativa quanto ao privilégio do poder feminino. Por vezes ela sente atração por amantes másculas mais bonitas que ela própria, e até seu romance mais curto começará com o mesmo tipo de sedução que porventura vivenciou na adolescência — por meio das atenções ardentes de uma namorada já decididamente gay.

A nativa de Touro é a garota que tem a fantasia do *Personal Best*: ela gosta de ser dominada no quarto de dormir, principalmente por uma amante atlética do tipo amazona. Na parceira potencial ela valoriza, acima de tudo, os atributos físicos, não escondendo que nem mesmo olha para a mulher que não seja suficientemente deslumbrante. Em muitas relações homossexuais taurinas há uma superioridade presunçosa — uma crença de que, na ligação, ela e a amante se tornam um par cuja perfeição é insuperável. A exemplo da hétero de mesmo signo, a taurina gay está programada para ser a recipiente de uma ofensiva sexual, mas diverge da outra quanto àquela característica necessidade de agradar. Para ela, o prazer deve ser todo seu, e quase sempre negligencia um pouco o capítulo retribuição. Ela fica namorando a amante, em vez de mergulhar diretamente dentro dela. Adepta do carinhoso e terno processo de beijos e toques, ela irá mordiscar, lamber e provocar inconscientemente a amante, ao mesmo tempo em que exige ser comida com entusiasmo inaudito. O truque é encontrar uma amante que goste de assumir o papel exclusivo de agressora, e que esteja disposta a corresponder suficientemente à designação da taurina como a receptora primordial do zodíaco. Identidade sexual à parte, a nativa de Touro deseja ser penetrada e insistirá em ver a fogosa amante envergar um pênis artificial *strap-on*. Ela fica eletrizada com demonstrações de poder feminino, e a simples menção de uma mulher ativa agressiva é por vezes suficiente para deixá-la torcendo os dedos dos pés. Em seu coquetel erótico está especialmente padronizado o uso dos dedos e de consolos, que proporcionam à taurina seus orgasmos múltiplos de praxe. Ela prefere uma ardente comilança às engenhosas e refinadas mordidas e lambidas que caracterizam seu próprio estilo pessoal. A prática de sessenta-e-nove é um lance erótico particularmente intenso; e, no entanto, malgrado toda sua passividade, ela não gosta muito da parte de baixo da configuração. Por vezes está completamente fora de cogitação a satisfação oral da amante. Mesmo assim, malgrado preferências sexuais específicas, ela é uma mulher que se contenta com o simples aconchego nos braços da amada como um jogo erótico em si mesmo.

Mesmo quando está com uma parceira dinâmica, independente ou até masculinizada, a taurina exige na relação um elemento feminil de conversa de amigas. Ela adora sessões de pedicure e manicure até altas horas, folheando revistas de moda ou decoração, ou tomar um vinho enquanto preparam juntas uma refeição. Gosta de sair às compras e almoçar fora com as outras moças e promover jantares para um círculo íntimo de amigos. Ela cria vínculos com um seleto elenco de mulheres de mesmo perfil — típicas hedonistas bem nascidas com polpudas contas bancárias —, que também aderem aos vínculos de longo prazo. Com certeza, a taurina gay é uma inveterada adepta da monogamia, cujo conceito de eterna bem-aventurança é envelhecer ao lado daquela pessoa especial.

Casais

Hétero

Mulher de Touro / Homem de Áries

Ela é para ele o ideal ultrafeminino; ele realiza as fantasias dela de um garanhão com espírito empreendedor. Casal clássico: a taurina gaba-se de ser a mulher por trás do homem. Na cama, ela é a amante do senhor lascivo.

Mulher de Touro / Homem de Touro

Intensa no começo, a ligação torna-se depois um pouco estática. Mesmo assim, trata-se de uma vinculação simpático-astrológica. O sexo é reconfortante, de validação emocional: eles podem passar dias e dias na cama.

Mulher de Touro / Homem de Gêmeos

Dois indivíduos extravagantes, atraídos pelo brilho que o outro oferece. A vida é um turbilhão; cada lance deles depende da tendência atual. Na cama, ele gosta de uma rapidinha; ela favorece sessões mais prolongadas.

Mulher de Touro / Homem de Câncer

Ela é a encarnação da fantasia dele — pele macia, suéter fofa, em tons pastel. Ela sabe que o gênio calmo dele não passa de pose, e que a aguardam vivências excepcionais. Na cama, carinho e titilação em doses iguais.

Mulher de Touro / Homem de Leão

Ele quer uma mulher natural — sutil e acessível, a taurina o atrai. Ela curte o calor do Leão, energizada pela presença possante do nativo. Nele, a auto-atualização é estimulada por ela, cujo forte é a expressão tátil.

Mulher de Touro / Homem de Virgem

Ela tem todo o necessário: beleza e virtude. Depois dos tipos perigosos, ele parece uma escolha segura. O vínculo deles envolve crescimento pessoal, resgate do otimismo. Sexo experimental — opção: quiçá a troca de papéis.

Mulher de Touro / Homem de Libra

Eles custam muito a aquecer, mas depois a coisa ferve. Cada um investe muita energia na saúde emocional do outro. Nas artes, parceria incomparável. No sexo, as imaginações são estimuladas: interpretar papéis é um ritual.

Mulher de Touro / Homem de Escorpião

O ilícito é inerente; eles se excitam com o tabu de estar juntos. No longo prazo, o amor deles pode ser paisagem estéril na qual quase nada germina. Mas uma extraordinária conexão erótica evita que se separem.

Mulher de Touro / Homem de Sagitário

Fixação à primeira vista. A colossal autoconfiança do sagitário transforma a dupla. Nela, ele encontra uma "salvadora". Em termos financeiros, não falam a mesma língua. Ela é uma amante que satisfaz a exagerada libido dele.

Mulher de Touro / Homem de Capricórnio

Ele costuma manter ocultas suas mulheres, mas não desta vez: ela é bonita e classuda. Ela existe para criar um ambiente estável no qual ele possa florescer. Juntos, levam uma vida de alto padrão: só o melhor satisfaz.

Mulher de Touro / Homem de Aquário

Alta tensão reinante exige exploração. Ela deve abandonar expectativas anteriores. Para ele, é hora de cair na real. Outro aviso: cada um deve cuidar de não contradizer o outro sempre. Detalhe salvador: o sexo é de primeira.

Mulher de Touro / Homem de Peixes

Aliados: o apego emocional se desenvolve no ato. Ele está pronto a se comprometer. Se ela aceitar, a vida será pacífica e produtiva. Na cama, o foco principal é a diversão — ambos exigem bastante atenção brincalhona.

Gay

Mulher de Touro / Mulher de Áries

Um par social, elas querem ver e ser vistas. Em Áries, o fulgor da saúde; Touro é atraente, mas descomplicada. Touro oferece a Carneiro a proteção que ela própria normalmente busca. O ato sexual é terreno e orgástico.

Mulher de Touro / Mulher de Touro

Como pintoras a aplicar cuidadosamente cada pincelada, a dupla taurina dá extrema atenção a todos os aspectos da vida. O apreço de uma pela outra agrega valor em termos individuais. Profusas preliminares são fundamentais.

Mulher de Touro / Mulher de Gêmeos

Com a geminiana provocativa, a taurina explora a própria força. Concordam no essencial; o caminho natural da parceria está na aventura profissional conjunta. Infinitamente agradável, o sexo alterna vigor e ternura.

Mulher de Touro / Mulher de Câncer

Elas desfrutam o jogo de serem "meninas" juntas — é tudo moda e maquiagem. Podem levar uma vida lasciva, que inclui sexo com estranhos e troca de papéis. Se faltar intimidade, podem virar amigas, em vez de amantes.

Mulher de Touro / Mulher de Leão

A ligação Touro-Leão exige abrir mão, se soltar, deixar aflorar sentimentos mais profundos. Por vezes, elas flertam com as arestas mais ásperas da vida. O sexo é desinibido desde o começo; o amor com um vibrador atrai.

Mulher de Touro / Mulher de Virgem

Duas personas sexuais cultivadas, culminando num todo vigoroso, potente. No extremo, os apetites eróticos são implacáveis. Quase sempre, são escravas do êxtase que vivenciam juntas. Mas cada uma se renova na associação mútua.

Mulher de Touro / Mulher de Libra

Tudo começa como uma quedinha. A taurina explora a feminilidade; a libriana experimenta a androginia, permitindo aflorar anseios latentes. Na cama, Libra comanda, demonstrando pela amante atenções sexuais de toda ordem.

Mulher de Touro / Mulher de Escorpião

A taurina provoca uma onda de choque na nativa de Escorpião, que por sua vez faz papel de guru da sugestionável parceira. Uma relação sexual pode evoluir devagar. Levará meses antes que seja arriscado um simples beijo.

Mulher de Touro / Mulher de Sagitário

Elas são um atestado da boa vida. Mesmo com a taurina facilmente saturada pelos luxos simples, a sagitariana não consegue parar de querer mais, cada vez mais. Ainda que no final acabem amigas, perdura uma conexão erótica.

Mulher de Touro / Mulher de Capricórnio

A taurina tira do sério a capricorniana: como alguém se atreve a tão exótico relaxamento? Para Touro, Capricórnio é uma sábia a ser venerada. Juntas, levam uma vida de princípios e de luxo. Na cama, capricórnio comanda.

Mulher de Touro / Mulher de Aquário

Na taurina, a aquariana encontra uma ávida platéia, alguém que ouvirá carinhosamente seus monólogos de alto nível, e aprenderá. O sexo é melhor quando conceitual — é tudo encenação exagerada e complicados jogos mentais.

Mulher de Touro / Mulher de Peixes

No começo elas entram em choque. Mas é instigante. Em comum, os objetivos profissionais; trabalham no reforço das reputações mútuas. Às vezes, equilíbrio emocional é fugidio. Sexo indomado — a bem dizer, uma ginástica.

O homem de Gêmeos

o bom companheiro

O homem de Gêmeos é um operador. Ele não consegue ficar parado, e está sempre se esforçando para colocar em movimento as rodas de seus milhares de planos e projetos. Ele é a principal figura urbana do zodíaco, a proverbial figura de orelha perpetuamente encostada no chão, e cujos dedos estão colocados no pulso das tendências culturais, sobretudo as que têm raízes na experiência localizada. O supremo enturmado, o geminiano se infiltra em qualquer meio, privado ou profissional, que lhe atraia a fantasia — formando alianças íntimas, liderando grupos e vivendo, invariavelmente, segundo seu próprio conjunto de normas. Ele tem a alma de um poeta das ruas, se não a de um agitador das massas, com o talento para pôr em palavras as necessidades do homem comum. De fato, ele pode ser um tanto travesso, entrando em conflito com a visão da sociedade estabelecida, contra a qual poderá até lutar. Gravita em direção às vocações movidas pela mídia, aquelas mergulhadas no intercâmbio comercial de idéias, o que o coloca em contato com um elenco de personagens em eterna revolução. Nos raros momentos de sossego, ele ainda anseia por estimulação, deliciando-se com os estreitos laços de família e de amizades, assim como é atraído por clubes privados, sociedades secretas e associações restritas. Freqüentar festas é uma inclinação particularmente geminiana. Um tanto mulherengo, procura para companheira, entretanto, uma moça de cidade pequena — sua perfeita contrapartida — com quem espera compartilhar um estilo de vida, em qualquer tipo de variação, ao longo de um tema afim ao sonho americano. Nas relações homossexuais, ele é furiosamente amante das diversões, sempre negociando a necessidade de explorar o aspecto "cênico" da vida gay, contra um vínculo inquebrantável, quase fraternal.

Signo + Mente

O signo de Gêmeos é regido pelo planeta Mercúrio, cuja órbita mínima em torno do Sol é ecoada pela inclinação do geminiano à pista mais interna da vida, sempre nas proximidades de um foco de atividades. O planeta, homônimo de Mercúrio, deus romano "mensageiro" (em grego, Hermes) representa a "inteligência pura" no universo, o princípio astrológico da consciência e os atributos da Terceira Casa astrológica — *comércio*, *comunidade* e *comunicação*, aos quais ele dá origem. Enquanto Áries está associado com a energia masculino-objetiva (externalizante), e Touro com a energia subjetiva, feminina (e interiorizante), Gêmeos lembra uma via de mão dupla, na qual as duas dinâmicas estão simultaneamente em jogo — um dos muitos aspectos da dualidade do signo. Assim como Hermes era um deus neutro ou bissexual — combinado com Afrodite para formar o proverbial Hermafrodito —, a regência de Mercúrio sobre Vênus é adequada, pois, embora considerado um signo masculino, sua qualidade é mutável — como é cada terceiro signo do zodíaco de doze signos — num sentido, dualístico ou neutralizante, sintetizando os dois que o precedem. De modo que o geminiano absorve tanto quanto sua mente *infomaníaca* lhe permite, ao mesmo tempo em que põe em ação todos os seus conceitos pessoais, sendo objetivo e subjetivo ao mesmo tempo. Tamanha combinação de energias masculina e feminina por vezes contribui para que ele também seja alternante em sua sexualidade. É justo, portanto, que seu patrono, Mercúrio, tenha sido chamado o deus das encruzilhadas — uma espécie de divindade que tem muita esquina, e, metaforicamente, informação privilegiada. Neste deus lépido e furtivo, às vezes vemos óbvio demais o personagem do geminiano em perpétuos apertos de mão, negociações duvidosas e coisas do gênero, comungando no âmbito mais fundamental e íntimo da interação humana.

Combinando as dinâmicas respectivamente objetiva e subjetiva dos dois signos anteriores, o nativo de Gêmeos é o primeiro indivíduo do zodíaco a se afastar de uma visão existencial estreita e personalizada para se concentrar naquilo que está "acontecendo" fora de si mesmo e negociar um campo de experiência. De fato, ele volta o fluxo de informação (inteligência pura) para todas as direções possíveis. Conforme sugere o criptograma de Mercúrio, com os

PRINCÍPIO

O Princípio da Consciência. Enquanto Áries é objetivo e Touro é subjetivo, o signo de Gêmeos pode se afastar um pouco e mentalmente enxergar a experiência pelos dois ângulos simultâneos. O nativo absorve impressões e informação, ao mesmo tempo em que comunica suas próprias mensagens e prioridades. Para o geminiano a questão é a interação, pois ele é um mestre do comércio, da comunicação e de intercâmbios afins. Adequadamente o lema de seu signo é "Eu penso".

braços abertos e as antenas estendidas, o geminiano se dedica inteiramente a ficar sintonizado com seu *entorno imediato*, o que constitui apenas um dos atributos, numa série aparentemente infinita, que se enquadram na Terceira Casa astrológica de Gêmeos. O conceito de imediato é crucial para Gêmeos, tanto em termos de tempo quanto de espaço. Sendo mais claro: ele quer o que quer, e quer agora. Para ele, as maiores armadilhas são a paciência curta e a falta de planejamento de longo prazo. Entretanto, ele é o primeiro pensador urbano a passar pela porteira do zodíaco, e, como tal, encarna uma postura combativa de sobrevivente das ruas. Ele é notoriamente esperto, capaz de prever as necessidades e movimentos das pessoas, conduzindo as situações com habilidade para sua maior vantagem. Não é por acaso que Mercúrio é o deus dos mercadores e dos ladrões; e igualmente era sua responsabilidade conduzir para o Hades cada alma que partia. Basta dizer que o geminiano tende a cultivar suas próprias conexões com o submundo. E bem que o deveria: a Terceira Casa rege *grêmios, gangues, confrarias* e outras *organizações localizadas*, além da *família imediata* e dos *amigos íntimos*. Num certo aspecto, o nativo coloca grande ênfase no papel que sua autêntica família exerce em sua vida. Mas o signo também determina que cultive uma "família de amigos" — uma pequena rede, ou grupo de irmãos, em que ele pode confiar para obter afeição e apoio.

Sua preocupação de Terceira Casa com *o imediato* não só se manifesta em sua urgência por gratificação instantânea, além de constantes estimulação e informação, e a necessidade de estar no centro da excitação — mas também emerge como a premência avassaladora de vivenciar a vida na aldeia. Esse estilo de vida de órbita restrita exige que esteja cercado de uma trupe constante de conhecidos — quando não de um grupo regular de "manos", cuja composição raramente se altera —, para não mencionar um *pool* permanente de mulheres facilmente acessíveis com quem brincar. Aqui vemos um aspecto surpreendente da correspondência de seu signo à faixa etária 14-21 anos: pela vida inteira, o geminiano tem um jeito adolescente, evidenciado sobretudo por sua atitude ligeiramente ansiosa em relação ao romance e à sexualidade. Como um Romeu de teatrinho escolar, ele está sempre aperfeiçoando sua interpretação, seu bem ensaiado papo de vendedor, lançando-se a elaborados, embora engenhosos, rituais de namoro, e com freqüência avaliando o próprio vigor em relação ao círculo íntimo de bons companheiros, relacionamentos que também se enquadram na regência da Terceira Casa. O geminiano vive num mundo organizado segundo ordens hierárquicas masculinas; e tipicamente ele está no topo, pois sua tendência é se associar apenas com homens que ele possa

☿

SÍMBOLO PLANETÁRIO

O criptograma de Mercúrio lembra o próprio deus de capacete alado, e também o caduceu, o bastão que ele carrega e que representa a natureza dualística da vida, as duas serpentes enroladas em torno de um cajado. As antenas do símbolo significam a mente humana emergindo da integração das forças divinas (círculo) e terrenas (cruz).

QUADRANTE DO SIGNO

Os quadrantes zodiacais correspondem aos planos metafísicos da existência: físico, emocional, mental e espiritual. O primeiro quadrante é o do eu e da percepção individual. Para o nativo de Gêmeos a importância reside em sua necessidade de comunhão e comunicação com pequenos círculos de amigos e associados. O intercâmbio de questões informativas e comerciais é crucial.

CRIPTOGRAMA DO SIGNO

O emblema de Gêmeos retrata a compreensão da dualidade — os pares de opostos como dinâmica de toda experiência. Os Gêmeos representam as partes divinas (alma) e mortais (corpo) do indivíduo, que devem ser negociadas por intermédio da consciência humana (mente).

comandar. No tocante ao sexo oposto, a vida é como uma festinha de colégio, um campo de atividade central e essencial definido por negociações amigáveis e uma preocupação exagerada com ligações sexuais. De fato, na existência do geminiano, o mérito do homem é, em grande parte, determinado pelo calibre das garotas bonitas que ele consegue rebocar. Assim como o taurino pode ser um verdadeiro gigolô de alcova, um proverbial caubói noturno, o geminiano é um apresentável acompanhante diurno, um *playboy* pronto para os *paparazzi*. Ele fica facilmente impressionado, em geral superexcitado e por vezes constrangido por suas façanhas sexuais, gabando-se aos colegas num momento, timidamente evitando falar do assunto no outro. É o processo de cortejar que lhe parece mais estimulante — explorar o campo, aquela faixa cambiante de experiência imediata —, assim como gosta de ser um personagem mercuriano nos negócios. Independentemente da área profissional, o geminiano costuma agir com arrogância, demonstrando um certo desrespeito juvenil pelas regras existentes, passando por cima dos superiores, e adquirindo a reputação ora de espírito livre e criativo, ora de renegado a ser expulso. Ele simplesmente não consegue fazer trabalho de rotina, sentiu-se compelido a agitar e a não ficar parado, sobrevivendo de seus talentos e vivendo no grito. Talvez seja um resultado direto da regência de Mercúrio sobre o sistema nervoso central do corpo. Habitando uma esfera tão reduzida, o nativo de Gêmeos se torna um perito em aperfeiçoar seus truques e táticas discutíveis, para que não interfiram com sua reputação; pelo menos, esta é sua esperança. Mercúrio é também o patrono dos malabaristas, bufões e mágicos, e Gêmeos é criado pelo bastão mágico daquele deus.

Assim como na analogia bíblica, o homem de Áries personifica a criação adâmica do Big Bang, e o Touro representa as delícias terrenas do Éden, Gêmeos corresponde àquele exato momento no livro bíblico do Gênesis em que, com a mordida na maçã, nasceu a noção de dualidade. No âmbito mais essencial, o geminiano está consciente de si mesmo e de sua nudez metafórica, de sua visibilidade no mundo, exatamente como costuma se concentrar em todas as partes boas e más de todos os demais. O signo de Gêmeos personifica o conhecimento do bem e do mal e cada par de opostos ideológicos que existe sob o Sol. Ele é a consciência pura não adulterada, sintonizada e programada para o desempenho máximo. Falem-me de viver na encruzilhada: o processo inteiro da experiência masculina geminiana sintetiza o que aparenta ser um mundo de disparidade inerente. Portanto, ele parece estar atirando com duas armas, expressando sentimentos contrastantes e conflituosos. Em situações críticas, ele pode ser o personagem mais amigável e feroz do zodíaco: um sorriso franco num momento, o riso de escárnio no outro, o geminiano oscila tão rapidamente entre duas emoções extremadas que parece uma grande mensagem contraditória. Como único signo mutável de ar do zodíaco, ele também é mutável nos planos intelectual e social. Como homem alinhado com a polaridade masculina de gênero de seu signo, ele não só encarna a dualidade do preto-e-branco como ainda cada nuance intermediária do cinza. À luz do símbolo geminado, o signo pode ser considerado representativo do mundo como um sistema baseado no emparelhamento de opostos. O nativo é simultaneamente os dois lados de cada moeda, ao passo que a nativa é um lado ou o outro, dependendo da direção para onde seja levada pelo vento. Assim, ele possui uma personalidade "múltipla", enquanto ela tem uma personalidade "cindida"; e, como tal, ele pode tentar estabelecer mais limites na vida, enquanto ela trabalha para alcançar resolução e síntese.

O geminiano é osso duro de roer: como um adolescente com os hormônios em ebulição, ele é um turbilhão de energia bruta. Por ser tão vividamente mercuriano, talvez seja o signo mais difícil de entender, e apesar de sua exuberância torná-lo fácil de amar, ele freqüentemente é considerado o mais difícil de confiar. No relacionamento com Gêmeos, as regras mudam constantemente, com a mesma liberdade do vento — num segundo uma brisa suave, no seguinte, tempestade. Ao empregar a analogia bíblica que vê o conhecimento da dualidade (bem e mal) como sinônimo da expulsão do proverbial jardim com toda sua abençoada ignorância, o nativo de Gêmeos está empregando cada fibra de seu ser, esforçando-se para sobreviver no mundo do jeito que for possível. Para ele, existência é caos, é liberdade para todos, sem nenhuma regra exceto esta: é cada um por si. Este é o tema central da história de Caim e Abel (dos quais curiosamente se afirma que teriam tido, cada um, uma irmã gêmea), tematicamente baseada como foi na questão de lutarem por conta própria para sobreviver no deserto. Assim também, não vivendo na graça edênica, como vive o Touro, que em troca da abençoada ignorância perde muito da autoconsciência do geminiano, o nativo de Gêmeos ainda assim se percebe como desfavorecido. E ainda se nasceu em berço de ouro, ele pode ser preterido pelas circunstâncias ou pelos irmãos. Seja como for, ele sente nisso um motivo para a obrigação de se *dar bem* na vida. Ele normalmente faz isso, principalmente, com o intuito de criar uma certa comoção em torno de si, ou seja, armando um bom espetáculo como cabe a qualquer nativo que se respeite deste signo de ar mutável.

ELEMENTO + QUALIDADE

O elemento ar significa experiência mental e social; a qualidade mutável, um apelo à versatilidade e à mudança. No conjunto, a combinação específica de Gêmeos mutável-ar é mais bem ilustrada como éter, eletricidade estática, informação e consciência pura.

POLARIDADE

Homens de signos masculinos (fogo e ar) estão alinhados com a polaridade de gênero do seu signo, e dessa maneira personificam a combinação qualidade-elemento do signo. O homem de Gêmeos é como Adão logo após ter mordido a maçã: uma mistura de percepção conscientes e idéias confusas. Ele é um transmissor e receptor de notícias, um verdadeiro arquivo humano com conexões, opiniões e informações de todos os tipos.

Na literatura, o personagem de Robin Hood é geminiano desde a saída: em primeiro lugar, a legendária figura de Robin Hood é o mítico Robin Goodfellow ou Puck (em irlandês, *Pooka*), que é um zéfiro, um elfo, uma criatura versátil do ar, de fato a encarnação medieval do próprio Mercúrio-Hermes, compartilhando como mensageiro de Oberon o papel de mensageiro daquele deus. Como é Robin de Sherwood, ele é o (deus) guardião de ladrões, vilões, menestréis, vadios e todos esses desfavorecidos que compõem seu alegre bando de bons companheiros. Qual é o nome adequado para a ocupação de Hood? Ele foi o anti-herói original, um gângster bonzinho, que usa os meios errados para os fins certos — roubando da sociedade estabelecida para dar os bens à rapaziada da vizinhança. Fonzie, personagem da televisão dos anos 70, é o equivalente da cultura *pop*, um marginal boa-praça, preso há tanto tempo nos anos de adolescência que sua bunda da meia-idade ficou grande demais para caber nos jeans. Lembrem-se de que o Fonz não conseguia jamais admitir que estivesse "err... err... não certo". Algum dia você já discordou de um nativo de Gêmeos? Pois é a mesma história. Ninguém pode jamais dizer a ele que está errado. E há uma razão bem fundamentada para isso: o sistema pessoal de crenças do geminiano é o único elemento sólido em seu mundo eternamente mutável, apesar de, conforme dizia o geminiano Paul Weller, seus "estados de ânimo sempre em mutação". Como Fonzie, ele não suporta ser desafiado — ele é o chefe, o topo da hierarquia —, e questionar qualquer de seus princípios equivale a conspirar para desmantelar de todo seu *modus operandi*. O nativo de Gêmeos existe pelo poder de seu pensamento positivo, carinhosamente endossando sua própria versão da história e propaganda exagerada. Se você desfizer um de seus credos cuidadosamente elaborados, estará ameaçando desmanchar tudo o que ele construiu para se abrigar daquilo que percebe como o cruel estado de caos do mundo. Enxergar a dualidade inerente em tudo pode ser um tanto enlouquecedor. Se o geminiano não adotar preconceitos arraigados, princípios proverbiais e racionalizações enfaticamente reforçadas, poderá acabar colocando em dúvida qualquer coisinha que diga ou faça.

Fundamentalmente, tudo se resume a um desmesurado medo da morte. Sim, a morte. O que este comedor de maçã carrega consigo, à luz da maior de todas as dicotomias, é uma consciência dos emparelhamentos de opostos da mortalidade e daquela escorregadia patife, a imortalidade.

Este é o preço a ser pago pela consciência, um tema emblemático do signo de Gêmeos, conforme representado pelos gêmeos mitológicos Castor e Pólux — os dióscoros (filhos de Zeus) celestiais. Para encurtar uma longa história: a mãe, a deusa Leda, tinha um marido mortal, Tíndaro, o rei de Esparta, mas foi possuída por um Zeus disfarçado de cisne. Leda botou dois ovos, um contendo dois filhos mortais, Castor e Clitemnestra, e o outro contendo dois imortais: Helena, famosa por Tróia, e Pólux. Os meninos estão eternamente geminados, para sempre apontando a dualidade do ser mortal e imortal. Quando Castor caiu na batalha de Tróia — obrigado, Helena —, Pólux fez uma barganha para compartilhar a imortalidade com o irmão, vivendo metade do ano no Olimpo e a outra metade (morto) no Hades. O geminiano saltaria em cima da chance de fechar este negócio supremo.

Do alado Mercúrio até o elfo Robin Goodfellow e daí aos gêmeos nascidos do ovo, que formam o símbolo deste signo, o signo de Gêmeos é rico em imagens de pássaros. Nossos queridos amigos de penas são simbólicos da alma que sai voando do corpo — seja na morte ou na aquisição de mortalidade, que pode ou não ocorrer com a morte, ou na simples expressão da inspiração da alma. Como o geminiano não pode apostar nas duas primeiras possibilidades, ele aposta na terceira, tentando deixar uma marca no mundo, como forma de ser lembrado, e assim viver para sempre nos corações e mentes da humanidade. Por que você acha que ele está constantemente no auge da atividade? Está dançando na máxima velocidade possível, na esperança de lograr alguma semelhança com a vida eterna, o tempo todo assobiando no cemitério. Adequadamente, Robin Hood não é o único personagem que esvoaça vestido numa meia-calça verde em torno do psiquismo dos geminianos: Peter Pan e o complexo que leva seu nome continuam a viver na personalidade deste eterno rapaz de 14 a 21 anos, mortalmente decidido, como ele está, a não envelhecer. Como Hood, ele é um atrevido gângster-cabeça de motim, para sempre tentando escapar do proverbial Gancho! Mas o tempo tem o seu jeito de se apoderar pouco a pouco de uma pessoa, deixando apenas uma saída: a Terra do Nunca (nenhum tempo). Essa percepção despacha o geminiano em busca de consolação entre os rostos familiares de sua formação, elementos da Terceira Casa. Subconscientemente, ele espera evitar ser apanhado pela morte predadora, desde que se mantenha no rebanho.

A atitude mental apavorada do geminiano encontra suas raízes na infância dele. Em geral, ele é criado em ambientes aparentemente estáveis que estão, porém, longe disso — os pais podem ter continuado casados, apesar de habitarem esferas completamente diversas, dando demonstração de solidariedade só para efeito de salvar as aparências. Assim, as relações entre os pais são, e não são, "um caminho". Assim, a atmosfera doméstica fundamental é dualística

3

NÚMERO DO SIGNO

O número da circunstância. As ocorrências se dão de três em três, e toda experiência tem começo, meio e fim. Gêmeos significa a presença de uma terceira perspectiva conhecedora da diferença entre forças dualísticas. O três é o número da natureza cíclica da vida, mais claramente ilustrada pelo casal que dá nascimento a um filho.

14-21

ASSOCIAÇÃO ETÁRIA DO SIGNO

A adolescência. Geminianos são eternos solteiros, com uma mentalidade de grupo baseada numa hierarquia social masculina, e também fundamentada no ritual de corte. Geralmente brincalhão, quando não sarcástico, o geminiano é normalmente o líder de um animado bando de homens. Há sempre algo de travesso, de delinqüência juvenil em seu comportamento.

desde o começo. Este ambiente é estático, nos dois sentidos da palavra: além de estagnado, é também cheio de tensão nervosa, de uma corrente subterrânea de estresse a zumbir, na qual o geminiano cresce com um eterno frio no estômago. Seus pais quase sempre se preocupam demais psiquicamente com seus próprios dramas permanentes para poderem ser uma presença apoiadora e carinhosa. O pai está fora dali, em algum lugar de sua própria Terra do Nunca, enquanto a mãe é uma figura forte, mas agitada, que desempenha o papel de disciplinadora, com verdadeiro pulso de ferro. O menino de Gêmeos encontra consolação na companhia dos irmãos e uma legião de outros machos de sua idade. A mãe talvez cometa o erro de reclamar do pai com o filho geminiano, e até mandá-lo em missões de espionagem para informar sobre as andanças do pai. O nativo de Gêmeos é o supremo intermediário mercuriano, a escolta da mãe, mas com freqüência também o cúmplice do pai — entregando mensagens de desculpas em nome de um ou do outro. Como resultado, o garoto geminiano pode aprender a desconfiar de outros homens em geral, exceto os de *sua* gangue, que *ele* governa, por vezes com aquele mesmo pulso de ferro que testemunhou em casa. Esforça-se por agradar à mãe, querendo, acima de tudo, ganhar um tapinha de "menino bonzinho" na cabeça. Com o pai, acaba por fazer uma barganha casual de vaga interação, ou de indiferença formalizada. A vida, ele aprende, não dá nada de graça. Mesmo assim, pergunte a qualquer geminiano se ele teve uma infância feliz. Ele responderá na afirmativa. Não sabe que está compensando, interpretando o poderoso, o *playboy*, o operador, o cabeça de motim, como meio de curar a ferida que sente no íntimo por ter sido tão ignorado por aqueles cuja atenção buscou acima de tudo.

Corpo + Alma

Receber os convidados com um entusiasmo frenético — apertar mãos, beijar rostos, estreitar laços, dirigir o espetáculo em geral — é o papel normal do geminiano num ambiente social. Assim como é famoso por organizar excursões com amigos e colegas, ele está sempre convocando reuniões no local de trabalho, perpetuamente irritado com os colegas que não trabalham em seu ritmo de azougue. Profissionalmente, ele também tem seu bando, um círculo de iniciados que escolheu a dedo, gente brilhante que seguirá seu exemplo de estilo próprio e funciona da mesma forma agressiva que ele. O notório aspecto de antenado do nativo pode se manifestar de algumas formas. Em geral, ele banca o urbanóide bem lançado e esfuziante. Às vezes, enverga um decidido estilo chique urbano; ou quando é artista plástico ou músico, incorpora por completo o espírito das ruas, adotando o visual proletário com o qual se identifica tão intrinsecamente. A lista de geminianos famosos, que inclui sujeitos élficos de orelhas pontudas, como Errol Flynn, Johnny Depp, Mark Wahlberg, Michael J. Fox, Noah Wyle, Ian McKellan, Mike Myers, Gene Wilder, Jackie Mason, Donald "A Arte da Negociação" Trump, Paul Weller, Boy George, Prince (ou outra coisa), Paul McCartney, Lenny Kravitz, Bob Dylan, Noel Gallagher, Morrissey e Allen Ginsberg, revela personagens eternamente meninos, galvanizados pela energia nervosa, dedicados a expressá-la. Malgrado o tamanho do geminiano — mesmo quando alto, é tipicamente esbelto —, o que imediatamente sentimos é sua característica presença elétrica.

Decididamente, o nativo de Gêmeos tem estilo — ele anda do jeito certo (um passo lépido, saltitante, ao mesmo tempo jovial e confiante) e fala do jeito certo (uma dicção clara e deliberada, como se pronunciasse com cuidado cada sílaba). Dada sua localização astrológica como signo mental (ar) do primeiro quadrante astrológico do Eu, o nativo é extremamente autoconsciente e por isso adota hábitos de vestuário e cuidado pessoal para telegrafar a imagem que deseja projetar: a de que ele é um personagem que está por dentro. Bastante atento à moda, quando não a segue à risca, ele opta por estilos exclusivamente cosmopolitas que denunciam uma sensibilidade *urbana*. Seu gosto em roupas, como as preferências musicais, tem suas raízes na experiência citadina: um visual da moda com um toque das ruas. Mais que qualquer outra coisa, como a mutável aérea encarnação do éter no zodíaco, o geminiano quer parecer chique e moderno, oferecendo evidências visíveis de sua associação da Terceira Casa com a consciência contemporânea. Seu estilo nunca será excessivamente mauricinho ou formal, mesmo que a ocasião o exija estritamente, pois ele quer comunicar que é, de certa forma, uma figura simplezinha ali do bairro, que nunca se aliena do que pode ser chamado experiência ou etos da comunidade. Ele desconfia da sensibilidade burguesa e das pessoas que a endossam, e faz questão, em sua expressão física, de se distanciar daquele setor sociológico. Então, quando outros homens usam ternos, ele pode estar trajando uma variação de jeans e jaqueta de couro, mas você pode apostar que, peça por peça, os trajes dele foram mais caros que qualquer das camisas pomposas e ternos que o cercam. E como, para ele, o tempo é essencial, com certeza estará usando um radical relógio esporte. O cabelo é cortado na tendência do momento, é o cabelo "da hora", quase sempre penteados curtos, de modelo caprichosamente juvenil. E

PSICOLOGIA

Gêmeos pode ser um viciado em excitação. Sua emoção diante de transações e riscos pode levá-lo a mentir, enganar ou ter outras condutas incorretas. O geminiano é maquiavélico, sustentando que os fins sempre justificam os meios. De caráter dualístico, ele racionaliza demais. Pode ser imaturo na sexualidade, um eterno *playboy* com uma necessidade por vezes compulsiva de variar. Pode sofrer de distúrbios nervosos e complexo de inferioridade, superados pelo poder do pensamento positivo.

talvez porque o signo rege as mãos, o nativo provavelmente terá a compulsão de usar anéis, sempre lançando reflexos metálicos de suas mãos escandalosamente gesticulantes. Ainda na moda Fonzie, muitos geminianos andam de motocicleta ou lambreta, uma garantia de que este tipo mercuriano evitará os engarrafamentos com mais êxito que o restante de nós.

Ou seja, ele é naturalmente vistoso. O rosto do geminiano, de pele brilhante e corada, acende-se como um farol; o branco dos olhos buliçosos cintila, como cintilam os dentes brancos de pérola, mostrando-se num sorriso maroto quase permanente. Os movimentos são rápidos e sincopados, lembrando os de um pássaro; a expressão facial vai do deleite ao desdém num átimo, e daí à declarada indignação, em reação às informações que ele está recebendo naquele momento. Marcados por um círculo de linhas, geradas por essas constantes ginásticas responsivas, os olhos típicos são escuros e arredondados, e ele costuma apertá-los ou pestanejar incessantemente, como lentes da câmera de obturador de alta velocidade. O rosto é por vezes bem redondo, às vezes aparentemente plano, como um prato, sendo as maçãs mais amplas que altas, e a implantação do cabelo bastante baixa e infantil. O nariz é quase sempre proporcional aos traços, e a boca tem uma linha dramática, que quando se desmancha num sorriso revela um conjunto de incisivos quadrados e separados que são o centro exato de seu sorriso, como se o nativo tivesse sido partido ao meio — um aceno físico à sua dualidade astrológica, metades separadas eternamente trabalhando para alcançar a coesão. Em geral, tem ossatura pequena, sendo mais baixo, mais leve e mais aerodinâmico que os outros homens da família; e, no entanto, mantém uma postura empertigada, freqüentemente determinado a aumentar a musculatura, como um adolescente franzino que procura simular mais volume. Como convém à sua natureza mercuriana, o nativo de Gêmeos tem muita dificuldade de ficar parado. Ele fica circulando pelo recinto, ajustando as luzes e a temperatura do ambiente, mudando a música, oferecendo canapés e bebidas e pulando de um assunto para outro. "O que foi mesmo?", você o ouve perguntar, quando volta ao recinto, não querendo jamais perder o menor trecho da conversa, ou a oportunidade de oferecer um comentário ou uma estocada. Ele é o rei do sarcasmo e adora expor os demais a alfinetadas e impertinências — rápido como um raio nas tiradas jocosas —, traindo-se, por ironia, ao cair na risada convulsiva ou precoce, antes que o objeto da piada perceba que está sendo ridicularizado. De fato, o geminiano sempre parece estar armando alguma travessura, mesmo quando não está. Fazendo uma forçada cara inocente, ele sorri, dengoso, acentuando a expressão já bastante

ARQUÉTIPO + MITO

Gêmeos personifica a mítica natureza espiritual do ar, essencialmente o veloz Mercúrio. Como o patrono dos comerciantes e ladrões, o geminiano representa a imagem da urbanidade. Castor e Pólux, os dióscoros, que formam a constelação de gêmeos, são também criaturas aéreas, nascidos dos ovos postos por Leda (que foi possuída por Zeus disfarçado de cisne). Pólux é imortal e Castor mortal. Querendo ficar juntos eternamente, eles passam metade do ano no Olimpo e a outra no Hades. O mito espelha a condição geminiana, calcada em vínculos de parentesco, uma mistura de experiências divinas e infernais marcada por um ardente desejo de enganar a morte.

travessa — orelhas grandes e pontudas, sobrancelhas arqueadas, queixo fino e pequeno, e aqueles olhos buliçosos e endiabrados. Na adolescência, está sempre em dia com as últimas gírias e expressões, retiradas de personagens favoritos da tevê e de outras influências da mídia.

Conforme convém à condição de gênio aéreo, Gêmeos notoriamente tem os pés ligeiros e brilha nas atividades atléticas que exigem pensamento ágil e movimentos rigorosos. Como na vida profissional, o geminiano é fantástico no drible ao oponente em esportes coletivos, como futebol ou hóquei, nos quais se destaca como jogador de golpes baixos, e por vezes emprega as táticas inesperadas de um mosquito. O nativo de Gêmeos é, sem sombra de dúvida, o homem mais energizado do zodíaco. Seu corpo, com níveis proporcionalmente baixos de gordura corporal, é feito para a velocidade. O nativo foi abençoado com um físico de aparência adolescente — pescoço tendinoso, ombros quadrados, porém delicados com omoplatas extremamente pronunciadas, tórax alto e flexível arrematado pela musculatura dorsal forte e alongada, e ventre reduzido que pode, contudo, ser macio e exibir leves pneuzinhos quando ele se dobra ou inclina. Ele costuma ter coxas robustas e panturrilhas grossas, com as pernas mostrando os músculos quando ele corre, dotando-o de um centro de gravidade baixo, que parece desequilibrado pela cabeça de aparência levemente avantajada sobre ombros franzinos. Talvez seja uma manifestação física da desconexão mente-corpo inerente a seu signo, algo que ele tenta desesperadamente soldar. Em geral, o geminiano não é o mais bem-dotado dos machos. Ao contrário: no departamento pênis ele tende para um tamanho dolorosamente médio. Em termos de testículos vemos a mesma história: nem muito grande, nem muito pequeno, exatamente o tamanho certo para deixar à vontade a maioria das garotas. Do mesmo jeito que aos objetivos do geminiano convém freqüentemente parecer a perfeita mistura mediana de força, assim também sua forma física apresenta a perfeita mistura de opostos. Até a potencial mediania do equipamento parece programada para atrair as mulheres às quais talvez desagradasse qualquer um dos extremos. De fato, sua perfeita proporcionalidade física lhe permite uma boa dose de confiança corporal. Ele pode vestir uma sunga apertada melhor que ninguém, sem se preocupar se a está enchendo demais ou de menos, ambas situações capazes de alimentar risos desdenhosos ou malévolos à beira da piscina. As únicas áreas nas quais o tamanho físico pode constituir problema são as mãos e os pés, por vezes tão desproporcionalmente pequenos que nos levam a perguntar como ele consegue caminhar sem cair. Consumado signo aéreo, é como se o nativo dispensasse a mesma

BÍBLIA + LITERATURA

O signo de Gêmeos está associado com a consciência e a dualidade que surgem da Queda bíblica. Para Gêmeos a vida é vivida fora do Éden, no "deserto", onde é necessária uma postura de sobrevivente das ruas. A história de Caim e Abel, que tinham irmãs gêmeas, detalha a origem da humanidade e de natureza dual. O Puck de Shakespeare é o Mercúrio medieval, mensageiro do rei das fadas. Chamado Robin Goodfellow, ele é o precursor de Robin Hood, que fez coisas ruins por bons motivos. Peter Pan é igualmente um herói travesso de natureza dupla, determinado a manter seu lado sombra firmemente costurado a si e jamais crescer.

CASA
ASTROLÓGICA

amizade
compreensão
maturação da mente
vizinhança
trâmites
mercadores
irmãos e irmãs
comunicação
transporte
viagens curtas
adaptabilidade
relacionamento
talentos assegurados
mente consciente
mente objetiva
educação primária
indivíduo e ambiente
local
parentes
conhecidos
comunicação de idéias
discussões informais
aparato mental
conexão mental
periódicos e jornais
telefonemas e cartas
conversação
bate-papo
gestos/sinais
televisão/rádio
lógica
raciocínio sensato
dar e receber
comprar e vender
negócios
estrutura do pensamento
assimilação de informação
pensamento prático
tempestade de idéias
estado mental
destreza mecânica
administração de recursos

ancoragem dos demais. No entanto, observando melhor, você perceberá que o que talvez falte a ele em massa é compensado em polimento, pois ele sempre tem as unhas perfeitamente cortadas, quando não polidas. O geminiano não é um pássaro pouco asseado: tipicamente obcecado com a limpeza, que considera próxima da bondade, ele é elegantíssimo, de rosto escanhoado, cabelo bem cortado e penteado, corpo vaporizado (quando não lavado) de perfumes, hálito regularmente refrescado por pastilhas de hortelã. De todos os homens, ele é também o que mais provavelmente irá depilar o corpo com gilete ou cera, sentindo-se muito cômodo com um tórax liso como de um adolescente. Dessa forma sinaliza para a população de prováveis amantes que está tão distante do tipo mal lavado quanto uma mulher poderia desejar. Ele deixa claro que não há nada para se botar reparo — que ela irá achá-lo literalmente gostoso, caso as coisas evoluam a tal ponto.

Sexo + Sexualidade

Num aceno para a regência da Terceira Casa sobre a *percepção*, além da onipresente natureza de seu patrono Mercúrio, o geminiano se preocupa em ser o cara mais antenado de todos, em termos de sexo ou qualquer outra coisa. Com suas antenas apuradas, este verdadeiro rádio receptor-transmissor está sempre captando sinais enviados pelas mulheres, instantaneamente conseguindo o retorno desejado, liberando a informação programada para conseguir a aprovação delas. Numa escala mais ampla, ele fica mandando mensagens mais abrangentes, sinalizando interesse sexual com paqueras e poses, fazendo uma demonstração, ou até uma apoteose, de sua afeição. Ele ensaia para melhorar seu papel de namorado, refinando palavras e gestos, curtindo os lances que cercam a rotina de conseguir uma parceira para a vida toda ou mesmo algum encontro para aquela noite. De fato, ao contrário do interesse objetivamente declarado do ariano ou do convite subjetivo do taurino, o geminiano cria um ambiente excitante, um campo mutável, em torno do advento daquilo que ele espera seja literal *intercurso*. Vendo a vida como uma eterna encruzilhada, ele se concentra no ambiente adequado a uma literal interseção entre ele e a mulher. Mestre em climas, ele recorre à iluminação, ao fundo musical e a outros recursos atmosféricos para criar um solo fértil no qual o romance possa florescer. De todos os signos, Gêmeos é o consumado dono de um "matadouro" cheio de equipamentos incrementados, com um sensacional *home-theater*, bar e cama, que às vezes tem algum detalhe inovador. Se alguém tiver um colchão de água retrô, ou uma cama circular giratória, ou uma cama embutida numa gigantesca taça de acrílico transparente, este cara será o nosso descolado geminiano. Ele irá acender velas, lubrificar com bebidas a provável amante, e até dar a ela uns presentinhos atenciosos, desde que isto lhe ajude a fechar negócio. Tudo nele proclama que é o solteiro mais elegante, o namorado perfeito, quando não o companheiro supremo. Engraçado, e também adequado, que os geminianos são os pássaros do zodíaco, filhos dos Gêmeos saídos do ovo chocado por Leda, que por sua vez foi comida pelo cisne Zeus. Pois vemos o nativo comportar-se de forma semelhante à do macho da ave do paraíso, totalmente decidido a deslumbrar a fêmea com demonstrações elaboradas: ao conversar e gesticular inchando o peito, ele sugere a capacidade de oferecer uma vida estimulante e colorida. O geminiano comunica sua potência e paixão na mesma modalidade multimídia — através de sons e sensações, palavras faladas, música e efeitos especiais — usada nas manifestações do ritual de acasalamento de qualquer pássaro. Como seus amiguinhos alados, o nativo de Gêmeos acredita que o macho capaz de apresentar o melhor espetáculo ganhará a parada. Ele quer ser considerado divertido.

E, certamente, para colocar mais algumas plumas num potencial ninho de amor, ele não exclui maquinações: pois como se não tivesse bastante o que fazer, Mercúrio não é só um deus de malabaristas e palhaços, mas também de mentirosos e embusteiros — uma mistura deífica de qualidades boas e más, como convém ao regente deste signo duplo. E como aquele deus que transita desenvolto entre o Olimpo e o submundo, o nativo de Gêmeos habita pelo menos dois mundos ao mesmo tempo. Ele é um testemunho vivo da coexistência nesta vida dos planos díspares de existência. Em resumo: não importa o quanto ele pareça um puríssimo coroinha da *comunidade*, quase sempre terá mais experiência que a maioria dos homens no lado mais escuso da vida. Parte de seu atrativo é ter um diferencial, uma levíssima aura de perigo em torno dele — só o suficiente para impressionar as garotas. O geminiano acredita que "os pensamentos voam", e ele é mestre em deixar seus conceitos pessoais voarem, criando assim um certo alvoroço ao próprio respeito.

Com a política de namoro sem compromisso manifestada muito cedo na vida, o típico geminiano está sempre circulando com uma namorada diferente pendurada no braço regido por gêmeos, e sem dúvida escrevendo anotações pós-coito ao lado do nome de cada uma, numa certa caderneta de capa preta. Tão hábil ele é que com uma palavra ou olhar malicioso este diabinho, conforme

PALAVRAS-CHAVE

comunidade
multiplicidade
ubiqüidade
comércio
urbanidade
ingenuidade
capricho
namoro
estimulação
contradição
exploração
sobrevivência
cumplicidade
mentalidade
exibição
prontidão
diversão
comoção
transação
versatilidade
polimento
mesquinharia
genialidade
espontaneidade
conexão
transmissão
astúcia
trapaça
informação
ilusionismo
adaptabilidade
versatilidade
mudança
eloqüência
camaradagem
expressão
alegria
bravata
consideração
curiosidade
velhacaria
poesia
atividade
experiência

HOMENS FAMOSOS DE GÊMEOS

Eternos conquistadores e líderes da alcatéia

Paul Bettany
Johnny Depp
Mark Wahlberg
Mike Meyers
Tupak Shakur
Trey Parker
Matt Stone
Lenny Kravitz
Noel Gallagher
Paul Weller
Joseph Fiennes
Noah Wylie
Príncipe William
Michael J. Fox
Jamie Oliver
Prince
Neil Finn
Morrissey
Rupert Everett
Paul McCartney
Ron Livingston
Tom Jones
Dean Martin
Miles Davis
James Brown
Bob Dylan
Cole Porter
Boy George
Errol Flynn
Richard Benjamin
Charlie Watts
Spalding Gray
Malcolm McDowell
Bruce Dern
Kris Kristofferson
Todd Rundgren
Lasse Hallstrom
Gene Wilder
Stan Laurel
Joe Namath
Ian Fleming
Bob Hope

sugere o criptograma de Mercúrio, pode provocar arrepios nas garotas. Como num passe de mágica, ele irá transformar a menor possibilidade de interação erótica numa realidade extasiante — mesmo que no princípio a garota esteja firmemente contra. Este é o poder de prestidigitação do geminiano: ao criar uma atmosfera de excitação, o driblador mais esperto do zodíaco conseguirá que muitas garotas animadas saiam com ele, no puro impulso de achar que a noite promete boa diversão. Ele parece alegre e radiante; nem um pouco parecido com um lobo, ou uma serpente no gramado, contra a qual se precaver. Mas o primogênito de Mercúrio na astrologia herdou a tal ponto o poder da palavra mágica de seu patrono que o malandro consegue abrir caminho com subterfúgios para a cama de qualquer mulher, quando não para seu coração, no momento em que ela menos espera. Com tanta verve e tanto sangue frio, ele faz o movimento com incrível velocidade. Apanhada de surpresa, ela não consegue ver perigo em ceder aos beijos do adorável vigarista, com o qual a mera idéia do ato sexual parece mais brincadeira leve que uma séria invasão. Isto é o que o geminiano deseja que pense, sobretudo se a atraiu para seu covil, aquela armadilha amorosa na qual ele pode jogar plenamente suas cartas. Combinando agilidade e a rapidez de um duende, ele conseguirá fazê-la tirar a roupa num instante. Não há no zodíaco ninguém que consiga acelerar de zero a 69 tão depressa quanto ele.

Decididamente, a variedade é o tempero da vida do geminiano. A qualidade mutável de seu signo contribui para que se adapte, saindo com mulheres aparentemente de todas as áreas de atividade. Para este nativo regido por Mercúrio, planeta de órbita minúscula, o mundo é mesmo pequeno. Outra razão pela qual tantos nativos do signo se precipitam tão cedo quanto possível para as luzes brilhantes da cidade grande é que ali existe a garantia de uma profusão de mulheres bonitas que ele pode assim arrebatar. Quando está fazendo o jogo do namoro, o geminiano muitas vezes prefere as relações fáceis, que têm maior probabilidade de lhe garantir bons momentos, ao mesmo tempo em que o protegem de se apaixonar. Vale recordar que ele é o eterno adolescente, sempre avaliando as mulheres pelo critério de serem fáceis e, portanto, não ameaçadoras para seu estado civil de solteiro. Ele quer se divertir e não ter que trabalhar demais quando explora o campo; e quanto mais cabeçinha-devento uma garota for, mais divertido será para ele se meter com ela. O astuto operador está sempre à procura de uma abertura. Depois que nosso amigo Mercúrio tiver, em termos sexuais, dado a volta ao mundo — ou pelo menos aberto o caminho para as camas de tantas comunidades étnicas quantas sua cidade lhe permite —, este rapaz da Terceira Casa, tendo assim criado laços com seu entorno familiar, irá por fim buscar um vínculo permanente com uma moça de sua própria espécie social.

Quando o geminiano se acasala, é quase sempre como uma gralha tagarela, para a vida toda e com um pássaro da mesma ninhada. É estranho, realmente, com que vivacidade essa dinâmica se implantará, pois o nativo de Gêmeos se distingue no zodíaco por se estabelecer com sua... bem, sua gêmea, uma cópia dele em carbono, do sexo feminino — a Bonnie do Clyde, se não a Jeckle do Heckle (quem não se lembra do casal de gralhas espertas e cheias de truques do desenho animado?) —, uma atilada parceira no crime capaz de deixar orgulhoso seu patrono Mercúrio, um alegre gângster brincalhão. Não importa quantas desmioladas andou comendo, o geminiano exige que a namorada firme seja inteligente. Ele tem verdadeiro respeito pela inteligência da mulher, pelo menos daquela que não caia em seus truques habituais. A Terceira Casa também rege as relações colaterais e de fraternidade. O geminiano não se funde numa bola de unidade com a parceira, como faz o taurino, que o precede no zodíaco. Ao contrário, ele permanece claramente separado da legítima irmã de sua escolha, vendo a si mesmo e a seu adorado clone como dividindo e conquistando o mundo lado a lado, cobrindo mais bases em sua compartilhada luta pela sobrevivência. Os nativos de Gêmeos e Sagitário, que partilham um eixo zodiacal, sendo os chamados signos "opostos" (na verdade eles são uma espécie de oitava um do outro, preocupados com experiências astrológicas análogas, em escalas diferentes), têm um aspecto de clonagem semelhante com seus relacionamentos, em que o geminiano procura por uma gêmea já existente, ao passo que o sagitariano funde-se com a parceira para formar uma espécie de terceira entidade, assimilando-a e transformando-a numa semelhança de si mesmo. O geminiano realmente procura uma garota que teve uma criação parecida com a sua, ou proveniente da mesma localização geográfica ou extração social. Ele valoriza mais a classe pessoal que a variedade rarefeita culturalmente atribuída — a que o dinheiro não compra —, buscando o gênero de nobreza urbana proveniente de viver dos próprios expedientes, e cultua tal tipo de vigorosa intrepidez numa mulher, uma sofisticação folclórica que pode ter caracterizado uma heroína num filme hollywoodiano do século XX sobre a Era da Depressão, sobre o tempo da guerra.

Quando o bom companheiro se apaixona, expressa suas emoções adotando um comportamento de irmão mais velho, gerando uma grande familiaridade entre ele e a futura companheira, tornando-se um imediato recurso e ombro

Maurice Sendak
Richard Thomas
Morgan Freeman
Alfred Molina
Jacques Cousteau
Jerry Stiller
Allen Ginsberg
Henry Kissinger
John F. Kennedy
Jean Paul Sartre
Ian McEwan
Ian McKellan
Denholm Elliot
Vincent Price
Jim Broadbent
Laurence Olivier
Barry Manilow
Martin Landau
Clint Eastwood
Bjorn Borg
Jim Thorpe
Johnny Weissmuller
John Wayne
S. I. Newhouse
Bill Moyers
Igor Stravinsky
Frank Lloyd Wright
Ellsworth Kelly
Jean Tinguely
Herman Wouk
William Styron
M. Scott Peck
Norman Vincent Peale
Alexander Pope
Thomas Hardy
R. W. Emerson
Walt Whitman
W. B. Yeats
Paul Gauguin
Dashiell Hammet
Al Jolson
Frank Oz
Tommy Chong
Liam Neeson
Danny Elfman
Christo

REGÊNCIA DO CORPO

O signo de Gêmeos rege o sistema nervoso central, os pulmões e o sistema respiratório, os braços, as mãos, o tórax, os ombros e as omoplatas — as asas. Mercúrio rege o cérebro, os órgãos sensoriais, os reflexos e a tireóide, que controla o metabolismo. O planeta também governa as mudanças físicas e o crescimento e desenvolvimento da inteligência.

no qual apoiar a cabeça. Ele faz uma mulher se sentir como se o conhecesse pela vida inteira. E antes que você possa dizer "duas vagas de garagem", ela pode estar cruzando a porta da casa carregada nos braços dele, que realmente se derrama todo, ajustando sua característica disposição, e apresentando, em lugar de paquerador, a imagem que passa a projetar de marido fiel e pai de família. Como tal, ele puxa o saco do clã dela, da mesma forma como a arrasta para a cidade natal de sua própria família — o ritual de corte do geminiano, por ser direcionado ao matrimônio, envolve uma considerável quantidade de almoços de domingo. Em sua busca de companheira existe um desejo não declarado de alcançar uma solidariedade de visão que, ele detesta admitir, seus pais jamais compartilharam. Entretanto, busca o espaço pessoal e a liberdade de que os pais desfrutavam. Ah, o deserto... Neste mundo de cobra engolindo cobra no qual "vive" nosso amigo geminiano, ele está totalmente decidido a estabelecer um meio seguro para enfrentar a tempestade iminente que constitui sua visão da vida — e o signo de ar mutável de Gêmeos lembra a atmosfera imprevisível e cheia de estática da delinqüência humana afastada de Deus, que necessitou do dilúvio bíblico, representado pelo signo posterior de Câncer, signo cardinal de água — e ele e sua companheira de vida devem ocupar seus postos de batalha separados, todos no tombadilho, preparados para uma situação difícil. Para o nativo de Gêmeos, o prognóstico contra ele é de, no mínimo, *50%*. Por seu lado, ele ainda se esforça por parecer o filho comprometido que ainda assim se *dá* bem. Ele promete ser bem laborioso, uma verdadeira abelha, projetando sua imagem para o mundo, alegremente admitindo suas origens humildes enquanto constrói para si uma vida "melhor", atitude que irá definir seus objetivos principais mesmo quando promovido à presidência da empresa. Entretanto, o fato de agir muito como o zangão zumbidor leva-o por vezes a ser caracterizado como tal e, portanto, descartado para promoção no trabalho.

Contudo, mesmo quando o nativo vem de família rica, nascido em berço de ouro, ele na juventude se veste por vezes com roupas baratas, para dispersar qualquer estigma. Mais adiante, torna-se para ele uma obsessão abrir caminho a facão na selva da vida, emergindo como alguém que venceu por esforço próprio.

Nada importa mais ao geminiano que angariar respeito para a persona de gente do povo, principalmente por parte da parceira, que deve aplaudir seu espírito de Robin Hood. Na opinião dele, ela deve ser um bastião de excelentes qualidades morais, exatamente o que alguém esperaria de uma irmã menor. Sua própria Donzela Marian deve apoiar-lhe as fanfarronadas pelo mundo afora, admirando suas tentativas de transformar o mundo num lugar melhor, particularmente em favor dela, ainda que para isso ele nem sempre utilize os métodos mais acima de suspeitas. Como Robin Hood, ou seu equivalente de desenho animado Underdog, cuja própria Marian é a doce Polly Purebread, o nativo de Gêmeos tem em seus relacionamentos uma atitude do tipo nós-contra-o-mundo. Ele é um personagem insular desde as origens, mas suas parcerias reforçam ainda mais essa dinâmica. Sobreviver de expedientes nas áreas bravias deste mundo quase sempre exige a nosso próprio vira-lata o emprego dos aspectos mais fraudulentos de seu eu cavalheiresco. O nativo de Gêmeos é maquiavélico até à medula e, por vezes, se dar bem significa jogar segundo as regras das ruas. Assim ele reveste sua companheira de todas as qualidades domésticas de bondade pelas quais sente que está lutando a boa luta. Sem ser um cavaleiro quixotesco como o ariano, que busca altos ideais, enquanto mantém as mulheres num pedestal como exemplo de virtude elevada, o geminiano, patife, não é tão cego em suas ambições românticas. Ao contrário, ele vê a esposa ou amante como uma auxiliar de carne e osso a quem simplesmente deseja separar das realidades mais ásperas da vida, cuja travessia considera seu dever de homem. Lembrem-se de que na visão dele o mundo é um lugar dualístico. Portanto, ele passa o dia no covil de ladrões, enquanto espera que a parceira defenda a caravana de sonhos dele, de preferência empregando um gradil de pontas, ou moderno equivalente, conforme adequado a seu bangalô da moda ou seu apartamento chique com terraço. Tal é o nível do gosto e das aspirações do geminiano — superchique, ainda que modesto e discreto.

Em geral, o nativo de Gêmeos não é chauvinista; de fato, ele costuma considerar as mulheres muito mais espertas que os homens. Mesmo assim, acredita que elas devem ser protegidas do mundo, o qual, conforme ele o vê, é uma luta contra os males; e quanto mais ele promove interferências e negócios com o mundo abjeto da existência, maiores os lucros que espera colher e trazer para emplumar e, concretamente, decorar o ninho. Objetos são importantes para o bom companheiro do zodíaco, e assim como ele se veste com a moda mais recente, também gosta de ver a esposa vestida para arrebentar — às vezes chega a comprar trajes coordenados para os dois —, e procura equipar a casa o melhor possível. Vale repetir que ele não gosta de opulência; ao contrário, tem uma estética moderna e atualizada, de cuja implementação pode derivar prazer, ao executar projetos com as próprias mãos. Não importa a idade, o geminiano se orgulha de ser parte de um casal incrível, muito bem-sucedido. Ele talvez insista mesmo em escolher as roupas da esposa, garantindo que ela se vista de

LANCES ERÓTICOS

NATIVO HÉTERO

mulher de baixa estatura
garota doméstica
ruivas
corpo tipo violão
calcinhas brancas
olhos hipnóticos
pernas longas
triângulo homem/mulher/mulher
pornografia mulher com mulher
bancar o garotinho
prostitutas de luxo
submissão e disciplina (leve)
sexo oral (ativo)
humilhação (ativa)
espancamento
fantasias sexuais
salto alto
voyeurismo
strip-tease
calcinha fio-dental
lingerie
unhas manicuradas
suíngue
troca de casal
dar colar de pérolas
batom
esmalte de unha
trenzinho

maneira a combinar com o visual dele, fazendo parecer impecavelmente desenhada a produção orquestrada que é o relacionamento deles. Embora estimule a esposa a trabalhar — dois salários são sempre bem-vindos no lar dos Gêmeos —, ele será, contudo, firme no tocante a ter filhos (também escolherá a roupa deles, para combinar) e, da maior importância, vai querer ser pai ainda jovem, o que sempre produz fotos mais bonitas para os álbuns de família. Para o geminiano, que não consegue senão contemplar e, portanto, manipular a imagem de relações públicas que ele e a esposa projetam perpetuamente, é crucial eles serem vistos como um casal pragmático, *sexy*, procriativo.

Por ser no zodíaco o fissurado original em excitação, o geminiano precisa causar furor juntamente com a parceira. Ele fica imaginando, antecipadamente, a aparição do casal, digamos, ao chegar a uma festa, apreciando, sem forçar a barra, o fato de todos os olhos estarem sobre eles. Não é questão de vaidade, mas só de ter um pique, aquela importantíssima eletricidade geminiana que percorre seu sistema nervoso regido pelo signo. Ele e a parceira preferida serão sociáveis ao extremo, comparecendo a festas, freqüentando cafés, clubes e restaurantes conhecidos como ponto de determinada categoria social. Na qualidade de casal, ele e a companheira *saem de par constante* com outros casais, em quartetos, nos quais o geminiano faz o papel de chefe da gangue, guiando o alegre grupo através de minibacanais, saindo ligeiramente do sério nas festas, só o suficiente para as emoções se acelerarem — os risos ficando mais ruidosos, o contato físico mais demorado e a azaração mais freqüente e aceitável. Ele poderá bolinar a perna da outra garota embaixo da mesa, reforçando o fato de que ele pode estar casado, mas que Peter Pan não está morto. Ele canta a garçonete, a recepcionista, o garçom, ou qualquer um que lhe fale à fantasia em qualquer ocasião. Caberá à companheira revirar os olhos, com plena consciência de que seu homem está sempre mergulhado naquela expressão adolescente de ritual de corte. Ela poderá ser, ou não, extremamente tolerante com as paqueras mais escancaradas da parte dele.

O nativo de Gêmeos não consegue deixar de buscar a emoção oferecida pelos potenciais triunfos sexuais. Azarar lhe oferece uma válvula de escape, mas só até certo ponto. Portanto, muitos geminianos desistirão de canalizar para a procriação a obsessão de imortalidade e, em vez disso, tentarão permanecer para sempre jovens, brincando de namorar até o nativo parecer datado. Pense em Austin Powers (para não mencionar seu irmão gêmeo, o Dr. Evil). Num enredo mais típico, o onipresente filho de Mercúrio irá tentar cobrir todas as bases: já pai de filhos ainda estará correndo atrás de rabos-de-saia. Às vezes, o aspecto fraternal de seu relacionamento se manifesta de forma excessivamente literal, e ele considera sua esposa-irmã como figura santificada, buscando preservar o bem na companheira — a donzela em Marian, a pura em Purebread —, a ponto de o relacionamento acabar quase assexuado. Em casos assim ele talvez use a benevolência da parceira como ferramenta de barganha, fazendo o papel do adorável idiota que não merece uma mulher tão boa; sendo, como o pobre Castor, "apenas humano" em seus defeitos, que podem incluir passar o ferro em outras mulheres. Este é, afinal, o perigo de viver na selva de concreto — às vezes sucumbimos a seus vícios —, mas ele se convence de que se expor a ela é a forma como ele pode prover a família.

Nosso multiplicativo geminiano pode *racionalizar* qualquer coisa, sendo sua desculpa habitual algo do tipo: "Eu a amo, mas tenho necessidades." De fato, ele talvez sinta que está fazendo um favor à companheira, ao não submetê-la a seus desejos mais libidinosos. Embora isso seja um caso extremo, a maioria dos bons companheiros traça uma divisão entre o que fariam na cama com a mulher-irmã e o que fariam com alguma biscatinha.

Quando se trata de sexo, o nativo de Gêmeos conscientemente analisa o que é necessário para ser bom de cama. Ele não se baseia no instinto animal como o ariano, nem se satisfaz com a pura sensação como o taurino. Em vez disso, o homem de Gêmeos usa a cabeça. E ninguém é melhor do que ele com as mãos. Como convém a seu planeta, regente da comunicação, o geminiano não é somente um consumado lingüista: suas habilidades orais estendem-se igualmente ao quarto. Se o objetivo for rapidez, nenhum homem consegue fazer uma mulher gozar mais depressa, desde que estejamos falando estritamente da estimulação do clitóris como veículo para o orgasmo. Pois é preciso um geminiano sexualmente experiente para sustentar seu ritmo característico de rápido e rasteiro, quando se trata do simples e tradicional ato sexual. Porém, conhecimento é poder, e o geminiano irá realmente transformar em missão a superação de qualquer deficiência carnal. Dessa forma, esta usina original de pensamento positivo é famosa por se olhar no espelho e dar a si mesmo preleções animadoras do tipo oba-oba (não só ao aquecer os motores para o sexo, mas também em outras instâncias, como se preparar para uma entrevista ou apresentação profissional). Em todas as arenas, o que lhe falta em verdadeira confiança ele compensará com bravata, o que se traduz em posar de garanhão poderoso e mau, empregando muito mais papo que ação — descrevendo para uma mulher o modo como planeja se apossar dela, enquanto opera suas preliminares mágicas, usando durante o intercurso aquelas mãos regidas pelo signo, para

LANCES ERÓTICOS
NATIVO GAY

- ficar por baixo
- homens ricos
- homens mais velhos
- peitos e pernas cabeludos
- homens toscos
- corpulentos
- motoqueiros
- caminhoneiros
- submissão e disciplina (passivo)
- sadomasoquismo leve (passivo)
- cueca *slip*
- suporte anatômico
- masturbação mútua
- submissão forçada
- clubes
- festas eróticas particulares
- cavanhaque
- grampos de mamilo
- *piercing*
- linguagem erótica em conversas/telefone/ Internet
- fantasia de curra
- sexo grupal
- cunete (passivo)
- garganta profunda
- sucção dos testículos (passivo)
- escravização
- couro
- borracha
- látex
- escatologia leve
- excursões e cruzeiros gay

realçar a excitação e acelerar o ritmo da mulher ajustando-o ao próprio ritmo característico. Ele irá brincar, apertar, morder, beliscar, lamber e soprar, tudo isso enquanto manda ver, oferecendo à mulher a sensação de um clímax completo, afinal, um substituto nada pálido para o coito convencional. Em alguns casos ele poderá tentar compensar a sensação de inferioridade sexual recorrendo a jogos de dominação, dos quais basta um leve toque para dar um grande barato ao geminiano, cuja fantasia preferencial envolve a submissão de mulheres a posições comprometedoras, mas nem sempre humilhantes de todo. Imagine *A história de O*, numa versão da Disney.

Para o nativo de Gêmeos, o sexo deve ser sempre e acima de tudo divertido. Como um cão de caça, ele irá revirar cada cantinho da vida de fantasias de uma mulher, insistindo para que admita, e se submeta a seus desejos mais estranhos. Ele adora experimentar e detesta rotina. Realmente, a variedade de experiências, quando não de parceiras, é a tendência mais premente do geminiano. Basta uma mínima demonstração de interesse de alguma mulher e ela já terá problemas em manter as calças no lugar, apesar do compromisso de longo prazo. Em sua natureza dualística esta é a brecha que ele acha mais dificulda-de fechar. Em casos extremos, a compulsão sexual oferece emoções que desafiam a morte, e com cada "pequena morte" ele se sente ainda mais vivo. A aparência impecável do nativo muitas vezes encobre uma vida sexual ligeiramente mais desregrada, a maldição da ardente curiosidade inerente ao signo, que o leva a experimentar tudo o que o comportamento sexual humano tem a oferecer. Ao menos uma vez, pois raramente ele se prende a algo demasiado depravado. Ele tem um fraco por prostitutas de luxo e não se importa em circular com alguém que parece ter saído direto das páginas da revista *Penthouse*. Assim como esta, ao retratar casais em plena ação, se distingue da *Playboy*, com seus nus em solo, também o geminiano tem um leve traço de voyeurismo. Além disso, ele fica especificamente excitado pela idéia de um "trenzinho" com uma mulher e outro homem, desde que não lhe caiba o papel de coadjuvante. Quer ser o diretor e o ator principal. É sem dúvida uma manifestação escancarada de seu complexo de Castor-Pólux — o mito trata ao mesmo tempo os temas geminianos de irmãos e de bons companheiros enquanto flerta ligeiramente com o homoerotismo. Nesse tipo de fantasia existe uma emoção trazida por suplantar a mulher com dois conjuntos de tudo, tanto quanto por ter como parceiro neste processo um outro homem. Em certo sentido, o geminiano, ao dirigir a ação, irá participar por intermédio do outro homem, exatamente no momento em que ele próprio participa, sendo de certa forma dois homens.

Por ironia, o geminiano tem poucas inseguranças ligadas a sua identificação sexual. Em geral consciente, desde cedo na vida, dos sentimentos homossexuais "naturais", e talvez em parte por ter nascido sob a regência neutra (bissexual ou neutralizada) do planeta Mercúrio, ele está propenso a aceitar qualquer dualidade em seu íntimo como só mais um paradoxo pessoal. De fato, existe um forte traço homossexual em todos os geminianos heterossexuais, nem que seja uma predisposição puramente mental. Quando o nativo de Gêmeos se identifica como gay, entretanto, em geral escolhe um parceiro guiado tanto pela atração quanto pela estimulação cerebral. Ele é extremamente orientado para a parceria e procura um amante potencial que lhe pareça capaz de se comprometer para a relação de longo prazo. Ainda assim, exige aquela fundamental liberdade, inclusive para alguma escapada ocasional. Sente-se atraído por intelectuais, o que suscita uma das mais equivocadas inferências relativas ao geminiano como um todo: é típico creditar ao nativo a qualidade de cerebral por mérito próprio quando, de fato, existe a necessidade de estimulação mental que caracteriza o signo. Mas para ele essa necessidade inerente é primordial, pois neste particular muitas vezes é dependente do amante, satisfazendo-se em saber que as faculdades mentais estarão bem representadas dentro do relacionamento, sem ele precisar cansar sua própria mente, pois prefere se concentrar em atividades criativas e entretenedoras mais leves. A mesma dinâmica se aplica à sua ambição. o nativo deseja um companheiro motivado, mas ele próprio não se sente necessariamente obrigado ao mesmo nível de motivação. Desde que num relacionamento o capítulo realizações também esteja sendo coberto pelo amante, ele pode em sua própria vida considerar o capítulo encerrado, compartilhando de fato a realização. Essa mentalidade de relegar a outrem, por meio da qual o geminiano coloca sob uma esfera maior da própria experiência as capacidades e interesses de seus parceiros, é sintomática de seu próprio narcisismo, quase sempre em ascensão.

O nativo gay busca sua alma gêmea no sentido literal e platônico de um amante que encarna sua outra metade: alguém sem o qual ele não consegue adquirir integridade na vida. Fica no ar uma sensação de que o geminiano e seu amante foram chocados no mesmo ovo: ele procura um homem de sua idade, e de aproximadamente o mesmo porte e altura. E como sua contrapartida hétero, ele age de acordo com suas associações astrológicas da Terceira Casa, gravitando em direção a homens de antecedentes ou ambiente doméstico similares. Nostálgico até a alma, o geminiano tem no passado uma obsessão — ele precisa sentir que "veio do mesmo lugar" que o amante. De fato, seus vínculos ideais são os fraternos. Isso talvez explique por que os geminianos são notoriamente relaxados em relação à infidelidade. Mais que a maioria dos signos, ele não se importa com as indiscrições sexuais do parceiro, na esperança, às vezes contraditória, de que lhe será oferecido o mesmo relaxamento, caso algum dia se depare com a oportunidade certa. Em geral, ele não está procurando nenhuma ação extra. E, ironicamente, a postura liberal do geminiano em relação a atividades sexuais externas a seu relacionamento estável parece ter origem no fato de ele criar vínculos tão profundos: se o geminiano se amarrou, para começar, foi porque está tão ligado ao parceiro que, para ele, algo tão leve e superficial como o sexo não conseguiria nem começar a abalar as bases de seus sentimentos profundamente amorosos. Para o nativo gay, sexo casual raramente constitui motivo de preocupação.

O nativo de gêmeos adora diversão e excitação. A capacidade de dividir com o parceiro uma movimentada vida social é imperativa para o sucesso do casal. Freqüentar certos ambientes — sendo vistos — e comparecer a reuniões sofisticadas com outros casais são as formas favoritas de entretenimento. Sua abordagem à vida é brincalhona, ainda mais que seu correspondente hétero costuma assumir o papel de Peter Pan. O geminiano sente intensa atração por homens igualmente juvenis na aparência, enquanto saboreia os olhares invejosos e as cantadas insinuantes que são atiradas na direção do casal. Se o amante estiver de acordo, nada mais excitante que a perspectiva de um convidado para brincar. E ele aprecia principalmente entregar-se às suas fantasias mais explícitas de submissão, sobretudo se esse aspecto estiver ausente do relacionamento do casal. Muitas vezes, devido à busca por um forte vínculo emocional, o geminiano pode ter sacrificado suas necessidades puramente sexuais para alcançar o objetivo, ligando-se a um amante querido cuja inclinação por experiências ou aventuras sexuais não seja tão forte quanto a dele próprio. Entretanto, muitos geminianos apreciam uma vida sexual bem integrada com um parceiro cujo amor é inabalável. Apesar de seu repertório erótico, a afetividade será uma nota importante — para o geminiano gay são obrigatórios os constantes arrulhos, beijos e carícias, além de preliminares intermináveis.

Mas quando o nativo de Gêmeos sente a necessidade de enredos mais apimentados, ele normalmente se concentra em sua tendência para agradar: sua fantasia principal é, em geral, a total subserviência a um pervertido sexual — roupas de couro, botas, o pacote inteiro. Essa dinâmica sexual é freqüentemente o pólo oposto da dinâmica emocional que se manifesta com o parceiro dedicado: pois se há algo com que o geminiano não consegue lidar na vida diária é a autoridade; ele simplesmente não aceita que lhe digam o que fazer, e quando o fazer. Mesmo que o parceiro seja concretamente o provedor do casal, o que muitas vezes ele é, o nativo se insurgirá contra qualquer ordem de fazer até mesmo uma simples tarefa doméstica. Seu tempo lhe pertence, e ponto final. E nesse tempo ele se concede privilégios, freqüentando a academia, nem que seja apenas para desfrutar a cena social regular e diurna que esta oferece. Curiosamente, também a quantidade de tempo que o geminiano gasta "malhando" não parece traduzir-se em muitas mudanças para melhor na forma de seu corpo. Pelo menos terá feito algum exercício com a boca ao ficar trocando fofocas com os coleguinhas de academia ou passando cantadas no treinador — cuja verdadeira função é massagear o ego do geminiano tanto, se não mais, que os músculos. Naturalmente, outras atividades orais podem se apresentar na sauna ou banho turco. De todo modo, parece que o geminiano está "disponível" na maior parte do tempo. Entretanto, mesmo quando no meio do estresse de uma carreira florescente, ele ainda retém grandes doses de liberdade e incorpora elementos de lazer a sua semana de trabalho. A vida, ele nos ensina, jamais deveria ser um peso. E mesmo quando está casado com um empresário rico, provocando a inveja dos demais, tanto ele quanto o parceiro sabem que nem toda a verdade está evidente: que ter o geminiano em sua vida é como estar todo dia automaticamente programado com as últimas novidades, fofocas, informações, tendências — é estar ligado no éter regido por mercúrio —, o que deixa uma pessoa antenada com os acontecimentos. A seu modo, ele é por vezes uma fonte constante de inspiração para qualquer um que tenha a sorte de ser seu amante, ao qual ele fornece muitos elementos para ficar na maior pilha.

Casais

Hétero

Homem de Gêmeos / Mulher de Áries

Para eles, a vida é uma festa. Ele é uma excitante e vigorosa viagem sexual; ela foi feita para a velocidade. Uma péssima "ficada" poderia transformá-los em ótimos amigos. Um casal liberado — os triângulos são praxe.

Homem de Gêmeos / Mulher de Touro

Dois indivíduos extravagantes, cada um atraído pelo brilho que o outro oferece. A vida é um turbilhão; cada lance deles depende da tendência atual. Na cama, ele gosta de uma rapidinha; ela favorece sessões mais prolongadas.

Homem de Gêmeos / Mulher de Gêmeos

O sofisticado e inovador casal de Gêmeos se reúne depressa e com vontade. No começo é um arraso — um turbilhão social, sexual e criativo —, mas o desafio é assumir um compromisso. Ele é inquieto; ela sente crescer o desassossego.

Homem de Gêmeos / Mulher de Câncer

Ele é homem de ação, com grandes perspectivas. Ela é quem irá ajudá-lo a atravessar dificuldades. A abordagem deles parece cáustica — constante ironia requer paciência. Juntos na cama experimentam constantemente novos truques.

Homem de Gêmeos / Mulher de Leão

Eles têm muito em comum: dedicação à família, apetite pelas conquistas, o amor aos gastos generalizados. Felizmente, permitem um ao outro bastante espaço pessoal. A independência sexual também é por vezes admissível.

Homem de Gêmeos / Mulher de Virgem

Primeiras impressões enganam: ele parece perfeito; ela lembra fortes figuras maternas do passado dele. Contudo, são almas volúveis tentando achar a reta final; mas gostam das voltas do caminho. O sexo exótico é seu patrimônio.

Homem de Gêmeos / Mulher de Libra

Há um fluxo natural — ritmo fácil no qual eles caem, às vezes para sempre. Se um tenta dominar, a rotina deles vira tédio. Liberdade criativa é crucial. O drama sexual é alheio a personagens tão tranqüilos. É só sossego.

Homem de Gêmeos / Mulher de Escorpião

Prova viva de que há atração química: o impulso demasiado forte para resistir — os feromônios estão voando. Outros aspectos são menos harmoniosos — ideologicamente existe oposição. No longo prazo, o tesão deles não diminuirá.

Homem de Gêmeos / Mulher de Sagitário

Ela vive em grande estilo; ele aprova tal expansão. Ela acredita que a força dele equilibra a fraqueza dela. Sexo sensorial, preliminares coquetes. Ela encoraja os truques e toques mais libidinosos dele.

Homem de Gêmeos / Mulher de Capricórnio

Capricórnio é uma conquista para Gêmeos. Para ela, ele é um prazer culposo em sua existência austera. Mas compartilham interesses nas atualidades: moda, notícias, cultura. Na cama, ela assume o controle, e ele não se queixa.

Homem de Gêmeos / Mulher de Aquário

A única preocupação deles é agradar um ao outro. Ela é para ele a trepada ideal; ela adora o papel de amante e mentora. O espírito de liberdade cria uma consciência social e política combinada. O sexo é robusto e licencioso.

Homem de Gêmeos / Mulher de Peixes

Em comum a sensibilidade refinada e cosmopolita, o mundanismo que permite viver em grande estilo, além do *status quo.* A abordagem agressiva à profissão significa que quase sempre são bem-sucedidos. Na cama, ela reina.

Gay

Homem de Gêmeos / Homem de Áries

O efeito de um sobre o outro é visceral — o começo de uma transformação total. Com Áries dominante, Gêmeos expressa seu lado submisso. Rica em lances dramáticos, a vida ganha realce. Sexualmente, cada um é a metade do outro.

Homem de Gêmeos / Homem de Touro

O interesse de Gêmeos é, sobretudo, sexual; Touro sente grande atração emocional. Se tudo funciona, a vida é livre e fácil. No sexo, eles combinam: Gêmeos banca o escravo do robusto senhor taurino, mas os papéis também se invertem.

Homem de Gêmeos / Homem de Gêmeos

O duplo vínculo dos Gêmeos lembra romances de garotos — como o amor de dois ingênuos colegas de acampamento. Tudo neles é estilo e tendência. A dupla se destaca pela efervescência juvenil, que os demais consideram atraente.

Homem de Gêmeos / Homem de Câncer

Câncer tem uma rara percepção do caráter do geminiano; o verniz reluzente não o assusta. Juntos encontram um centro emocional. Com o tempo, o cuidado recíproco se transforma em razão de ser. O sexo é dramático, passional.

Homem de Gêmeos / Homem de Leão

Os dois vêem grande possibilidade nesse vínculo. Quase sempre há um pouco de exploração. O Leão está encantado com o geminiano solerte, que parece isento de deficiências. Na cama, o homem de Gêmeos sonha com sessões mais ousadas.

Homem de Gêmeos / Homem de Virgem

Eles se eletrizam pela mútua companhia. Literalmente, as festas são passatempo favorito. Ambos costumam se enfurecer, os gênios explodem. Às vezes as brigas parecem perigosas. Separações freqüentes. Na cama, são impetuosos.

Homem de Gêmeos / Homem de Libra

Esses garotos deviam concordar em discordar. Mas há uma forte atração: parece ir para a cama com o melhor amigo. Discussões acaloradas levam à ardente reconciliação sexual. Para ambos a azaração devia ser divertida, brincalhona.

Homem de Gêmeos / Homem de Escorpião

Escorpião é subversivo; Gêmeos é a criatura feliz e brilhante que existe na pista interna da vida. Por vezes, é só um lance sexual: Gêmeos alimenta fantasias de prostituição e o severo Escorpião anseia por escravizar.

Homem de Gêmeos / Homem de Sagitário

A volatilidade é a senha deles. A natureza temperamental de Gêmeos não conhece limites; o Centauro é um sujeito ferozmente volúvel. Um dos dois pode não querer compromisso. Ao menos por algumas noites o par é incomparável.

Homem de Gêmeos / Homem de Capricórnio

O lucro financeiro pode inspirar a união da dupla. Não é de se admirar que as tensões aumentem, se os recursos diminuem. Provocação mútua é forma de brincadeira — eles chamam de sarcasmo. O sexo é "sujo", quanto mais estranho, melhor.

Homem de Gêmeos / Homem de Aquário

Fantasia geminiana de ser devorado por um homem grande e mal — Aquário é o signo "supremo" do zodíaco, por vezes assustador. Esta é uma viagem dinâmica e estimulante para dois rapazes intelectualmente bem dotados.

Homem de Gêmeos / Homem de Peixes

Gêmeos é o "irmão caçula" do mentor pisciano. O estranho homem de Peixes abusará da influência, reduzindo a criado o ingênuo geminiano. O sexo é magistral, obra de arte erótica, além de chance para a dominação de Peixes.

A mulher de Gêmeos

a dádiva

A mulher de gêmeos equilibra-se na corda bamba entre a vulnerabilidade inata e a necessidade agressiva de afirmar suas próprias prioridades, tanto na vida profissional quanto na pessoal. Ela está agudamente consciente de seus encantos femininos, usando-os para máximo proveito, por vezes bancando a tímida ou precoce para desarmar as pessoas e conquistar o território necessário. Na verdade, nenhuma outra mulher provoca tanta celeuma; seja ao expressar seu espírito tipicamente desmesurado em impressionantes exibições de talento, ou ao virar a tradicional mesa nos golpes de estado característicos que costuma promover, ou ambas as coisas. A geminiana não é um personagem casual nem tampouco excessivamente cheio de consideração, e facilmente merece o título de criatura mais ousada do zodíaco — capaz de alcançar os maiores triunfos e também de causar os mais graves problemas. Ela coloca tudo, e um pouco mais, na conquista de qualquer objetivo, encarnando em cada iniciativa a atitude de quem não livra a cara de nada. A geminiana é icônica, quando não é ciclônica: na esteira de sua passagem ela deixa cada circunstância, e, de fato, cada indivíduo que encontra, irrevogavelmente alterado. Quando se trata de relacionamentos, ela se joga nas situações, motivada por impulsos alternados de dar vazão aos próprios desejos e de impor a dominação, deixando-se arrebatar pela curiosidade. Às vezes, flertará abertamente com o desastre. Por fim, a nativa se acalma e estabelece uma ligação compreensiva, na qual ela poderá oscilar com segurança entre suas duas personalidades distintas: a ninfeta desamparada e a ditadora implacável. Com outras mulheres, ela é ainda mais imperativa, sentindo atração por amantes dedicadas que irão, incondicionalmente, fazer, em público e em particular, o que ela pede.

Signo + mente

O signo de gêmeos é regido pelo planeta Mercúrio, o qual, como o deus mensageiro das encruzilhadas (o grego Hermes) em cuja homenagem foi batizado, representa no zodíaco o Princípio da Consciência e os atributos da Terceira Casa: *comércio, comunhão* e *comunicação*. As antigas tradições comparavam-no ao *logos*, ou palavra de deus, e assim ele veio a representar a "Inteligência pura" do universo. É adequado que gêmeos seja o primeiro signo aéreo (mental) do zodíaco, para o qual a faculdade cognitiva é primordial. Basta olhar para a nativa de gêmeos e ver claramente nela uma mulher cheia de maquinações operando em sua mente. Conforme sugere o criptograma de seu planeta, com minúsculas patas e antenas, a geminiana está o tempo todo procurando deixar alguém "com a pulga atrás da orelha". Enquanto o geminiano fica preso à própria necessidade de excitação e estimulação, a geminiana procura provocar nos demais esta excitação, quando não um completo frenesi. O símbolo de Gêmeos é representativo da estrita divisão entre duas expressões distintas da personalidade dela, que emergem na geminiana em diferentes épocas de sua vida, quando não no decurso de qualquer dia. Podemos dizer que o homem de Gêmeos é, simultaneamente, os dois lados de sua dualidade (e cada ponto intermediário), enquanto a mulher de Gêmeos se alterna entre um extremo e o outro de si mesma. Numa primeira apresentação, ela dá uma impressão bem definida — porém, adequadamente, trata-se apenas de metade da história. Na próxima vez que a encontrarmos, ela poderá ter sofrido uma mudança completa — não estar apenas ligeiramente alterada, mas o oposto em aparência. A geminiana molda suas personalidades separadas como uma forma de mecanismo de defesa. Ela é capaz de se sentar à mesa durante um jantar festivo e, literalmente, apresentar aos convivas da direita uma cara diferente da que apresenta aos de esquerda. Ela é forte como o couro ou frágil como a renda, dependendo da maneira como perceber as pessoas em torno e de como elas poderão ser usadas. Se o que lhe traz maior vantagem é bancar a mocinha ingênua e tímida, pois então que seja. Porém, se mais lhe convier bancar a bruxa mais detestável do planeta, ela conseguirá puxar, de dentro do chapéu pontudo, aquela atitude, antes que você possa dizer "minha lindinha". E embora vá lhe tomar uma vida inteira, a

PRINCÍPIO

O Princípio da Percepção. O signo de Gêmeos é agudamente consciente dos mecanismos mentais. Seu lema é "Eu penso", e a nativa é uma mestra dos jogos mentais, para sua própria diversão e também para colocar em movimento as rodas de seu sucesso. Ela se alterna conscientemente entre as tuas forças anteriores da agressividade (ariana) e da passividade (taurina), a vingadora e a vítima, para ludibriar os demais.

geminiana trabalhará no sentido de integrar esses lados alternados de sua personalidade bastante fronteiriça, por vezes no interesse de sua própria saúde mental. Pois essa nativa corre o risco de despersonalização, um quadro clínico caracterizado pela "distorção de como se sentem o próprio eu e o corpo", um resultado da cisão operada em seus típicos personagens separados, predisposição que por vezes emerge com plena força durante o começo da adolescência. Mas não há o que temer: ela transformará sua "reintegração" numa missão de vida, promovendo um aumento da integridade, no pleno sentido do termo.

Em termos bíblicos, o signo de Gêmeos está associado com a dualidade: a realidade percebida depois de morder a maçã arrancada da árvore do conhecimento do bem e do mal. O primeiro signo cardinal de fogo do zodíaco, Áries, é comparado à criação adâmica do Big Bang, enquanto o segundo signo fixo de terra, Touro, é associado com as delícias edênicas do jardim, que ofereceram o cenário perfeito para a tentação. O signo de Gêmeos, por conseguinte, se relaciona à ruminação da experiência, sendo a *percepção* mais um dos diversos traços associados à sua Terceira Casa astrológica. De fato, os geminianos de ambos os sexos são como Adão e Eva recém-conscientes de si mesmos e de seu *entorno imediato*, mais um elemento da Terceira Casa. A geminiana pode ser considerada a encarnação da Eva de duas caras — a tentadora encrenqueira, dublê de mulher conquistadora de poder, ou a vítima pessoal da queda, dublê de progenitora da humanidade. Estejam certos de que ela raramente é a inocente que está fingindo ser. Ainda garotinha, muitas vezes sente-se atraída por homens mais velhos, malandros, quando não escusos, pelos quais sente uma queda incontrolável, aparentemente buscando a inexorável corrupção. Às vezes, como Eva, abocanha mais do que é capaz de engolir comodamente. Enquanto isso, ela vai por aí atirando a maçã para homens inocentes a quem pode, por sua vez, seduzir e levar à ação. Nos negócios, é a mesma coisa: ela é quase sempre a agente consumada, que segura na palma da mão os clientes "premiados", para outros disputá-los entre si. Às vezes, ela mesma constitui a propriedade criativa, açulando os outros a lutarem por sua talentosa participação. Ela pode ser simultaneamente o catalisador e a pedra na engrenagem, o sonho que se realiza ou os piores pesadelos de alguém. Seja como for, ela encara a vida com uma atitude petulante e desafiadora.

Gêmeos é o único signo do zodíaco a combinar a qualidade mutável com o elemento aéreo, sendo masculinos, do ponto de vista zodiacal, os signos de ar e de fogo. Como mulher num signo masculino, e, portanto, em desalinho com a polaridade de gênero do signo, a geminiana não encarna a condição de mutável

☿

SÍMBOLO PLANETÁRIO

O criptograma de Mercúrio faz lembrar as fadas do folclore medieval, que podiam ser anjos amáveis ou insetos repelentes. Esses espíritos aéreos alteram a realidade, cochicham idéias nos ouvidos das pessoas e causam danos; acusações das quais as nativas são geralmente culpadas. As "Antenas" significam a emergência da mente humana de dentro da esfera divina: a geminiana pode, alternativamente, se alçar a grandes alturas ou se converter na proverbial mariposa a queimar-se na chama.

QUADRANTE DO SIGNO

Os quadrantes zodiacais correspondem aos planos metafísicos da existência: físico, emocional, mental e espiritual. O primeiro quadrante é o do eu e da percepção individual. Para a mulher de Gêmeos, a importância reside em sua capacidade de provocar mudanças em seu entorno mais próximo, seja ao administrar as preocupações imediatas de uma vida em família ou de uma carreira, ou ao promover um certo *ar* em torno dela que estabelece uma aura irresistível de atração por seus talentos ou idéias.

aéreo; ao contrário, ela projeta tal condição nos outros, a quem mantém na dúvida, quando não dá início a um turbilhão de desinformação, no processo. Além disso, mutável e aéreo significa uma mentalidade versátil, cambiante ou concretamente aleatória, pois ela denota o éter ou ethos mercuriano, um mundo de pura informação, inteligência e crenças. O homem de Gêmeos é, em si mesmo, uma prova ambulante e falante dessa atmosfera de excitação, envolvido numa constante permuta de idéias e de dinheiro, batalhando e barganhando seu caminho pela vida afora, negociando experiência com a piratice fanfarrona e escolada de Robin Hood ou Peter Pan. O mesmo não se pode afirmar da mulher de Gêmeos: o mundo no qual ela vive está cheio de gente que deve constantemente negociar com *ela*. A geminiana é tão imprevisível quanto um duende — afinal, é a filha astrológica de Mercúrio, deus dos truques e das mágicas. O talento específico da geminiana é deixar as pessoas perplexas, fazendo-as enxergá-la como uma coisa, só para se transformar em seguida numa outra. Se o homem de Gêmeos é Peter Pan, ela é a Fada Sininho do zodíaco, aquela gracinha com personalidade cintilante, porém enlouquecedora — toda doçura e luz quando apaixonada, mas uma praga para qualquer inimigo que se meta em seu caminho, principalmente alguma prosaica Wendy deste mundo, pela qual o objeto da paixão de Sininho possa jogá-la fora. Como as tentativas de crueldade da tilintante fadinha, as da geminiana também podem resultar puramente cômicas. Afora isso, pelo fato de ela ser uma sutil autora de diabruras, a tendência geral é com frequência acusá-la de culpada pelo caos. Aos outros só resta lidar com as confusões que ela cria. Isto é, afinal, o que procura esta perturbadora de mentes.

Exatamente como a humanidade inteira foi obrigada a lidar com os efeitos colaterais metafóricos das ações de Eva, assim também, cada um com que a geminiana entra em contato tem de alterar (mutabilidade) seus próprios pensamentos (ar) para acomodá-la. Na mitologia grega, a deusa Éris (Discórdia) não tendo sido convidada para uma certa noitada divina, vinga-se dos promotores da festa ao introduzir, sorrateira, uma maçã (que outra coisa seria?) no recinto, depois de escrever sobre ela "Para a deusa mais bela entre vocês", ou alguma afirmativa tão provocativa quanto esta. Em resumo: Atena, Hera e Afrodite, cada uma das três achou que a maçã era para ela. Então foram em busca desse pastor lindinho de Tróia, chamado Páris, e lhe pediram que decidisse. As deusas subornaram-no com presentes: Atena lhe ofereceu sabedoria, Hera prometeu riqueza e poder, e Afrodite prometeu a mulher mais linda do mundo, Helena (doravante, de Tróia), a quem ele escolheu, instigando uma guerra total (com certeza o objetivo final de Éris). Em termos de arquétipo, a geminiana é Éris, do mesmo modo como é a Eva da expulsão do paraíso. Além disso, ela é as três superdeusas (como signo mutável, Gêmeos procura negociar e, de fato, integrar todas as energias femininas que a antecedem nos dois signos anteriores, personificadas por Atena, Hera e Afrodite, mais exatamente). Mas a coisa não pára por aí: a nativa do signo é agudamente o protótipo vivo da própria e vitimizada Helena; embora ela igualmente personifique a vingativa irmã gêmea de Helena, Clitemnestra.

Como signo mutável, Gêmeos combina as energias dos dois signos que o precedem no zodíaco (todo terceiro signo do zodíaco é mutável e opera assim, arredondando cada um dos quadrantes astrológicos). Neste caso, Gêmeos combina a força agressiva, objetiva, masculina de Áries com a energia convidativa, subjetiva, feminina de Touro. Áries é regido pelo planeta Marte, de nome retirado do deus da guerra; e Touro é regido por Vênus, a deusa do amor. O signo de Gêmeos combina essas forças dualísticas do amor e da guerra, personificadas no personagem de Helena, para a qual o amor de vários pretendentes pressagiou a guerra de Tróia. Helena significa "tocha", e cada herói grego estava ofuscado por ela, a chama metafórica pela qual toda mulher geminiana, como uma pequena mariposa, sente atração. Helena certamente flertava com o perigo e o supremo desastre, pois cada pretendente grego a pedir sua mão em casamento jurou protegê-la, independente de quem ganhasse como esposa esse sensual presentinho. O signo de Gêmeos está associado com a faixa etária 14-21 anos, época de fazer a corte e de ser cortejada, que se manifesta no nativo do signo como elaboradas manifestações de acasalamento ritual, semelhantes às da ave-do-paraíso. Pois bem, é hora de amarrar tudo isso num lindo pacotinho geminiano: a Helena arquetípica geminiana é uma colagem mutável dos protótipos femininos da ariana e da taurina, o supremo presente concedido a Páris, uma pequena bagagem que precisou ser negociada e disputada; ela também é parcialmente pássaro (sendo o vôo o símbolo da imortalidade, pois Zeus foi seu pai sob a forma de cisne), além de ser uma gêmea, com uma contrapartida feminina bastante conivente em sua irmã Clitemnestra, cujo nome por coincidência significa "divina corte".

Os gêmeos mitológicos que compõem o signo de Gêmeos são os irmãos Castor e Pólux, que também são quádruplos: Zeus queria dormir com a deusa Leda, que era casada com um rei mortal, e por isso assumiu a forma de um cisne. Nove meses depois, Leda botou dois ovos. Dentro de um estavam seus filhos mortais, Castor e Clitemnestra; no outro estavam as crianças divinas Pólux

♊

CRIPTOGRAMA DO SIGNO

O emblema geminiano representa a dualidade de toda experiência e a capacidade de negociar forças conflituosas a partir de uma perspectiva externa. Enquanto o homem de Gêmeos é simultaneamente os dois lados de sua natureza dual, a mulher de Gêmeos é, a qualquer momento, doce como o mel *ou* forte como o couro.

ELEMENTO + QUALIDADE

O elemento ar significa experiência mental e social; a qualidade mutável, um apelo à versatilidade e à mudança. No conjunto, a combinação mutável-ar, específica de Gêmeos, é mais bem ilustrada como a atmosfera que cerca todas e cada uma das circunstâncias. A geminiana busca efetuar situações, criar um certo ruído, quando não uma certa comoção, para promover suas necessidades e desejos.

e Helena. O fato de Castor nunca ser mencionado sem referência a Pólux, ao passo que dificilmente associamos Helena de Tróia com a rainha Clitemnestra, de trágica fama grega, é muito eloqüente, ao pensarmos nas respectivas naturezas do nativo e da nativa de Gêmeos. O mito de Castor e Pólux é a história da luta entre a mortalidade e a imortalidade, e também da necessidade de fazer uma barganha para que esses irmãos inseparáveis pudessem permanecer juntos — fatores que são espelhados no psiquismo do nativo de Gêmeos. No caso das gêmeas, o que fala da condição da nativa é a sua divisão em relação uma à outra, e, de fato, suas naturezas diametralmente opostas: Helena é a passiva consumada, o rosto que lançou ao mar mil navios, enquanto Clitemnestra é retratada como uma violenta conspiradora e assassina do marido Agamênon, cujo próprio irmão, Menelau, é o noivo de Helena que esta abandonou quando fugiu da Grécia com o garotão Páris. Tomadas em conjunto, elas apresentam a personalidade feminina geminiana, perfeita amálgama do passivo e do agressivo: nas gêmeas do zodíaco, representadas por Helena e Clitemnestra, vemos ainda outro exemplo de forças mutáveis combinadas de realidades subjetivas e objetivas.

O signo de Gêmeos, associado ao da faixa etária 14-21 anos, é caracterizado pelo estágio na vida de uma garota no qual ela está na gangorra hormonal, entre a dualidade alternante da infância e da fase adulta emergente. Falando em termos metafóricos, a garota de Gêmeos está num perpétuo estado (leia-se furor) de adolescente, até uma idade bem avançada (Alô, Joan Collins! Até breve, Liz Hurley!). Ela é uma mulher angustiada, trancada no estado de percepção recém-desperta, como se cada circunstância tivesse importância nova e, portanto, momentosa. Ela está agudamente consciente da experiência, no entanto jamais admitirá prontamente que é "experimentada", sobretudo no que diz respeito a sexo. A mais adequada representação literária do estilo de feminilidade da geminiana é a personagem Lolita, a provocante adolescente de Vladimir Nabokov. E aqui vemos uma personagem bem enquadrada na faixa etária associada com o signo, pairando à beira da maturidade, a proverbial encruzilhada humana do desenvolvimento da infância à fase adulta. Lolita é muito sexual, mas ainda bastante criança para fingir ingenuidade. Isto é a mulher de Gêmeos, brincando para sempre com aquela encruzilhada mercuriana, trilhando uma perpétua linha entre a vulnerabilidade e a perpetração. Sendo assim, ela obriga os outros a determinarem o ponto crucial de sua individualidade. Em outras palavras, a descobrir o "fator decisivo" na personalidade dela, o que não é fácil: como Helena e Clitemnestra, a nativa de Gêmeos representa triunfo e problemas, e qualquer associação com ela está impregnada desta ironia. Associar-se a ela é como seqüestrar um assassino: é preciso sempre negociar as contradições quase diabólicas da geminiana. Considere mulheres famosas do signo como Judy Garland, Marilyn Monroe, Isadora Duncan, Josephine Baker, Elizabeth Hurley, Kathleen Turner, La Toya Jackson, Angelina Jolie, Anne Heche, Stevie Nicks, Joan Collins, Wallis Simpson, Michelle Phillips, só para mencionar algumas das mulheres de Gêmeos conhecidas por serem tão potencialmente destrutivas (para si mesmas, outrossim, para os demais) quanto são criativamente dotadas. Nos negócios, a geminiana é um rolo compressor disfarçado de mulher. No amor ela *é* Lolita, um diminutivo bonitinho do nome Dolores, que significa "dores" — uma pretensa inocente que reduzirá a farrapos a alma da gente, só com um olhar —, um provocante duende lambendo o proverbial pirulito, levando um homem a se perguntar o tempo todo se ela estará olhando para a braguilha dele. Ela divide as pessoas, principalmente os homens, em dois: o personagem dualístico que deseja Lolita é adequadamente batizado Humbert Humbert. Ao fazer inadvertidamente o que ela pede, ele é em parte lascivo, em parte, lacaio. A nativa de Gêmeos possui aquele mesmo poder de manipulação, um talento que ela começa a afiar na mesma idade de Lolita (ou seja, quando os leitores encontram pela primeira vez essa coquete criança). De fato, a geminiana adolescente pode se transformar no pesadelo vivo de seus pais, cujas reações infelizes à filha movimentaram pela primeira vez as rodas da polarização de personalidade da geminiana.

Como o garoto de Gêmeos, a garota geminiana é criada numa família cujo pai reina absoluto, embora praticamente não participe. De fato, a geminiana não tem muita presença paterna. A mãe, com freqüência, ocupa-se de sua própria vida, envolve-se em algum negócio ou estudo, caso não esteja lutando com problemas emocionais. Não há muitos rituais familiares, e a geminiana é abandonada em parte aos próprios recursos, fator que, em vez de fomentar independência, faz com que ela se sinta ignorada. Como nativa de um signo masculino, a geminiana está naturalmente alinhada com as ideologias e sentimentos do pai, embora também entre em conflito com ele. Freqüentemente desaparecido em combate, ele é um personagem reservado que se compraz na atividade secreta — muitos pais de geminianas estão escondendo uma dependência orgânica ou uma questão de sexualidade. Com a mãe, uma relação de irmãs é engendrada, por intermédio da qual surge um vínculo emocional forte que envolve muita agressão mútua. No espírito da inversão de papéis, a geminiana sente-se no papel paterno, quando não um pouco penalizada ante a

POLARIDADE

As mulheres de signos masculinos (fogo, ar) não estão alinhadas com a polaridade de gênero de seus signos, e assim representam, em vez de encarnar, a combinação qualidade-elemento do signo. Enquanto o nativo de Gêmeos é o mutante mercuriano de qualidade mutável e elemento ar, preso em suas idéias e pressões rápidas como fogo, batalhando e negociando seu caminho pela vida afora, a nativa de Gêmeos, em vez disso, planta idéias. Uma invisível marqueteira pessoal, ela engendra planos que promovem *a si mesma* como mercadoria.

3

NÚMERO DO SIGNO

O número da existência — passado, presente e futuro — e a dimensionalidade da realidade — comprimento, largura e profundidade. O número também significa o advento da prole, correspondendo à associação geminiana com os irmãos. É, portanto, o número da procriatividade e da renovação da vida. Triângulos e círculos baseiam-se neste numeral.

situação da mãe. Além de tudo, a Terceira Casa rege *irmãos e irmãs*, regência que se transforma num dado importante, quando não um espinho no pé, na vida da menina de Gêmeos. Ela jamais acusa os pais pela falta de amor. Em vez disso, aponta para os irmãos, aos quais acusa de terem tornado sua vida menos que idílica. A nativa de Gêmeos é um desses raros pássaros que podiam facilmente empurrar os irmãos para fora do ninho. Ela quer ter cada fragmento da atenção dos pais, e quando não consegue, sai por aí agredindo — o supra-sumo da adolescente difícil, a geminiana pode ter um ataque de mau gênio que dure alguns anos, sendo tão impertinente com os outros estudantes quanto é insuportável com as outras crianças da família. Mas todo esse fel não passa de uma máscara para ocultar feridas profundas.

Embora a geminiana adote o *modus operandi* insidioso do pai, sua emergente vida extrafamiliar normalmente envolve atividades que aquele iria considerar inaceitáveis, sobretudo no que se refere a relacionamentos com garotos. A sexualidade da geminiana se desenvolve cedo, e ela é atraída por homens mais velhos do tipo mau-caráter ou marginal. De fato, num aceno para o arquétipo geminiano do elfo aéreo, ela pode, qual Mercúrio orbitando mais perto do Sol que os outros planetas, ser atraída para situações incendiárias, aquela mariposa junto à chama. Assim, com muita freqüência ela acaba queimada. Sua associação de signo com a percepção visceral se manifesta como uma insaciável curiosidade, a ponto de se sentir intrigada com o proverbial avesso da vida. Ela pode começar relacionamentos sexuais com personagens que seu pai acharia intragáveis — papai é quase sempre parcial, quando não diretamente puritano, uma projeção da própria repressão dele. Dessa forma, também, a geminiana emerge como duas pessoas: a filha sempre devotada, e a ingênua descarada e sexualmente experiente. Infelizmente, as próprias necessidades dela com freqüência são ignoradas, num esforço de satisfazer as expectativas que imagina estejam sendo projetadas sobre si. À medida que amadurece, a geminiana transforma-se numa espécie de cuidadora da mãe, no sentido de *pensar* em lugar dela, afetuosamente mandando em sua vida, de uma forma semelhante à que, segundo testemunhou, o pai tirânico fez no passado. Em termos emocionais, e, de fato, sexuais, a geminiana tende a se fechar ou, no lado oposto do espectro, a agir de formas que só podem ser consideradas um grito de socorro. Em muitos casos, causar "problemas" é sua forma de revide contra o mundo, por se sentir roubada da ternura. Parecendo provocativa e agindo de acordo, a Lolita geminiana solicita atenção sexual, na esperança subconsciente de preencher o vazio emocional deixado pela falta de afeição do pai.

Corpo + Alma

Uma lista de famosas mulheres de Gêmeos inclui algumas molecas lindas como as mencionadas Monroe, Collins, Garland, Hurley etc., e também os exemplares menos polêmicos dessas meninas atrevidas como Kylie Minogue, Helena Bonham Carter, Natalie Portman, Courteney Cox, Isabella Rosselini, Jeanne Tripplehorn, Rosalind Russell, Paulette Goddard, Laurie Anderson, Annette Bening, Grace Mirabella, Gena Rowlands, Adrienne Barbeau e Brooke Shields (que emergiu como a resposta do mundo publicitário a Lolita). De fato, a geminiana é com freqüência o rosto que lança mil produtos — algo ligado à específica modalidade geminiana de beleza sobrenatural excita o público em geral. A representação geminiana, via Mercúrio, do princípio astrológico do comércio torna-se clara aqui: ela é comprada e vendida como produto comercial com freqüência maior que qualquer outra mulher do zodíaco. Pense em Helena de Tróia, Marilyn Monroe, Judy Garland — mercadorias divinamente dotadas que os homens disputaram e sobre as quais capitalizaram. Embora de signo aéreo, ela é tudo menos etérea; ao contrário, parece um duende acessível, jovem e saudável, mas mostrando nos olhos um típico brilho indicativo de que pode causar muito estrago.

Ela é o autêntico moleque de rua. Na infância comporta-se como um menino levado, e parece um pivete, como convém a seu homônimo planetário Mercúrio, o rei das ruas. Na adolescência, na faixa etária associada a seu signo, ela é provocante — sexualmente focalizada nos homens, em meio ao mar de inocentes arredias e puritanas constrangidas, ela é muitas vezes considerada uma colegial esperta e sexuada, de maria-chiquinha e cigarro na boca, estourando os botões da blusa, e consciente do poder que se esconde sob sua saia pregueada. Com as outras mulheres ela é implicante e desafiadora, tão pronta a trair as amigas quanto a trocar com elas roupas e mexericos. Nativa do principal signo aéreo, a geminiana desenvolve-se mentalmente antes dos demais, o que a transforma numa consumada chefe de quadrilha. Entretanto, as insinuações que costuma fazer deixam invariavelmente de ser entendidas pelas colegas, o que provoca de sua parte frustrados revirar de olhos e a procura de um grupo mais velho e mais "esperto". Todas essas qualidades ainda estão em evidência na geminiana adulta, cuja linguagem corporal de moleca e aparência simples e informal contribuem para tornar sua beleza, e, de fato, sua sexualidade, ainda mais genuínas.

A nativa de Gêmeos é um passarinho valente, um pingo de gente que concentra um enorme poder de fogo. Como um pardal no ataque, a geminiana

14-21

ASSOCIAÇÃO DA FAIXA ETÁRIA

A faixa etária do despertar sexual feminino. É o período em que a maioria das moças perde a virgindade e descobre o poder de sua própria natureza erótica. É uma época de curiosidade, exploração e incentivo — um desejo consciente de atrair parceiros sexuais. Pela vida inteira a geminiana personifica essa faixa de idade inquisitiva e experimental.

PSICOLOGIA

De natureza dual, a geminiana é por vezes passivo-agressiva e pode sofrer de distúrbios de personalidade, ou mesmo de depressão maníaca. Sua necessidade de atenção pode levá-la a usar o sexo ou a perturbação da ordem para chamar a atenção. Propensa à exaustão nervosa, ela poderá ter nos estimulantes sua droga preferencial.

esconde na aparência suave e discreta sua capacidade para súbitas explosões de belicosidade. E como um passarinho minúsculo, essa nativa não consegue parar nem um segundo — fica impaciente e inquieta, sentando-se e levantando-se, correndo de um lado para outro, fazendo uma porção de tarefas ao mesmo tempo, enquanto cuida de não perder nem um pedacinho da conversa. Aquele sistema nervoso regido por Mercúrio está sempre sobrecarregado, até que ela entre em colapso total, esgotada. Muitas geminianas sofrem de exaustão durante boa parte do tempo. É por isso que a forma mais essencial de melhorar seu bem-estar físico é aprender a conservar a energia e dosar o ritmo próprio. É como se o corpo tivesse dificuldade em corresponder ao ritmo acelerado da mente, rápida como fogo, que pula de um assunto para outro — dá para detectar isto em sua voz, que é aspirada e muitas vezes se quebra, sintoma de que não está respirando profundamente, não está usando o diafragma para falar. A mente a empurra ora numa direção, ora na outra. Falem-me de déficit de atenção: a garota tem muita dificuldade em se concentrar no que lhe dizem, pois toda palavra da boca alheia imediatamente lhe recorda os milhões de coisas que esqueceu de dizer a você ou a alguém, ou pretendia dizer, ou precisa dizer, ou planeja dizer, ou — ufa! Aqui vai uma advertência para as geminianas: façam meditação. De todos os personagens do zodíaco, a acelerada nativa de Gêmeos seria a mais beneficiada com essas práticas, programadas para silenciar e acalmar a mente, ao mesmo tempo em que ajuda a praticante a conservar energia que caso contrário só será liberada aos trancos. Naturalmente, a geminiana nem sempre está consciente das origens metafísicas de seu nervosismo inato. Ela costuma ser a pessoa menos propensa à auto-análise do panteão astrológico (e, ironicamente, a que mais poderia se beneficiar de uma saudável dose de introspecção). A nativa não percebe que é duas pessoas diferentes, sobretudo porque a qualquer momento ela é uma só — o que pode deixar extremamente confuso quem entra em contato com ela. Como se fosse lançado de repente dentro de uma reprise do *Patty Duke Show*, o interlocutor pode conhecer uma pessoa de conversa inteligente e cativante, para numa ocasião futura se deparar com uma idiota petulante e turbulenta. Ela seria o perfeito camaleão, se pudesse ter um controle consistente do momento e da forma de ir e vir de suas personalidades mutáveis, pois a geminiana parece incapaz de evitar que seu humor oscile, vivenciando momentos de maníaco entusiasmo pela vida que são sucedidos, ainda assim, por depressões profundas.

Entretanto, apesar de seu vacilante estado psicológico, ela tende a atrair a atenção de todos os olhos do recinto. Ela é simplesmente cativante, uma mistura irresistível de beleza infantil e exuberância expressiva. Ela pode se "ligar", num ambiente social, ajustando o rosto, por vezes redondo qual uma moeda, e tipicamente radiante, os olhos com um brilho aceso, o cabelo curto arrumado ao redor como uma moldura — mesmo quando usa um penteado longo, ela pode optar por mechas laterais, como recurso de realce. Em geral, ela tem faces de maçã, tornadas ainda mais pronunciadas pelos olhos, que são fundos e oblíquos, e um queixo delicado, embora bastante forte. O nariz salva o rosto de ter uma aparência demasiado bonitinha, sendo reto e pronunciado, quando não ligeiramente adunco. Igualmente, as orelhas podem ser um pouco exageradas e bastante pontudas, como as de um duende. Os lábios são geralmente exuberantes e parecem cobertos de brilho, sem a menor aplicação de cosméticos; os dentes de pérola são perfeitos. Curto e delicado ao extremo, o pescoço da geminiana pode chegar a causar problemas e ela talvez precise fortalecê-lo por meio de exercícios específicos. Os ombros e a coluna cervical são igualmente frágeis, apesar da postura agressiva e forte que a nativa tende a manter. Para ela, a postura é por vezes um problema, e malgrado o fato de em geral ser do tipo *mignon*, ela talvez se comporte como uma pessoa muito alta, afundando os ombros e o peito como se tentasse parecer mais baixa do que é — sem ser alta. Essa atitude contraída é mais um sintoma da inquietação emocional, que provoca um afundamento em torno da cavidade torácica. A melhor descrição do corpo seria rechonchudo; embora quase sempre delgado, em função do metabolismo acelerado, ainda assim é naturalmente torneado e flexível. Em geral bem dotada de busto, a nativa tem cintura fina, e quadris, nádegas e coxas voluptuosas. A parte inferior do corpo da geminiana é muito mais robusta que seu tórax delicadamente estruturado, e ela talvez se queixe de ter coxas pesadas e o traseiro gordo demais. E ainda, as panturrilhas e tornozelos são delicados como os de um passarinho; os pés e as mãos são bastante pequenos e infantis, característica que compartilha com os irmãos de signo. De modo geral, a maneira como se conduz dá a impressão de que é robusta, e até um pouco atarracada, quando na verdade seu físico é delicado. Ultra-sensíveis, os mamilos são uma grande fonte de prazer, como demonstra sua forma de brincar com eles freqüente e demoradamente durante o ato sexual. As partes inferiores podem ser muito estreitas, e também rasas, o que fará um homem não especialmente dotado sentir-se mais gigantesco que de hábito em termos sexuais. A pele é bastante macia e elástica — basta um pequeno golpe para causar um hematoma. E apesar de seu jeito de elfo, ela pode ser bastante desastrada, e estar sempre se machucando nas quinas dos armários da cozinha, em sua característica

ARQUÉTIPO + MITO

O signo de Gêmeos personifica a semideusa, meio divina, meio mortal, como os espíritos ou fadas. Os gêmeos Castor e Pólux têm duas irmãs gêmeas, Helena e Clitemnestra, que significa "corte divina". Éris, a deusa da discórdia (o signo de Gêmeos em sua feição encrenqueira), causa um conflito ao introduzir uma maçã numa festa para a qual não foi convidada. Na maçã estava escrito: "para a mais linda dentre vós". Atena, Hera e Afrodite precipitam-se para a fruta. Durante o julgamento de Páris, as divas subornam-no com sabedoria, poder e o amor da mulher mais bonita do mundo (Helena). A própria geminiana, em várias ocasiões, simula oferecer qualquer combinação desses dotes.

afobação, ou dando com a cara na porta esquecida entreaberta quando ela saiu correndo para fazer algo totalmente diferente. Mesmo quando vestida em roupas elegantes, ela ainda conserva um jeito de colegial. Apesar de toda a beleza que Deus lhe deu, persiste na geminiana uma qualidade crua e agradavelmente pouco refinada — e ela tem um ar excessivamente moleque para conseguir parecer de todo imponente ou glamourosa; nem Marilyn Monroe, apesar de sua fase áurea de ídolo do cinema, jamais foi considerada verdadeiramente elegante ou sofisticada. Ao contrário, seu grande atrativo era uma esfuziante precocidade. De fato, a nativa de Gêmeos é uma persona sexual precária, uma eterna Lolita balançando-se para sempre entre a curiosidade erótica e o total abandono carnal.

BÍBLIA + LITERATURA

O arquétipo geminiano na literatura inspira-se na associação do signo com a Queda bíblica e a apresentação do fruto proibido. A geminiana é mestra em manipulação, tão provocativa quanto Eva oferecendo a maçã. A Julieta, de Shakespeare, personifica o amor na encruzilhada geminiana. A Lolita, de Nabokov, é a maçã tentadora diante dos olhos lascivos do padrasto; ela envia mensagens contraditórias a Humbert Humbert, cujo nome sinaliza a mesma dualidade que a nativa de Gêmeos incita nos homens: amor paterno e tesão inalterado. A Fada Sininho, de Peter Pan, é o espírito aéreo de duas caras, que é amorosa em relação a ele e vingativa em relação a todos os demais, principalmente às Wendys da vida.

Sexo + Sexualidade

Seja inspirada pela Eva da expulsão, por Helena ou por Éris, a mulher de Gêmeos é metaforicamente dotada de um caráter polêmico. O nome de Helena se traduz por "tocha", e também carrega os termos sinônimos de facho, diabrete, cabeça de motim, desmancha-prazeres ou provocador, todos eles aplicáveis à pequena Fada Sininho da astrologia. Mas a nativa do signo não está consciente desse peso arquetípico, pelo menos não de todo. Como a filha zodiacal de Mercúrio, está perpetuamente alojada no domínio da encruzilhada dele. A controvérsia (literalmente, "direções alternadas") é seu direito de nascença. A frase "ela não toma jeito" deve ter sido criada especialmente para a geminiana. E sobretudo no que se refere ao amor, nossa nativa deu azar. De fato, ela é extrema e definitivamente deficiente em questões sentimentais; no entanto, sua experiência do amor é ao mesmo tempo algo com que muitos de nós só conseguimos sonhar.

A geminiana invade a arena sexual, mastigando aquela maçã, sua mente recém-desperta para os milhares de estímulos que eletrizam seu sistema nervoso regido pelo signo. E assim como comer o fruto da árvore do conhecimento deu origem à compreensão do mundo como um sistema de pares opositivos (motivo que levou o primeiro casal a correr frenético em busca de folhas de parreira), a geminiana está perpetuamente ansiosa para "brincar de médico", com sua afamada curiosidade a guiá-la no íntimo. E não é só: parece que uma parte do ato de comer o fruto proibido é sentir atração por um homem que seja extremamente oposto a ela, causando controvérsia, acima de tudo, no âmbito doméstico e sobretudo aos olhos do pai. Ela talvez sinta atração por alguém considerado velho demais, esperto demais, casado demais; ela pode conceber uma paixão mortal por um total baderneiro; um rapaz do outro lado da barreira racial; alguém da classe social "incorreta", ou até mesmo "correta demais", pois a geminiana ocupa, em geral, uma posição social inferior. Afinal, ela é filha de Mercúrio, o deus urbano dos agitadores de multidões, que era a divindade principal dos plebeus romanos, da classe trabalhadora, para a qual os patrícios da classe dominante torciam o nariz. A nativa de Gêmeos, independentemente de ter nascido em berço de ouro, costuma adotar uma sensibilidade de moça do povo da área urbana, a proverbial vizinhança que está sob a regência de Mercúrio. Nos tempos medievais, o deus era patrono da Terceira Casa zodiacal das *guildas* e dos *mercadores*, termo derivado de seu nome. Helena era uma mercadoria preciosíssima, e seu casamento uma questão comercial, como tem sido o de todas as mulheres através da história até a era moderna.

Assim também, na linhagem bíblica, a Queda, provocada pelas ações de Eva, trouxe a necessidade de viver dos próprios expedientes, os quais, para estender a analogia, foram comprados por um alto preço: a Eva antediluviana da expulsão e sua descendência precisaram sobreviver com o suor do próprio rosto, em meio às rixas familiares — Caim e Abel tiveram consabidamente irmãs gêmeas, sendo inevitável a suspeita de incesto. E antes que possamos dizer "Angelina Jolie" vemos, no Gênesis, a emergência do lado oportunista da natureza humana, pródiga que é em engodo, fraude e ladroagem mercurianas, importantes ingredientes da iminente tempestade da decadência humana de pós-Queda, que culminou no dilúvio purificador, representado pelo signo seguinte, o de Câncer, adequadamente o signo cardinal de água do zodíaco. Enquanto isso, a experiência metafórica desses atributos mundanos da Terceira Casa está concentrada em nosso lindo pássaro geminiano, transformando-a na moleca porfiada e terna que ela é. Em resumo, sua vida amorosa é totalmente *West Side Story*, de tão caracterizada pela divisão social. O elemento ar significa experiência mental e também social. De modo que, assim como a nativa de Gêmeos está sujeita à divisão em sua relação racional com as realidades amiúde ásperas da vida, em geral também precisa lidar com alguma forma de encruzilhada cultural.

Se você acha que a menção de *West Side Story* foi uma referência panfletária, tem mais: quando se trata do advento do amor, a peça *Romeu e Julieta*, de Shakespeare, base do mencionado musical, é uma exploração da experiência geminiana, de ponta a ponta. A peça trata do mundo mutável-aéreo dos

CASA ASTROLÓGICA

amizade
compreensão
maturação da mente
vizinhança
trâmites
mercadores
irmãos e irmãs
comunicação
transporte
viagens curtas
adaptabilidade
relacionamento
talentos assegurados
mente consciente
mente objetiva
educação primária
indivíduo e ambiente local
parentes
conhecidos
comunicação de idéias
discussões informais
aparato mental
conexão mental
periódicos e jornais
telefonemas e cartas
conversação
bate-papo
gestos/sinais
televisão/rádio
lógica
raciocínio sensato
dar e receber
comprar e vender
negócios
estrutura do pensamento
assimilação de informação
pensamento prático
tempestade de idéias
estado mental
destreza mecânica
administração de recursos

PALAVRAS-CHAVE

capricho
curiosidade
intimidade
atividade
ocupação
instigação
ceticismo
intercurso
separação
descoberta
logro
alegria
intriga
ingenuidade
volatilidade
excitação
escrutínio
imaginação
comodidade
comportamento
manipulação
discórdia
agitação
precocidade
divulgação
divisão
contradição
complexidade
azaração
faculdade
finura
execução
realização
interferência
percepção
gratificação
emoção
administração
amizade
efeito
atrito
antítese

distúrbios sociais, ambientada numa paisagem urbana. Todo e qualquer tema concebível da Terceira Casa regida por Mercúrio foi colocado na mistura — uma disputa entre *famílias* e entre duas casas *mercantis* é o pano de fundo para Romeu e Julieta (esta, beirando o décimo quarto ano de vida), que se precipitam num amor desafortunado. Até a peça, em si, já é uma releitura do mito de Helena, ou melhor, uma desleitura do mesmo, afinal, Shakespeare colocou Julieta como prometida de Páris, transformando-o agora no Menelau que a amada moça joga fora em favor do fruto proibido de Romeu. Este também descreve Julieta em termos helenescos, dizendo que ela "ensina as tochas a brilharem". Eles começam por confessar o amor um pelo outro no pomar de macieiras dos Capuleto, só para terminar em seu túmulo compartilhado, como Adão e Eva expulsos do jardim e finalmente roubados de sua imortalidade. O que Shakespeare chama o "amor marcado pela morte" deles é entendido pela geminiana, para quem é de praxe, como em todos os grandes romances, um elemento do repudiado. Em primeiro lugar, como Julieta, a geminiana é a prova viva do amor à primeira vista: tudo mais fica fora de foco quando ela avista um rapaz que a deixa sem seu fôlego regido pelo signo. A existência de tal fenômeno ainda é debatida por filósofos descrentes; mas, com certeza, nenhum deles é uma geminiana. A regência da Terceira Casa da experiência *imediata* não está relegada apenas ao entorno *conhecido*, de fato *familiar*, porém à regência de Mercúrio sobre o instantâneo.

Embora seja um signo mental de ar, Gêmeos não é racional. O signo corresponde ao cérebro reptiliano, que é o *bit* primitivo nos humanos, semelhante ao dos modernos répteis e seus primos voadores, os pássaros. Adequadamente, muitas preocupações geminianas estão armazenadas nessa parte do órgão, o qual rege os instintos antediluvianos de sobrevivência, como os de estocar alimentos e acasalar, além do comportamento ritualístico, inclusive a corte. Ele também controla as respostas automáticas como a respiração, além dos instintos contraditórios de luta e fuga, de medo e tesão, de amor e ódio, estes dois últimos compreendendo o conflituoso tema principal da peça de Shakespeare. De fato, o nome Julieta, diminutivo feminino de Júlio, vem do grego *oulos*, que significa "emplumado", outra referência aviária atribuída ao pássaro geminiano. O amor à primeira vista é então uma resposta automática que parece controlar a nativa de Gêmeos mais que qualquer outro signo; porém, pela mesma razão seu uso exclusivo é algo que ela deverá superar, aprendendo a empregar mais, melhor e deliberadamente o pensamento consciente. Como Julieta, e todas as suas figuras arquetípicas, a geminiana age com precipitação, sem pesar conseqüências. Embora ela não costume olhar para os dois lados na encruzilhada do amor, o que pode levá-la a ser atropelada, muita gente daria seus lobos frontais em troca da experiência plena do amor avassalador. Para a nativa de Gêmeos, lançar-se de cabeça dentro do abismo do amor é inevitável. E este ato, por bem ou por mal, só serve para fortalecê-la, com o passar do tempo.

Como a faixa etária de 14-21 anos associada ao signo retrata no indivíduo a mudança do pensamento dependente para o independente, assim também Julieta muda durante a peça, deixando de ser um personagem auxiliar e condicional para se tornar um personagem incondicional de pensamentos livres. Ela evolui do uso do cérebro reptiliano ou ritualístico associado com as respostas automáticas inerentes (o que, por direito, deveria sinalizar a repulsa aos Montecchio) para o emprego de seu próprio cérebro, como se fosse pela primeira vez, como a Eva independente do mundo condicional de Deus, no qual ele raciocina em nosso lugar. Na selva urbana, entretanto, é preciso desenvolver os próprios enredos sustentáveis de sobrevivência. Semelhante processo virá caracterizar a vida inteira dessa eterna mulher de 14-21 anos, no qual, pode-se dizer, sua Clitemnestra interior, a porção humana, racional, de fato calculista (quando não ironicamente insensível) da nativa substitui de forma sistemática o lado helenesco, instintivamente vulnerável e, portanto, potencialmente encrenqueiro. Enquanto isso não ocorre, a nativa costuma perder a cabeça toda vez que o amor aparece, ou assim parece a quem está intimamente associado com ela. Seu lema "eu penso" transforma-se, assim, numa pergunta quantitativa: eu penso muito ou eu penso pouco? Pobre geminiana azarada: ao contrário de sua contrapartida masculina, que pode recorrer aos atributos da Terceira Casa de *amigos* e *família imediata*, e obviamente não se farta desse nível de companhia, a nativa de Gêmeos pelo visto não consegue evitar que isso se transforme numa armadilha.

Como no caso de Julieta, Eva ou Helena, sobre ela pesam expectativas de que endosse uma visão do próprio futuro tipicamente desenhada e mantida pelos pais, que, entretanto, não conseguem, pelo menos na estimativa dela, atender plenamente suas necessidades imediatas. Ela poderá, de fato, procurar inconscientemente esses Romeus que com certeza irão despertar a ira das pessoas amadas. Seja qual for o caso, quando se trata de amor, seu processo decisório, ou a falta deste, tende a contrariar a família. Mesmo quando estão de acordo com a escolha, e a geminiana traz para casa o primeiro aluno da turma, a reação ao relacionamento pode ser a mesma que teria sido se ela tivesse trazido

REGÊNCIA DO CORPO

O signo de Gêmeos rege o sistema nervoso central, os pulmões e o sistema respiratório, os braços e mãos, o peito, os ombros e omoplatas — as asas. Mercúrio rege o cérebro, os órgãos sensoriais, os reflexos e a tireóide, que controla o metabolismo. O planeta também governa as mudanças físicas e o crescimento e desenvolvimento da inteligência.

um líder religioso e ex-presidiário de 45 anos, com tatuagem e com brincos nos mamilos, alcunhado "Paizão". A razão é simples: em geral a personalidade da garota muda tão subitamente, de seu costumeiro caráter autocrático, quando não tirânico, no ambiente doméstico — no qual, aliás, ela tem sido sempre aquela calculada Clitemnestra — para uma invertebrada de sorriso bobo, que todos que a conhecem como encrenqueira acham que a relação transformou-a numa total idiota. É muito natural que botem a culpa no sujeito, por ser o estímulo surgido recentemente. Seja qual for o caso, a colegial notoriamente combativa e inteligente parece fora de si com o advento do amor, e as pessoas próximas não conseguem deixar de se preocupar se o sentido de ego (pelo menos o que elas sempre conheceram) da geminiana não estaria em perigo. Para sermos justos, cabe assinalar que é ela quem se comporta como um capacho, e até mesmo um rapaz de nobres intenções terá dificuldades em não se transformar numa oportunista serpente no Paraíso. E o padrão se repete. Naturalmente, a reação de pânico é tentar impedir, ou até proibir, que a geminiana continue a se insinuar via relacionamentos. Mas todos sabemos o que, em termos psicológicos, isso produz. Como em *Fantastiks*, mais um musical baseado em Romeu e Julieta, os pais dos pretensos amantes evitam que os filhos adolescentes se encontrem, distorcendo o tema familiar, numa trama que os leva a se casar em desafio. Assim também, a maneira mais segura de uma geminiana incorrer num certo comportamento é lhe dizer que está desautorizada, proibida. A desafiadora deusa da discórdia se insurge dentro dela e o distúrbio social se instaura.

Rebeldia contra as normas é o jogo da geminiana, com aquela sua maçã. A verdade é que o interesse amoroso de um homem, principalmente nos anos de formação dela, equivale à atenção que sente ter faltado a vida toda, geralmente como resultado do interesse dos pais ter se concentrado em um ou mais dos outros filhos, mais brilhantes ou mais problemáticos. Se aprendemos algo com Éris é que o sentimento de menosprezo é a raiz de toda ação social discordante. Infelizmente, a personalidade desmiolada que a geminiana adota e apresenta diante do namorado muitas vezes a leva a se empolgar demais, e sua sofreguidão em ser amada, em agradar e ser agradada pode acabar assustando a caça. A circunspecção, sobretudo no que se refere a sexo, não é o forte das nativas. Sendo óbvias as implicações da rendição à serpente no jardim, o paraíso pessoal da geminiana é freqüentemente perdido num banco traseiro de carro — acarretando conseqüências típicas —, e o resultado da ação sexual descuidada costuma perseguir a geminiana sobre inúmeras formas. Há um perigo de mandar ao Romeu potencial a mensagem errada: a de que fazer amor

MULHERES FAMOSAS DE GÊMEOS

Ninfas precoces e divas em dose dupla

Michelle Phillips
Elizabeth Hurley
Kylie Minogue
Brooke Shields
Angelina Jolie
Gisele Bundchen
Helen Hunt
Ally Sheedy
Jewel
Juliette Lewis
Anne Heche
Lauryn Hill
Natalie Portman
Leelee Sobieski
Alanis Morisette
Mary-Kate Olsen
Ashley Olsen
Yasmine Bleeth
Adrienne Barbeau
Venus Williams
Annette Bening
Joan Collins
Judy Garland
Marilyn Monroe
Judy Holliday
Gena Rowlands
Colleen Dewhurst
Billie Whitelaw
Josephine Baker
Isabella Rosselini
Helena Bonham Carter
Julianna Margulies
Courtney Cox
Susan Strasberg
Jane Russell
Jeanette MacDonald
Carol Kane
Paulette Godard
Paula Abdul
Stevie Nicks
Laurie Anderson
Judith Malina

tão facilmente não é algo que ela faça só com ele. Ela precisa pensar na *central de fofocas*, e em sua própria *reputação* local, aspectos da Terceira Casa. Há os costumeiros comentários — "bem que eu te disse..." — por parte dos intrometidos *amigos*, *familiares*, e até *vizinhos*. Coitada da geminiana, que pelo jeito não consegue fazer coisa alguma sem afetar aqueles em sua vizinhança imediata, um poder, entretanto, que ela pode e irá dominar como sua arma astrológica especial para conquistar o mundo. Por bem ou por mal, na experiência dela não existe instância isolada. Apesar de toda a falta de previsão, ela se atormenta com a visão do fato consumado. Seu lema "Eu penso" agora se modifica para "Eu penso demais", pois a nativa passa a examinar, neuroticamente, cada conseqüência possível de suas ações. A culpa, principalmente, torna-se o efeito colateral de sua astúcia regida por Mercúrio. De repente, a maçã fica entalada em sua garganta.

O amor à primeira vista, para a Julieta do zodíaco, invariavelmente se transforma na variedade amor desprezado, em meio a um ciclone de variáveis. Como quase sempre ela é muito jovem, e se apaixona perdidamente por um sujeito também imaturo, tem poucas chances, fora da Verona do século XVI, de ser considerada adulta o suficiente para se casar. A família desaprova. Pode ser que circulem boatos sobre sua "apressada" natureza mercuriana. Sua mente se transforma num turbilhão em que entram todas as opiniões possíveis dos demais a seu respeito. Às vezes, bem de acordo com a natureza humana, a rejeição por parte de um namorado precipita a nativa na necessidade de validação. Ironicamente, ao adotar o que (segundo pensa!) são as projeções alheias, ela pode cair numa espécie de perdição sexual, procurando amor em todos os lugares errados. Surgem mais mexericos. Mais pensamentos neuróticos. De todas as mulheres, ela é mais facilmente vulnerável às serpentes mais velhas, que vêem nela uma oportunidade de afirmar uma agenda sexual. Surge mais necessidade de agradar; em busca de validação, a geminiana flerta com o desastre. As drogas podem aplacar a dor, silenciar pensamentos. Ela está enviando sinais de vulnerabilidade. Pode se transformar numa corrente frenética, com os pretendentes que haviam jurado proteger Helena quebrando a promessa feita. Existe um padrão paralelo: quando a nativa é criativamente bem dotada, ela muitas vezes tem talentos tão divinos que, qual sua capacidade amorosa, podem imortalizar. A preciosa mercadoria do zodíaco, então, é igualmente alvo de barganha e de exploração pelo mundo masculino, como uma analogia aproximada da dinâmica que sua vida amorosa pode adotar. Mais fofocas. Mais escárnio. Culpa. Desprezo por si própria. Ansiedade nervosa. A tempestade a se armar.

Wallace Simpson
Hedda Hopper
Rosalind Russell
Jessica Tandy
Sally Kellerman
Kathleen Turner
Jeanne Crain
Wynonna Judd
Leslie Uggams
Phylicia Rashad
Joan Rivers
Sandra Bernhard
Lindsay Wagner
Pam Grier
Peggy Lee
Nancy Sinatra
Patti LaBelle
Rosemary Clooney
Roseanne Cash
Gladys Knight
Melissa Etheridge
Lea Thompson
Sharon Gless
Olympia Dukakis
Katherine Graham
Grace Mirabella
Joyce Carol Oates
Marguerite Yourcenar
Jamaica Kincaid
Colleen McCullough
Pauline Kael
Elizabeth Bowen
Mary Cassatt
Agnes Varda
Martha Clarke
Isadora Duncan
Dorothea Lange
Harriet Beecher Stowe
Steffi Graf
Anne Frank
Anna Kournikova
Ruth Westheimer
Suzi Quatro
Collen Demhurst
Meredith MacRae
LaToya Jackson

O ciclone resultante: e como Dorothy Gale (seu sobrenome é, em si, um símbolo do ar em mutação), ela recolhe tudo o que é seu (o cachorro *Toto*, que significa "tudo") e deseja desaparecer, voar para longe, como aquele alegre pássaro azul. Mas antes que alguém possa dizer *Eva: retrato de uma adolescente em fuga*, percebemos que semelhante êxodo de proporções bíblicas ou televisivas é estritamente metafórico. A geminiana nunca chega à terra de Oz. Seu mundo é a experiência em preto-e-branco da dualidade do bem contra o mal, expressada pelo Kansas do âmbito das famílias; como iremos ver adiante, a mulher de Leão, baseada no arquétipo da caçadora, encarna a caçada em Technicolor ao longo de algum caminho dourado, coisa que para a geminiana continuará a ser um sonho.

A expulsão irá tomar a forma de exílio voluntário, durante o qual a nativa elabora uma espécie de queda pessoal nos abismos, uma disposição normal de sua herança astrológica — temendo que seu tudo, ou seja, *Toto*, seja engolido por aquela medonha ravina. Se ela ainda estiver vivendo na casa paterna — é capaz de chegar aos trinta anos antes de deixar a chocadeira —, poderá acabar atrás de uma porta fechada no final de um corredor, da qual escapam tristes canções sobre a dor e a solidão que sente. A tempestade lhe esmagou a mente. Embora seja capaz de ficar durante anos num casulo de segregação, revirando os olhos e sorrindo com desdém das pessoas amadas, ela acabará por mudar de identidade, de Julieta a Lolita, de Helena a Clitemnestra, de cão batido a borboleta, ainda delicada, porém, ao contrário do resto de nós, meros mortais, capaz de deixar que voem suas miríades de fascinações. O confinamento solitário, ainda que só do tipo metafórico, devolve a geminiana a seu bom senso, literalmente conectando sua cabeça alada de mercuriana aos nervos expostos, doravante pulsantes, sobre os quais ela vive. Não estamos sugerindo de forma alguma que ela vai sair do poço com uma nova personalidade espiritualmente desperta. Ela será as mesmas duas pessoas que sempre foi. Só que agora irá canalizálas à vontade, não causando alvoroço de forma inconsciente, mas sim deliberada. Portanto, se agora se apresentar algum insidioso Humbert Humbert, ela irá virar o jogo, deixando-o crer que está conseguindo o que quer, enquanto ela põe em prática sua própria plataforma. Lembrem-se de que Lolita tinha um Romeu secreto escondido em algum lugar, o tempo todo, enquanto ela chupava aquele pirulito e usava sua libidinosa figura paterna como veículo para estabelecer sua própria vida, na qual era ela quem mandava no barraco, uma companheira prestativa para um jovem marido aparentemente surgido do nada. A nativa de Gêmeos dirige-se ao mundo dos homens que antes estavam além de seu poder e faz a pergunta do musical: "Quem está zoando quem?" Ela captura o poder de sua vulnerabilidade, desmascarando os oportunistas que fazem negócios escusos, aqueles que fazem, inadvertidamente, o que ela quer, convencidos de ter agarrado uma presa fácil. Ela escancara aquela sexualidade de colegial bem no meio de suas negociações mais profissionais. De fato, não há nenhum setor da vida no qual a nativa não consiga desarmar o chamado patriarcado dominante, agarrando pelas bolas os participantes da velha rede de influências e lhes torcendo os duplos desígnios de Humbert Humbert, convertendo-o em seu patrono e parceiro, para máximo proveito dela, que por sua vez percebe que é capaz de realizar, sem a menor dificuldade, a mágica do ar mutável, levando outros a pensar o que ela quiser. Este é seu talento: fazer os outros pensarem que sua única tática de jogo é agradar aos demais. E a partir daí, a geminiana se vê muito solicitada; a própria associação com ela parece um favor concedido de mão aberta. E aí está o lance: quem consegue dizer não para alguém que está pedindo tão pouco?

Lançando mão de todos os recursos, fazendo-se de ingênua para levar vantagem em praticamente todas as atividades, ela terá encerrado esses jogos em sua vida pessoal. Naturalmente suscetível demais ao sofrimento psicológico, ela evita exposição à menor possibilidade de se machucar. Com sua capacidade de se ferir facilmente em situações que outros atravessariam incólumes, ela se afasta de todo homem com quem um possível vínculo romântico possa acarretar uma tempestade sentimental a que, convenhamos, seus nervos não conseguem resistir. O senso prático torna-se seu foco primário ao buscar uma relação. Atravessando a rua toda vez que algum homem insinuante vem andando em sua direção, ela começa a seguir aqueles que não representam uma ameaça imaginável. Homens jovens com os quais estabelece uma amizade colorida são as apostas seguras que ela procura, fazendo lentamente uma transição do relacionamento para incluir o romance. Antes que o sujeito suspeite que sua nova melhor amiga tem planos mais ambiciosos para ele, ela talvez já esteja escolhendo o aparelho de jantar. O que a mulher de Gêmeos mais deseja é ser estimulada mentalmente, encontrar um companheiro com interesses comuns, quando não perfis profissionais paralelos, por cujo intermédio, casando-se os recursos, as duas cabeças podem ser mais poderosas que uma. Da mesma forma como o homem de Gêmeos procura uma contrapartida feminina quase exata, que perpetue um estilo de vida semelhante à sua vida de família, a mulher de mesmo signo procura trocar seu conjunto de circunstâncias familiares por outro inteiramente novo. Tipicamente, isto orienta sua escolha de parceiros muito

LANCES ERÓTICOS
NATIVA HÉTERO

rapazes mais novos
homens com jeito de garoto
homens casados
sedução
bancar a ingênua
jogadores de basquete
africanos
latinos
sexo casual
exibicionismo
masturbação mútua
sexo em pé
penetração acelerada
dar uma rapidinha
professores mais velhos
masturbação durante ato sexual
brincar de médico/enfermeira
sexo por telefone/internet
pêlos no ventre
cavanhaque
sexo oral (ativo)
leve submissão e disciplina (passiva)
homens bissexuais
pornô bissexual
vibradores
pênis artificiais
cócegas
beliscões
provocação
brincar com os mamilos (passivo)
inversão de papéis
mulher com mulher

mais que gostaria de admitir até para si mesma. Ela deseja dar adeus a tudo que considera desajustado em seu passado, e como se tornará invariavelmente uma parte da família do companheiro — em muitos aspectos como uma irmã —, ela é exigente quanto ao tipo de família à qual se estará ligando por casamento. O que valoriza em especial é uma família em que os pais sejam influentes, em contraste com o que considera a força sufocante de sua própria família; nesta nova família o apoio emocional e até financeiro poderia ser acessível. Ela não estabelece uma simbiose com o companheiro; ao contrário, vê o casamento especialmente como duas pessoas arregaçando as mangas e trabalhando nas tarefas diárias que têm diante de si, numa parceria muito profissional. Quer o casal trabalhe junto ou não, ela assumirá o papel de olhos e ouvidos da central de informações da relação. Se você quiser falar com ele, precisará ir por intermédio dela. Dessa forma, ela determina que o companheiro não irá se distrair do projeto dele (leia-se: dela) e assim não terá desculpa para não aumentar a produtividade e o retorno financeiro de ambos. Mesmo quando trabalham em locais diferentes, ela sempre agirá como relações-públicas para ele, uma porta-voz programada para lançar uma rede mais abrangente, de forma que ele não precise perder tempo em tal esforço. Aliás, isto para ela é automático — a geminiana é mestra em marketing, facilitando os esforços de seu amado. Quando tiver filhos, será a mesma atitude com eles, muito para o amuado constrangimento da prole, que na melhor hipótese irá rotulá-la dominadora. Muitas vezes escolherá um companheiro de traquejo social questionável, que não lutará, mas calorosamente deixará que tome o comando. Ela não consegue ficar, e não ficará, numa relação duradoura com um homem que tenha o delírio de feitor de escravos. A nativa está astrologicamente predestinada a se sentir como um potencial passarinho na gaiola, que mesmo de ouro ainda lhe dará o desejo ardente de voar em liberdade. Mais que qualquer outro fator, este irá orientar sua escolha de parceiros. Por ironia, embora vá manter o homem com as rédeas bastante curtas, ela própria incluirá no contrato cláusulas que lhe permitam agitar com os amigos, ou em aventuras solitárias, nas quais possa usar sua persona mais fascinante de eterna coquete.

Em matéria de sexo, a geminiana tem o hábito de fingir ingenuidade. Mesmo em seus relacionamentos práticos e duradouros, o quarto de dormir é o lugar onde costuma fazer um pouco de teatro. Quando ainda está namorando, instiga muitos homens ao ser aquela moça de jeito tão inocente, quando se percebe que em outros pontos importantes não está igualmente condicionada. E mais: que o chamado analfabetismo sexual desarma qualquer homem que acredite (mesmo de brincadeira) que tal ignorância significa que ela não tem grande experiência com a qual compará-lo. Desse modo, ela isenta, instintivamente, um homem da obrigação de um desempenho espetacular, coisa que sabe (por experiência) ser um obstáculo para o tipo de trepada *light* que ela aprecia. E o principal é que remove de si qualquer peso: ela não pode ser pressionada a se envolver em atos que sejam muito elaborados ou invasivos, e assim alega isenção baseada na sua suposta condição de novata. Ela não gosta de figurativa ou literalmente ir muito fundo na experiência sexual, preferindo manter as atividades leves e superficiais. Além disso, quer que o comportamento tenha por foco o prazer dela. Em seu crédito, admita-se que o truque costuma funcionar de forma infalível, inspirando a natureza cavalheiresca do homem, garantindo que ele avance rapidamente, ensinando brincadeiras mais complexas. O que ela sonega em participação concreta, compensa em demonstrações de entusiasmo. Parte do jogo de bancar a ingênua é representar uma certa curiosidade ávida, uma pose de abertura ao ensino que motiva um homem a adotar uma atitude protetora, e por vezes até didática, em relação à educação sexual dela. Em certo sentido, todos os homens se transformam no professor aloprado de Nabokov, o mentor sexual de Lolita, Humbert Humbert, um nome que representa perfeitamente a duplicidade que a geminiana projeta num homem, de ser ao mesmo tempo o educador louvável e o libidinoso declarado. É impressionante o que ela consegue realizar com um simples olhar vazio (o tempo todo sabendo), deixando a cargo de um homem manuseá-la com cuidado. Ela pode ser abertamente vulnerável, mas vai com ele de muito boa vontade, raramente precisando armar escândalo, pois na mente do parceiro já está plantada a informação de que está lidando com uma preciosa carga, ao levar a geminiana numa viagem erótica. Ela brinca de ser protegida, procurando se meter debaixo da asa de seu homem.

Na perspectiva arquetípica de Eva como um anjo caído, de Helena colaborando de bom grado com seu seqüestro, ou de Lolita perdendo o pirulito para um coroa, vemos que está na natureza erótica da geminiana representar a boa menina que se perde. Interpretar papéis é algo endêmico de sua vida sexual, pois de certa forma a nativa *jamais* deixa de se empenhar naquela. Desde que acreditemos na mentira piedosa de que ela está se envolvendo em certas atividades só porque lhe foram impostas, como se pela primeira vez, a geminiana pode ser uma parceira sexual bastante aventureira. Ela irá participar de muitos atos e posições durante um mesmo interlúdio, desde que não seja levada a explorar nenhum deles em grande profundidade. Sua pele sensível pode reagir

LANCES ERÓTICOS
NATIVA GAY

mulheres mais jovens
modelos
amazonas glamourosas
louras
ruivas
atletas
ginastas
mulheres femininas
hétero/bi
brinquedos
acessórios
dominação
pênis artificial de dupla penetração
manipulação
lambidas
mordidas
trios
quartetos
fio-dental
renda
couro
literatura erótica
dominação
travestismo
cunilíngua
compressão das coxas
sexo ao telefone ou internet
fantasias sexuais
penetração (ativa)
liga com pênis acoplado
representações
máscaras
disfarces
sexo anônimo
adoração (ativa)
fantasias de sexo pago e prostituição
festas particulares e clubes eróticos

violentamente até ao toque mais leve. A vulnerabilidade inata associada ao signo expressa-se claramente durante o ato sexual, no qual parece necessário muito pouco para agradar ao feixe de nervos que é nossa geminiana. Tal como é uma mestra da manipulação psicológica, ela, por sua vez, gosta de ser fisicamente provocada, e considera muito excitante o elemento surpresa. Talvez lhe agrade ser sujeitada ocasionalmente, quer dizer, com um namorado firme, que com leves toques e lambidas possa levá-la até o limite do tormento tátil que ela consiga suportar. Para a nativa, cuja imaginação está sempre na dianteira, a expectativa oferece muita excitação. Enquanto se encontra nessa desamparada condição helenesca, ela adora ser tentada por um homem que, digamos, fique esfregando o cachorrinho dele na gatinha dela, ou entrando e saindo, ou, caso ela se sinta emocionalmente segura, até mesmo trepando enquanto ela está amarrada. Apesar do prazer específico que lhe provoca a sujeição, ela pode excluir inteiramente tal prática se em resultado emergirem antigos sentimentos de insegurança. O amante deve sempre estar alerta e flexível ante suas súbitas mudanças de humor.

Quando se trata de intercurso, a geminiana prefere ficar por cima, onde pode controlar o ritmo e a posição. A penetração prolongada e vigorosa por um homem lhe dá uma sensação de violação, e a nativa se impacienta de que ele só queira gozar, mesmo que seja amante de longo prazo. O ato sexual com a geminiana sempre dá a impressão da busca do prazer dela, como se o parceiro não passasse de mera ferramenta para a própria obra-prima masturbatória da nativa. No entanto, ela não tolera que lhe façam o mesmo. Ela sempre conserva um aspecto do desejo de se perder no sexo — e brincar de pegar pode ser bonitinho, mas o que ela está buscando é o arrebatamento total, é a transfixação pelo ato sexual, sem precisar forçosamente dar crédito ao homem que está à mão para ajudá-la a alcançar o objetivo. Ele está ali para prover a viagem. E a geminiana pode ser muito autoritária na cama, por vezes esquecida de que o papel do amante não é apenas atender a seus pedidos. Daí ela freqüentemente entrar numa relação com homens sexualmente imaturos, ou alguns até meio piegas — optando por um tipo oposto ao do homem dominador que sente ter abusado dela em algum ponto do passado. Além disso, como mistura mutável de energias masculinas e femininas, como sugere o criptograma andrógino neutralizado de Mercúrio, a geminiana sente algo em comum com o homem que possui um lado feminino forte e sensível. Em certas ocasiões poderá mesmo gostar de se submeter sexualmente a um homem afeminado. Enquanto a maioria das mulheres considera broxante a homossexualidade masculina, a geminiana pode se sentir psicologicamente instigada e eroticamente titilada. De fato, ela antes se envolveria num triângulo com dois homens que no arranjo, mais corriqueiro, de duas mulheres e um homem, sabendo que não será o foco avassalador. Ela poderá gozar ao observar o que transpira sexualmente entre homens, nem que seja pela simples razão de satisfazer sua famosa curiosidade, ante a visão daquilo que sabe que a maioria das mulheres jamais verá. Observar este encontro não a choca, já que ela própria, qual sua prima, a libriana de signo aéreo, pode ser um homem gay honorário até certo ponto.

A nativa de Gêmeos é, provavelmente, a mais versátil das criaturas sexuais do zodíaco. A vida vivida na proverbial encruzilhada lhe permite — muito mais que a qualquer outra mulher da aldeia astrológica — ir para onde o vento a leva. Ela aborda a sexualidade como uma escolar armada de um "pega-namorado" de papel dobrado em quatro, e explorando aleatoriamente todas as direções, por vezes abrindo uma nova "porta" para territórios sexuais inesperados e inexplorados. Nenhuma mulher é mais naturalmente bissexual, e a geminiana por vezes age bem cedo na vida em função da curiosidade pelo mesmo sexo. Lembrem-se: tudo o que tiver sabor de fruto proibido está pedindo à geminiana para ser literalmente comido, inclusive as variedades vermelhas. Apesar de toda a novidade sexual que está "voando no vento" (Bob Dylan naturalmente é geminiano), ela costuma evitar os rótulos rígidos, considerando-se "gente que gosta de gente". Isto posto, quando a nativa se identifica como gay (mesmo que em base temporária — coisa tampouco improvável), sua tendência é ser ostensiva a tal respeito. Se, e quando fazem sentir a ela que não deveria fazer algo por temor à recriminação social (convenhamos, o mundo não é perfeito e o preconceito existe), ela irá longe para provocar polêmica, com a proverbial maçã engasgada na garganta. O que quer dizer que, digamos, se comparecer a uma enfadonha reunião de família, não irá discretamente levar a namorada, mas sim que ambas chegarão com trajes coordenados, cada uma usando um brinco do mesmo par e darão atestado público do vínculo, com a afetação predominando sobre o autêntico afeto. Trata-se de sua porção Éris. Ou Anne Heche. Seja como for, fica a pergunta: será que a geminiana às vezes busca uma relação lésbica só pelo efeito causado? Pelo menos é a pergunta que pode ocorrer a sua amante, talvez depois de ver a outra chegar alvoroçando o galinheiro. Fazer cena é o legado astrológico da nativa de Gêmeos, assim como é para o signo, dito oposto, de Sagitário — não são realmente opostos, porém "oitavos" um do outro. Enquanto para a mulher de Sagitário, a Lady Godiva do zodíaco, tudo não passa de pompa e circunstância, para a mulher de Gêmeos é mais como um golpe orquestrado ou demonstração desfechada de uma perspectiva bastante prejudicada.

Talvez como sintoma da faixa etária de 14-21 anos associada ao signo, a nativa de Gêmeos está agudamente consciente da hierarquia e da chamada popularidade. Quando nesta faixa etária, ela é muito mais desenvolvida que as colegas e costuma buscar a companhia de gente bem mais velha que ela. Sente atração por uma turma mais madura, emulando, quando não diretamente copiando as moças sofisticadas, isto é, a visão que tem delas. Por ser tão naturalmente bissexual, ela raras vezes vivencia paixões totalmente lésbicas; ao contrário, seus sentimentos, mesmo os eróticos, serão envolvidos em partes iguais de veneração, amizade, inveja, e adoração fraterna de Terceira Casa. Como o regente Mercúrio é o planeta de órbita mais próxima ao Sol, nossa pequena mariposa geminiana sente atração pelas garotas douradas, que ela espera irão lhe demonstrar o mesmo sentido de afeição fraterna. Ela se compraz nessa luz refletida, ao ser adotada como a *garotinha*, uma eterna moleca para aquelas a quem considera deusas admiráveis. Por associação, seus contemporâneos a vêem como uma figura exaltada. Mais uma vez, nossa geminiana se revela, de certa forma, duas pessoas diferentes. A geminiana gay incorpora em sua experiência adulta esse tipo de dinâmica. Para a interminável adolescente, o mundo é como um grande colégio; e ela é tão eficiente em se infiltrar no grupo de "gente bonita" quanto consegue ficar numa boa com as veteranas, quando ela própria não passa de uma caloura. Desenvolvendo desde cedo o apetite por glamourização e mexericos, enquanto a adolescente taurina estiver sofregamente folheando revistas como *Vogue* ou *Harper's Bazaar*, à procura de dicas de beleza, a garota de Gêmeos estará bisbilhotando a *Vanity Fair* e outras revistas de colunáveis em busca das últimas fofocas. Quando se aventurar por conta própria, a urbanóide original do zodíaco irá quase sempre gravitar no rumo da cidade grande, atraída por profissões que perpetuem aquele estilo de vida cheio de atrações. O mundo da moda e das diversões oferece grandes atrativos para a geminiana, que prefere batalhar nessas indústrias, mesmo ficando nos bastidores. Ela é a perfeita estilista de moda, cabeleireira ou maquiadora; ela é uma agenda Rolodex humana que faz o sucesso de um artista plástico, uma modelo, um agente fotográfico ou autor de portfólio; a consumada gerente ou consultora de relações públicas — trabalhos nos quais pode acabar atingida pela aura da associação com os ricos e famosos. Mesmo quando ela própria for uma celebridade, em geral se portará com modéstia diante dos notáveis mais glamourosos, em contraste com os quais continuará na eterna tietagem de menina.

A geminiana gay, proverbialmente uma pessoa que gosta de gente, nunca é exclusivamente lésbica em suas associações, tendo muitos amigos entre os homens heterossexuais e sobretudo homossexuais, com os quais sairá para agitar. No entanto, será membro de carteirinha da máfia das lésbicas, um conjunto exclusivo de mulheres elegantes que amam as mulheres; ela irá ajudar e encorajar suas irmãs, em suas vidas pessoais e profissionais, afinal, também recebe semelhante ajuda. A geminiana é uma destacada articuladora, e com frequência é a "pessoa certa" para se conhecer em qualquer indústria na qual alguém possa estar tentando manobrar. Ela é fanática por visual e só se associa com um grupo altamente apresentável, ponto de vista que também adota no relacionamento amoroso. Mesmo sem ter um tipo específico preferencial, a geminiana gay tem um fraco por modelos, e costuma faturar o maior número possível de esquálidas candidatas a manequim. Também pode ter casos com estrelas, não vendo nada demais em namorar alguém só por causa da fama. A popularidade sempre impressiona a nativa de Gêmeos, pois ela costuma apoiar seu próprio sucesso no velho ditado: "O que importa não é *o que* você conhece, e sim *quem* você conhece." Isto se propaga para seu mundo de relações amorosas, da mesma forma como é um mantra de sua vida profissional. Embora exista um poderoso grupo dissidente de geminianas ultramasculinas — tão fetichistas em relação à masculinidade que praticamente vivem como homens, sem demonstrar ironia ao se ligar a homens heterossexuais, e mesmo incorrendo em comportamentos tão estereotipados de machão que fariam uma feminista não-militante ranger os dentes —, a maioria das nativas gay é sedutoramente andrógina no visual e na conduta. Uma duende sensual, de unhas pintadas, sob luvas e braçadeira de beisebol, ela é uma durona de coração mole, que quer ser azarada pela amante, mas também gosta de dar as cartas. Ela e a namorada, invariavelmente linda, em geral são como irmãs siamesas radicais, que freqüentam os eventos sociais que a nativa considera mais importantes, por vezes nunca distantes das lentes dos *paparazzi*. Agrada-lhe (quase mais que o encontro) o ritual de se arrumar para um encontro, compartilhando o espelho, trocando bijuterias e acessórios com a parceira. Nas relações da geminiana há um clima de adolescentes urbanas européias, passeando de mãos dadas pelos bulevares da vida — *vínculos colaterais* e as *boas companhias* são atributos de sua casa astrológica. E num certo sentido a amante da nativa é como a irmã que ela nunca teve — mesmo quando ela tem alguma, a associação se caracteriza por rivalidade, mais que por camaradagem. O casal pode ser extremamente geminado, optando por trajes coordenados e cortes de cabelo típicos de elfo. Sentimental por natureza, a garota de Gêmeos pode ser realmente piegas na expressão de sua afeição, freqüentemente comprando presentinhos para a amante e celebrando os momentos especiais da vida delas. É a rainha das excursões-relâmpago, em geral optando por um balneário ensolarado e um conversível alugado. De fato, muitas geminianas buscam metrópoles subtropicais para suas famosas realocações, locais que, com sorte, são freqüentemente, durante o ano inteiro, o cenário para, entre outras atrações, ensaios fotográficos de moda e uma vida noturna infestada de modelos.

Exatamente como essa personagem mutável aérea exige muita estimulação social, ela também requer uma atmosfera doméstica repleta de efeitos especiais, sobretudo no que se refere à criação do clima erótico adequado. Ela limpa meticulosamente o ambiente, para depois enchê-lo de velas, que juntamente com milhares de recordações, porta-retratos, produtos de beleza e outros objetos pessoais definirão a topografia de seu camarim. Invariavelmente, há um interruptor para dosar a luz — tudo a ver com clima e com clímax. Para a geminiana gay, o ato sexual por vezes corresponde ao que outros poderiam considerar preliminares prolongadas, ou mesmo épicas, envolvendo suas mãos, respiração e terminações nervosas regidas pelo signo. Sua idéia de êxtase corresponde a passar horas excitando uma à outra, com o emprego generalizado dos dedos, inalando o prazer e depois permitindo que a sensação se espalhe totalmente sobre a pele arrepiada. Para este pássaro, tudo tem a ver com a exploração tátil e o emprego superficial da língua, para distribuir pequenos toques e formigamentos. De todas as garotas gay do zodíaco, a geminiana é a que mais facilmente abre mão da escultura fálica que outras escondem na mesinha-de-cabeceira. Entretanto, se for importante para a parceira, ela irá afivelar um pênis artificial, tipicamente dando uma de passiva. Os orgasmos do clitóris são aqueles em que ela confia, e ficará mais que satisfeita com contatos sem complicação nem bagunça; impaciente e impetuosa como é, ela não gosta de, digamos assim, ficar rondando a moita, e se agarra ao gatilho da amante não largando até haver disparado alguns tiros. E isto é também o que deseja em retorno, e, de fato, nenhuma mulher goza mais rápido ou tem recuperação instantânea mais obstinada que a dela, a invejável possuidora da capacidade de múltiplos orgasmos. Pois quando ela vai, vai mesmo: perdida no caos da sensação, a geminiana quase cai num abismo, quando não numa convulsão, de paixão. Na verdade, ela por vezes cai na semiconsciência, o que pode exigir o equivalente metafórico a uma trilha de pipoca para marcar o caminho de volta à realidade vigente. Enquanto muita gente vai ficando progressivamente entediada pela experiência sexual repetitiva, sentindo necessidade de elevar os padrões para atingir estados alterados de êxtase, a mulher de Gêmeos fica praticamente avassalada pela forma mais simples e direta de envolvimento erótico e, de fato, acaba confiando numa rotina sexual regular. De temperamento insular, ela dificilmente tem fantasias de se envolver em práticas expansivas, tais como sexo grupal. Mais que qualquer outra pessoa, entretanto, ela gosta de azarar, e freqüentemente fica numa corda bamba, mesmo com membros do círculo mais próximo de amigas — tudo pode ser muito incestuoso. A amante da geminiana estará melhor se lhe permitir uma casual infidelidade, pois raramente tal evolui para algo mais sério. Seu coquetismo natural é, em si, um afrodisíaco para a nativa, capaz de roubar um beijo só pela excitação de ser vista pela amante, na esperança de que isso apimente as coisas mais tarde, no santuário do quarto delas. Jogos mentais inofensivos definem a conduta da nativa. Ela pode seqüestrar você mentalmente, ou libertar somente para possibilidades infinitas. Ela é a pulga atrás da orelha da sociedade, sempre dobrando os demais às percepções dela, fazendo-os pensar os pensamentos que ela silenciosamente sugere.

Casais

Hétero

Mulher de Gêmeos / Homem de Áries

Ela é uma nova ninfa para deflorar; ele é o bruto irresistível. Às vezes puramente física no começo, esta ligação acaba por se fundamentar na amizade. Sexualmente, ela é incansável; ele tem a persistência necessária a sustê-la.

Mulher de Gêmeos / Homem de Touro

Ela procura alguém assim sensível e forte; ele encontrou uma mulher sensual e fogosa. Para eles, a amizade é primordial, o sexo raramente o foco. De fato, na cama, às vezes parecem relutantes. No entanto, ainda há esperança.

Mulher de Gêmeos / Homem de Gêmeos

O sofisticado e inovador casal de Gêmeos se reúne depressa e com vigor. No começo é um arraso — um turbilhão social, sexual e criativo —, mas o desafio é assumir um compromisso. Ele é inquieto; ela sente crescer o desassossego.

Mulher de Gêmeos / Homem de Câncer

Passivo típico, ele a persegue — conduta surpreendente, até chocante, motivada pelo ousado charme dela. O arguto e carismático Câncer parece ótimo partido. Na cama, tudo confuso; caótico, se ela for geniosa.

Mulher de Gêmeos / Homem de Leão

Ele é o objeto da carinhosa atenção dela. Com o tempo, o Leão evolui para o homem perfeito imaginado pela geminiana. Quase sempre acaba em casamento. O riso é para eles a salvação. Com ela, ele está sempre no apogeu sexual.

Mulher de Gêmeos / Homem de Virgem

Dinâmica psicossexual desafiadora: para a geminiana audaz, "juvenil", ele é Pigmaleão; mas, que surpresa! Ela é mais auto-suficiente do que ele imaginou. Na cama, reeducação para o virginiano: menos repressão, mais expressão.

Mulher de Gêmeos / Homem de Libra

Aonde ela vai, ele acompanha: o libriano é passivo em comparação com a geminiana empreendedora. Eles têm algo a provar — a conseqüência é o sucesso. Em seu acelerado estilo de vida, a atividade sexual é comodamente secundária.

Mulher de Gêmeos / Homem de Escorpião

Ele está enfeitiçado — é ela quem lhe altera a percepção, da treva para a luz. Com o passar do tempo, ela espera que ele continue a ser confiável. O compromisso parece inabalável. Na cama, abundantes fantasias são reveladas.

Mulher de Gêmeos / Homem de Sagitário

Ela está viciada no sagitariano ousado e divertido. Eles estão em acordo absoluto — os corpos se encaixam como um quebra-cabeça. Como outros aspectos da vida em comum, o sexo é trepidante, com ciclos de franca experimentação.

Mulher de Gêmeos / Homem de Capricórnio

No começo, eles parecem programados em ritmos diversos — ele é lento; ela é ligeira. No melhor, eles se ajudam a adaptar ao ritmo mais moderado. No sexo, ela se sente esnobada; mas ele sonha formas de liberar o desejo dela.

Mulher de Gêmeos / Homem de Aquário

Adesão instantânea. Co-dependência pode ser armadilha. Ligados pelas emoções, arrebatados pelo sexo. No melhor, encarnam o poder do pensamento positivo. Se não, a realidade se dissolve em desilusão. Apetites sexuais incontroláveis.

Mulher de Gêmeos / Homem de Peixes

Ele atrai como consorte, pendente das palavras dela. Juntos, dão plena atenção a ambições mundanas; outros aspectos com freqüência abandonados. Sexualmente, ela tem uma surpresa: o suave pisciano faz muitas exigências.

Gay

Mulher de Gêmeos / Mulher de Áries

Romance de garota de colégio interno: Áries inicia Gêmeos, invariavelmente fascinada com o Carneiro, permitindo-se experimentar atos que só conhecia de leituras. Em cada aspecto, a ariana é quem lidera. Na cama, não há inibições.

Mulher de Gêmeos / Mulher de Touro

Com a geminiana provocativa, a taurina explora a própria força. Concordam no essencial; o caminho natural da parceria está na aventura profissional conjunta. Infinitamente agradável, o sexo alterna vigor e ternura.

Mulher de Gêmeos / Mulher de Gêmeos

Quando se encontram, as duas nativas quase sempre buscam uma colega, não uma parceira. Desfrutam uma ligação liberal fundada na sólida amizade. Como ficam facilmente entediadas, é essencial sonhar novas formas de excitação.

Mulher de Gêmeos / Mulher de Câncer

Problemas maternos em profusão, mas algumas curas acontecem. Gêmeos relaxa e aprende a amar mais, sem medo. Câncer tem uma ascendência emocional sobre a sua encantadora geminiana ingênua. O sexo continua espontâneo.

Mulher de Gêmeos / Mulher de Leão

Elas fomentam polêmica — afeitas às diferenças, por vezes se estranham, brincalhonas, em público. Egocêntricas, talvez não tenham paz no lar. Se o amor definha, a amizade floresce. No sexo, cada qual é o melhor da outra.

Mulher de Gêmeos / Mulher de Virgem

Ambas propensas a climas e caprichos. Desde o começo essa dupla é um desafio. A geminiana precisa aprender a ceder, quase constantemente. A virginiana se transforma num eu mais maduro. Também no sexo a energia é tempestuosa.

Mulher de Gêmeos / Mulher de Libra

Inclinações estéticas e uma visão em comum: expressar-se em todos os aspectos da vida. Envolvem-se facilmente numa ligação libertadora e estimulante. Caso descomplicado em que as duas parceiras vicejam — no sexo e no demais.

Mulher de Gêmeos / Mulher de Escorpião

As duas se convertem em uma: desde o começo, são mais felizes a sós. Escorpião traz serenidade à nervosa geminiana. A pressão de ser tudo uma para a outra talvez seja esmagadora. Na esfera sexual, são proibidos os de fora.

Mulher de Gêmeos / Mulher de Sagitário

Uma dupla vencedora. A geminiana vai na aba do chapéu da sólida sagitariana. A parceria delas significa mais poder profissional. Mas negócios e prazer misturam-se muito bem. Na cama, a questão é ver quem manda mais.

Mulher de Gêmeos / Mulher de Capricórnio

É uma experiência de aprendizagem. A geminiana tranqüiliza a intensa busca espiritual de Capricórnio ordenando-lhe, loquaz, que a supere. Mas na cama, quem se submete é a geminiana: sua amante exige a posição de comando.

Mulher de Gêmeos / Mulher de Aquário

Elas dirão que estava predestinado. Essa conexão é extremamente empática. Como casal, elas são insulares; nenhuma se sente obrigada para com os de fora, ainda que amigos. Na cama, cada qual é mais generosa que a outra.

Mulher de Gêmeos / Mulher de Peixes

Do começo desfavorável, Gêmeos e Peixes constroem vínculo sólido. Em primeiro lugar precisarão remover ásperos conceitos preconcebidos. Em certas ocasiões, uma relação acidental, compulsiva. O sexo é muitas vezes uma reflexão posterior.

O homem de Câncer

o jogador

O homem do signo de câncer é o Príncipe Encantado do zodíaco, um perfeito e confesso cavalheiro — bem definido, polido, friamente composto e, por conseguinte, aparentemente feito sob medida para as especificações da mulher de mentalidade tradicional. Ele parece carinhoso e sensível, gentil e engraçado, a própria imagem de respeito, saúde moral e ambição honesta. O consumado espécime casadouro, com uma necessidade inata de fazer um ninho, proteger (e ser protegido), o Câncer tem como motivação principal ser reconhecido como *o* bom provedor. Notoriamente artístico, ele gravita para carreiras nas quais seu espírito sensorial possa florescer. No entanto, espera ser generosamente remunerado por seus esforços. Na mente do nativo de Câncer, a arte e o comércio estão inextricavelmente ligados. Mesmo quando trabalha na estrutura corporativa, geralmente se desempenha em capacidades especiais individuais, canalizando sua característica imaginação criativa. Ele é, em todo caso, um romântico incurável, para sempre perdido em devaneios que o colocam em papéis heróicos, um verdadeiro Walter Mitty, que não vive somente uma vida secreta fantasiosa, mas, quase sempre, uma enxurrada delas. Para as mulheres, ele pinta a si mesmo como uma aposta estável e segura, um homem que irá cumular de atenções a companheira e buscar satisfazer cada um de seus caprichos. Ele se orgulha de ser um modelo de namorado, marido ou amante, e ninguém mais doméstico que ele. Para Câncer, o sexo é um ato de veneração, por meio do qual ele faz a suprema entrega de si mesmo à mulher, investindo cada uma de suas emoções. Nas ligações

IV

PRINCÍPIO

O Princípio Materno. Câncer, regido pela Lua, representa um modelo de mundo que tem uma tangível origem feminina, a Mãe Natureza, fonte de todas as formas de vida. O canceriano se adapta a seu princípio pelo modo orgânico como vive sua vida, raramente impondo sua vontade, mas "indo na onda" de seus instintos e emoções inerentes. Seu lema é "Eu sinto", e ele está disposto a seguir o curso de sua experiência de vida. O homem de câncer procura adaptar-se a sua natureza feminina em vez de tentar dominá-la.

homossexuais, mantém sua imagem pública de "espada", interpretando o papel de um apreciado companheiro que não se deixa definir por sua orientação sexual. Em âmbito privado, porém, não há homem mais cordato e sequioso de mergulhar nas profundezas da experiência erótica.

Signo + Mente

Da perspectiva astrológica, não é acidental o fato de serem cancerianos os homens importantes e constantemente populares de Hollywood. A Quarta Casa cósmica, governada pelo signo, rege o *público geral* como um todo, e em particular a porção feminina da população. Pode-se dizer que o canceriano encarna do ponto de vista coletivo feminino a visão de virtude masculina. Ele é o consumado herói romântico — docemente masculino, sem vestígio de misoginia —, aparentemente manufaturado para atrair a bancada do estrogênio. Não surpreende que o nativo seja regido pela Lua, símbolo do princípio materno na astrologia; e como quarto signo, o Câncer inicia o Segundo Quadrante do zodíaco, que se ocupa do ambiente humano e da experiência emocional. Assim, reunindo tudo isso, o signo de Câncer representa a percepção ideal do universo — ou *yoni*-verso, digamos — como feminino — uma fonte tangível (Mãe Natureza) da qual surge toda a vida —, em oposição a um paradigma masculino da existência, que enfatiza um intangível Princípio Paterno divino-celestial da criação, associado com o Sol e o quinto signo zodiacal de Leão. Homem que nasce sob o princípio materno, o canceriano personifica o papel masculino naquilo que ele — na qualidade de consorte de uma série de rainhas — percebe ser um mundo matriarcal, reconhecendo a autoridade do "feminino" no cosmos. Como logo admitirá qualquer pessoa intimamente associada a um nativo de Câncer, este sente que deve responder à humanidade feminina. Ele não entra numa relação com a mulher como um patife e fanfarrão que rapta sua princesa prometida ou sai a arrastá-la qual um troglodita. Pelo contrário, o canceriano casa-se — ele é o eterno noivo, que trata bem *a* esposa — fazendo concessões à mulher, como se esta fosse quen usasse as calças, pelo menos até certo ponto.

O signo de Câncer corresponde à faixa etária de 21-28 anos, época em que um jovem chega à maioridade e está à beira da idade adulta, ao mesmo tempo em que ainda é inexperiente e cheio de potencial para o futuro. Nessa "idade núbil", o indivíduo já fez as loucuras da juventude e está entrando num caminho capaz de conduzi-lo aos objetivos e ambições almejados. Em termos metafóricos, o nativo de Câncer encarna, em todos os anos de sua vida, as qualidades notoriamente novas desta faixa: ele é para sempre o menino prodígio no local de trabalho, e na vida pessoal é aquele proverbial príncipe encantado em busca do par perfeito, criado para se casar e viver feliz para sempre com alguma Cinderela incentivada pela fada madrinha. Há nele algo eternamente novo e puro. O sexo, em particular, é algo em relação ao qual ele nunca será descuidado — o contato casual é tipicamente anátema para o severo Caranguejo. Sua tendência é não desperdiçar seus preciosos nadadores — este eufemismo do esperma é especialmente adequado ao principal signo astrológico de água. De todos os homens do zodíaco, ele é o único que voluntariamente se guarda para o casamento, exatamente como interpreta o papel de salvador dentro de seus relacionamentos. O homem de Câncer é o herói romântico, o Percival cuja reputação de pureza o antecede, assim como é o consorte sagrado e sacrificial das rainhas — o Osíris, o Héracles (Hércules), cujo nome significa "o amado de Hera", bem adequado no caso da deusa-mãe grega que, sob sua forma virginal de Hebe, casa-se com ele apesar de todas as suas agruras. Na mitologia, Héracles recebe a tarefa de realizar seus doze trabalhos (um para cada signo zodiacal), que incluíram matar o Caranguejo gigante nos céus — a constelação homônima de Câncer. Assim também o Percival da Idade Média deve cumprir obrigações a pedido de sua instrutora, Blanchefleur, que lhe revela os significados místicos da cavalaria andante. Estas são parábolas para as necessidades psíquicas e emocionais do canceriano: ele sente a obrigação de aparentar ser o perfeito protegido masculino, especificamente para mulheres que o possam enobrecer por meio do interesse que lhe dedicam. Mesmo quando garoto, antes de atingir a idade decisiva de 21 anos, o canceriano tentará parecer pelo menos daquela idade. Caracteristicamente interessado e motivado pela vida profissional, ele visa ficar registrado na escala Richter romântica como um potencial provedor de "alto grau". Portanto, investirá um esforço descomunal em adquirir os sinais exteriores — o relógio perfeito, um carro de classe, roupas de bom gosto — correspondentes ao papel de genuíno batalhador que está interpretando, adornos que indicam sua capacidade de gerir a si mesmo e, sendo assim, gerar afluência para uma parceira. O nativo de Câncer não tem a elegância espalhafatosa do geminiano; ao contrário, prefere as marcas tradicionais de boa qualidade. A sutileza é, por ironia, a mais poderosa arma do canceriano em sua batalha pelo amor. E a persona que ele cultiva, quase insidiosamente, visa a fazê-lo parecer o mais agradável possível ao que percebe como a maciça sensibilidade feminina. De fato, nenhum homem entende melhor

☽

SÍMBOLO PLANETÁRIO

A Lua significa ritmo no zodíaco; é uma relação solidária com a Terra, em torno da qual fica orbitando enquanto ainda permanece sob a atração gravitacional do Sol. Como as marés, os estados de espírito são controlados pela Lua, e o canceriano em especial não consegue escapar desses efeitos. O semicírculo do pictograma do planeta simboliza esse constante processo e o potencial de plenitude que personifica o inexperiente príncipe canceriano, eterno aspirante à grandeza de rei, mas que se sente incompleto sem uma relação emocional protetora.

QUADRANTE DO SIGNO

Os quadrantes zodiacais correspondem aos planos metafísicos da existência: físico, emocional, mental e espiritual. O segundo quadrante é o do ambiente emocional e, de fato, moral. Para o canceriano, a importância reside em seu instinto visceral regido pelo signo e a abordagem às circunstâncias da vida a partir daquele nível essencial dos sentimentos.

o funcionamento da mente feminina, e seus raciocínios. Como sua regente, a Lua, é o "planeta" feminino que governa o poder intuitivo, e a intuição feminina em particular. O nativo de Câncer tem uma singular capacidade de criar empatia com as mulheres e de ver a vida pela perspectiva delas. Ele literalmente sente o que uma mulher busca num homem, e se transforma no testemunho vivo daquele ideal.

Ao contrário de Touro, que está associado com o Princípio Feminino, Câncer não personifica simplesmente o masculino como um ídolo de fertilidade. Em vez disso, sob o Princípio Materno, o canceriano está próximo da condição de perfeito consorte moral e emocional, o ideal cavalheiresco. O criptograma bastante testicular do signo merece, naturalmente, uma leitura menos literal: ele simboliza a semente da experiência — o condicionamento passado — que define as promessas futuras do indivíduo. Adequadamente, o signo de Câncer está associado com a Quarta Casa astrológica, que diz respeito à *morada de onde viemos* e à *morada que criamos* — a metafórica "idade casadoura" dos 21 anos é um ponto de referência específico. Esses dois ambientes inter-relacionados transformam-se na principal preocupação do canceriano, ainda que inconscientemente. Não é surpresa: a Quarta Casa também rege a *mente inconsciente*, em particular seu *condicionamento* de infância, e, portanto, o *desenvolvimento do caráter*, que aponta diretamente para o foco quase compulsivo do Caranguejo em sua evolução pessoal. Aqui também vemos um aceno explícito a sua capacidade inata de se tornar um campeão de bilheteria com tamanha atração universal — ele é extremamente capaz de se projetar na consciência coletiva como um sujeito adorável, um homem comum e corrente. Entretanto, como indica o criptograma de sua regente, a Lua, a esfera representada não está plenamente cheia: o nativo é um homem no processo de se tornar inteiro. Embora ele possa fingir que bate um bolão, seu potencial está mais inerente, ou até latente, que realizado.

Câncer é o único signo cardinal de água do zodíaco, distinguido antes de tudo como a iniciativa emocional — a água simboliza os sentimentos e a intuição, ou a divina inspiração feminina —, em comparação com a ação física energética associada com Áries, o precedente signo cardinal (masculino, de fogo) da roda. De fato, o nativo de Câncer está plenamente envolvido com a ação no sensível plano invisível dos sentimentos. Ele toca instantaneamente o ponto sensível da mulher, inspirando-lhe a afeição digna de tantos heróis românticos exemplares, todo arrumado para interpretar o personagem do jovem cavalheiro perfeito — o azar é que quase sempre parece recém-saído do estúdio de um filme da Lifetime —, revestido de seu típico ar novelesco de deslumbrante mocinho promissor. Ele é o eterno paladino das mulheres, limpinho, bem-cuidado e aparentemente puro de coração. Sua presença faz lembrar alguém recém-banhado nas águas santificadoras da inspiração divina, alcançada por meio de uma casta vigília, mantida até que a mulher perfeita apareça em seu caminho. Com sua famosa expressão de menino perdido, o canceriano leva-nos a crer que ainda é inocente. Mas não caia nessa, pois o incomparável Percival denuncia sua verdadeira intenção até no nome: literalmente significa "perfurar o vale", especificamente aquele que se acha entre as pernas de alguma mulher disponível. Porém, como o projeto secreto do canceriano, o de Percival passa grandemente despercebido, sendo tudo uma demonstração de astúcia disfarçada, a espreitar no mundo aquático (emocional) até... dar o bote! Mas ele não está só desarmando as damas ativa e emocionalmente (cardinal-água), na esperança de se esgueirar para dentro do famoso vale. Sua esperança é também despertar amor materno por ele no coração da mulher. Naturalmente, nem todas as mulheres se inclinam a ceder, mas o recurso lhe permite excluir aquelas que não parecem capazes deste duplo sentimento sensual e maternal. Por mais edipiana que pareça, essa enjoativa necessidade de uma dinâmica tão ambígua é endêmica da sexualidade masculina canceriana. De fato, encontrar uma mulher que possa lhe fornecer essa dúplice expressão de afeto é uma questão de vida ou morte emocional para o nativo de caranguejo.

A exemplo da nativa de Câncer, que como a encarnação de sua própria natureza cardinal de água é pessoalmente transformada ao abraçar o próprio fluxo de emoção, o nativo de Câncer é, figurativamente falando, reformado ou tornado inteiro pela torrente de sentimentos que invoca na amante; e não é um sentimento de puro amor romântico ou lascívia, porém uma combinação destes com um sentido de proteção maternal e, freqüentemente, uma pontinha de comiseração. A amante maternal e sufocante que o menino de Câncer procura será creditada com a transformação em homem da criança lunar masculina, ajudando a realizar seu potencial, coisa que este eterno noivo é incapaz de fazer por iniciativa própria. O ambiente que a amante ou esposa do canceriano proporciona deve ser como um útero no qual ele possa se desenvolver plenamente e renascer. E ao extrair dela uma torrente de sentimento emocional, ele fica purificado, renovado e acima de tudo enriquecido. Dessa forma, uma mulher se torna a *fonte* de sua nova vida, como o advento da enchente do Nilo, símbolo de renovação que constitui a suprema caracterização da cardinalidade de água, assinalada na chegada do rei ressuscitado, o Osíris-Hórus, que é ao

♋

PICTOGRAMA DO SIGNO

O emblema de Câncer é um caranguejo. O pictograma evoca dois indivíduos flutuando juntos no mesmo barco, como um casal de sobreviventes do dilúvio, como inevitavelmente seria o caranguejo, habitante do mar e da terra. Este símbolo também pode ser lido como os testículos de um homem, fonte de vida e procriação humanas, o que resume a preocupação canceriana.

ELEMENTO + QUALIDADE

O elemento água tem conotação de sentimentos e instintos. A qualidade cardinal significa um chamado à ação e à iniciativa. No conjunto, a combinação cardinal-água, específica de Câncer, é mais bem ilustrada como fonte, vertente, rio ou maré, e é nesta corrente de emoção que o nativo navega, em especial nos sentimentos que desperta nas ligações românticas.

mesmo tempo o amante e o filho da deusa-mãe Ísis. Assim também, no mito grego do dilúvio, a deusa-criadora Têmis instrui Deucalião, o Noé grego, e sua mulher Pirra, em como repovoar o planeta, a suprema tomada de cena do atributo de Quarta Casa da *morada que criamos*. Na linha bíblica, o signo de Câncer corresponde ao dilúvio, que apaga todos os males do Gênesis pós-Queda cujo símbolo é Gêmeos, signo que precede o Caranguejo no zodíaco. Câncer assinala um novo começo, e os nativos do signo estão marcados pela mesma necessidade. Ele também é Jonas, transformado pela experiência na barriga-útero da baleia, regida por Câncer; e também o recém-nascido Moisés, despachado correnteza abaixo no proverbial rio, de uma mãe para outra, mais cardinal-água. E é sob o olhar atento de alguma mãe zelosa que o órfão emocional de Caranguejo será mais feliz. Como a Lua representa o Princípio Materno, é (astro)lógico presumir que qualquer falta de auto-realização do homem de Câncer deve-se em parte ao papel, ou ausência deste, que sua mãe verdadeira interpretou no desenvolvimento inicial do nativo. Mais uma vez, embora a mulher de Câncer seja uma fonte de emoção, nosso nativo do signo, geralmente frio e reservado, procura na mulher de sua vida esses derramamentos sentimentais, que ele irá absorver como esponja.

POLARIDADE

Os homens de signos femininos (terra, água) não estão alinhados com a polaridade de gênero do próprio signo e, assim, representam em vez de encarnar a combinação qualidade-elemento do signo. O homem de câncer, por esse motivo, não é manancial de emoções, mas certamente busca extrair respostas emocionais dos outros. Particularmente em relacionamentos amorosos, o canceriano deseja ser arrebatado pelos profundos sentimentos do parceiro.

Poderíamos argumentar que o homem de Câncer procura o cuidado de uma mulher protetora porque isto reflete sua visão cósmica do universo — como uma uterina fonte de admiração e proteção da Mãe-Terra. E, por conseguinte, ele irá lutar para estruturar sua vida pessoal de acordo com isso, vivendo dentro de um sistema feminino, favorecendo o escrutínio e instrução das mulheres. Com os homens, por outro lado, ele é extremamente defendido. Desde a época dos jogos infantis de meninos contra meninas ele se alinhava secretamente com a população de saias. Aterrorizado ante o desprezo masculino, cedo aprendeu a mascarar pensamentos e disfarçar emoções, numa vaga tentativa de acompanhar os meninos. Afinal, no vestiário masculino não cai bem um homem admitir que gosta de canções melosas e filmes românticos. Portanto, ele adota um verniz de estoicismo — qual o Caranguejo simbólico do signo ele forma uma carapaça. No decorrer de seu desenvolvimento sexual, o canceriano fica muito apreensivo de ser ridicularizado por seu lado inerentemente sensível. Como resultado, este signo masculino, potencialmente o mais sensível do zodíaco, acaba por se tornar o mais fechado. Seja hétero ou gay, o filho da Lua é atormentado por falsos estereótipos machistas que determinam aos homens manter-se impassíveis em situações que pedem expressão emocional. Hemingway era canceriano — machista de doer — e sensível a ponto de se suicidar. Mesmo sendo um romântico nato, o homem da Lua talvez já tenha ultrapassado bastante os vinte anos quando romper seu adotado exterior indiferente, deixando aparecer o lado menos rígido. Até então, manterá seus CDs da Celine Dion tão escondidos quanto suas emoções. Só quando "garantir" uma relação estável o nativo se sentirá à vontade para revelar sua sensibilidade mais delicada. As relações românticas, mais que lhe permitirem renascer, autorizam-no a redescobrir sua verdadeira identidade, completa com uma escala plena de sentimentos — desde o aluado de amor, quando apaixonado, até o profundamente melancólico, quando desprezado. Não é de espantar que o signo produza atores tão convincentes, pois, de uma forma ou de outra, o nativo passou a vida toda fingindo. Qual Pinóquio, versão Disney do mito de Jonas, ele deseja tanto ser um "menino de verdade" e, no entanto, está preso à modalidade teatral, sendo arrastado por intermédio de movimentos de imitação do que percebe como o comportamento masculino aceitável. Não assumindo seu verdadeiro eu, principalmente a imaginação e os desejos sexuais, profundos e variados, ele se arrisca a ver seus sentimentos denunciados por algo mais que o crescimento do nariz, malgrado esforços de conservar aquela aparência fria e indiferente. Como o verdadeiro Caranguejo, que tanto vive na terra quanto na água, o homem de Câncer habita dois mundos ao mesmo tempo, apresentando-se como um tipo concreto e pragmático ao mesmo tempo em que possui uma sensualidade densa e misteriosa. Regido pela Lua, não consegue escapar das marés e fluxos dos impulsos naturais que o percorrem; e sua famigerada variação de humor deve-se principalmente ao esforço interno de repressão, para manter as aparências, de suas fantasias sexuais mais exuberantes. Cedo ou tarde, entretanto, o nativo precisará "se assumir" e admitir suas necessidades mais profundas e sombrias, tanto para si mesmo quanto para os parceiros sexuais existentes ou potenciais, sem medo de que o rotulem de mal comportado. Pois a alguma altura ele deve aprender que precisa haver limites para as preocupações com aquilo que os outros — e principalmente as mulheres — pensam a respeito dele. Ao adotar uma postura impecável presta a si mesmo um grande desserviço, afinal, por ser apenas humano, mais cedo ou mais tarde deverá se mostrar menos que impecável.

Na verdade, muitos nativos de Câncer são criados em lares com a imagem paradoxal da maternação: sua própria mãe talvez se projete com grande estatura no âmbito emocional, sendo, porém, incrivelmente passiva e carente na prática. De fato, talvez em sua passividade, ou até numa atitude direta de vitimização, ela mantenha a família inteira sob chantagem emocional. Mesmo

4

NÚMERO DO SIGNO

O número da estrutura da completude e da proteção — o quadrado é o mais sólido dos objetos. Há quatro elementos, quatro pontos cardeais, quatro estações e quatro arcanjos.

21-28

ASSOCIAÇÃO DA FAIXA ETÁRIA DO SIGNO

A idade do noivo. O canceriano é o tipo casadouro realmente bom de levar para casa e cuidar. Durante toda a vida ele personifica a qualidade do período, encarnando o espírito da promessa e do potencial, caracteristicamente comprometido com as relações, como quem eternamente dissesse "Eu aceito".

numa família dominada pelas mulheres, qual costuma ser a família típica do canceriano, ele irá assumir um papel materno em relação aos irmãos, e principalmente à mamãezinha querida, enquanto mantém uma relação mais fraterna com o pai, ao qual considera adorável, porém fraco. Contudo, como se não bastasse essa lacuna parental, o pai pode estar totalmente ausente da cena, ou ser tão indiferente que cause um reduzido impacto no ambiente emocional do filho. Faltando-lhe a realização emocional, o canceriano procura recuperar-se dessa sensação de perda por meio de uma ligação romântica. Seu objetivo é atrair uma poderosa fêmea-primordial — a qual, consoante a natureza, foi escalada para procriar (maternação no sentido mais estrito) —, pois ele espera que uma mulher assim possa lhe oferecer um *ambiente* nutritivo e motivacional, no qual possa cultivar, de fato, incubar, um sentimento de integridade psicológica. Esta é uma distinção que a astrologia com freqüência não consegue estabelecer: o canceriano não está absolutamente procurando um colo ou uma mãe melosa que lhe facilite a vida. Na verdade, ele busca um ambiente doméstico que lhe ofereça o desafio de acessar uma grandeza latente, e ao lado da mulher que o coloque na trilha certa. Ao contrário da crença popular, o nível de atenção procurado pelo homem de Câncer ultrapassa a linguagem infantil ou a chance de que lhe sirvam seus petiscos prediletos.

PSICOLOGIA

O canceriano parece excessivamente responsável. Pode viver num mundo de fantasia, sendo mais sonhador que pessoa de ação. Como fingidor, pode sucumbir ao fingimento. Como ator, pode ser um grande mentiroso. Nos relacionamentos, pode ser carente. Por vezes sofre de sentimentos dissociativos, uma sensação de ser falso ou desonesto, de não estar conectado com seus verdadeiros objetivos, sentimentos ou desejos. Pode ser um recluso, e mesmo sofrer de agorafobia.

Corpo + alma

A tendência do nativo de Câncer é ser mais agradável e simpático que qualquer outro homem do zodíaco. O regente da Quarta Casa, a do *público geral*, e das mulheres em particular, é talvez responsável pela preponderância de cancerianos entre os atores de êxito do cinema: Tom Cruise, Tom Hanks, Tobey McGuire, Josh Harnett, John Cusack, Harrison Ford, Robin Williams, Sylvester Stallone e Kevin Bacon. A aparência do Caranguejo tende a agradável, mas plácida, e não exatamente transbordante de sexualidade. Ao contrário, ele corresponde ao tipo de homem que deixa as mulheres com vontade de levarem-no para casa e cuidar. Mesmo quando abençoado com extraordinário visual, ele não gera muito calor; mais exatamente, é frio e pálido de espírito como a Lua. Pode chegar a ser inócuo como resultado de querer se misturar aos demais e ser um "menino de verdade". Para distinguir o canceriano na multidão, deve-se procurar o homem que pareça mais ocupado em evitar que o localizem, levando para onde for a carapaça invisível. Até o mais deslumbrante filho da Lua pode passar desapercebido ao disfarçar os traços — ocultando-se sob cabelos precisados de um bom corte, um par de óculos e trajes de estilo discreto. Com os amigos, ele se mete nas rodinhas pequenas, tipicamente conversando com os que estão próximos. Talvez dirija a voz à parede, dando as costas ao público, conduzindo conversas dois a dois, meio de lado em vez de conversar cara a cara. Quando apanhado num *tête-a-tête*, exibe um sorriso, uma expressão vazia, fingindo estar pendente de cada palavra dita pelo outro. Embora balance a cabeça e ria apreciativo, fazendo perguntas oportunas, por vezes é óbvio que nunca escuta muito as respostas dadas.

Até no aspecto físico o Caranguejo pode ser dolorosamente indefinido: em geral, nem muito baixo nem muito alto, o canceriano oscilará em altura por volta de 1,75 a 1,78 metro. Bem proporcionado, ele não é explicitamente musculoso nem tem ombros largos, mas tampouco é franzino. O termo mais pejorativo usado para descrevê-lo pode ser *mirrado*. Em geral mais claro de pele que os outros homens da família, talvez tenha uma expressão meio desbotada, independente da etnia. Se ele for branco, por vezes terá os cabelos de uma espécie de cor de burro, misturada a um tom sujo de louro, tonalidade difícil de definir com exatidão. A textura do cabelo tende a fina e frágil, e a linha da implantação é bastante alta, sobretudo na região diretamente acima das têmporas. Provavelmente o traço mais distintivo de sua aparência é o rosto, adequadamente em formato de lua, oval ou mesmo oblongo. Embora talvez um tanto corcunda, com a cabeça e o pescoço projetando-se um pouco à maneira de uma cegonha (traço tornado mais perceptível por um pomo de Adão tipicamente acentuado), o canceriano tem uma estrutura bastante sólida. Mesmo sem excesso de gordura corporal, ele tende, entretanto, a ter macios o peito e a parte mediana do corpo. Parece que apesar de toda a musculação que ele faz, seus peitorais sempre têm um certo ar feminino, projetando-se na região dos mamilos — uma área altamente sensível deste homem, e possível fonte de grande prazer, caso consiga superar o sentimento de ser feminino demais para um homem desfrutar essas sensações que espreitam secretamente (em resumo, o embargo típico do nativo de Câncer).

De fato, talvez sua figura evoque de leve a feminina: o tronco se afina, formando uma cintura alta, depois se arredonda e vai projetando, à medida que se aproxima dos quadris. A maioria dos homens gostaria de ter músculos laterais tão pronunciados, porém, no caso dele só parecem acentuar sua figura, digamos assim, de ampulheta. Normalmente tem menos pêlos que outros homens da família, embora os trechos cabeludos do corpo costumem ser mais lisos que

ARQUÉTIPO + MITO

Câncer personifica o deus consorte, que freqüentemente se casa com a própria mãe. Deucalião é o Noé grego, que foi guiado por Têmis, uma deusa-mãe oracular cujo nome significa "águas". Dizia-se que a enchente anual do rio Nilo pressagiava a chegada de Osíris, cuja noiva-mãe Ísis o engoliu (como Jonas foi engolido pela baleia), dando-lhe nascimento outra vez. Héracles foi submetido à prova por sua mãe Hera, por meio de uma série de trabalhos que incluíram matar o Caranguejo zodiacal, o símbolo do final de uma era, e o começo de outra. Héracles significa "amado de Hera" e ele a desposou sob sua forma virginal de Hebe.

crespos, e bastante esparsos e insignificantes. O estômago, especialmente, será acentuado por pêlos. O baixo ventre se projeta, talvez em decorrência da regência do signo sobre esta área, e a pélvis se alarga, o que, juntamente com flancos redondos e a devida sugestão de pneuzinhos, torna seu corpo um tanto cadeirudo, mesmo quando o nativo é ultradelgado. Graças aos ombros fortes e amplos, aos braços naturalmente tonificados, além de um traseiro bastante achatado, ele escapa de aparentar o formato de pêra. As pernas, tão bem definidas e sólidas quanto graciosas, lhe dão um ar de dançarino. A exemplo do corpo, o tamanho do pênis oscila na faixa do mediano. Entretanto, o canceriano tende a ter um pênis bastante grosso e os testículos, embora não pendurados, costumam ser grandes. Em geral, o púbis tem mechas de pêlos bastante profusas, o que, dada a escassez de cabelos na cabeça, pode parecer bastante incongruente. Mais que a maioria dos homens, o nativo de Câncer pode ter um pênis de forma estranha — inclinado para o lado, curvado para baixo ou dotado de uma cabeça bulbosa de cogumelo —, e se não for circuncidado, pode apresentar um prepúcio excessivamente longo ou agarrado demais.

O canceriano tem uma forma distinta de se mexer e gesticular. Num aceno à sua natureza de Pinóquio, ele tem uma expressão física sincopada, como uma marionete, por vezes se inclinando, balançando a cabeça ou deitando-a para trás durante a conversa, assim como dobra e estira os pulsos, ou até os tornozelos, inconscientemente, em movimentos abruptos, como se estivesse flutuando na água. No homem de Câncer há sempre algo tolo, justamente a qualidade que outros acham mais engraçadinha em relação a ele. Soma-se a isso seu engenho criativo, que se traduz em observações espirituosas e cortantes. Contudo, é evidente que não fora seu estilo tão conservador, ele poderia parecer bem mais excêntrico que a maioria dos homens. Sua aparência lembra a de um colegial que tenta se passar por alguém ligeiramente mais velho, usando um documento falso — como se estivesse sempre tentando manter o rosto sério —, e até mesmo quando está sendo extremamente sério, custa aceitá-lo como tal. Seus olhos literalmente arregalados têm uma tonalidade em geral mais clara que a de outros membros da família — avelã, por exemplo, quando os familiares têm olhos castanhos, ou azul desbotado quando o tom dos outros é profundamente azul. As pálpebras parecem opalinas, da cor rosa claro sob a fronte alva, os olhos de órbitas rasas e um pouco asiáticas, mesmo quando ele não é oriental. Normalmente, tem nariz adunco, e o lábio superior ligeiramente preso, que lhe dá uma fala ciciante, quando não se traduz literalmente num ligeiro defeito de fonação. A cabeça é em geral redonda como uma abóbora e

BÍBLIA + LITERATURA

Como signo cardinal de água, Câncer está associado a Noé, ao dilúvio e à renovação da condição moral humana. O signo também retira elementos do arquétipo do recém-nascido Moisés, que foi despachado de uma mãe para outra, correnteza abaixo. A passagem de Jonas na barriga da baleia, regida por Câncer, é uma lenda de transformação pessoal. Pinóquio percorreu o mesmo trajeto em sua viagem para se transformar num menino de verdade. O Percival da Idade Média é transformado por sua fada rainha Blanchefleur num ser puro e valoroso, tornando-se assim o protótipo do Príncipe Encantado de Cinderela. Walter Mitty, que eternamente se imagina um herói romântico salvador da humanidade, é um personagem canceriano moderno. As figuras itifálicas com o pênis em ereção de Percival e Osíris sobrevivem em personagens feridos como Jake Barnes, de Hemingway, em *E agora brilha o sol*, e Benjamim, de Buck Henry, no roteiro cinematográfico de *The Graduate* (*A primeira noite de um homem*).

os dentes, quase sempre irregulares ou diretamente tortos, tornam sua expressão ainda mais singular.

Da mesma forma como se produz para sinalizar que tem futuro, a uma candidata promissora, o nativo conserva uma expressão inegavelmente perdida — como se fosse um orfãozinho, camisa abotoada até o alto, cabelo lambido, ansioso por parecer o perfeito candidato à adoção. Assim ele toca as cordas do coração feminino, levando as mulheres para onde quer, parecendo ao mesmo tempo carente de amor e decidido a fazer sucesso, um lance que muitas mulheres acham irresistível, quando buscam um homem para possuir e moldar. Até o corte de cabelo parece ter-lhe sido administrado, como se no esforço de acentuar a impressão de menor abandonado — o canceriano, como o ariano, mostra uma tendência a concentrar seus cuidados cosméticos em cortar os cabelos com freqüência. Em geral, a aparência e a expressão do canceriano transmitem uma extrema doçura. Malgrado a dura carapaça que procura manter, ele só parece terminalmente sensível. As mãos, em especial, o denunciam: embora os dedos sejam quase sempre delicadamente afusados nas pontas — uma alusão, talvez, às garras do Caranguejo —, o homem da Lua possui provavelmente as mãos masculinas mais bonitas do zodíaco. Elas parecem informar tudo o que pode ser dito sobre ele: forte, porém gentil, artístico, gracioso e capacitado. Mas é sua renovada inocência que leva os parceiros sexuais em potencial a baixarem a guarda, jamais esperando que um homem tão despretensioso esteja tão programado ou decidido a ir fundo.

Sexo + Sexualidade

A relevância do fato de o canceriano ser, em termos metafóricos, o amante e o filho de uma mulher é que esta constitui uma figura abrangente de constância na vida dele, da qual e para a qual flui toda a energia vital, inclusive a dele. O nativo de Câncer, como consorte, está ali para proteger e respeitar o assombroso poder que ela, como expressão viva do Princípio Feminino, inegavelmente representa. A antiga dinâmica matriarcal pela qual a mulher toma um esposo simplesmente como contribuição para a linhagem familiar é aquela na qual o nosso Caranguejo procura existir. Em sua busca de uma mulher forte, ele irá considerar um bônus entrar para uma família que se distingue por esse tipo de poder matrilinear. Ele não só está sendo "adotado" pela companheira, mas freqüentemente pelo clã inteiro, o qual, para sua grande satisfação, quase sempre

CASA ASTROLÓGICA

proteção
conclusões
pais
condicionamento paterno
familiares/laços consangüíneos
lar/residência
fundamentos da família
pedigree
base psicológica
vida privada
casas e imóveis
propriedade de aluguel
assuntos pessoais
pais influentes
influência materna
eu teórico
base do caráter
parentes mais próximos
necessidade de se proteger
fatores acumulados
cenário doméstico
ambiente doméstico
base operacional
hábito de colecionar
apetrechos domésticos
a terra
o drama da vida
treinamento intelectual
treinamento emocional
mente inconsciente
personalidade emocional
medos subconscientes
reação instintiva
hábitos estabelecidos na infância
começo e final de ciclos
patriotismo
lembranças da infância
sentimentalidade/nostalgia
idade avançada

está cheio de mulheres dominadoras. O benefício adicional de se casar com uma mulher que tem uma influência familiar onipresente é que o nativo, assim como deseja parecer o marido ideal, também quer ter certeza de que a esposa ou amante estará bastante ocupada emocionalmente para não seqüestrar o tempo e energia dele com qualquer necessidade sentimental da parte dela — com uma ninhada de parentes consangüíneos para distraí-la, ele terá muito mais autonomia. Afinal, convém não esquecermos: ele é a pessoa que tem necessidades, logo, a companheira não deveria ter nenhuma. Em retribuição pelo sacrifício que faz ao prover para a companheira, e, em caso extremo, para a família dela, ele espera ver atendidas suas outras questões cotidianas — jamais ter de preparar uma refeição ou lavar os pratos ou planejar uma noitada ou provavelmente até pagar uma conta. Ele quer uma vida na qual possa se exibir e, contudo, fazer o que lhe mandam. Qual Moisés em seu cestinho, ele se contenta em espernear e ir na onda que sua decidida companheira está manifestando, sem precisar gastar energia em estabelecer objetivos. Estes serão estabelecidos para ele. Como um Caranguejo, o homem de Câncer se move com a corrente (leia-se: o momento presente), e ao fazê-lo talvez preserve sua força para atividades pessoais e profissionais das quais ninguém poderá partilhar, nem sequer sua parceira icônica.

O canceriano é um tipo notoriamente inteligente e inspirado, que geralmente busca recolher por seu talento as maiores recompensas financeiras. Para ele, a expressão "Artista pobre" é um paradoxo. Agir por impressionabilidade é outro sintoma de sua condição de único nativo cardinal de água do zodíaco, que combina simbolicamente as respectivas qualidades de iniciativa e sensibilidade criativa. Ele tem um talento extraordinário para explorar o clima emocional de uma cultura, falando com empatia aos sentimentos compartilhados, e por vezes mobilizando-os. Ele alcança o máximo desempenho por intermédio de formas artísticas que lhe permitam expressar sentimentos vivenciados por outra pessoa, o que freqüentemente faz com seus comentários sociais articulados ou com outros recursos em que o humor ou o pathos pode ser empregado como meio de cura, purgando os indivíduos de paixões mais assustadoras ou pessimistas. Ele é a ironia personificada. Como um cartum ambulante e falante da revista *The New Yorker*, ele pode resumir uma situação desde um ângulo lateral — sempre chegando ao desfecho pela tangente, sem jamais agredir o público com ele. Este é o típico jeito canceriano: fazer um ataque disfarçado (mas realmente atingir você). Enquanto isso, ele sente que nesses objetivos de longo prazo a realização está implícita em sua capacidade de viver a vida,

PALAVRAS-CHAVE

potencial
pacifismo
ironia
controle
comiseração
confiança
cálculo
arrependimento
convenção
sensibilidade
tutela
impressão
autoproteção
humor
emoção
cerimônia
evasão
nutrição
purificação
astúcia
simpatia
melancolia
oportunidade
insatisfação
procriação
matriarcado
patriotismo
sensibilidade
abrigo
sentimentalismo
apego
preocupação
pretensão
supressão
imunidade
romance
domesticidade
ocultação
conversação
autoconfiança
apuros
paternidade
compromisso
memória
nostalgia

tanto quanto possível, a partir daquela perspectiva estritamente do hemisfério direito do cérebro, enquanto a parceira se transforma num substituto do hemisfério esquerdo. Se ele estiver no mercado de trabalho ganhando dinheiro, não vai querer lidar com os detalhes da vida cotidiana. Em algumas instâncias raras, se a parceira for o provedor principal, ele poderá se tornar o "marido de avental", cuidando do ambiente doméstico e assumindo o papel principal na educação dos filhos. É tipicamente impossível ao canceriano, e, portanto, à parceira, misturar as coisas e fazer um pouquinho de cada. A parceira é uma parte essencial dele mesmo, o lado yin que geralmente lhe permite ser o lado yang e correr atrás de seus sonhos singulares e arrebatadores.

No afã de se concentrar por completo em suas ambições tipicamente artísticas, o canceriano por vezes sacrifica a responsabilidade por si mesmo em todos os outros níveis. Por ironia, ele deve se entregar completamente a um outro aspecto significativo para poder alcançar êxito em suas empreitadas individuais — com um fluxo constante de inspiração inundando a consciência do canceriano, não sobra mesmo espaço para outras preocupações mais práticas. De fato, quando entra numa relação séria há um elemento de ingresso à educação de adultos: a mulher se transforma no mentor que modela seu caráter, fornecendo o adequado e importantíssimo ambiente saudável e motivador no qual ele pode crescer e alcançar seus objetivos; desde que, naturalmente, ele se deposite por completo nas capacitadas mãos dela. Nos relacionamentos do canceriano a amante parece mandar em diversos níveis e ele parece um escravo consentâneo, fato que freqüentemente acende a ira de seus amigos homens. É claro que em qualquer relaçao senhor-escravo está inerente a inversão, e tal será, certamente, o ponto crucial dos vínculos amorosos do nativo de Câncer: como o piolho-da-virilha, aquele parasita insistente, o canceriano também se alimenta, no sentido figurado, do hospedeiro feminino. Tipicamente, a mulher permanece inconsciente do fato — pelo menos aqueles insetos desagradáveis nos dão a perceber que estão ali. O canceriano, porém, é ainda mais insidioso. À maneira do Caranguejo do oceano que se aproxima da vítima na diagonal, desapercebido, antes de atacá-la com suas pinças de torquês, o nativo se esgueira para perto da mulher, insinuando a si mesmo e a suas intenções (in)conscientes. Sua conduta é tão fria e desapegada que, quando ela finalmente se descobre cativa, já está incapaz de imaginar a vida sem ele. O mesmo ocorre com suas necessidades libidinosas: não era de se esperar um tesão tão agudo, proveniente desse sujeito comum aparentemente reservado, tesão literalmente vivenciado como uma onda insistente a se erguer de suas virilhas. Sustentando o verniz

REGÊNCIA DO CORPO

Câncer rege o estômago e há uma tendência a distúrbios digestivos e gástricos. O signo também rege os seios, o sistema reprodutor feminino, o sistema alimentar, o útero e os ovários. A Lua rege o sistema linfático, os fluidos corporais, o pâncreas e o sistema nervoso simpático, controlando os reflexos e as respostas a estímulos emocionais.

HOMENS FAMOSOS DE CÂNCER

Jogadores de princípios e príncipes entre os homens

Tom Cruise
Billy Crudup
Toby McGuire
Harrison Ford
Tom Hanks
Willem Dafoe
James Cagney
Robin Williams
Josh Hartnett
John Cusak
Chris Cornell
Carson Daly
Chris O´Donnell
Burt Ward
Rupert Graves
Jason Schwartzman
Kevin Bacon
Geoffrey Rush
Chris Cooper
Jimmy Smits
Yul Brunner
Dan Ackroyd
Brian Dennehy
David Alan Grier
Ron Silver
Bill Cosby
Mel Brooks
Billy Wilder
Merv Griffin
Ringo Starr
Robbie Robertson
George Michael
Bob Fosse
Rufus Wainwright
Bob Crane
Milton Berle
Donald Sutherland
Ernest Hemingway
Ingmar Bergman
Charles Herman-Wurmfeld
Jean Anouilh
George Orwell

plácido, ocultando a arfante necessidade de atacar, ele vai assim ganhando tempo, fingindo que só quer uma interação platônica. Demonstrando indiferença, ele não só desarma a futura amante, mas também planta sementes do desejo por ele no psiquismo dela. É uma estratégia que funciona: ele a atrai para perto e depois, gradualmente, vai apertando o cerco. Como aquele crustáceo no qual se tropeça por acaso, depois de cravar as garras nosso tenaz Caranguejo não vai largar mais.

Entretanto, quando se trata de sexo, as mulheres nunca são meros objetos físicos a serem explorados por prazer; elas são *fontes* veneradas de vida da qual ele, às vezes extremamente agradecido, recebe sua inspiração e para as quais deve se oferecer como um desejável parceiro de reprodução. É quase impossível ao canceriano abordar o sexo sem considerar a função básica e procriadora do ato. Assim, ele tenta parecer a própria encarnação do sêmen de elite: qual um doador privilegiado do banco de esperma, o canceriano deseja que seu "perfil" de qualidades pessoais pareça às mulheres extremamente instigante. Então, de forma consciente ou não, ele se produz para passar pelo escrutínio feminino, oferecendo todos os atributos exigidos que intui seriam desejáveis, o tempo todo sem parecer afirmar uma plataforma abertamente masculina de sua autoria. Para resumir: ele banca o Príncipe Encantado, cuidando de não parecer régio demais e se impor à matriarca arquetípica que busca para companheira.

Acima de tudo, o canceriano faz a mulher sentir-se segura. Afinal, ele é encarnação viva do herói sacrificial arquetípico, apresentando-se como alguém que permanecerá eternamente ao lado dela, se não for às suas ordens. Assim, ele age como a antítese do indomado ou do esquisito. Em vez disso, transforma-se numa embevecida platéia para ela, que por sua vez acabará falando pelos cotovelos, quase sempre revelando muito mais ao próprio respeito que faria de outra forma. Sem consciência dos motivos, uma mulher por instinto se investe emocionalmente no canceriano. Mas se tivesse observado com mais cuidado, ela talvez percebesse que ele só está fingindo atenção, simplesmente porque sabe o que uma mulher deseja. A mensagem enviada: ele é sensível, diferente dos outros homens. Mas, infelizmente, talvez fique dolorosamente claro, dentro de um tempo, que ele de fato está pensando no próximo carro que vai comprar, ou em como a garçonete ficaria bem num suéter colado e felpudo, ou como ele ficaria bem ao afastar a garçonete do tédio da vida dela, resgatando a moça e seu suéter no carro novo. Contudo, ele é um consumado ator no palco da vida e, em geral, consegue escapar ileso, sobretudo com as mulheres autocentradas que freqüentemente atrai. Com um mínimo de esforço, o nativo é muito capaz de fazer uma mulher se sentir infinitamente interessante, o que funciona como mágica para pavimentar o caminho pelo qual o relacionamento progredirá — rapidamente — para o próximo nível. Ele terá conseguido no curto prazo o que a maioria dos homens precisa lutar para obter: a imediata oportunidade de transar, mas também a impressão de ter sido dela a idéia de se oferecer praticamente na bandeja. Assim, poderá surpreendê-la constatar que a experiência sexual, de fato, tenha a *ele* por referência.

Na cama o canceriano não se apressa; ao contrário, é notoriamente sentimental, impondo uma intensa programação emocional. Com ele, o ato sexual tem uma grande carga afetiva. O nativo pode parecer tão extrema e audivelmente grato, que a parceira talvez comece a achar que ele pode ter orquestrado tudo. O intercurso com o canceriano típico é acompanhado, por vezes, da parte dele, de constantes pedidos de desculpas intercalados com manifestações verbais de prazer. Parece que acha difícil entender que na transa a parceira não é apenas objeto, que ela também pode estar se divertindo. A boa educação tem seu lugar, mas talvez alguém deva dizer ao caranguejo excessivamente polido que não dá para transformar o ato sexual numa brincadeira do tipo "Mamãe, posso ir?". Tomar a dianteira, entretanto, não é o forte do canceriano — um exemplo de como o indivíduo se programa para a deferência poderá prejudicá-lo. Em algum momento o nativo talvez vá precisar trocar sua rotina de garotinho agradecido para o papel mais lisonjeiro de adulto libidinoso — uma auto-imagem que, aliás, sempre lhe (pre)ocupa a imaginação.

Para o Pinóquio do zodíaco não é fácil concretizar esses devaneios de "homem de verdade". Ele é a tal ponto acometido pela insegurança que até quando adquire o petulante ceticismo de um Hemingway ainda se submeterá à vontade das mulheres (como fez o adequadamente apelidado "Papa" Hemingway). Este pomposo pugilista canceriano imortalizou sua própria masculinidade como ferida, castrada como a de Percival e Osíris. Sua figura autobiográfica tenuamente velada, Jake Barnes no romance *O sol também se levanta*, encarna esses deuses itifálicos sob a caracterização de um macho sacrificial da Geração Perdida, emasculado por sua afeição pela icônica Lady Brett Ashley (o nativo se dá bem com as Ladies Brett desta vida, que necessariamente procuram ficar por cima). A exemplo de Hércules, o canceriano tem direito inato a ser colocado à prova, e deve realizar o propósito sacrificial de seguir os decretos da fêmea — mesmo na cama, a expectativa ambígua é de que ele está ali para satisfazer a luxúria de uma mulher, e não a sua própria lascívia masculina. Nesse

Nathaniel Hawthorne
Franz Kafka
J.J. Rousseau
Hermann Hesse
Jacques Derrida
Saul Bellow
Ken Russell
Tom Stoppard
Clifford Odets
Neil Simon
Jean Cocteau
E.B. White
Henry David Thoreau
Pablo Neruda
Nelson Mandela
David Brinkley
Gerald Ford
John Glenn
John D. Rockefeller
Richard Branson
Oscar Hammerstein
Ray Davies
Vince Guaraldi
Arlo Guthrie
Woody Guthrie
Cat Stevens
Gustav Mahler
David Hockney
Marcel Proust
Andrew Wyeth
J.M. Whistler
Camille Pissarro
Modigliani
Edgar Degas
Edward Hopper
Rembrandt van Rijn
Julio César
Giorgio Armani
Richard Simmons
Arthur Ashe
Matthew Pritchett
Jeff Beck
Mick Fleetwood
Sidney Lumet
Peter Lorre
Antoine de Saint-Exupéry

ponto, o eterno nativo de Câncer de 21 anos de idade é colocado no papel recorrente que nasceu para interpretar: O Graduado. Graduação, que significa, literalmente, "desenvolvimento gradual", é a energia planetária associada com seu regente, conforme sugerido pelo pictograma da Lua crescente. Ter à sua espera no retorno ao lar uma eterna mãe-amante, metaforicamente parecida com a Sra. Robinson, proporciona ao nativo o perfeito ambiente sexual e emocional para desenvolvimento de seu caráter. Pesa sobre ele o ônus de nada fazer além de cumprir mandados matriarcais — a senhora Robinson era só a deusa Hera, com uma mecha branca. E assim para o herói da história, Benjamim, a recompensa canceriana de ser colocado à prova por esta dominadora mamãezinha querida, é por fim conseguir se *graduar* e se casar com a "filha" dela, ou aspecto mais jovem, como Héracles se casou com Hebe, Hera sob a forma virginal. Esta é a viagem sexual alegórica que todo homem de Câncer deve realizar, gradualmente deixando que a mulher amada o transforme num homem completo que acabará por se tornar para ela, senão amo e senhor, então pelo menos senhor de si o bastante para não ser emasculado por ela. Em alguns casos, o canceriano perde a transição, ficando para sempre ligado cegamente a uma mulher castradora. Às vezes, ele terá propositalmente "aprendido" num simulador de mentora, na intenção de acumular confiança suficiente para voltar de ré e dar carona àquela moça do suéter. Outras vezes, quando ele faz a mudança psicológica e emocional, é o relacionamento que não sobrevive à metamorfose do canceriano, com a parceira dominadora recusando-se a permitir que ele adquira seu próprio par de *cojones*. Neste caso, o eterno noivo é deixado a acariciar seu grau de licenciado, empurrado de volta à praia da vida de solteiro ou, agora, de forma consciente, de volta ao mercado para uma parceira mais equilibrada — alguém em cuja companhia navegar nas marés altas e baixas da vida e, como Pirra com seu Deucalião, dois grãos de ervilha na mesma fava a flutuar.

Enquanto isso, seja qual for o arranjo assumido pelo relacionamento, o Caranguejo estará sempre excitado sexualmente pela afirmação do poder feminino. Em todo caso, o nativo é quase sempre um amante muito melhor quando não recebe a tarefa de motor principal. A pressão pelo desempenho deixa-o nervoso, ele se arrisca a perder a ereção ou a ejacular precocemente. Entretanto, num papel mais passivo — o proverbial ingênuo —, a coisa muda de figura: nessa instância, ele pode ser o homem mais sexualmente incansável do zodíaco, capaz não só de ter orgasmos recorrentes, mas também múltiplos. E removida a tensão de ser um machão, ele é capaz de abraçar plenamente sua sensibilidade, pois a excitação sexual muitas vezes o leva a explorar alguns transbordamentos emocionais bastante melosos. De todos os homens ele é o maior moleirão, que adora beijar, abraçar, ficar agarradinho contemplando a Lua. Sua necessidade daquela chuva de amor aconchegante é quase tão grande quanto a de um orgasmo, ou até maior. Quanto a isso, nada lhe comunica maior emoção erótica do que deixar uma vigorosa mulher seduzi-lo, os peitos saltando enquanto esbraveja incentivos e instruções.

Na verdade, pouquíssimas visões cancerianas de sexo deixam de incluir seios, sob uma forma ou outra. O nativo é o mais destacado adepto do zodíaco à prática do gozo entre os seios, e a maioria de suas fantasias sexuais envolvem moças de seios fartos na proverbial postura de abraçar o poste. O homem de Câncer adora ser sufocado por uma mulher, e suas visões masturbatórias apresentam mulheres que se agigantam e comandam a cena. Mas isto é só o começo. Enquanto muitos homens preferem continuar ignorantes em relação às funções femininas mais íntimas, o canceriano abraça todas as funções mais escatológicas da mulher. Ele não é nada reticente quando confrontado com as efusões da parceira, propensão que poderá facilmente se estender para o departamento pipi, pois a urina está sob regência do signo de Câncer. Da mesma forma, muito lhe interessa o sexo anal; entretanto, se a parceira agitar a bandeira vermelha, ele está disposto a acatar. Naturalmente, ele adora sexo oral — qual o homem que não gosta? —, mas para ele este ato proporciona uma apaziguante sensação de segurança e tranqüilidade. Ele pode ser bastante torto em suas fantasias, principalmente quando empurrado a extremos pelo amor de uma mulher dominante, saboreando o papel de submisso ou mesmo de verdadeiro escravo para uma dominadora inveterada.

Na maior parte do tempo, entretanto, o Caranguejo raramente põe em prática suas fantasias mais intrincadas. Decerto reluta em abordar a questão no âmbito doméstico, no qual não deseja se arriscar a abalar as fundações emocionais de sua relação permanente, nem corromper o pudico vínculo carnal cuja essência é a finalidade de procriação. É apenas lógico que seu arquétipo mítico de salvador-consorte derive a razão de ser da capacidade de impregnar adequadamente a deusa mentora. O mesmo se aplica ao nativo: ele parece programado para se propagar, procriar, prover e proteger. E comparado à maioria dos homens, ou, atrevemo-nos a dizer, a todos, ele parece não conseguir divorciar a função natural do sexo do simples prazer sexual. A atividade sexual é, em algum nível inconsciente, primeiro o dever, e depois o desejo. Talvez por essa mesma razão muitos cancerianos se casem cedo, tendo tido poucas parceiras

LANCES ERÓTICOS

NATIVO HÉTERO

mulheres agressivas
tipos alemães e suecos
mulheres altas
seios grandes
próteses de silicone
beijar
lamber
chupar
sexo oral (ativo)
disciplina (passiva/ativa)
coito nos seios
garçonetes/comissária de bordo
sexo anal (ativo)
fantasias de submissão
bailarina de *strip-tease*
estrelas pornôs
gravidez
lactação
colegiais
genitália raspada ou depilada
submissão (passiva)
couro
motoqueiras
urofilia (passiva)
carícias
aconchego
pornografia de amador
quartos de hotel
rebenques
chicotes
ninfomaníacas
dominadoras

sexuais anteriores — fato que apenas alimenta ainda mais suas fantasias e frustrações. Embora ele considere o sexo santificado, esse sujeito caseiro não está acima de se envolver em atividades extraconjugais. Por ironia, quanto mais seguro se sente com aquela mulher forte que manda na casa, mais propenso fica a realizar em outros lugares seus anseios secretos. Mais cedo ou mais tarde, ao que parece, ele precisa tornar realidade sua transa fantasiosa com o suéter felpudo. Não é inconcebível que o canceriano encontre uma moça — talvez pague a alguma — que realize, para prazer dele, a encenação de uma escolar erotizada. Ou, no extremo oposto do espectro, pode ser o ponto de ceder ao próprio desejo de submissão, buscando que alguém o discipline, como merece um colegial de mente libidinosa. De uma forma ou de outra, suas fantasias sempre giram em torno do equilíbrio de poder entre ele mesmo e uma mulher. E com muita freqüência, existem concepções que ele jamais teria sonhado colocar em prática com sua mãe-amante. Ele é o macho purificado do zodíaco, lembrem-se, e simplesmente não consegue trazer à luz seus devaneios "mais sujos" de Walter Mitty. Não é apenas uma questão de temer a censura no ambiente doméstico — antes seria por precisar, ele próprio, de viver uma realidade não conspurcada. O típico nativo quase sempre ficaria infeliz em ver a si e sua amada *concretamente* praticar os atos que lhe poluem a imaginação individual. Não é isto que ele deseja ser. Portanto, não é questão de convencer o canceriano a fazer uma ponte, ligando suas visões mais "pervertidas" com seu comportamento carnal um tanto puritano, embora fetichista passivo, fato difícil de acontecer, se é que o faz. O canceriano deve, entretanto, reconciliar-se em vez disso com o fato de que sempre terá idéias mais selvagens — se agirá ou não de acordo com isso é outra história —, absolutamente alheias à sua real vida amorosa e existência doméstica.

Em todo caso, o canceriano típico mergulhará naquela realidade doméstica, concentrando-se na necessidade primordial de ser o marido gentil, o consorte não adulterado, regularmente acariciando, cortejando e concebendo com sua mulher. Exatamente como continuará a ter um interesse quase patológico pelas funções corporais exclusivamente femininas — se há um homem que acha trivial transar com uma mulher quando, por exemplo, ela está no período menstrual é o nosso encouraçado crustáceo —, seu arquétipo grego, Deucalião era casado com Pirra, cujo nome significa "sangue vital" — bem, você já matou a charada. Da mesma forma, ele fica extremamente solícito quando ela está grávida, fato que muitas vezes coloca um obstáculo na vida sexual de outros casais. Para nosso herói itifálico, entretanto, o inchaço do ventre da mulher, como a fase crescente de sua regente, a Lua, desperta um profundo desejo. Na verdade, a parceira talvez seja obrigada a chutá-lo no meio da noite — pois, em geral, o Caranguejo tem o distinto hábito sexual de penetrar sorrateiro quando a companheira menos espera, sendo suas oportunidades favoritas os estados fluidos de consciência —, prestes a adormecer e ao despertar. Seria difícil encontrarmos uma companheira de longa data do canceriano que nunca haja acordado com o parceiro em pleno intercurso com ela, para quem a experiência concreta ficou sutilmente mesclada à sua paisagem onírica. Isso mostra quanto o nativo é talentoso em se insinuar, neste sentido muito literal. Essa transformação de sua mulher em fetiche não se limita a isso: depois do parto, o leite também pode se transformar numa fixação, a ponto de acarretar uma certa competição para o recém-nascido. Num certo sentido, as contemplações sexuais mais fantásticas do nativo serão naturalmente subjugadas por sua igualmente intensa erotização do relacionamento mantido com a mãe de seus filhos. E como sua tendência é ter muitos filhos, quase sempre haverá vários anos durante os quais o nativo se perderá nos estertores quase extasiados da paternidade, despertados por todas as permutações a que a parceira estará sujeita. O quarto de dormir do casal será com freqüência uma pilha úmida de corpos, artigos para bebês e roupa de cama, um autêntico ninho de amor no qual irão comungar comodamente o sublime e o grotesco.

Se, e quando, o nativo de Câncer se aventurar para longe do nexo doméstico, buscando atender desejos carnais não realizados, isso acontecerá na altura da meia-idade, fase em que a maioria dos cancerianos já criou os filhos — lembrem-se de que, em geral, ele começa cedo. Às vezes, a coisa se manifesta de maneira bastante indireta, com visitas furtivas a shows eróticos ou mesmo sessões de vídeos eróticos. De fato, ele talvez tente satisfazer os apetites ousados com um mínimo de contato humano, pois sua idéia de trair a esposa não vai além de pagar por uma bailarina de *strip-tease*. Naturalmente, escolherá a inevitável "atriz" de penteado maria-chiquinha, vestida num *baby-doll*. A exemplo de Capricórnio, chamado seu signo oposto, e que de oposto nada tem, todo canceriano sente uma discutível atração por tipos núbeis. Pelo menos, no caso do Jogador, ele sem dúvida terá os recursos morais para minimizar o pecadinho, preferindo ver uma mulher adulta interpretar o papel da garota corruptora do que sequer cogitar a alternativa impensável. Quiçá guarde, em sua mente criativa, enredos bastante elaborados, que muitas vezes incluem calcinhas brancas de algodão e um pirulito, ou alguma imitação pouco razoável. Fantasias desse tipo, realizadas ou não, em geral o encontram completamente vestido. Na

LANCES ERÓTICOS

NATIVO GAY

homens mais velhos
homens corpulentos
corpos peludos
brincar com os mamilos
piercing
grampos
ficar por baixo
garganta profunda
cunete
banho de chuveiro e de banheira
pornografia bissexual
submissão e disciplina (passivo)
humilhação
tortura
escravização
mordaça
venda para olhos
coleira
transvestimento
escatologia leve
esfregação
felação em banheiros públicos
caminhoneiros
motoqueiros
skinheads
chicotes
correntes
arreios
borracha látex
esportes aquáticos
sadomasoquismo leve (passivo)
coprolagnia
fantasias de estupro

verdade, ele poderá pagar a uma falsa Lolita para ir além de procurar balinhas no bolso das calças dele. Talvez haja a aplicação de algumas palmadas. No lado diametralmente oposto do espectro, o canceriano pode interpretar elaboradas fantasias de humilhação, nas quais alguma mulher de cabelo armado, munida de um pequeno chicote, enfia o salto-agulha do escarpim em alguma parte do corpo dele, atirado de bruços, pernas e braços abertos, aos pés dela. Não há no zodíaco um nativo que goste tanto de ser chamado de verme abjeto quanto este nosso tradicional cidadão comum. Em casos extremos, poderá querer ser despido, amarrado, amordaçado e provocado por alguma amante truculenta, ao mesmo tempo em que ele percorre suplicante o caminho do êxtase, quando não ficar, em instâncias ainda mais raras, esforçando-se por não molhar as fraldas. Foi isso mesmo que você leu. Podemos perfeitamente lidar com o fator urológico aqui e agora: ninguém mais propenso que ele a tomar aquela clássica chuva de ouro, seja provida por alguém em trajes de menina de colégio ou toda vestida de couro. Trata-se, provavelmente, da mais literal interpretação da condição cardinal de água de seu signo. De fato, não há quase nada numa mulher que consiga causar nojo ao canceriano — todo possível aspecto do funcionamento de seu ser está passível de conversão em fetiche pelo nativo de Câncer. Ele não coisifica a mulher nos termos mais comuns — como uma bem cuidada garota de programa de anúncio de jornal, em trajes menores — e sim como uma fonte de admiração natural. Ele está decididamente fascinado pela forma feminina como o *outro*, e no entanto se identifica profundamente com as mulheres, do ponto de vista emocional, e mesmo espiritual, independente de suas próprias preferências sexuais.

Ao contrário de muitos nativos gays, o canceriano homossexual talvez também sinta tesão por mulheres; e em matéria de pornografia poderá até preferir a variedade bissexual, em lugar da puramente gay. Ainda assim, sua predileção é por observar homens fazendo sexo com mulheres — nada o excita mais que ver um machão hétero em ação —, desejando ser o ator que interpreta o invejável papel de observador que "apanha" o colega de quarto transando com a namorada e é casualmente convidado a tomar parte. Qualquer dúvida que restasse quanto a seu amor pelas mulheres seria, por outro lado, afastada por sua coleção de CDs de vocalistas femininas. Astrologicamente programado para ser o perfeito consorte masculino para as mulheres, ele raramente excluirá de todo manter uma relação amorosa, ainda que não sexual, com uma mulher. Durante sua existência, pelo menos uma de suas amizades íntimas com a mulher poderá cruzar a fronteira, mergulhando brevemente no território sexual. Ele prefere a companhia de mulheres jovens que partilham sua necessidade de encontrar um Príncipe Encantado (leia se: Abonado). E ninguém mais que ele tem um sexto sentido tão aguçado para adivinhar onde se reúnem os mais bem-sucedidos profissionais liberais do mundinho gay. Portanto, ele vestirá suas roupas mais bem passadas (os cancerianos, à parte a orientação sexual, são maníacos do ferro de engomar) e sutilmente irá entrosar-se com aquela tribo, sabendo que sua característica inquietação garantirá uma cantada imediata. Um nativo gay marca muitos encontros, mas dificilmente sai de novo com a mesma pessoa, até encontrar seu homem perfeito — a exata antítese de seu pai —, mundano, bem relacionado, culto e, queira Deus, com dinheiro sobrando. Ele exige tudo o que a riqueza representa: conforto, segurança e os recursos pelos quais poderá se concentrar somente em seus interesses criativos ou intelectuais, sem precisar se preocupar com trabalho temporário. Enquanto o canceriano hétero compensa os sentimentos de orfandade com a cuidadosa educação dos filhos, o nativo gay com freqüência trata de repaginar a própria infância: lamentando ter sido espoliado da origem principesca a que sente ter direito, ele tratará de garantir uma relação com alguém muitíssimo bem remunerado. No desejo de ser o eterno filho-amante do companheiro, poderá ir caçar marido em locais que atraem uma clientela madura, em raro perdendo tempo nas baladas de gente de sua idade. Ao contrário de sua contrapartida hétero, o canceriano gay não estará tão prontamente preocupado em ganhar um salário polpudo, interpretando, em vez disso, o papel mais feminino da engenharia doméstica, permitindo a si mesmo bastante tempo livre para se concentrar naqueles tórridos sonhos. Ele quer o que nunca teve: uma existência como a de uma criança, num cenário estimulante, urbano e sofisticado, no qual se discutem as últimas no café da manhã, se planejam as férias e se debatem os investimentos imobiliários — tudo isso à guisa de antídoto para o que ele considera a atmosfera embotadora e estagnada de sua própria formação. Normalmente insistirá em ter seu próprio quarto, separado do que compartilha com o amante, um lugar onde possa se espalhar e se cercar das imagens e apetrechos que refletem seu verdadeiro eu — principalmente por ser muito provável que ele tenha crescido num espaço exíguo, que foi obrigado a compartilhar o tempo todo com os irmãos.

Talvez seja esta a manifestação daquela idade dos 21 anos no psiquismo do canceriano gay: sua casa tem o jeito de apartamento próprio para onde ele acaba de se mudar, e pouco lhe falta para pendurar uma inicial de madeira na parede como aquela ousada Mary Richards, do *Mary Tyler Moore Show*. E não pára por aí a comparação com as Marias. Embora o nativo gay seja o que normalmente se considera "homem com H", basta arranhar a superfície de sua personalidade para despertar-lhe no âmago o Princípio Materno de uma verdadeira prima-dona. Independentemente da orientação sexual, o homem de Câncer possui o que pode se chamar de alma feminina. Ele é cuidadoso e protetor, e sua conduta pode ser meticulosa como a de uma diretora de escola. Em alguns casos, ele mantém o espírito cuidadoso e protetor de uma solteirona pudica. Não há como contornar a questão: dos homens do zodíaco, o nativo de Câncer pode ser o mais afeminado. Assim, como se não bastasse a tarefa de ser o filho e o amante do companheiro, ele também interpreta o papel de esposa e mãe. Decididamente atraído por heterossexuais ultramásculos, ele por vezes estabelece ligações amorosas com homens que até então foram hétero e freqüentemente são casados. O nativo de Câncer se percebe como um troféu — como o mais bonito, mais bem proporcionado e, geralmente, mais jovem de espírito da dupla. Essa dinâmica invade o quarto, onde o canceriano não precisa "trabalhar" com tanto empenho — o amante deve ser o mais apaixonado e ardente, enquanto o nativo fica esperneando e simplesmente indo na onda, correnteza abaixo. Ele adora ser objeto da carinhosa veneração do parceiro, mas não tarda a querer receber do amante mais que carinho paternal.

Guerreiro ferido, figura castrada da fertilidade, afeminado de terno, o Caranguejo é a personificação da ironia. Seu visual puritano é muitas vezes enganoso, pois, de todos os gays do zodíaco, o nativo de Câncer é quem tem os desejos mais ardentes, secretamente sonhando em ser o primeiro elo da cadeia alimentar sexual, conforme convém a seu estatuto de mais cascudo dos crustáceos. O rapaz lunar gay é, sem esforço, o mais guloso degustador do falo, desejoso de prestar serviço ao homem mais rude e tosco que conseguir encontrar. Naturalmente, o homem bronzeado e bem-posto com quem ele tipicamente se vincula talvez não adivinhe o segredinho escuso de seu canceriano, que por sua vez não irá revelá-lo. Programado em todos os aspectos para a receptividade, passivo ao extremo, ele com freqüência teme abalar os alicerces de sua almejada e cômoda situação doméstica e talvez vá buscar em outros lugares os meios de satisfazer seus anseios. Na verdade, a maioria das pessoas que o conhecem à luz do dia se chocaria ao descobrir o que este homem faz no escuro, quando não nas dependências dos bares de homossexuais. Por muito inescrupuloso que seja o nativo hétero, o gay consegue se meter ainda mais fundo na onda escatológica. Em geral, seu limite é o ponto no qual começa a dor, sob qualquer de suas formas. E apesar das profundidades lúbricas de seu desejo sexual, o canceriano gay ainda é um crédulo dos romances água-com-açúcar, e pelo visto fica muito feliz em se permitir um cenário de velas perfumadas, champanhe e banho de espuma. Como o geminiano, ele talvez tenha o fetiche das preliminares, porém, com uma diferença: em vez de sua estimulação se destinar a tornar mais dramático o inevitável clímax, ele aprecia a frustração que essa atividade proporciona, isolando-a para seu próprio e irônico prazer. Conforme se vê, ele não procura os reservados dos bares para seu próprio alívio objetivo, mas sim para derivar excitação de servir a outros que se aliviam em cima dele, quando não dentro dele. (De fato, se formos localizar sua página no livro sexual, ele estará mais para frente que para *verso.*) Com freqüência, ele absolutamente está não procurando retribuição; talvez prefira encontrar, ou não, a satisfação sexual, conforme o caso, no simples fato de ser beijado durante horas, elevando este ato à condição de um fim em si mesmo. O canceriano será provavelmente o único indivíduo para quem o sexo a secas exerce uma atração, como uma causa célebre. A bolinação, também conhecida pelo adequado termo estudantil "massagem de Princeton", também é uma inclinação sexual preferida — principalmente quando o resultado é ele receber o impacto do clímax. A exemplo do canceriano hétero, o nativo gay gosta de ser borrifado, de uma forma ou de outra. E, no entanto, através de todas essas trapalhadas eróticas, ele é o mais romântico dos homossexuais masculinos. Os desejos mais lúbricos e as visões mais melosas quase nunca se excluem mutuamente, pois todos se originam da esfera aquática de seu encharcado regente astrológico. Seu lema "Eu sinto" aponta para o fato de o sexo, como tudo mais, precisar se expressar no amplo espectro de suas emoções da humilhação à euforia, emoções essas que freqüentemente vêm embrulhadas num mesmo e paradoxal pacote.

Casais

Hétero

Homem de Câncer / Mulher de Áries

A atração é sutil — menos sentida fisicamente, mais subconsciente. A relação sexual é um antídoto — uma cura emocional para dores do passado. Ele oferece o apoio que ela busca. O sexo exorciza ex-amantes.

Homem de Câncer / Mulher de Touro

Ela é a encarnação da fantasia dele — pele macia, suéter fofa, em tons pastel. Ela sabe que o gênio calmo dele não passa de pose, e que a aguardam vivências excepcionais. Na cama, carinho e titilação em doses iguais.

Homem de Câncer / Mulher de Gêmeos

Passivo típico, ele a persegue, entretanto — conduta surpreendente, até chocante, motivada pelo ousado charme dela. O arguto e carismático Câncer parece ótimo partido. Na cama, tudo confuso; caótico, se ela for geniosa.

Homem de Câncer / Mulher de Câncer

Duas almas regidas pela Lua compartilham uma rara e rarefeita conexão emocional e sexual. Eles parecem viver só de amor. Em casa, tudo parece caótico; mas o caos é reconfortante. A cama é zona de segurança na qual vale tudo.

Homem de Câncer / Mulher de Leão

Ele é inteligente e imponente; ela aceita a corte, confiante. Meticulosos em questões profissionais. Preocupações egoístas são alegremente sacrificadas pelo bem comum. No sexo, o Leão experimenta ternura; Câncer escala um pouco.

Homem de Câncer / Mulher de Virgem

Eles se tornam bons amigos. Juntos, administram o estresse. A vida tem um fluxo. Ela está feliz em ficar em casa; Câncer se suaviza no sucesso profissional. Totalmente famintos um do outro: para eles o sexo nunca é demais.

Homem de Câncer / Mulher de Libra

Ele é o raro homem "normal"; no princípio ela parece demasiado superficial. A relação pede tolerância. No auge, eles são harmoniosos e hilariantes. O sexo alivia tensões: o canceriano é tão passivo que a libriana tem o poder.

Homem de Câncer / Mulher de Escorpião

O canceriano exige uma mãe; a nativa de Escorpião é exímia cuidadora. Juntos, eles cultivam uma confortável coexistência. Prosperidade e prole estão nas expectativas. Na cama, um erotismo total. Mas mamãe é a palavra mágica.

Homem de Câncer / Mulher de Sagitário

Ela é imprevisível, e ele não sabe lidar com isso. Sexualmente, ela cai na categoria da transa de fantasia. Ambos partilham uma ideologia sentimentalizada. Ela usa o sexo para amarrar o afeto dele. Na cama, ele será James Bond.

Homem de Câncer / Mulher de Capricórnio

Ele é o escoteiro do sonhos dela; ela é a perfeita beleza pós-moderna. O oposto zodiacal é por vezes a contrapartida ideal, e é fácil achar um termo médio confortável e produtivo. O sexo é um processo lento de limar restrições.

Homem de Câncer / Mulher de Aquário

Ela é um grito de alerta. Ele é mais um choque de realidade que uma revelação — a hora de falar sério. Sociedade ideológica de duas pessoas, eles levam uma vida inspirada. Sexo transformador: escalar para ele, ampliar para ela.

Homem de Câncer / Mulher de Peixes

Duas almas sensíveis, espíritos agudamente criativos. Com ele, ela mergulha numa vocação, chegando muito perto dos objetivos. Ele rompe as limitações emocionais pendentes. A cama é o caótico centro de atividade dos dois.

Gay

Homem de Câncer / Homem de Áries

Câncer é o homem da vida de Áries. O ariano é alterado pelo humor e pela sensibilidade do Caranguejo. Carecidos de sucesso; seu mantra é apoio mútuo. Vínculo dinâmico, mas com tendência à tensão. Sexualmente, é uma salada mista.

Homem de Câncer / Homem de Touro

Um casal conservador e calado — duas pessoas caseiras que gozam de boa qualidade de vida. Não há nada a provar: o Touro encarna seu eu mais sereno; o Câncer assume o comando. Romances ocultos podem acabar partindo corações.

Homem de Câncer / Homem de Gêmeos

Câncer tem uma rara percepção do caráter do geminiano; o verniz reluzente não o assusta. Juntos encontram um centro emocional. Com o tempo, o cuidado recíproco se transforma em razão de ser. O sexo é dramático, passional.

Homem de Câncer / Homem de Câncer

Relação de se agarrar e arranhar. Censo de humor igualmente irônico sustenta os dois nas inevitáveis agruras da relação — as marés altas e baixas são endêmicas para cancerianos. O sexo é convencional, mas não há reclamações.

Homem de Câncer / Homem de Leão

Leão desconfia das maneiras insidiosas de Câncer. Com o tempo, por vezes sorrateiramente, esses personagens carismáticos se tornam companheiros, se encantam um pelo outro. Formam um casal popular. Na cama, caso amoroso de afirmação.

Homem de Câncer / Homem de Virgem

Maníacos por trabalho com tendência à escalada social. Em conseqüência, afloram a ironia fina e o sarcasmo — é uma disputa do mais esperto. Profissionalmente, a parceria é ouro em pó. Na cama, eles se manipulam com cuidado.

Homem de Câncer / Homem de Libra

Para o radical libriano o canceriano é um afeminado. Mas o homem da Balança é famoso por abrir exceções, principalmente no que envolve sexo. O canceriano se ajusta a um pouco de escândalo em sua vida, ao demais, impecável.

Homem de Câncer / Homem de Escorpião

Em público eles são mascarados e frios, mas não a portas fechadas. Seu objetivo: viver e amar até o êxtase, no estado sustentado de arrebatamento. Casal completamente compatível, que se mescla tanto mental quanto sexualmente.

Homem de Câncer / Homem de Sagitário

Câncer é duro de roer — especialmente defendido da mira de Sagitário. Logo fica óbvia a preocupação comum com qualidade de vida. Longo passado sexual do Arqueiro não devia proibir a parceria: Câncer também esconde histórias.

Homem de Câncer / Homem de Capricórnio

Opostos zodiacais, eles enfrentam muitos desafios. Por trás das superfícies convencionais apresentadas espreita o conflito. No fim, o capricorniano é rotulado de vilão. Mas desde o começo o sexo, de tão bom, vira fetiche.

Homem de Câncer / Homem de Aquário

Câncer conduz Aquário a percurso de vida mais tradicional — para o homem lunar, sucesso é ganhar dinheiro. Sacrificar a criatividade ao padrão econômico gera ressentimento. No sexo, virada de mesa: Aquário assume autoridade.

Homem de Câncer / Homem de Peixes

Juntos eles exploram recantos remotos da experiência — a exploração espiritual é uma possibilidade. A busca espiritual amplia chances de sucesso do relacionamento. Famintos de romance, os dois, por vezes, o encontram no outro.

A mulher de Câncer

a pérola

A escancarada: a canceriana é a personagem mais emotiva do zodíaco. Manancial de sentimentos em estado bruto, ela vive de coração aberto, e precisa expressar suas emoções até quando os demais consideram imprudência fazê-lo. Mais que qualquer outra mulher, ela é consumida pelos sentimentos, brutalmente despudorados, de suas afeições e aversões. Ela se manifesta com energia, perturbando normas e sistemas estabelecidos, e também os nervos das pessoas mais reservadas ou arregimentadas de seu meio. A canceriana é mestra em varrer restrições antiquadas, em fazer uma "limpeza geral", e em causar, por outros meios, uma providencial revolução, tanto na frente social quanto na profissional. Informal em sua abordagem à vida, ela se baseia no instinto visceral, e suas ações talvez pareçam descontroladas ou irracionais. A eterna comoção no oceano insondável de suas emoções pode levar a canceriana a oscilar como louca entre a proverbial baladeira e a alma compungida, principalmente nos anos da juventude, durante os quais ela está bem carente de cuidados amorosos. Na verdade, ela se sente por vezes à deriva, lutando para estabelecer uma firme base emocional, assegurar um estilo de vida saudável e agarrar o tipo certo de marido. Em seus primeiros relacionamentos ela espera ser salva pelos homens, e por isso se arrisca a atrair tipos tirânicos, prontos a tirar partido do natural impulso de dependência da nativa. No final perceberá que seu melhor tipo de homem é aquele baluarte, um "rochedo" capaz de se adaptar ao fluxo da existência dela, invariavelmente fluida. Com outras mulheres, a tendência dela é bancar a galinha choca, mimando a amante ao mesmo tempo em que dita uma constante cobrança. Em sua orientação sexual ela é política e socialmente motivada, além de carregada da necessidade, por vezes enfadonha, de demonstrações românticas, carícias afetuosas e validação.

Signo + Mente

O signo de Câncer é regido pela Lua, representativa do Princípio Materno no zodíaco, a qual preside os fluidos do corpo e também tudo que a água representa simbolicamente: emoções, humor e intuição, entre outros atributos. Por esse motivo, a canceriana parece inteiramente feita de sentimentos. O fato de ter nascido sob o Princípio Materno manifesta-se de várias formas: para começar, significa que a nativa costuma considerar a mulher, como figura de autoridade, superior ao homem, para o bem ou para o mal. Isso também instila na menina da Lua um sentido inerente de que, em si, a existência é um ser feminino por natureza: que a Mãe-Terra é a fonte soberana e tangível da vida, em oposição ao paradigma masculino, segundo o qual o poder é percebido como emanado de um distante e intangível deus celestial. Por muito cerebral que pareça, esta é tipicamente a forma do mundo para a canceriana, criada numa família dominada pelas mulheres, na qual a mãe é a senhora inequívoca, e o pai, uma figura bastante vaga, apesar de amigável. Enquanto o modelo masculino (patriarcal) da existência enfatiza a *forma* estóica, ao passo que a versão feminina adota o *conteúdo* expressivo, a nativa pode ser vista como a personificação de sentimentos carregados, que são, em si mesmos, tão aparentemente desgovernados quanto o oceano, e, portanto, esmagador para as criaturas mais contidas e ordeiras dentre nós. Mas a aparência caótica pode ser enganadora.

Embora a Lua esteja associada a humores e instintos fugazes, ela representa, contudo, o princípio e o poder do *ritmo* no universo, literalmente discernível em seu controle sobre as águas de nosso planeta, por meio da regularidade cronométrica das marés, da mesma forma como regula os ciclos menstruais das mulheres — *mens* significa "lua". Assim, a nativa de Câncer, regida pela Lua, encarna de forma mais aguda essa dinâmica. Aquele tênue círculo prateado, em todas as suas permutações mensais entre o crescente e o minguante, se oferece como exemplo preeminente da ordem dentro de nosso cosmos imediato, o sistema solar, da mesma forma como esta esfera perolada passou a denotar o caos — o pavoroso mundo noturno, repleto de medos e perigos imprevisíveis e clamorosos, dando lugar à confusão mental, desde o aluamento moderado até a loucura total dos lunáticos (*luna* quer dizer lua, no latim). E aí está o paradoxo específico associado à nativa de Câncer: aparentemente um nódulo de caos ela é, na verdade, uma difusora da ordem natural, embora num estágio invisível, interno. Sua vida inteira será um processo de se assumir como uma expressão rítmica natural da rima e da razão: ou seja, não subjugada ao pandemônio externo, nem de fato vitimizada por ele. E, evidentemente, ela tem um áspero caminho cósmico a percorrer — a sensação de tumulto experimentada pela nativa é real para ela, à parte a habilidade potencial de percebê-la como ilusória. Compreensivelmente, na infância a primeira reação instintiva é lutar contra os sentimentos — esmagar, submeter e até não aceitar seu próprio estado emocional exaltado. Porém, quando se recusa a assumir a imprevisibilidade interna, a dor se intensifica. Quando opera a mudança psicológica, admitindo suas marés altas e baixas, ela não só se liberta dos demônios emocionais tantalizantes, como ainda consegue expressá-las livremente dentro dos limites da vida diária e da experiência interpessoal — família, lar, relacionamentos —, pilares da vida que são, por ironia, extremamente desafiadores para a canceriana. A razão para isso, como ela própria diria, é a dificuldade de encontrar seu próprio ritmo em tais situações, o que não surpreende. Ela se sente inerentemente espoliada de seus começos mais elementares. Em particular, sente-se isolada das influências masculinas fortes, e ao mesmo tempo mergulhada ao extremo num ambiente dominado por mulheres. Nascida sob o signo do Princípio Materno, ela geralmente manifesta também a ausência do Princípio Paterno.

Em termos metafóricos, a mãe representa cuidados, principalmente do tipo emocional, enquanto o pai caracteriza proteção, controle e disciplina. E assim como a mulher de Câncer encarna a completa conexão com a *fonte* de sua mãe, falta-lhe qualquer mecanismo estóico capaz de atuar para resguardá-la do ataque emocional daquela. Neste particular, ela muitas vezes se sente perigosamente exposta, o que pode explicar por que tantas nativas de Câncer logo se tornam endurecidas (alusão à carapaça protetora do Caranguejo). Algumas cancerianas se retiram de forma drástica dos contatos interpessoais, enquanto outras adotam uma detestável "má conduta" — a maioria oscila dramaticamente entre esses dois modelos. Na ponta negativa do espectro psicológico espreita o mais forte sentimento da canceriana: o medo. De fato, toda a evolução, em sua vida, consistirá no encontro da própria distância sensível em relação àquela sensação assustadora, mas sem negá-la como seu mais elementar ponto de partida psicológico: o medo saudável — em oposição ao tipo mais

IV

PRINCÍPIO

O Princípio Materno. O signo de Câncer, por intermédio de seu regente, a Lua, representa um modelo do ambiente mundial como entidade tangível feminina, uma fonte da qual emana toda a vida. A nativa de Câncer encarna este princípio cuidador, e está projetada de forma muito semelhante à da própria Mãe-Terra, predisposta a dar e sustentar a vida, ao mesmo tempo em que está propensa ao que pode ser percebido como caóticos resmungos e revoltas. Seu lema é "Eu sinto", coisa que faz ao extremo.

☽

SÍMBOLO PLANETÁRIO

A Lua significa ritmo no universo e controla a cadência das marés altas e baixas, com suas fases crescente e minguante. A nativa de Câncer sente especialmente o poder das marés sobre seu ser, o que pode ocasionar sentimentos caóticos. Com o tempo ela irá se ajustar no ritmo e aprender a se orgulhar de ser um componente tão orgânico do mundo natural.

irracional, uma espécie de neurose ou ansiedade existencial — é como uma bandeira vermelha interna que é agitada, sinalizando o indivíduo a "tomar cuidado". A canceriana possui, de nascença, esse imenso sistema de orientação interno, e com a perspectiva correta poderá usá-lo como ferramenta de alta precisão para transpor os perigos inerentes da vida. Conforme assinalou certa vez Joseph Campbell, o medo é a primeira experiência do ser humano enquanto ainda está no útero — uma parte do corpo regida pelo signo de Câncer —, o que faz muito sentido: é devido ao medo que o indivíduo procura *conforto* e *segurança*, os quais, juntamente com o *lar*, a *herança* e o *condicionamento emocional* são atributos da Quarta Casa astrológica regidos por Câncer.

O pictograma de Câncer evoca o aspecto cuidador da condição feminina (materna), visto como simbólico dos seios ou dos ovários, aqueles oferecendo nutrição e estes as sementes femininas da vida, que após a fertilização serão cuidadas dentro do útero. Do ponto de vista astrológico, os seios, juntamente com o estômago (útero) também estão sob a regência de Câncer, oferecendo pistas para a condição metafísica da mulher lunar: como revelaram os estudiosos, os antigos cultos de mistérios matriarcais, como o de Elêusis, celebravam o fato de que as mulheres nascem como mães — metaforicamente falando — pois os bebês femininos já contêm seus ovos ao nascer, em contraste com os garotos, que lentamente desenvolvem o esperma. Portanto, as meninas já nascem grávidas. Dessa forma, a hereditariedade (*de onde você vem*) e a herança (*o que então se passa adiante*) estão simultaneamente representadas na condição feminina. Pelo visto, então, a natureza da humanidade é inerentemente matriarcal, algo de que nos lembra simbolicamente o signo de Câncer. É desta ancestralidade biomítica que a mulher de Câncer por último retira sua força, transcendendo o caos perceptível de sua existência, deixando de ver a si mesma como só necessitada do mencionado cuidado, e em vez disso se sentindo capaz de oferecê-lo, tanto para si mesma quanto para os outros. De fato, a vida inteira da canceriana é um processo de desenvolvimento que vai da gestação a autoparturição. No ínterim, ela talvez encontre um enorme obstáculo ao acumular sobre um parceiro potencial sua carência de amor (paternal ausente) — também conhecido como o funesto hábito da nativa de se prender a alguém: aquela enjoativa e irritante necessidade de reforço positivo que faz lembrar as pinças apertadas de seu caranguejo totêmico.

Como o quarto signo astrológico, Câncer é o primeiro signo do Segundo Quadrante do zodíaco, aquele que se ocupa sobretudo do ambiente emocional do indivíduo, ligando perfeitamente à regência do signo de Quarta Casa astrológica dos *sentimentos*, e também *da morada de onde viemos* e *da morada que estabelecemos*. Também adequadamente, o signo de Câncer está associado ao grupo etário 21-28 anos, uma época de maturidade na qual uma mulher passa da condição de solteira ao casamento e à maternidade — novamente apontando para a associação do signo com o útero. A chave da felicidade para a canceriana é abraçar o poder matriarcal que ela maneja no mundo. Se ligarmos os signos astrológicos com a evolução bíblica, Áries representa o criacionismo do Big Bang, Touro expressa as delícias edênicas, Gêmeos simboliza "a queda", e portanto Câncer é o dilúvio. Como o único signo cardinal (iniciatório) de água (emoção) do zodíaco, ele personifica aquela correnteza de água, a fonte matriarcal, riacho ou rio caudaloso. Dessa forma, o signo representa a recriação do mundo, desta vez conforme linhas femininas, em vez de masculinas. Os mitos diluvianos judaico-cristãos ignoram inteiramente a figura feminina, exceto pelo signo da pomba, um símbolo da deusa nas religiões matriarcais, depois adotado como uma emanação do Cristo. Entretanto, no mito grego do dilúvio, Têmis, notadamente uma criadora e deusa da ordem, é creditada com ter ajudado Deucalião e Pirra, o Noé grego e sua esposa, a repovoar a Terra jogando as pedras, "os ossos da Mãe-Terra", por cima do ombro, ritual graças ao qual elas se transformaram em seres humanos. O argumento seria: Zeus, como Jeová, desistiu do mundo que criou — assim o deus pai abandona o mundo dos homens —, deixando uma deusa mãe para purificá-lo com água, e, por conseguinte, começar tudo de novo. Isto pode ser considerado a interpretação final dos conceitos de Quarta Casa *antiga morada* x *nova morada*. Ali onde o pai abandona, a mãe fica solidária e dá um beijinho nos machucados da humanidade, para curá-los. Na linha bíblica, o mundo antediluviano da dualidade ("os gêmeos" do signo) — o conhecimento do bem contra o mal e a percepção de todos os outros pares de opostos que caracteriza a queda da graça e leva ao ganancioso hábito humano de corrupção, barganhas e pechinchas, e até às maquinações do ritual de *corte* regido por Gêmeos — dá lugar ao *acasalamento* canceriano e à literal *reparação* de circunstâncias, conforme representados por todos aqueles pares de seres levados na arca, palavra que significa "promessa", conceito extremamente canceriano. Não é apenas o dilúvio em si que simboliza a condição cardinal-água do signo, que é também simbolizada pela atividade no interior da arca, na qual os fluidos estavam correndo de um lado para outro — afinal, os passageiros não ficaram jogando baralho. A água do dilúvio lava, purifica e repara o mundo. Os animais dentro da arca são uma promessa de nova vida nesse metafórico útero que flutua sobre o mar. Isto é a

QUADRANTE DO SIGNO

Os quadrantes zodiacais correspondem aos planos metafísicos da existência: físico, emocional, mental e espiritual. O segundo quadrante é o do ambiente emocional e, de fato, moral. Para a nativa de Câncer, a importância consiste em confiar nos sentimentos, desenvolver os instintos, purgar-se do sofrimento e transformar em fonte de poder a carência emocional.

♋

CRIPTOGRAMA DO SIGNO

O emblema do signo de Câncer é um caranguejo. O criptograma lembra dois indivíduos flutuando juntos no mesmo barco, como um casal que sobreviveu ao dilúvio, coisa que o Caranguejo, habitante do mar e da terra, inevitavelmente faria. O símbolo também pode ser lido como os seios ou os ovários de uma mulher, ambos regidos pelo signo de Câncer e evocativos das qualidades vitais daquela, que literalmente dá a vida.

mulher de Câncer em resumo: seu pictograma simbólico da Lua crescendo como o inchaço da barriga de gravidez ou a criação de uma perfeita pérola. Ela é a mensageira ambulante e falante da esperança, que deve, necessariamente, sorrir por intermédio das lágrimas, exatamente como o sol brilha invisível por trás das nuvens de chuva torrencial ou nas trevas da noite.

A combinação qualidade-elemento particularmente canceriana de cardinalidade e água significa uma necessidade de ação via emoção, ou ação *emocional*, em oposição ao prévio signo cardinal de Áries, o da ação *corporal*. Para a canceriana, o significado específico disso é que seu poder reside em purgar ativamente as emoções que sente. A regência da Lua sobre Câncer faculta à nativa a intuição, transformando-a numa receptora de impressões, enquanto a qualidade cardinal enfatiza seu papel como uma das figuras de ação da astrologia. Dessa perspectiva, ela está programada para fazer as duas coisas simultaneamente: absorver informação e depois agir — na verdade, reagir — de acordo. Têmis, que em seu aspecto virginal Ártemis (Ar-Têmis) é freqüentemente creditada como a deusa da Lua, não busca recriar o mundo numa reação a seus sentimentos de remorso de ver o mundo destruído por Zeus. Dessa forma, a nativa encarna aquele arquétipo da deusa mãe. E conforme sugere o mito diluviano associado ao signo de Câncer, o que a canceriana necessita em sua própria vida é literalmente uma ruptura — abolir sua visão de um mundo criado por homens, no qual ela se sente deprimida, e recriar um novo mundo para si mesma. Ela tem um sistema embutido de purificação: como o dilúvio a limpar o mundo, as emoções da canceriana destinam-se a enxaguar influências negativas de seu ambiente de vida — a morada de onde ela vem — e lhe dar passagem a um futuro novo e puro — a morada que ela cria. A vida doméstica na casa na qual a canceriana nasceu é uma "ruína", atormentada pela inquietação emocional e quase sempre devastada pelo divórcio. Muitas vezes, a nativa é filha do primeiro casamento, confrontada por irmãos de criação, ou irmãos de um segundo casamento, que representam problemas de famílias reconstruídas. Talvez a mais importante manifestação da condição canceriana de cardinal-água seja a ativação de suas emoções em desejos. Expressar um desejo é agir emocionalmente. Mas, para a canceriana, o truque é atuar suas emoções de uma forma que termine por levar à purificação de sua própria condição. Como seu Caranguejo simbólico, aquele cascudo habitante das águas, ela foi programada para agüentar torrentes de emoção. Ou, para estender ainda mais a analogia dos crustáceos, é concretamente o caos do ambiente aquoso (emocional), o literal roçar cotidiano do mar e da areia, que, dentro do massivo estômago da ostra, forma o perfeito símbolo da pureza e da perfeição, e também da sabedoria: a pérola. A canceriana só consegue alcançar esse estado aperfeiçoado deixando que o turbilhão de emoções se derrame sobre ela completamente, acolhendo-o, em vez de combatê-lo, permitindo que até condições negativas cristalizem seu caráter — não agindo com egoísmo, e sim como o marisco, em suas motivações. Mulher de signo feminino, a canceriana personifica sua combinação de qualidade-elemento. Ela *é* aquele impulso de emoção, reservatório de autocomiseração ou fonte de sabedoria feminina; enquanto o homem de Câncer, personagem bem pouco racional, *representa* em vez disso as emoções de outros, assumindo nos relacionamentos o papel de herói-salvador. Mas tal não é a tarefa da canceriana nesta vida. Ao contrário da crença astrológica popular, ela não é a cuidadora do zodíaco — informação que deveria contribuir para seu grande alívio, pois está constantemente sendo colocada num papel que tem problemas de representar. De nada lhe serve tentar "ajeitar" a vida dos outros, principalmente dos homens, em vez de encarar seu próprio processo de auto-aperfeiçoamento.

O mapa arquetípico da condição canceriana feminina é revelado na história de Cinderela. A lenda é repleta de imagens de Câncer e da Quarta Casa astrológica: numa casa dominada pelas mulheres, na qual a ausência de um pai causou a vitimização de nossa pobre, deplorável Cindy, vemos uma mudança da casa em que ela foi criada para a casa (palácio) que ela faz. E até que ponto ela o faz? Não por intermédio de qualquer ação física, mas pela formulação de um desejo, o tempo todo assumindo a degradação e a conseqüente tristeza associada com seu ambiente menos que ideal, literalmente raspando as cinzas de sua existência fracassada — ela não se comporta mal nem manda ao inferno a madrasta ou as irmãs de criação; ao contrário, aceita sua condição. Ela *sente* a dor e o medo, que por sua vez lhe alimentam os desejos mais ardentes — ações cardinais no plano intuitivo metafísico, regido pela Lua. Sem circunstâncias negativas não há nada a transcender. Cinderela não se limita a superar sua criação, ela triunfa em grande estilo — conseguindo um príncipe, e um palácio, e todo aquele papo do felizes-para-sempre — ao mesmo tempo em que jamais compromete seu próprio caráter moral, desforrando-se de todas as agruras da vida sem dar um pio. Reclamar é desperdício de energia emocional destinada a ser canalizada para uma primeira e única ação emocional: ter esperança — aquela que flutua na correnteza da aflição.

Pegar a deixa da Cinderela (literalmente, garota das cinzas, portanto, em ruínas), dirigir a energia para a ação esperançosa, coloca a canceriana em contato

ELEMENTO + QUALIDADE

O elemento água tem conotação de sentimento e instinto. A qualidade cardinal é um chamado à ação e à iniciativa. No conjunto, a combinação cardinal-água específica do Câncer é mais bem ilustrada como uma fonte, um riacho ou um rio doadores de vida, um símbolo da expressão emocional e do impulso cuidador da nativa de Câncer. O sangue vital, a menstruação regida pela Lua e o leite materno são também significados.

POLARIDADE

As mulheres de signos femininos estão alinhadas com a polaridade genérica de seu signo e por isso encarnam a combinação qualidade-elemento do signo. A canceriana é um manancial de sentimentos e emoções, e uma fonte primal de energia cuidadora.

com a fada madrinha que se *mater*ializa (*mater* significando "mãe") depois que Cindy deu uma boa chorada (lamentando a perda, purgando sentimentos negativos), enquanto ao mesmo tempo conserva a esperança, aquela arca ou promessa que transporta para a segurança de uma terra firme emocional. Ainda há mais imagens cancerianas: a ação toda ocorre à noite; Cinderela é arrebatada numa abóbora — vegetal regido por Câncer, pois cresce à noite, por assim dizer, à luz da lua —, dirigida pelos ratos noturnos; o sapatinho de cristal é uma imagem da "gruta de cristal" ou entrada para Delfos, o útero da Terra; e a aparição da fada madrinha, a Têmis medieval, simboliza a condição de mulher sábia da própria Cinderela, aqueles poderes mágicos da intuição que terminam por transformá-la numa princesa, literalmente alcançando a serena "alteza" em caráter moral. Armada com tudo o que desejou, Cinderela não fica esperando o príncipe dar as caras; ela corre atrás e o agarra, adornada nas vestimentas de sua natureza enobrecida (digna de princesa). Da mesma forma, a canceriana não vai ser "salva" por bancar a vítima — ela é a Cinderela, não a Branca de Neve —, em vez disso, deve fazer das tripas coração e partir para a ação, deixando que o mundo, principalmente o masculino, veja sua faceta mais resoluta. Seu caráter superior provém de passar pelos aspectos negativos de sua condição, e não de evitá-los. E esta é a lição mais valiosa da canceriana: a vida tem a ver com processos; e fugir não é opção. Em nenhum lugar esse conceito está mais bem delineado que no criptograma de sua Lua regente, não a Lua cheia, porém uma Lua de primeira quadratura — o Primeiro Quadrante do zodíaco já ficou para trás e há muito mais crescimento adiante. Esse estágio de Primeira Quadratura é chamado o da Lua Virgem, exatamente como a Lua cheia é a chamada Lua Sábia. Conforme dissemos, são por vezes necessários muitos anos para a nativa de Câncer se reconhecer como uma pérola de sabedoria. Entretanto, como poderá atestar qualquer pagão, é durante a fase crescente da Lua que se deve lançar os feitiços de magia dos desejos, com a crescente manifestação da Lua levando a causa ao nível místico invisível caracterizado por este signo noturno das bruxas. Sem se darem conta, todas as cancerianas são feiticeiras, embora em ocasiões os circunstantes atestem o fato por motivos próprios. A mulher de Câncer está programada para naturalmente "entrar em vibração" com situações e projetar no éter suas imediatas reações emocionais e intenções, confiando nesses sentimentos, que para ela são mais agudamente reais que para qualquer outro signo do zodíaco, e de fato experimentando um crescimento de suas aspirações dentro de seu ser emocional, até que eles se manifestem, quase miraculosamente. Ela *sente* que as coisas vão acontecer, e por sua confiança nesses palpites elas realmente acontecem. De fato, a nativa de Câncer nos ensina, aos demais, por meio do exemplo, o poder de criar mediante a confiança depositada em nossos instintos. A qualidade cardinal, conforme denota o significado duplo do termo, quer dizer as energias iniciais e espontâneas, e também as energias condutoras e diretrizes do zodíaco. Em resumo, a canceriana *segue* seu instinto *visceral*.

Enquanto isso, ela suporta mais que seu quinhão do caos situacional. As meninas de Câncer geralmente são criadas em lares dominados por mulheres, com uma mãe que, talvez subconscientemente, coloca-se como obstáculo entre pai e filha. Em alguns casos, ela vive sob o controle da mãe, "escravizada" por tarefas domésticas constantes ou um toque de recolher restritivo. Talvez a mãe da nativa seja também um tanto submissa aos homens — não estabelecendo um exemplo de força feminina —, e por compensação se torne prepotente, quando não uma verdadeira megera, em relação a outras mulheres, inclusive as filhas. Isto envia para a jovem canceriana uma mensagem confusa sobre o significado da condição feminina, aspecto em relação ao qual tem bastante tempo de reclamar — ainda que em voz baixa —, enquanto realiza as milhares de obrigações que a mãe estabeleceu para ela. Por medo à punição, psicológica ou de outro teor, ela começa a reprimir as emoções desde cedo. Com freqüência, sente-se massacrada. E mesmo que a mãe seja ótima pessoa, ainda assim lhe empurrará garganta abaixo uma lista enorme de tarefas, sob a alegação de que essas responsabilidades são apenas a sina de uma mulher nesta vida. O mais nefasto de tudo é a mãe não valorizar muito a opinião do próprio sexo, e em vez disso acatar a suposta onisciência do homem ou homens de sua vida. Isso pode trazer para a nativa a dupla desvantagem de não ter acesso emocional ao pai e nenhum tipo de maternação que ensine pelo exemplo o poder feminino.

Conforme indica sua Lua simbólica de primeira quadratura, a canceriana pode ter uma mínima compreensão sábia sobre o tipo de mulher que ela precisa se tornar para alcançar a felicidade. E assim, em geral no primeiro momento em que for legalmente capaz de fazê-lo, a menina de Câncer sairá de casa — iniciando o primeiro dentre muitos *finais*, outro conceito de Quarta Casa, uma série dos quais definirá a experiência canceriana nos anos vindouros —, procurando escapar da mãe ao mesmo tempo em que procura preencher o vazio deixado pela ausência de influência masculina em sua vida. Mais que a maioria das mulheres, a canceriana está propensa a se casar com tenra idade, não só buscando resgate emocional, depois de se sentir tão desvalorizada, mas também querendo um pouco de testosterona para variar. Embora algumas cancerianas

4

NÚMERO DO SIGNO

Número elementar, ele é a substância do universo: fogo, terra, ar e água. O signo de Câncer, primeiro signo de água, completa o quadrado primário do zodíaco. Ele compreende assim a substância da vida e a solidez. Também chamado número do homem, refere-se aos humanos como criaturas de quatro membros.

21-28

ASSOCIAÇÃO DA FAIXA ETÁRIA

A idade da maturidade. Durante esse período, a maioria das mulheres tradicionalmente se casa e engravida, o que corresponde à regência canceriana dos seios, do útero e dos ovários.

comecem uma precoce viagem introspectiva no rumo da iluminação, ao estilo Cinderela, a maioria se agarra ao primeiro raio de esperança que virem passar flutuando na correnteza. Esta é a grande ironia cósmica do Princípio Materno típico da canceriana regida pela Lua: no empenho de escapar e transcender as questões da própria mãe, a nativa pode ficar tão agradecida ao primeiro príncipe que aparecer que ela lhe entregará inteiro todo o seu (quarto de) ser, fazendo dele um deus incontestável, como sua própria mãe fez aos homens. Mas ser uma nativa de Câncer significa que em algum momento seu deus deverá ser uma deusa — reverenciando a feminilidade em si mesma, ou igualmente em outras mulheres, com as quais ela por vezes se coloca inadvertidamente em conflito.

Corpo + Alma

Em sua busca emocional, que leva diretamente aos homens, a canceriana projeta uma aura de quem pouco se importa com o próprio sexo. De fato, no único propósito ativo de se tornar a mulherzinha perfeita para um homem, ela pode desconsiderar tanto suas contemporâneas que a elas parecerá uma Nêmesis, termo cujo significado não se deve subestimar neste contexto: a contrapartida egípcia de Têmis, nossa arquetípica criadora grega, é a deusa Ísis, figura associada com a Lua — e que, à semelhança da encarnação virginal de Têmis, usa um diadema lunar — e com o advento do dilúvio. Nêmesis (Nem-Ísis ou Néptis) é a irmã-sombra ou eu-sombra de Ísis, forma sob a qual a canceriana representa a si mesma para todas as suas irmãs, outras mulheres às quais mostra apenas seu lado escuro, enquanto, tal qual a Lua, volta para os homens a outra face, a brilhante. Como as abomináveis irmãs de criação da Cinderela, a canceriana pode se mostrar conivente, fanfarrona, falsa e manipuladora, para não mencionarmos totalmente antipática às colegas mulheres. Nessa história, nem só Cinderela representa a nativa de Câncer; na verdade, todas as personagens femininas são aspectos potenciais da personalidade da criança lunar, tais como o são sua própria mãe (madrasta), necessitada de adquirir sabedoria feminina (fada madrinha) e, no processo, alternando entre a perfeita princesa (para os homens) e um tormento para as mulheres.

Ser a tímida queridinha dos homens, não importa se dissimulada, é uma tarefa popular entre as cancerianas. A nativa faz o homem se sentir o grande e forte protetor. Em ocasiões, ela trocará a fidelidade ao namorado pelo posto de rainha da noite, apresentando-se como a proverbial baladeira que promete boa diversão. Essa manifestação é normalmente a marca registrada de uma canceriana em meio ao sofrimento e à negação — por vezes, literalmente dançando tão rápido quanto possível para escapar às caóticas emoções que vão surgindo em seu caminho de evolução pessoal. O que a nativa sente, acima de tudo (o lema do signo é "Eu sinto"), é uma aguda solidão, o que irá remediar da melhor forma a seu alcance. Seja bancando a donzela em apuros devidamente devotada, ou garantindo diversão para todos, ela age de forma a provocar o resultado desejado: chamar a atenção. Uma olhada na lista de cancerianas famosas, que inclui gente como Meryl Streep, a princesa Diana, Frances McDormand, Linda Ronstadt, Carly Simon, Pamela Anderson, Christine McVie, Isabelle Adjani, Edie Falco, Courtney Love e Liv Tyler, revela que este é um signo de grande potência emotiva. De fato, a canceriana parece à beira das lágrimas — sua clássica expressão é fazendo beicinho com os olhos marejados — e ela pode vertê-las num piscar de olhos. Ela é uma fonte emocional e, por vezes, simplesmente caótica. As atrizes do signo parecem derivar a própria força de sua natureza emotiva em carne viva. Quer se trate da eterna vítima, Janet Leigh, ou da rainha do drama, Meryl Streep, ou da encarnação do caos emocional, Courtney Love (não importa as implicações délficas do nome de sua banda, Hole), a emoção é o poder da canceriana. Quanto mais a nativa sente, ou na verdade sente dor, mais formidavelmente viva ela se torna. Vívida ao extremo, com essa disposição tende a impressionar as outras mulheres da forma errada. É verdade que ela, com certeza, ocupa mais espaço, emocional ou de outro teor, do que lhe compete, transformando-se numa Nêmesis no sentido mais literal: ela elimina as outras mulheres ao absorver na maior parte, senão totalmente, a atenção masculina disponível — pense na Cinderela entrando no baile. Nenhuma mulher inspira mais inveja que a canceriana, personagem animada que, com freqüência, rouba a cena, de propósito.

Não há como negar que a canceriana força os limites do abandono emocional — resultado, sem dúvida, de se sentir abandonada —, muitas vezes se viciando no desejo de chocar, propensão que gera mais dependência que freqüentar festas. Apesar do perfil emocional escancarado e tosco, ela não encontra nas drogas ou bebidas alcoólicas sua típica derrocada. O que não as impedem de fornecer combustível ao desejo dela de ser a alegria da festa, a força centrípeta que atrai a ela os outros, particularmente os homens. Com muita freqüência, você irá ouvir a canceriana muito antes de vê-la. Ela é a pessoa que está rindo alto demais, cuja voz se eleva acima de todas as outras. Por outro lado, ela poderia

PSICOLOGIA

A nativa de Câncer pode ter excesso de emoções, autocomiseração e vontade de agradar. Quase sempre têm problemas com a mãe, sofre de abuso psicológico e pode se manifestar de forma rebelde ou promíscua. Sente dificuldades em estabelecer limites com os amigos e parceiros românticos em particular, e inclina-se à melancolia e aos surtos de histeria. Um certo comportamento lunático (termo inspirado na lua, sua regente) pode atormentar a nativa do Caranguejo.

igualmente ser a moça deprimida lá no cantinho, falando baixinho com o namorado. Em qualquer dos enredos, ela ainda chama a atenção para si. Muitas cancerianas gravitam entre esses dois extremos, como se seu humor dependesse das fases da Lua. Ela abandonará aquela persona de baladeira no momento necessário, interpretando em lugar disso a proverbial moça que o rapaz leva para *casa* e apresenta à *mãe*, duas preocupações crucialmente importantes para Câncer. Ela se enquadra no papel: à parte o país de origem, a canceriana em geral é tão saudável e americana quanto a torta de maçã. Além do mais, usa roupas coloridas e bem assentadas, num estilo de moda convencional que retrata uma espécie de estereótipo feminino. Mesmo quando apresentada em tom de sátira — como no caso dos *baby-dolls* maliciosos de Courtney Love — a canceriana deseja parecer uma moça tão comum quanto possível. Isso tem lógica: a associação de Câncer com a faixa 21-28 anos se manifesta na nativa como um gosto típico de dona-de-casa, pelo qual ela aparece eternamente casadoura e, mais que qualquer outra mulher, pronta a se estabelecer em qualquer subúrbio etc. Mesmo assim, os vizinhos podem se surpreender com a descoberta de sua inclinação por pular a cerca. De fato, dizer que a canceriana gosta de azarar está longe de descrever seus gestos explícitos no rumo do sexo oposto, quando se sente propensa a fazê-los. Inspirada sexualmente, a nativa se atira ao objeto de seu tesão, sem deixar dúvidas quanto ao interesse sentido. Ao contrário de sua contrapartida masculina, a mulher de Câncer não é uma criatura sutil.

Há realmente alguma coisa exagerada em sua aparência. A pele é cintilante, o aspecto físico borbulhante e incontido, os olhos brilhantes e o sorriso naturalmente colado no rosto como o de alguma candidata a concurso de beleza. De todas as mulheres do zodíaco, nenhuma consegue mostrar os dentes com a rapidez da canceriana, pois geralmente foi agraciada com uma boca bonita, embora exagerada, e dentes enormes. E com a pele fresca, sedosa, por vezes levemente sardenta, a canceriana é uma contradição em termos — uma afável garota do interior que num lampejo pode agarrar a "mala" do cara, enquanto continua a sorrir para ele. Talvez, porque a faixa etária 21-28 está associada com o acasalamento, ela parece ter nascido para fazer uma conexão amorosa. Quer esteja ou não num relacionamento, a nativa requer, ou até exige, atividade sexual regular. Entretanto, em função de seu estilo de vestir em geral conservador, às vezes até profissional, raramente tem aparência "bagaceira". Mesmo as nativas mais "piranhas", como Courtney Love e Pamela Anderson, se vestem como bem comportadas. Algumas cancerianas levam muito a sério a condição aquática de Mãe-Terra, embora subconscientemente, adotando um estilo

ARQUÉTIPO + MITO

Câncer personifica a deusa-mãe. Têmis, que quer dizer "águas", salva o Noé grego, Deucalião e sua esposa Pirra ("sangue vital"), das águas furiosas lançadas por Zeus, ensinando-os a repovoar um mundo. Tanto em Têmis quanto em Pirra vemos a função natural da mulher como propagadora da vida. A deusa lunar Selene pôs para dormir o sono da eterna juventude um pastor que lhe agradava. Enquanto ele dormia, "aproveitou-se dele", dando à luz somente meninas. Rios e fontes são personificados como divindades femininas. Na Índia, o rio Ganges era sinônimo da deusa mãe e dotado do poder de purificar.

de vestir meio anos 60, meio feiticeira medieval, optando por peças como colantes, túnicas, vestido-cigana e xales, destinados a retirar a ênfase do busto, se este for generoso. Pelo visto, em matéria de tamanho dos seios, as mulheres do signo estão polarizadas: quando não têm "melões" incrementados, têm a variedade "picada de mosquito". De uma forma ou de outra a nativa costuma sofrer de um sério caso de inveja do peito. Se o busto for grande, será possivelmente sua feição feminina mais explícita, e no restante a anatomia será relativamente discreta: quadris estreitos, cintura curta e pernas longas. Ela fica ótima em jeans: mas irá optar por uma modelagem francamente feminina, em vez de se enfiar num par da tradicional 501. Com freqüência, a nativa tem a estrutura magra de uma praticante de corrida, com ossatura bastante leve, contudo grande. Sua estrutura aparece mais delgada quando vista de lado; em visão frontal, ela parece ter ombros mais largos, os braços balançando-se um pouco afastados dos flancos. Mesmo que seja magra como uma tábua, a canceriana ainda terá curvas gentis, uma estatura de cisne, marcada por um pescoço alongado, postura ereta e coluna arqueada. Por vezes tem a atitude de uma bailarina de Degas. Geralmente agraciada com uma barriga achatada, definitiva fonte de orgulho, ela pode até adiar a gravidez para conservá-la assim, e depois de dar à luz tratará obsessivamente de voltar à forma. Os quadris são normalmente redondos, embora não largos demais. E mais que qualquer outro signo do zodíaco, a nativa de Câncer se orgulha da aparência de seu órgão sexual, embelezando-o com uma fina penugem, como se para torná-lo um petisco ainda mais atraente — um presentinho *sem* laço de fita — ao príncipe que a deixará sem chão.

A canceriana tende a ser loura, se não literalmente, então em personalidade. De fato, ela terá os cabelos, e também a pele, mais claros que os de outras mulheres da família, independentemente da etnia. E se a lourice não vier naturalmente, algum aspecto do signo empurra as nativas diretamente para a garrafa... de água oxigenada, é claro. Talvez sintoma da condição de mítica Cinderela que deve parecer mais loura que os demais. Ela usa soltos os cabelos longos, que se não forem lisos naturais terão uma mãozinha para chegar lá. Não muito adepta da maquiagem, ela opta por um visual de beleza natural, com exceção dos lábios e olhos, que pinta com batom e rímel, às vezes de forma extrema, para estar mais capacitada a sorrir e bater as pestanas ao potencial garanhão que procura laçar.

BÍBLIA + LITERATURA

O signo de Câncer está associado ao dilúvio. Como no mito grego, os ensinamentos gnósticos bíblicos creditam à deusa-mãe a salvação da humanidade — a pomba era originalmente seu totem. A baleia de Jonas é, na verdade, a Derceto babilônica (a deusa-mãe da rainha Semíramis), que o engendrou de novo em seu útero. Cinderela vê sua vida (antediluviana) em cinzas, chora e deseja uma vida nova — sua fada-madrinha lhe arranja um namorado. Ela é como Marianne, na obra *Razão e sensibilidade*, de Jane Austen — totalmente sensibilidade e nem um pingo de razão. Na peça de Eugène Ionesco, *As cadeiras*, a personagem Semíramis é a esposa e mãe do parceiro, e os dois estão aprisionados juntos numa estrutura circular em forma de útero no meio do mar. Na cultura popular, a personagem de televisão Eddy Monsoon (ambos nomes aquáticos), da famosa série *Absolutely Fabulous*, é canceriana em caráter; o enredo distorce a história de Cinderela, retratando uma casa de mulheres, vista da perspectiva de uma mãe pouco extremada.

CASA ASTROLÓGICA

proteção
conclusões
pais
condicionamento paterno
familiares
laços consangüíneos
lar/residência
fundamentos da família
pedigree
base psicológica
vida privada
casas e imóveis
propriedade de aluguel
assuntos pessoais
pais influentes
influência materna
eu teórico
base do caráter
parentes mais próximos
necessidade de se proteger
fatores acumulados
cenário doméstico
ambiente doméstico
base operacional
hábito de colecionar
apetrechos domésticos
a terra
o drama da vida
treinamento intelectual
treinamento emocional
mente inconsciente
personalidade emocional
medos subconscientes
reação instintiva
hábitos estabelecidos na infância
começo e final de ciclos
patriotismo
lembranças da infância
sentimentalidade/ nostalgia
idade avançada

Sexo + Sexualidade

Faminta de afeição masculina, a canceriana realmente se pendura no primeiro rapaz elegível que lhe presta atenção romântica — ela é a menina que namora firme já na escola secundária. Ainda assim, tem seus padrões: de fato, já terá aberto caminho para uma cena social brilhante e feliz, na qual o contingente de homens se compõe de versões masculinas dela mesma, de mentalidade tradicional, e porte atlético. Já aos 16 anos, ela está pensando em casamento. Em seu entender, sabe-se que acontecem coisas mais estranhas do que viver feliz para todo sempre com o namoradinho da infância — na verdade, porém, elas raramente acontecem com a canceriana. Saída do caos de sua educação, atolada na confusão criada pela mãe, a nativa de Câncer sente-se atraída por homens austeros, com antecedentes estáveis, ou mesmo rígidos. Ela presume que o vazio deixado pela falta do amor paterno é mais bem preenchido pelo estereótipo de figura masculina perfeita; e, por conseguinte, muitas vezes gravita para tipos pouco emotivos, insensíveis ou até inatingíveis, pois acredita que essas qualidades estão ligadas à masculinidade convencional. Realmente, estão cobertas aí todas as imagens surradas de gênero: um homem deve ser alto, esportivo, autoritário e austero. Logo, sente-se atraída por homens egressos de culturas que enfatizam a dominação masculina, quando não resquícios do europeu ariano (e freqüentemente o nativo de Áries, o próprio machão militante do zodíaco), além de tipos anglo-saxões e escandinavos, de educação disciplinada, impassível e austero.

No caso da Cinderela canceriana, é comum que ela venha de um lar desfeito ou do proverbial avesso da sociedade. A partir daí, essa desfavorecida donzela busca a ascensão social — não necessariamente a grandes alturas, mas o suficiente para se colocar acima daquilo que ela, pelo menos, percebe como a labuta de sua condição inferior, chegando a um confortável patamar da classe média. Assim também, se a nativa nasceu em meio privilegiado, sua tendência é abandonar o berço de ouro em favor de uma existência mais democrática — a canceriana rica desdobra-se em parecer vinda das camadas populares, se vestindo num estilo meio riponga. Como Cinderela, ela simplesmente deseja seu quinhão — um pouco de dignidade humana. Pelo visto, não deseja ser uma parasita, como pode ter sido sua mãe (madrasta). Dá para imaginar que Cindy teria sido extremamente gentil com os serviçais do palácio, contornando qualquer sistema de castas vigente, transformando-se na proverbial "princesa do povo" como aquela icônica personagem nobre da vida real que tombou tragicamente, vítima do caos desenfreado de sua existência. A natureza canceriana da princesa Diana inspirava-se de forma demasiado vívida na consciência coletiva: sua imagem de quem está à beira das lágrimas ficou absolutamente gravada na memória da mídia. A vida que levou estava, discutivelmente, em conflito com a austeridade inerente do vínculo romântico que ela estabeleceu. Incapaz de se ajustar ao ideal severo de tal existência, deixou seus sentimentos transbordarem o confinamento ancestral dos arranjos reais, e recriou concretamente a imagem da monarquia, re*par*ando a qualidade discriminatória inerente às sociedades aristocráticas, como fez Cinderela. Sentindo-se na base do totem hierárquico, a jovem canceriana trata de guindar-se por esforço próprio, não permitindo que seus antecedentes a impeçam de se mesclar aos belos cortesãos do pátio da escola. Evidentemente, deseja um príncipe sólido, um filho dos subúrbios que literalmente se coloque acima da multidão. Mas ela não é a taurina segura de si, benditamente pouco cônscia dos próprios desejos, que apenas chama atenção com seus estratagemas femininos autocentrados. Não, a canceriana lembra as comportas que represam um turbilhão de anseios. Extremamente precisada de expressar sua emoção amorosa para um homem, ela não visa apenas a agradar, meta desesperada da taurina, mas emprega todos os recursos para inundar de afeto o homem que lhe inspira um amor lancinante. A canceriana não sofre de paixonites casuais: ela desfalece, chora e sofre por amor e pela necessidade de retribuição desse amor.

Pobre, deplorável Cinderela! As emoções machucam tanto que ela as expressa escandalosamente, apostando alto em proclamar os sentimentos exagerados. Qual Marianne, em *Razão e sensibilidade*, de Jane Austen, ela é totalmente sensibilidade e nem um pingo de razão, e, por conseguinte, está pronta a ser eleita o capacho do ano. Numa alusão à condição de cardinal de água, a canceriana se precipita para a vida como um rio, sem muita circunspecção. O sexo pode ser o mais surpreendente meio de auto-expressão da canceriana, um veículo para a declaração de uma necessidade profundamente arraigada do amor incondicional que ela procura. Naturalmente, aos olhos pouco treinados de um adolescente, parece apenas que ela "está a fim de transar". Pois com freqüência maior que qualquer outra garota, a nativa de Câncer confunde facilmente o sexo com amor. Ela se derrama de coração para rapazes dispostos a lhe alimentar a necessidade de afeto em troca de uns amassos. E este é um trato que a nativa está pronta a fazer: essa moça, cujo signo está arquetipicamente mergulhado na necessidade de acasalar, precisa muito mais de contato que da proteção de sua chamada virtude. O sexo, ela acredita, é um meio de reparação emocional.

PALAVRAS-CHAVE

magia
ritmo
sentimento
instinto
afeição
transformação
demonstração
ternura
introspecção
tristezas
retirada
criação
purificação
sabedoria
fluidez
pesar
sarcasmo
moralidade
recuo
insensatez
caos
instinto
força
modéstia
fortificação
sensibilidade
feminilidade
promiscuidade
rapacidade
sentimentalidade
segurança
depressão
reação
ternura
loucura
regularidade
maternidade
sexualidade
rebeldia
versatilidade
melodrama
intuição

MULHERES FAMOSAS DE CÂNCER

Donzelas sofredoras e mulheres dedicadas

Meryl Streep
Jennifer Saunders
Carly Simon
Diane Lane
Liv Tyler
Courtney Love
Pamela Anderson
Isabelle Adjani
Selma Blair
Juliette Lewis
Charlotte Gainsbourg
Fiona Shaw
Anjelica Houston
Edie Falco
Diana Rigg
Christine McVie
Kim Carnes
Linda Ronstadt
Jerry Hall
Princesa Diana
Julia Duffy
Diahann Carroll
Olivia de Havilland
Bárbara stanwyck
Polly Bergen
Natalie Wood
Gina Lollobrigida
Leslie Caron
Genevieve Bujold
Eva Marie Saint
Lena Horne
Janet Leigh
Barbra Cartland
Ginger Rogers
Kathy Bates
Prunella Scales
Della Reese
Kristi Yamaguchi
Michelle Kwan
Deborah Harry
Cindy Lauper
Martha Reeves

O instinto visceral da nativa é buscar no companheiro um salvador. Mas ela não é a donzela em perigo que julga ser; ao contrário, nossa aluada Cinderela deve assumir a responsabilidade por sua própria sobrevivência. O herói de que ela precisa é mais de natureza sacrificial. Na mitologia egípcia, Osíris foi o deus salvador que se casou com Ísis, que o engoliu e depois o pariu como seu filho, Hórus — falem-me de princípio materno em ação. De fato, Osíris era conhecido como "aquele que emprenhou a mãe", epíteto mais adequado ao canceriano, porém o argumento também procede neste caso: a nativa de Câncer não deseja um homem que venha em seu resgate emocional, e sim alguém que se sacrificará à líquida torrente das emoções dela, desejoso de ser engolido por seu delicioso redemoinho. Segundo a lenda, Osíris era anualmente reduzido a pedaços e recomposto por Ísis, com exceção do pênis perdido, substituído por um falso, feito de argila (ufa, que alívio, viva, muito obrigado).

O significado metafórico é que ser o consorte da própria Ísis do zodíaco exige um certo ritual de castração: o macho não pode impor nenhuma dominação patriarcal, mas sim assumir um papel de segundo sexo no relacionamento, sujeito aos caprichos autoritários de Câncer. Diante do príncipe, Cinderela não sente o chão fugir sob os pés; ela exclama sua admiração por ele, que passa o resto da vida a se arrastar metaforicamente aos pés dela — o significado do ato de se ajoelhar diante dela e lhe calçar o sapatinho de cristal, um símbolo do vestíbulo uterino, a "caverna de cristal", pela qual os iniciados de sexo masculino entravam no útero do mundo em Delfos. O problema é que esses homens não são os que, em geral, ela procura no começo da vida. Em vez disso, a nativa muitas vezes confunde um homem que se mostra incapaz de amar e muito austero com a âncora carinhosa de que ela de fato necessita. Constantemente é presa de atração por esses canalhas mesquinhos, homens dominadores cuja tirania ela interpreta como atenção amorosa, personagens que não constituem consortes adequados para a princesa canceriana. Ela necessita de um verdadeiro parceiro igualitário, um príncipe entre homens, e não um rei tirânico que espera vê-la cumprir-lhe as vontades. Na mentalidade matriarcal, os reis devem ser sacrificados. Um autocrata desse teor não será capaz de suportar o peso das emoções continuamente afluentes da nativa. Por ironia, será nesses homens autoritários que ela acabará por desencadear seu excesso de dor e angústia, castrando esses insensíveis. Nadando contra a corrente da emoção canceriana, esses homens ditatoriais se afogam, enquanto os tipos mais encantadores e flexíveis serão transportados na correnteza do amor que transborda dela. Enquanto isso, até o namorado ditatorial com quem se junta lhe perdoará qualquer volatilidade que venha a sofrer em suas mãos, ou melhor, enquanto ela as estiver usando, e também a outras partes da anatomia, para agradá-lo. Por algum tempo ele se convencerá de que sua tolerância aos ataques de mau gênio da parte dela só irá motivá-la a compensá-lo na cama pelo transtorno causado.

Na verdade, a canceriana tem um voraz apetite sexual, de difícil satisfação. Mesmo quando está no lado doador, seu lugar habitual, e realmente preferido — fazendo no companheiro sexo oral ou a maior parte das manobras, ainda que numa posição submissa —, o amante deve se compenetrar de que está sendo engolfado para o prazer dela, e não o dele. Provavelmente terá sido isso que tornou tão fascinantes aqueles vídeos clandestinos da Pamela Anderson — a canceriana é extremamente receptiva a qualquer coisa que lhe seja servida. Parece que nenhuma tarefa é grande demais para a nativa de Caranguejo, pois quando se trata de sexo, ela não toma depressa o lema de seu signo "Eu sinto". A nativa de Câncer quer vivenciar a sensação erótica tão agudamente quanto possível, exigindo intercurso profundo por um período razoavelmente longo, embora espere que isso seja feito com entusiasmo e empolgação. E não lhe agrada o vaivém rápido: o ritmo deve ser longo e profundo. Igualmente, para ela a felação não é jamais a tarefa pesada que pode ser para tantas mulheres; de fato, parece que a canceriana não tem articulações no maxilar, pois cai mesmo de boca no pedaço, o tempo todo gemendo de êxtase. E, louvada seja Ísis, ela realmente engole o amante inteiro. Afinal, a Lua rege a saliva e a lubrificação vaginal, facilitadores de sua desejada penetração profunda.

Mas existe outro significado para o fato de este signo cardinal de água ser molhado, isto é, excessivamente sentimental, carinhoso e maternal em relação aos homens. Provavelmente nada leva a canceriana a ser tão desrespeitada pelos homens quanto seu modo enjoativamente apaixonado de se relacionar com eles. A nativa pode infernizar a vida das outras mulheres e desdenhar os homens que não a emocionam, mas por um homem que lhe desperte sentimentos a jovem canceriana, em especial, se comportará como uma adoradora deslumbrada, tatibitate, derramada e indulgente. Trata-se de um sintoma exagerado do Princípio Materno canalizado por intermédio dela — predileção que poderá levar os circunstantes a vomitar. Ela irá adular e acariciar o parceiro, sempre tendo que tocá-lo, ou beijá-lo ou se pendurar nele de alguma maneira melindrosa. Na verdade, é por vezes uma encenação, pois contraria os ditames de sua verdadeira natureza; essas demonstrações desesperadas, ela pensa, irão fortalecer o vínculo. Com o tempo, toda aquela constante adulação começará a cobrar um preço — o que originalmente visava ser um meio de encher a bola

Nicolette Larson
Cheryl Ladd
Jessica Simpson
Shelley Duvall
Kelly McGillis
Katherine Helmond
Frances McDormand
Suzanne Vega
June Lockhart
Harriet Nelson
Nancy Reagan
Lindsay Wagner
Susan Hayward
Michelle Lee
Shirley Knight
Marianne Williamson
Gilda Radner
Phyllis Diller
Phyllis George
Phoebe Snow
Twyla Tarp
Anne-Sophie Mutter
Faye Wattleton
Frida Kahlo
Iris Murdoch
Helen Keller
Elizabeth Kubler Ross
Mary Baker Eddy
Madre Cabrini
Rose Kennedy
Diane Feinstein
Sally Priesand
Louise Erdrich
Oriana Fallaci
Pearl Buck
Ann Landers
Abigail van Buren
Mildred "Babe" Zaharias
Missy Elliot
Michelle Branch
Gloria Stuart
Bess Myerson
Vikki Carr
Eleanor Parker
Louise Fletcher
Phyllis George
June Carter

REGÊNCIA DO CORPO

Câncer rege o estômago e há uma tendência a problemas digestivos e gástricos. A Lua rege o sistema linfático, os fluidos corporais, pâncreas e sistema nervoso simpático, que controla os reflexos e respostas a estímulos emocionais.

do namorado se transformará para ele em sintoma de uma ridícula dependência. Com o tempo, chegará inclusive a lhe parecer falso, pois ela irá cada vez mais, em particular, expressar sua inevitável irritação por bancar a submissa em público, e usará o parceiro como saco de pancadas para dar vazão a esses sentimentos reprimidos (e mais à fila inteira da bagagem emocional das cicatrizes de infância).

Até mesmo resolver a parada na cama, que sempre foi o truquc salvador da união do casal, já não funciona mais. A canceriana é predisposta a criar dependência orgânica do sexo, pois ela talvez utilize "o ato" para anestesiar os sentimentos, o que muitas vezes a leva a buscar tramas eróticas mais elaboradas e extremas, para alcançar o buscado pique de esquecimento. Ao longo do caminho, pressionando o amante para copular "mais rápido, mais fundo, mais intenso", ela poderá acabar por afugentá-lo, levando-o a procurar uma relação sexual de carga psicológica mais leve. Ninguém usa tanto quanto ela a atividade sexual para preencher o vazio emocional. A nativa de Câncer disputa com a virginiana o proverbial título de mulher que ama demais, e, no entanto, *dar* é a verdadeira natureza da genuína *fonte* do zodíaco. Como na maioria das experiências de Madame Caranguejo, sua vida sexual, especialmente as atividades concretas daquela, pode parecer um verdadeiro rodamoinho para o observador mais estável; entretanto, qualquer caos suspeitado não é, quase nunca, o problema, mas parte da *solução* (duplo sentido intencional, afinal, até a etimologia estabelece um vínculo entre *líquido* e *resposta*). De toda forma, para a nativa é tudo questão de matemática, pois metaforicamente ela soluciona seus problemas dois a dois, lançando-se num verdadeiro e literal jogo de acasalamento, sem sentir a menor culpa por fazê-lo, e não exclusivamente pela razão imediata e crua de sentir-se bem. A questão é que para ela não há nada mais natural, pelo simples fato de lhe proporcionar uma profunda liberação, além de um canal para as emoções *represadas*. Lembrem-se, ela é a própria encarnação da intuição visceral; portanto, o que parece emocionalmente avassalador para as outras pessoas é geralmente absorvido sem problemas pela canceriana. Dentre todas as mulheres, a nativa de Caranguejo, criatura das profundezas, é a que está singularmente equipada para negociar as águas sexuais que a maioria poderia considerar profundas ou abissais, com segurança, e completamente, com fanfarras para o fato de ser um crustáceo que se alimenta no fundo das águas. Mas não há o que temer: a *arca* da aliança de vida feita consigo pela canceriana é a salvação. E a sobrevivência, conforme sabemos, depende acima de tudo da dependência, o que na maior parte das vezes assume a forma literal de união sexual, tão graficamente ilustrada pelo mito do dilúvio, repleto de massiva copulação *al mare*.

As acusações de que a canceriana busca namorados e namoros à guisa de resgate emocional são tipicamente verdadeiras, mas a maioria das pessoas não percebe que ela não o faz em vão. Enquanto isso, a nativa está equipada para enfrentar o dilúvio de qualquer conseqüência decorrente, eternamente capaz de se fazer ao mar, deixando atrás de si — e nunca acumulando mais — uma bagagem emocional. Enquanto a geminiana precoce costuma flertar com experiências sexuais avassaladoras e freqüentemente acaba por *sofrer uma queda* diante do desastre que invocou, a canceriana, personificação da experiência *diluviana*, portanto, nascida na perda, por vezes real e metafórica, passa os dias de sua vida à deriva, rumo à reparação. Tudo é entropia para a geminiana, ao passo que a carência é uma clássica linha de partida para a Cinderela da astrologia. A vida, na estimativa da canceriana, sempre foi uma proposta rompida, a casa na qual foi criada tem o sabor daquela qualidade, de um jeito ou de outro. Assim como *rompida* foi o termo também usado em referência a uma comporta ou à bolsa de fluido embriônico, qualquer dilapidação passada introduz o dilúvio de emoções que traz alívio, libertação e renascimento. A canceriana derrama as vísceras por meio da experiência. O sexo, especificamente, não será uma questão tranqüila, de fato poderá ser tórrido, torrencial. Entretanto, a moral de qualquer mito do dilúvio é que a vida continua, e esta é a modalidade psicológica que a nativa de Câncer mantém firme no pensamento. Ela está eternamente negociando toda a bagagem armazenada na Quarta Casa da *morada de onde viemos* para mobiliar a *morada que estabelecemos*. E cada dia traz nova esperança e novas promessas, apesar da melancolia e da lamúria características da nativa. Ela pode se afundar nos mais profundos pântanos sentimentais e, de fato, sexuais, por vezes sendo considerada caótica como resultado, mas cada estado melancólico será uma maneira de chorar e de alcançar *libertação* da tristeza suportada. A canceriana não contorna os problemas; ao contrário, ela emprega o lema de seu signo e *sente* a plena importância dos mesmos — ela assume os sentimentos, encontra resolução e segue adiante. Para sermos justos, deve ser um percalço precisar constantemente fazer isso — ela não quer ser desmancha-prazeres —, entretanto, a nativa que não está "lidando", a que finge que tudo é festa, bancando a rainha da noite, é a pessoa que deveria causar a verdadeira preocupação. Para a maioria das nativas, a vida tem a ver com assegurar terra firme em termos emocionais. E o sexo desempenha um papel importante quando a nativa está buscando o caminho para tal providência.

LANCES ERÓTICOS

NATIVA HÉTERO

homens altos
tipos nórdicos
louros
empresários
universitários
esportistas
fisiculturista
torso depilado
nudismo
sadomaso leve
escravização
pênis duplo
pênis acoplado à cinta
figuras paternas
casais
suíngue
sexo anal
submissão + dominação (passiva)
clubes eróticos
hedonismo
troca-troca
surubas
brincadeiras intensas com mamilos
barbitúricos
bombeiros
policiais entregadores
esportes aquáticos
fantasias de submissão
fantasias de prostituição
masmorras
chicotes
correntes

No processo, a nativa proporciona a si mesma e ao parceiro uma abundância de experiências eróticas dentre as quais escolher. Ironicamente, ela pertence, ao mesmo tempo, ao mais experimental e ao mais exigente signo feminino. Ou seja, não há nada que não experimente uma, duas ou mais vezes no processo de definir, para todo o sempre, o que convém a seu ser sexual. Parabéns ao sujeito que se encontra nas vascas da sondagem canceriana do profundo conhecimento carnal — ele pode facilmente acreditar que alcançou o filão principal. E é claro que o fez. A nativa aborda cada intercurso como um novo começo, e ainda com o companheiro de um milhão de anos ela tentará misturar algo novo no coquetel sexual. Qualquer atividade espantosa que citamos neste livro poderá a alguma altura encontrar espaço no cardápio sexual da canceriana. O barômetro para as preferências desta tempestuosa personagem é aquela famosa conexão de seus sentimentos, coisa que ela jamais perde, mesmo no meio da chamada orgia sexual. Ela consegue ser encharcada por um ou outro fluxo cardinal e ainda sorrir ao parceiro com uma expressão de puro afeto. Ela não é uma vítima, mesmo quando coerente em atividades de teor mais submisso, aquelas que muitos poderiam considerar sexualmente degradantes. Se tais inclinações passam pelo crivo de seu instinto visceral, pois que seja — receberão sinal verde, inspirando poucos motivos de intranqüilidade para a nativa. Ela não só se apóia nos amantes: ela aprende com eles. A cada interlúdio sexual, a nativa de Caranguejo vislumbra um pouco mais de si mesma, transformando-se por meio dessas experiências numa sólida pérola de sabedoria feminina, forma sob a qual algum dia poderá dar uma mãozinha àquele príncipe, no dia em que ele *irá*, inevitavelmente, chegar. Ela não está só dando umas voltinhas, em termos sexuais, porém se preparando, construindo aquela arca, como uma promessa e uma linha de chegada para seu futuro interdependente com um parceiro. Embora esse mecanismo possa significar anos de desenvolvimento em relação à sua vida amorosa (divertindo-se no processo mais que o previsto), a canceriana irá exibir o mesmo tipo de metas principais em setores menos comovedoramente pessoais, sobretudo na vida profissional e na existência social.

Antecipação, como cantava a emancipada nativa Carly Simon, é a senha de Câncer. Já que o termo é definido como "expectativa confiante", vemos aqui sua típica modalidade Cinderela de não só desejar, porém de manifestar seus sonhos. Em geral, a nativa entra no mercado de trabalho muito jovem, muitas vezes trabalhando durante os anos de escola; ela encontra um rochedo financeiro sobre o qual se firma, além de uma atmosfera de ordem no local de trabalho, que lhe proporciona um lastro contra qualquer reviravolta doméstica. Signo cardinal de primeira ordem, Câncer raramente se contenta com uma posição subalterna na hierarquia e, desde o primeiro dia no emprego, começará a antecipar o progresso pessoal. Outras mulheres, principalmente, sentem que ela está o tempo todo armando algum esquema para avançar. De fato, por agir assim, consegue dar saltos quânticos na frente de batalha profissional. Mas antecipação muitas vezes se transforma em *precipitação*; ou seja, movimentos apressados, imprudentes e até irresponsáveis, no intuito de ser promovida. Naturalmente, o termo também tem conotações aquáticas, enquanto todos os planos secretos da canceriana refletem o padrão de uma gravidez lenta, seguida de um parto súbito. A nativa aparentemente se precipita para o posto de chefe, ou com freqüência se torna sua própria chefe, bem debaixo dos narizes torcidos ou ralados dos colegas preteridos. Para eles, ela simplesmente não joga limpo: é capaz de usar os colegas como escada, apagando as linhas entre os envolvimentos profissional e pessoal, especificamente com os homens, que formam o grosso de seu suporte (de fato, a canceriana pode muitas vezes matar dois coelhos com a mesma cajadada, adiantando o conhecimento carnal enquanto promove suas metas profissionais, tudo com o mesmo indivíduo). Troca de favores é procedimento padrão, pois a canceriana, num estilo característico, não conhece limites para obter o que deseja. Diante do dilúvio, sempre há casos fatais. E quando se trata da própria satisfação, a canceriana está se lixando para o mundo, principalmente quando usa como saco de pancada as colegas do mesmo sexo. Ela talvez tenha pouquíssimas amigas, e certamente não fará muitas no local de trabalho, perpetuando em relação às outras mulheres aquela desconexão típica de irmã de criação. As amigas que chegue a fazer serão também de seu mesmo tipo insolente, e com elas se associará para "má conduta", formando um grupinho de mulheres sexualmente liberadas com as quais irá comparar dados estatísticos de comprimento, largura e volume dos homens que comeram, ou para se lamentar das numerosas agruras da condição feminina. Ela pode estar com mais de um homem ao mesmo tempo, ainda assim agarrada a seu ideal de casamento; continuando a perseguir aqueles Clark Kents a quem irá impor seu próprio ritmo sexual, enquanto os mantém na ignorância de suas aventuras mais escusas. Talvez até mantenha um ou dois garanhões na rédea, para usá-los puramente como objetos sexuais, preferindo os idiotas, porque assim tudo fica mais fácil. Alternativamente, poderá balançar na direção oposta, juntando-se a um inveterado mulherengo que esteja procurando uma mulher

LANCES ERÓTICOS
NATIVA GAY

mulheres submissas
seios grandes
cabelos escuros
sexo oral
submissão + disciplina
dominação
tatuagens
piercing
casais e hétero
lubrificante com sabores
sessenta-e-nove
anéis no umbigo
anéis nos seios
sadomaso pesado (nativa)
esportes aquáticos
estimulação clitorial com dedo do pé
depilação
cuidados estéticos
cunete
brincar com mamilos (ativa)
roupa íntima comestível
sexo em público
grupos
troca de casais
alcovitagem
escravização
strip-tease
provocação
tortura
borracha
couro
látex

propensa a explorar as profundidades da experiência pessoal. Freqüentemente, esta mulher será ela.

A nativa de Câncer encarna, inconscientemente, a liberdade sexual das sociedades matriarcais, aquelas mulheres pagãs perseguidas como bruxas pela igreja patriarcal, por todo o seu comportamento desaforado de liberadas da Idade Média. Para a nativa não há vergonha em se entregar às fantasias mais ousadas, desde que estas não entrem em conflito com seu instinto. Só uma canceriana pode descrever sem sombra de ironia, num grupo misto, uma noite passada com o amante e um pênis artificial duplo. Cada vez que vai para cama, ela está realizando o que até os praticantes de wicca da atualidade chamariam de uma pequena mágica sexual. Completamente envolvida no ato e, ajustando-se naturalmente à experiência, jamais permitindo que este a consuma, ela domina os poderes transformadores dos procedimentos, para sempre conjurando deste poder o que necessita para sua sustentação emocional. E existe nisso uma força: muitas vezes, navegando nas ondas de tal experiência, ela libera tensões e se sente otimistamente renovada em sua futura perspectiva — a de alcançar satisfação sexual, em benefício das irmãs de condição (apesar de tantos detratores) e de si mesma. E tem mais: sem deixar intocado qualquer recanto de seu eu sexual — e aqui entra a magia —, ela finalmente conjura o tipo exato de homem pelo qual deixará para trás sua experiência pregressa e se acomodará, como Pirra e Deucalião jogaram por cima do ombro aquelas pedras, repovoando o planeta dois a dois. Ao *sentir* cada canto escuro de sua sexualidade, e calcular suas preferências e aversões, a canceriana desenvolve, neste particular, um sentido de individualidade muito distinto. Suas *intenções* regidas pela Quarta Casa são muito claras. E como nos dirá qualquer feiticeira, a intenção provoca os resultados desejados e, naturalmente, aquele príncipe desejado irá aparecer, agradecido, e nem um pouco inclinado a julgá-la, apesar de reputadamente ela própria ser osso duro de roer. O mito de Cinderela se refere, na verdade, à magia sexual. Àquela consumada praticante da feitiçaria do *desejo* deixar para trás o sapatinho de cristal, um símbolo do vestíbulo uterino, nas mãos do Príncipe Encantado em pessoa. E, finalmente, alcançamos o filão principal da ironia canceriana: como Cinderela, a nativa do signo só perde o pé quando confrontada com o homem de seus sonhos, aquele que ela passou a vida desejando. Inevitavelmente, trata-se de alguém igualmente distante dos extremos: das "chupetas" sexuais do passado — qualquer *bobalhão* que ela esteja chupando por enquanto — e dos "provocadores" sexuais que se aproveitaram de sua desinibição erótica, quando não procuraram explorá-la diretamente.

O príncipe perfeito não será, ele próprio, o jogador sexual, nem condenará aqueles que talvez o foram. Não, a razão pela qual ela perde o pé é que, no meio do atoleiro de sua vida tumultuada, não havia incluído na equação o encontro daquela outra palavra de quatro letras, o amor. Quando este a atinge, é colocado em questão o lado complicado de sua vida, ou seja, o dia-a-dia vivendo com um parceiro masculino, e não só para o efeito de transar. De uma vez (e por todas), a nativa se acha emocionalmente fora de sua praia, e irá passar o resto da vida lutando, feliz, para honrar aquele conjunto de sentimentos. Num piscar de olhos abandonará suas maneiras selvagens. Seus críticos, naturalmente, recuarão desconfiados e condenarão a felicidade dela, à luz de todas as aventuras sexuais em que se meteu anteriormente. Enquanto isso, ela será tão feliz quanto possível, olhando para trás sem nenhum remorso e, certamente, sem nenhuma nostalgia erótica indesejada. Como faz no caso de tudo o que perde a utilidade, a canceriana jogará ao mar sua chamada má conduta do passado. Apesar de ter beijado quantidades excessivas de sapos, e, na verdade, por esta razão, ela encara a perspectiva de uma parceria quase sem olhar para trás; e alcançando por si mesma uma certa libertação da vida, assumirá ansiosamente o papel de feliz dona-de-casa durante o dia, mesmo que sua dedicação à carreira seja maior que a do parceiro. E, para grande satisfação do companheiro, interpretará o papel de puta feliz na calada, nem tão calada assim, da noite.

Essas duas dinâmicas aparentemente opostas não se excluem mutuamente nesta filha da Lua. A nativa de Câncer pode facilmente deixar os filhos com a babá e acompanhar o marido a algum elegante bar erótico ou clube privê. Ela se empolga ao saber que faz parte da minoria de mulheres que se sentem cômodas e seguras em tal ambiente. E pode até ser a primeira a começar a botar dinheiro na calcinha fio-dental de alguma dançarina de *strip*. Igualmente, a perspectiva de um trio com seu companheiro e alguma outra garota raramente fica fora de cogitação. Ela até participa de um programa de casais, se as atividades de mesmo sexo se limitarem a ela e à outra mulher, e os homens ficarem olhando ou participem sem rolar sexo entre eles. A canceriana tem certo desprezo por homens que gostam de homens, embora ela própria talvez seja sumamente bissexual. Do ponto de vista astrológico, pode-se afirmar que uma equação erótica que não inclua uma dose do feminino é um anátema para essa ultrafeminina gata lunar. Sua inveja/obsessão por seios certamente constitui uma força propulsora de seu interesse sexual por mulheres. A nativa tem consciência de ser mais avançada sexualmente que as outras mulheres, e lhe agrada a idéia de seduzir e levar para a cama um tipo hétero mais "comportado" que ela mesma. Ao contrário da ariana, que talvez sinta necessidade de dominar outras mulheres — ensinando-lhes uma lição —, a canceriana deseja fazer as outras se abrirem, demonstrando seu conhecimento de como agradar às meninas, afinal, ela é uma apreciadora de suas próprias zonas erógenas. E conforme indica o 69 do símbolo do signo, a nativa de Caranguejo colocará em uso seus talentos orais de notória especialista, mergulhando na moita alheia como só esta habitante das profundezas é capaz de fazer.

Quando a canceriana se identifica como gay, ela o faz por completo e nunca olha para trás. Tipicamente, a nativa lésbica é muito diferente de sua contrapartida hétero. Parece que retirar os homens da equação exerce um efeito drástico sobre ela, como se evitar aquela postura de Cinderela à espera do Príncipe também removesse os obstáculos de seu caminho de mulher sábia. Ou pelo menos ela gostaria de pensar assim. Seja isso real ou fictício, a canceriana gay abraça para valer uma visão de mundo sectariamente feminina, e ainda por cima com uma tendência paternal: é muito provável que assuma o papel de cuidadora e também de dirigente do pedaço. Por outro lado, ao contrário de sua correspondente hétero, ela não se defronta com nenhum impedimento masculino para ligar sua feminilidade inerente com um senso inato de liderança. Nesse aspecto, a nativa hétero teria bastante a aprender de sua irmã lésbica. E como as cancerianas das duas inclinações são singularmente capazes de dedicação a uma carreira e igualmente da criação de um acolhedor ambiente doméstico, a canceriana gay será especialmente propensa a fundir essas duas dinâmicas num estilo de vida integral, em geral encontrando ou criando atividades rentáveis por intermédio das quais possa estabelecer seu próprio horário independente. É fixando seu próprio ritmo, sendo um emblema de auto-suficiência, que acima de tudo atrai outras mulheres — ela parece um farol de força feminina e feminilidade. Ela é capaz de atrair mulheres que a respeitam e desejam emulá-la, mas também atrai manteúdas oportunistas à procura de uma mãe. Seja como for, a canceriana será uma inspiração para a amante, tranqüilizando-a sempre e lhe dando sábios conselhos sobre a melhor maneira de negociar a desordem da própria vida. Como parceira, é gentilmente mandona, investindo mais que a maioria das mulheres no bem-estar da companheira. Mentora emocional, e não logística, não é jamais o tipo de ficar gritando ordens, mas mesmo orienta e cuida, mais como uma professora secundária que como uma catedrática intransigente. Embora a idade não seja por força um fator determinante na escolha de parceira, ela se sente mais atraída por garotas comuns e saudáveis, nas quais busca estimular seus próprios estratagemas intensamente femininos. Fica a sensação de que ela está oferecendo à amante a oportunidade de provar o poder por intermédio da atividade sexual de ambas. As preliminares, principalmente, podem ser gratificantes e demoradas, com muito contato físico, carícias, toques. Para a canceriana fazer amor é importante, embora raramente se estenda mais tempo que sua voraz contrapartida hétero. Independentemente da freqüência, a atividade sexual pede um comportamento superconsciente, quiçá cerimonioso. A veneração é uma nota importante para a vida sexual da nativa lésbica, e ela espera receber esse afeto fervoroso, assim como se compraz em oferecê-lo. Ela adora ter os seios acariciados, chupados, mordidos e apertados, dar e receber massagens, e ficar aos abraços e carícias mútuas por horas a fio. A retribuição na cama é obrigatória para a canceriana, não importa o quanto ela seja maternalmente dadivosa em outros aspectos da relação.

Trata-se de um longo, extenso monólogo da vagina, no qual a nativa de Caranguejo invariavelmente busca explorar mediante o relacionamento cada aspecto arraigado na experiência feminina compartilhada por ela e a parceira. A ênfase muitas vezes cairá sobre questões de gênero e de auto-ajuda, em que a canceriana busca inspirar a ambas no rumo da realização pessoal. Freqüentemente, a canceriana é uma personagem bem Nova Era, o tipo de mulher que praticamente deu as costas para o mundo masculino. A trilha que percorre passa por um ambiente profissional "consciente", da loja de alimentos naturais, de diversos estúdios de trabalho de valorização corporal, e de volta à Quarta Casa astrológica do *ambiente doméstico* que pode perfeitamente ser um exagero de aromas culinários, velas com perfumes naturais e composto sanitário para fezes de gato. Talvez seja tudo muito vida integral, de pêlos ao natural, pois a nativa de Câncer afirma uma postura, por meio de sua própria pessoa, contra as imagens societais da mulher e as restrições impostas a ela. Os literais derramamentos de feminilidade serão algo a saborear, quando ela mergulha, sobretudo oralmente, no apetitoso papel de guru sexual da namorada, freqüentemente pondo em prática tudo o que absorveu dos numerosos livros que forram suas típicas e volumosas estantes, nos quais leu sobre as alegrias do lesbianismo. O sexo, ela acredita, é algo a ser praticado como disciplina espiritual; e ela confere a cada uma de suas experiências eróticas aquele tipo de relevância. O mundo da canceriana é seu próprio *yoni-verso* privativo, no qual ela assume o papel da mulher sábia, em tempo integral, para um acolhedor grupinho de amigas. Se ela for um tipo mais urbano, o equilíbrio de sua vida social estará fortemente inclinado para longe da galera do cromossomo Y. E, no entanto, sua casa terá um elegante clima anos 60; mistura de perfumes de produtos de beleza dos cabelos, aromas mais domésticos e um depilador feminino guardado no banheiro.

Seja qual for o meio social específico no qual se move, a canceriana gay tende a se empenhar mais que sua irmã hétero na escalada social. Em geral, endossa a causa lésbica, em termos políticos, e costuma usar sua preferência sexual como plataforma para manipular poder, não só no interior da comunidade gay, mas na sociedade como um todo. Embora possa fazer parte da máfia das lésbicas, ela também promove seu programa ideológico em cafés da manhã empresariais e reuniões de diretoria. Penteado impecável fixado com laquê, ela é uma telegênica porta-voz cheia de questões pelas quais batalhar. Enquanto a canceriana hétero pode empregar a sexualidade como um meio viável de chegar ao topo da carreira profissional, a nativa gay, com aquele ingrediente específico removido, irá, ao contrário, chutar ainda mais as bolas da rapaziada para conquistar a medalha de ouro, se ela for a pessoa certa para o trabalho. Não é que não misture atividades profissionais com "ocupações"; de fato, a chefe homossexual canceriana irá cercar-se de lindas funcionárias lésbicas, às quais irá treinar a sua imagem e semelhança. Muitos casamentos cancerianos são realizados no local de trabalho. E quer ela esteja triturando o lixo doméstico em algum sofisticado enclave anticonvencional, ou despedaçando os concorrentes na sala de reuniões multiempresarial, a canceriana gay geralmente mantém uma elevada opinião de si mesma e de suas realizações. Independentemente dos detalhes, sempre irá fantasiar a si mesma e à amante como um casal poderoso e competitivo, fazendo juntas aparições sociais em eventos de importância social, cultural ou política. Este duplo dinamismo é uma distinção que ela procura manter também no quarto de dormir. *Leve* é rótulo que nunca se aplica à vida sexual da canceriana. Pelo visto, a nativa de Caranguejo nunca precisa vir à tona para respirar, quando se esforça em dar profundo prazer à parceira, e para ela o conceito de uma rapidinha é anátema. Em retribuição, espera o mesmo, e não tolera que ninguém fique, digamos assim, dando volta na moita. A amante deve mergulhar de cabeça lá no fundo, e o eloqüente apreço da canceriana por ela havê-lo feito poderá lhe garantir um equipamento de mergulho. O sexo é assunto privado para a nativa que, mesmo inclinada a compartilhar a cama delas com a pia da cozinha, costuma estabelecer um limite na introdução de uma terceira parte. Muito mais que sua contrapartida hétero, a canceriana gay está extremamente dedicada a estabelecer uma vida doméstica estável. Para ela, a monogamia é de suma importância, e a santidade nesse pormenor é o melhor afrodisíaco. Até mesmo o ocasional "olho bobo" é funesto para a parceira, pois a nativa do Caranguejo empregará seu característico apertão de tenazes ao vínculo sexual, tornando-se com o passar do tempo cada vez mais apegada do ponto de vista emocional, e não o contrário. Sua intenção é viver feliz para sempre, com todos os privilégios e sinais exteriores, e ela merece uma amante que seja mulher o bastante para navegar na maré desse sonho perene.

Casais

Hétero

Mulher de Câncer / Homem de Áries

Qual Cinderela, ela inspira nele fantasias de resgate. Cavaleiro andante, armadura brilhosa, ele é todo feições e intenções nobres. A co-dependência ameaça, mas o apoio amoroso os fortalece. O sexo é uma experiência de cura.

Mulher de Câncer / Homem de Touro

Ela vê nele um homem seguro e estável — alguém de confiança. A volatilidade dela estimula os cuidados do taurino. É uma dupla dada aos jogos sexuais — muito barulho por nada; eles choram até rir. Na cama, ela é uma talentosa instrutora sexual.

Mulher de Câncer / Homem de Gêmeos

Ele é homem de ação, com grandes perspectivas. Ela é quem irá ajudá-lo a atravessar dificuldades. A abordagem deles parece cáustica — constante ironia requer paciência. Juntos na cama experimentam constantemente novos truques.

Mulher de Câncer / Homem de Câncer

Duas almas regidas pela Lua compartilham uma rara e rarefeita conexão emocional e sexual. Os dois parecem viver só de amor. Em casa, tudo parece caótico; mas o caos é reconfortante. A cama é zona de segurança na qual vale tudo.

Mulher de Câncer / Homem de Leão

Afinal se resolvem as questões paternas dela; a natureza calorosa dele desperta. É o sanatório das almas: lugar seguro para purgar emoções. Ele tem compulsão de controlar, a pretexto de ajudar. Na cama, ela dá lições a ele.

Mulher de Câncer / Homem de Virgem

Ele, no modo de resgate, arrebata-a de seus pés cansados. Mas a história sexual dela pode ser uma epopéia que o preocupa. Com franqueza, esses problemas são superáveis. Na cama, com a canceriana indomável, o virginiano se solta.

Mulher de Câncer / Homem de Libra

A abertura é o tema permanente do par: a sexualidade é um assunto liberal para o libriano, dando à canceriana a permissão de se soltar. O repertório erótico sempre será original — cenários bissexuais são estimulantes.

Mulher de Câncer / Homem de Escorpião

O efeito dela sobre ele parece instantâneo — ela é a princesa que ele colocará no trono. Ela não teme a assustadora disposição dele. Raramente uma vinculação casual. O sexo é vigoroso e atlético; mesmo assim, sensível e íntimo.

Mulher de Câncer / Homem de Sagitário

A ele não assusta o gênio turbulento dela. Cansada de levar a vida a sério, ela encontra alívio na animada abordagem dele. Casal notoriamente indomado, eles podem viver intensamente. Na cama, enormes apetites satisfeitos.

Mulher de Câncer / Homem de Capricórnio
Um primeiro e arrebatador encontro sexual abre caminho para um vínculo compassivo — seja como parceiros carnais ou mais comprometidos. A atividade erótica à beira do extremo — sexo estranho e vigoroso pode ser o padrão.

Mulher de Câncer / Homem de Aquário
Ele se dedica, assume responsabilidade pelo sentimento de dela. Num constante processo de catarse, o casal se exaure e se exalta. No sexo, nem sempre combinam: ela precisa de intimidade; ele é mais feliz com um certo desapego.

Mulher de Câncer / Homem de Peixes
Eles se pressionam mutuamente, embora de boa intenção. Um vínculo absorvente: ele especialmente descobre fardos antigos, e no processo encontra a cura. A canceriana também se abre. O sexo é o meio de escapar ao estresse.

Gay

Mulher de Câncer / Mulher de Áries
Aqui há uma promessa de hedonismo: perigo e excitação funcionam como atrativo. Juntas, desfrutam espontaneidade social e descobertas inesperadas. O ato sexual, principalmente com um vibrador, é sensacional. Os triângulos são eletrizantes.

Mulher de Câncer/ Mulher de Touro
Elas desfrutam o jogo de serem "meninas" juntas — é tudo moda e maquiagem. Podem levar uma vida lasciva, que inclui sexo com estranhos e troca de papéis. Se faltar intimidade, podem virar amigas, em vez de amantes.

Mulher de Câncer / Mulher de Gêmeos
Problemas maternos em profusão, mas algumas curas acontecem. Gêmeos relaxa e aprende a amar mais, sem medo. Câncer tem uma ascendência emocional sobre a sua encantadora geminiana ingênua. O sexo continua espontâneo.

Mulher de Câncer / Mulher de Câncer
As gatas lunares oscilam de humor juntas. Independente da duração, uma ligação que eleva a auto-estima. No extremo, a dupla se dá grandes ares. Ênfase em artesanato e decoração. O carinhoso aconchego torna secundário o sexo.

Mulher de Câncer / Mulher de Leão
Emocionalmente gratificante, depois de um período inicial de "experiência". Se sobreviverem à disputa, quase sempre um casal amoroso e duradouro. Mas outros são excluídos. Na cama, a canceriana se submete à supremacia da leonina.

Mulher de Câncer / Mulher de Virgem
A canceriana parece perdida no mar. Mas a virginiana não cede às flutuações de humor e mudança de sentimento da mulher lunar. Sensibilidades de cultura alternativa se exacerbam. Nos lençóis da cama, perfume de patchouli.

Mulher de Câncer / Mulher de Libra

A canceriana parece ótimo partido, mas ela também cai sob o fascínio da libriana vivaz. Essa relação é romântica — presentes são trocados constantemente. Em casa, elas estão cercadas de beleza. Na cama, o clima é tudo.

Mulher de Câncer / Mulher de Escorpião

Ficar juntas significa alcançar o máximo potencial da parceria. As duas têm bagagem, mas a união trata as feridas antigas. O conflito pode cercar as tarefas domésticas. O sexo parece envolver sempre um elemento de surpresa.

Mulher de Câncer / Mulher de Sagitário

Elas encarnam diferentes aspectos da condição feminina — aqui a atração de opostos também causa irritação. Contrastes físicos são explorados pelo potencial erótico. Entretanto, no âmbito emocional, o casal está lutando.

Mulher de Câncer / Mulher de Capricórnio

Elas estão em busca de salvação — uma alma gêmea. Com Câncer, a Cabra Marinha aprende a ouvir a metade aquática de seu signo: a tendência a se debater emocionalmente. O principal é o perdão. Na cama, é preciso ter paciência.

Mulher de Câncer / Mulher de Aquário

Questões importantes afloram ao se juntarem essas irmãs sobrenaturais. A sintonia assusta. Entretanto, atravessam fases de luta feroz. O caos pode ser exaustivo. O sexo é como sua vida social: selvagem, intenso, frenético.

Mulher de Câncer / Mulher de Peixes

Elas vivenciam seu primeiro encontro como uma experiência "religiosa". Não admira: um vívido *déjà vu* acompanha uma intensa e inegável atração física. Um vínculo de longo prazo mudará as vidas delas. O sexo é exacerbado.

O homem de Leão

O natural

O homem de Leão é o supremo menino dourado do zodíaco, uma figura radiante de grande carisma e um senso inato de desenvoltura e legitimidade. Levando a vida como um rei — o mundo é sua área de recreação —, satisfaz com decisão seus desejos, os quais, entretanto, são nobres por natureza. Sem uma gota de duplicidade no corpo, ele preza a honestidade e a pureza acima de todas as outras virtudes. O leonino agarra da vida o que quer, com pura convicção e inabalável auto-estima, inspirando assombro e veneração aos outros que procuram se aquecer ao calor de sua luz refletida. Exalando enorme confiança na própria masculinidade, e não reconhecendo ninguém como páreo, ele assume papéis de liderança nos planos social e sexual. Ele pode ser tão engraçado, o proverbial palhaço da turma, que até sua excelente aparência pode ficar obscurecida por um rótulo de excessiva personalidade. As mulheres olham-no com uma admiração encabulada, de colegiais. Como um Tom Sawyer sensualizado, ele é soberbamente, quase comicamente, egoísta, mas, ao lado disso, é também o dono de um gigantesco coração de ouro. O leonino não se apaixona facilmente, mas quando o faz, seu sentimento será considerado como algo sagrado e enobrecedor, motivado por forte emoção, mais que por qualquer expressão simples de luxúria. Jamais haverá nada de sórdido ou perverso em relação à vida sexual do nativo de Leão, e suas relações heterossexuais têm sempre o sabor de uma antiquada sensibilidade de namorado. Nas relações amorosas com homens, ele é ainda mais veementemente moralista, desejoso de compartilhar uma abundante

V

PRINCÍPIO

O Princípio Paterno. O quinto preceito zodiacal representado pelo Sol e Leão está centrado nos conceitos de autoridade, absolutismo, poder e supremacia, e também no senso de integridade, quando não totalitarismo. O princípio paterno representa a crença de que a divindade não se origina de uma fonte natural, tangível (feminina), mas sim de uma força desconhecida, abstrata e onipotente (masculina). Portanto, o Leão domina. O lema do signo é "Eu quero".

afeição, ao mesmo tempo em que permanece frio diante dos aspectos mais abertamente sexuais da vida gay.

Signo + Mente

O nativo de Leão é regido pelo Sol, que, conforme pensa o leonino, só pode se levantar e se deitar por sua causa. No zodíaco, essa esfera revitalizadora simboliza uma série de preceitos, dentre os quais o principal é o Princípio Paterno, e, por conseguinte, a energia autorizadora do universo — diametralmente oposta ao signo anterior no zodíaco, o de Câncer, regido pela Lua, representando o Princípio Materno e a energia sustentadora. Em resumo, isso significa que o leonino pode ser um verdadeiro sabichão, sintoma óbvio de uma psicologia mais profundamente embutida, que lhe impede a visão do mundo de qualquer outra perspectiva que não seja a do comando inquestionável. Ele não costuma roubar a cena, mas atribui tal conduta aos demais, considerando que a mandado natural, nas conversas ou em outras interações, deve lhe pertencer. A seu ver, o que os outros pensam ou dizem não passa de pretensão, ao passo que ele está para sempre no controle da verdade soberana e, pode-se dizer, do direito divino de expressá-la. Evitando qualquer pessoa que tenha uma plataforma óbvia, ele prefere a companhia solícita daqueles que ficam pendentes de cada uma de suas palavras. Seus discursos muitas vezes envolvem a narrativa de sua experiência cotidiana, de modo a transformá-la em alguma saga legendária e exaltada. Deixado a seu bel-prazer, ele pode levar o interlocutor a se perguntar onde fica o botão de desligar. Ainda assim, muitas vezes é preferível deixá-lo entregue a suas manobras de obstrução. Pois quando calado e contido, podemos presumir que está sufocando alguma mágoa ou ofensa. Como ao proverbial Leão com o espinho na pata, os ferimentos o fazem perigoso. Em geral, ele ficará emburrado, procurando infernizar a vida dos circunstantes, ou enfim sucumbirá a um de seus abomináveis ataques de mau gênio — cada perspectiva pior que a outra. Em seu costumeiro bom humor, porém, o Leão não consegue deixar de bancar o rei em sua corte, irradiando benevolência e aprovação para a família e os amigos, que a seu redor se reúnem em círculos, quando não os promovem. Felizmente, o leonino é, em geral, um brilhante contador de histórias, apesar de seus monólogos poderem se rivalizar em extensão com o poema *Beowulf*.*

*Poema arcaico anglo-saxão do século VIII, com 3.182 versos. (*N. da T.*)

Conforme indica este símbolo animal, ele é o incontestável rei da selva zodiacal, e, portanto, não vê nenhum problema ou ironia em assumir o centro do palco em todos os procedimentos. Ele é o nobre selvagem da astrologia, pois o signo de Leão corresponde, na evolução humana e mitológica, ao ponto assinalado pelo governo dos reis, os representantes de Deus aqui na Terra.

Ao fazer a transição de Câncer para Leão na roda zodiacal, há uma mudança filosófica do protótipo materno da existência (em uma fonte de vida *material*, o planeta) para o modelo paterno (um abstrato *autor* da vida, um deus celestial). Esta seqüência também reflete uma passagem da regência matriarcal para a imposição patriarcal, dos príncipes consortes (personificados pelo nativo de Câncer) aos reis divinos, das sociedades agrárias estacionárias para as sociedades nômades conquistadoras, como a dos hebreus. No contexto bíblico, o signo de Leão corresponde ao Livro dos Reis, e nosso poderoso Leão e à figura de Salomão e, principalmente, a de David. Artur (autor) é o David medieval, o menino-maravilha a cuja imagem Mark Twain criou o seu Tom Sawyer — o triunfo de Tom sobre Injun Joe espelha a derrota de Golias por David. O homem de Leão, como a encarnação desses arquétipos, é igualmente um herdeiro divinamente ordenado do poder patriarcal, e sua palavra era lei. Pois é numa antiga estrutura de lei da selva, da sobrevivência do mais forte, e da vitória do forte sobre o correto, que o leonino metaforicamente nasceu. Só ao chegar ao signo seguinte, o polarizado signo masculino de Libra, encontramos o Princípio da Democracia representado pelo lema "nós somos". O lema de Leão é o aparentemente direto "eu quero", que reúne neste credo o desejo e a determinação. A visão que o leonino tem do mundo e de sua própria masculinidade surge de sua posição de *autoridade*, palavra ligada a *autenticidade*, de forma que ele percebe a si mesmo como o líder natural e inato de um mundo de fingidores, falsos e novos ricos.

A Quinta Casa astrológica é, entre outras coisas, a casa da *cocriação com Deus* e também a de *diversões e jogos*; assim, a recreação/recriação é a preocupação do leonino. Mais que qualquer outro indivíduo, ele sustenta que sua forma de pensar e de agir é a "certa", sendo distintamente absoluta sua visão da existência. Isso talvez explique por que o menino de Leão adquire fama de sabe-tudo na escola; de fato, ele pouco respeita qualquer autoridade além de sua própria, com exceção da de seu pai, ao qual ele tende a venerar. Como signo masculino, o Leão está alinhado com a perspectiva tradicionalmente masculino-objetiva, convencido de que as visões mais subjetivas e intuitivas (as tipicamente associadas com a mente feminina) são decididamente inferiores. Regido

☉

SÍMBOLO PLANETÁRIO

O símbolo do Sol — o ponto retrata o indivíduo confortavelmente refestelado no interior da esfera divina — assinala a integração do eu com a totalidade da criação. Chamado o escudo de Hélio, o signo de Leão, como o Sol central do zodíaco, é igualmente fixado no eixo da roda da interação humana — como um rei cercado por sua corte, ou Artur circundado pelos cavaleiros da Távola Redonda.

QUADRANTE DO SIGNO

Os quadrantes zodiacais correspondem aos planos metafísicos da existência: físico, emocional, mental e espiritual. O Primeiro Quadrante é o do eu e da percepção individual. O Segundo Quadrante é o do *ambiente emocional* e, de fato, moral. Para o leonino a importância está no ardente "nível do coração" e nos ideais fixos como lealdade, honradez e dignidade humana, além de uma moralidade estrita, como se em respeito a algum divino código moral. O Segundo Quadrante também se refere à experiência mística e aos aspectos míticos da vida.

pelo Sol, símbolo da áspera realidade da vida (em oposição à Lua, que lida com o mundo místico das impressões), o leonino é extremamente realista, e desconfia de tudo que cheire a excesso de sentimento ou a hipersensibilidade. Como signo fixo do Segundo Quadrante das Emoções do zodíaco, o nativo é um viveiro concentrado do que pode ser visto como sentimento masculino, ou, de fato, sentimentos divinos de um rei — coragem, orgulho, valor, mobilidade, dignidade, respeito e amor-próprio —, em contraste com os sentimentos "femininos" de sensibilidade, solidariedade e suscetibilidade, de seu vizinho astrológico, o signo de Câncer. Este signo de água de polaridade feminina refere-se aos instintos e reações viscerais, adequados à sua regência do estômago, enquanto o Leão rege o coração e as costas, respectivamente significando a paixão e a resolução, as quais, por outro lado, combinam-se para formar a característica *vontade* do signo. Embora a Quinta Casa seja da *criatividade* e das *belas artes*, o Leão está sempre em guarda contra o artifício. Sua criatividade é natural, quer focalizada na responsabilidade estritamente reprodutiva inerente a qualquer realeza divina, ou em termos de seu próprio papel como *artista*, uma palavra que compartilha a raiz etnológica de *Artur* e *Ártemis*, respectivamente os arquétipos masculino e feminino do Leão. De fato, o Leão recusará a maior parte das tentativas de criação alheias como pretensiosas, falsas ou balofas, assumindo um especial desdém por qualquer coisa com o menor vestígio de culturalmente sofisticado. Da mesma forma, ele despreza os ambientes e trajes formais, não só por querer se sentir relaxado e confortável em todos os momentos, mas por necessitá-lo. Não lhe interessa agradar ou impressionar ninguém, e as pessoas aceitam-no do jeito que é, ou ele prefere não ser aceito de forma alguma. Essa norma se aplica à sua vida profissional e também à vida pessoal. Nobre e selvagem em partes iguais, o leonino em geral se acha melhor que as outras pessoas — o que prontamente admite sem o menor traço de ironia — e considera os refinamentos conspícuos de quem adquiriu certa fortuna e poder no mundo como sintomáticos de uma alma superficial, que mascaram um caráter fraco e geralmente pouco másculo. Para ele, quem cedo madruga no emprego não passa de fantoche e puxa-saco; e o asseado Percival desta vida, com seu conceito sentimental sobre como cortejar, é um capacho à espera de ser pisoteado pelas mulheres. O nativo finge não ser nenhum herói romântico transformado pelo amor. Como em tudo mais, ele quer tudo em seus próprios termos.

O leonino é verdadeiramente um Tom Sawyer em seu íntimo, a figura picaresca original — definida, como é essa palavra, como seu herói travesso *cotidiano* — recusando a autoridade opressiva, não reconhecendo outra autoridade que não a própria, enquanto exerce seu formidável poder sobre os demais. A Quinta Casa de *diversões e jogos* é também a casa dos *esportes* e da *recreação*, o que predispõe o Leão ao atletismo natural, embora tipicamente não esteja muito imbuído do espírito de equipe, exceto se for ele o capitão do time. O coletivismo, sob qualquer de suas formas, só funciona para esse indivíduo se ele estiver orquestrando a ação — pense no rei Artur reunindo seus cavaleiros ou em Tom iludindo os companheiros a acreditar que a tarefa de caiação de uma cerca de madeira é divertida e criativa. Assim, o esporte e a recreação associados com os signos são quase sempre à custa alheia. Ele não é o alegre pândego que era o geminiano regido por Mercúrio; ao contrário, se de alguma forma ele for brincalhão, será do tipo extremamente prático que, como o Sol, gosta de ver os outros gravitarem a seu redor, às vezes por puro entretenimento. De fato, o nativo parece transformar os demais em coringas. E mesmo no tocante a suas amizades, há um elemento de se associar com gente à qual ele possa designar um papel orientado para sua própria diversão. Leão é o único signo fixo de fogo do zodíaco, portanto distinguido como um fogo concentrado e magnético de energia ou espírito vital — incluindo no Segundo Quadrante das Emoções, ele afia suas paixões e as converte em propósitos, seu espírito recreativo em mutação enquanto ele amadurece, passando da pura fruição infantil para a louvável auto-invenção: suas intenções nobres tornando-se fixações fervorosas. Como o shakespeariano príncipe Hal, o jovem leonino levará uma vida de velhacaria, até certo ponto, muitas vezes vivenciando uma verdadeira obsessão com jogos a dinheiro e de azar — o turfe exerce particular fascínio —, sabendo plenamente que deverá no final "imitar o Sol" e assumir as rédeas de um reino responsável.

O Leão está arquetipicamente associado com Hélio, o deus Sol dos gregos — seu símbolo solar é considerado o escudo de Hélio —, o responsável, mas altivo condutor do carro que diariamente põe a correr seus garanhões em torno da Terra com o mesmo tipo de devoção que muitos leoninos manifestam na vida profissional e pessoal, quando não em sua corrida diária nas pistas. O arquétipo de Hélio tem significativa manifestação no psiquismo masculino leonino: como aquele antigo deus Sol cuja própria divindade está associada com a função que realiza, o leonino muitas vezes acha impossível fugir à responsabilidade de suprema figura paterna do zodíaco — jamais deixando de ser percebido como líder, em casa ou na vida profissional. Apesar de deliberadas tentativas de se perder nas angústias de suas numerosas atividades de lazer, ele

♌

PICTOGRAMA DO SIGNO

O emblema do Leão simboliza a juba do animal, uma representação de poder masculino, virilidade e vitalidade. Ele simboliza a dominância do mais forte do mundo natural, no qual a sobrevivência, inevitavelmente, pertence aos mais aptos. Se a humanidade ainda habitasse a selva, é possível que os homens de Leão fossem os senhores naturais.

ELEMENTO + QUALIDADE

O elemento fogo simboliza a energia da vida, o espírito ou a força divina. A qualidade fixa denota magnetismo, sustentação e concentração. A combinação específica fixo-fogo do signo de Leão é comparada a uma estrela (o Sol), o coração (sede do amor e da força vital) e o fogão (centro do lar).

é quase sempre a pessoa da qual muitos dependem sem cessar. Afinal, é a imagem que alimentou desde pequeno, e, portanto, um aspecto de si mesmo ao qual não consegue escapar facilmente. Parte integrante dos princípios solares de absolutismo, saúde e completude é o ideal de Quinta Casa da *integração do eu*. Por um lado, essa qualidade conferida pela Quinta Casa deixa o leonino extremamente à vontade em sua identidade, um personagem aparentemente relaxado e natural. Mas por outro lado, ele não consegue se separar de seus papéis sociais e vitais e do manto das obrigações. Adequadamente, a faixa etária associada com o Leão é 28-35 anos, período da vida em que um homem deixou para trás a escalada profissional de seus tempos de rapaz e realmente "entra na posse do que lhe pertence", o estado metafórico de auto-realização plenamente madura, que o leonino encarna em sua vida inteira. Como um antigo rei solar, em conseqüência de sua localização no zodíaco, ele herdou uma posição de poder majestoso; e, no entanto, tem dificuldades em preencher o papel de pequeno representante de Deus aqui na Terra. E todos os signos de fogo compartilham esta altiva sensação de divindade interior, pois o elemento fogo também representa força espiritual. Assim, enquanto o nativo cardinal de Áries, à semelhança de um cavaleiro andante, está eternamente numa busca para se provar espiritualmente meritório, o leonino de signo fixo nasce com a sensação de mérito intacta e brilhando em chamas como uma fornalha. E assim como isso o transforma num indivíduo seguro, poderoso e altamente egoísta, também assinala ainda para ele maior oportunidade de rebelião potencial, como a recusa de Hélio a dirigir o carro do Sol ou o eterno gazeteiro Tom Sawyer se aventurar em busca de diversão e peripécias em vez de cumprir suas tarefas. Ser o centro da atenção é o direito zodiacal inato do leonino, mas às vezes o centro não consegue se sustentar.

Conforme sugerem esses exemplos, a negligência do rei Leão em relação a suas obrigações tem um desastroso efeito, não tanto para ele próprio quanto para os que confiam grandemente nele, e, de fato, o amam. A capacidade e a culpabilidade, portanto, andam juntas para o Leão, para quem, como o rei Artur ao receber a capacidade de retirar a proverbial espada da pedra, até os desafios mais desanimadores vêm naturalmente com mais facilidade que para a maioria. O leonino costuma ser fisicamente possante desde tenra idade, e esse poderio se reflete em capacidade intelectual, aguçada verve, talento criativo e fortaleza moral. Nenhum outro homem do zodíaco pode se gabar desse tipo de poderio abrangente. Entretanto, apesar de sua proeza, ou de fato devido a esta, o nativo sente indícios de culpa e mais desilusão que a maioria, quando não consegue alcançar as metas predeterminadas. Talvez seja um resquício de ter sido a alegria e o orgulho da família, sobretudo destacado por sua mãe, que acumulou exclusivamente sobre ele suas maiores esperanças. Do fato de ter sido distinguido de outros familiares pode ter vindo uma cisão psicológica, pela qual o leonino vivencia uma intensa sensação de culpa, em particular por brilhar mais que seus irmãos; e assim parece que sua proeza característica se transforma numa faca de dois gumes. Ele poderá até mesmo começar a disfarçar suas conquistas, comportamento que é irônico, pois ao mesmo tempo ele se compraz no tratamento preferencial recebido da mãe, começando aos poucos a perceber a si próprio como uma estrela em ascensão dentro da família. Contudo, por mais que se esforce, o leonino não consegue obter o mesmo tipo de retorno por parte do pai, a quem respeita e com quem se relaciona no âmbito intelectual, mas que apesar disso não é aberto em relação a ele, que pode até ser recriminado pelo pai por "esforçar-se demais"; e assim, pára de se esforçar, por vezes bastando para isso um único incidente de recriminação patriarcal. Adequadamente, no mito de Hélio vemos uma tentativa semelhante de conseguir se conectar com o pai por intermédio de alguma demonstração ostensiva destinada a impressionar os demais. O filho do deus Sol, Faetonte, é ridicularizado pelos companheiros, que se recusam a acreditar que o magnífico Sol seja seu pai. Confrontado pelo filho, ele promete lhe atender qualquer desejo, como prova de paternidade. Infelizmente, o filho pede para dirigir a carruagem do Sol, aventura que termina com sua derrocada à maneira de Ícaro. Em termos arquetípicos, os dois personagens dessa história podem ser lidos como simbólicos do nativo de Leão: vemos sua necessidade de ser como o pai — uma verdadeira estrela familiar, ainda que indiferente, exatamente como depois, na idade adulta, o nativo não consegue evitar projetar uma atitude igualmente distante em relação aos próprios filhos, principalmente os meninos. A dinâmica paterna de sua própria infância dá origem ao paradoxo psicológico do nativo de Leão: ele se acredita um ser superior destinado ao sucesso, crença estimulada pelo favorecimento extravagante de parte da mãe; mas, por outro lado, não vê nenhuma recompensa em tentar alcançar uma condição tão exaltada, conforme demonstrado pela censura do pai, e sua retirada da aprovação. Já que para este jovem o que mais importava era a opinião paterna, e porque deseja evitar seus nefastos sentimentos de culpa quando fracassar na conquista de altos objetivos, o leonino adota em relação à vida uma atitude de mínimo esforço, só encontrando sucesso quando este vem fácil e naturalmente. Ele aprende, de uma

POLARIDADE

Os homens de signos masculinos (ar, fogo) estão alinhados com a polaridade de gênero de seu signo e assim encarnam a combinação de qualidade e elemento do signo. O leonino é uma estrela fixa, o centro natural de atenção em torno do qual outros gravitam invariavelmente. E, no entanto, ninguém pode chegar demasiado perto, se não quiser acabar se queimando.

forma quiçá pavloviana, que o esforço é um pecado sujeito à punição, formando uma psicologia de vida que lhe assenta como uma luva.

Como um aceno ao Princípio da Completude de seu regente, o Sol, o Leão apresenta-se como alguém que não sente falta, em absoluto, de coisa alguma que já não possua intrinsecamente. Ele é muito cheio de si. Dessa forma, o leonino vai pela vida afora com a sensação de plena confiança — postura especialmente fácil de adotar se você jamais assume o menor risco, emocional ou de outro teor, exceto os assumidos no jogo. Em cada interação com os demais, ele não faz nenhum, ou quase nenhum, esforço para estabelecer uma conexão pessoal, só conquistando amizades que, como tudo mais, se desenvolvem naturalmente com esforço nulo. Isso funciona nos dois sentidos: como o filho de seu pai, o Leão condena e desdenha incrivelmente das pessoas que "se esforçam demais", pois ele, como o sujeito que "tem tudo", não sente a menor empatia por aqueles que expõem suas inseguranças, e menos ainda seus sentimentos. Para o leonino, a timidez, o nervosismo e a franqueza são todos sinais de debilidade. Até as pessoas que não conseguem exibir incontestável força física, um aspecto notoriamente saudável, podem ser rotuladas de *inferiores* por ele.

Ao conhecermos o leonino, podemos sentir, de imediato, em sua personalidade, aquele aspecto inquieto de Tom Sawyer. Ele pode ser alternadamente leviano, ríspido, áspero ou escandalosamente brincalhão — mentindo, inventando histórias fantasiosas sobre sua vida pessoal ou profissional, diante do sincero interesse do estranho, que ele naturalmente acha presunçoso —, como a dizer que o outro não merece o tempo e esforço dele em ser aberto e honesto pois, na maior parte das vezes, ele não espera jamais voltar a encontrá-lo. Esse ar exonerativo faz lembrar um rei desinteressado que não dá a mínima por conhecer o "povinho": o pivô do comportamento do leonino, afinal, oscila para sempre num ou noutro tema régio. Como a encarnação da autoridade, o leonino defronta-se com o mesmo tipo de processo decisório de todos os reis: ser um rei bom ou um rei mau. Contudo, para este mais apto dos sobreviventes, o poder *é* o direito, como evidenciado por sua característica alergia, ou melhor, desprezo, por fraquezas pessoais alheias. O leonino precisa, como fez o mítico rei Artur, operar uma mudança psicológica, adotando uma filosofia do poder *pelo* direito, se quiser evitar a sina de passar a vida como um exausto tirano. Uma olhada a uma lista de leoninos famosos, que inclui um ou dois Césares, Napoleão, Mussolini, Bolívar, Selassié e Castro, revela que eles estão notoriamente acima da crítica e podem ser ditatoriais ao extremo. A lista revela autocratas profissionais como os diretores de cinema Houston, Hitchcock, DeMille e Kubrick, além de autodefinidos pais da indústria ou líderes de inteiros movimentos dentro de suas profissões. Leão é o signo de Henry Ford, Carl Jung, Bernard Shaw, Aldous Huxley e Jerry Garcia. Norman Lear, o rei do pathos das séries de televisão criou o supra-sumo do tirano em Archie Bunker, o Garfield humano, retratado por Leo Carroll O'Connor, personagem cujo trono está imortalizado no Museu Smithsonian. Este é o leonino em caricatura. Entretanto, apesar dos verdadeiros espetáculos de despotismo, o superior sentido de eu do homem de Leão, e sua vontade de aço, são empregados com mais frequência como instrumentos naturais de benevolência.

Enquanto o geminiano apaga a linha entre oposições, inclusive a de bem e mal, o leonino se orgulha, integralmente, de sua boa *vontade*. É evidente que o que é bom para ele nem sempre é certo para os demais — algo que este homem, com seus termos e definições absolutistas, tem imensa dificuldade em entender. A convicção é mais uma qualidade do coração que da mente. Assim como o é a coragem de recuar. O Leão do zodíaco raramente cai no velho refrão "ah! se eu tivesse coragem..."; e, no entanto, uma personalidade prepotente, como o Leão de Oz, sinaliza uma arraigada covardia em relação à vida. Por bem ou mal, é quase patológica a vontade do Leão de brandir algum tipo de espada da justiça como a de Artur, Excalibur — do latim *ex*, que significa "retirar", *calibur* derivada como "molde" ou "fôrma", daí a espada enformada na pedra. Na etimologia se vê o primeiro sentido figurativo de *calibre*, oportuna referência a "mérito" ou "importância", as senhas leoninas antes que se convertem em anseios determinantes no coração do Leão. Bom sujeito que estabelece atitudes, o leonino tem em lugar do chapéu branco uma coroa de pedras preciosas ao estilo de Siegfried e Roy*.

É em sua expressão mais correta, portanto, que vemos a natividade do Leão na Quinta Casa do *drama*. Aqui ele saboreia por completo a cenografia. Não há nenhuma ironia no fato de T.E. Lawrence, por exemplo, tornado famoso como Lawrence da Arábia, apresentando-se como uma verdadeira bandeira, governando os povos pela virtude de sua apaixonada devoção à causa deles, ser a pessoa que luta por ela e dela se alimenta. Ele gostaria de ser o rei. Tanto ele quanto Peter O'Toole, que o retratou no filme, são leoninos de primeira ordem. Os homens deste signo são — é um clichê, mas deve ser dito — o centro da atenção. O engraçado é que até nas relações mais íntimas o nativo tem

*Nos faroestes do cinema mudo, símbolo do mocinho, em oposição ao chapéu preto do bandido; a dupla citada faz arriscados espetáculos como domadores de tigres. (*N. da T.*)

28-35

ASSOCIAÇÃO DE FAIXA ETÁRIA DO SIGNO

O grupo etário associado com o signo de Leão significa o advento da plena maturidade masculina, ainda livre das vacilações da meia-idade. O "rei" Leão está em plena realização de sua pessoa, principalmente no que tange à inalienável condição de homem.

PSICOLOGIA

O nativo de Leão é dado a ataques de gênio e outros comportamentos tirânicos, mas sofre, até certo grau, de um complexo (divino) de superioridade. Problemas emocionais reprimidos, sentimentos típicos de abandono pelo pai, podem levar à repressão da criatividade, à preguiça e a baixo desempenho. Jogar a dinheiro pode se tornar uma obsessão psicológica, um modo de o leonino vivenciar a excitação do risco sem a responsabilidade do fracasso.

dificuldade em se relacionar com o próximo por qualquer perspectiva que não a sugerida em seu criptograma planetário, um ponto dentro de um círculo, sugestão gráfica da atenção dirigida de dentro *para fora* de sua bolha particular. Ele não favorece nem de fato permite inspeção de suas próprias atividades; entretanto, assume naturalmente a posição de supervisor alheio. Alguém precisa fazer esse trabalho. Graças ao seu Princípio Paterno, na maioria das vezes ele *paternaliza* no bom sentido, e não no sentido errado, não só conferindo poder a seu *povo* em geral, como também o levando a sentir-se bem em relação a si. Há na presença do leonino algo que faz as pessoas sentirem que está tudo certo neste mundo. Ele é um testemunho da inteireza; de fato, ele a define. Sua confiança é total e inspira os demais a calar as dúvidas sobre si mesmos. Pense em "Pops" Louis Armstrong, sempre a coaxar "oh, yes". O leonino emite a mesma força paternal positiva e proteção — aquele escudo de Hélio. Ele é Midas, a transformar os outros em ouro, embora às vezes com o toque demasiado coisificante daquele rei, pedindo aos peões que se mexam enquanto ele relaxa, na condição de soberano, com uma economia de movimentos extremamente merecida. Ele é a encarnação humana do supremo deus personificado como o Sol pelos antigos, e não o Sol nascente de Áries, mas o Sol majestosamente fixo, a pino, temperado e *augusto*, sendo inevitavelmente endêmica a referência a agosto, o mês de nascimento de Leão. Quem não desejaria estar na presença de tanta grandeza, senão imponência? Imagine ter em sua vida um forte braço afirmativo como o de Satchmo — uma presença masculina totalmente benigna que, entretanto, brigaria com os malfeitores deste mundo só porque olharam torto para você. Para suas pessoas amadas, o leonino é semelhante guarda-costas emocional.

A condição de fixo do signo significa a consolidação e proteção dos sentimentos e da *vontade*, da determinação dessas emoções numa forte defesa contra o mundo do medo e do barbarismo, pelo menos conforme ele o vê. O nativo é uma fortaleza, uma Camelot, armada até os dentes com orgulho. Ele quase sempre interpreta literalmente o papel de um antigo rei Sol fabricado na era pós-diluviana de milagres. Narrando as histórias de seus encontros com um característico discernimento-dramático, ele é mito e lenda em forma ambulante, como até certo ponto o são todos os signos de fogo — enquanto o ariano se esforça para ser o *primeiro*, e o sagitariano procura explorar *ao máximo*, o leonino personifica o *melhor* —, esperneando como um monarca nobremente mantido refém em troca de um resgate, prisioneiro de uma sociedade igualitária-anárquica, ainda mantendo pulsante em seu coração místico uma sensibilidade heróica da época de ouro. Pense em Robert Plant ou em David Crosby com suas letras de música fantásticas, para não mencionar as de temas arturianos; ou a extremamente defensiva presidência "Teflon" de Bill Clinton, o herdeiro do ideal da Camelot Americana; o trabalho enobrecedor de Alex Haley na exploração de suas raízes; ou o estilo documentarista mitificante de Ken Burns. Aqui está um signo que vê a si mesmo como herdeiro exclusivo das qualidades mais nobres, de fato divinamente soberanas do homem. Ao restante de nós ele ensina pelo exemplo a abordar a vida desde aquela perspectiva, não como um simples ser humano, mas como o criador, junto com Deus; logo, ordenado a fazer pelo mundo o correto. Para sermos francos, é um ponto de vista extremamente válido e atraente para se sustentar.

Corpo + Alma

Quando o leonino brande conscientemente sua metafórica espada da correção, sua modalidade de confiança não é vista como arrogância pedante, e sim como um fogoso magnetismo que homem algum consegue igualar. Em seu melhor aspecto, a abordagem pachorrenta à vida não é percebida como negligente ou preguiçosa, porém, como confiante, destituída de qualquer ansiedade ou artifício. Enquanto tantos homens recorrem a demonstrações fantasiosas — posturas masculinas ou ardis sofisticados —, especialmente ao buscar relações sexuais, o leonino está seguro de ser bastante atraente sem todo esse escarcéu. Para ele, menos é sempre mais, e como seu leão simbólico, que tem na juba a prova da masculinidade, o leonino se orgulha do próprio estilo agreste e másculo, que não exige mais que sabonete e um barbeador descartável em matéria de cuidado estético pessoal. Considere a lista de famosos atores leoninos — Robert Mitchum, Kevin Spacey, Robert Redford, Robert DeNiro, Philip Seymour Hoffman, Sean Penn, Edward Norton e Woody Harrelson —, todos eles decididamente homens de jeans e *blazer*, com um estilo de interpretação infalivelmente proclamado honesto e naturalista. E igualmente, cada um desses homens é bastante reservado, expondo uma outra concepção equivocada sobre o macho de Leão: a de que ele suspira pelos holofotes em escala global. Como personificação da condição de masculino-fixo-fogo, quando chega à idade adulta o Leão já se considera uma estrela, independente da sua profissão, e como tal não precisa de provas sob a forma da atenção universal em qualquer tipo de escala grandiosa. Aliás, ele sabe que muita gente se sente atraída por ele; então,

ARQUÉTIPO + MITO

O nativo de Leão se enquadra no arquétipo do Sol (deus paterno), tal como o grego Hélio, cujo mito principal se refere a amor paterno e responsabilidade: o deus caracteristicamente distante é invocado pelo filho, que lhe pede permissão para dirigir a carruagem do Sol, episódio que termina com uma queda fatal para o garoto. Os estudiosos igualaram Hélio a Elias, o pai a quem Jesus clama quando está na cruz. Na mitologia egípcia, Rá é o deus Sol, do qual descendem todos os faraós — adequadamente, ele assumiu a forma do Grande Gato. O próprio gatão do zodíaco é tão desobrigado quanto o são essas divindades supremas e, contudo, desejoso de elogios.

BÍBLIA +
LITERATURA

O signo masculino de Leão está associado na Bíblia com o Livro dos Reis, principalmente Salomão e David, o menino-rei. Esse tema é ecoado nas histórias de Artur, o menino-rei cujo nome significa autoria e autoridade divinas, em virtude de sua posse da espada Excalibur. O leonino encarna o lema arturiano, conforme foi exposto por E. B. Murray em *The Once and Future King* — o poder em favor do correto. O Tom Sawyer, de Mark Twain, é uma redução de Artur, e seu nome, literalmente "aquele que vê", implica o mesmo direito inato a brandir a espada. Como Artur atraindo cavaleiros para a Távola Redonda, ou Tom recrutando os colegas para fazer as tarefas dele, o leonino é também uma figura magnética a quem os outros naturalmente fazem concessões.

simplesmente seleciona aqueles que julga merecedores de ingressar em sua esfera pessoal e privada — exatamente como Artur preenche os assentos em volta da Távola Redonda com os melhores e os mais brilhantes, enquanto o shakespeareano Henrique precisa evitar os fracassados, como Falstaff e companhia. Nessa circunstância exclusiva ele está destinado, como o Sol, a inspirar crescimento, seja patrocinando o desenvolvimento criativo de outros, como Robert Redford com seu adequadamente batizado Sundance Institute; seja pondo uma focalização paterna em seus filhos favoritos; ou até por sua abordagem notoriamente paternal às mulheres.

O nativo de Leão projeta uma sensação de saúde e vitalidade. Ao contrário de seu antecessor, o canceriano, que se esforça por parecer o menino dourado e termina, de certa forma, fracassando sempre na tentativa, o leonino não consegue senão transpirar uma radiância florescente, não importa o quanto queira parecer discreto ou macambúzio. Ele é como um tema de Thomas Eakins rejuvenescido, um sangüíneo potentado do ambiente natural. Aparentemente não consegue escapar da regência de seu planeta ensolarado; e por mais que tente enfiar-se num canto ou perder-se na multidão, ele atrai inadvertidamente a atenção, ou até a adoração, de um círculo cada vez maior de admiradores de ambos os sexos. Em resumo: o leonino tem uma presença palpável, um porte sobrenatural que sugere total comodidade com o próprio eu — um conforto físico invejável e *saudável*. Cada parte de seu bem proporcionado corpo igualmente forte e conectada com perfeição, e seus músculos tipicamente encordoados criam um fluxo contínuo desde sua majestosa cabeça até os pés amplos e estáveis. Lembrem-se de que o pictograma de seu planeta regente, o Sol, simboliza o princípio da completude no zodíaco. Ele é, para começar e acima de tudo, um indivíduo auto-suficiente, em plena posse de suas faculdades, com capacidade de fogo em todos os níveis metafísicos, desde o físico até o espiritual. De fato, o nativo de Leão parece, na superfície, não ter deficiências nem comportamentos desajustados. Nada em sua linguagem corporal indica fraqueza ou doença. Dificilmente ele será visto encostado, remexendo os pés ou mudando o peso do corpo de um lado para outro. Ao contrário, ele pára ereto, seu ser inteiro solidamente plantado no espaço. Raramente haverá qualquer sinal de tensão, ansiedade ou angústia em sua expressão. Como em todos os signos fixos (Touro, Leão, Escorpião e Aquário) há no Leão alguma coisa insinuante, que no caso dele se manifesta como uma postura física de completo relaxamento e um ar ingênuo, quase expectante, em seu rosto. Muitos podem julgar essa qualidade aberta à marca de uma personalidade expansiva, quando na verdade o nativo é tudo menos extrovertido. Tampouco sugerimos que seja tímido; a questão é só que a maioria das pessoas não tem para ele senão um vago interesse.

Pode-se dizer que, por ironia, o Leão é clamorosamente descontraído; e que para formar o vergonhoso carisma leonino combinam-se essa presença fulgurante e a inquietação retraída: como o Sol, ele irradia tanto calor — vitalidade, poder e autoridade reais — que os demais ficam impedidos de chegar demasiado perto. O que, é natural, convém perfeitamente ao leonino. Quando se trata de amizades masculinas, o Leão é famoso por tê-las poucas ou nenhuma, e exceto pela rainha (ou príncipe herdeiro), que este homem obsessivamente monogâmico está sempre *à espera de* encontrar, ele não abre espaço em sua vida para relacionamentos próximos. O nativo se compraz em atravessar sozinho sua rotina diária, encontrando por acaso as pessoas — um grupo de conhecidos — e assim evitando o aborrecimento de precisar fazer um investimento emocional. Para 99% da população ele permanecerá uma entidade intocável e inalcançável. De fato, muita gente acaba queimada pelo leonino, cuja aparência ensolarada desmente sua personalidade ferozmente sombria; e por vezes é um choque ser esnobado ou desprezado por alguém aparentemente brilhante e afável — seria como se aproximar de um gato com jeito de mansinho e descobrir que tentamos acariciar o Garfield.

E conforme convém à sua condição de "menino dourado", a tonalidade geral do leonino é dourada e tosca. A exemplo do canceriano, ele será mais claro que outros membros da família — embora não pálido e aguado como o nativo de Câncer, e sim bastante corado e até avermelhado, com cabelos louros ou ruivos —, até quando for descendente de latinos, mediterrâneos ou africanos. Em conjunção com a juba do Leão simbólico, o leonino apresenta cachos espessos e desgrenhados, de textura áspera ou ressecada, quase sempre encimando uma linha de implantação esplendidamente baixa. Seu rosto pode ser mais bem descrito como curtido; e até quando jovem, tem a boca circundada pelo que ingenuamente supomos serem linhas deixadas por sorrisos amistosos, também distribuídas pelas bochechas, têmporas e até as espessas sobrancelhas. Sua pele seca é muito sensível, queimando-se ao sol ou cobrindo-se de sardas; e por ironia ele precisa ter o cuidado de se proteger contra sinais e outros pequenos cânceres de pele causados pelos raios daninhos de seu regente o Sol. A melhor forma de identificar o leonino é pelo tamanho e perfeita simetria da cabeça e dos traços faciais — para o leonino a cabeça grande não é um atributo puramente metafórico. Se olharmos com atenção os detalhes de sua expressão,

CASA ASTROLÓGICA

ancestralidade
auto-expressão
talento
imaginação
procriação
gravidez
prole
entretenimento
tenacidade
perspectiva emocional
especulação/jogos de azar
hábitos de consumo
genealogia
passatempos
jogos/esportes
originalidade
criatividade
teatro/dança
expressão artística
área editorial
alegria de viver
jogos de poder
dinamismo
projeção de imagem
popularidade
política
prazer
fama/renome
força vital
competição
romance
atividade sexual
legado
ensino
educação precoce
encontros românticos
festas
artes plásticas
brincar com crianças
diversão/ recreação

PALAVRAS-CHAVE

popularidade
moralidade
indiferença
inquietação
nobilidade
poderio
cordialidade
espírito brincalhão
solidão
autocracia
conforto
auto-estima
atletismo
vitória
atração
carisma
retidão
veemência
aspereza
resplendor
dominação
magnificência
honra
virilidade
majestade
facilidade
julgamento
piedade
controle
intolerância
eminência
despreocupação
vitalidade
entusiasmo
realeza
intrepidez
estrelato
prosperidade
distanciamento
orgulho
ritual
santidade
tirania

poderemos nos perguntar o que exatamente parece tão caloroso e amistoso, pois seu rosto tem uma decidida aspereza. O que a princípio pareceu um par de olhos sorridentes pode se estreitar e fixar o interlocutor com uma advertência no olhar: não tardaremos a perceber também que não é fácil conseguir fazê-lo dar um simples sorriso. O nativo de Leão mantém fortemente apertados seus lábios generosos, área na qual tende a armazenar a tensão oculta. Adequadamente, reluta em expressar prazer, com um mínimo sorriso que seja — tais demonstrações de agrado, ele sente, não são conquistadas facilmente. Assim, seus sorrisos mais encantadores ele os reserva para ocasiões excepcionalmente gratificantes. Mesmo quando concede um ocasional mostrar de dentes sonso e obstinado, ele está mais sorrindo *das* pessoas que sorrindo *para* elas. De fato, sequiosos da aprovação do leonino, todos nós podemos acabar, a qualquer momento, reduzidos a meros bobos da corte, correspondendo a sua visão a nosso respeito, a saltar através dos arcos para lhe arrancar um sorriso, ainda que relutante.

O leonino tem naturalmente uma boa forma. Não surpreende que às vezes ele seja um tanto refratário à gordura, projetando uma espécie de fascismo corporal nos demais, sobretudo em seus parceiros sexuais. Abençoado com um incontestável físico masculino, o nativo de Leão tem suficiente confiança em si mesmo para não acentuar nem disfarçar a forma com qualquer tipo especial de roupa. Uma aversão a tudo que seja artificial significa que o algodão e a lã são os esteios de seu guarda-roupa. Clássicas marcas de "mauricinho", como Brooks Brothers, Polo e Lacoste, são o bastião do estilo leonino. De fato, camisas de lãzinha parecem feitas sob medida para seu invejável torso em forma de triângulo invertido, embora ele evite passá-las a ferro para obter um visual asseado, mas levemente amassado. Tendo nascido com músculos peitorais que a maioria dos homens passa a vida toda na academia tentando conseguir, ele tem o peito especialmente bem definido. Raramente o nativo precisa travar a batalha da barriguinha, pois em geral se orgulha de um abdômen achatado que, no entanto, é impossível de esculpir para virar uma barriga-tanquinho: neste homem de ossatura grande há uma carnosidade que se transforma numa massa dura, embora nele qualquer volume na barriga quase sempre será mais pele que gordura. O leonino é tão vigorosamente construído nas pernas quanto no torso — mais uma pista para localizá-lo no meio de outros homens: ele nunca será aquele rato de academia, com tórax de marombeiro e pernas mirradas. Ao contrário, tudo flui em perfeita proporção no corpo do leonino, até suas mãos e pés de tamanho freqüentemente exagerado, aspecto anômalo que lhe confere uma aparência ainda mais sólida e estabilizada. A "mala" é igualmente desenhada, pois o nativo raramente é deficiente neste departamento — não excessivamente grande, talvez, mas consideravelmente grosso. Seus testículos também podem compartilhar a qualidade generosa de suas outras extremidades; afinal, o poder criativo é um aspecto da Quinta Casa nativa do Leão, e a fonte daquela virilidade, simbólica ou não, parece residir em seus relaxados países baixos. Naturalmente, também, o nativo apresenta pêlos corporais de boa qualidade, simetricamente situados e com freqüência dourados; raramente os pêlos serão duros ao extremo. Na região pubiana, os pêlos serão esparsos, aramados em vez de densos, por vezes formando uma trilha até as nádegas e a parte interna das coxas. Entretanto, essas áreas sensíveis de sua anatomia raramente estão à mostra. Cumpre dizer que o Leão raramente é o tipo de usar sunga de praia, e mesmo num infernal dia de verão ele costuma se vestir de modo casual, porém conservador, de calças compridas e camisa abotoada. Pois, de todos os homens do zodíaco, o nativo de Leão é o mais modesto, e, por sinal, o menos promíscuo, além de absolutamente seletivo.

REGÊNCIA DO CORPO

O signo de Leão rege o coração, o mecanismo controlador do organismo inteiro, a parte superior das costas e a coluna vertebral, e há uma tendência para distúrbios cardíacos e dorsais. Da mesma forma, o Sol rege o sistema circulatório e o timo, creditada com a estimulação do crescimento. Essas funções espelham a capacidade do leonino de integrar outros numa unidade ou sistema operacional holísticos.

Sexo + Sexualidade

No que se refere ao sexo, ninguém mais que o leonino consegue se abster de transar. Ele é literalmente vigilante em sua determinação de "ficar a zero" até surgir alguma coisa que valha a pena; como o sagrado rei Sol do zodíaco, ele não pode ter qualquer uma por consorte. O sexo para ele é sacrossanto, e se seu importantíssimo coração não estiver colocado ali será uma experiência vazia. Neste Segundo Quadrante da Emoção, a regência de Leão sobre o coração se estende ao significado sagrado e místico desse órgão e do poder contido em sua pureza; ele opera a partir daquele chakra, por assim dizer, que é a verdadeira encarnação da condição de fixo-fogo de seu signo. Assim como o sangue corrente regido por Marte é o emblema da condição cardinal-fogo do ariano, o coração é a principal força existencial do corpo, batendo com um ritmo tribal, responsável pelo sustento, pela fluidez da vida. Em termos metafóricos, o leonino é o mesmo que este órgão; e ele literalmente segue as inclinações de seu próprio coração, decidido a ser fiel a seus desejos e mantê-los puros, ao jamais se propor uma opção de segunda qualidade para as paixões que incendeiam seu peito, confiando no coração em detrimento do ruído e da distração de sua mente. Ele nos mostra que o amor a si próprio deve anteceder o amor ao outro, isto é, se tiver de ser significativo. Até que entre em cena uma rainha estimável — seja esta do sexo feminino ou masculino (calma, chegaremos lá!) —, convém ao nativo permanecer sexualmente desvinculado. Entretanto, busca ativamente uma parceira meritória, e se não tiver a sorte de se casar com a namoradinha de infância, a Becky de Tom Sawyer — mais leoninos se casam com a namorada dos tempos de escola que qualquer outro homem do zodíaco —, ele irá passar uniformemente por uma série de garotas, mantendo um concurso contínuo por sua afeição permanente, submetendo cada mulher com que se liga a uma prova de fogo, avaliando-lhe as capacidades emocionais, sobretudo aqueles sentimentos de Quinta Casa da *coragem* e da *devoção*. Ele não busca ninguém que desanime facilmente diante de sua típica índole imperiosa; ao contrário, espera atrair uma mulher capaz de encampar sua presunção leonina de superioridade, compartilhando-a e assim se convencendo daquela mesma dominância e autoridade. Enquanto isso, para qualquer parceira potencial deve tornar-se óbvio que o Leão se cerca de uma esfera de amigos e associados prontos a se ajoelhar diante dele; e no âmbito subconsciente, ele espera que este seja um atrativo seguro para uma mulher igualmente faminta de poder. Um aspecto definido da condição de fixo-fogo do leonino é que ele vive sob a luz dos holofotes, não importa onde elas estejam localizadas; e conscientemente ou não, ele tem esperança de que aquele "lugar ao sol" vá atrair amantes potenciais. Sem jamais tomar a iniciativa, o nativo se compraz em observar as mulheres se lançarem sobre ele. Na verdade, esta é sua única forma de fazer uma conexão amorosa. Ele aborda o namoro como diversão; ou seja, *considerando* várias consortes para suas afeições; e como nativo da Quinta Casa astrológica de *esportes e jogos*, sente-se felicíssimo quando a competição por ele realmente pega fogo. Ser testemunha dessa corrida é um esporte de espectador; e o Leão brilha no papel de primeiro prêmio. O leonino deseja uma mulher que seja ao mesmo tempo forte e sensível, autônoma, mas profundamente leal, uma diva soberana em público, porém uma garotinha vulnerável na intimidade — não tanto que ele possa sobrepujá-la, porém, melhor ainda, a quem possa agradar, proteger e, conforme cantava outrora um leonino inglês com sua bocarra, vir em seu "socorro emocional". Por vezes, sem se dar conta, o Leão se deixa atrair por mulheres a quem faltou o amor paterno em suas vidas — mulheres de exterior necessariamente endurecido que escondem um coração bastante terno e sofredor. Essas condições marcadamente paradoxais significam uma grande cobrança para o parceiro, pois a julgar pelos estados emocionais, a maioria das mulheres (pelo menos na opinião dele) se enquadra em uma de duas categorias:

HOMENS FAMOSOS DE LEÃO

Seres supremos e chatos reais

Robert DeNiro
Edward Norton
Sean Penn
Ginger Baker
Dustin Hoffman
Woody Harrelson
Christian Slater
Robert Redford
Sam Mendes
Antonio Banderas
Matt LeBlanc
Matthew Perry
Dean Cain
Billy Bob Thornton
Peter Krause
Laurence Fishburn
Bill Clinton
Steve Martin
Martin Sheen
Kevin Spacey
Jonathan Adler
David LaChappelle
David Duchovny
Dan Fogelberg
The Edge
Joe Strummer
Adam Yauch
Tony Bennett
Count Basie
Mick Jagger
Robert Plant
Michael Richards
Tom Green
Pete Sampras
John Stamos
Stanley Kubrick
Blake Edwards
Norman Lear
Gus Van Sant
Alfred Hitchcock
Nicolas Roeg
William Powell

as carentes a ponto de serem enjoativas *ou* as fortes a ponto de serem agressivas. Anjinho inocente, o leonino tem grande dificuldade em encontrar uma mulher na "medida certa".

Apesar da nobre intenção de atrair a suprema rainha, em função do hábito de colocar sob duras provas as parceiras potenciais, o leonino pode se tornar um real pé no saco: para testar a disposição emocional de uma mulher ele irá, de propósito, submetê-la a extremos. Por exemplo, poderá exigir dela uma pronta reação, enquanto ele próprio relaxa. Ou brincar com os sentimentos dela, mesmo quando está decididamente desinteressado e não tem intenção de fazer um investimento emocional. É nesses casos que o caráter sádico do leonino pode realmente emergir, pois ele sente uma emoção doentia em deixar as garotas à sua espera, principalmente aquelas que considera "biscates", chegando às vezes ao exagero de informar à candidata que ela não é a única a disputá-lo. Falem-me de jogo de gato e rato. Dessa forma, ele fica de papo para o ar observando as mulheres disputarem-no entre si por seu afeto, como quem se dedica a seu passatempo favorito. O Leão num pique mais malévolo irá estimular a azaração, ou até o simples interesse, pela expressa oportunidade de rechaçá-lo, gozando em manifestar seu tédio com olhares de aborrecimento e um resmungo quase inaudível (você já viu o Robert de Niro dando entrevista na tevê? É como se estivesse fazendo ao entrevistador e ao mundo inteiro o imenso favor de comparecer). Ele nem imagina como parece coisa de pirralho malcriado. Ironicamente, como o leonino está, em última análise, procurando sua régia correspondente, ele só consegue ficar irritado com as mulheres que continuam a mostrar uma disponibilidade demasiado flagrante. Certamente, esse comportamento franco pode ser divertido no começo, mas logo desperta um gigantesco bocejo leonino. Quem finalmente captura seu coração discriminador é a mulher poderosa por si mesma. O nativo de Leão não irá simplesmente sucumbir à mulher mais agressiva que o está rondando. Ao contrário do nativo de Touro, insinuante signo fixo masculino que o precede no zodíaco, pois o Touro responde de bom grado a mulheres agressivas. Em vez disso, o Leão procura uma parceira feminina poderosa, aquela que irá, em algum momento, exigir ser cortejada de forma adequada a uma rainha; um ultimato da parte dela, em palavras ou obras, é prova de seu *pedigree* moral. Em resumo, o leonino procura uma mulher que o mereça: e quem melhor para ser merecida por ele que uma mulher exigente? Logo, ele pensa: finalmente encontrei minha parceira *de direito*. Pois devemos nos lembrar que o Leão vê a vida em termos absolutos — sintoma de ter nascido sob o Sol —, de modo que as situações e as

Ring Lardner Jr.
Neil Armstrong
John Huston
George Hamilton
George Bernard Shaw
Gene Rodenberry
Ray Bradbury
Robert Mitchum
Garrison Keillor
T.E. Lawrence
Peter O'Toole
Yves Saint Laurent
Andy Warhol
Larry Rivers
Willie Shoemaker
Mike Douglas
Malcolm Forbes
Samuel Goldwyn
Henry Ford
Alex Haley
Bert Lahr
David Crosby
Jerry Garcia
Carrol O'Connor
Roman Polansky
Napoleão
William Bennet
Benito Mussolini
Fidel Castro
Claus Von Bulow
Claudius I
Thomas Eakins
Carl Jung
Herman Melville
V.S. Naipaul
Percy Shelley
Alfred, Lord Tennyson
Marcel Duchamp
Jean Dubuffet
Cecil B. DeMille
Michael Kors
John Landis
Sam Elliot
Russell Baker
Charles Bukowski
Ogden Nash

pessoas são boas ou más, são vencedoras ou perdedoras. Para ele, uma mulher está certa ou está errada: não há zona intermediária. As relações são tudo ou nada para o leonino, que passa a maior parte da vida se guardando, tanto emocional quanto sexualmente, até encontrar um amor digno de ter derramado dentro de si o ser inteiro do nativo. Ele jamais se conformaria com algo sequer próximo de uma situação conciliatória, como faz tanta gente — o Leão não pode ser leviano a tal ponto com seus afetos —, ainda assim, pela mesma razão, depois de encontrar uma relação que julga merecer seu envolvimento, se a associação desandar de alguma forma custa-lhe renunciar a ela.

Em forte contraste com o desejo do canceriano de bancar a mãe, o leonino sente a necessidade de ser uma figura paterna para as mulheres. Ele não está procurando *ser* adorado, mais sim encontrar uma amante digna *para* adorar. E permanecer indisponível *é* sua prioridade máxima para encontrar essa companheira adequada: ao manter sua característica distância — agindo com naturalidade —, ele acabará sistematicamente por eliminar todas aquelas que exigem um apego mais estático num relacionamento. Da mesma forma, se a moça estiver demasiado à vontade com o artifício dele de manter uma distância segura, ele irá, hipocritamente, achar suspeita a atitude despreocupada dela. Acredite se quiser, o que ele realmente queria o tempo todo era ser chamado às falas e receber um ultimato: o de que, por muito tirânico que seja com as outras, a ela deverá tratar como ouro, ou irá perdê-la. Bem no alvo: esta é recompensa romântica que o leonino vem esperando toda sua vida adulta para alcançar — encontrar uma mulher corajosa o bastante para exigir que ele se torne seu paladino, e ao mesmo tempo seu protetor, considerando-se merecedora de um régio tratamento. Oferecer esse mandato equivale à aprovação no famigerado teste do leonino — aquele batismo de fogo —, e garante que ela nunca mais irá sofrer as agressões da sonegação emocional dele. Além disso, essa exibição de soberba dominância feminina funciona como afrodisíaco sobre nosso Tom Sawyer, até então um gazeteiro sexual.

O que o leonino procura na mulher, fisicamente, é o mesmo que procura numa companheira em termos filosóficos: ele quer uma mulher terrena e de substância, uma camponesa régia que seja a contrapartida de seu herói picaresco, uma *nobreza primitiva* da mesma linhagem arquetípica de Guinevere, para seu Artur, uma Cleópatra para seu César. Ele faz lembrar o Leão que, se tiver a sorte de se acasalar, só o fará com uma fêmea-alfa do orgulho, distinção determinada pela força física e também pela perfeição simétrica, aquele sentido de literal integridade que assinala a saúde e a beleza no reino animal e fora dele. Entretanto, o leonino não sente atração por belezas douradas de cabelos claros como ele próprio. Pelo contrário, é quase sempre atraído por mulheres morenas de olhos escuros que transpiram uma sensualidade explícita, envolvidas numa moldura robusta e consistente. Mulheres etéreas, ele imagina, não estão equipadas para lhe satisfazer as necessidades emocionais e sexuais. Embora por natureza sinta uma aversão confessa à gordura, o nativo é grande apreciador das moças curvilíneas, do tipo violão. Aqui estamos falando do Sol personificado; portanto, é justo que o amor mais compatível deste homem seja uma fértil Mãe-Terra, sobre a qual possa derramar seu poder (procriativo), o que realmente pode significar parir os filhos dele em algum momento. Na opinião do nativo, para haver equilíbrio, um homem tão poderoso quanto ele *exige* uma mulher comparativamente valente. É claro que nunca sentirá que uma mulher pode ser "excessiva" para ele; e assim gravita na direção de mulheres cheias de vivacidade e aparentes saúde e vigor, talvez resultado de esforços atléticos. Ele jamais conseguiu escapar à sua clamorosa atração por aquelas raças primitivas do campo, *animais* bravamente puros e resistentes sobre os quais exerce seu papel *pater*nalista de amo e senhor, quando nao for literalmente o *pai* de um bando de filhos (*descendentes* são um importante aspecto da Quinta Casa astrológica). Pois a escolhida, apesar do próprio senso de majestade, quer que o parceiro leonino seja ligeiramente mais elevado em hierarquia — rainha por mérito próprio, ela só é conquistável, entretanto, por um rei tão meritório quanto o leonino se imagina ser. Dentro dessa analogia, também vemos que o nativo de Leão tem uma queda pelas mulheres exóticas e espetaculares, principalmente as que tenham origens no Oriente Médio, América Latina, Mediterrâneo, Índia ou África. Até certo ponto, ele adere à escola de pensamento que proclama "quanto mais preta a amora, mais doce é o sumo". É interessante observar, entretanto, que o leão é nativo da África, terra que se distingue por costumes primitivos intactos e um sistema tribal de reis-chefes.

A vida com nosso nobre selvagem tem seus momentos brutais. Como o Leão caçador na savana, o nativo é essencialmente um solitário, inevitável ocupação individual de qualquer autodenominado monarca. Nos vínculos amorosos ocorre pouca simbiose com o leonino. Geralmente, ele está em sua própria rota, até no decorrer do mesmo dia, como Hélio, inflexível nos prazos que está decidido a cumprir. Não lhe interessam desvios. A vida é ritual, um sacramento. O leonino não funciona de acordo com sentimentos fugazes ou caprichos. O teor de fixo-fogo de seu signo significa emoção sustentada, interesses sinceros que, como suas ligações pessoais, são poucos. Mas eles ardem intensos, como

LANCES ERÓTICOS
NATIVO HÉTERO

pele morena
cabelos longos e negros
olhos escuros
etnicidade
inocência
trivial não-variado
massagem
tocar, manusear, apalpar
beijos apaixonados
abraçar, aconchegar, ficar agarradinhos
beleza natural
papai-e-mamãe
arranhar, morder
aromas refrescantes
sexo ao ar livre
submissão e disciplina (ativo)
adoração (passiva)
sexo oral (passivo)
dança, *strip-tease*
colegiais, chefe de torcida
súplicas, amassos
brincar com bolas
cunete (passivo)

uma eterna chama. E ele precisa manter esses fogos acesos, aprofundando-os cada vez mais, e transformando-os em paixões. A Quinta Casa do signo de Leão é a do *drama*, principalmente do tipo ritualístico, e na alma antiga do Leão, teatro e religião são sinônimos. Para ele, é tudo um jogo de paixões, pelo qual as caracterizações de sua rotina diária são imbuídas de importância simbólica. O ritual que é a existência cotidiana do leonino reforça-lhe o papel como presença solene aqui na Terra, precisamente como o cerimonial que cerca o rei-sacerdote sagrado visa reforçar o poder invisível da soberania divina. Ou seja, não se pode surpreender o nativo com planos inesperados; e mesmo sua amada esposa estará em maus lençóis se questionar a forma escolhida por ele para passar o tempo ou até sua decisão sobre qual restaurante *freqüentar* — e esta é a palavra certa neste caso. O resultado glorioso desta visão de vida é que os relacionamentos sérios, principalmente os consolidados pelo sacramento do matrimônio, são mais sagrados para ele que para qualquer outro homem. O nativo não é só o mais monogâmico dos homens, mas também acredita que olhar para a mulher alheia é quase tão ofensivo quanto cobiçá-la. O nativo orgulha-se da lealdade, e quando seu casamento não anda bem ele trinca os dentes e agüenta firme, antes de admitir a derrota. Mesmo assim, não sai da linha. Ele não é do tipo de procurar por sexo; mas deixará que o amor o encontre. Se seu coração começar a bater por outra mulher, ele irá fazer as malas e sumir no horizonte. E quando vai embora, vai mesmo — por mais intenso que tenha sido seu amor, a perda deste será ainda mais profunda. A linha divisória é tênue, pois este gato pode ser bem rancoroso, para dizer o mínimo. Se, entretanto, for ele o desprezado, terá mais dificuldade que qualquer outro homem em se recobrar do amor perdido. O choque e a dor de ter sido jogado fora serão tamanhos que o ressentimento poderá durar anos. É um caso típico em que quanto maior a árvore, pior o tombo. E como o leonino é tão cuidadoso em só admitir a seu "círculo de confiança" os súditos mais amorosos e leais, jamais considera a possibilidade de deserção por parte de algum devoto. No caso de um amante, em especial, o vínculo sexual é a mais profunda das experiências rituais que cimentam a união no plano moral, emocional e espiritual. O Leão não vê essas alianças como facilmente quebráveis.

O sexo para o leonino deve ser uma ocorrência tão natural quanto qualquer acasalamento no reino silvestre. Entretanto, por ironia, quando chega o momento de consumar uma relação, trata-se, pelo menos na visão dele, de uma questão cerimoniosa. Quando finalmente abre o zíper da calça, podemos imaginá-lo ouvindo o rufar de tambores, quando não uma fanfarra de proclamação. Ele espera vislumbrar nos olhos da parceira um olhar apreciativo para este particular. O ato sexual em si é um grande acontecimento para o leonino, que se desanima quando a amante não partilha de sua perspectiva exaltada, e um tanto teatral. Num certo estágio ele tem a esperança de que ela admita jamais ter tido em sua vida uma experiência sexual dessa magnitude. De fato, se o nativo farejar o menor vestígio de que ela é "tarimbada demais" em sexo, fará um recuo apressado, não sem antes massacrá-la com pesada descompostura moral. Artur espera, afinal, que sua Guinevere seja totalmente pura. Na verdade, poucos homens são tão sexistas neste particular quanto o leonino. Ao contrário do canceriano, seu vizinho e oposto astrológico, que se sente submetido ao escrutínio coletivo das mulheres, e, portanto, não exerce sobre elas um julgamento moral, o nativo de Leão considera a si mesmo a última palavra em... bem, em *tudo,* mas principalmente em questões de ética, que caem na jurisdição de seu signo. O nativo possui uma surpreendente incapacidade de enxergar as questões morais com algum traço de subjetividade, o que dirá de ironia. O sexo, embora manifestação natural de paixão para o leonino, não deve jamais ter o sabor de alguma coisa sequer levemente escusa; e ele achará bastante suspeito a parceira não concordar de todo coração.

Bem a propósito, então, o cardápio favorito do leonino é, de longe, o trivial. Ele se orgulha de ter poucas das chamadas perversões, contando por isso mesmo atrair as mulheres como um gato de boa índole. Em sua atração, a parte mais importante é a encarnação de nobres intenções, como chamariz de mulheres; e assim, acaba por motivar também uma certa corrupção entre os que gozam ao vê-lo derrapar em sua característica retidão. Ao entrar no chamado território sexual sofisticado, cabe quase sempre à mulher assumir o comando. Em todo caso, o nativo pode ter uma inclinação por jogos de dominação, com a parceira na posição submissa. Quando existe esse traço sádico, é uma flagrante exacerbação do complexo de superioridade inato do leonino — ele se acredita justificado em reinar, com mão firme, até sobre aqueles que mais ama e reverencia. Entretanto, na maioria dos casos, o leonino simplesmente não tem um pingo de depravação. Para suas companheiras mais imaginativas, esta (falta de) preferência pode deixá-las, se não carentes, então se perguntando que variações eróticas irão perder se continuarem a se misturar só com ele. Como um signo masculino do Segundo Quadrante das Emoções, o leonino não está fixado no aspecto físico do sexo como estão os homens do Primeiro Quadrante, nem tampouco sexualmente estimulado no âmbito mental como os nativos do Terceiro Quadrante. Seu interesse erótico é estritamente determinado pela

LANCES ERÓTICOS

NATIVO GAY

homens mais jovens
asiáticos
submissos
frouxos
guarda-vidas
sungas de praia
garotos rurais
michês, machão latino
jeans
camiseta
botas de caubói
corpo depilado
físico de nadador
controle mental
sexo oral (passivo)
felação (ativo)
analíngua
esfregação
jovens corpulentos
transsexuais
costas e flancos musculosos
conjunto esportivo
suspensório escrotal
luta livre
vestiários masculinos
exibicionismo
adulação
higiene
brincar com mamilos (ativo)
bancar o pai
barulhos animalescos
monogamia

conexão emocional feita em seu coração regido por Leão. Entretanto, há muito que dizer em favor da entrega a este plano: o leonino não é senão intensamente exaltado. Quando revela suas emoções à mulher "certa", ele o faz ao extremo; ainda bem que isso se manifesta como sessões de intercurso com caráter de maratona, intercaladas com horas divertidas passadas aos beijos, abraços, chamegos e fogosos carinhos. Entretanto, por muito vigorosas que se tornem as brincadeiras, o sexo deve sempre ser praticado vagarosamente, quando não preguiçosamente. Num aceno à sua associação com a Quinta Casa de *casos amorosos*, cada encontro sexual para o leonino deve se sentido como uma primeira vez, ou pelo menos como uma ocasião especial (ao contrário da interpretação generalizada de que o leonino tem muitos casos amorosos — mesmo durante seus dias de namoro em série, ele raramente passa da porta de entrada da casa da garota). O mesmo talvez se aplique ainda quando o leonino e a parceira estão casados há décadas. Para ele, o quarto de dormir é um espaço sagrado e o sexo regular com uma parceira firme é tão reverenciado em sua mente quanto seria, para o restante de nós, um doce, mas fugaz encontro amoroso de nosso passado. Entretanto, seu gosto em matéria de sexo é percebido quase sempre como insípido, o que pode fazer a amante desejar um tempero mais forte na rotina ardentemente saudável dos dois. E apesar de todas as suas nobres intenções, Artur viu Guinevere bandear-se para o amante francês (leia-se: oral) com o qual, pelo visto, esperava ter um *lance* muito mais intenso. De fato, apesar da pose de indivíduo legendário, o leonino não é do tipo que entra para a História por "cair de boca". O que não significa recusar-se a que alguém lhe faça tais favores, afinal, esta é a vantagem de ser o rei.

Armada de substancial dose de paciência, qualquer amante de leonino será autorizada a começar a balançar o barco pouco a pouco, principalmente se o fizer sob o disfarce de uma cortesã sensual, no papel de agradar a seu benevolente monarca. Dessa forma, ela pode soltar a fera, incitando-o a sair de sua modalidade indolente, que, para sermos honestos, tem lá seus bons momentos: pois apesar da pasmaceira no quarto de dormir, o nativo de Leão é um dos homens mais incansáveis do zodíaco, capaz de passar dias inteiros confortavelmente amassando os lençóis, alternando sexo e sono. Ele conta fazê-lo com freqüência — um dia inteiro de atividade sexual no fim de semana, se o estilo de vida permitir —, e tem a capacidade de manter a tesura por longo tempo, quando a maioria dos homens já teria brochado. De fato, depois que a parceira se entregar ao ritmo natural dele, talvez se espante ao ver que o sexo em *slow motion* pode render múltiplos orgasmos. O nativo eleva os atos simples, como o de beijar, ao estado exaltado de êxtase. Com ele, as expressões mais saudáveis e naturais do desejo sexual devem ser mais que suficientes para satisfazer a qualquer uma, até mesmo a quem normalmente precisa de mais firulas na cama. É exatamente esta percepção que o leonino conta inspirar na amante, trazendo uma sensação de cura sexual ao derramar pura afeição e devoção. Naturalmente, certas manobras farão o Leão rugir mais alto que de costume: brincar com seus testículos, e especialmente correr as unhas por eles, embora levemente, durante o intercurso, é uma forma certeira de segurar o Leão, bem, pelas bolas. Outras zonas erógenas são o peito, em geral, e as costas; cravar as unhas delicadamente ao longo de sua inteira região posterior durante o ato sexual lhe envia arrepios elétricos pelo corpo, e o mesmo ocorre ao lhe coçar de leve o couro cabeludo e o pescoço. Conforme convém a nosso ritualístico rei Sol, ele nunca se cansa do mesmo programa sexual, pois para este filho de Hélio constitui uma capacidade exclusiva vivenciar como perenemente renovado o que outros rotulariam de rotina, tal como se renova cada dia. Na maioria dos casos, ele desperta o mesmo tipo de necessidade do familiar em suas amantes, que terminam arrebatadas por sua abordagem ensolarada e sadia ao sexo, aquecendo-se à luz dos holofotes da devoção manifestada pelo leonino, com a aparente exclusão do resto do mundo.

Os aspectos mais condimentados da vida sexual do nativo de Leão costumam obedecer a linhas específicas: o Princípio Paterno com sua necessidade inerente de autoridade sofre uma reviravolta com os interesses se enquadrando na categoria geral de submissão e disciplina leves. Os desejos podem ser tão sutis a ponto de exigir que a parceira passe parte de seu horário nobre de joelhos, a serviço do rei, enquanto ele praticamente lhe ignora os esforços para agradá-lo. Talvez ela tenha de fazer um discurso dramático sobre a espantosa proeza e máscula magnificência dele, por vezes num esforço cujo objetivo é a plena ereção do monumento ao qual foi dedicado o monólogo. Fantasias mais elaboradas podem incluir alguma versão do surrado uniforme de copeira francesa, ou nenhum uniforme, com a parceira a seu dispor, limpando, cozinhando e realizando outras tarefas domésticas como prelúdio para que ele passe a rugir outro tipo de ordens. O leonino talvez deseje reter o completo controle, permanecendo inteiramente vestido e confortavelmente sentado, enquanto a parceira é solicitada a se expor fisicamente e a proporcionar prazer a si própria, para diversão dele. Amarrar a parceira com a proposta mutuamente consensual de "usá-la" ao bel-prazer pode funcionar dentro do mix de visão carnal do leonino, como poderia funcionar uma representação centrada na parceira ser uma total escrava sexual. Embora não seja do tipo de usar acessórios como chicote de couro ou coleiras, o leonino desfrutará de preferência uma mulher que finge ser uma selvagem capturada à qual ele deve domar com pulso forte. Se você algum dia se perguntou a quem se dirigem aquelas revistas de adultos ilustradas com retratos de mulheres como trogloditas, saiba que a platéia é o rei das selvas do zodíaco. Disciplinar uma mulher para submetê-la é provavelmente a principal variação leonina do tema sexual direto de dominação masculina. Não é grande adepto, porém, de dar uns tapinhas numa garota disfarçada de colegial submissa, como faz o canceriano. De preferência, o nativo de Leão opta por um pouco de luta corporal, proporcionada por alguma rainha de Sabá capturada ou pela assanhada copeira francesa. Mulheres fortes dispostas a fingir que estão sendo submetidas só alimentam o ego deste gato, que pode então esperar um pouco de luta para chegar à característica continuação desse jogo sexual de franca copulação. Se, como resultado, os arranhões nas costas dele forem bem mais pronunciados, tanto melhor. Dominar uma gata feroz é uma façanha muito mais adequada à mentalidade dele; e um lembrete levemente insinuante, oculto sob sua camisa 100% algodão, deixa no rosto do nativo um sorriso do gato de Alice, cujo motivo os amigos e colegas mal conseguem adivinhar.

O sexo é, em definitivo, um assunto que o leonino não discute fora da privacidade do lar, e mesmo ali é de preferência evitado na conversa. O nativo não é o que se pode chamar um espírito aberto, preferindo permanecer escudado na bolha de sua aura de altivez. Desse modo, ele é o mais improvável participante de alguma dinâmica de grupo sexual para adultos. Operando em base individual, o moralmente severo leonino pouco liga para as costumeiras fantasias masculinas de ir para a cama com duas garotas. Quando se trata de seus próprios sentimentos de homossexualidade, até na adolescência o nativo de Leão está desautorizado a qualquer tipo de auto-aversão que possa acometer outros jovens. Por um lado, o típico leonino homossexual ainda é um tremendo machão, um sujeito atlético que se sente tão à vontade num vestiário de academia ou na linha de abertura do jogo de rúgbi quanto seus colegas hétero. À medida que amadurece, o leonino gay, ainda que continue tão pouco assumido quanto o nativo hétero, tipicamente sai em busca de um fã-clube mais global e ardoroso, ao contrário do irmão hétero de signo, que prefere um reino discreto e localizado no qual governar. O nativo gay é muito mais aberto e orgulhoso que a maioria de seus amigos homossexuais. O orgulho, em si, é para o leonino gay uma virtude (ou vício) mais proeminente que jamais será para o nativo hétero.

Mesmo assim, você não irá vê-lo a se exibir em paradas como um militante da causa, embora talvez possa cogitar do papel de comandante. Quase sempre, será um ativista de sofá, que sente estar promovendo a causa pelo exemplo prático, mais que pela demonstração. O leonino gay pode até sonhar consigo mesmo como emblemático da homossexualidade normal, sadiamente natural e de fato enobrecedora. Na verdade, ele é um dos homens do zodíaco que mais parece heterossexual e age de acordo, como se naturalmente afastando o conceito de que um homem gay tem que ser diferente de um hétero. Às vezes este soberano gay pode precisar se esticar um pouco mais para fazer calar as dúvidas quanto a seu mérito de exercer poder — o que explica por que os leoninos o fazem numa escala mais grandiosa e pública. Enquanto isso, não constitui surpresa que o leonino gay seja psicologicamente um pouco mais complexo (e complexado) que seu correspondente hétero, o qual se orgulha de levar uma vida tão simples e pouco reflexiva quanto humanamente possível.

A aparência de hétero também serve a outro propósito: atrair amigas, que compõem a maior parte de seu clube de adoradoras. O leonino é famoso por fazer insinuações de suas aventuras "passadas" com as mulheres, consciente de manter alguns corações femininos pendentes. Pois, à parte a orientação sexual, o nativo precisa ter certeza de apelar para o orgulho das mulheres; e enquanto o nativo hétero no final acabará restrito a uma única parceira, o nativo gay, sem jamais assumir esse próximo passo sexual, é deixado na perpétua condição de ficar cercado de mulheres devotadas às quais recusa envolvimento emocional — e, naturalmente, o sexo em si. A maioria de seus amigos de sexo masculino é heterossexual, e eles também estão sujeitos ao domínio do nativo gay, sendo tipicamente homens mais mirrados e poltrões, dominados por mulheres, em cuja presença o leonino sente uma superioridade natural, do *poderoso* suplantar o *justo*, e esse tipo de babaquice. Mesmo aqui, o leonino dirige a atenção para as mulheres integrantes do grupo, sempre submetendo as namoradas dos amigos ao mesmo tipo de prova de fogo a que o nativo hétero sujeita as candidatas a parceira, como se vicariamente pusesse em prática uma plataforma heterossexual, por intermédio de seus vassalos hétero. Ao mesmo tempo, alternativamente, há uma proibição de expressar opiniões sobre a escolha do nativo em matéria de amante, embora para seu círculo de amigos sempre fique a tentação de fazê-lo.

Na maioria dos casos, o homem de Leão seleciona um amante que parece "fora de contexto" para aqueles que o conhecem melhor, e parece que assim é: apesar de toda sua douradice bem composta, o nativo tende a procurar tipos escolados, ou até trapaceiros, cujo caráter pode ser, se não suspeito, pelo menos totalmente fora de sintonia com o caráter dele. Entretanto, com muita freqüência, o homem que conquista o coração do leonino só tem do vadio a aparência — fato que remete à associação leonina com a Quinta Casa dos *casos amorosos*. Enquanto o leonino hétero deseja uma rainha pré-fabricada, equiparada a ele, o nativo gay parece gostar de percorrer as áreas carentes em busca de algum órfão "perdido" que possa adotar e beneficiar com sua natural energia paterna. Isso não significa que o leonino procure homens mais jovens; de fato, ele tem um pendor pelos homens de sua mesma idade. Isso aponta para uma patologia específica do signo: por muito desajustada que tenha sido a fase vivida na casa paterna, em retrospecto o nativo tende a ver essa época como quase perfeita; e com freqüência, para reforçar essa perspectiva, liga-se com um homem de mesma extração — mesma cidade, escola, esfera socioeconômica —, embora decididamente menos ensolarada, o lado sombra de sua própria vida pregressa. Vejamos o exemplo de Tom Sawyer: numa esfera heterossexual, sua parceira perfeita é a igualmente ecumênica Becky Thatcher; mas o primeiro relacionamento de Tom com alguém de mesmo sexo foi com Huck Finn, um pária desclassificado, vindo do lado pobre da sociedade, e que, como é natural, simplesmente precisa do tipo certo de patrocínio para poder transcender suas circunstâncias adversas. Isto é exatamente o que o leonino deseja fazer nas relações gay: derramar afeição de forma a exercer um efeito regenerador e estabilizante. Por outro lado, o natural sentido de superioridade do leonino fica assim assegurado. No entanto, é aí onde vemos surgirem para o leonino gay os mesmos problemas que afloram para o nativo hétero: a paixão enobrecedora pode ter precedência sobre os desejos carnais diretos, no afã do leonino de curar o lado mais tosco da personalidade da pessoa amada. O próprio Mark Twain pode ter tido o insight da natureza da inclinação sawyeresca do leonino por um amante correspondente ao arquétipo de Huck Finn, pois o próprio nome do personagem serve como uma espécie de anagrama destinado a informar ao leonino que ele já deveria ir em frente e simplesmente *Fuck Him* (o duplo *n* transformado assim em *m* na transposição). Pois, na verdade, a escassez de experimentação sexual pode levar um relacionamento gay a descarrilar ainda mais depressa que uma ligação hétero; e os tipos mais lascivos com que o leonino se associa não são, quase sempre, de freqüentar a igreja para saciar apetites sexuais, se viverem só do elevado amor do leonino.

Todo mundo que conhece um nativo de Leão admitirá prontamente que este tem um certo complexo de Deus. Para sermos justos, devemos admitir que quantidades expressivas de homens, gay e hétero, se comprazem na orientação recebida de uma figura tão abalizada; e assim, pelo menos no início, o nativo de Leão tem um apelo para o amante que busca semelhante patrocínio. Embora a atenção do leonino possa estar em atividades "nobres" como exercícios físicos e regimes nutricionais, elegância e cuidados estéticos, formação de redes de contatos profissionais, formação de patrimônio, aquisição de imóveis, além do empenho de tornar a dupla o mais bem-sucedido e bonito casal masculino gay de todos os tempos, seu amante pode estar simplesmente de olho nas mordomias, e deixar os objetivos mais ambiciosos para seu rei Leão, desfrutando, em vez disso, de uma existência decididamente confortável de suprema rainha do lar. Porém, que se cuidem os comedores de bombons: o amante do leonino deverá, no mínimo, *fingir* que têm alguma ambição. Só um nativo atipicamente co-dependente deixaria de chutar o rabo do namorado bicão, se achar que o mencionado rabo está sendo usado apenas para esquentar o sofá o dia inteiro — ou pior, que está rolando na cama com alguém que não ele. O que nos leva a uma questão que nunca será demais enfatizar: o leonino é um homem extremamente ciumento, de gênio mais esquentado que o de qualquer outro homem do zodíaco, e considera a "traição" um crime contra a natureza, contra Deus e, segundo esses critérios, contra ele mesmo.

No tocante ao comportamento sexual em termos práticos, então, os triângulos parecem definitivamente fora de discussão. A única forma pela qual o leonino consideraria a possibilidade de alguém além do amante no quarto de dormir é que esse terceiro se limitasse a ficar olhando. De fato, o leonino é acima de tudo um exibicionista e para fins específicos: ele acredita que sua copulação é tão autêntica e essencialmente ardente que desejaria (secretamente ou não) compartilhá-la com o mundo. Vocês que moram em apartamento, alguma vez se perguntaram qual é o casal que não usa persiana nas janelas? Tenham certeza de que um dos dois é leonino. Ele faz amor de uma maneira digna de novela da televisão, e seus lances favoritos são um tanto ou quanto pornô *light* em matéria de sensibilidade: beijo de língua e contato corporal aparecem no alto da lista, ao lado de massagem e masturbação mútua. Embora use a boca sensualmente sobre o corpo do amante, ele não é particularmente oral de per si. Ele irá "consentir" ao amante chupá-lo, é claro, mas se sente constrangido na posição de servi-lo. Ironicamente, quando se trata de qualquer penetração anal, ele irá antes adotar a posição passiva, como se dissesse que ele é quem está sendo servido, e não quem está servindo. Isto pode causar surpresa ao amante do nativo, que naturalmente presume que seu paternal amigo irá levar para o quarto de dormir o personagem de paizão. Entretanto, estando do lado que recebe, o nativo dificilmente se envolve num explícito festival de foda. A penetração anal não deveria ser mais que um impulso de paixão, a mesma expressão fugaz dos beijos apaixonados; tudo deveria permanecer tão sadio e inocente quanto possível, com a ênfase colocada principalmente no amor, em oposição ao sexo. Também no nível subconsciente o leonino está tentando forçar o amante a uma epifania: mostrar a ele que compartilhar emoção é o aspecto de êxtase do sexo. Embora a maioria das pessoas concorde em que todos os atos sexuais são melhores quando a paixão está presente, para o leonino, independentemente da preferência sexual, até o mais fundamental comportamento erótico é vazio, se não sujo, quando não há paixão.

Casais

Hétero

Homem de Leão / Mulher de Áries
Amor à primeira vista: ele vê uma coexistência fácil; ela encontra o macho dominante que lhe corresponde. Um caso ardente que logo se transforma em compromisso. Uma ameaça à felicidade doméstica: os namoros dela. Na cama, nada de firulas; o êxtase é automático.

Homem de Leão / Mulher de Touro
Ele quer uma mulher natural — sutil e acessível, a taurina o atrai. Ela curte o calor do Leão, energizada pela presença possante do nativo. Nele a auto-atualização é estimulada por ela, cujo forte é a expressão tátil.

Homem de Leão / Mulher de Gêmeos
Ele é o objeto da carinhosa atenção dela. Com o tempo, o Leão evolui para o homem perfeito imaginado pela geminiana. Quase sempre acaba em casamento. O riso é para eles a salvação. Com ela, ele está sempre no apogeu sexual.

Homem de Leão / Mulher de Câncer
Afinal se resolvem as questões paternas dela; a natureza calorosa dele desperta. É o sanatório das almas: lugar seguro para purgar emoções. Ele tem compulsão de controlar, a pretexto de ajudar. Na cama, ela dá lições a ele.

Homem de Leão / Mulher de Leão
Conflito de vontades. A necessidade de ambos brilharem faz surgirem problemas. Em seu melhor, eles se fundem para formar uma supernova; caso contrário, cairão num buraco negro emocional. À parte isso, não falta tesao ao casal.

Homem de Leão / Mulher de Virgem
Ele se encanta com a excepcional feminilidade dela. Ela reconhece o talento que vale a pena desenvolver: ele pode se tornar a missão dela. Eles gostam da vida estável. Na cama, ela é a professora sedutora; ele é o aluno dominador.

Homem de Leão / Mulher de Libra
Eles se conectam pela equivalência intelectual, inspirando ao outro uma mentalidade mais progressista. Dupla acelerada e laboriosa. Na cama, estão vinculados: o sexo é divertido e relaxado — sem complicações nem tabus.

Homem de Leão / Mulher de Escorpião
A vida é um banquete — uma festa na qual eles devoram áreas separadas da experiência. Juntos, eles são "receptores". O casal tem fome de notoriedade. A prole é inevitável. A fome sexual de um pelo outro parece insaciável.

Homem de Leão / Mulher de Sagitário
Vigor e entusiasmo é o que eles compartilham. Dois egos colossais, juntos em seqüência, produzem um dos poderosos casais quintessenciais da astrologia. Na cama, ele é robusto e sempre alerta; ela o acompanha em sua disposição.

Homem de Leão / Mulher de Capricórnio

Casal quase sempre poderoso e esnobe. Em comum, valores tradicionais, ética profissional antiga. Mas, emocionalmente diferentes, se desiludem — ela é caprichosa; ele espera aquiescência. O sexo é acolhedor, porém, cauteloso.

Homem de Leão / Mulher de Aquário

Juntos eles são grandes e ousados, talentosos, porém imprevisíveis. Ele adota atitude contemplativa. Emergem as qualidades incomuns, extraordinárias, da aquariana. O sexo é passional, energizado pela inveja, e também pela estima.

Homem de Leão / Mulher de Peixes

Ela é o barômetro espiritual do casal; ele mantém o romance rolando. Emocionalmente, ela endossa a busca dele pelo poder profissional. O vínculo deles oferece distanciamento dos demais. Na cama, ela é a estimável deusa dele.

Gay

Homem de Leão / Homem de Áries

Dois personagens supermasculinos que se mantêm longe dos tipos femininos. Conexão intensamente sexual e profundamente espiritual. Juntos, vêem a vida como diversão, e não como trabalho. O sexo é tão bom que vira preocupação.

Homem de Leão / Homem de Touro

A vida com o leonino parece prometer luxos, a boa vida. O Leão, um voyeurista, empolga-se com o belo Adônis taurino. A lealdade mútua é o tema deles. Fartura de amigos e familiares. O sexo é cerimonioso, às vezes autoconsciente.

Homem de Leão / Homem de Gêmeos

Os dois vêem grande possibilidade nesse vínculo. Quase sempre há um pouco de exploração. O Leão está encantado com o geminiano solerte, que parece isento de deficiências. Na cama, o homem de Gêmeos sonha com sessões mais ousadas.

Homem de Leão / Homem de Câncer

Leão desconfia das maneiras insidiosas de Câncer. Com o tempo, por vezes à socapa, esses personagens carismáticos se tornam companheiros, se encantam pelo outro. Formam um casal popular. Na cama, caso amoroso de afirmação.

Homem de Leão / Homem de Leão

Combinação desafiadora. Para dois reis, é uma constante disputa de quem é que manda — alguém ganha, alguém perde. Os egos podem-se abater; a cooperação e a humildade são as lições a recolher. No sexo, está tudo bem.

Homem de Leão / Homem de Virgem

Virgem parece inofensivo e encantador — cativante, mas não ameaça a posição superior do Leão, e se alegra de ser o companheiro cobiçado. Com o tempo, transcendem as diferenças. Entretanto, sua vida sexual pede mais tempero.

Homem de Leão / Homem de Libra

Diferenças ideológicas são um impedimento aqui. Leão é dogmático; Libra é liberal. Mas um pouco de debate animado estimula. No sexo, é mais simples: Libra assume o comando, incitando insistente os desejos mais profundos do Leão.

Homem de Leão / Homem de Escorpião

Casal polarizado: Leão parece ensolarado demais para escorpião, que fica mais tempo ainda na escuridão emocional, como para irritar o parceiro. Na cama, travam batalhas. Mas Leão se estimula com a força agressiva do Escorpião.

Homem de Leão / Homem de Sagitário

Juntos, dois homens másculos e poderosos vivem em escala ainda maior — Sagitário é especialmente ousado. A fortuna parece cercá-los. Também no sexo tiraram o bolão: é tudo um jogo; o comportamento extremo permite jogar mais.

Homem de Leão / Homem de Capricórnio

O leonino se sente resgatado: ele é um neófito comparado ao capricorniano culto. Mas Leão aprende a aceitar a orientação de um sofisticado adepto social. Na cama, Capricórnio espera expor seu "caipira" a uma pitada de pecado.

Homem de Leão / Homem de Aquário

Eles existem para apoiar-se mutuamente. Leão não tarda em reavaliar o estilo de vida, rever prioridades. Aquário cria a nova ordem deles — seu governo assume precedência. Amor passional libera o Leão de duvidar de si.

Homem de Leão / Homem de Peixes

Dupla gay numa viagem cerebral. Choques de individualidades e disputas verbais são de se esperar. A contenção das emoções se transforma num jogo sem ganhadores. A paz é restaurada na cama — ali é onde os rapazes brilham.

A mulher de Leão

a estonteante

A nativa de Leão é a mobilizadora número um do zodíaco. E ninguém possui seu grau de poder e determinação para alcançar objetivos, sexuais ou não. Ardendo de desejo, ela ataca a vida e não permite que nada se interponha no caminho de sua caça à realização. Incapaz de se distanciar das paixões, ela encarna os impulsos românticos eróticos que a impelem para diante, no intuito de satisfazer uma constante carência de amor e de sexo. Em certo sentido, a leonina *é* o sexo, pois cada uma de suas ações é alimentada por um natural tesão pela vida. Seu tipo é perfeito para o papel: mulher ferozmente energizada, de coloração vívida e olhos coruscantes, ela anseia pela experiência, jamais fazendo as coisas pela metade. Sem a menor timidez, deixa claros seus sentimentos e necessidades, proclamando com ousadia o interesse sexual num parceiro potencial, e depois prova no quarto de dormir que é uma gata selvagem. Ela sente atração por homens movidos por paixões equivalentes à sua, mas que, a seu exemplo, não serão completamente consumidos por elas. Representando um desafio para o macho da espécie, exige que o homem seja estável e sobranceiro a ponto de fazê-la sentir-se felina e feminina em contraste — façanha nada modesta para uma mulher que não poderá senão vencer a maioria dos homens em seus próprios jogos de dominação, seja no plano profissional ou pessoal. Nas relações de mesmo sexo a leonina é provocadora, buscando revelar os desejos ocultos de uma mulher e descobrir seu lado selvagem, só para depois subjugá-la, dentro e fora do quarto de dormir. Nos relacionamentos lésbicos, a leonina sempre será a protagonista, representando o papel de protetora até às últimas conseqüências.

V

PRINCÍPIO

O Princípio Paterno. Por meio da regência do Sol, o signo abraça uma visão patriarcal do mundo, como um lugar de precedência, autoridade e dominação masculinas. Mas a nativa de Leão não representa aquiescência a este governo. Ao contrário, por um lado, como a deusa "virgem" da caça, ela encarna o espírito de um poder matriarcal no exílio — Ártemis em sua caça —, e por outro, a condição de ser reverenciada no desterro pelo patriarcado do lar, como Héstia. A leonina é uma força determinante a ser levada em conta. O lema de seu signo é "Eu quero".

Signo + Mente

O regente da nativa de Leão, o Sol, representa o autoritário Princípio Paterno na astrologia. Para o homem de Leão esse preceito se traduz num inato sentido paternal de desenvoltura e legitimidade, ao passo que na mulher do mesmo signo assinala uma rebelião contra a subjugação patriarcal, um chamado a se evadir e escapar de sob o tacão do paradigma social mais universalmente aceito de dominação masculina. Na condição de mulher nascida sob possante signo da regência patriarcal, a leonina é tudo menos passiva ou aquiescente diante desse sucedâneo de autoridade. Ao contrário, ela possui o espírito de Cleópatra perante César — uma poderosa matriarca confrontada com uma sociedade de domínio masculino, equipada com o poder de lutar em sua fuga contra ele. O próprio animal leão, emblemático da majestade masculina, é inerentemente uma espécie matriarcal: as fêmeas ficam com a "parte do leão" na caça e nos cuidados do orgulho da família, enquanto o macho permanece uma figura de proa bastante solitária. Muito a propósito, as mais antigas deusas matriarcais, Ártemis (a Diana dos romanos) e Héstia (a Vesta dos romanos), são os arquétipos principais da mulher do signo. Como deusas, respectivamente, da caça e do fogo doméstico, elas representam a mesma energia de dupla função — provedora *e* protetora — personificada pela leoa na vida real e também na astrologia. As duas divindades são deusas "virgens" e donas de si, que se recusam a se casar e ser subjugadas pelo mundo dos homens. A condição virginal atribuída a essas deusas não significa castidade, e sim a recusa a se submeter ao macho. De fato, essas divindades femininas que permanecem "intactas" em sua virgindade eram vistas como demasiado poderosas para se transformar em esposas de deuses masculinos do patriarcado conquistador. A exemplo de Atena, o principal arquétipo de Áries, o signo irmão de fogo da leonina, Ártemis é uma amada de Zeus e herdeira de sua divindade, da mesma forma pela qual uma antiga rainha como Cleópatra (nome que significa "amor paterno") era considerada descendente dos deuses. Realmente, o culto de Diana em Roma foi o mais difundido e o último sobrevivente rival do cristianismo. A única outra divindade a receber mais atenção foi Héstia-Vesta, a quem eram oferecidos mais sacrifícios que a qualquer outro deus. Como deusa do lar ela era o centro da roda, e assim ficava cuidando do eterno fogo do Olimpo, deixando aos outros doze deuses a tarefa de se envolver em tumultos. Ela era estática como o Sol, em torno do qual tudo gira — e sua sagrada mesa-redonda, que retratava o zodíaco, converteu-se na Távola Redonda medieval do rei Artur. Ártemis, conforme o nome sugere, também está ligada ao legendário rei. É apropriado que estas deusas extremamente populares representem, na qualidade de arquétipos, a nativa de Leão, que em consonância com o princípio absoluto de seu signo tende a ser, digamos assim, bastante cheia de si. Reunindo Ártemis e Héstia, a Leoa consegue botar comida dentro de casa e cozinhá-la no fogão. Esta é a matéria mitológica de que é feita a leonina. Ela encarna a deusa fogosamente agreste da caça e a gentil e adorável deusa do fogo doméstico, aspectos paradoxalmente reunidos num todo coeso que é a mulher do signo de Leão. De fato, sua vida é uma caça contínua e revigorante aos objetivos que ela anseia alcançar. Entretanto, ela mantém aceso o fogo doméstico e, em geral, se torna a pessoa da casa sobre a qual vai recair a responsabilidade de manter a solidariedade familiar. Não há no zodíaco, em nenhum dos sexos, um controlador tão feroz ou tão fervoroso em perseguir suas paixões.

Falando em termos metafóricos, a caçada representa a liberdade de expressão de impulsos criativos ou procriativos — embora uma divindade virgem, Ártemis, é também a criadora deusa-mãe de todas as coisas selvagens, tradicional prova de que a virgindade associada com ela jamais foi interpretada literalmente. Conforme teorizou Carl Jung, a caça é simbólica do ato sexual em si; e assim se estenderia a outros atos figurativos de criação. Tais interpretações são perfeitamente adequadas, considerando-se a associação do Leão com a Quinta Casa astrológica, que rege, entre outras coisas, a *força vital criativa*, seja como *expressão artística*, seja como *relação sexual*, com o conseqüente nascimento de filhos — indicando que o fruto da mente do indivíduo (idéias) e o fruto de seu corpo (filhos) são originários do mesmo impulso interior do eu. A leonina é a materialização humana deste impulso: qual seu regente, o Sol, ela é a entidade mais vital da roda astrológica, muito mais determinada a demonstrar sua abundante energia que seu irmão de signo, que encarna o aspecto do Sol como estrela inalcançável — ela retrata, ao contrário, a natureza onipresente. É uma força irrevogável, uma distinção avassaladora que emerge cedo no desenvolvimento da nativa de Leão. Como Ártemis, a leonina normalmente sabe com precisão o que deseja da vida, praticamente desde a infância. E trata de garantir uma coisa: que irá ser extremamente livre para se expressar do jeito, na ocasião e no grau que lhe parecer adequado. Afinal, "Eu quero" é o lema de seu signo. Como caçadora do zodíaco, ela tem uma espécie de linha de chegada em sua vida, marcada por metas definitivas estabelecidas por suas paixões notoriamente indomadas. Deve-se assinalar que os objetivos da leonina não são cerebrais. Em vez disso, são alimentados por necessidades sinceras de exposição,

SÍMBOLO PLANETÁRIO

O símbolo astrológico do Sol significa o indivíduo que tem a necessidade de estar no centro da consciência coletiva. O círculo sugere divindade, o que transforma a leonina numa diva que adora a luz dos holofotes.

QUADRANTE DO SIGNO

Os quadrantes zodiacais correspondem aos planos metafísicos da existência: físico, emocional, mental e espiritual. O Primeiro Quadrante é o do eu e da percepção individual. O Segundo Quadrante é o do ambiente emocional, no qual os sentimentos do indivíduo em relação ao mundo são a preocupação principal. O Leão fixo é um gerador concentrado e conservador de paixão sincera. Para a nativa do signo, a importância reside em cuidar, criteriosamente, de sua expressão criativa, aguçando-a até transformá-la no maior sucesso do setor.

própria de um signo que não somente rege o coração físico, mas também é nativo do Segundo Quadrante do zodíaco — compreendendo a Quarta, a Quinta e a Sexta Casas astrológicas e os signos que as regem. Câncer, Leão e Virgem representam a vida conforme a vivemos nos âmbitos metafísico e emocional. Câncer representa os instintos viscerais e o derramamento de sentimentos; Virgem representa o ato de pesar a consciência. E bem no meio do quadrante surge o signo fixo de Leão, focalizado no que certa vez Kate Bush denominou "a constelação do coração", a conversão da paixão num propósito a perseguir com ardor. Incidentalmente, na capa de um de seus álbuns, aquela leonina específica figura como uma Ártemis-Diana cercada por seus "cães do amor", astutamente ligando o amor e a caça. Em outra capa, ela aparece vestida como Artur, brandindo uma espada. Mais outra retrata sapatinhos de rubi, que num previsto e metafórico bater de calcanhares irão trazer sentido a essa extensa analogia.

Para começar, digamos que mesmo na infância a leonina nunca está à deriva ou se sente perdida — sua trilha de caçadora está sempre evidente. A vida familiar da nativa também terá sido conveniente a sua natureza autônoma e motivada, pois com muita freqüência ela é criada como filha de pais que trabalham fora, notadamente ausentes de seu ambiente cotidiano. Entregue aos próprios recursos, a garota de Leão torna-se um baluarte de confiança em si mesma, afiando suas habilidades de sobrevivência (Ártemis) na prática de criar um ambiente doméstico (Héstia) estável para si mesma. Como a Dorothy de *O mágico de Oz*, falta-lhe orientação paterna consistente, porém ela raramente sofre em conseqüência disso. Ao contrário, sentindo-se isenta de tal supervisão, fica livre desde tenra idade para dar início à fantástica viagem por uma estrada dourada ao longo da vida — sua própria busca pelas qualidades nobres e poderosas de Oz. Enquanto a canceriana "molhada" permanece eternamente desejosa, a leonina está ferozmente decidida a ser maravilhosa, quando não maravilhada. Por vezes, há drásticas razões para a ausência conspícua de um dos pais, normalmente a mãe — divórcio ou morte —, porém, de modo mais geral, a ausência resulta de uma figura materna notoriamente fraca, se não inteiramente ineficaz. O mais comum é que o pai seja severo e voluntarioso, apesar de sua esporádica presença no lar. No caso extremo ele é um disciplinador rígido, dogmático em questão de política, religião, ou ambas, contra cuja natureza ditatorial a leoazinha começa secretamente a se rebelar. Ela não torna público seu sentimento com o tipo de golpe de estado a que a geminiana poderia recorrer; de preferência apela para estratégias, eterna rainha do tabuleiro de xadrez, toda dissimulação e ofensivas de surpresa, estilo próprio do Leão. Ela finge ceder às imposições paternas, mas as ignora e desobedece, seguindo secretamente sua própria trilha, raramente do tipo que se vê em jardins. Ironicamente, ela se governa com pulso tão firme quanto o do pai. De fato, malgrado tantas vezes ter agüentado o severo temperamento paterno, a leonina irá para sempre creditar o pai por haver instilado nela o espinhaço duro regido pelo signo e a necessidade de postar-se sempre firme em defesa das próprias convicções.

Conforme convém à sua ensolarada regência, ela vive cada dia como se fosse sagrado, um drama ritualístico que exige exatidão e economia na forma pela qual emprega o tempo. Realizando suas tarefas, cuidando do famoso fogo doméstico, a leonina tem um cuidado especial em focalizar o tempo livre e a energia inexaurível em suas paixões mais ardentes — como aquelas que envolvem algum tipo de aparição sob os holofotes. Ela nunca se lamenta e nem mergulha no desânimo, como faz a canceriana, e sim prossegue trabalhando até conquistar facilmente o respeito dos professores e outros adultos, por ser tão autoconfiante. Como um adulto ambicioso competindo por uma promoção na empresa, ela sabe fazer o jogo, conquistar amigos e influenciar pessoas. Ela se abaixa, como a leoa predatória, ganhando tempo à espera do momento oportuno para saltar em ação, em contraste com o homem do signo de Leão, que sempre acaba agindo com precipitação diante da autoridade. Mesmo assim, quando a leonina faz um movimento poderoso, é sinal de perigo. Sua implacável abordagem à realização das ambições — cair matando — elimina do páreo qualquer competição. Se a Leoa do zodíaco compartilha um traço essencial com sua homônima da selva, é a percepção de que a sobrevivência depende da colaboração com os outros, principalmente outras fêmeas que ela pode organizar numa espécie de "ninhada" — mulheres que irão apoiar sua posição de fêmea alfa no bando, fazendo o que ela pede, quando não servindo diretamente como peões, e mais adiante como suas súditas bem instruídas. Como a rainha inconteste do tabuleiro de xadrez, ela necessita de subordinados para cumprir as interferências e lhe proporcionar a força numérica necessária para adquirir as posições de autoridade que busca. Igualmente, tais subordinadas ajudam-na imensamente a capturar qualquer um dos reis que esteja no momento procurando derrubar. Em retribuição, ela acumula sobre essas amigas sua modalidade específica de orientação paterna e de apoio. Mas esta lealdade, pela qual ela é famosa, tem mão dupla: ela granjeia, de uma vez, a confiança e os cobiçados papéis de liderança, mas também garante que eternamente haverá

♌

CRIPTOGRAMA DO SIGNO

Para a leonina, o criptograma é mais bem entendido como a cauda do leão, um barômetro da emoção felina que age como um leme, dando equilíbrio ao gato em suas famosas caçadas e correrias para cercar a presa. O círculo representa a mente divina que liga num mesmo foco a forte emoção que ela sente e sua vontade determinada.

ELEMENTO + QUALIDADE

O elemento fogo simboliza a energia da vida, o espírito ou a força divina. A qualidade fixa denota magnetismo, sustentação e concentração. A combinação fixo-fogo, específica da leonina, se compara a uma estrela, à fama e à fortuna que as mulheres do signo estão sempre buscando.

expectativas de que assuma responsabilidade, emocional ou não, por essas mesmas adeptas denodadas.

O oportunismo pode ser uma nota importante na vida da leonina. Como a única mulher de condição fixo-fogo (leia-se: espírito concentrado) do zodíaco, ela se supera em atividades que exigem ação sustentada e criatividade. Embora a nativa não seja sempre adepta de surgir com idéias criativas, ninguém consegue tanto quanto ela levar mais adiante o que já anda "rolando no pedaço". Se ela enxerga a possibilidade de interceptar um plano ou conceito criativo ao qual realmente não se está fazendo justiça no momento (nem mesmo da parte do criador), ela talvez o "desenvolva" em algo mais plenamente realizado — um esquema ao qual possa atrelar sua própria estrela. Entretanto, por mais suspeita que possa parecer, é direito de nascença da leonina, como pessoa nascida sob o signo da inteireza e da completude, visualizar de que forma como um conceito meio cru pode ser suficientemente expandido e então implementado. Com toda justiça, também, a rainha Leoa nem sempre está consciente de sua tendência a usurpar o território de outras pessoas — não obstante, pode facilmente adquirir a reputação de canibalística. Entretanto, ela nos ensina pelo exemplo que é natural, de fato, fundamentar nossa busca de expressão, criativa ou de outro teor, nos atalhos abertos pelos precursores. Com seu agudo sentido de conhecimento do lugar e do momento certos para se agarrar o bastão e começar a correr, poucos indivíduos se comparam a essa filha de Ártemis em dar caça a tais desejos ambiciosos. O princípio absoluto do regente de Leão, o Sol, determina que ela deve dar todo seu esforço às ambições, sem deixar pedra sobre pedra na perseguição de seus ardentes interesses. No calendário, o período do nascimento do Leão é caracterizado pelo apogeu da estação de crescimento, e de fato a Leoa vê a vida como cheia de oportunidades maduras para serem colhidas. Sem encarnar muito o sentido de legitimação do "direito divino" que o leonino sente — ele se contenta em ser o rei de seu próprio castelo —, a própria realização da leonina requer um êxito muito mais grandioso, com freqüência em escala global. E por visar tão alto ela pode alcançar um tipo de estrelato mesmo quando se encontra apenas a meio caminho, no rumo da realização de seu objetivo final.

Mais que qualquer outro personagem astrológico, masculino ou feminino, a leonina sonha com renome mundial. Como o Sol, que brilha nos mais distantes rincões do globo, ela busca fazer essa influência ser sentida em toda parte. Uma lista de leoninas famosas, que inclui gente como Annie Oakley, Mata Hari, Amelia Erhart, Dorothy Parker, Coco Chanel, Lucille Ball, Julia

Child, Martha Stewart, Madonna, Jennifer Lopez e J. K. Rowling revela mulheres ousadas e atrevidas, que foram tão longe na exposição de seus talentos individuais que se tornaram marcas famosas em todos os lares, conforme convém a Héstia. Muitas dessas mulheres tiveram indústrias completas construídas em torno delas, abençoadas que são com a capacidade singular de elevar o gênero que escolheram ao nível de uma mania popular. Quem mais, senão uma leonina, poderia levar a culinária francesa às massas? Ou construir um conglomerado de multimídia ensinando as pessoas a fazer almofadas de alfinetes em forma de morango? Até Madonna ou J. Lo. podem admitir que não são *magníficas* cantoras... ou dançarinas... ou atrizes, mas certamente sabem como atrair seguidores. A pura *vontade* é o que move essas mulheres, e a leonina é a prova da força onipotente da vontade. Entretanto, à parte o nível de notoriedade ou glória alcançado por ela, a nativa de Leão ainda desejará mais, sendo aparentemente incapaz de entender que a fama pode ser muito fugaz mesmo para a caçadora de pés ligeiros. De fato, essa realidade se aplica igualmente a famosos e não famosos do mundo: o obstáculo psicológico específico a ser superado pela leonina nesta vida é aprender a reconhecer quando o bastante é bastante, e a se afastar graciosamente no apogeu — por vezes a megalomania será sua derrocada. A exagerada criatividade da nativa de Leão só é equiparada por sua *disposição* de receber atenção. A fama não consegue perturbá-la, pois é antes o bem alimento de que ela se nutre.

Mesmo quando persegue sua estrela até o fim do mundo, a nativa tem uma capacidade única de reter um sentido centrado de seu lar e do coração. Como Dorothy seguindo sua estrada "dourada" de tijolos, tudo o que ela precisa fazer é se lembrar de que o lar é onde está seu coração regido pelo signo. Assim também, da mesma forma como tem a criatividade inextricavelmente ligada à expressão sexual, a leonina, mesmo ainda muito jovem, irá sair com seu quinhão de homens (por vezes mais velhos), preferencialmente aqueles com grande bagagem metafísica — cérebro, coração e espírito —, e não terá a menor dificuldade em se mostrar à altura. Desde jovem ela sente atração por turmas descoladas e ousados conquistadores baratos, homens que, à semelhança dela, buscam transcender seus anos de vida em família à qual ela inevitavelmente irá rotular uma vida de segunda classe.

POLARIDADE

As mulheres de signos masculinos (ar, fogo) não estão alinhadas com a polaridade de gênero do próprio signo, e assim representam, em vez de encarnar, a combinação qualidade-elemento do signo. Enquanto o leonino é uma estrela fixa de fogo, legendário a seu ver, à parte sua posição ou ocupação, a leonina, ao contrário, está à caça do estrelato. Ela pode se fixar em pessoas dotadas de ardente paixão pela vida, em cuja companhia espera encontrar um glorioso lugar ao sol.

5

NÚMERO DO SIGNO

O número da saúde e da proteção; a estrela de cinco pontas expressava tal poder. Chamado o emblema de Morgana ou de Guinevere, era desenhada nos escudos de batalha. O significado cabalístico do número é o da expansão, criatividade e sexualidade.

Corpo + Alma

A leonina, infundida de tanta energia física e emocional, sempre parece maior do que é, não importa seu volume ou estatura. Por mais que talvez faça um esforço consciente de parecer recatada, desmente qualquer tentativa de sutileza por seu mero poder pessoal. Ela é altiva, sagaz como um gato, um pouco selvagem em seus movimentos, atlética, por vezes exibindo uma musculatura definida. Seu tipo de beleza é distintamente fogoso, tornado ainda mais expressivo pelas escolhas pessoais explícitas de estilo, pois por vezes a nativa se equipa de trajes ousadamente reveladores e clareia os cabelos num tom ruivo dourado ou louro claro. Se não tiver cuidado, poderá perder completamente a marca da garota de ouro e parecer, em vez disso, vulgar, qualidade que freqüentemente combina com sua personalidade extrovertida. De fato, raramente há algo de frágil em seu aspecto físico. Afinal, ela é a caçadora do zodíaco, e como tal transpira a ferocidade que combina com seu emblema de Leoa. Essa aparência rústica faz da leonina a mulher mais tangivelmente sensual da roda astrológica. Sua presença representa um desafio para o potencial amante, como se dissesse: *você está pronto para isto?* Mesmo quando é baixinha, ainda consegue fazer um homem titubear. Ao potencial companheiro bastará ser apresentado à leonina para sentir a profundidade de sua natureza passional; e à parte a óbvia atração física da nativa, o mais instigante é o fogo subjacente: o homem percebe, desde o começo, que sobreviver a uma relação com a leonina exige energia, sacrifício e, sobretudo, vigor emocional leonino. Como rainha da selva, ela tem um poderoso impacto de qualidade terrenal crua e imponente majestade, destinado a comunicar que se sente à vontade, e absolutamente poderosa, no alto de qualquer hierarquia humana. Principalmente em suas numerosas relações platônicas com outras mulheres, ela está sempre reforçando sua condição de dominância — como Ártemis com sua trupe de ninfas ou até seus cães de caça, a leonina também tem seu bando de seguidoras —, energicamente assumindo a liderança em qualquer situação social. Ao contrário do irmão de signo, que guarda a autonomia a expensas de todas as suas emoções, a Leoa convida avidamente um círculo de admiradoras que sem falta irão honrar-lhe a condição inerente de celebridade autodenominada. Ela poderá até cultivar a companhia de um grupo de homens afeminados — a leonina é a preeminente queridinha dos gays do zodíaco — embora, em tal caso, ela invista menos ainda sua afeição. Pois, na verdade, ela em geral não é muito amorosa; de preferência, guarda sua devoção ardente para um ou dois indivíduos felizes e, queira

Deus, resistentes. Mais que a maioria das mulheres plenamente maduras, a leonina permanece devotada a uma duradoura amizade da infância, alguém cuja vida deve girar em torno dela, embora raramente a recíproca se dê. Entretanto, além desses confidentes, conserva um devotado séquito que se compraz em lhe acatar o comando, permitindo-lhe ser uma das mulheres mais fáceis de localizar na multidão: espalhafatosa como é, ela raramente sai de casa sem o grupo.

A nativa de Leão não entra num recinto, ela o *invade*. Sua animada linguagem corporal chama tanto a atenção quanto sua aparência de cores coordenadas. Até sua voz se destaca, um rosnado gravemente suave, que vai subindo aos poucos para explodir numa risada cheia. Como seu correspondente masculino, ela é naturalmente modelada, abençoada com baixa percentagem de gordura e um físico musculado. Sabe-se de um ou outro caso isolado de exagerada subida de peso, mas, em geral, se tratará da manifestação física de uma vida emocional "bloqueada"; e com freqüência, a nativa irá murchar tão depressa quanto se expandiu. Mas mesmo neste estado atípico de inchaço, a leonina não é o tipo de esconder sua aparência robusta, pois tudo o que ela tem, ela *exibe*: a Leoa sempre parece construída para durar, aspecto que também só aponta para a força e a resistência na cama. Embora geralmente bela, a nativa talvez tenha uma certa dureza nos traços do rosto que a impede de ser considerada bonita. Como seria de esperar da gatinha número um que o Sol beija, ela quase sempre tem a pele grossa (literalmente) e que pode parecer "curtida" pelas intempéries. A pele é freqüentemente pálida, sardenta ou de tons desiguais — pegar uma cor ao Sol é fácil, mas normalmente tem um efeito prejudicial de ressecar —, e ela talvez tenha leves vestígios de pelinhos quase imperceptíveis na linha do queixo e acima dos lábios firmemente plantados. Em casos excepcionais, a nativa se parece muito ao animal de seu signo: a fronte sulcada acima dos olhos coruscantes e inescapáveis; o nariz levemente achatado tem um frêmito intermitente; a boca parece desenhada para devorar e, ironicamente, mascara um sorriso solerte, ou talvez malévolo. Emoldurando o típico rosto em forma de coração está sua assombrosa juba, cabelos volumosos que quase sempre lhe dão trabalho para pentear. Como os fios são surpreendentemente lisos, esparsos e secos, ela se desdobra em fazer a cabeleira parecer mais volumosa, e às vezes acaba por exagerar. Com sua linha de implantação tipicamente baixa e o acréscimo de cachos artificiais e uma infinidade de produtos, ela acabará muito parecida com uma leoa desgrenhada.

28-35

ASSOCIAÇÃO DA FAIXA ETÁRIA

A idade da paternidade. Mesmo Ártemis, uma suposta virgem, era retratada com múltiplos seios para representá-la como provedora e protetora da vida silvestre. Qual leoa, que ataca a presa enquanto o leão fica rugindo em torno, a leonina tem a necessidade de botar comida dentro de casa e prepará-la ela mesma.

PSICOLOGIA

A leonina tem problemas com o pai; em geral, considera fraca ou arbitrária a influência paterna. Ela talvez projete sobre os homens essa visão que tem deles, e poderá ser ao mesmo tempo predatória e castradora. Pode ser prepotente e ditatorial, principalmente em relação a outras mulheres. Pode ser ritualística ao extremo. A leonina tem dificuldade em admitir seus erros e é propensa à fúria. Pode ter uma preocupação com a perfeição — viciada em trabalho e excesso de desempenho. Malgrado tanta paixão, tem conflito para demonstrar simples afeição, incorrendo em atitudes e condutas frias e calculistas.

A linha do queixo é forte e bem definida, como o restante da nativa; seu pescoço é tendinoso, seus ombros atleticamente quadrados, como também o tórax, que apresenta poucas curvas, até mesmo na cintura. Numa alusão ao arquétipo de Ártemis, os seios da leonina são legendários: perfeitamente formados, e quase sempre assimétricos, essas obras de arte elevadas e poderosas são certamente dignas de exibição; embora o peito e as costas possam ser amplos, essas adoráveis esferas não são nem grandes nem pequenas demais, são só perfeitamente amplas. E não pensem que ela não sabe disso. De fato, nada na linguagem corporal da leonina sugere que ela seja insegura — a respeito de coisa alguma. Ela se move deliberadamente, com uma graça natural que é sinuosa como a de um gato, mais que delicada como a de um cisne. Acima de tudo, ela é tendinosa, e suas costas regidas por Leão, em particular, tendem a ondular com seus movimentos. A barriga pode ser um ponto fraco — a maioria das leoninas procura compensar naquela área, trabalhando muito para desenvolver abdominais de aço; no entanto, os glúteos são em geral elevados e arredondados, sem o menor sinal de flacidez. Em alguns casos, as nádegas podem ser carnudas, uma maravilha da natureza: glúteos fartos, quando não ligeiramente exagerados, invejados pelas amigas e eternamente focalizados pelo parceiro. Embora os ossos do ilíaco sejam talvez um pouco protuberantes, a região púbica da leonina é, ironicamente, a parte mais recatada de seu corpo: encerrada como pêssego numa penugem fina e macia, a vagina da nativa não parece a feroz *vagina dentata* que se poderia esperar. Com os lábios firmemente apertados, a abertura é curta e sutilmente situada, o clitóris decididamente recolhido. Mesmo assim, seus órgãos sexuais são muito sensíveis e fortes em sua capacidade de agarrar e apertar, o que faz com que ela alcance facilmente o orgasmo vaginal, com pouca necessidade de estimulação suplementar. As pernas tendem a ser torneadas e possantes, com os músculos da panturrilha e da coxa definidos visivelmente como a musculatura de um adolescente — evidência física da regência masculina do signo, e também da energia acelerada e atlética de seu protótipo da caçadora. De menino são também as mãos e os pés, que podem ser ásperos e secos, condição que nenhuma quantidade de cremes ou outras curas parece capaz de neutralizar.

Mesmo quando vestida em criações de Versace ou Dolce & Gabbana (resumido o visual chique da leonina: mistura de exótico sensual com chamativo de bom gosto) ainda há uma qualidade decididamente simples e módica na aparência da Leoa. Ela não consegue deixar de passar uma sexualidade naturalmente crua, a despeito dos adereços da moda, dos cuidados estéticos ou das constantes reformas cosméticas que concede a si própria. Nem mesmo Lucille Ball, com toda sua pintura de guerra, cabelo ruivo e guarda-roupa hollywoodiano conseguiu jamais convencer no papel de rainha do *glamour*. Ela estava muito mais em seu elemento, digamos, numa briga de mulheres dentro do tanque de pisar as uvas. Madonna também, com sua infinidade de disfarces (e tentativas de parecer o máximo), não consegue jamais parecer sublime, etérea ou mesmo verdadeiramente intocável. De fato, não existe artifício capaz de mascarar a autenticidade da leonina: o que você vê é o que você leva. E, em geral, ela está querendo deixar você ver mais do que a maioria deixaria. No auge no inverno, por exemplo, é capaz de usar um vestido tomara-que-caia, intrigada que é pelo estilo *chica*-chique, inspirado no clima tropical das regiões onde o Sol, à semelhança dela, está *sempre* brilhando (quem poderá jamais esquecer Jennifer Lopez e seu quase invisível modelito Versace?). A leonina é literalmente quente — sua temperatura corporal costuma estar acima do normal —, e ao buscar um amante ela procura alguém que projete um calor semelhante. A verdade nua e crua é que a nativa não consegue deixar de revelar sua personalidade, e isso contribui para que seja freqüentemente ultrajada. A maioria das nativas não *agirá* com falsidade. Quando o tenta, quase sempre não consegue convencer — fato que poderá atestar qualquer um que tenha sido submetido ao arremedo de sotaque britânico de Madonna — pela simples razão de que tende ao exagero, como em tudo mais que empreende. Com certeza, tem êxito no emprego do arremedo, quando encampa idéias alheias mal desenvolvidas. Ela *completa* as descobertas fortuitas ou iniciativas pioneiras de outros, reformulando tudo o que aproveita. Isto inclui seu comparecimento a um evento social: ela fará todo mundo saber, sem rodeios, que se encontra no recinto. A leonina é realmente uma pessoa completa, o que significa encarnar de modo integral o que quer que esteja empreendendo naquele dado momento. Ela está naquela busca, lembrem-se, naquele drama ritualístico de auto-imolação ao qual se entrega de forma extremada. No departamento dramático da Quinta Casa astrológica, ela é a rainha inconteste. Nativa do Segundo Quadrante da Emoção, ela interpreta a vida de cor, relacionando-se com a experiência de forma espontânea e visceral, e freqüentemente ao extremo. É exibida, fanfarrona e ardilosa, quando não geniosa. Ela se mete na conversa alheia. Todas as reações emergem nela como se em technicolor, flamejando nos olhos, ruborizando as faces, incendiando o discurso. É a mulher mais atrevida e petulante do zodíaco. Capaz de ser estridente e agressiva qual uma prima-dona, embora quase

ARQUÉTIPO + MITO

A leonina está associada com as chamadas deusas virgens provedoras e protetoras, Ártemis (Diana), a caçadora, e Héstia (Vesta), deusa do lar. Em conjunto, as duas significam a natureza dualística da leonina — freneticamente expressiva, porém doméstica até o cerne. Ártemis, chamada Art (Morgana) pelos celtas, foi a mãe, irmã e esposa de Artur. Por outro lado, os estudiosos atribuem a Héstia a construção da távola redonda de Artur, que como o braseiro da deusa é a interpretação do pictograma solar do signo. Ártemis era chamada a mãe dos gatos, como a egípcia Bast, portadora do mesmo título.

nunca tenha a obstinação necessária para convencer naquele título. Com o passar do tempo, ela deverá evoluir para um senso de calma na expressão honesta de suas paixões e opiniões. Uma personalidade leonina de mau aspecto será caracterizada pela rispidez agressiva e prepotência dirigida, sobretudo, àqueles a quem ela maldiz obsessivamente por serem "melhores" que ela, objetos inadvertidos de sua típica inveja alucinada. Seja qual for o caso, a leonina deixa claro que jamais provê para alguém que não ela própria. Ao contrário, espera que outros façam todo o trabalho pesado, enquanto ela continua a ser uma calma e serena central de comando. Conforme evidencia seu bando habitual de devotadas seguidoras, os outros existem para entretê-la. Da perspectiva dela, todos os demais são infinitamente menos divertidos que ela, a grande dama do palco. Só quem tiver uma paixão explícita parecida à sua lhe atrairá a atenção; na estimativa da leonina, os carentes desse traço específico merecem interpretar o papel da criadinha ou do curinga, para edificação emocional dela.

Sexo + Sexualidade

A leonina sente atração por homens de natureza ardente, aqueles que parecem ter o coração escancarado e que comungam com ela no âmbito específico em que habita. Este simples fato tem grande relevância para explicar por que as nativas são tão notórias por se apaixonarem perdidamente por homens latinos, mediterrâneos, caribenhos e oriundos de outras culturas emocionalmente alimentadas pelo amor materno e dadas a demonstrações ardorosas. A leonina é nativa do mês de agosto — seu mundo deve ser metaforicamente sentido como tropical. E no tocante a homens, ela pode ser tão brega quanto o Kansas natal de Dorothy naquele mês. Confrontada com um homem que lhe agrade, a leonina tipicamente impetuosa se transforma numa perfeita boboca (o que, na verdade, é encantador). Pouco adepta a disfarçar seus sentimentos, ela praticamente entra no cio em função desses tipos ardentes, espetacularmente morenos — homens grandes e louros do tipo nórdicos deixam-na indiferente —, enquanto ela própria quase sempre clareia seu próprio visual, como no intuito de parecer o próprio Sol para esses gatos pelos quais anseia. Os homens assim trigueiros não exercem apenas atração física: eles encarnam a paixão, na visão da leonina; e os homens que a Leoa tenta capturar são esses aparentemente regidos pelo coração. Ela costuma divulgar seus sentimentos de uma forma explicitamente

BÍBLIA + LITERATURA

Tanto Betsabé, esposa do rei David, quanto a rainha de Sabá, companheira de seu filho Salomão — contestavelmente o mesmo personagem — são figuras leoninas. Como a tão buscada mulher do signo de Leão, a caçadora Ártemis-Diana tinha tamanha legião de seguidores que foi introduzida no folclore bíblico como Ana, a mãe de Maria. Santa Genoveva (geratriz) é sinônimo da arturiana Guinevere, a Ártemis medieval. A Cleópatra (glória paterna) de Shakespeare e sua personagem adequadamente apelidada de Kit em *A Megera Domada* são ferozes personagens leoninas. A Dorothy de *O mágico de Oz* também encarna a deusa da ambição da caça e espelha a capacidade leonina de arregimentar sua mente (o Espantalho), seu coração (o Homem de Lata) e seu espírito indomado (o Leão) para adquirir o objetivo de sua caçada irônica, a província de Héstia: o lar — não há lugar como este.

óbvia e às vezes até um pouco amalucada, então para o homem de quem ela gosta não é preciso adivinhar. Ao contrário dos homens de mesmo signo, a nativa de Leão raramente recorre a cerimoniais para manifestar sua afeição. Ele é muito mais visceralmente passional que ideologicamente romântico, e de forma pragmática começa a ronronar na direção do objeto do desejo, atraindo-o para perto, e aí... salta em cima. A leonina é uma predadora concentrada — ela só ataca um homem de cada vez, marcando-o, a exemplo dos gatos, como território exclusivo. Em total contraste com seu irmão de signo, ela não é insinuante. De preferência, como seu arquétipo de caçadora-leoa, ela passa à perseguição, o que significa, para o homem visado, que não há para onde correr e se esconder. Rainha do tabuleiro de xadrez, ela tem acesso a todos os movimentos necessários — carta branca para derrubar um homem diretamente. Como diversas das superdivas mencionadas anteriormente, que tentam abarcar de uma só vez demasiadas modalidades da mídia de entretenimento, toda Leoa deve se precaver para não se esticar demais, principalmente em tornar públicas suas afeições intensas. Qual no xadrez, essa rainha do zodíaco deveria praticar uma economia circunspecta, ao colocar em prática seu plano ousado de conquista do homem; caso contrário, deixará o flanco aberto para ataques furiosos de agressão emocional. Igualmente, sua natureza abertamente audaciosa sem dúvida desencoraja a uma boa porção da população masculina. A leonina está quase sempre *ligada*. Sua personalidade dramática é uma proposta *carregada* e muitas vezes *clamorosa* a ser incluída na parceria, e assim também o são as próprias expressões qualificativas de seu caráter social. De fato, seu ritual de cortejar pode ser turbulento. Ela ataca a experiência. Oposta à timidez, ela mostra sentimentos com uma força que só se compara à devastação vivenciada caso eles não sejam correspondidos. Cedo na vida a nativa aprende isso ao próprio respeito, e, portanto, torna-se cada vez mais estratégica em sua abordagem radical para garantir aquele relacionamento especial. Sua jogada padrão é simples: ela faz concessões, como qualquer gata que cede ao companheiro, aparentando suavidade, despretensão e submissão ante o homem que tem em mira (a princípio esse comportamento dócil chega a chocar seu devotado séquito, de praxe submetido às exigências persistentemente impetuosas da leonina). Ronronando e seduzindo ela desarma o pretenso Romeu ao lhe tornar desnecessárias as estratégias de sedução, colocando-se aos poucos na posição em que, no momento adequado, irá segurá-lo entre as garras. Mestra da azaração, uma vez que se convença do interesse causado, vai brincar de gato e rato, se divertindo e provocando o homem despudoradamente. Assim como espera ser

CASA ASTROLÓGICA

ancestralidade
auto-expressão
talento
imaginação
procriação
gravidez
prole
entretenimento
tenacidade
perspectiva emocional
especulação/jogos de azar
hábitos de consumo
genealogia
passatempos
jogos/esportes
originalidade
criatividade
teatro/dança
expressão artística
área editorial
alegria de viver
jogos de poder
dinamismo
projeção de imagem
popularidade
política
prazer
fama/renome
força vital
competição
romance
atividade sexual
legado
ensino
educação precoce
encontros românticos
festas
artes plásticas
brincar com crianças
diversão/recreação

PALAVRAS-CHAVE

poder
vontade
impulso
ferocidade
perseverança
espetáculo
drama
princípio
fragrância
fome
voracidade
impaciência
comunidade
expressão
realização
sucesso
paixão
expressividade
determinação
autoridade
choque
cálculo
fixidez
completude
bravura
prestígio
aquisição
intensidade
exuberância
renome
magnanimidade
humor
idealismo
vigor
criatividade
lucro
constância
vitalidade
soberania
exagero
cobiça
impulso
força

entretida por aqueles cuja atenção solicita, ela também oferece diversão ao homem que deseja, bancando a palhaça ou a boba para recreação do sujeito — embora jamais vá bancar a idiota.

Um exame da lista de famosas atrizes leoninas ilustra o talento delas nesse particular: Lisa Kudrow, Loni Anderson, Rosanna Arquette, Barbara Éden, Victoria Jackson, Gracie Allen, Debra Messing, Melanie Griffith e até Madonna (em certas encarnações) — todas deixaram uma marca interpretando maluquinhas, ao mesmo tempo em que tinham os homens na palma da mão (observe também que compartilham a inclinação por símbolos sexuais masculinos morenos — Lucy e Desi, Arlene Dahl e Fernando Lamas, Madonna e seu ex, Carlos, Melanie e Antonio, Lisa Kudrow e um francês). De fato, é um talento particularmente leonino infiltrar-se no coração de um homem usando a birutice, divertindo-o e fazendo-o rir até a hora de lhe cravar as garras. Bancar a engraçada é uma forma de disfarçar, durante algum tempo, o seu próprio grau de selvageria. Pensando, talvez, que sua individualidade naturalmente vigorosa e ambiciosa possa assustar um parceiro em potencial, a leonina por instinto age comicamente abobalhada, como a menina brilhante jura que não vai passar na prova, e tira a nota máxima. Tudo se resume à emoção da caça, com a própria caçadora se rebaixando a ser perseguida, embora avessa a manter qualquer cão de caça em potencial. No entanto, justiça seja feita, se ela estiver caçando, é porque a paixão profunda está presente. O amor não é uma emoção vivenciada todo dia, portanto ela remove todos os freios para ter certeza de não ter deixado nada ao acaso na perseguição de objetivos. Se esconder os dentes exige uma certa encenação, pois que seja. Se não por outra coisa, ela enviará uma mensagem clara ao Valentino de sangue quente: no mínimo, ele terá de fazer cafuné na gatinha mimosa.

Mesmo sem ser ligeira para se apaixonar, principalmente não à primeira vista, como a Julieta geminiana, a leonina decerto não é nenhuma santa nos intervalos entre um romance e outro. Ela é uma atrevida azaradora, com um apetite mortal pelo sexo, sim; mas o sexo, para a nativa de Leão, é um meio nitidamente demonstrativo de fazer uma conexão emocional, ainda que breve. A leoa é passional em relação à presa, de olho no prêmio, concentrada na necessidade de expressar sua exagerada agressão emocional encerrada numa bolha. A "molhada" canceriana de signo cardinal-água está sempre um pouco intoxicada, deixando fluir seus sentimentos viscerais. Mas a leonina guarda suas emoções no mais íntimo de seu coração místico, cozinhando-as até se converterem numa beberagem escaldante. Através do sexo, do exercício físico e da ambição, ela por fim consegue expressá-las. Uma mulher não ganha rótulo de gata selvagem por *não* deixar fluir seus sentimentos. Da mesma forma, a leonina pode lidar com uma vida bastante ativa de sexo e namoro sem se machucar como a maioria, inclusive os caras que mastiga e cospe fora. Embora transar seja uma prioridade para a leonina, ela sempre conserva no coração aquela esperança mais ardente de que este cara vá ser o *homem da vida dela*. Verdadeira romântica, convenceu-se de que o homem de paixão visível irá amá-la mais plenamente que aquele percebido por ela, graças ao exemplo paterno, como o homem estóico habitual da sociedade. E assim ela sai dançando a rumba e balançando seus babados para encontros com namorados pouco reservados e ilustrativos — Romeus de fundo de quintal com os quais finge interpretar Julieta, uma personagem que não podia estar mais distante de seu verdadeiro eu. A geminiana, uma Julieta de carne e osso, se é que existe alguma, vê o mundo como uma dualidade, em termos de preto-e-branco, vivenciando o amor da mesma forma radical, o que acaba provocando muitos sentimentos indesejados. Ela faz lembrar Dorothy antes do nocaute causado pela pancada na cabeça, sujeita às injunções autoritárias de certo e errado impostas a ela. Nossa mulher de Leão, entretanto, é aquele mesmo personagem que caiu de uma estrela (o Sol), um raio de luz ao estilo Madonna, precipitando-se para o mundo do "povinho" em pleno deleite tecnicolorido, de forma bem dramática, senão violenta, dando a conhecer a presença dela. Este não é o tipo de garota capaz de interpretar uma convincente cena do balcão, pássaro numa gaiola de ouro — ela é demasiado dominadora para tanto. Seu ouro é o da trilha do que deixa à sua passagem, e nossa leonina Dorothy nunca se rende: exatamente como na infância, ela vivia fora dos limites da imposição paterna, na vida adulta ela irá colorir por fora das linhas do desenho, raramente se restringindo em sua expressão, pois a Ártemis de múltiplos seios terá uma quantidade de bocas metafóricas para alimentar. Entenda do jeito que quiser, mas a questão é que ela tem fome. E quase não faz distinção entre o desejo de seu coração e o fogo de suas virilhas, as necessidades passionais sendo o grande guarda-chuva sob o qual ela opera. Ela não é nenhuma mulher fatal que, desapegada, atrai os homens a si — este é o signo de Mae West ou Mata-Hari vestida com a *lingerie* de malhas douradas da rainha de Sabá, interpretando um número sensual. Esta é a atenção que a leonina busca atrair. Ela é coerente com suas intenções libidinosas, encarnando o tesão mútuo que sente passar entre ela e um homem, e, no entanto, permanecendo à espera, compelida a fingir uma atitude relaxada para inspirar os avanços ardentes de um homem, a que ela irá retribuir sem hesitação.

REGÊNCIA DO CORPO

O signo de Leão rege o coração, mecanismo controlador do organismo inteiro, a parte superior das costas e a coluna vertebral, e há uma tendência para distúrbios cardíacos e dorsais. Da mesma forma o Sol rege o sistema circulatório e o timo, creditado com a estimulação do crescimento. O coração trabalha em uníssono com todos os demais órgãos e o sistema circulatório se estende pelo corpo inteiro. Isto reflete a necessidade da leonina de exercer controle sobre todos os aspectos da própria vida e de todos os que nela estão.

MULHERES FAMOSAS DE LEÃO

Predadoras passionais e companheiras ferozmente leais

Madonna
Jennifer Lopez
Halle Berry
Geri Halliwell
Lisa Kudrow
Debra Messing
Sandra Bullock
Angela Basset
Kate Beckinsale
Michelle Williams
Charlize Theron
Dominique Swain
Hilary Swank
Mary Louise Parker
Ileana Douglas
Jenny Holzer
Carolyn Murphy
Alicia Witt
Carrie-Ann Moss
Miriam Shor
Mae West
Mata Hari
Lesley Ann Warren
Tori Amos
Sarah Brightman
Melanie Griffith
Martha Stewart
Gillian Anderson
Loni Anderson
Connie Stevens
Sally Struthers
Christine Taylor
Cindy Williams
Vivica A. Fox
Devon Aoki
Arlene Dahl
Rosanna Arquette
Maureen O'Hara
Kim Cattrall
Barbara Eden
J.K. Rowling
Jacqueline Llewellyn Bowen

Pode-se dizer que a Leoa dá um novo sentido à palavra *emboscar*, atacando o seu amoroso assaltante como Ártemis soltando seus cães (do amor), despedaçando Actéon por persegui-la e espioná-la. Assim também, o amante da leonina tem dificuldade para sobreviver incólume ao relacionamento com ela.

De fato, é uma premissa do sexo, e não o sexo em si, que a nativa de Leão usa para apanhar um homem. Para dar ao inflamado namorado a impressão de dirigir o espetáculo, ela o deixará prosseguir com o seu eu normal de galã desatinado. Entretanto, é ela, emboscada à espreita da aproximação dele, quem o está assediando, interpretando o papel de uma mulher que não exigirá muito da relação, na esperança de não assustá-lo. Na verdade, nenhuma parceira em todo o zodíaco é mais autoritária que a leonina. O que ela mais deseja na vida é amar, o que é desvairadamente capaz de fazer. Leão é o regente da Quinta Casa do *amor que damos* (em oposição à canceriana Quarta Casa do *amor que recebemos*), o que torna de uma só vez abrangente e profunda sua capacidade de expressar essa grandiosa emoção. O problema, no entanto, é que ela espera ser amada na mesma medida como retribuição. Convenientemente, ela se apaixona por aqueles tipos óbvios porque parecem mais bem equipados para a tarefa — nada fácil, e a maioria dos homens não consegue corresponder às suas expectativas, freqüentemente pouco realistas. Talvez a nativa necessite de uma vida inteira para perceber que basta ela própria sentir tamanha paixão pela vida — possuindo um desejo incomparável de viver e também um compromisso apaixonado com as pessoas e os objetivos — sem esperar de um homem a plena correspondência a tal capacidade.

Na verdade, ninguém é mais devotado que a mulher do signo de Leão. Sob o Princípio Absoluto do Sol, é total sua participação em todos os níveis metafísicos. A condição de fixo-fogo lhe assegura a aplicação de sua energia plena e febril a qualquer atividade *criativa* ou *amorosa* que lhe chame a atenção. Dessa forma, ser o alvo do amor da leonina é como receber um desafio, que exige do homem expressar seus sentimentos à máxima capacidade. Deve-se acrescentar que a nativa talvez coloque o parceiro em provação emocional, constantemente exigindo provas cada vez mais cabais de seu interesse sincero. Ou seja, até que ela aprenda uma lição particularmente leonina na vida: recuar. Com demasiada freqüência ela está apenas errando o alvo, ainda mais quando se trata de um desses paqueradores que ela havia esperado plenamente tornar seu. Ao bancar a "galinha", obviamente acaba às voltas com seu detestável equivalente masculino. Por fim, descobre que é melhor dar um tempo, tanto na caçada por um homem apaixonado quanto na constante busca de validação, uma vez assegurado um relacionamento para si. Infelizmente, ela sempre acaba aprendendo, pelo método mais difícil, que o amor buscado com sinceridade muitas vezes é o mais difícil de alcançar. Que aquilo que para ela é literalmente essencial — seu amoroso coração regido por Leão — não passa, afinal, de um caçador solitário.

Ártemis é a caçadora precisamente *porque* deu as costas ao amor e aos homens. A leonina de mesma inclinação dedica sua febril atenção a outras atividades, notadamente o sucesso profissional, com sua promessa de aceitação e respeito. Como Actéon, transformado em cervo pela deusa e devorado, como foi, por seus *próprios* cães, o cervo que conseguir ver nua a ambiciosa leonina terá de avassalá-la, pois só assim se provará merecedor. Em resumo, a leonina deseja um homem que possa competir com ela, de forma saudável, pois gosta de suplantar e de ser suplantada, mesmo na cama. Ela se compraz em homens poderosos, os que geram crescimento neste mundo — os realizadores, os propulsores, os empreendedores e os manufatureiros —, homens que se fizeram sozinhos e reis da indústria, chefes de tribo merecedores de sua companhia. O mito de Actéon, afinal, relata o drama ritual da caça no qual o cervo-rei é sacrificado a Ártemis, chamada Art na tradição celta, sendo Artio ou Artur seu consorte e filho. O leonino pode ser o rei, mas a leonina é aquela de quem o rei é súdito. E será necessário um fervoroso potentado para se levantar e sofrer o dilaceramento sempre amoroso que a nativa de Leão costuma proporcionar, seja pela amorosa demonstração de suas afeições ou pela mínima impropriedade de sua pessoa. Estar com a leonina pede um tipo especial de homem, capaz de ceder aos dramas mais clamorosos que ela faça, permanecendo impassível, ao mesmo tempo em que se recusa a ser sexualmente dominado por ela. Tal combinação nem sempre surge com freqüência, e a nativa aprende que para ela, entre todas as mulheres, os príncipes encantados são raros e esparsos. Ela poderá até mesmo adotar uma postura antimasculina. Entra em cena o amor próprio, e aqui não estamos aludindo a vibradores. A viagem da caçadora pela vida afora está inteiramente articulada no amor-próprio. Isso não é tudo: a nativa irá alimentar seu amor a si com a admiração alheia, às vezes em grande escala, porque a dama do Sol leonino é a absoluta megaestrela do zodíaco. Pela Quinta Casa, ela tem muito amor para dar, outra interpretação da Ártemis de múltiplos seios a se expressar para as massas. Aqui também vislumbramos o arquétipo zodiacal mais humilde da leonina, Héstia, cujo mito encerra muitas chaves para a descoberta do estado de ser psíquico sexual da leonina hétero.

★

Kate Bush
Katherine Hamnett
Clara Bow
Lucille Ball
Vivian Vance
Valerie Harper
Connie Chung
Anna Paquin
Helen Mirren
Ethel Barrymore
Esther Williams
Eydie Gorme
Vera Miles
Whitney Houston
Monica Lewinsky
Myrna Loy
Jane Wyatt
Norma Shearer
Geraldine Chaplin
Edna Ferber
Annie Proulx
Dorothy Parker
Coco Chanel
Amelia Earhart
Zelda Fitzgerald
Louella Parsons
Madame Helena Blavatsky
Annie Oakley
Gracie Allen
Beatrix Potter
Edith Hamilton
Julia Child
Jacqueline Onassis
Elizabeth Dole
Rosalyn Carter
Lilian Carter
Iris Love
Bernardine Healy
Princesa Anne
Shelly Winters
Rose Marie
Rhonda Fleming
Maureen McCormick
Delta Burke
Emily Brönte
Peggy Fleming

Como a deusa do fogão (fixo-fogo), *coração* mítico de toda casa, Héstia está sentada no centro do céu cuidando de sua "chama eterna", e é o símbolo da solidão, da auto-suficiência e da paz interior. Desinteressada no novelão melodramático de amor e guerra dos outros deuses, ela *cuida* de si mesma. Como um arquétipo vivo, ao lhe seguir o exemplo a leonina aumenta sua própria felicidade. De fato, a exclamação de amor-próprio de Héstia deve, a algum altura, ser adotada como o hino da Leoa. Ao contrário de Ártemis, Héstia não é refratária aos homens, porém veementemente *partidária de si mesma*, uma qualidade que todas as leoninas possuem de forma inerente. E no necessário processo de converter toda a energia empregada na caça de afeição numa poderosa força de um amor-próprio — mudando da Ártemis, a caçadora faminta, para Héstia, a protetora *cuidadora* —, a leonina atiça ainda mais o fogo de sua poderosa criatividade de Quinta Casa. Ao recuperar assim o próprio centro, ela começará, a partir daí, a invocar o amor e a atenção intangíveis — e tanto os cervos *chifrudos* quanto os reis do mambo desejados por ela virão sacudindo as maracas, surgidos do nada. No final, a leonina acabará encontrando, inesperadamente, o amor que procurava — enquanto estiver concentrada em suas ambições pessoais. Nesta modalidade autocontida típica de Héstia, como o ponto no centro da esfera protetora de seu Sol simbólico, ela representa um desafio completamente diferente para um homem, perguntando se ele conseguirá romper aquela barreira de autoproteção e amá-la tanto quanto ela própria se ama. Enquanto isso, até que um homem corresponda ao desafio e "seja admitido", uma leonina emocionalmente evoluída será a prova viva de que o mundo ama ao que se ama. Pelo visto, esta é a razão da popularidade espetacular de tantas leoninas: seu amor-próprio funciona como uma isca de atração — todos os signos fixos são magnéticos —, granjeando afeição para eles numa escala global. É interessante que o filme *Dr. T e as Mulheres* — uma lenda leonina das boas — retrata um seleto grupo de mulheres e um único homem, cuja parceira sofre de complexo de Héstia, uma síndrome resultante do fato de ser excessivamente amada. É isto que a leonina fomenta e por vezes será preciso combater, pois traz grande responsabilidade emocional, aquela que qualquer monarca teria em relação a seu povo, se pretende manter a popularidade. Naturalmente, a rainha de copas do zodíaco também é capaz de mastigar, ou mesmo decapitar aqueles com os quais se associa intimamente, ao mesmo tempo em que é a extremada mãe leoa de seus milhares de filhotes. Em todo caso, poderá inspirar um tipo de dependência amorosa geradora de problemas específicos.

A complicação de explorar as afeições alheias é que a nativa se arrisca a apanhar na armadilha os fracos e outros tipos de deficientes. Especialmente no que se refere a parceiros potenciais, isso pode causar um verdadeiro problema: o que ela percebe como paixão num homem poderá ser, de fato, uma hipersensibilidade ou, se lermos o mito de Actéon pelo outro ângulo, um traço de autodestruição. Caso ela se proteja, conforme expressou Kate Bush, num "círculo de fogo", realmente uma esfera de amor-próprio, só um correspondente masculino de vontade forte poderá penetrar em sua afeição, encantado, em vez de intimidado, por suas defesas dramáticas de prima-dona. Este é o padrão de devoção que ela ardentemente procurou a vida inteira: que um homem se atreva a cortejá-la em sua modalidade "egoísta" de Héstia, que pode atestar a paixão dele, sem todas aquelas pantomimas ardentes com que outros homens tentaram conquistá-la. Ainda assim, para alguém com mania de controle, como é o caso da leonina, deixar que o amor venha encontrá-la esperando sentada exige um enorme voto de confiança. Mas se ela houver saído bastante queimada das tentativas de engendrar relacionamentos, talvez algum dia acabe deixando que um homem tome a dianteira e leve para diante o vínculo amoroso. Como alvo da perseguição, ela também desempenhará um papel passivo real e não ilusório — não mais fingindo ser uma gatinha descuidada. Neste caso em que não é a agressora disfarçada, a leonina já não se sentirá tão acossada, continuamente pressionada (tanto na cama quanto fora dela) a revigorar as paixões de seu homem. Contribuindo com as próprias ambições, ela terá automaticamente eliminado de sua perseguição os homens dispendiosos — fracos que se sentiriam ofendidos, realmente intimidados, por sua veemente concentração em si mesma, fator que deverá atrair um homem seguro o suficiente da própria masculinidade para não sentir ameaça. *Rico* ou não, ele será exatamente o durão emocional dos desejos dela, alguém capaz de agüentar o rigoroso e áspero estilo de vida, inclusive sexual dela, sem temer que lhe esmaguem o ego, e que dirá os ossos.

No espírito de competição da Quinta Casa, a leonina gosta de batalhar com o amante pelo domínio no quarto de dormir. A exemplo de Annie Oakley, sua encarnação ficcional, para quem cada interação era uma competição na qual secretamente queria ser vencida, a leonina, em variados graus de subconsciência, procura ser contida ou dominada fisicamente de alguma forma. Ao contrário do anterior signo de fogo de Áries, a nativa de Leão não tem uma especial afinidade com a posição dominante de ficar por cima. De preferência, deseja uma disputa erótica: um pouco de ardente contorção, se não uma autêntica

LANCES ERÓTICOS
NATIVA HÉTERO

tipos morenos
cabelos escuros
olhos inquietos
pêlos corporais
barba por fazer
mediterrâneos
latinos
sexo vigoroso
peitorais e bíceps definidos
jovens de 18-19 anos
flerte
sedução
espessura do pênis
capacidade de resistência
contenda
luta fingida
luta livre
ser filmada
sexo ao ar livre
sexo na praia
triângulo mulher/mulher/homem
encenação de "primitivos"
provocação
cócegas (ativo)
tortura
brincar com bolas
algemas/chicotes
exibicionismo
masturbação
modelos masculinos
clube de *strip-tease* masculino
sessenta-e-nove
sexo anal (passivo)
mulher em cima
coito por trás

queda de braço, debatendo-se e mudando de posição, no decorrer do intercurso, todo o tempo febrilmente beijando, lambendo, apalpando e cravando as garras no amante. Ironicamente, enquanto em seu gosto sexual o leonino opta pelo trivial-não-variado, tudo indica que não há nada que a saliente leoazinha não queira experimentar uma ou duas vezes. Na verdade, as leoninas costumam estar entre as últimas a desabrochar sexualmente, o que não lhes atrapalha em absoluto o tórrido desenvolvimento. Amante entusiástica, ela aprende rápido. O que porventura lhe falta em fineza, ela compensa com empolgação. Entretanto, precisa perceber que melhor seria não pensar nem se comportar nesses termos — essa tecnologia, os talentos especiais e truques fantasiosos costumam bater como algo ensaiado, ao serem empregados pela leonina, programada para se desempenhar no sexo, como em tudo mais, a partir do coração, e não a partir do intelecto. Para mulheres do Segundo Quadrante, o conhecimento carnal de um homem é uma experiência visceral. O melhor para ela é perder a cabeça, fato que não lhe impediria de tentar novos movimentos na cama. Ela talvez queira ficar por cima do amante, revelando um novo truque erótico, no espírito de competição. De fato, para a nativa de Leão, a relação sexual deve ser uma espécie de jogo; afinal, a Quinta Casa é a de *diversão e jogos*. E a leonina é do tipo que gosta de brincadeiras radicais. Rebelde original da astrologia, seguramente sob a proteção de sua deusa Ártemis, ela tem um certo talento para botar de joelhos os homens adultos. Não é a nossa intenção sugerir que a leonina esteja buscando o macho submisso. Ao contrário, ela espera que seu homem, com sucesso e determinação, a faça entrar em seus ritmos sexuais — quanto mais vigoroso e atlético o amante, melhor. Isso explica a inclinação que sente por jovens garanhões nos intervalos da busca de um parceiro permanente. Ela gosta da admiração encantada e da exuberância que os novatos têm a oferecer, e realmente se orgulha em adotar o papel de professora em seu assunto favorito, educação sexual, buscando aquela centelha apaixonada nos olhos de um aluno. A leonina consegue, de fato, ser bastante ninfomaníaca em seus famosos assaltos ao berço. Com esses jovens ela compartilha a atitude diante do sexo: os gatinhos não exigem mais atenção do que está disposta a dar no momento, satisfazendo sua fome sexual, ao mesmo tempo em que mantém os olhos abertos para algum parceiro sério. Colocando em termos simples: na cama eles costumam ser tão infatigáveis quanto ela. A leonina lembra uma fornalha de força vital, a mais surpreendente interpretação de sua condição de fixo-fogo, e assim como aprende economia ao alocar energia, ela ancora seu poder, poupando-o para a atenção ritual que concede as suas poucas e ardentes paixões.

Talvez a parte mais difícil de uma relação em tempo integral seja se despedir do bufê de petiscos fresquinhos que, com sua fome espantosa, a Caçadora costuma devorar. Isso também define para ela a necessidade de encontrar no parceiro um erudito em matéria de amor, e não alguém com quem precise negociar nessa questão específica. Na verdade, esta é a razão pela qual não hesita em cair na cama com um homem logo no começo da relação, quiçá no segundo encontro. Antes de investir, é preciso conferir a mercadoria. Uma glória é a leonina intuir de imediato que o amor está à vista, mas descobrir que o objeto de sua crescente afeição não está equipado à altura da tarefa. Na verdade, ela dará as costas, não se permitindo sequer pensar no que poderia ter sido. Pois quando se envolve com um homem que não a satisfaz plenamente no quarto de dormir ela começa a olhar em torno. Trocando em miúdos, ao contrário de algumas mulheres, a leonina realmente acha que tamanho é documento, sobretudo no quesito espessura. Ela estimula muita fricção, bem mais do que a maioria das mulheres consegue agüentar antes de ficarem inchadas. As maratonas de sexo sempre entram no cardápio, na casa da leonina, infatigável ao extremo, que prefere até perder a hora do jantar se alguma farra erótica ameaçar durar mais que o esperado. Ela tem fome de intercurso apaixonando, conforme evidenciado pelos prolíficos guinchos, gemidos e rosnados na cama. Ela não é muito de falar, mas só de fazer ruídos. Para a leonina, o intercurso é um ato primal, e suas reações guturais são um sinal evidente de estar satisfazendo impulsos profundamente animais. De fato, ela aborda o sexo de um ângulo puramente instintivo, totalmente em sintonia com seus sentimentos e o expressa com toda franqueza e excitação. A nativa tem pouco interesse em jogos ou representações fantasistas, e decididamente perde o entusiasmo com os homens que parecem demasiado cerebrais na cama. Para ela, nada pode substituir o simples ato sexual, plenamente realizado, sem nenhuma necessidade de reviravoltas titilantes, que, em sua opinião, apenas quebram o ritmo natural de dois corpos animais realizando o ato para o qual foram projetados. Isso não quer dizer que sua atitude seja curta e grossa. Ao contrário, ela acha que os dois parceiros devem entrar na arena erótica com o objetivo não de rápida satisfação, mas sim da mais *impetuosa* possível. Para a nativa, a melhor relação sexual imaginável é aquela em que alguém dá tanto quanto recebe: ao atacar com ardor o corpo do parceiro, na perseguição de seu próprio orgasmo, ela voluntariamente impulsiona a ofensiva de prazer que o parceiro está agressivamente lançando. A partir daí trata-se de conseguir um ritmo sustentável, ainda que fogoso. Ela nunca se contenta em continuar por muito tempo na modalidade

LANCES ERÓTICOS

NATIVA GAY

mulheres submissas/ ingênuas
mulheres ultrafemininas
mulheres hétero casadas
cabelos louros
olhos azuis
seios empinados
glúteos firmes
genitália depilada
pernas longas
preliminares prolongadas
posição em cima
travestimento
liga com pênis artificial
penetração forçada (ativa)
adulação/bajulação
submissão + disciplina (ativa)
sadomasoquismo leve (ativo)
sujeição
usar roupas masculinas
lingerie colorida e erótica
ruídos animalescos
espancamento
exibicionismo
sexo oral de cócoras
monogamia
casamento

lenta e cheia de clima, a não ser que esteja simplesmente descansando, depois da ação, antes de passar a marcha para obter mais um orgasmo.

Para a leonina, o bom sexo deve ter altos e baixos. Não sendo do tipo de curtir as rapidinhas que muitos outros signos tanto apreciam, ela só sai da cama depois de suficientemente satisfeita, o que por vezes significa ter mais de um, ou mesmo de dois orgasmos — e os dela são explosivamente completos —, e aproveita o "tempo de recuperação" do intervalo para brincar com o amante, insistindo em que fique dentro, apertando-o para manter acesa a esperança de mais outra rodada, ou talvez tentando bater seu próprio recorde em conseguir que ele volte a levantar, caso tenha abaixado. Por falar em abaixar, eis uma área pela qual ela geralmente não se entusiasma, embora decerto sem se recusar de todo. Capaz de veemente entrega ao realizar uma felação, por vezes usa os dentes, fazendo o homem temer por suas partes. Mas semelhante vigor pode ser efeito colateral de estar correndo para terminar a tarefa. Apesar do evidente prazer que lhe dá o sexo oral, ela considera a atividade oral nos genitais um mero e fugaz preâmbulo da penetração. Embora atinja rapidamente o clímax por meio da estimulação clitorial, ela considera aguda demais a sensação para satisfazê-la completamente, além de um pálido substituto para os orgasmos plenos em que se compraz quando excitada vaginalmente. Esta é mais uma razão pela qual os homens muito delicados não têm a menor chance com ela, que na cama exige um homem de verdade, que esteja menos preocupado com a técnica e mais com a simples penetração intensa. A sensibilidade emocional não é uma qualidade que admire nas amigas, às quais freqüentemente ridiculariza ou usa de prepotência só para saberem quem é que manda. Com certeza não se impressiona muito com a sinceridade no homem, evitando aqueles que necessitam estar em contato com o próprio lado feminino: ela mesma raramente está em contato com o seu. Nascida sob um signo masculino, a leonina é intrinsecamente pouco feminina, apesar da persona de latina "caliente" que adota. Entretanto, ainda precisa se sentir tão felina quanto possível, independente da predisposição astrológica de moleque de rua. Ela pede um amante ferozmente masculino, exatamente para poder ser seu indivíduo sexual agressivo e ainda conseguir parecer uma flor delicada em comparação (no extremo, a necessidade de comunicar o quanto se sente femininamente sensual pode acabar por fazê-la parecer um travesti barato). Há tantos setores de sua vida nos quais ela é quem toma as decisões que seu relacionamento com um homem pode acabar sendo o único lugar onde ela realmente prefere ser um tanto tímida, guardando sua ferocidade para atividades pessoais, freqüentemente profissionais, e desde que finalmente encontre um homem que leve os dois na direção saudável.

Tal não ocorre com a leonina lésbica. A Leoa, que mesmo quando é hétero pode ser bastante bissexual por natureza, tem com as mulheres, de modo geral, uma relação intensa. Especialmente provocadora em companhia feminina, sempre pressionando — apontando deficiências, desafiando opiniões, questionando motivos e principalmente fazendo ironia —, busca com este comportamento testar a têmpera de outras mulheres e despertar emoções. A leonina é tentada a "deixar fervendo" as outras, cujas naturezas plácidas atribuiu à esmagadora dominação da sociedade sobre seu gênero. Como Héstia atiçando as chamas, ela recebe com um sorriso até mesmo explosões de raiva, como a dizer: "Eu sabia que você tinha algum fogo." Tais demonstrações de paixão, para a mentalidade da leonina lésbica, provam que o patriarcado não cooptou todas as mulheres do mundo.

De fato, as relações lésbicas da leonina por vezes começam com provocações de sua parte a uma mulher, avaliando se esta apresenta as reações apaixonadas indispensáveis, que mais tarde a nativa espera encontrar no quarto de dormir. Mas as constantes estocadas têm porventura um propósito a mais: desenterrar qualquer potencial de lesbianismo enrustido. A nativa não sai simplesmente do armário, ela é *expulsa* dali, e tem uma tendência a também puxar outras mulheres para fora. Sentindo muita atração por mulheres de conduta heterossexual, ela acha emocionante iniciar alguém no lesbianismo. Como Ártemis, insiste que outras mulheres possam dar uma voltinha, quando não uma corrida desabalada, pelo lado selvagem da vida. Melhor ainda, a seu ver, é atrair para longe dos homens uma parceira potencial — o máximo pique de poder para este signo do poder gay. Ao contrário da leonina hétero, a nativa gay está totalmente à vontade com seu lado masculino — o conceito de *drag king* foi sem dúvida iniciado por uma lésbica de Leão, capaz de fetichismo em relação aos trajes masculinos —, e ela planeja interpretar para a parceira o papel do marido tradicional, de acordo com sua personalidade, em geral, masculinizada. Mas fetiches à parte, a nativa prontamente se arvora autoridade em relacionamentos, feliz por mostrar à amante menos experiente os fatos da vida lésbica. Com freqüência uma acirrada ativista gay, ela recrutará a parceira para uma seita de colegas mulheres. Como uma leoa no Serengeti, que faz a caçada completa para a prole e dela cuida, a leonina considera o macho da espécie, bem, ilusório — uma preguiçosa figura decorativa que não merece bem seu título real.

Extremamente orientada para relacionamentos, a leonina quer para si uma esposa bonita e transparente. Em alguns casos, irá procurar uma mulher comum em quem identifique um certo "potencial". Como nativa da Quinta Casa astrológica da *cocriação com Deus*, ela naturalmente considera a parceira um projeto. Ao contrário de sua contrapartida hétero, na procura pela parceira ideal, a nativa gay irá evitar as tentações dos namoros seriais. O sexo sem amor é particularmente vazio para a leonina lésbica, pois dificilmente achará num encontro fortuito aquilo que está buscando. O sexo para ela significa uma absoluta comunhão de emoções, e francamente, se não estiver sentindo amor, nada terá para dar. Entretanto, quando encontra alguém para amar, ela cai de quatro, e o conseqüente transbordamento emocional poderá realmente avassalar qualquer uma que não lhe compartilhe por completo o sentimento. É difícil encontrar pessoa mais capaz de mergulhar tão fundo no relacionamento. Ela é profundamente leal e exige o mesmo em retribuição. As energias de Héstia (autoprotetora) e Ártemis (protetora do mundo silvestre) combinam-se para tornar a nativa extremamente defensiva, guardando a privacidade do par com a ferocidade de uma leoa com os filhotes. Nascida sob o signo da *autoridade paternal*, ela projeta ao extremo essa qualidade sobre a parceria, proibindo-a de se relacionar com ex-maridos ou ex-namorados que se tornaram amigos, ou até amigos atuais — ironicamente, de forma bastante semelhante à do leão, que ao encontrar uma fêmea com filhotes pode matá-los para começar de novo, sem competidores pela atenção da companheira. Como seria de esperar, essa atitude dominadora também prevalece no quarto de dormir.

Embora presidente inconteste do clube de lésbicas que detestam homens, a leonina gay mesmo assim emula o tradicional comportamento sexual masculino, ao qual reserva tamanho desprezo. Satisfeita em seu papel dominador, exige da amante que interprete na cama a mulherzinha, usando *lingerie* vaporosa, realizando *strip-teases* sedutores e apelando para outros adornos do estereótipo feminino. A leonina gosta de ficar deitada comodamente, deixando que a amante faça o serviço oral, estimulando-a com provocações verbais antes de virá-la de cabeça para baixo e lhe dar uma surra de língua ainda mais vigorosa, lambendo-a em lugares que imaginamos inalcançáveis. Dar prazer à amante com brinquedos eróticos também faz brilhar os olhos da Leoa, como o faz afivelar um pênis artificial e levá-la a ter orgasmos em série. Para dar variedade, a nativa poderá de vez em quando encantar a esposa com um novo modelo de falo, comprado numa *sex shop*. Felizmente, também lhe dará presentes mais elegantes: incurável romântica, a leonina está sempre surpreendendo a parceira com símbolos de seu afeto, espontaneamente arrebatando-a para um jantar à luz de velas ou um inesperado fim de semana fora. Desde que possam estar a sós, o mundo será perfeito. A leonina deseja ter uma platéia cativa, e a companheira talvez precise ser dramática ao manifestar devoção. A Leoa talvez até faça o número completo da dominadora para a escrava-amante.

Ou seja, até que a nativa lésbica resolva criar uma família. A associação do Leão com a Quinta Casa astrológica da *procriação* e dos *filhos* significa que leoninos homossexuais de ambos os gêneros estão geralmente decididos a ter uma prole, para assegurar a continuação da estirpe. Na opinião da leonina, a produção de esperma é, por vezes, a única coisa para que servem os homens. Embora a adoção sempre seja uma opção, a leonina numa relação homossexual talvez prefira produzir seus próprios filhos com a parceira, e também insistirá em que os filhos não sejam concebidos fora do casamento como tal. Por não tomar à ligeira a questão da progênie, preocupada com a hereditariedade (os sites de genealogia da Internet só podem ter sido inventados por alguém do signo de Leão), ela se empenha extremamente em estabelecer as raízes dinásticas. Sendo assim, as nativas gays de Leão são as que mais assumem o vínculo sob qualquer forma de compromisso formal que lhes agrade. Por vezes ela deseja sinalizar, por intermédio de um ritual dramático, que está deixando para trás a vida desregrada, e optando em vez disso pelo conforto e a segurança de um relacionamento sério. Pelo menos por algum tempo: por melhor que seja sua intenção, a leonina pode se apaixonar e desapaixonar sem o menor aviso. Raramente promíscua, ela irá, de preferência, apelar para os casamentos seriais, permanecendo na eterna esperança de que por fim encontrará sua alma gêmea.

Embora no relacionamento seja ela quem manda, ainda assim sente atração por posição social e poder. Ou seja, se a garota a quem se ligou é uma lésbica latente que calha de ter um alto posto executivo em algum lugar, melhor ainda — essa mordomia só torna a vida potencialmente mais criativa e dramática. Agrada-lhe exibir sua identidade sexual, enfrentando com uma interrogação explícita o olhar da mulher hétero, e os homens em seus próprios termos. Como outras lésbicas de signos de fogo ela se sente à vontade num meio totalmente masculino, comportando-se em relação aos homens de forma tão agressiva, estóica e natural quanto eles o fazem entre si, senão ainda mais. Ela irá trocar idéias, despreocupada, discutindo esportes ou o mercado financeiro, enquanto sua namorada invariavelmente feminina fica tricotando com as outras garotas. A leonina é uma figura e tanto — de olho na inveja que despertará nos circunstantes, concede à parceira um tratamento régio. O orgulho é de máxima importância para essa mulher egoísta, e a forma de prover para os seres amados é um grande barômetro para sua importância pessoal. É simplesmente um sintoma da Quinta Casa do *amor que damos*, coisa que a rainha de copas do zodíaco faz às toneladas. Colocada sob sua proteção, tanto quanto sob seu escrutínio, de forma veemente, a pessoa amada é ao mesmo tempo resguardada e apreciada. A leonina não tem relacionamentos lenientes; antes estabelece uma forte ligação e se deleita com extravagância no ambiente exuberante de uma relação fértil, próspera e infinitamente quente e pesada.

Casais

Hétero

Mulher de Leão / Homem de Áries
A solércia e a autoconfiança dela sugerem o sexo vigoroso que ele quer. Em comum, além da primeira atração mutuamente intensa, a ética tradicional de Áries e Leão. Sempre haverá gosto de romance ilícito — proibido e estimulante.

Mulher de Leão / Homem de Touro
Fixação: uma relação entre dois tipos teimosos — ela é obstinadamente ambiciosa; ele é complacentemente imóvel. É complicado de sustentar, mas há recompensas na tentativa: as tensões emocionais criam um excepcional ardor sexual.

Mulher de Leão / Homem de Gêmeos
Eles têm muito em comum: dedicação à família, apetite pelas conquistas, o amor aos gastos generalizados. Felizmente, permitem um ao outro bastante espaço pessoal. A independência sexual também é por vezes admissível.

Mulher de Leão / Homem de Câncer
Ele é inteligente e imponente; ela aceita a corte, confiante. Meticulosos em questões profissionais. Preocupações egoístas são alegremente sacrificadas pelo bem comum. No sexo, o Leão experimenta ternura; Câncer escala um pouco.

Mulher de Leão / Homem de Leão
Conflito de vontades. A necessidade de ambos brilharem faz surgirem problemas. Em seu melhor, eles se fundem para formar uma supernova; caso contrário, cairão num buraco negro emocional. À parte isso, não falta tesão ao casal.

Mulher de Leão / Homem de Virgem
Quando a leonina entra na vida do virginiano, há uma mudança: ele não tentará modificá-la. Feliz com a adoração, ela relaxa no papel de rainha consorte de seu cavalheiro. Na cama, Virgem anseia por receber ordens do Leão.

Mulher de Leão / Homem de Libra
A adulação os leva a todo lugar: a validação é a base de seu vínculo jovial: ele aprende a contemporizar; a energia dela é contagiosa. Na cama, a leonina é quem manda; no entanto, o libriano está contente de bancar o passivo.

Mulher de Leão / Homem de Escorpião
Casal estressado, decidido a obter êxito. Ela quer provar seu valor a qualquer preço; ele capitaliza na credibilidade dela. Os gênios explodem a toda hora. As fantasias dele podem ser pornográficas, mas ela pode entretê-las.

Mulher de Leão / Homem de Sagitário
O romance deles é formal, envolto em etiquetas, e segue regras. Ela é presença protetora; ele é o garanhão que ela sempre buscou. Esperar é uma forma de fazer crescer a excitação — o primeiro encontro deles é explosivo.

Mulher de Leão / Homem de Capricórnio
Dois personagens precoces, de independência individual diminuída quando em dupla. Ele é especialmente possessivo. Na cama, atividade ousada, talvez mais atrevida do que tentariam cóm outra pessoa. *Veneração* é a palavra-chave.

Mulher de Leão / Homem de Aquário
Uma impressão indelével foi causada. O vínculo deles se desenvolve por emulação; ela talvez o imite. Promover as ambições é a motivação primordial. Ele é inventivo e erótico; ela precisa de uma expressão sexual direta.

Mulher de Leão / Homem de Peixes
Leão é um mistério que Peixes deseja solucionar. Resoluta, ela o persegue com intensidade de assustar. Juntos, as aptidões naturais dão lucro — tudo se realiza ao jeito dela. A atividade sexual move-se no ritmo acelerado de Leão.

Gay

Mulher de Leão / Mulher de Áries
Um par carinhoso, romântico e otimista. A leonina assume o papel de mentora. Em caso extremo, ela irá explorar seu poder sobre a ariana, buscando cada vez mais veneração e obediência. Porém, em geral, é caso duradouro.

Mulher de Leão / Mulher de Touro
A ligação Touro-Leão exige abrir mão, se soltar, deixar aflorar sentimentos mais profundos. Por vezes, elas flertam com as arestas mais ásperas da vida. O sexo é desinibido desde o começo; o amor com um vibrador atrai.

Mulher de Leão / Mulher de Gêmeos
Elas fomentam polêmica — afeitas às diferenças, por vezes se estranham, brincalhonas, em público. Egocêntricas, talvez não tenham paz no lar. Se o amor definha, a amizade floresce. No sexo, cada qual é o melhor da outra.

Mulher de Leão / Mulher de Câncer
Emocionalmente gratificante, depois de um período inicial de "experiência". Se sobreviverem à disputa, quase sempre um casal amoroso e duradouro. Mas outros são excluídos. Na cama, a canceriana se submete à supremacia da leonina.

Mulher de Leão / Mulher de Leão
Egos enormes são erguidos ainda mais. Eles formam um par por vezes elitista, desajeitado. Raramente é um romance casual. Na melhor hipótese, encontram o êxito fenomenal. Na cama, o amor é enérgico: sexo áspero, talvez punitivo.

Mulher de Leão / Mulher de Virgem
Associação estimulante. A vida é animada. Por vezes, surge uma prática espiritual compartilhada. Virgem encontra o poder na passividade — principalmente na cama onde é objeto do desejo de Leão. O ciúme pode ser uma armadilha.

Mulher de Leão / Mulher de Libra

A libriana banca a difícil, abstendo-se quase sempre até a leonina insistir em demasia. Socialmente, um par superficial. Focadas em interesses pessoais, talvez não se aprofundem. Sexualmente, o estímulo vem da confrontação.

Mulher de Leão / Mulher de Escorpião

Uma mudança: a agenda de Leão é inalterável; logo, Escorpião se obriga à confrontação. Quase sempre, ela simplesmente perde o interesse. O sexo é a forma de se recobrar do estresse. À luz do dia, é muito mais difícil de sanar.

Mulher de Leão / Mulher de Capricórnio

Um par sensacional — com estilo, ambição e ostentação. Fazer travessuras é a modalidade social das duas. Mas com uma madura capricorniana, a leonina vislumbra lições da vida. No sexo, é pureza em público e luxúria em particular.

Mulher de Leão / Mulher de Aquário

Maior reciprocidade torna a relação um êxito. Logo, Aquário deveria contornar algumas exigências de Leão. Melhor hipótese: elas formam um par engraçado, animado e excepcional. O sexo desabrocha quando a leonina se deixa conduzir.

Mulher de Leão / Mulher de Peixes

Romântica e sem restrições, a relação é ora exaustiva, ora animadora. A pisciana se apega; mas a leonina precisa do próprio espaço. Profissionalmente, elas se combinam à perfeição. Na cama, a pisciana segura a amante pelo sexo.

O homem de Virgem

o veículo

O nativo de Virgem é um personagem complicado, e por vezes confuso. Para ele, o mundo é um lugar imperfeito e cheio de potenciais armadilhas e decepções. O virginiano está especialmente predisposto à visão derrotista dos relacionamentos, que não conseguem senão cumprir suas típicas expectativas incorruptas. Mascarando por trás de um cinismo soberbo uma profunda sensibilidade e uma profusão de feridas emocionais, o nativo projeta uma impenetrabilidade que alternadamente desanima as pessoas ou lhes desperta a curiosidade — sobretudo a das pessoas que percebem um núcleo de vulnerabilidade mascarado por trás da fria fachada de mármore. Ele é o rei do disfarce, e usa caras diferentes para pessoas diferentes, tendo o cuidado de manter as amizades separadas entre si, mantendo viva assim a ilusão que os outros têm a seu respeito. Ele teme convulsões — o conflito precisa ser evitado a toda custa —, portanto, mantém-se distante nas relações, tipicamente entrando em vínculos nos quais possa ser mantido um definido controle. Com as mulheres, assume o papel de mentor, brincando de Pigmalião, na tentativa de moldar a parceira para transformá-la numa visão cada vez mais nítida de seu ideal. Apesar de uma aparência tipicamente tosca e pesada, é um amável gigante, o cuidador ideal no quarto de dormir — demonstrando no plano erótico o conhecimento e a destreza necessários a sugerir uma empatia surpreendente com as necessidades sexuais de uma mulher. Nos relacionamentos com homens, a história é outra: atraído por tipos estáveis, quase sempre mais velhos, dos quais talvez espere algum grau de patrocínio, o jovem virginiano deseja ser

Vi

PRINCÍPIO

O Princípio da Conciliação. O nativo de Virgem tem de encontrar um terreno comum entre as visões de existência da Mãe-Terra e do Pai-Céu, representadas respectivamente por Câncer e Leão. Ele deve *negociar* uma vontade de dominar seu ambiente com uma *flexível* compaixão pelo mesmo. O lema do signo "Eu sirvo" expressa esse desejo de deixar uma marca sem deixar uma bagunça.

☿

SÍMBOLO PLANETÁRIO

Assim como Mercúrio sinaliza para Gêmeos efeitos mercurianos nas interações mentais e sociais (ar), aqui em Virgem o planeta representa uma mudança substancial (terra) comparável à transmutação alquímica do chumbo em ouro, e tudo o que isto sugere simbolicamente. O pictograma de Mercúrio, o chamado caduceu, é o emblema da profissão médica. Alguns alegam que Vulcano, um planeta ainda não descoberto, é o regente de Virgem. Outros acreditam que seria Quíron, um fragmento de planeta em órbita entre Júpiter e Saturno.

apreciado e protegido pelo amante, mas deixado aos próprios expedientes nos demais aspectos. Inevitavelmente, acabará por se tornar independente, buscando fomentar um vínculo intelectual com um parceiro igualmente seguro de si.

Signo + Mente

Mercúrio é creditado com o governo planetário de Virgem. Entretanto, muitos astrólogos modernos contestam essa regência, teorizando que a esfera soberana do signo, já batizada de Vulcano, ainda está para ser descoberta. Outros citam como planeta patrono a Quíron, um minúsculo planetóide, que se acredita seja as ruínas de um corpo celeste outrora imenso. Outros ainda alegam que outros corpos celestes do cinturão de asteróides, especialmente Juno, regem o signo. Ou que a própria Terra seria o regente de Virgem. Verdadeiras ou não essas teorias, o fato de não se conseguir localizar a regência do signo tem para os nativos um enorme significado, além de fornecer um insight quanto a sua personalidade — uma natureza escorregadia, bem adequada à sua regência geralmente designada como mercuriana. Essa aura de incerteza e descrédito que cerca a regência planetária do signo é análoga à psicologia do homem nativo de Virgem. Ele se sente cortado, quando não expulso de uma localização sólida no mundo. Como admite prontamente quem conhece um virginiano na intimidade, ele com freqüência se ausenta de suas interações com os demais — sendo difícil de alcançar tanto física quanto emocionalmente. Os personagens míticos que emprestam seus nomes aos planetas fantasmas de Virgem — Vulcano (o Hefesto dos gregos) e Quíron, ferreiro um e curandeiro o outro — se assemelham pelo fato de terem se afastado do lado cintilante e vaidoso da vida no Olimpo, colocando-se, em vez disso, a serviço de homens e deuses, trabalhando o metal e curando o mundo no afã de transformá-lo num lugar melhor para a humanidade viver. Hefesto é uma divindade que se tornou manco em conseqüência de ter sido apanhado no meio da disputa entre Hera (a Juno dos romanos) e Zeus, a mãe e o pai litigantes do panteão. Essa história de ser apanhado no meio de uma disputa divina faz sentido em termos da localização do signo na roda zodiacal: como terceiro signo do Segundo Quadrante do Ambiente, exatamente depois de Câncer e Leão, cujos regentes, a Lua e o Sol, representam respectivamente os contrastantes Princípios Materno e Paterno em astrologia, Virgem é igualmente apanhado no equilíbrio.

Na qualidade de signo mutável, Virgem é uma síntese desses preceitos opostos e assim representa na astrologia o Princípio da Dissonância e a suprema Resolução, usando a mediação, as trocas e a conciliação em sua busca de *cura* e *produtividade*, dois atributos importantes de sua Sexta Casa zodiacal. No âmbito cósmico, isto torna o virginiano singularmente capaz de incorporar num mesmo modo operacional a matriarcal visão de mundo do culto à terra (a mãe-fonte) com a patriarcal visão do culto ao céu (o pai-criador). Em termos reais, o virginiano é particularmente adepto de impor ao meio ambiente natural seus conceitos intelectuais, ao mesmo tempo em que se preocupa em não abusar daquele. Em sua oficina vulcânica, Hefesto-Vulcano forjava ferramentas e armas, por meio do elemento masculino do fogo, a partir da terra feminina. E apesar de comprometido por um ferimento pessoal, ou talvez em função disso, Hefesto pega o limão que o destino lhe deu e o transforma em limonada. Isto descreve exatamente o que o virginiano é pressionado a fazer em sua vida, pois ele muitas vezes também se confronta com algum sentido (talvez subconsciente) de incapacitação emocional. Além de metalúrgico, Hefesto, de cujo nome talvez se derive a figura literária do Dr. Fausto, também é um alquimista, como também é Quíron, cujo miraculoso trabalho de cura se enquadra na mesma categoria de "magia hermética". Mercúrio (o Hermes grego), tradicional planeta regente de Virgem e homônimo do deus patrono dos alquimistas, tem por símbolo o caduceu, até hoje emblemático da profissão médica.

Embora as conexões cósmicas do signo de Virgem sejam, por natureza, tão imprecisas quanto as do próprio nativo, uma sólida configuração emerge dos indícios celestiais aparentemente disparatados que a astrologia nos fornece. O acelerado planeta Mercúrio, em sua regência do célere signo aéreo de Gêmeos, preside as comunicações, o comércio, e o veloz intercâmbio nos planos social e mental (ar). Aqui, no signo de terra de Virgem, Mercúrio opera essa mesma dinâmica, porém no plano material (terra), sugerindo uma lenta transmutação, em vez de imediata transmissão. Para o volátil nativo de Gêmeos, a vida gira em torno de um intercâmbio de pensamentos e conceitos; entretanto, para o virginiano, mais deliberado, a vida é um curso longo e estável em direção à transformação substancial e permanente — como uma gradual permutação alquímica ou processo de cura, que exigem tempo e paciência. Como nativos de um signo mutável de terra, muitos virginianos de fato acabam trabalhando em profissões que envolvem a alteração de substâncias, de uma forma ou outra — como ceramistas, engenheiros, desenhistas industriais, construtores, arquitetos, inventores, pesquisadores da área médica, médicos. Bem a propósito,

QUADRANTE DO SIGNO

Os quadrantes zodiacais correspondem aos planos metafísicos da existência: físico, emocional, mental e espiritual. O Primeiro Quadrante é o do eu e da percepção individual. O Segundo Quadrante é o do ambiente emocional, no qual os sentimentos do indivíduo são a principal preocupação. O signo de Virgem diz respeito à consciência e sua batalha pela retidão moral. As questões de consciência são viscerais, correspondentes à regência de Virgem sobre o funcionamento intestinal, sem mencionar a tendência do nativo a uma disposição freqüentemente biliosa.

♍

CRIPTOGRAMA DO SIGNO

O símbolo de Virgem é um M, de "material", literalmente o M da Mãe-Terra (Mater). E a perna cruzada do criptograma sugere a pureza virginal, mas também uma necessidade de introspecção, auto-análise e busca espiritual. O signo de Virgem significa extrema discriminação, e, no caso do nativo do signo, seu notório ceticismo e a necessidade de se ocultar da mediania social.

trabalho, saúde e serviço são outros atributos importantes da Sexta Casa astrológica de Virgem, signo cujo lema é o “Eu sirvo”. Para o virginiano, a existência está destinada a ser uma experiência servil e humilhante. Ainda assim, pode ser necessária uma vida inteira para a percepção da humildade como virtude. Porque, se, e quando o planeta Quíron explodiu, deixou para o virginiano uma grande dose de beligerância.

Ao fazer a transição de Leão para Virgem, a personalidade arquetípica masculina muda, do rei Sol quintessencial, encarnação do direito divino, com um ego exorbitante para prová-lo, para a personalidade do homem comum, às voltas com a dificuldade de responder à sua própria consciência extremamente humana (o zodíaco é uma espiral evolucionária que reflete a história — à medida que se abate o poder real, intensifica-se o poder popular). De fato, é neste nível de João Ninguém que vive o homem do signo de Virgem. Enquanto as coisas chegam facilmente para o leonino, que inexoravelmente leva uma vida de folgança, o virginiano tem uma estrada mais áspera pela frente. Sem aqueles atributos masculinos “dados por deus”, como o pendor atlético e um jeitinho encantador com as mulheres, o virginiano é desde cedo vulnerável a uma série de dúvidas, inseguranças e medos. Ele não só se sente socialmente rejeitado, como também, por haver quase sempre nascido numa época de conflitos ou problemas para os pais, sente falta do amor familiar. Embora inteligente nos estudos, ou por vezes dotado para a música e as artes, o nativo trava uma luta árdua nas trincheiras dos relacionamentos humanos. É o misantropo do zodíaco, um Charlie Brown, um mané qualquer dos desenhos animados que quase sempre está na posição mais subalterna da hierarquia. Passível de ser ridicularizado ou exposto ao ridículo por alguma outra forma, costuma projetar uma personalidade ferida e desalentada. Entretanto, essas experiências iniciais freqüentemente não conseguem fomentar a verdadeira humildade, graças à qual ele deverá prosperar mais adiante. Duas personalidades particularmente distintas podem emergir do contorcido psiquismo do virginiano: por um lado, não dotado de automático prestígio pessoal, como o leonino, o virginiano pode passar a vida amargamente buscando vingança mediante o acúmulo de enorme fortuna e/ou poder. Esta patologia específica, tanto na obra de Marlowe quanto na de Goethe, é o tema principal do Dr. Fausto, que usa seu conhecimento de alquimia para conseguir tal influência efêmera — só a humildade poderia salvá-lo de uma queda no abismo (como sabe tão bem quem o conhece, há ocasiões, ou melhor, eras completas, em que o virginiano banca o poderoso, “compensando” com exageros sobre sua fortuna e condição social,

ELEMENTO + QUALIDADE

O elemento terra tem a conotação de materialidade e substância; a qualidade mutável, versatilidade e transformação. No conjunto, a combinação mutável-terra específica do signo de Virgem é mais bem descrita como a argila maleável ou o minério que pode sofrer transformação numa fornalha em chamas — exatamente como o magma a borbulhar no núcleo da terra.

POLARIDADE

Os homens de signos femininos (terra, água) não estão alinhados com a polaridade de gênero do próprio signo, representando em vez de encarnar a combinação qualidade-elemento do signo. O homem nativo de Virgem tem dificuldade em tornar sua vida algo de substancial. Às vezes ele o faz literalmente trabalhando com as mãos ou nas indústrias de saúde ou de serviços.

exibindo-se ao gastar excessivamente em roupas, objetos, viagens, comida, bebida e presentinhos — veja bem, tudo isso para si próprio). Por outro lado, o deus manco protótipo do homem bom, Hefesto, forjando ferramentas em sua oficina vulcânica, é um símbolo da masculinidade virginiana em sua melhor forma — um personagem modesto e despretensioso que usa para o bem comum, e não para vingança pessoal, a inspiração divina. Harry Potter, o prodígio órfão de J. K. Rowling, é um adequado arquétipo masculino virginiano: lançado num ambiente sem amor, Potter, cujo nome parece alusão a irrequietos e amistosos deuses oleiros como Hefesto e Prometeu, nunca se entrega à autocomiseração que se poderia esperar de um menino tão maltratado. Então, a mágica acontece: Harry é transformado por alquimia, de rejeitado a honrado instrumento do poder, apesar de alguma marca da maldade à espreita na cicatriz em forma de raio, a marca característica de Zeus, que o feriu como a Hefesto. Enquanto isso, o oposto sombrio de Harry, Draco Malfoy — um Little Lord Fauntleroy dos infernos — é um modelo daquela antiga inclinação do nativo: um covarde draconiano que se agarra avidamente à riqueza material e cada vez mais ao poder crítico sádico, como meio de superar inseguranças, adquirindo o que será sempre e somente uma sensação passageira de superioridade — em resumo, alguém destinado a uma longa e faustiana queda.

Desde a infância, o virginiano se equilibra numa corda bamba emocional e, de fato, moral. Igualmente influenciado pelo vício e pela virtude, precisa ainda resolver o medo com a fé, a autonegação com a auto-aceitação, o errado com o certo. Ao evitar o conflito, ele contorna as situações de tensão, calando-se ao sentir a possibilidade de se comprometer — como o vulcão, ele reprime as emoções até não conseguir deixar de explodir ou afundar numa sombria depressão. Em conseqüência de sua localização de sexto signo, na dobradiça do zodíaco, o nativo de Virgem vê sua vida inteira como um momento de decisão, uma longa e contínua crise. Entretanto, ele deve se precaver para não acumular excesso de bile real ou metafórica no sistema — o resultado de se sentir para sempre sob uma má estrela — e aprender a deixar que se inicie a cura. Muitos virginianos feridos se transformam em críticos sociais ou artísticos, trabalhos nos quais podem ganhar muito dinheiro simplesmente sendo os indivíduos amargos que naturalmente são. Adequadamente, o signo de Virgem rege o fígado, órgão que secreta a bile, regula a função metabólica e ajuda a filtrar os venenos, purificando assim o corpo — muito a propósito, também, pois o fígado de Prometeu é devorado diariamente pela águia de Zeus, como punição por seu característico serviço prestado à humanidade. O símbolo do

6

NÚMERO DO SIGNO

O número de Virgem é por vezes chamado o número do diabo, especialmente se triplicado. É também considerado o número da criação divina, que levou seis dias. Nessa capacidade, é associado com trabalho e produtividade. O cubo tem seis faces e ao ser planificado forma uma cruz.

35-42

ASSOCIAÇÃO DA FAIXA ETÁRIA

A meia-idade. A vida é uma crise. Esta é uma época em que já passaram os chamados dias de glória do homem. O virginiano nunca se sente como um menino dourado; ao contrário, sente-se desautorizado. Ele é um homem comum, um homem autêntico, lutando para deixar sua marca. A humildade e sucesso são seus aliados.

PSICOLOGIA

O nativo de Virgem pode sofrer de muitos medos irracionais, como o medo de doenças. Pode ser desconfiado e crítico em relação aos demais. Sentimentos de desilusão podem alimentar a mentira patológica, principalmente acerca da própria origem. O inato desprezo próprio pode levá-lo a enfermidades psicossomáticas e/ou à obsessão com sua aparência física.

ARQUÉTIPO + MITO

Virgem se inspira no arquétipo dos deuses oleiros-ferreiros, adequada à condição de mutável-terra do signo. Prometeu molda a humanidade em argila e lhe concede o fogo do Olimpo. Hefesto forja ferramentas para uso dos homens. Ambos incorrem na ira de Zeus, que não quer que o homem roube o trovão dos deuses. Da mesma forma, o virginiano se preocupa com a elevação da condição humana. Hefesto é casado com Afrodite, mas traído pelos cacoetes sensuais da esposa fabrica para si mesmo uma réplica da deusa: Pandora ("toda dada"). Também o virginiano tem bastantes características de Svengali. Hermes-Mercúrio é o patrono dos alquimistas/médicos, o que remete aos ensinamentos ocultos e às preocupações com saúde do nativo. Se possível, ele seria hermeticamente selado.

signo (um M maiúsculo que se curva sobre si mesmo), a palavra grega para Virgem, é um evidente emblema da pureza, que aponta com eloqüência a necessidade psiquicossexual do nativo de Virgem de permanecer imaculado, puro, perfeito. Nascer sob o signo de Virgem pode ser uma verdadeira viagem-cabeça: o nativo não consegue senão projetar sua necessidade de perfeição, não só sobre si mesmo, porém sobre o mundo inteiro, e de fato sobre as outras pessoas. Nada nem ninguém parece estar à altura. Por vezes ele vai ficar esbravejando, em vez de fazer uma tentativa mínima de alterar seu mundo para melhor, sem perceber que seu direito inato é o de ser um veículo de mudança. O medo ao fracasso, ao sucesso, e acima de tudo à mediocridade pode deixar o virginiano imobilizado, como um crítico à margem dos acontecimentos, o que, por outro lado, tem suas vantagens: os outros consideram-no um especialista de gosto superior e seletivo, sem perceber que ele talvez não se dedique a realizar nenhuma atividade própria por medo de botar a cabeça no cepo a que todos estamos sujeitos. Como a maioria dos críticos, ele não é capaz de realizar nem uma fração daquilo que é capaz de criticar.

O medo e desprezo próprio, além da obsessão pela perfeição, lançaram fortes raízes na infância do virginiano. Tal qual Hefesto, ele quase sempre foi mutilado pela educação recebida, que o levou a se sentir, de certa forma, deficiente. O nativo é famoso pelas fobias e pela hipocondria, freqüentemente causadas por pais superprotetores, da mesma forma que a retentividade anal (distúrbio particularmente virginiano) é por vezes o resultado de trauma causado pela atitude exigente dos pais durante o treinamento sanitário. Por isso o nativo adota uma auto-imagem debilitada, procurando amigos e interesses românticos entre pessoas igualmente prejudicadas, às quais se associar no ressentimento — ele é funestamente célebre pelo temperamento rancoroso, quando não gótico. Num eco inconsciente de seu planeta fantasma Quíron, o virginiano também sente que lhe falta um pedaço. Não há um jeito fácil de convencê-lo de que, da perspectiva astrológica, esta é para ele exatamente a forma certa de se sentir. Embora preencha de orgulho o vazio, ato que no signo de Leão é uma discutível virtude, no de Virgem é definitivamente um vício. Como o pictograma do signo sugere, ao se voltar sobre si mesmo, o caminho para a felicidade virginiana segue uma rota pessoal internalizada de silenciosa mineração de talentos ocultos, mais que a denúncia das imperfeições que o nativo percebe no mundo exterior.

Corpo + Alma

Existe algo inconfundivelmente defendido no nativo de Virgem, e uma espécie de perpétua dualidade, quando não o desprezo pelos demais. Até mesmo num nível tão banal quanto o da interação em sociedade, ou com um balconista de loja, por exemplo, o nativo conserva uma expressão desconfiada, corpo jogado para trás na aparente tentativa de evitar respirar o mesmo ar que os outros. Por ironia é ele quem acaba por parecer suspeito, com os olhos sempre examinando o entorno, desejoso de evitar contato, transferindo incomodamente o peso de uma perna para outra. Retraído com qualquer pessoa que não conheça bem, ele é notório por deixar uma primeira impressão de rudeza — desconfiado até da mais casual troca de amabilidades. A conversação informal, acima de tudo, lhe parece falsa e artificial, sintomática de um mundo que ele, resignado, percebe como sendo governado por jogadores de futebol e líderes de torcida, pessoas bonitas, porém de cabeça oca; assim ele está sempre projetando os sentimentos de excluído social que traz consigo da infância. Entretanto, ao contrário do nativo de Escorpião — o "forasteiro" astrológico —, o virginiano é um excluído que apesar disso tenta furiosamente encontrar para si um lugar útil dentro da sociedade como um todo. Enquanto Escorpião talvez procure fugir às reuniões sociais, o nativo de Virgem comparece a elas nem que seja para deixar claro seu desprezo.

O cinismo combina com a regência do signo sobre a Sexta Casa astrológica de *análise* crítica, e também a de *serviço*. Ao adotar o papel de crítico, o nativo realiza a viável função de aperfeiçoar o ambiente cultural, aprovando aqui e condenando acolá, estabelecendo assim um padrão cada vez mais elevado do que é socialmente aceito. Capaz de ser ativamente condenatório, e cáustico em suas observações ou, com freqüência, usar de hilariante mordacidade, como faria alguém de verve enxuta, ele é um mago dos comentários sucintos e sussurrados que fazem qualquer ouvinte se desmanchar de rir. O nativo adota um ar de tamanha autoridade no assunto que as pessoas naturalmente confiam em seus típicos julgamentos sociais, e ficam marcadas no âmbito subliminar pelos pareceres críticos que emite. À semelhança do geminiano, ele é um implacável *infomaníaco*. Entretanto, por ele ser nativo de um signo de terra, em oposição a um signo de ar (mental), seu conhecimento tende a ser menos feito de novidades e superficialidades, apoiando-se mais profundamente em fatos e números — digamos que o detalhista virginiano seria o consumado concorrente do programa *Jeopardy!* Sua conduta pode ser tão esnobe que realmente caberia indagar

BÍBLIA + LITERATURA

O signo de Virgem se inspira no arquétipo de Caim, equivalente ao grego Hefesto, ambos ferreiros e oleiros que trabalham em forjas vulcânicas. Deus marcou a Caim, como Zeus tornou manco a Hefesto. Alegam os especialistas que os ferreiros "cainitas" infligem a si próprios ferimentos na perna como rito iniciatório. A história de Caim trata de uma consciência vacilante. Jó (Virgem rege o trabalho)* é apanhado numa disputa entre deus e o diabo. A lenda do alquimista doutor Fausto segue o exemplo. A peça "moralista" *Everyman* explora esse tema da luta entre o vício e a virtude. Harry Potter é um moderno alquimista, um menino-prodígio desautorizado que traz a marca do bem e do mal, o raio que é marca registrada de Zeus.

*Jogo de palavras com *Job*, personagem bíblico, e *job*, trabalho, em língua inglesa. (*N. da T.*)

CASA
ASTROLÓGICA

serviço
trabalho/emprego
obrigação
matéria
auto-ajuda
dieta/saúde
higiene
revisão médica
hábitos
emprego
equipe
locatários
atendentes
dependentes
rotina
pontualidade
vestuário
doença
tios e tias
auto-adaptação
mente inconsciente
serviço ao público
enfermagem
eficiência
hábitos de sono
conformidade
habilidade
utilidade
ofício
detalhes
humildade
disciplina/discípulo
asseio
forças armadas
ferramentas
armas
deveres diários
animais de estimação/
pequenos animais

o que há de construtivo em usar uma língua tão ferina. De fato, chegará uma época, na vida do virginiano, em que deverá optar por canalizar em favor de atividades mais produtivas, e de preferência artísticas, as energias que coloca na formação de opiniões sobre os outros. O nativo de Virgem é quase sempre um gênio criativo que encontra grande satisfação não só em trabalhar com as mãos, numa literal demonstração da condição de mutável-terra, como artesão — escultor, serralheiro, carpinteiro, ceramista —, mas também como arranjador e compositor, cineasta ou editor de filmes, romancista ou coreógrafo, moldando obras-primas da *composição*. Mas mesmo se trocar um terno bem passado por um avental de ferreiro, ele não deixará inteiramente de lado o hábito de revirar os olhos. Conforme revela uma lista de virginianos famosos que inclui gente como Peter Sellers, Elvis Costello, Paul Rubens (Pee-Wee Herman), Robert Blake, Stephen King, Hugh Grant, Richard Gere, Peter Falk, Michael Jackson, Leonard Cohen e Leonard Bernstein, eles são um grupo sagaz, sardônico e até matreiro, que não consegue deixar de ser visto como ligeiramente torto (outrossim, suspeito) apesar de seu gênio amplamente reconhecido.

Se você se deparar com um sujeito sério, com cara de quem está chupando limão — aparentemente relutando em ser o que é, em qualquer momento —, quase sempre este será um virginiano. Em geral, se trata de um sujeito grande, extremamente alto e delgado ou inegavelmente sólido e bonitão. Em ambos os casos, tem na pele uma lividez que é um sintoma zodiacal (como sua natureza biliosa) da associação anatômica de seu signo com o fígado e a vesícula. E, conforme mencionado, essa rabujice é aparente em seu visual: o nativo tem um aspecto de crosta (embora decididamente refinada) que espelha o próprio manto mutável do planeta, o cadinho que contém o núcleo de magma derretido, a proverbial fornalha de seu patrono Hefesto, quando não as profundezas em chamas nas quais Fausto talvez tenha sido lançado. E apesar de todas as tentativas de verniz friamente desinteressado, é óbvio que o homem do signo contém este fogo oculto — criatividade latente, combustão sexual, ou ambos. Isto o leva a uma disposição complexa (e complexada), uma intensidade e um sentido de tumulto íntimo aos quais alguém de olhar arguto e admirador pode atribuir sua habitual condescendência, enxergando através dessas defesas seu famoso medo de intimidade, desejando assim apagar esse fogo. O nativo talvez se comporte como um eterno desanimado, como desatinado de medo diante da vida, dessa forma jogando subconscientemente com os sentimentos dos amigos e amantes, que estão sempre tentando lhe garantir que o mundo não é inteiramente mal. Mas nove entre dez tentativas de animar um virginiano são como tirar Hefesto para dançar o tango. O conhecimento que tem do mundo e de seu funcionamento nada rosado praticamente paralisa emocionalmente o virginiano. E não se detém aí a comparação.

Imaginar um virginiano faz recordar uma foto icônica de Elvis Costello, da capa de seu primeiro álbum — um desajustado rancoroso com uma das pernas dobradas por baixo do corpo como incapaz de suportar o peso (leia-se: o peso do mundo). Entretanto, mesmo no sentido literal é uma imagem adequada: não importa o quanto ele se fortaleça — e com freqüência o nativo é um verdadeiro maníaco por academia —, seu tronco está colocado sobre pernas finas, quase raquíticas, tornadas mais conspícuas por seu hábito de constantemente mudar o ponto de apoio. Além disso, a estrutura óssea é notavelmente robusta, a musculatura volumosa e encordoada, em vez de delicada e vigorosa. A cabeça é por vezes quadrada, com a fronte pesadamente marcada e uma linha alta de implantação dos cabelos. A exemplo de outros homens de signo de terra, ele também tem tendência à calvície prematura, do tipo em que os cabelos mudam gradualmente de uma consistência espessa e áspera na juventude para uma leveza de pluma por volta da meia-idade. O rosto é severo e amplo, tornado ainda mais pétreo pelos olhos juntos e fundos, e o nariz longo é adunco ou carnudo. O sorriso sensual e as faces encovadas sugerem uma disposição nada bem-comportada. De fato, sempre existe nele um traço evocativo da coruja noturna — a pele pastosa, as olheiras, as pregas profundas ao lado da boca, as bochechas caídas e uma quase incontrolável aparência de barba por fazer. Ele quase sempre se veste de acordo com o papel, usando muitas roupas de cores escuras — realmente, o preto abrange a maior parte de seu guarda-roupa, desde ternos até jeans e cuecas samba-canção. Independentemente da profissão, pode-se achar que trabalha com moda — indústria que exibe grande população de virginianos de olhar crítico — pois usa, como tanta gente do setor, um habitual uniforme de pingüim, com camisa branca, o resto todo preto e óculos escuros nos 365 dias do ano, para se proteger dos holofotes da passarela. Ele gasta seu dinheiro em nomes de peso — como seu primo geminiano regido por Mercúrio, ele está atualizado; entretanto, ali onde o frívolo signo aéreo segue a última tendência da moda, o virginiano é um dos *conhecedores* da moda, optando freqüentemente por sofisticadas etiquetas européias e asiáticas das quais o povo do interior jamais ouviu falar. Ele tem um tórax avantajado, com peito abaulado e grande caixa torácica, que vai afinando em direção à macia região mediana, capaz de inchar se deixada sem controle. Freqüentemente, ele é cabeludo — fios mais armados que leves — e por vezes longos ao extremo.

PALAVRAS-CHAVE

detalhismo
vexame
habilidade
discriminação
alquimia
perfeccionismo
mutação
resolução
parcimônia
adequação
austeridade
erudição
transmutação
descrédito
destreza
responsabilidade
articulação
dissecção
neurose
generalização
arrependimento
assistência
reclusão
modéstia
indústria
espírito crítico
análise
abstinência
preocupação
excentricidade
autonegação
anabolismo
expurgos
didatismo
prosperidade
respeitabilidade
produtividade
adivinhação
dissonância
interdependência
julgamento
curiosidade
empatia

HOMENS FAMOSOS DE VIRGEM

Perfeccionistas exigentes e catalistas da mudança

Sean Connery
Jeremy Irons
Hugh Grant
Peter Sellers
Tim Burton
Bill Murray
Mark Morris
Oliver Stone
Preston Sturges
Paul Reubens
Freddie Mercury
David Copperfield
Michael Jackson
Adam Sandler
Sid Caesar
Michael Keaton
Adam West
Bob Newhart
Jimmy Fallon
Macauley Culkin
Henry Thomas
Josh Charles
Roddy Mcdowall
James Coburn
James Gandolfini
Tommy Lee Jones
Fred MacMurray
Peter Falk
Robert Blake
Ben Gazzara
Donald O'Connor
Gene Kelly
Van Johnson
Luke Wilson
Van Morrison
Elvis Costello
Charlie Parker
John Cage
BB King
Jose Feliciano
Brandford Marsalis
Loudon Wainwright III

Os glúteos são fortes, como as pernas, ainda que finas; qualquer tentativa de fortalecê-las (para combinar com o resto do corpo) irá render um visual trabalhado, "esgarçado". Para sua grande satisfação, o nativo costuma ser bem dotado, e em geral apresenta no comprimento a mesma medida do diâmetro (as bolas, porém, costumam ser tão tensas quanto a disposição geral do dono). As mãos e os pés, como a cabeça pesada e lindamente inclinada, seriam dignos da atenção de Rodin. Dedos longos, musculosos, significativos sugerem destreza artística e também sexual. Ele transpira erudição, de fato um conhecimento profundo, e em tantos níveis que seria apenas natural presumi-lo igualmente versado em matéria sexual. E ele poderia ser — com um pouco de perseverança. Pois aqui se constata a manifestação mais explícita da "virgindade" do nativo de Virgem: na verdade tem menos treinamento concreto do que nos leva a crer, pois em relação ao sexo ele adota a mesma abordagem de fazer pose, como o faz em tantas outras áreas de sua vida.

Sexo + Sexualidade

O nativo de Virgem é famoso por seu traço de Svengali: uma tendência a se envolver com mulheres que ele possa moldar de acordo com sua visão crítica, ao mesmo tempo em que ele próprio escapa a exame. Mesmo durante a adolescência, ele pode travar relações com garotas que parecem desfavorecidas, assumindo-as como projetos sobre os quais aplicar a sua visão estrita de virginiano. Tudo é bastante paternalista, pois ele instrui com veemência a pupila a adotar determinadas condutas, atitudes e aparências capazes de lhe melhorar a posição na vida e, portanto, lançar um reflexo mais favorável sobre ele. Ter nascido sob o signo de Virgem significa que seus julgamentos morais são severos; e ele espera que qualquer mulher digna do interesse dele seja portadora de uma reputação impecável, sexual ou não. Desde tenra idade, ele já tem muito do pequeno Pigmalião machista, colocando a namorada num pedestal do qual ela não se atreve a cair. Ele busca um exemplo de virtude, não obstante qualquer conexão íntima e lógica com a Virgem. Embora possa ter escolhido uma verdadeira marginal para esculpir, transformando-a em sua visão de Galatéa, ele espera obediência às suas injunções morais, já adotando ante a condição feminina uma visão do estereótipo santa-ou-puta. Afinal, ao colocar tanta energia na transformação de uma garota em sua imagem de perfeição moral e física, pouco tempo restará para simplesmente amá-la, que dirá sentir desejo por ela — a parceira se sentirá porventura inadequada e faminta de sexo, isto é, até pular do pedestal nos braços abertos de um outro homem que queira fazer sexo com ela, em vez de vesti-la. Afinal, a poderosa Afrodite, a própria encarnação da sexualidade feminina, passa para trás o marido Hefesto e vai ter um caso com o ardente Ares, preferindo ser transformada em objeto sexual a ser moralmente *petrificada*.

Repetir seu padrão svengaliano relação após relação é apenas uma forma de tortura que o virginiano inflige a si mesmo. Algum dia ele talvez encontre uma compensação para essa patologia numa mulher que esteja procurando tão desesperadamente ser monitorada por um homem quanto ele está buscando executar tal edificação. Este hábito aflitivo é por vezes um costume do qual ele jamais logrará se libertar realmente. Muitas mulheres poderão, em algum momento, favorecer o patrocínio de um homem, principalmente um tão urbano e bem relacionado quanto o nativo de Virgem — que irá fazê-la sentir que "chegou lá" ao se ligar a ele. Afinal, sua erudição, além da excelente aparência física, é o que atrai a mulher no começo. E conhecimento é poder: como Hefesto, que estava sempre modelando os dotes especiais de outros deuses, para o virginiano é natural estar a serviço (Sexta Casa) de seus amados; mas ao fazê-lo, ele também corre o risco de ser usado como escada por alguma espertinha à procura de atalhos para o próprio sucesso. Ao servir de veículo para a ambição de uma mulher, em vez de servir de veículo para si próprio, ele emprega a maior parte do tempo e da energia em orientá-la, pouco espaço restando para namorar. Agora encontra fundamento sua persistente sensação de que alguma coisa está voltando. O sexo é com freqüência seriamente deficiente na vida amorosa do virginiano. Embora a parceira talvez não reclame enquanto estiver sendo devidamente servida por ele, ela poderá mais tarde jogar-lhe na cara a ausência de atividade sexual, usando isso como instrumento de barganha quando inevitavelmente encontrar sexo noutro lugar e buscar uma saída para abandonar o relacionamento. É uma triste verdade que poucos homens são tão freqüentemente atingidos pela infidelidade quanto o nativo de Virgem. E para piorar as coisas, ele quase sempre aceita a culpa pela traição da parceira — é difícil se livrar daquele aspecto de autocondenação de Hefesto, presente em sua personalidade.

Não menos egoísta, mas decididamente menos motivada, é um outro tipo de mulher que o nativo atrai quando está preso em seu círculo vicioso de Svengali: um tipo de mulherzinha que, sem monumentais aspirações próprias, permite que ele tome todas as decisões em lugar dela — desde o que come ou

Jimmy Connors
Ted Williams
Lance Armstrong
Lyndon Johnson
Joe Kennedy
George Wallace
Bob Kerry
Charles Boyer
Maurice Chevalier
Seiji Ozawa
Hank Williams
Otis Redding
Leonard Cohen
Itzhak Perlman
Cardeal Cushing
O. Henry
Man Ray
Richard Wright
Johann V. Goethe
Jean Renoir
D.H. Lawrence
Upton Sinclair
Jorge Luís Borges
James Wong Howe
Guillaume Apollinaire
William Saroyan
Wm Carlos Williams
Christopher Isherwood
Robert Indiana
Roald Dahl
Martin Amis
Leon Tolstoy
Stephen King
H.G. Wells
Theodore Dreiser
Ken Kesey
Elia Kazan
Friedrich Hegel
Príncipe Albert
John Locke
Milton Hershey
Chulalonghorn
Antonin Dvorak
John Cage
Dan Loper
Yasser Arafat

REGÊNCIA DO CORPO

O signo de Virgem rege, em geral, a região abdominal, os intestinos, a bexiga e o baço. Mercúrio, o planeta regente do signo, governa o cérebro, os órgãos sensoriais, os reflexos e a tireóide. O planeta também controla as mudanças físicas, o crescimento e o desenvolvimento intelectual.

veste até a quantidade de colágeno que injetará nos lábios. É impressionante ver o quanto este enredo de literalmente moldar uma mulher de argila tem um papel nos vínculos românticos do nativo: uma parceira pode se deixar ser fisicamente reconfigurada por ele, cuja necessidade projetada de perfeição assume uma manifestação tão real. Como Hefesto, que traído por Afrodite confecciona sua própria boneca, Pandora, basicamente parecida com a esposa — modelando e colocando no rosto e no corpo os traços favoritos baseados em todas as outras deusas do Olimpo —, da mesma forma o nativo de Virgem impõe à parceira suas opiniões referentes à aparência dela, de forma que praticamente recorta e cola uma nova parceira (Pandora aqui se traduz como *a que tudo recebe*, em oposição a Pandora *a que tudo dá*, pseudônimo da deusa terrena Demeter, cujo aspecto virginal é o símbolo do signo de Virgem). Em alguns casos, o nativo pode estar, de forma consciente ou não, tentando transformar uma mulher na imagem cuspida e escarrada de um amor perdido. Mas conforme o relato do mito, criar uma Pandora é por vezes como abrir uma lata de minhocas. Pode-se indagar dos motivos de qualquer mulher que se permita sofrer uma imposição tão literal da parte de um homem. Jamais poderá ser uma dinâmica saudável. Brincando de ser a boneca humana do nativo de Virgem, esta "mulherzinha" talvez se convença de que está realizando a fantasia de mulher perfeita do parceiro, mas na verdade tudo o que está fazendo é tornando ainda mais deficiente o já vacilante nativo. Diante da aquiescência a todos os seus caprichos e exigências, ele se torna cada vez mais indulgente — não só cada vez mais impositivo, porém mais compulsivo em geral, talvez até imprudente em seu apetite por comida, bebida e até sexo: com Pandora no cenário, os vícios do próprio nativo pulam para fora da caixa. Seu complexo de santa-ou-puta pode se exacerbar a tal ponto que exija da amante, em público, uma aparência de pureza comparável à da Beatriz de Dante, mas no quarto de dormir uma maleabilidade de prostituta. Entretanto, por mais que tente derivar prazer do controle exercido sobre a parceira, nada na verdade lhe basta.

A verdadeira satisfação escapará ao nativo até que ele aprenda a voltar sua vergonhosa feitiçaria contra si mesmo, internamente. Contudo, na maior parte das vezes ele adota o que parece a saída fácil, manipulando sua própria aparência, em vez de mergulhar na fornalha de seu complicado psiquismo. Pois cabe assinalar que de todos os homens do zodíaco, este pode ser o mais fervoroso paciente de cirurgia plástica. Mais que qualquer outro signo, ele tem um medo profundamente arraigado da velhice e da mortalidade, o que constitui a verdadeira causa desta e de todas as suas outras obsessões. Ironicamente, é muitas vezes por intermédio dessa compulsão que o nativo de Virgem finalmente chega ao mais importante momento de decisão de sua vida, após o qual ele supera seus hábitos superficiais. Como Hefesto, lançado por Zeus para fora do monte Olimpo, todo virginiano precisa atingir o fundo, mergulhando na repugnância e na insatisfação com as próprias circunstâncias e sendo forçado, como o deus ferreiro, ao silêncio e à introspecção, do qual se origina seu gênio criativo — a condição de aleijado de Hefesto dando origem à sua verdadeira divindade. Por fim, ele deve parar de se sentir "com as pernas amputadas" e se transformar num conduto da produtividade do serviço.

Conforme atesta quem o conhece, o nativo tem um problema terrível em manter os compromisso agendados — às vezes chega atrasado, ou não comparece, ou se esconde, ou filtra os telefonemas na secretária eletrônica, ou não retorna as ligações. Entretanto, tal conduta não é nada em comparação com o sumiço que leva quando vivencia o inevitável momento de chegar ao fundo. Mas seus seres amados não devem temer: ele normalmente volta à superfície melhor que nunca. Enquanto isso, ele parecerá ter desaparecido da face da terra, entrando em algum buraco como os iniciados dos ritos de Elêusis, enfrentando em segredo questões referentes à sua própria mortalidade. Entretanto, pode ser que passe na solitária tanto tempo quanto passou na modalidade svengaliana. Pois muitos virginianos irão, naquela altura, refugiar-se num monastério de sua própria confecção, enclausurados num estilo de vida diametralmente oposto à sua prévia participação no mundo de atributos exteriores. Quiçá até façam voto de castidade, na esperança de que a abstinência lhes purifique a alma maculada. Que o nativo encontre consolação nesse estado hermético faz sentido: o termo *herm-et* é derivado de seu deus e patrono dos alquimistas, Hermes (Mercúrio), cujo bastão, o caduceu, tem o poder de transformar em ouro os metais inferiores. Assim também, o nativo de Virgem precisa *depurar-se do chumbo* e agitar uma varinha de condão da saúde sobre si mesmo — livrando seu psiquismo de pensamentos e hábitos abjetos, encontrando uma vocação saudável que o faça sentir-se útil, ao mesmo tempo em que inspira devoção às suas próprias tendências, em oposição a criticar os esforços alheios. Em resumo: toca-lhe descobrir os próprios talentos, nos quais brilha e sente que vale ouro. Ao atravessar essa transição na vida, que normalmente o atinge por volta da meia-idade (o signo está associado à faixa etária de 35-42 anos e o nativo exibe durante toda vida as qualidades da crise da meia-idade típica daqueles anos), ele quase sempre opera mudanças drásticas e abrangentes. Entretanto, ao assumir demais o papel de eremita pirado, ele se

LANCES ERÓTICOS

NATIVO HÉTERO

mulheres mais velhas/ experimentadas
mulheres asiáticas
seios pequenos
pernas finas
moças magras e diáfanas
submissão
mulher por cima
sapatos e meias longas
algemas
arreios
prostitutas de rua
disciplina (passiva)
sadomasoquismo (passivo)
enfermeiras
secretárias
técnicas
brincar de médico
uso dos dedos
voyeurismo/outros casais
pornografia pesada
dor leve
humilhação/ser traído
provocação/tortura (passivo)
bebidas alcoólicas
tranquilizantes
piercing
marca a fogo
mordaças
capuzes
máscaras

impõe regras e normas severas, além de punições, privando-se da menor indulgência, e assim alimenta ainda mais suas fobias — de doença, morte e degradação. Pronta a trazer de volta à moda a túnica de cilício, essa devoção pomposa pode ser, entretanto, mais uma pose, mais uma encarnação infrutífera a lhe atrapalhar a plena auto-realização. Até nessa questão ele evita a humildade, a exclusiva graça salvadora que lhe resta. Somente ao deixar de lado a soberba, reconhecer suas imperfeições e amar a si próprio apesar delas, ele poderá começar a amar ao próximo de forma pura e incondicional.

Ao assumir sua atribuição de origem astrológica de homem comum, o nativo irá finalmente atrair parceiros de qualidade. Parte dessa constatação freqüentemente arrasadora é perceber como um patrimônio seus inatos sentimentos de destituição. Ou seja, uma capacidade internalizada de manter um saudável distanciamento nas relações. Diante da associação do signo de Virgem com a Sexta Casa da *ajuda* e da *cura*, ele adota a mentalidade comum aos que se dedicam a servir — médicos, assistentes sociais, voluntários da ajuda humanitária —, pessoas para quem o apego emocional é contraproducente, e só acarreta sofrimento. Esta é a atitude com a qual ele nasceu, mas precisa viver metade de sua vida para descobrir como utilizá-la adequadamente. Só então o nativo conseguirá atrair o olhar de uma mulher auto-suficiente que veja nele oportunidades de uma saudável relação independente, na qual possa compartilhar o luxo que é o desapego amoroso dele. Não admira que Hefesto, malgrado todos os problemas conjugais com a absorvente Afrodite, compartilhasse um templo com Atena — a encarnação da independência feminina. De fato, a combinação do virginiano com a ariana (cujo arquétipo é Atena) é clássica: os deuses Hefesto e Atena, ambos padroeiros dos artesãos, eram venerados juntos nessa relação modelar mutuamente enobrecedora em sua essência. Similarmente, quando o nativo de Virgem se cansa de ser explorado por essas Afrodites em fuga, poderá mesmo ter a sorte de formar uma associação com uma mulher poderosa, que tenha sua própria programação e esferas individuais de influência que ela, da mesma forma que ele, deseja habitar sozinha. Um vínculo forte e frio é o único verdadeiramente saudável para o psiquismo do homem do signo de Virgem.

Mesmo quando todos os sistemas estão em ordem, o ceticismo do nativo pode impedi-lo de dar um mergulho sexual. Sua tendência é temer se mostrar incapaz, ou (quase pior) apenas razoável na cama. O mínimo que o nativo espera de si mesmo é o desempenho de um perito; mas em vez de praticar até atingir a perfeição, quase sempre ele adota um ar de adepto, contornando a questão toda, enquanto continua a viver sua vida *como* uma virgem. Eis por que prefere amantes com muito menos experiência que a sua (se é que isto é possível), de modo que na comparação pareça ter maestria, no pleno sentido da palavra: como soberano, adepto e instrutor. Ele acredita que amor e afeto não devem ser verbalizados — evitando relacionamentos nos quais se dão embaraçosas discussões. Sua mente deve permanecer desimpedida e clara para se focalizar nos projetos pessoais — seja dedicar-se à cerâmica, ser voluntário do Peace Corps ou fazer o doutorado. Sozinho ou acompanhado, ele prefere um ambiente silencioso, meditativo e tão zen quanto possível. E para o sexo vale o mesmo: o nativo quer abordá-lo devagar e gosta de uma parceira capaz de igualmente se propor a um ritmo relaxado. O que não quer dizer aversão a uma parceira proativa, desde que haja garantia de que ele não será colocado sob pressão. Ele espera que a amante assuma responsabilidade pelo próprio prazer na cama, razão pela qual, com muita freqüência, prefere que a mulher fique por cima. Ele encontra prazer em ser considerado um instrumento do prazer da companheira, e se alegra em proporcionar a(s) ferramenta(s) necessária(s) a tal finalidade, grato de não precisar ser o tradicional macho opressor. Não que seu impulso sexual não seja forte; porém, nem sempre se manifesta de uma forma tipicamente masculina. O nativo pode ser considerado "fraco" por mulheres que buscam interpretar a submissa sexual, pois a vulcânica libido adormecida do nativo exige ser adequadamente atiçada para pegar fogo. Entretanto, na ocasião adequada, o virginiano irá, à maneira de Hefesto, martelar o suficiente para provocar o orgasmo da companheira. Graças à sua tremenda persistência poderá realmente fazer a terra se mover para a parceira, enquanto está sendo diligentemente cutucada. Por causa de sua associação com a Sexta Casa de *trabalho* e *hábitos*, o nativo adota em relação ao sexo uma abordagem do dever, escolhendo uma rotina que lhe convenha e seguindo-a à risca. Não sendo o tipo de encharcar lençóis, o virginiano maníaco de limpeza fica cheio de dedos com qualquer "odor" no quarto de dormir. Já desde cedo, diante de sua inclinação pela regularidade, ele pode atribuir uma significância ritual ao sexo, convertido assim num modo de reforçar e solidificar seu vínculo com uma mulher. Além disso, funcionar no piloto automático impede o nativo de ficar encucado, analisando o próprio desempenho, sujeitando-se à análise autocrítica. Para ele é melhor aderir a seu plano de jogo habitual, aperfeiçoando mais a técnica a cada tentativa.

Poucos homens são tão hábeis com as mãos quanto o virginiano. O mesmo pode se dizer da boca, se ele aplicar igualmente sua ética profissional aos deveres

LANCES ERÓTICOS

NATIVO GAY

submissão
homens mais velhos
executivos
ternos
meias três-quartos
mediterrâneos latinos
homens héteros
interpretar papéis
falsas identidades
prostitutos
michês
menores
interpretar professor e estudante
sexo oral mútuo
masturbação mútua
deboche
degradação
analíngua (passivo/ativo)
prepúcio
penetração passiva
brinquedos eróticos
vibradores
acessórios
voyeurismo de sexo hétero
clubes privês
clubes eróticos
cinemas
reservados
massagens
saunas
termas
fantasias de tio
serviçais
sadomasoquismo leve (passivo)
provocação
tortura
enemas

orais. Mas infelizmente nem sempre está inclinado a concessões, preferindo usar com tal entusiasmo os dedos cada vez mais calejados, que lentamente fazem a parceira dar uivos de prazer. Assim também, não faz exigências orais, embora inclinado a deixar a amante se divertir com quaisquer possíveis fixações dessa ordem. O nativo vivencia o orgasmo como uma sensação de corpo inteiro, sentindo uma prolongada acumulação que, ao contrário do que acontece a muitos homens, o deixará estremecer em ondas precursoras antes de realmente entrar em erupção — e com os exercícios respiratórios adequados, ele descobrirá que o período pode ser prolongado ainda mais. Rotulado ou não, o sexo para o nativo tem uma qualidade tântrica, pois se trata em grande parte de prolongar o prazer e tentar alcançar o estado de êxtase sustentável. De fato, o sexo se transforma num veículo através do qual ele aprende mais ao próprio respeito. Como no caso de qualquer de suas práticas habituais, a cada vez ele mergulha mais fundo na experiência, o que enfatiza a importância de um parceiro estável, e também de uma rotina estável. Embora a atividade sexual para ele seja, em geral, separada de seus propósitos reprodutores (de todos os homens do zodíaco ele talvez seja o menos interessado em ser pai), não deve, contudo, deixar de ser levada a sério. Raramente fazendo sexo pelo sexo ele, quando solteiro, não fica dormindo com qualquer uma — pagar uma prostituta está particularmente fora de cogitação para um maníaco de limpeza de sua estirpe. Enquanto não se casa, sua saída preferida para a frustração sexual é uma amiga ou conhecida pela qual não sinta nenhuma afeição especial, mas que provavelmente consinta em lhe proporcionar sexo oral quando ele quiser — sem exigências de reciprocidade. Mesmo quando está num relacionamento, o nativo é muitas vezes "deixado para trás" pela amante, pois, como seu vizinho leonino, ele pode passar longos períodos sem sexo e talvez precise ser forçosamente recordado das necessidades da parceira. Nos intervalos, não gosta de falar sobre suas atividades e raramente revela sequer o mais mínimo detalhe trivial, nem mesmo para os amigos mais íntimos. Para o Virgem do zodíaco, o sexo sempre será um assunto sórdido. Nestas circunstâncias, não gosta de fazê-lo com as luzes acesas, preferindo ver, através de lentes cobertas de gaze e vaselina, a si próprio envolvido nessa mais fundamental das funções humanas.

Entretanto, apesar de sua visão sanitizada do sexo, o nativo tem uma vida de fantasia furiosamente ativa, como se os impulsos mais lascivos que expurga de si mesmo voltassem para lhe perseguir a imaginação. Os anseios mais perversos estão, em geral, tão profundamente enterrados em seu psiquismo que ele mal tem consciência de o quanto é ampla a faixa de inclinações que talvez possua concretamente. De fato, porque não emergem facilmente, em certos momentos da vida seus desejos mais aberrantes podem vir à tona com característica vingança vulcânica. Uma clássica fascinação do nativo é "ficar olhando". Especificamente, isso envolve observar um atraente casal heterossexual durante a cópula. Astrologicamente predisposto à curiosidade acerca da dinâmica de macho e fêmea — o signo mutável de Virgem sintetiza uma fixação da mãe e do pai numa fixação paterna genérica —, o virginiano não conhece excitante mais poderoso que ver em ação aquelas forças humanas naturalmente opostas. No âmbito mais banal, é também costume projetar uma dinâmica paternal em suas relações platônicas, particularmente as estabelecidas com numerosos casais que freqüentemente o adotam por amigo. Os signos mutáveis são todos andróginos até certo ponto, ou, como é freqüentemente o caso de Virgem, decididamente assexuados — seu tradicional planeta padroeiro recebeu o nome do deus bissexual Mercúrio (Hermes), o hermafrodita original. Em termos de arquétipo, seja por virtude de Hermes ou de Hefesto, o nativo não se sente assim tão másculo — e portanto, mesmo quando é decididamente heterossexual, aprecia o poder do machismo no homem, da mesma forma como se emociona com a mais feminina das companhias femininas. O prazer que lhe proporciona testemunhar a combinação desses dois fatores lhe garante o título de preeminente voyeurista amador do zodíaco. Outros devaneios sexuais geralmente envolvem mulheres de aparência núbil, e, naturalmente, virgens que tanto na vida real quanto na imaginação ele se compraz em deflorar. Visões sofisticadas de corrupção esgueiram-se para dentro da mente do nativo, fantasias que se concentram na degradação de mulheres inocentes ou "bem comportadas" — elucubrações que incorporam um certo grau de decoro social —, tudo muito D. H. Lawrence (virginiano, naturalmente), quando não ligeiramente *A história de O*. Por outro lado, ele é capaz de se visualizar como objeto da degradação, colocando-se à mercê de uma mulher dominante e sedutora com quem possa dramatizar numerosas tendências de submissão que o acossam. Fantasias de humilhação abundam no psiquismo do virginiano, não importa de que lado do espancamento ele se coloque. Há também um elemento de degradação em seu voyeurismo, principalmente quando deseja observar sua mulher transar com outro homem — ser traído é para o nativo um desejo característico que talvez não admita nem para si próprio. Ao Hefesto do zodíaco custa abster-se de imaginar o aspecto e as reações da companheira no intercurso com um homem decididamente mais agressivo — esta imagem o excita e atormenta ao mesmo tempo.

Em termos astrológicos, Virgem é um dos signos mais fortemente homossexuais. Até o nativo hétero costuma ter uma aventura homoerótica na juventude, e freqüentemente é alvo de suspeitas de ser gay, devido à natural e levemente feminina suavidade no modo de falar. Nestas circunstâncias, ele deriva uma satisfação visceral do relacionamento íntimo com seu melhor amigo, tipicamente um companheiro da vida toda, para o qual interpreta um papel de esposa, dando-lhe conselho e orientação quanto ao que deve, ou não, fazer, além de dicas de auto-ajuda. Para ele é impossível deixar de se comportar como pregador ou cuidador — e tendo por base tal conduta para os vínculos heterossexuais, ele naturalmente parece "diferente" de outros homens, com os quais consegue estabelecer uma proximidade mais parecida com a forma como as mulheres geralmente se ligam entre si. Isto, entre outros atributos, pode fazê-lo parecer gay mesmo sendo hétero. Entretanto, por natureza, quando não pela conduta concreta, os nativos fomentam suspeitas (acode-nos à memória a lenda urbana de Richard Gere e aquele gerbo). Isso se deve, em parte, a sua atitude defensiva, que outros interpretam como oscilação — aquela qualidade de signo mutável-terra fazem-no difícil de classificar. De fato, ninguém é mais camaleão que o virginiano. E nenhum virginiano é mais camaleão que o nativo gay, o qual, desde cedo autoconsciente em termos sexuais, talvez considere as relações com os homens, e tipicamente com os mais velhos, uma forma de reparar seus sentimentos de espoliação e elevar sua posição na vida. Em consideração a seu arquétipo de alquimista, ele pode ser um verdadeiro cavador de ouro, exibindo uma aptidão específica para abrir caminho até o bolso mais fundo de um namorado rico. Os nativos de Virgem, à parte a preferência sexual, são igualmente célebres por fabricar passados inteiros em apoio do personagem que interpretam no momento. Tipicamente, o virginiano gay deseja parecer o jovem e culto protegido de um homem mais velho e mais rico, a cuja imagem e semelhança ele deseja ser moldado. Raramente o jovem nativo gay opta por dedicar sua afeição a um amante de mesma idade, ou desprovido de posição social ou uma robusta conta bancária, da mesma forma como em seus anos mais maduros ele poderá se ligar a um amante marcadamente mais jovem, a quem possa igualmente patrocinar. Uma vez começado o relacionamento, numa surpreendente manifestação de sua mutabilidade, ele pode se conformar completamente à visão que o amante tenha do parceiro perfeito — pense numa complacente Elisa Doolittle, mas sem se travestir. Legal e financeiramente, assim como emocionalmente, o nativo se envolve, de propósito, na vida do amante — muitas vezes trabalhando para o namorado, adquirindo propriedades "em conjunto" ou coisa do estilo. Se há uma pessoa capaz de fazer um acordo de pensão alimentícia à prova de fogo, pode saber que será o virginiano gay. Esse envolvimento tão abrangente em que o nativo entra entusiasmado transforma-se igualmente num obstáculo, quando ele tenta cumprir seu verdadeiro propósito de se tornar um "homem que se fez por si". Uma completa e escandalosa analogia com Batman: ele poderá ter dificuldades em se libertar do papel de Dick Grayson e abrir plenamente as asas, enquanto estiver sob os auspícios de seu benfeitor à la Bruce Wayne. Apesar do inevitável acúmulo de um magnífico guarda-roupa, os rompimentos de virginianos, desnecessário dizer, podem ser os mais calamitosos do arraial astrológico.

No que diz respeito ao comportamento sexual, o nativo gay também é bastante anticonformista. Mesmo sem ser um personagem veementemente dominador, ele quer o mesmo que qualquer homem, gay ou hétero: sexo oral em grande quantidade com pouco esforço ou envolvimento. Entretanto, os mentores magnéticos pelos quais em geral sente atração podem exigir dele muito mais do que de fato estaria prontamente disposto a dar. Portanto, pelo menos durante a juventude do virginiano, trata-se de uma permuta em que se pesa o recebido no relacionamento contra o que ele está disposto a dar — contemporização, negociação —, e tudo em sua vida traz uma etiqueta de preço, quando não uma etiqueta das marcas Dolce, Comme, Prada ou Yohji. Não é segredo, afinal, que o virginiano anseia pelas melhores coisas da vida. Para ele, as parcerias significam, de toda forma, um comércio da liberdade pessoal. Talvez consentirá em se ver colocado em posições que, no começo, são extremamente comprometedoras, para manter satisfeito o amante, assegurando assim o nicho macio que está cavando para si, como guardião do castelo, ou quiçá como castelão. Pense em tal manobra como *ficar por baixo* para não ter que chegar ao fundo. De fato, ele percebe que escalar o pau de sebo pode render compensações valiosas; e embora talvez seja uma verdadeira virgem naquela questão sexual específica, em breve aprenderá a derivar prazer da condição de amante versátil, e quem sabe irá trocar com mais boa vontade, deixando a posição de dar pela de receber. Ainda assim, mesmo que o namorado tenha uma libido incansável, a ênfase para o nativo raramente será o sexo. De fato, ele está muito mais interessado na imagem pública incorrupta projetada pelo par — ele e seu Bruce Wayne também poderão fazer questão de manter segredo sobre suas identidades secretas. Não vai aqui sugestão de que ele mascare necessariamente a sexualidade; talvez simplesmente não exiba (ao contrário do geminiano, o

Robin original do zodíaco, sempre pronto a sair por aí vestindo uma meia-calça verde e uma sunga de praia). O nativo de Virgem apenas acredita que a sexualidade jamais deveria definir uma pessoa; muito a calhar, sua política de escapismo está, em geral, firmemente em efeito, e em sua típica escalada social esses assuntos não são jamais abordados. O interesse dele é circular em festas elegantes, exibindo um impressionante conhecimento de questões estéticas, e jamais sentindo a menor necessidade de fazer algum movimento que possa ser considerado uma declaração política.

Relacionamentos desse teor dão ao virginiano uma sensação da paternidade que lhe faltou na infância — não tendo nascido em berço de ouro, encontra um paizão disposto a compartilhar o seu com ele. Esse vínculo alimenta-lhe o ego, permitindo uma fantasia de ser um garoto-troféu, o que todo o tempo lhe reforça a natureza impotente. Entretanto, nem tudo são flores, pois o nativo inevitavelmente busca satisfazer seu tesão com homens mais excitantes, dos quais a maioria, senão todos, tipos morenos e mediterrâneos de terra — o consumado guarda-vidas de piscina que ele gostaria de colocar secretamente na folha de pagamento. Interlúdios sexuais fugazes podem ser tudo o que seu estilo de vida permite, pois ele teme perder o principal e abastado vínculo. Para sermos justos, a conexão intelectual que sem dúvida estabelece com o mentor-amante — base de qualquer relacionamento virginiano gay — é forte e sustentadora. Como esse vínculo de amor é, de fato e acima de tudo, uma amizade, o nativo não fica demasiado dependente nas questões de sexo e/ou fidelidade. Assim como pode azarar o guarda-piscina sem sentir culpa, encara indulgente as escapadas do companheiro, desde que estas permaneçam no plano estritamente físico. Entretanto, não deseja compartilhar a narrativa de suas experiências, sempre preocupado em evitar a colisão entre mundos subversivos. Não lhe faça perguntas e ele não dirá mentiras.

Trabalhar no sentido de alcançar uma síntese da satisfação sexual e da estimulação cerebral com um parceiro é um objetivo desejado, que, no entanto, quase sempre lhe escapará. Embora ele esteja feliz em manter um relacionamento aberto, nem todos infelizmente são capazes de semelhante estanquização. Às vezes, Bruce encontra um Dick mais jovem ou mais maleável, a quem mostrar o caminho das pedras, e o virginiano se apanha no metafórico caminho da rua. Mas, por outro lado, esses acidentes inesperados são quase sempre uma bênção disfarçada. Em retrospectiva, Virgem irá examinar as ligações anteriores como parte de sua educação sentimental, como degraus para a auto-suficiência e o estabelecimento de um castelo senhorial de sua própria autoria. Por volta da meia-idade ele tentará passar o bastão do conhecimento acumulado, compartilhando sua vida com alguém que lhe recorda muito a si próprio: uma espécie de aprendiz de feiticeiro que irá olhá-lo com tanto amor e afeição quanto com admiração e respeito.

Casais

Hétero

Homem de Virgem / Mulher de Áries
Eles são um mistério mútuo. Na melhor hipótese a combinação significa mudança psicológica positiva. Desafiada, a ligação desautoriza o crescimento pessoal. Com ela, ele fica livre para explorar inclinações menos convencionais.

Homem de Virgem / Mulher de Touro
Ela tem todo o necessário: beleza e virtude. Depois dos tipos perigosos, ele parece uma escolha segura. O vínculo deles envolve crescimento pessoal e resgate do otimismo. Sexo experimental — opção: quiçá a troca de papéis.

Homem de Virgem / Mulher de Gêmeos
Dinâmica psicossexual desafiadora: para a geminiana audaz, "juvenil", ele é Pigmalião; mas, que surpresa! Ela é mais auto-suficiente do que ele imaginou. Na cama, reeducação para o virginiano — menos repressão, mais expressão.

Homem de Virgem / Mulher de Câncer
Ele, no modo de resgate, arrebata-a de seus pés cansados. Mas a história sexual dela pode ser uma epopéia que o preocupa. Com franqueza, esses problemas são superáveis. Na cama, com a canceriana indomável, o virginiano se solta.

Homem de Virgem / Mulher de Leão
Quando a leonina entra na vida do virginiano, há uma mudança: ele não tentará modificá-la. Feliz com a adoração, ela relaxa no papel de rainha consorte de seu cavalheiro. Na cama, Virgem anseia por receber ordens do Leão.

Homem de Virgem / Mulher de Virgem
Dois exigentes signos de terra ligados por idêntico modo operacional. Par insular, enclausurado e preocupado consigo mesmo — as neuroses se amplificam. Quase sempre rotulados mais santos que vocês, podem ser puritanos na cama.

Homem de Virgem / Mulher de Libra
Geralmente um casal amoroso e de boa índole. Freqüentemente encontram um ao outro quando estão livres de encargos. Com a libriana a vida se torna produtiva. O que a eles falta em fogo, o casal compensa sobejamente em ternura.

Homem de Virgem / Mulher de Escorpião
Eles se atraem pelos altos padrões, considerando-se de caráter moral excepcional. Ela ajuda a transformar idéias elevadas em ação concreta. Os amigos acham que a santidade deles é puro papo. Sexualmente, eles se combinam.

Homem de Virgem / Mulher de Sagitário
Ele vê potencial — uma beldade inteligente — e se prepara para esculpir a sagitariana segundo sua visão grandiosa. Ele é a rocha, escada para a ambição dela. Na cama, ela espera que ele esteja ardendo de desejo: será que sim?

Homem de Virgem / Mulher de Capricórnio
Ele é quente na fria presença de Capricórnio. Ela é sua própria musa — um pacote de autopreservação. Juntos, eles percebem interesses educacionais e culturais. Na cama, o par forma uma força fetichista — sua rotina é lúbrica.

Homem de Virgem / Mulher de Aquário
Eles são impelidos a cuidar do outro — ele investe infinita energia emocional. Em particular, vai contabilizando o muito que ela lhe deve. Aquário é menos egoísta. No sexo, jogo de senhor e escrava, papéis em constante rodízio.

Homem de Virgem / Mulher de Peixes
Apaixonam-se perdidamente, esquecidos os obstáculos. Mas os defeitos de personalidade se manifestam loucamente; quase sempre é uma existência sombria, ilusória. Sexualmente, ele a põe num pedestal, do qual a queda é fragorosa.

Gay

Homem de Virgem / Homem de Áries
Pode começar como envolvimento sexual sem compromisso. Ao virginiano excita a conduta autoritária do ariano. Mas o vínculo deles rende uma sentida compreensão de si próprios. O sexo permanece livre, até certo ponto "aberto".

Homem de Virgem / Homem de Touro
A erudição é a atração. A comunicação é extraordinária. Cada um dá ao outro atenção infinita, sem ressentimento. No extremo, dar tanto significa que o bastante acaba não bastando. Na cama, eles são graciosos, bem-humorados.

Homem de Virgem / Homem de Gêmeos
Eles se eletrizam pela mútua companhia — literalmente, as festas são passatempo favorito. Ambos costumam se enfurecer, os gênios explodem. Às vezes, as brigas parecem perigosas. Separações freqüentes. Na cama, são impetuosos.

Homem de Virgem / Homem de Câncer
Maníacos por trabalho com tendência à escalada social. Em conseqüência, afloram a ironia fina e o sarcasmo — é uma disputa do mais esperto. Profissionalmente, a parceria é ouro em pó. Na cama, eles se manipulam com cuidado.

Homem de Virgem / Homem de Leão
Virgem parece inofensivo e encantador — cativante, mas não ameaça a posição superior do Leão, e se alegra em ser o companheiro cobiçado. Com o tempo, transcendem as diferenças. Entretanto, sua vida sexual pede mais tempero.

Homem de Virgem / Homem de Virgem
Obcecada por detalhes, a dupla trava guerra verbal desde o começo. Detalhistas demais, debicam-se até às últimas conseqüências. Só os virginianos mais suaves conseguem fazer o lance funcionar. O sexo por vezes envolve persuasão.

Homem de Virgem / Homem de Libra

Como realçam o mútuo caráter bonachão, as escapadas facilmente caem no excesso. Para quem olha de fora, parecem mesquinhos, exclusivistas. Eles passam momentos memoráveis. O sexo tem mais a ver com devoção que com a decadência.

Homem de Virgem / Homem de Escorpião

Escorpião não procura chocar: aqui ele busca servir. Trata-se apenas de cavar fundo e aguardar a transformação. No sexo, também, o par procura algo além dos padrões — eles desenterram naturezas igualmente experimentais.

Homem de Virgem / Homem de Sagitário

O virginiano é asseado; Sagitário é bagunçado. No começo, ansiosos na companhia mútua. Mas o amor das boas coisas os reúne. Companheiros de viagem ideais. Na cama, um pouco de desordem faz bem — não há momentos de tédio.

Homem de Virgem / Homem de Capricórnio

Juntos, dominam cruciais lições de vida. Tipicamente, o retraído virginiano faz a perseguição. Capricórnio se descobre estranhamente apegado. Tudo começou com puro sexo e cada interlúdio parece novo, como se fosse o primeiro.

Homem de Virgem / Homem de Aquário

Uma relação libertadora sinaliza mudança de vida para Virgem e despertar sexual para Aquário. Mas a liberdade tem preço: a ansiedade aumenta e o virginiano se sente inquieto. Na cama, os rapazes acreditam em mau comportamento.

Homem de Virgem / Homem de Peixes

Eles querem mudar o mundo. E vale a pena tentar. Mas um deles ou ambos podem chegar a extremos ao perseguir uma visão utópica. Contudo, escapam para a ideologia. Sexualmente são inconstantes, logo a variedade é fundamental.

A mulher de Virgem

a receptiva

E Deus criou a mulher. A nativa de Virgem é definitivamente a Mãe-Terra, o que por natureza a transforma num feixe de contradições: ela é ao mesmo tempo uma personagem despretensiosa e uma força intensamente feminina a se levar em conta. É generosa e protetora, mas igualmente se apóia nos demais. Fisicamente, mesmo quando de baixa estatura, tem algo em si que faz lembrar uma casa de alvenaria, com curvas acentuadas e almofadas generosas em todos os lugares certos. Ela transpira um ar de acessibilidade; de fato, uma fragilidade que desperta nos homens, em igual proporção, impulsos libidinosos e protetores. A nativa de Virgem projeta uma imagem de boa moça, por mais que se esforce em destruí-la — o mero ato de envolvê-la numa conversa traz a sensação de sedução, ao passo que levá-la para a cama só pode ter um sabor de doce corrupção. Enquanto isso, ela anseia por se entregar a um homem, principalmente em condições servis. Agradar a um amante é a principal prioridade de sua agenda erótica, e mais que qualquer outra mulher, ela trata os homens como amos e senhores sexuais. Em retribuição, entretanto, exige que o homem possua poderes de garanhão de primeira ordem, de modo que muitos deles acabam diminuídos no processo de acasalamento, incapazes de corresponder às elevadas expectativas sexuais da nativa. A antininfa do zodíaco, ela é eternamente torneada e suculenta, e sua atração erótica continua atuante muito depois de desaparecidos os encantos de outras mulheres. Embora notoriamente solícita com os homens, com as mulheres ela espera ser colocada num pedestal e venerada numa combinação de desejo, indulgência e uma pontinha de inveja.

Vi

PRINCÍPIO

O Princípio da Reconciliação. A virginiana faz *reparações* no mundo, *curando* e *contribuindo* para a humanidade por outras formas. A nativa deve assumir o controle, na modelagem do próprio caráter, e contrariar seu pendor para ser moldada pelas ações ou exigências alheias. Só então poderá reivindicar seu direito de nascença de ser um anjo da guarda para a humanidade e assumir plenamente o lema de seu signo: "Eu sirvo."

Signo + Mente

Há muita polêmica em torno da designação da regência planetária de Virgem; muitos astrólogos modernos contestam a regência tradicional de Mercúrio, atribuindo o governo do signo ao planeta ainda não descoberto de Vulcano, ou aos restos fragmentários do que se considera ter sido outrora um poderoso corpo celeste, Quíron, ou a própria Terra. Se fôssemos argumentar a favor do domínio da Terra sobre o signo, a nativa poderia ser nossa principal comprovação: ela encarna em si a lenta e cíclica mudança das estações. Com freqüência, é uma personalidade calorosa e ensolarada, transbordante de alegria e entusiasmo; ao passo que em outras ocasiões, é uma alma fria e estóica, capaz de congelar até os amigos mais íntimos. O fato de que seu governo planetário permaneça um enigma oferece o insight mais importante à personalidade da virginiana. Sua falta de origens celestiais definitivas lhe confere uma aura de obscuridade, uma turvação bem adequada à sua natureza de signo mutável-terreno. E como concordariam todos que se associam intimamente com uma mulher deste signo, ninguém é capaz de adivinhar o que mobiliza ou inspira a virginiana, no campo pessoal ou profissional. Ela parece despida de ambição, até mesmo na obtenção de suas metas pessoais, sem tornar explícito nenhum impulso ou programa óbvio. Caberia indagar se ela está consciente de suas próprias motivações. Desta forma, a nativa parece um livro aberto, uma página em branco — alguém que está, por vezes de forma bastante literal, disponível. Principalmente no que se refere às relações sexuais, ela faz lembrar um recipiente vazio à espera de que o encham, qualidade que talvez a leve a parecer sem graça, senão diretamente venal, sobretudo para outras mulheres.

Uma marca de seu nascimento na Sexta Casa astrológica do *serviço* é o fato de parecer essencialmente disposta a cumprir qualquer função esperada de sua parte. Ninguém faz lembrar mais um bloco de argila que ela. Como personificação de sua condição de mutável-terra, ela é altamente adaptável, de fato maleável, praticamente para qualquer situação. O signo representa os princípios zodiacais da Contemporização e Condutividade, e, como tal, a virginiana está disposta a abandonar seus próprios desejos pelas necessidades alheias, para adquirir um sentido de síntese, um fluxo funcional dirigido à satisfação de objetivos comuns e também individuais. Em resumo, ela quer o que você quer. Ela está neste mundo para ajudar outros a obter os fins ambicionados, e ao fazê-lo cava seu próprio nicho especializado, em consonância com essas diretrizes de auxiliar enaltecida. Basta examinar uma lista de mulheres famosas do signo, que inclui Madre Teresa, Margaret Sanger, Maria Montessori, Peggy Guggenheim, Kate Millet, Fay Weldon, e a Irmã Kenny — para ver esta qualidade característica encarnada. Quantidades de mulheres de Virgem destacam-se como professoras, profissionais de saúde, patronesses e outras funcionárias exaltadas que *prestam* serviço a outros e, portanto, ao mundo em geral. A virginiana, pode-se dizer, *é* o mundo. A portadora dos grãos, emblemática do signo, é Deméter, deusa grega da terra/colheita (em seu aspecto de virgem-filha, Coré). E como a própria Mãe-Terra, a filha virgem da deusa está dedicada a proteger a vida como um todo; entretanto, em algum estágio invisível, ela exige o tipo de admiração e respeito que naturalmente lhe deve ser prestado. O paradoxo da virginiana é idêntico ao do planeta: ela pode dar, mas pode igualmente tomar, com a mesma facilidade. Assim como não se pode poluir o planeta sem sofrer as conseqüências, também não se pode tirar vantagem da natureza servil da virginiana, tratando-a como algo sem valor.

Como os dois signos precedentes de Câncer e Leão representam, respectivamente, a visão da Mãe (fonte) e do Pai (domínio) sobre o ambiente natural, o signo de Virgem se transforma numa síntese desses princípios paternos. O homem de Virgem *manifesta* os preceitos virginianos da conciliação e resolução, buscando misturar a necessidade "masculina" de dominar o planeta com a preocupação "feminina" pela preservação do mesmo. A mulher de Virgem, num sutil contraste, *encarna* essa dualidade, como o próprio planeta que é uma entidade simultaneamente sujeita a ser explorada e/ou protegida. Seu próprio signo de Virgem conta a história: aqui está ela, Deméter-Coré, símbolo da feminilidade imaculada, e no entanto segura firmemente na mão o bastão fálico ou o feixe de espigas de cereal, repleto de sementes (masculinas), as quais, por bem ou por mal, mudar-lhe-ão a paisagem do corpo, da mesma forma como o plantio transforma a mata agreste em terra cultivada, ambas manifestações da energia mutável-terrena do signo de Virgem. Embora seja um direito implícito do nativo servir de veículo *para* a mudança, a vocação da nativa é ser um recipiente *de* mudança. Ela é a figura emblemática do aforismo "a mudança começa comigo", ilustrando para todos nós que, da mesma forma como nos tratamos, assim o fazemos com o mundo. Logo, a nativa do signo é notoriamente moderada em seus hábitos, conscientemente adotando em relação ao próprio corpo uma abordagem de "templo".

Além de Deméter, um arquétipo essencial para entender o caráter da nativa de Virgem é o de Pandora. Embora Deméter também seja chamada Pandora ("doadora de tudo"), a personagem mitológica mais famosa a ser conhecida

SÍMBOLO PLANETÁRIO

O signo de Mercúrio. O tradicional planeta regente de virgem retrata o corpo atravessado pelo hímen, com a mente adicionalmente ativada marcada pelas antenas do criptograma. Embora no signo mental aéreo de Gêmeos, também sob sua regência, o planeta aponte para um comportamento cerebral e social, para o substancial signo de terra de Virgem ele ilustra uma necessidade de conexão mente-corpo, e também de pureza moral.

QUADRANTE DO SIGNO

Os quadrantes zodiacais correspondem aos planos metafísicos da existência: físico, emocional, mental e espiritual. O Primeiro Quadrante é o do eu e da percepção individual. O Segundo Quadrante é o do ambiente emocional, no qual os sentimentos da pessoa em relação ao mundo são a principal preocupação. A virginiana é compelida a se comportar de acordo com sua consciência; a virtude moral é seu modo operacional.

pelo nome é a perua idiota dona do jarro que soltou todos os males no mundo. Esta Pandora (aqui, a "receptora de tudo") foi feita de argila ou mármore pelo deus funileiro Hefesto, que ao ser traído pela esposa, Afrodite, decidiu forjar sua própria versão descartável da mesma, modelando naquele maleável corpo feito sob medida seus traços favoritos de todas as deusas. Posteriormente, foi confiado a ela, por Zeus, um jarro — e não uma caixa — que segundo instruções jamais deveria abrir. Vencida pela curiosidade, Pandora abriu o recipiente e dele saltaram para o mundo o mal, as pestes e as doenças. Por aí vemos que a mulher, exatamente como é um recipiente para a vida, pode também ser um recipiente para a destruição — dependendo do que se lhe ocorrer: se ela se sentir amada e respeitada, a virginiana resolverá ser igualmente benevolente, generosa e celebremente maternal, qual a deusa Deméter encantada com a companhia de sua "filha" Coré, para quem o mundo inteiro é alegre e cintilante. Entretanto, se a virginiana se sente desrespeitada, desconsiderada ou de alguma outra forma colocada em dificuldades, como a deusa Deméter espoliada ante o estupro de sua filha por Hades, o mundo se tornará um lugar desolado, não só para ela, mas para todos a seu redor. Assim como Coré é realmente o aspecto original da própria Deméter, a virginiana procura proteger a criança interior. Sua felicidade depende de aquela inocência natural ser resguardada ou explorada pelos homens — ou melhor, depende da maneira pela qual ela se permite ser tratada pelo sexo masculino.

Esta é uma dinâmica de mãe e filha endêmica da experiência da nativa de Virgem. Ela é a filhinha-da-mamãe primordial do zodíaco, com freqüência a única filha da família, com quem a mãe procura formar um vínculo, quase sempre sob uma forma de melhores amigas. A mãe da virginiana costuma ser neurótica e dominadora, ou está com os hormônios extremamente desequilibrados ou atravessa uma fase sem atividade sexual com o marido, com o qual vive uma vida mais fraternal que conjugal, durante os anos de formação da filha. A mãe também pode ser excessivamente crítica, talvez até fazendo piadas para implicar com a índole mais passiva do marido. Ela tenderá, igualmente, a atacar os hábitos (de Sexta Casa) da jovem virginiana, principalmente no tocante à higiene ou à dieta. Não deve surpreender a ninguém o fato de muitas nativas do signo acabarem sofrendo de distúrbios alimentares ou de problemas de peso, tendo a auto-imagem extremamente determinada pelas oscilações da tendência materna de ora oferecer, ora retirar a aprovação. Em certo nível, a mãe tenta evitar que a filha se torne adulta (e, assim, que ela própria chegue à velhice), o que freqüentemente resulta numa interrupção do desenvolvimento na *mente inconsciente*

♍

PICTOGRAMA DO SIGNO

O pictograma de Virgem é o M de Mãe-Terra. Ele representa Deméter, deusa da colheita, que em seu aspecto virginal Coré é o signo de Virgem. A perna cruzada do M no pictograma sugere modéstia e introspecção. A virginiana deve perguntar a si mesma, a exemplo da deusa da colheita, de que maneira irá colher e semear neste mundo.

ELEMENTO + QUALIDADE

O elemento terra tem conotação de materialidade e substância; a qualidade mutável é um apelo à versatilidade e à mudança. No conjunto, a combinação mutável-terra específica do signo de Virgem é mais bem ilustrada como a argila maleável e passível de transformação no interior de uma fornalha em chamas — tal como o magma borbulha no "cerne" da terra, palavra que emerge da associação com a deusa Coré, a virgem do signo.

da virginiana, área convenientemente enquadrada na regência da Sexta Casa. Há sintomas visíveis do fenômeno: em primeiro lugar, o apartamento de solteira da nativa por vezes parecerá a moradia exaltada de uma criança — ninguém mais que a virginiana coleciona tamanha quantidade de atributos juvenis, como bichinhos de pelúcia, bijuterias, miudezas, cartazes, álbuns de fotos e coisas do gênero. Ela é um complexo de Wendy ambulante. Como reflexo das neuroses maternas, a virginiana parece igualmente relutante em amadurecer, e continua a representar eternamente o papel de filha dedicada, para uma mãe extremosa que por vezes vai se tornando progressivamente mais destrutiva. A nativa, por sua vez, adota em relação aos homens uma atitude de "mãe de mentirinha", o que a expõe ao risco de ficar o tempo todo representando, qual a Wendy, aquele papel assexuado de conselheira e cuidadora. Ela geralmente evita a companhia de outras mulheres, juntando-se, em vez disso, aos coleguinhas masculinos de brincadeiras; e até quando chega à idade de ir para a universidade, continuará a freqüentar o dormitório masculino, gravitando, como fazem os rapazes, em direção a algum garanhão dominador e carismático, junto ao qual pretende insinuar-se romanticamente, sob o disfarce de boa companheira — na maior parte das vezes, uma tentativa frustrada.

Na infância, a nativa é por vezes próxima de um ou mais irmãos, em idade ou sentimento, a quem, independente da ordem de nascimento, ela admira e cuida. Em certas ocasiões, em vista da dinâmica autoconsciente de suas relações familiares — por exemplo, ela já deve ter sido obrigada a vestir "roupas coordenadas" com as da mãe —, a virginiana e seus irmãos estão destinados a ser cópias em carbono dos pais. E assim, ela pode confundir seu vínculo fraterno com a ligação amorosa supostamente sexual dos pais; de forma que, enquanto amadurece na adolescência, ela não consegue deixar de se relacionar com os rapazes que a atraem como uma espécie de irmã. Infelizmente, suas próprias relações concretas com os irmãos podem ficar confusas, e em casos extremos beirar o incesto. Enredos sinistros à parte, a nativa pelo visto não consegue separar o sentimento de afeto fraterno do sentimento de interesse sexual. Ao transmitir tal vibração inocente e filial, entretanto, dá aos parceiros potenciais a impressão de que nada vai rolar. Enquanto o nativo do signo talvez se agarre ao menor vestígio de virgindade que ainda possua, a nativa parece não se livrar nunca da sua. A maioria dos homens não faz idéia de que ela concretamente é a maior carente sexual do zodíaco. Dessa forma encarna o avesso da virgindade: sua inerente frustração. Ela deve esperar, entretendo-se com suas brincadeiras infantis, até o momento em que um estranho alto moreno

POLARIDADE

As mulheres de signos femininos (terra, água) estão alinhadas com a polaridade de gênero do próprio signo, e assim encarnam a combinação qualidade-elemento do signo. A nativa do signo mutável-terra de Virgem é um maravilhoso bloco de argila, tipicamente moldado como um recipiente em forma de ampulheta. Ela deseja ser útil, produtiva e sustentar uma vida feliz para si e os demais.

6

NÚMERO DO SIGNO

O número 6 está relacionado ao sexo, e mais que somente no sentido etimológico. O hexagrama é um símbolo tântrico de união erótica: os dois triângulos entrelaçados significam o masculino e o feminino envolvidos no intercurso sagrado. É o selo de Salomão, cujo livro é o único trecho potencialmente erótico da Bíblia. Convenhamos: a virginiana não consegue contornar a santidade da libidinosidade.

35-42
ASSOCIAÇÃO DA FAIXA ETÁRIA

Condição de solteirona. Na encruzilhada metafórica associada com esta idade, a nativa confronta-se eternamente com um dilema: abrir mão da independência (virginal) em troca da perspectiva carregada e duvidosa de ter um parceiro. Ela se pergunta se não haveria melhores formas de utilizar o tempo e a energia de Sexta Casa.

PSICOLOGIA

A virginiana pode sofrer de bloqueios emocionais e suspensão do desenvolvimento. Pode ser altamente neurótica, sobretudo em relação aos laços de família, aos quais se aferra com freqüência. Para ela, o serviço é mais fácil de falar que de fazer, pois por vezes depende demasiado dos irmãos e sofre de ressentimento do sucesso dos seres amados. Pode ser amiga nos tempos felizes, apropriando-se dos maneirismos de pessoas que deverá descartar depois, como resultado.

a agarre, mergulhando-a nas profundezas prazerosas da exploração de desejos pulsantes e desconhecidos. Não sabendo que o verdadeiro amor ou tesão é melhor quando nos encontra, a nativa continua, nesse meio tempo, procurando em todos os lugares errados. Outra aparente contradição da virginiana, em face de seu símbolo de virgem, é a associação do signo com a meia-idade, a faixa etária 35-42 anos, ocasião em que a mulher está se aproximando, ao mesmo tempo, do apogeu de seus anos férteis, e do final deles. Isso também se reflete na localização zodiacal do signo durante a colheita do final do verão, quando os antigos ofereciam sacrifícios a Deméter, na esperança de que ela proporcionasse sustento suficiente para o inverno seguinte. A experiência virginiana está relacionada com essa fase da vida, na qual uma mulher pode fazer um derradeiro esforço para ser mãe, ou do contrário resignar-se à eterna condição de solteirona. Em certo sentido, a nativa projeta essa vibração durante a vida toda, como se tivesse perpetuamente sido relegada e deixada a definhar na videira. É surpreendente a quantidade de famosas beldades do signo — Sophia Loren, Lauren Bacall, Ingrid Bergman, Greta Garbo, Margaret Trudeau, Peggy Lipton — que, tantas delas, escolheram homens muito mais velhos, como solteironas se lançando a uma derradeira chance para o amor. Naturalmente, algumas virginianas encontraram avaramente o poder em evitar por completo o relacionamento com os homens, dedicando-se, em vez disso, a definições mais estritas do princípio de *serviço* de seu signo, transformando-se nas freiras e enfermeiras do mundo. Em todo caso, a virginiana emite um ar de benemérita, de criatura fraterna, quando não diretamente santa, a quem as pessoas se sentem compelidas a tratar com correção e luvas de pelica. Pelo que tudo indica, ela não é mulher de ser levada pouco a sério. A modalidade virginiana de afeição fraterna funciona em mão dupla, pois os homens tendem a amá-la primeiro e acima de tudo como uma irmã, sucumbindo à alucinação coletiva de que ninguém jamais estará à altura dela, nem mesmo eles próprios. Mesmo assim, é realmente inquietante o fato de que uma criatura tão voluptuosa, tão desesperada para expressar sua sexualidade acabe por ficar sem namorado no sábado à noite.

Corpo + Alma

A virginiana é, numa palavra, *modelada*. Tipicamente dotada de ossatura grande, além de curvilínea ao extremo, tem sua condição como o signo mutável-terreno do zodíaco traduzida numa ondulante aparência física de majestosas proporções. Tão convidativa para os homens quanto uma luxuriante paisagem de colinas descortinadas, ela possui um corpo macio e fértil de camponesa, que parece exigir uma rigorosa atenção. Com exceção das ocasionais e extraordinárias explosões de riso em cascata, ela é reservada, participando moderadamente da conversação, embora todo o tempo conserve o sorriso um tanto vazio que exibirá num ambiente apinhado — este é seu verniz virginiano, um sorriso despretensioso indicativo de que está vazia de opiniões ou julgamentos radicais, um alegre mecanismo de defesa contra a possibilidade de ser solicitada a fazer comentários ou manter diálogos espirituosos. No tocante ao discurso, ela geralmente se limita a relatar suas próprias atividades, por vezes dando pormenores exaustivos de sua vida, retomando a conversa anterior — como numa telenovela diária, o tempo passado longe dela não impede os demais de sintonizar do ponto no qual haviam parado. De todos os personagens do zodíaco, ela é quem mais provavelmente irá soar como um disco furado, com seu comentário ininterrupto que é telegrafado, ou no mínimo telefonado, para todo mundo que está ligado a seu painel de controle.

Mesmo assim, se você vir uma mulher serenamente bonita e radiante, resguardada nos limites de um grupo de amigos, esquadrinhando o recinto numa direção, enquanto lança olhares furtivos em outra, muito provavelmente ela será uma virginiana. Habitualmente uma moça tímida, com freqüência tem grande trabalho em minimizar o físico suntuoso ao usar roupas contidas, quando não pudicas, que lembram o uniforme de uma enfermeira, uma técnica odontológica, uma copeira de refeitório ou uma enfermeira de presídio — qualquer coisa decididamente anti-sensual — exceto, quiçá, para quem considera fetiche as meias longas brancas. Por se sentir pouco à vontade, a mulher de Virgem não deseja atrair para si a atenção. E como se ela estivesse superando uma certa infantilidade em sua natureza, normalmente o efeito colateral de ter sido uma das primeiras meninas a entrar na puberdade e, portanto, ficar mais alta que a maioria da população masculina. A nativa segura de si assumirá seu jeito desengonçado, embelezando-o com uma qualidade ruidosa de humor que poderá levá-la a ser posteriormente considerada legendária. Também como adulta, a virginiana poderá ser bastante alta, curvando-se um pouco para dar aos ombros arredondados uma aparência ainda mais delicada. Apesar da característica presença exuberante da virginiana, há uma certa fragilidade na parte superior do corpo, como se a coluna mal pudesse encarar o desafio de carregar os seios amplos que mesmo sem exagero serão densos, cheios ou pesados.

ARQUÉTIPO + MITO

O signo de Virgem se inspira no arquétipo de Deméter, a deusa dos plantios que perde a "filha" Coré, na verdade ela mesma em forma virginal. A nativa do signo também se preocupa com sua própria juventude passageira e com a mortalidade. O signo corresponde à época da colheita, quando a fartura dá lugar à esterilidade. Angustiada porque a filha passará metade do ano na casa do deus Hades, Deméter, chamada Pandora ("a doadora de tudo"), resolve castigar a terra com o inverno. A virginiana pode igualmente ser generosa ou sovina, dependendo de seu capricho. A outra Pandora do mito (aqui, "a que tudo recebe") foi modelada em argila e presenteada com um vaso, que lhe advertiram não abrisse. Uma lata de minhocas. A virginiana vista sob essa luz pode ser confiar notoriamente nos demais, por vezes com resultados desastrosos.

BÍBLIA + LITERATURA

A nativa de Virgem é inspirada no personagem de Maria Madalena. Segundo o evangelho gnóstico de Maria, ela era mais amada por Jesus que os apóstolos, ecoando o típico papel da virginiana como uma discípula indispensável para aqueles a quem venera. Os eruditos afirmam que tinha por totem um vaso de óleo sagrado, como a Pandora grega tinha uma jarra ou caixa. Madalena era uma prostituta sagrada que assim encarnava os dois lados da equação moral, exatamente como a jarra de Pandora continha a virtude e também o vício. Ela sobrevive em figuras literárias tão inesperadas quanto Wendy, de Peter Pan: qual Maria Madalena, ela é a consumada "mãe de mentirinha", muito amada por Peter Pan, mas detestada pelos meninos do grupo dele. Irmã caçula de todo mundo, a virginiana pode ser comparada a Sally Brown, de *Peanuts*.

Dificilmente a nativa é do tipo vigorosamente atlético, pois prefere aderir a esportes mais sossegados, de ritmo e espírito competitivo mínimo. Ela é deliberada em suas ações, movendo-se devagar, porém cautelosamente, como a contornar um jeito desastrado que percebe em si, e que ironicamente lhe confere uma graciosidade mais terrena que etérea. Realmente, a mensagem principal que projeta acerca de si é o fato de ser uma mulher substancial. Ela usa uma sensibilidade emocional que sugere aos homens que ela não é de brincadeira, e nem fácil de conviver — e muito menos uma mulher fácil.

A verdade é que essas garotas *são* fáceis. E a virginiana tenta ao máximo sinalizar interesse sexual num homem, permitindo-se ser "surpreendida" com o olhar fixo entre as pernas dele. Ela se pendura em cada palavra que o homem diz, inclinando-se na conversação, toda ouvidos e um decote ofegante, escutando-o como se num estado de fascinação suspensa. Ela acha que está mandando uma mensagem clara de disponibilidade sexual — em vez disso, simplesmente faz um homem sentir-se à vontade, o que conquista para ela a duvidosa honra de ser "fácil de se conversar". Na maioria dos casos, o interlocutor sairá dali com a bola cheia, preparado para atacar personagens femininas mais difíceis de dominar. Os fanfarrões que se acreditam capazes de levar mulheres bonitas para a cama provavelmente tiveram os egos massageados por virginianas lisonjeiras. Só um homem seguro de si será capaz de lhe reconhecer os sinais sutis e o estilo de azaração, terno, porém canhestro, encontrando prazer em sua conduta antiquada e beleza tímida: a nativa tem um rosto beneficente, que lembra um antigo camafeu: olhos grandes, redondos e ternos como os de um cachorrinho, colocados de acima de maçãs salientes que tendem a ser obscurecidas pelo rosto de querubim. A pele é lisa como porcelana, embora tipicamente mais escura, mais olivácea ou oleosa que a de outros membros da família. O nariz é seu traço facial mais significativo, sendo sugestivamente cheio e longo ou adunco, ou ambos, por vezes descendo até quase acima do lábio superior, que parece pouco pronunciado em contraste com o lábio inferior, cheio e acolchoado. No total, o rosto é juvenil, às vezes distinguido por um sinal bem colocado, um leve chuviscar de sardas em cima de seu considerável nariz e uma fina penugem a coroar uma linha alta de implantação dos cabelos. A cabeleira é abundante, ondulada ou cacheada, e torna-se grisalha precocemente. A cabeça monumental, pousada sobre pescoço e ombros frágeis, lhe dá um ar renascentista, a exemplo do queixo notoriamente fraco. Para combinar com esse ideal de beleza antiga, a virginiana é notavelmente uma das mulheres mais rotundas ao estilo do pintor Rubens no arraial astrológico, com uma típica tendência a quadris volumosos (como todas as nativas dos signos de terra), às vezes ao extremo, ou assim parecerá, pois a cintura é quase sempre miraculosamente fina em comparação. Como os traços faciais, que tendem a flutuar, existe algo da miscelânea no físico da virginiana — um aceno para seu arquétipo de Pandora, como se as partes do corpo tivessem sido tomadas de empréstimo a diversas fontes. As nádegas são sempre amplas, até certo ponto, assim como é ampla a bacia, obviamente de reprodutora; contudo, as coxas parecem ir se tornando mais delgadas, talvez pouco abaixo dos "culotes" discretos, e as pernas terminam em pés notavelmente miúdos. As mãos são com freqüência igualmente diminutas, em comparação com os braços longos, flexíveis, porém sem tendões pronunciados.

A nativa de Virgem é uma dessas raras criaturas que parecem mais bonitas quando nuas que vestidas. Embora generosamente dotada de uma silhueta de violão, tem uma pele firme que assegura que todas as partes do corpo continuem bonitas e no devido lugar — dificilmente uma virginiana tem problemas de flacidez ou celulite. Se a cintura parecia notável sob as roupas, sem elas parecerá um milagre da engenharia, como outros de seus atributos que proclamam feminilidade. O corpo da virginiana tem uma qualidade notável e amorfa — graças àquelas partes de miscelânea — e parece mudar de forma bem sob a vista de quem observa. Parece miragem, pois uma mulher não poderia ser tão curvilínea na realidade. Sua área genital também parece bastante amplificada, e se distingue por um tufo espesso e largo de pêlos púbicos, consideravelmente escuros e brilhosos, com os fios mais longos de que se tem notícia nesta região do corpo. A carne dos órgãos genitais, por contraste, é vermelho-rubi e túrgida, com os lábios particularmente pronunciados. Os mamilos são em geral grandes, escuros e insistentes, mudando de forma e de tensão várias vezes durante o ato sexual. Sensualmente responsivo ao extremo, o corpo quase parece dotado de mente própria.

O princípio feminino flui forçosamente por intermédio do ser da virginiana, e ela não precisa de que o homem a faça sentir-se como um mulher natural. Até seu modo de vestir visa retratar essa qualidade predominante: usando roupas, de fibras naturais, sapatos confortáveis e perfumada de óleos essenciais, a nativa de Virgem não gosta de parecer produzida demais. Entretanto, não poupa gastos consigo mesma — em seu característico estilo sutil, os toques mais caros que se permite podem facilmente passar desapercebidos. Dentro das sandálias ortopédicas ripongas estão os pés tratados em pedicure; a cor "natural" da cabeleira será mantida no salão mais caro e exclusivo, e o rosto sem maquiagem

CASA ASTROLÓGICA

serviço
trabalho/emprego
obrigação
matéria
auto-ajuda
dieta/saúde
higiene
revisão médica
hábitos
emprego
equipe
locatários
atendentes
dependentes
rotina
pontualidade
vestuário
doença
tios e tias
auto-adaptação
mente inconsciente
serviço ao público
enfermagem
eficiência
hábitos de sono
conformidade
habilidade
utilidade
ofício
detalhes
humildade
disciplina/discípulo
asseio
forças armadas
ferramentas
armas
deveres diários
animais de estimação
pequenos animais

PALAVRAS-CHAVE

essência
virtude
morfologia
aquisição
virgindade
aplicação
indulgência
engenhosidade
refinamento
retidão
persuasão
negociação
contemplação
compulsão
tautologia
moderação
assimilação
emergência
plausibilidade
expectativa
obrigação
admiração
insatisfação
proteção
intangibilidade
ingenuidade
administração
incongruência
cálculo
suavidade
precisão
competência
variedade
vingança
temperamento
articulação
educação
ebulição
posteridade
recuperação
circunspecção

está na verdade recoberto de uma combinação de cremes de alta qualidade. As obras de arte corporal também estão por vezes escondidas sob as vestimentas volumosas da virginiana — um homem poderá ter um choque ao descobrir elaboradas tatuagens ou *piercings* numa pessoa que parece tão intocada. Entretanto, os esforços estéticos da virginiana se concentram na preservação do lustro da juventude, de preferência a qualquer tipo de imagem glamourosa. Vez ou outra erra nos acessórios, escolhendo adereços bregas como bijuterias ou detalhes juvenis como pulseirinhas de macramé, de miçangas ou um relógio de Mickey Mouse, que talvez acredite erroneamente serem da hora. Mesmo quando monta uma produção especial, nunca há nada demasiado precioso ou imaculado em sua aparência. Ela parece acessível, com potencial de namorada, e espera, com sua aparência prosaica, conseguir atrair um tipo de homem agreste e esportivo (mas ainda com ar de garoto) que a deixa excitada. Entretanto, também magnetiza um outro tipo de homem — um tipo que, quando menos esperar, poderá entrar de súbito em cena e fazê-la perder o pé.

Sexo + Sexualidade

É um atestado do espírito angelical da virginiana o fato de os homens não pularem imediatamente em cima dela, apesar de seu convite quase sempre escandaloso. A Virgem do zodíaco não consegue senão inspirar respeito por sua "pessoa", ainda que em detrimento de sua consciente determinação de inspirar tesão. Ela não é uma mulher qualquer, mas sim a feminilidade encarnada. Ela é icônica — fato irônico para alguém tão confiado quanto ela —, a Mãe-Terra tornada manifesta em toda a sua glória magnífica e carnuda. A virginiana instila admiração e temor no coração dos homens. Ela é, simultaneamente, um território sagrado e um notável símbolo sexual, encarnando muitas das visões conflituosas do homem sobre as mulheres, como santas e como putas, tudo isso fechadinho no mesmo pacote tilintante e apetitoso. De certa forma, o afã de levá-la para a cama, em lugar de casar-se com ela, protegê-la e preservá-la, é comparável a jogar lixo no Grand Canyon. E apesar de toda a encenação de mãe fictícia, ela não consegue realmente convencer como mais um dos caras da "galera" — olhar para ela é constatar que não poderia levar na brincadeira o sexo casual entre amigos. Por definição, não consegue ser tão superficial em suas interações — a condição de mutável-terra do signo aponta para uma profunda intensidade, como a do núcleo fervente e derretido do planeta, de nome derivado da deusa Coré*. E é num estágio igualmente insondável que a nativa vivencia seus sentimentos românticos e sexuais, não obstante sua expressão facial de vacuidade desarmante. E malgrado o ar de solteirona que essa moça tem por vezes, ela não só tem o proverbial fogo no rabo, mas também vivencia muito mais visceralmente que a maioria as emoções represadas e também o prazeroso ato sexual. Para ela, a Terra de fato se move. Entretanto, o fato concreto é que essa deusa terrena não consegue simplesmente "entregar o território" sem formar ligações emocionais praticamente inquebráveis.

Falem-me de carga emocional: além de ser um mulherão fisicamente, a nativa também deposita tremendas expectativas naquilo que qualquer mulher simplesmente consideraria um tesão passageiro. Para a maioria dos homens, ela é então duplamente intimidante — sobretudo para os "garotos" despreocupados que tenta levar para a cama, para os quais a perspectiva de um relacionamento com ela se compara a uma visão à beira do abismo. Para começar, alguns desses rapazes que escolhe duvidam da própria capacidade de satisfazer sexualmente uma criatura tão substancial. Em segundo lugar, uma vez que para ela as relações parecem sagradas, "entrar" numa virginiana é como invadir um templo que a maioria dos homens se sente indigna de pisar. Naturalmente, por ser tão confiante, ela própria nunca suspeita de estar fazendo os outros se sentirem insignificantes — limita-se a ler os sinais como rejeição e internaliza a dor, que vai se somar àqueles sentimentos ferventes, cáusticos, ansiosos nas profundezas de seu ser. Só em alguns anos ela finalmente será capaz de apreciar o valor desse processo natural de seleção: se os homens menos decididos — na verdade, meninos — forem mantidos à distância, só os "adultos" mais seguros de si não se intimidarão diante desta força indizível, desejando-a por isso mesmo. Apesar de sua designação zodiacal como um recipiente vazio, a virginiana é bastante incapaz de ser transformada em objeto pelos homens — ela é claramente muito mais que mero acessório. Entretanto, é particularmente difícil para a maioria dos homens resolver-lhe a aura duplamente carregada de moça bem-comportada e gatinha sensual. De fato, os homens costumam impor a todas as mulheres um duplo padrão sexual; mas a virginiana, ao encarnar de modo flagrante dois temas femininos estão dissonantes (a santa e a puta), força todo homem que encontra a reconciliar os dois rótulos. O signo de Virgem representa princípios universais como conciliação e coesão, uma

*No inglês, *core*, núcleo, e *Kore*, divindade grega, conservam uma homofonia que se perde na língua portuguesa. (*N. da T.*)

REGÊNCIA DO CORPO

O signo de Virgem rege a região abdominal, os intestinos e a vesícula. Mercúrio rege o cérebro, os órgãos sensoriais, os reflexos e a tireóide. O planeta também governa as mudanças físicas, o crescimento e o desenvolvimento intelectual. As condições mentais podem encontrar manifestação física no corpo, como resultado de estresse ou de projeção psicossomática.

MULHERES FAMOSAS DE VIRGEM

Casas de alvenaria e santas de casa

Cameron Diaz
Greta Garbo
Sophia Loren
Ingrid Bergman
Lauren Bacall
Claudia Schiffer
Fiona Apple
Beyonce Knowles
Shania Twain
Faith Hill
Pink
Salma Hayek
Molly Shannon
Stella McCartney
Kristen Johnson
Aimee Mann
Rachel Hunter
Jane Krakowski
Fleur Cowles
Cheri Oteri
Tuesday Weld
Jacqueline Bisset
Rachel Ward
Yvonne DeCarlo
Elvira
Lola Falana
Chrissie Hynde
Joan Jett
Yma Sumac
Jennifer Tilly
Jada Pinkett-Smith
Valerie Perrine
Jean Smart
Barbara Bach
Carla Gugino
Rosie Perez
Gloria Estefan
Ruby Keeler
Twiggy
Joey Heatherton
Claudette Colbert
Fay Wray

mudança do discordante para o resoluto, da dissonância para a ressonância. Em nenhuma outra personagem essas características conflitantes se combinam nesta alquimia que faz vibrar uma corda ressonante.

Conforme convém à sua condição de mutável-terra e à qualidade de Sexta Casa do *conformismo*, a nativa de Virgem está projetada para se fundir, de fato, para desenhar os próprios contornos de acordo com qualquer situação dada. Quando se trata de relacionamentos, ela naturalmente procura preencher as lacunas existentes na vida de um homem, tornando-se útil como ferramenta de cura para áreas enfermas, quer ele esteja em estagnação profissional ou necessite reabilitar hábitos pessoais. Efetivamente, sua atração por um homem tem por base o potencial dele — o indivíduo em que se pode tornar, mais que o indivíduo que ele já é. Como aquele recipiente vazio, ela enfrenta de braços abertos os relacionamentos, procurando relevar o homem de obstáculos que o impeçam de alcançar auto-realização. A especialista em eficiência do zodíaco ajuda a modelar o modo operacional do homem, e por vezes se esquece imensamente de concentrar-se em si própria. Ela se torna a consultora número um do companheiro, apontando bloqueios e implementando sistemas para mudança positiva. Não há como evitá-lo: ela sente-se impelida a amparar um homem e suas ambições, e a ajudar a cura de quaisquer distúrbios que ele vivencie, no âmbito pessoal ou profissional. Notoriamente atraída por tipos eruditos, quando não esotéricos — intelectuais, inventores, poetas, escritores —, ela está decidida a fazê-lo concentrar-se somente em sua criatividade, e se alegra em ser a mão direita do companheiro, fornecendo-lhe a mão-de-obra reforçada de que ele necessita para alcançar os próprios objetivos. No entanto, atenção: a regência de Sexta Casa da *dependência* funciona nos dois sentidos, e embora o homem possa ver sua companheira virginiana como alguém voluntariamente sob o comando dele, ela também pode se tornar uma muleta na qual ele se apóia, contribuindo voluntariamente com quaisquer hábitos nocivos que ele possa ter.

Acima de tudo, a virginiana precisa de que necessitem dela. No entanto, estaria melhor caso se limitasse a desejar ser desejada. Em conseqüência disso, os relacionamentos com ela assumem a qualidade da dependência química. O homem que não tiver despertado o interesse sexual na virginiana pode concentrar-se na utilidade dela nos setores mais prosaicos de sua vida — situados fora do quarto de dormir —, transformando a fogosa parceira de cama numa ardorosa companheira de trabalho: ela irá cumprir todos os deveres, com exceção daquele especial: "o conjugal". Da mesma forma, as ligações românticas da nativa podem operar como parcerias profissionais, nas quais as considerações administrativas adquiram precedência sobre qualquer troca apaixonada. Esse apagamento das linhas que definem as relações faz parte de sua experiência.

À semelhança da irmãzinha de Charlie Brown, Sally, na história em quadrinhos *Peanuts*, a virginiana muitas vezes inventa situações que não são exatamente verdadeiras: ela pode descrever para os amigos, em termos românticos, uma relação com algum Linus de sua preferência, e depois, sob pressão, admitir que ela e seu despistado namorado não chegaram sequer a se beijar. Num verdadeiro estilo conformista que é típico do signo, ela poderá até, em caso extremo, moldar a si mesma segundo uma imagem muito infeliz do parceiro, literalmente copiando-lhe os traços, os gostos, os hábitos e cacoetes, a ponto de se tornar praticamente sua duplicata feminina. Em algum lugar, de forma subconsciente, ela talvez presuma que ao se tornar, efetivamente, um apêndice de seu objeto amoroso, este não pensará em jogá-la fora — fato que ela imagina seria comparável a decepar o próprio braço direito. Enquanto isso, ao preencher todos os buracos evidentes da vida dele, a ela talvez nem preocupe que sua própria vida esteja ficando notavelmente cheia de lacunas. A vida, para a mutável virginiana, é uma colagem na qual ela toma de empréstimo fragmentos de todo tipo de experiência que necessita, oriundas de várias fontes, o tempo todo compilando grande parte da simbiose que uma relação amorosa pode derivar de outros vínculos — os amigos, particularmente os homens gays, os chefes ou colegas —, deixando apenas faltar a parte sexual, facilmente remediada via sexo casual ou interlúdio com um aparelho elétrico, comportamentos que não entram em conflito, em termos de tempo ou energia, com a plena dedicação que ela já investe em outra parte. Ela faz lembrar uma Eliza Doolittle voluntária, da famosa peça *My Fair Lady* (personagem baseado na Galatéa de Pigmalião, por sua vez uma narrativa recontada do mito de Hefesto ao esculpir Pandora), cujo nome significa a recalcitrância da virginiana em fazer alguma coisa por si mesma, em vez de se deixar moldar segundo a imagem de um exigente Henry Higgins, que talvez tenha passado a depender dela, em vez de amá-la. É demasiado fácil para a nativa permanecer neste quadro, sua rotina característica. Apesar de seu desmesurado desejo de se entregar *plenamente* a outro indivíduo, ela parece ter mais dificuldade que qualquer outra mulher em fazê-lo. A razão é que ela quase sempre não se sente em plena posse de si mesma, pois pouco realizou em termos de atender às próprias necessidades.

Ninguém, nem mesmo a protéica geminiana, é mais mutável que a nativa de Virgem. Ela se parece ao recipiente vazio, símbolo de Pandora e de Maria Madalena, à espera de ser preenchido, aparentemente isenta de limites pessoais

Mitzi Gaynor
Margo St. James
Cass Elliot
Shirley Booth
Martha Rae
Anne Meara
Julie Kavner
Jane Curtin
Lily Tomlin
Kitty Carlisle
Amy Irving
Kristy McNichol
Dinah Washington
Valerie Simpson
Patsy Cline
Jessye Norman
Maria Muldaur
Alice Coltrane
Mary Shelley
Agatha Christie
A.S. Byatt
Cathy Guisewite
Agnes DeMille
Sylvia Fine
Madre Teresa
Sister Kenny
Grandma Moses
Margaret Sanger
Marguerite Higgins
Jane Addams
Althea Gibson
Maria Montessori
Christa McAuliffe
Faye Weldon
Ann Richards
Geraldine Ferraro
Peggy Guggenheim
Elizabeth I
Angela Cartwright
Marge Champion
Swoozie Kurtz
Linda Gray
Dra. Joyce Brothers
Joan Lunden
Tai Babilonia
Zona Gale

e, portanto, um pouco perigosa, particularmente para outras mulheres. Ao se tornar explicitamente a pessoa que idolatra, seu arremedo raia aos limites da invasão de corpo. Num sentido amplo, é positivo o fato de ser de tal forma uma esponja — a virginiana não perde detalhes —, absorvendo o que percebe em outros como as qualidades benéficas deles e incorporando-as a si mesma. Grande parte daquilo que ela é foi adquirido de fontes externas, e às vezes indevidamente: assim como pode se conformar ao comportamento de um homem, transformando-se numa exata contrapartida do mesmo, ela também irá assumir as qualidades de outras mulheres, às quais talvez esteja procurando apenas emular. Programada para receber, este recipiente vazio pode se transformar num vácuo, sugando as pessoas em todos os sentidos da palavra. Com tão poucas amizades femininas, a esteira que vai deixando ao passar por sua vida está juncada de mulheres às quais descartou depois de lhes assumir a identidade, e por isso mesmo. Cada indivíduo, homem ou mulher, com quem a virginiana interage torna-se pequena porção dela mesma. Na teoria, isso se aplica a todos os seres humanos. Mas para a escultural colagem viva que é esta mulher mutável-terrena, a dinâmica é mais conspícua. Qual a Mãe-Terra, a virginiana engole todo mundo. Não é de surpreender que os órgãos digestivos estejam associados ao signo.

A virginiana heterossexual, enquanto acaba descartando as mulheres que conhece, se empenha pelos homens de sua vida, para modelá-los e transformá-los em indivíduos capazes de contribuir plenamente para o mundo em geral, e na verdade nutri-lo. Ela pode considerar um homem como seu meio de sustento, sobrevivendo dos recursos que ele possa render em termos criativos ou financeiros. Como patronesse do zodíaco, a virginiana está singularmente dotada para ajudar outros indivíduos — amigos, amantes ou combinações confusas de ambos — a alcançar objetivos, muitas vezes artísticos, de tal forma que todos possam desfrutar a recompensa monetária. Esta Mãe-Terra é capaz de cuidar do companheiro para que recupere a saúde financeira, mas irá, simultaneamente, ordenhá-lo para obter sua justa parcela da bonança. Tendo-se alimentado do fruto do trabalho de um homem a quem ela metabolicamente transformou num indivíduo mais funcional e fértil, ela também adquiriu o poder de transformar a ele e à sua reputação em merda — para darmos seqüência à analogia. Por mais modesta e angelical que possa parecer esta mulher de feições de querubim, ela não acha nada demais em acessar suas capacidades comunicativas regidas por Mercúrio para liquidar qualquer um que lhe pise nos calos — um feitiço de Sexta Casa.

A ironia que a virginiana precisa encarar, em última análise, é que o homem perfeito para ela é aquele que não precisa que ela se dissolva ou misture tão completamente na vida dele. A simbiose pode ser permitida numa base estritamente sexual, ou de fato espiritual, ou talvez em ambas. A nativa de Virgem sente grande atração por homens que tenham arestas — durões, roqueiros, artistas torturados e outros heróis mal lavados à espera de acontecer, a maioria dos quais irá se enquadrar em algum dos supracitados padrões de relacionamentos aflitos com nossa codependente Wendy, a mãe fictícia. Entretanto, há uma espécie rara de homem, aquele cuja carreira ou vida criativa não precisa de impulsos, mas que ainda assim exibe as qualidades agrestes que fazem a Virgem zodiacal perder a cabeça para o amor à primeira vista — por vezes homens um pouco mais velhos que os galãs de república de estudantes que ela tipicamente adota. Um homem auto-realizado, sem lacunas a serem preenchidas pela virginiana, é seu parceiro mais adequado, embora mais desafiador. Seja maduro em idade cronológica ou em atitude emocional, esse tipo representa a perfeita mudança de rumo para todos os comportamentos de codependência da virginiana, sinalizando-lhe que abra mão daquela sua energia simbiótica em troca de filões mais estritamente amorosos e sexuais. Talvez ela leve um bom tempo para fazer tal conexão amorosa. Muitas nativas não se estabelecem numa relação saudável até atingirem a faixa etária de 35-42 anos, regida por seu signo. Semelhante homem confiantemente masculino fica impassível diante do mundo de feminilidade que a virginiana representa fisicamente. Ele quer entrar — de preferência a percebê-la como um vazio que irá engoli-lo (leia-se: castrá-lo), e a considera sua perfeita combinação, o yin do seu yang, o equivalente forçosamente feminino de seu desejo masculino. A virginiana, cumpre-nos admitir, freqüentemente desperdiça tempo e atenção com garotos, quando na verdade o que ela deseja e precisa é de um homem. Um dia, quando ela estiver acabando de limpar e arrumar o apartamento de algum anêmico Peter Pan, poderá tropeçar diretamente com o tipo de homem que vem tentando fomentar na Terra do Nunca dos relacionamentos.

Um homem assim, que não precisa da rotina da Madame Quebra-Galho do signo de Virgem, irá forçá-la a realocar aquela energia — colocando-a no mundo da conexão emocional, e de fato espiritual, compartilhada, e naturalmente no sexo. Para ela, a prostituta sagrada, a santa-puta do zodíaco, o sexo é santificado. O que ela ensina pelo exemplo é que isto deve ser verdadeiro para todos nós. Porém, ela própria deve aprender primeiro aquela lição. A partir daí, a nativa percebe que, como a santa-puta do zodíaco, ela é naturalmente

LANCES ERÓTICOS
NATIVA HÉTERO

criativos
poderosos
roqueiros
pintores
submissão e disciplina (passiva)
pêlos faciais
higiene
pênis circuncidado
ternos de executivos
chefes
sexo oral (ativo)
motoqueiros
skinheads
sexo anal (passivo)
posição do cachorrinho
camisinha com relevo
técnicas do tantrismo
brinquedos eróticos, vibradores
cera de vela
tatuagens
piercings
representação de criada/secretária
degradação
humilhação
fantasias de médico/enfermeira
sadomaso leve (passiva)
umbigos
corseletes
ligas
calcinha com abertura frontal
botas de couro de cano alto
masmorras
cenografia gótica

tântrica no quarto de dormir. O planeta Mercúrio representa o princípio da inteligência no universo; e aqui, no signo material (terra) de Virgem, sua regência se traduz em inteligência física; isto é, a percepção do corpo sobre como realizar suas funções designadas — digestão, ingestão, gestação, todas elas capacidades humanas que ocorrem no âmbito inconsciente da Sexta Casa. De modo que, quando se trata do ato físico do sexo, o corpo da virginiana sabe o que fazer — pode-se até dizer que ele tem uma mente própria, e que em ocasiões chega a surpreender a própria dona. Seu corpo, o supremo recipiente, transforma-se num meio de transcendência e, de fato, de transformação. O sexo a induz a um efeito quase alquímico, fazendo-a sentir-se mais plenamente confiante, e assim lhe permitindo chegar ao verdadeiro cerne de seu ser — fazendo com que a jovem interior que ela talvez superproteja com tanta veemência, cresça e experimente um intenso prazer carnal. O sexo coloca a virginiana em contato com uma parte dela mesma de cuja existência jamais saberia de outra forma, ajudando-a a vivenciar aquilo que está extremamente destinada em essência a fazer no plano físico e sexual: acasalar-se. Entretanto, toda a revelação que o sexo possa oferecer não ocorrerá da noite para o dia. Para essa moça de terra, a mudança ocorre devagar, e só a cada sucessiva passagem pela cama sua sexualidade e seu sentido de eu irão se aprofundando progressivamente. Mas deixar que o sexo siga seu caminho natural exige uma prática dedicada — razão pela qual aquele sexo casual emergencial que ela vivencia não chega sequer a arranhar a superfície de seus anseios. Em compensação, a estimulação masturbatória emergencial com que se tranqüiliza é insuficiente, comparado às profundas erupções vaginais que ela irá desfrutar cada vez mais. Com o tempo, e normalmente com um parceiro estável, a virginiana chega a encarnar sua mutável qualidade terrena, conformando-se comodamente a pacotes de masculinidade tão pesados quanto um homem possa ter a oferecer. Quando jovem, talvez a virginiana não o perceba, porém o tamanho e especificamente o comprimento têm, de fato, importância para ela, assim como a freqüência do intercurso sexual. Ela é uma robusta "máquina de sexo" e exige um homem igualmente vigoroso. Pode-se pensar nela como um motor sexual extremamente poderoso, completamente envenenado e à espera de ser levado numa corrida longa e acelerada por um motorista experiente — alguém capaz de, indubitavelmente, desfrutar a maior viagem erótica de sua vida.

Para os fracos de coração, ou que simplesmente estão fora de forma, o sexo com a virginiana pode ser uma tarefa pesada. Embora ela quase nunca seja, nem por força da imaginação, uma freqüentadora habitual de academias, há

90% de probabilidade de que a maioria dos homens se canse primeiro que ela. Para vivenciar o pleno prazer do sexo com a nativa de Virgem, um homem precisa possuir um grau heróico de resistência. A abordagem de orientação para resultados não o levará a resultado algum. Com ela tudo se resume a desfrutar o processo, acumulando a excitação, dando e recebendo na mesma proporção, afinal, o signo de Virgem representa a reciprocidade. Entretanto, a experiência sexual deve ser impulsionada pelo amor. A virginiana só poderá retribuir em sua típica forma extraordinária se aquela inteligência física lhe informar que o parceiro está profundamente envolvido com ela, literal e figurativamente. Seu parceiro perfeito é alguém que, ao contrário dos homens que fugiram diante da óbvia profundidade emocional dela, estão abertos a uma mulher tão insondável assim. Da mesma forma, a nativa tem pouca tolerância com os apressadinhos desta vida.

Se todos os sistemas estiverem finalmente operacionais, aquela energia recíproca pode ser estonteante: a virginiana acompanha cada movimento do parceiro com um impulso antecipatório, aumentando a parada em graus sutilmente calibrados, intensificando a experiência sem prejudicar o fluxo. A pressa está absolutamente fora de cogitação. Abandonando a elucubração, entregando-se à inerente inteligência física da virginiana e à sua própria, um homem irá sentir a terra tremer, e se renderá pacientemente ao prazer. Quanto mais ele a trabalhar instintivamente, mais ela se tornará maleável em suas mãos. Por intuição ela sente a mais sutil necessidade de ir ficando mais ou menos acelerada, como se seu próprio órgão sexual adivinhasse de que modo fazer o órgão dele crescer e chegar ao orgasmo. No começo pode parecer que ela fica só deitada sem fazer nada. Porém, essa impressão é com freqüência mais um reflexo das deficiências do homem que da parte dela. Conforme convém a seu arquétipo de Coré, para ela o movimento começa discretamente desde o interior, onde seu corpo, voluntariamente, provoca, aperta e acaba por sugar um homem para dentro dela, sem que pelo cérebro da nativa passe a menor idéia do que está acontecendo, pois seu corpo libera informação para a cabeça, e não o oposto. Se o homem não se afinar com esse funcionamento natural, e, em vez disso, procurar impor suas próprias diretrizes rítmicas, os dois jamais entrarão em sintonia. Com efeito, não deve haver nenhum esforço consciente da parte do homem. No devido tempo — o termo *rapidinha* não existe no vocabulário dela —, a Virgem do zodíaco gradualmente irá desmentindo qualquer acusação de que é preguiçosa na cama. Ainda que não seja dada, em geral, a múltiplos orgasmos, ela experimentará seu único clímax como um abalo sísmico, originado

LANCES ERÓTICOS

NATIVA GAY

mulheres mais velhas
submissão
lingerie sensual
mulheres masculinas
drag kings
literatura erótica
pênis artificiais
vibradores
veneração (passiva)
intelectuais
mentoras
professoras
banhar-se
arrumar-se
papel de ingênua
jóias
piercings
tatuagens
penetração anal (passiva)
sadomasoquismo (passivo)
cintos de castidade
voyeurismo
escravização
coleiras
enemas
unhas longas
seios grandes
látex
borracha
olhos vendados
depravação
humilhação

de algum ponto tão subterrâneo dela mesma que é capaz de lançá-la inteira em espasmos incontroláveis. Linda Blair precisada de um exorcismo, debatendo-se na cama, não conseguiria superar a virginiana. Pouco adepta a abstrações sexuais ou jogos de alguma espécie, a nativa simplesmente gosta de ver um bom filé no prato. Fantasias ou representações parecem ociosas: ela não precisa fingir que gosta de algo que lhe parece a mais natural das experiências; o que a maioria das mulheres rotula de tabu ela considera um passeio. Bem a propósito, a nativa procura servir, mais que simplesmente agradar, e seu pendor para a submissão é uma emoção surpreendente para qualquer amante. A disposição a ser escandalosamente passiva pode facilmente se estender à oferta de seu ânus regido por Virgem — ela deriva deste orifício praticamente tanto prazer quanto deriva do outro. E se for absolutamente preciso participar de algum jogo, poderá ser alguma coisa com um ou outro tema de submissão, pois ser mantida cativa e em seguida libertada espelha a evolução de seu processo psicológico na vida. Ela aprecia um toque de gótico, às vezes decorando o quarto de dormir com um visual de masmorra, cheio de velas acesas que poderá empregar, habilmente, fazendo pingar a cera sobre o parceiro, em todos os lugares certos.

Há nesta mulher forçosamente feminina um traço fetichista que transforma sua tentativa de agradar ao homem numa experiência ritualística passível de incluir alguns acessórios — os brinquedos sexuais substituindo os da infância de que ela tanto gostava. As roupas de couro, recurso típico para atrair aqueles motoqueiros pelos quais sempre terá um fraco, é um fetiche virginiano específico. Se as revistas de motoqueiros bastarem como indicação, seus leitores parecem gostar de uma mulher suculenta — categoria na qual a virginiana prontamente se inclui. Para ela é um verdadeiro tesão se enroscar toda num homão tosco, vibrando com uma excitação de colegial, ao dar uma voltinha na Harley (principalmente se tiver sido comprada com os lucros de investimentos dele na bolsa de valores), o que a deixa ainda mais ávida de montar na própria "viatura turbinada" dele, onde e quando puder. A virginiana é notória como "programa barato", pois se contenta com ficar com o namorado em casa e fumar um gordo baseado, como prelúdio para uma noite de prazer — a nativa de Virgem, o próprio anjo do inferno do zodíaco, adora transar de barato. Sexo, drogas e velocidade: a virginiana oferece todos esses elementos essenciais que atraem aquele tipo mais clamoroso de machão hétero, e não tem a menor vontade de flertar com o afeto sexual de qualquer homem no qual perceba mesmo de longe um ar de ambigüidade. Ela é uma das mulheres menos gay do zodíaco;

no entanto, apesar da característica aversão a sushi, até a mais hétero das virginianas irá ceder, se e quando convier aos caprichos do homem que ama. Como entre os homens hétero a quem ela se liga são abundantes as fantasias lésbicas, a virginiana se submeterá ao desejo masculino, no afã de agradar, e em algum momento precisará, indubitavelmente, encarar a obrigação de mostrar pelo menos um falso interesse homossexual em alguma encenação de triângulo amoroso.

Nos relacionamentos gay, a nativa tende a deixar de lado grande parte de suas tendências servis e assumir uma atitude mais condizente com uma diva. Gay ou hétero, ela dificilmente sente necessidade de impressionar as mulheres da forma como faz com os homens. Com as mulheres, ela não irá perseguir o tradicional papel de mulherzinha. Ela é propositalmente vaga e vazia em seus sentimentos, forçando a outra a fazer avanços cada vez mais atrevidos ou simplesmente entregar os pontos por medo ou confusão. A nativa sente atração por mulheres fortes, aquelas que assumem o comando sem rodeios. Para prosseguir ainda mais com a analogia da história em quadrinhos *Peanuts*, ela faz lembrar Marcie, emparelhada com a Patty Pimentinha; ela é a tímida metade, para uma parceira por vezes abertamente masculinizada, que pode manifestar, ou não, preferência por calçados práticos e cabelos curtos. Com esse tipo de mulher, a virginiana interpreta Alice B. Toklas para Gertrude Stein, assumindo o papel de governanta sofisticada e secretária-executiva, cuidando da amante como uma tradicional esposa heterossexual. Derivando poder do fato de ser a parceira silenciosa, que organiza o galinheiro, a nativa se compraz ao mesmo tempo na feminilidade que tanto encanta à amante. Poderá ser a consumada dona-de-casa, embelezando o ambiente que compartilha com a parceira, entregando-se a tratamentos de beleza, poções e perfumes. Ela será literalmente silenciosa no relacionamento, talvez sentindo que sua timidez natural, ou até sua vacuidade, é percebida como parte de uma profunda mística feminina. Secretária virginiana do zodíaco, ela é uma consumada guardiã de segredos, inspirando confiança na amante, eternamente intensificando a relação do par. Ela é uma fonte insondável de consolação e consultoria, receptáculo do fogo doméstico, de cuja renovação cuida, eternamente impulsionando a parceira mais mundana em atividades que tragam o sucesso mútuo. Com seu riso contagioso e o humor escandalosamente amplo, acima de tudo, faz a amante esquecer todas as lutas dessa vida.

A extraordinária virginiana pode se tornar uma lésbica tipo gatona e cair no exagero. Ela converte em fetiche, como faz com todas as suas paixões, os característicos sinais exteriores da condição feminina — as roupas, a maquiagem, a *lingerie* sensual —, confiando em que suas leviandades mais extravagantes serão encaradas somente com admiração e assombro. Ela sabe que é um bom partido. E gosta de ser exibida por aí, reflexo valorizado do poder que a amante deve possuir sobre ela — quando não for o caso, mais freqüente, de ser ela quem tem a amante na palma da mão manicurada por profissionais. No tocante ao sexo, a virginiana gay acaba ela própria sendo servida — uma passividade que só mobiliza a amante a agradá-la ainda mais. Quanto ao restante de seu modo operacional, ela gosta de ser seduzida por uma mulher, interpretando ao extremo o papel de virgem, e estimulando a parceira a introduzir novos atos sexuais, novas posições e técnicas com o passar do tempo. Ela encena uma simulação de pureza, como se os limites de seu pudor estivessem sendo empurrados à força em direção a novas delícias. Para a amante da virginiana, o papel de instigadora se transforma numa razão de ser: a excitação é derivada de continuamente deflorar a Virgem do zodíaco, de uma forma ou de outra. Neste sentido, a vida sexual inteira da nativa gay é um contínuo jogo teatral. À semelhança de sua contrapartida hétero, ela talvez leve tão longe seu papel de ingênua sensual que regularmente participe de encenações de submissão — naturalmente, no papel de donzela cativa em apuros.

Por muito servil que talvez seja a mulher hétero do signo, a virginiana lésbica é muito menos acomodatícia, talvez até refratária a proporcionar sexo oral. A penetração é importante para ela, entretanto, e a amante talvez precise afivelar uma cinta com pênis para satisfazer a profunda necessidade da nativa de simbiose física. Ao contrário das lésbicas de alguns signos, a de Virgem provavelmente não irá se consorciar com um homem para o único propósito de lhe utilizar a ferramenta. A lésbica de Virgem é, em geral, exclusivamente feminina em termos da companhia buscada, embora quase sempre gravitando em direção a um círculo de amigas, formado, primordialmente, de mulheres heterossexuais. Ela não se define por sua sexualidade, que, a par de todos os aspectos de sua vida pessoal, é uma questão privada, e até secreta — um setor sagrado demais para ser discutido casualmente. Ela pode até parecer puritana: muitas virginianas são corretamente rotuladas de "lésbicas por acidente", como se tal inclinação surgisse de um medo inerente ou uma rejeição traumática aos homens. Na verdade, a virginiana gay, como sua correspondente hétero, quase sempre mostra deferência aos homens, creditando-lhes a capacidade de mover o mundo, sendo, portanto, infinitamente mais dignos do respeito dela que a maioria das mulheres. Encarando sua própria condição homossexual como uma espécie de superfeminilidade, ela necessita, portanto, do tipo de amor e atenção que só uma pessoa de seu próprio gênero pode proporcionar. Como a virginiana se considera o máximo em matéria de mulher, as companheiras de condição sempre lhe parecerão um pouco inferiores, e isso nunca se torna o centro de sua identificação sexual lésbica: como mulher extremamente feminina — o ponto alto do desejo de uma amante —, ela conta inspirar admiração e inveja em partes iguais. A virginiana gay é tão soberba quanto humilde, aberta a qualquer tipo de atividade sexual a que possa ser exposta pela amante, cuja responsabilidade é afirmar tramas eróticas sempre novas e excitantes.

Casais

Hétero

Mulher de Virgem / Homem de Áries
Ela parece pura qual neve recém-caída; ele encarna a ambição que a atrai. Ele aceitará a tutela dela, que poderá gerir a carreira e quiçá a vida dele. Com freqüência, conflito de interesses. Mesmo assim, o sexo é revelador.

Mulher de Virgem / Homem de Touro
Material de casamento: ele é facilmente arrebatado pela adoração que ela lhe devota. Ela aceita a carinhosa tutela dele. Existem obstáculos, mas quase sempre são superados. De um jeito ou de outro, o sexo é ardente desde o começo.

Mulher de Virgem / Homem de Gêmeos
Primeiras impressões enganam: ele parece perfeito; ela lembra fortes figuras maternas do passado dele. Contudo, são almas volúveis tentando achar a reta final; mas gostam das voltas do caminho. O sexo exótico é seu patrimônio.

Mulher de Virgem / Homem de Câncer
Eles se tornam bons amigos. Juntos, administram o estresse. A vida tem um fluxo. Ela está feliz em ficar em casa; Câncer se suaviza no sucesso profissional. Totalmente famintos um do outro: o sexo para eles nunca é demais.

Mulher de Virgem / Homem de Leão
Ele se encanta com a excepcional feminilidade dela. Ela reconhece o talento que vale a pena desenvolver: ele pode se tornar a missão dela. Eles gostam da vida estável. Na cama, ela é a professora sedutora; ele é o aluno dominador.

Mulher de Virgem / Homem de Virgem
Dois exigentes signos de terra ligados por idêntico modo operacional. Par insular, enclausurado e preocupado consigo mesmo — as neuroses se amplificam. Quase sempre rotulados mais santos que vocês, podem ser puritanos na cama.

Mulher de Virgem / Homem de Libra
Amigos estáveis, em luta para alcançar um relacionamento. Ambos podem ser mimados. Começo liberal pode se tornar abuso da liberdade. Com esforço consertam a situação. No sexo, ela quer ser arrebatada; ele não se empenhará tanto.

Mulher de Virgem / Homem de Escorpião
Ela é um livro aberto; ele está em busca de alguém para escrever, mas conhecerá a história completa? Ela é personagem complexa. Achar termo médio pode ser difícil. No sexo, ele está no controle. Ela agradece por ser guiada.

Mulher de Virgem / Homem de Sagitário
Eles se encontram cedo na vida, muitas vezes ficam juntos nos altos e baixos. Ela é obscurecida ou "sacrificada" ao sucesso dele. À parte ressentimentos, a virginiana está feliz por ser útil. No sexo, não precisa de acessórios.

Mulher de Virgem / Homem de Capricórnio
Eles têm um plano: trabalhar em equipe, prosperar, viver em relativo luxo. Brincam de casinha assumindo papéis tradicionais. O sexo raramente é o foco. Surpreendente, em alguns casos o casamento é confortavelmente "aberto".

Mulher de Virgem / Homem de Aquário
Eles nasceram de novo — desde o começo há uma nuance espiritual. Entretanto, há um elemento de proibição: ela pode ser muito mais jovem ou ter antecedentes totalmente distintos. Na cama, a mesma mentalidade e muitas surpresas.

Mulher de Virgem / Homem de Peixes
A virginiana tem seu corpo invadido pelo persuasivo pisciano. Separando-se de todos os demais, este par é precariamente complacente — por vezes a preguiça acaba sendo sua derrocada. Na cama, ela começará a esperar o inesperado.

Gay

Mulher de Virgem / Mulher de Áries
Elas são um prazer de se ver: Áries encontra sua consorte, arrebatadora e reverente. Inclinações artísticas são seguidas com carinho, paixões criativas se inflamam. Por vezes, parecem irmãs siamesas. Na cama, a nativa de Áries é assediada.

Mulher de Virgem / Mulher de Touro
Duas personas sexuais cultivadas, culminando num todo vigoroso, potente. No extremo, os apetites eróticos são implacáveis. Quase sempre, são escravas do êxtase que vivenciam juntas. Mas cada uma se renova na associação mútua.

Mulher de Virgem / Mulher de Gêmeos
Ambas propensas a climas e caprichos. Desde o começo essa dupla é um desafio. A geminiana precisa aprender a ceder, quase constantemente. A virginiana se transforma num eu mais maduro. Também no sexo a energia é tempestuosa.

Mulher de Virgem / Mulher de Câncer
A canceriana parece perdida no mar. Mas a virginiana não cede às flutuações de humor e mudança de sentimento da mulher lunar. Sensibilidades de cultura alternativa se exacerbam. Os lençóis da cama recendem a patchuli.

Mulher de Virgem / Mulher de Leão
Associação estimulante. A vida é animada. Por vezes, surge uma prática espiritual compartilhada. Virgem encontra o poder na passividade — principalmente na cama, onde é objeto do desejo de Leão. O ciúme pode ser uma armadilha.

Mulher de Virgem / Mulher de Virgem
A dupla ligação lésbica virginiana é comparável a uma perpétua consulta psicanalítica. O excesso de diálogo é uma armadilha. Funcionar exige interação física. Entretanto, essas almas sensuais encontram uma abençoada paz na cama.

Mulher de Virgem / Mulher de Libra

A libriana adora estar apaixonada; a virginiana está constantemente com tesão em alguém. Numa parceria, cada uma busca a perfeição. Nada parece bastar. Na cama, Libra é uma dama; e Virgem anseia por mais demonstração e desejo.

Mulher de Virgem / Mulher de Escorpião

Virgem deve aprender com a enfeitiçadora Escorpião a manipular o próprio poder. Senão a força de Escorpião perderá estabilidade. Ambas se arriscam a perder o pé na situação. Na cama, Virgem aceita a mentoria que lhe faltava.

Mulher de Virgem / Mulher de Sagitário

Elas abordam a vida, e o amor, de forma muito diversa — o vínculo está fadado a ser estressante. Inconsistência e falta de confiabilidade são armadilhas persistentes. É preciso contemporizar. O sexo também explicita o conflito.

Mulher de Virgem / Mulher de Capricórnio

Começou com uma explosão, pode acabar em pranto. Uma ou outra existe sem-cerimônia. Para isso funcionar, cada uma deve se comprometer com a compaixão. Na cama, dominação excita desejo. Porém, quase sempre o sexo parece estático.

Mulher de Virgem / Mulher de Aquário

Encontrando-se a meio caminho, elas se misturam — diferenças somem, semelhanças emergem. Dupla deslumbrante: criativa ao extremo. Os dias que passam juntas são um sonho. O sexo também é ponto de encontro de fantasia e realidade.

Mulher de Virgem / Mulher de Peixes

Logo ao se encontrar, a imediata sensação das duas: vertigem. Mas a virginiana luta para tolerar uma pisciana imprevisível. Seus momentos mais notáveis são passados na cama: a pisciana reage com extravagância; Virgem é verbal.

O homem de Libra

o personagem

O nativo de Libra é um homem eclético. A vida é uma arte para ele, que aborda a existência como o faria um pintor diante de uma tela em branco, sentindo-se capacitado a criar um mundo fundamentado somente em suas visões idealizadas, enquanto se esforça por capturar abrangentes realidades abstratas que, a seu ver, permaneceram até o presente fora do alcance da humanidade. Dono de uma sintonia natural com as energias organizadas e não-caóticas do universo, ele professa assim elevados princípios e filosofias. O libriano é muito perfeccionista, ou mesmo platônico, eternamente focalizado em condições que possam trazer melhoria a ele e aos demais; e, no entanto, o fato de olhar o mundo através de lentes rosadas pode lhe trazer grandes decepções. Ele é liberal em suas crenças, um pioneiro no plano intelectual, o que freqüentemente o coloca em conflito com os aspectos mais prosaicos da sociedade. Apesar de sua posição de livre pensador, o nativo é tipicamente tradicional em sua necessidade de relacionamento estável, o que, entretanto, não exclui os romances extraconjugais, em pensamento ou em ações. Ele é atraído por uma mulher independente, equiparada em termos intelectuais, com quem possa viver em harmonia mútua, ao mesmo tempo em que ambos mantêm separadas as esferas de influência. O amor, para ele, é o encontro das mentes, e sua mulher deve compartilhar o apreço por ideais e princípios estéticos elevados, além de uma abordagem sensual, ou ainda etérea, ao sexo. As relações homossexuais assumem uma qualidade fraternal, o que por vezes proíbe o acesso a profundos sentimentos românticos. Ele mantém as coisas superficiais com o

Vii

PRINCÍPIO

O Princípio Apolíneo. O nativo de Libra procura viver uma vida de ordem e razão. Ele se preocupa com a construção de uma civilização harmoniosa fundamentada em ideologias e repleta de estética prazerosa. Ele esculpe seu próprio caráter, que apresenta ao mundo como aprumado, disciplinado e bem equilibrado. Seus lemas são "eu equilibro" e "nós somos", este último expressando seu pendor pela perfeita união.

amante, e suas ligações têm um clima de amizades exaltadas, muito mais homoeróticas por natureza que explicitamente quentes e pesadas.

Signo + Mente

Tal como o signo terreno de Touro, Libra é regido por Vênus. Aqui neste signo aéreo, entretanto, a típica energia estética do planeta se manifesta nos âmbitos astral, mental e social, mais que nos âmbitos físico e material. Enquanto Touro é um signo fixo feminino, que age, portanto, como um ímã para as qualidades venusianas subjetivas da beleza, do prazer, da unidade e até do amor no plano sensível, Libra é um signo cardinal (ativo, iniciatório) objetivo masculino, que assim se projeta, no plano intelectual, como um seguidor dos princípios venusianos em abstrato — o amor, a graça, a beleza, a arte, o equilíbrio e a harmonia como formas-pensamento e ideais brilhantes. O taurino é o Adônis do zodíaco, o objeto do amor de Vênus-Afrodite, enquanto o libriano é uma versão bastante masculinizada da deusa sob cujo planeta homônimo ele nasceu, a proverbial Vênus sob forma de garoto. Superficialmente, ele faz lembrar Cupido, não só em sua característica aparência de querubim, mas nas energias combinadas de Vênus e Marte, os pais míticos do pirralho, respectivamente o amor e a guerra, sendo incorporados no signo masculino de Libra, o qual, dando começo à segunda metade do zodíaco, personifica uma grande mudança no diagrama astrológico fundamental iniciado na primeira metade. Aqui, Áries é o signo masculino adequadamente regido pelo guerreiro Marte (o princípio masculino objetivo) seguido pelo feminino Touro, devidamente governado por Vênus (o princípio feminino subjetivo). Por outro lado, na segunda metade do zodíaco, portanto no Terceiro Quadrante da Mente, Libra representa o Vênus objetivo masculino, da mesma forma que o signo subseqüente, Escorpião, retrata o Marte subjetivo feminino, sendo tradicionalmente regido por aquele planeta. Trata-se de uma equação bastante simples. Libra é a oitava mais alta de Áries, seu chamado signo oposto, embora de fato não seja absolutamente oposta. Pelo contrário, ambos são signos cardinais com lemas semelhantes — o ariano "eu sou" e o libriano "nós somos" ("eu equilibro" é também o credo do signo); tanto Áries quanto Libra são respectivamente precursores em espírito (fogo) e em idéias (ar).

À parte as comparações com Cupido, o arquétipo mítico sobrejacente do qual o libriano retira seu caráter excepcional é Apolo. Ele é, acima de tudo, o deus da luz, o mais fulgurante retrato da combinação exclusiva cardinal-ar do signo de Libra, o verdadeiro retrato do poder etéreo. Em termos metafóricos, também a luz, assim como o termo *iluminação*, é um símbolo da razão. Apolo é o deus da razão, e também da ordem. Seu estatuto de menino-Vênus é bem documentado pelos eruditos: como um acréscimo bastante tardio ao panteão grego, Apolo usurpou grande parte do que anteriormente eram territórios de Afrodite, inclusive o serviço das musas — a música, a arte, a história, a dança, a astronomia etc. —, além de domínios antes pertencentes a divindades femininas, como a cura e a profecia. Na qualidade de personificação da civilização clássica, de fato, platônica helênica, o deus simboliza a imposição da sociedade patriarcal sobre uma sociedade anteriormente matriarcal. Desse modo, Afrodite foi rebaixada do posto de deusa do amor e da beleza no momento em que Apolo entrou em cena. Apolo, como luz, deve ser visto em contraste com Hélio, o deus Sol, da mesma forma como o libriano tem uma visão de mundo muito distinta da do leonino, que é regido pelo Sol e seu arquétipo mais antigo. O Sol e o Leão tipificam a regência divina dos reis, aparente na personalidade do nativo de Leão. O signo de Libra, contudo, está associado à democracia, um dos numerosos e elevados ideais astral-venusianos, que preconiza a disseminação uniforme do poder pela cidadania, embora na versão original ateniense fosse uma população estritamente masculina. Esta é, com certeza, a interpretação mais surpreendente do lema libriano "nós somos" e do conceito de *equilíbrio* do signo, pelo fato de que o poder é compartilhado uniformemente pela população, por intermédio do voto. Concretamente, conforme tantas vezes se insiste na História, a razão é o poder universal da mente humana que leva à derrubada do governo monárquico. Assim como o signo de Libra está associado ao crepúsculo, agraciado com sua luz fria e uniforme e o surgimento do cintilante planeta Vênus, em contraste com o ofuscante meio-dia do augusto signo leonino, o poder divino e exclusivo de Leão acaba difundido por meio de Libra entre os muitos. Bem a propósito, o antigo equivalente hebreu de Apolo é Lúcifer, que significa "o portador da luz" e que tentou roubar o poder do deus Sol para distribuí-lo à humanidade. Naturalmente, ele foi depois demonizado, na tradição bíblica, como Satanás, personagem que não só representa o lado escuro de Libra, exatamente como Apolo tinha seu próprio eu-sombra, Píton, o deus do abismo, muitas vezes aludido como o inclusivo Apolopíton; porém, como veremos, é o signo masculino de Escorpião que tende a encarnar a maior parte desse personagem do mundo subterrâneo, pois, conforme assinalou certa vez o astrólogo Dane Rudhyar, os signos respondem aos excessos dos signos

♀

SÍMBOLO PLANETÁRIO

O criptograma de Vênus — o círculo do espírito acima da cruz material — representa a mente divina. Chamado o espelho de Afrodite, simboliza a preocupação do libriano com o mundo visível das aparências, além de sua obsessão com a autoimagem — aquela que ele procura alterar pela ênfase nas qualidades positivas e pela repressão das negativas.

QUADRANTE DO SIGNO

Os quadrantes zodiacais correspondem aos planos metafísicos da existência: físico, emocional, mental e espiritual. O Terceiro Quadrante é o da percepção mental, particularmente no tocante ao conceito de existência. Para o libriano, o mundo das aparências é fundamental. O nativo é a encarnação da mente altamente consciente e não se preocupa muito com as bolhas sob a superfície, seja no subconsciente, seja nos tubos de teste de laboratório. Para ele, a vida é inteiramente feita de bondade e de luz (que pode lançar uma sombra escura).

anteriores. E, de fato, Escorpião representa de muitas formas uma reação às visões de vida notoriamente idealizadas de Libra.

A maioria dos indivíduos, entretanto, fica fascinada pela visão da existência artística e cheia de princípios do libriano, embora ele tipicamente se manifeste com ênfase, como seu patrono Apolo, presidindo sem rodeios as circunstâncias com um inerente comportamento superior, que dificilmente chega a ser despótico o bastante para justificar qualquer ataque direto contra ele, nem mesmo da parte dos nativos de Leão e de Escorpião neste mundo. Não importa o quanto possa parecer impositivo, quando não um suspeito impostor, o libriano é, no entanto, um incorrigível mensageiro diplomático da democracia; entretanto, mesmo estados muito civilizados exigem um *presidente* como ele. O signo de Balança representa concretamente o princípio apolíneo no universo — aquilo que é definido como "equilibrado, aprumado, ordenado ou disciplinado" —, e seus filhos nativos representam esses atributos. Como o regente natural da Sétima Casa astrológica, morada de conceitos como *harmonia*, *igualdade*, *cooperação* e *concórdia*, o signo de Libra considera a ordem, digamos, a ordem do dia. Vezes sem conta, em miríades de contextos metafóricos, o número sete é empregado como o equivalente da ordem no universo: sete céus, sete vícios, sete virtudes, sete chakras, e até sete notas na escala musical, arte filiada à parte da música das esferas celestes. O sete é o número sagrado de Apolo, que dirigia uma carruagem puxada por sete cisnes. A própria luz se compõe das sete cores do espectro. É natural que o libriano seja a personificação de qualidades iluminadas, principalmente a faculdade mental da razão. Ele simplesmente não consegue suportar o lado mais escuro, mais caótico (leia-se: subconsciente) da vida. Sem mencionar que perde a paciência quando um cano começa a vazar, ou alguém lhe altera os planos. Sua focalização vai para conceitos subconscientes, como os que podem ser adivinhados ou impostos ao mundo com o objetivo de ajudar as idéias a progredir. Em sua opinião, tudo o mais não passa de atolar-se no egoísmo.

O mundo da luz — a existência visível e também a ideologia iluminada — são o domínio do libriano. Aí ele encontra mais que o suficiente para ocupar seu tempo e sua energia, com pouca necessidade de mergulhar no reino do subconsciente. O nativo adota uma abordagem refratária aos problemas alheios, assim como tende a ignorar seus próprios sentimentos escuros. Entretanto, por ser tão orientado para o lado claro da vida, é capaz de lançar uma sombra igualmente intensa, reprimindo os sentimentos negativos que irão, em algum momento, reclamar consideração. No ínterim, o nativo se compraz no mundo da

CRIPTOGRAMA DO SIGNO

O emblema de Libra é o planeta Vênus, a estrela da manhã e da tarde. Ele também é lido como a própria Balança. Único símbolo inanimado do zodíaco, Libra pode igualmente dar a impressão de ser irreal, ou demasiado bom ou talentoso para ser verdadeiro, dependendo da fonte consultada. Enquanto a mulher de Libra pesa os demais com a balança de seu julgamento, o homem do signo procura encontrar o equilíbrio dentro de si mesmo.

ELEMENTO + QUALIDADE

O elemento ar tem conotação de experiência mental e social. A qualidade cardinal significa um apelo à ação e à iniciativa. No conjunto, a combinação cardinal-ar específica de Libra é mais bem ilustrada como a luz. De fato, o personagem radiante do libriano está determinado a brilhar o mais possível, trabalhando eternamente suas qualidades mais deslumbrantes para formar um personagem brilhante. Alguns o consideram um facho de idealismo; outros, um superficial peso-leve.

luz diurna, discutivelmente o mundo das aparências, sem jamais sentir o impulso de se limitar a qualquer área de interesse, principalmente nas esferas das artes liberais ou plásticas. Personificação do princípio venusiano/apolíneo, ele está fadado a mergulhar na criação objetiva das coisas belas, tal como ilustra, enfaticamente, a exploração de idéias sofisticadas. Igualmente, dada a herança da infinidade de domínios artísticos de seu deus padroeiro, ele costuma ter talento para muitas áreas — a palavra talento se origina do latim *talentum*, que significa "equilíbrio" —, sem necessariamente se especializar em qualquer talento específico. Essa reivindicação de numerosas disciplinas deixa com freqüência os circunstantes de sobrancelhas erguidas, e garante ao nativo a reputação de amador ou peso leve. O meio escolhido por ele para canalizar seus talentos é praticamente irrelevante. Em sua opinião, tudo é poesia — seja na escrita, na música, na pintura, na dança, na decoração ou no *design*. A tônica do libriano é o lirismo, por cujo intermédio ele está sempre buscando a elevação do espírito. Para ele, é impossível deixar de irradiar aqueles princípios planetários que personifica, pois transborda de conceitos que acrescentam mais beleza, harmonia, equilíbrio, igualdade e, de fato, amor à existência humana (quando John Lennon canta "você só precisa de amor", talvez não tenha percebido o quanto estava sendo libriano). O amor, em sua mais fundamental forma de apreciação, é o que Libra irradia em todas as direções, apreciando cada situação de uma forma tripla: em primeiro lugar, avalia o que encontra; em segundo, acentua o aspecto positivo, concentrando-se e inspirando-se no que houver de inerentemente bom em cada circunstância; e dessa forma ele, terceiro, aperfeiçoa as situações, deixando-as muito melhores que as encontrou. Esta energia de aperfeiçoamento, ele a dirige principalmente a si mesmo, localizando o que tem de melhor a oferecer ao mundo e intensificando essas qualidades — a Sétima Casa rege, entre outras coisas, os *traços pessoais mais fortes* do indivíduo.

Como sétimo signo astrológico, Libra introduz o Terceiro Quadrante do zodíaco, aquele que se preocupa com o aspecto metafísico da mente, e, portanto, com a percepção da existência. O nativo de Libra está sexualmente alinhado com a polaridade masculina do elemento de seu signo — ar e fogo são masculinos, enquanto água e terra são femininas —, e assim encarna os pensamentos evolutivos de cardinal-ar que endossa. Em certo sentido, o libriano é, em si, uma idéia: a Balança é o único símbolo inanimado do zodíaco, pois todos os demais são humanos ou animais. Ele é a tal ponto seus próprios ideais, aqueles princípios que lhe definem o caráter, que seus *traços pessoais mais fortes* são tipicamente tudo o que mostra ao mundo. Ao contrário do nativo de Áries,

POLARIDADE

Os homens de signos masculinos (ar, fogo) estão alinhados com a polaridade de gênero de seu signo, encarnando assim a combinação qualidade-elemento do signo. O libriano é um feixe de luz, uma projeção de idéias, uma forma-pensamento que caminha e fala.

7

NÚMERO DO SIGNO

O número da ordem cósmica: as escalas musicais compreendem sete notas; e a semana é modelada nos sete dias da criação. Há sete virtudes, sete pecados mortais, sete pilares da sabedoria, sete sacramentos e sete céus. As sete irmãs, ou Plêiades, filhas de Afrodite-Vênus são deusas da justiça. A luz se compõe de sete cores.

42-49

ASSOCIAÇÃO DA FAIXA ETÁRIA

A idade da realização. Esta é uma época da vida em que um homem está polido em suas realizações. No caso de Libra, o nativo é assim durante toda a vida, polido até brilhar. O foco do libriano é ser um homem de mil instrumentos, um grande talento abrangente, que vai do artista ao pensador e ao conhecedor de todas as coisas estéticas.

com seu lema "Eu sou" a sinalizar o puro ser físico e o ego, o nativo de Libra se concentra no cultivo do caráter, tanto no sentido de uma qualidade ética, quanto no de desenvolvimento de uma personalidade por vezes excêntrica, com essas duas dinâmicas fundindo-se tipicamente numa personalidade ainda maior. Algumas pessoas, como certos nativos de Escorpião com seus olhos de raios X, podem sentir que o libriano é simulado, falso, artificial, que se esconde por trás de seu eu construído para impedir aos demais lhe enxergar o verdadeiro indivíduo. Para o artista do zodíaco, entretanto, não há crime na própria criação. De fato, o libriano lança a pergunta: afinal, todos nós não seremos, de um modo ou de outro, seres de nossa própria adivinhação? Embora, na verdade, muitos librianos adotem alter egos bastante exagerados, dando um novo significado para o lema secundário do signo "nós somos". Uma lista de famosos librianos que inclui Sting, Flea, Usher, Eminem, Jelly Roll Morton, Meat Loaf, John "Cougar" Mellencamp, Snoop Dogg, Buster Keaton, Groucho Marx, LeCorbusier, e até John Lennon ao se declarar "A Morsa", revela que a criação de uma alcunha é uma preocupação particularmente libriana. Essa fascinação com a caracterização também levou muitos librianos a se tornarem dramaturgos, poetas e romancistas — Arthur Miller, Oscar Wilde, Eugene O'Neill, Harold Pinter, Louis Aragon, T. S. Eliot, F. Scott Fitzgerald, William Faulkner, Gore Vidal, Truman Capote, Thomas Wolfe são todos nativos do signo. No entanto, apesar de uma brilhante disposição extrovertida, a maioria dos librianos possui um lado impetuosamente sombrio, que por vezes ameaça destruir tudo. Ao se enxergar de forma tão subjetiva, o nativo sistematicamente inventa uma imagem baseada no que ele vê como suas melhores características, polindo-as até à perfeição. O pictograma venusiano evocativo de um espelho simboliza a capacidade do nativo de ver a si mesmo a partir dessa perspectiva subjetiva, como veríamos uma obra de arte, fazendo em sua pessoa todas as necessárias mudanças que lhe parecem adequadas, acentuando o positivo ao mesmo tempo em que obscurece quaisquer desequilíbrios antiapolíneos. Assim ele mascara a dor da sensação de deficiência, pois a Sétima Casa é a dos *traços pessoais notáveis,* ao mesmo tempo em que também realça *o que falta ao indivíduo*. Essa percepção seletiva do eu é uma fonte de muita repressão psicológica, fonte cujas raízes profundas estão na formação recebida pelo libriano na infância.

O menino libriano é tipicamente filho de um casal que vivia brigando, ou no mínimo foi criado durante um período em que os pais estavam estranhados. E como a criança de cardinal-ar é precoce e freqüentemente rotulada um "mini-adulto" — um aceno prematuro à sua associação de signo com as idades humanas 42-49 anos —, ela vê os pais, e todos os demais, como semelhantes a ela. Embora muitos filhos se acovardem, quando defrontados com o conflito dos pais, o menino de Libra quer mediar, na verdade, melhorar a situação. Ele é capaz de se sentar com os pais, um de cada lado, e procurar a reconciliação. Suas tentativas de harmonizar normalmente funcionam, pelo menos na superfície, e daí ele começa a acreditar desde muito cedo que todas as dificuldades podem ser facilmente abrandadas. Sua vida em família talvez pareça tranqüila na superfície, mas as tensões estão espreitando desastrosamente um pouco abaixo da tona. A tensão, endêmica em qualquer situação de corda bamba, emocional ou não, é o que realmente exige do menino libriano a aquisição de equilíbrio. Tal como sua contrapartida feminina é tipicamente filha de pais divorciados, o que lhe faculta a capacidade de facilmente cortar de sua vida as pessoas, para recuperar o equilíbrio, o nativo do signo, cujos pais em geral ficam juntos, aprende antes a justificar, racionalizar e estabelecer equilíbrios de acordo com circunstâncias dadas e até dentro de seu próprio psiquismo. Concentrado em manter a paz, ele se apresenta aos pais como um menino bonzinho que não irá contribuir para os problemas do casal, e sim, em vez disso, será motivo de orgulho e apreciação, ele próprio uma rua de mão dupla. Envergar o manto da criança perfeita, ele espera, fará felizes os pais, e assim os manterá juntos. Ao tentar parecer a criança ideal, ele talvez se torne angustiado, ou mesmo adquira uma preocupação crônica. Por medo das tensões subjacentes, não se distanciará de casa, ficando especialmente na barra da saia da mãe, e por vezes na infância verá em pânico a hora de deixar o ninho, temendo não estar próximo para mediar dificuldades, caso surjam. Tanto esforço coloca no "malabarismo", que mesmo em tenra idade poderá ser consciente dos próprios estratagemas. Ele pode ser aquela criança que persegue os pais com a eterna pergunta: "Você gosta mesmo de mim?", como resultado da combinação da natureza distraída dos pais e da própria impressão de não estar mostrando a eles nem, aliás, a ninguém, sua própria individualidade. Numa narrativa moderna das lendas medievais sobre o *idiota*, literalmente definido como uma criança substituta ou impostora colocada no lugar de uma criança real seqüestrada pelos elfos, as fadas ou as bruxas, no filme de Steven Spielberg *I.A.*, que representa um conceito libriano de inteligência artificial, o menino robô David é uma representação da criança modelo libriana de sexo masculino. Chegando na vida dos pais na época em que o casamento está por um fio, David — ironicamente significa "amado" — está programado para ser a criança perfeita, e, nessa capacidade,

PSICOLOGIA

O libriano pode ser rígido e emocionalmente inflexível. A vida precisa se enquadrar em caixinhas, coisa que a vida dificilmente faz. Excessivamente idealista, o nativo recusa-se a olhar para os aspectos "mais sombrios" de sua personalidade. A bonomia pode beirar o patológico, e ele tende a abusar de drogas e de bebidas alcoólicas. Da mesma forma, pode sofrer dependência orgânica de sexo. Pode sofrer repressão nesse aspecto e também em grande quantidade de traumas emocionais, capazes de acabar levando à depressão.

ARQUÉTIPO + MITO

Apolo, deus da luz, é o arquétipo de Libra, a divindade original da Renascença. Música, arte, leis, poesia, razão e profecia são categorias que caem sob seu domínio. O nativo é culpado daquilo de que freqüentemente acusam o signo: de empirismo. Seus territórios civilizados estiveram outrora sob a regência da deusa Vênus-Afrodite. À semelhança de Lúcifer, o deus busca civilizar o mundo com seus princípios apolíneos. O mais afamado mito de Apolo é o de sua rejeição pela ninfa Dáfne — a recusa da natureza feminina em se deixar "civilizar" pela ideologia masculina. A abraçá-lo, ela preferiu ser transformada num loureiro. Então o cerebral Apolo usa na cabeça uma guirlanda de folhas de louro, ainda hoje um símbolo de honrarias, conforme evidenciado pelos "laureados".

ama os pais incondicionalmente. Entretanto, ao fazê-lo, aparentemente só consegue ver lhe escapar o amor paterno, despido de egoísmo. Qual David, o menino libriano está programado para acreditar que é capaz de consertar tudo para seus amados. E como os próprios pais do nativo tipicamente ficam juntos, pelo menos para salvar as aparências, ele se condiciona para acreditar que esta é uma dinâmica possível pela qual lutar — Vênus significa união eterna. Mais tarde, na fase adulta, ele é notoriamente incapaz de abrir mão de situações, pessoas e obstáculos em sua vida. Óculos rosados firmemente assentados no lugar, o libriano acha que na vida não há o que não possa ser "consertado". Ele está convencido de que o indivíduo só precisa de amor.

Em virtude de sua regência planetária, o nativo é atraído para a beleza feminina desde curta idade, e geralmente prefere a amizade das garotas, enquanto evita o mundo mais áspero dos rituais de vinculação masculinos, que parecem caóticos e toscos à sua sensibilidade apolínea. Com a puberdade, entretanto, tudo se inverte: as amigas sucumbem à escalada hormonal, concentrando-se nos machos mais fisicamente manifestados do ambiente em torno, e por vezes deixam de repente ao relento o libriano notoriamente andrógino. Segregado, às vezes ridicularizado por outros rapazes que lhe podem rotular como mero artifício às tendências artísticas, parte integrante de sua condição de não ter plena funcionalidade, de garoto fraco ou até afeminado, e também, a essa altura, totalmente ignorado pelas meninas que outrora alimentavam sua existência, o libriano mergulha num conflito. Como a reinterpretação masculina de sua planetária e ultrafeminina homônima Vênus, o artístico macho apolíneo acaba com o equilíbrio comprometido, num mundo dividido estritamente segundo as linhas de gênero. Ele tentará encontrar seu próprio nicho, analisando-se em busca dos famosos traços pessoais fortes, de qualquer coisa extraordinária que possa lhe garantir um reconhecimento e, assim, um lugar no panteão social. Pois embora concentrado talvez no cultivo de um personagem tão individual, ele teme e espera evitar que o releguem para as regiões inferiores do esquecimento de seus iguais. Os talentos se transformam em seu foco, e ele planeja deixar sua marca com alguma conquista que possa exibir.

E, igualmente, compensará com a verve estilística o que lhe falta em aparência máscula. Se a humanidade vivesse na selva, o leonino, com sua atitude da sobrevivência do mais forte, poderia de fato reinar supremo; mas na sociedade moderna, um mundo construído sobre ideais elevados e normas apolíneas de civilização democrática, um homem surpreendentemente menos "natural", como o libriano, está fadado a prosperar. Vivendo da verve caracteristicamente wildiana, ele é o preeminente intelectual e sofisticado do zodíaco. Com essas distinções, espera vencer qualquer machão no jogo da vida — e no do amor também. Enquanto isso não ocorre, talvez experimente uma sensação de desprezo de si próprio (que naturalmente reprimirá) por não se sentir naturalmente equipado com atributos invejavelmente masculinos, tais como músculos desenvolvidos e um atletismo áspero. Entretanto, o libriano mascara sua desilusão profundamente assentada, ocultando-a por trás de uma expressão de quem está pouco se importando. Ele exibe atitudes como sua melhor defesa contra o sentimento de inferioridade. A reversão, de fato a recriação de si mesmo, é sua melhor arma de sobrevivência num mundo competitivo no qual imperam a dominação masculina e as conquistas sexuais. Igualmente, a recriação, naquele outro sentido da palavra, se transforma no seu principal objetivo na vida: adotando uma personalidade de *bon vivant*, o sibarítico libriano procura aqueles prazeres venusianos que o mundo tem a oferecer, envolvendo-se em todas as coisas artísticas, ou até afetadas, empregando seu característico *discurso estetizante* para cortejar a *elite*.

Corpo + Alma

O libriano pode ser o personagem mais eloqüente do arraial astrológico. Dos traços naturalmente animados às expressões exageradas e ao estilo original de se vestir, o nativo de Balança decerto se destaca na multidão. Eternamente juvenil e mais bonitinho que classicamente bem apessoado, ele pode parecer quase uma figura de desenho animado, quando não decididamente cômico em aparência. Orgulhoso do desenvolvimento de um estilo personalizado, este elegante com cara de bebê gosta de circular pela cidade, entrando e saindo dos diversos ambientes sociais, facilmente adaptável e habilmente produzido para se encaixar em qualquer situação. Um pouco mais alto e mais magro que outros homens da sua família, ele ainda consegue parecer positivamente angelical. Seu rosto é redondo, borrachudo, e completamente revelado, graças à linha extremamente alta da implantação capilar; os cabelos são crespos ou encaracolados, embora finos; os olhos amendoados e fundos estão colocados em pálpebras carnudas; as faces podem ter covinhas; o nariz reto, embora ligeiramente achatado e flexível, parece quase isento de cartilagem. Quanto à boca, reduz-se a uma fenda horizontal bastante pequena, que se curva para baixo nos cantos, formando uma leve careta, encimada por um lábio superior adequadamente

BÍBLIA + LITERATURA

O signo de Libra se inspira no personagem de Lúcifer, que significa "Portador do facho de luz", o princípio do poder aéreo, adequado à condição cardinal-ar do signo. Ele é a estrela da manhã e da tarde (planeta Vênus) que buscou derrubar o Sol como centro do universo. Era rival de Deus, de Elias (o grego Hélio). Lúcifer tentou trazer o poder para a humanidade e construir uma civilização iluminada. Em Lúcifer vemos o libriano como um desfavorecido *liberal* tentando alcançar uma posição exaltada. Protótipos literários incluem o personagem Pip, da obra de Charles Dickens, *Grandes Expectativas*. Pip, cujo nome significa "semente", aponta, para o desejo libriano de impregnar o mundo com ideais elevados. O novo-rico Luke Skywalker, com seu sabre luminoso, é lucífero até a medula.

CASA ASTROLÓGICA

união
cooperação
parcerias a dois
confrontação
parcerias comerciais
casamento
contratos
acordos
contemporização
processos jurídicos
tratados
reação pública
o que nos falta
distante de si mesmo
avós
agentes
identificação com terceiros
união com terceiros
igualdade
harmonia
o sexo oposto
conflitos conjugais
atração
equilíbrio
coletividade
outras pessoas
divórcio
ruptura
adversários/detratores
contato íntimo
quem nós atraímos
ligações amorosas
reciprocidade
karma
compensação
comércio
relações públicas
probidade
imparcialidade
guerra
unificação

chamado o arco de Cupido, que lhe empresta uma expressão semelhante à de um bebê à beira das lágrimas. Apesar da aparência que lembra um dos *Muppets*, há em sua expressão um quê de melancolia, como se fosse um palhaço triste destinado a fazer os outros rirem. De fato, a posse de uma verve excepcional é marca de nascença do libriano, e ele é famoso por ouvir com agrado e placidez o discurso alheio, pontuando-o com oportunos comentários espirituosos e breves. Ele é o mestre dos jogos de palavras, insinuações, ironias e duplo sentido, embora os demais levem alguns instantes para entender plenamente a essência de seus comentários econômicos. Há uma explosão de risos quando finalmente entendem a plena importância do que ele está dizendo.

Mesmo fingindo estar entediado, o libriano adora interações sociais; embora, na verdade, seria mais adequado dizer que detesta ficar sozinho. Poucas pessoas se tornam íntimas num prazo tão curto quanto o dele, pois costuma adotar os estranhos como se fossem parentes há muito tempo perdidos. Sua reação instintiva é ser includente em todas as situações. Criatura muito gregária, o nativo de Libra é diversas vezes confundido com um festeiro superficial pelos indivíduos mais austeros do zodíaco. Mas a solidão e a depressão não são alheias ao nativo de Balança, que considera, porém, falta de cortesia ficar se preocupando em público, habituado como está a desligar os impulsos mais sombrios de sua alma.

Por vezes mais engraçadinho que bonito, o libriano tem uma musculatura arredondada que só contribui para sua aparência de João-teimoso. Os ombros, principalmente, podem ser estreitos e caídos. Talvez pareça ter o tórax um tanto abaulado, o torso truncado e mole em proporção com os membros longos e delgados tão característicos. O corpo em geral mostra uma cintura alta com quadris finos, a bacia estreita, e uma região lombar encurtada — essa área de articulação é regida por seu signo, sendo o ponto de equilíbrio entre a parte superior e inferior do corpo —, o que significa que muitos librianos podem sofrer de dores ciáticas, lumbago e problemas renais. Menos peludo que os outros homens da família, terá poucos pêlos, macios como penugem e de tonalidade clara. Ele é bastante flexível, e quase sempre se destaca em esportes graciosos como a ginástica, o mergulho ou até a luta livre, sendo tão difícil agarrá-lo fisicamente quanto o é psicologicamente. Suas partes privadas são dignas de manuais de anatomia, pois ele é amplamente dotado, embora raramente com exagero, com os detalhes tão amigáveis na aparência quanto o próprio nativo — tudo rosado e perfeitamente formado, jamais distintamente escuro ou de conformação minimamente anômala.

Em virtude do jeito sestroso e faceiro, o libriano quase sempre tem dificuldades em ser levado a sério. Mesmo quando extremamente magro, sempre tem um jeitinho de garoto rechonchudo que, com poucas exceções, pode impedi-lo de parecer puramente esbelto. Sua característica falta de pêlos faciais — podem ser precisos dois dias para formar uma sombra de barba — reforça ainda mais seu ar de artificialidade. Não é de estranhar que talvez pareça particularmente suspeito aos outros homens, mesmo quando as mulheres acham infinitamente divertida sua conversa. Os demais prontamente o consideram "pouco masculino", rótulo talvez sintomático de seu notório interesse por estética, ou de sua incapacidade predestinada de se divorciar da superfeminilidade de seu planeta regente, Vênus. Entretanto, porque Libra é um signo de polaridade masculina, projeta bastante agressividade masculina, embora no âmbito cerebral e verbal, que muitos homens consideram beligerante, principalmente vinda de um Muppet tão moleirão. De nada adianta o nativo ser tão motivado nas atividades criativas, aquelas que os machões estritos consideram "boiolice". Além de tudo, o libriano não costuma se acarneirar, deixando ressentidos com sua abordagem naturalmente liberal da vida os conformistas empedernidos. Ele está convencido de que é especial, um original completo — e tratará de divulgar este fato. E tendo amorosamente assumido e fomentado seus traços pessoais destacados, o libriano usa essas distinções como se elas fossem um manto. Vem à memória o personagem Linus, da história em quadrinhos *Peanuts*, com seu cobertor de segurança, a quintessência do arquétipo masculino de Libra — idealista, intelectual e racional, mas também ultra-sensível e inseguro — e que, tal qual Apolo, se distingue como um grande orador, esclarecendo as situações ao extrair-lhes o verdadeiro sentido. O nome Linus é derivado da palavra grega *linos*, que significa "semente de linhaça", um filho de Apolo que o deus matou acidentalmente, dado de que Charles Schultz pode ter estado consciente. Na literatura clássica, o personagem libriano masculino chega até nós como Pip, que também significa semente, em *Grandes Expectativas* de Charles Dickens. De fato, tal como o signo de Áries representa as sementes físicas, a origem da vida adequada a seu estado de cardinal-fogo, o signo de Libra se refere ao plantio de sementes ideológicas, criando nova vida e ordem no plano intelectual, em sintonia com seu compromisso de cardinal-ar. O domínio apolíneo da profecia equivale a ter grandes expectativas; Linus também tinha altas perspectivas, não nos esqueçamos de sua vigília à espera do proverbial Grande Abóbora.

O libriano é sem dúvida assombroso: mesmo quando trabalha numa imensa colméia empresarial ele irá exibir um decidido aprumo, tanto na conduta, quanto

PALAVRAS-CHAVE

proporção
harmonia
medida
encanto
acaso feliz
idealismo
compostura
elegância
leveza
luta
talento
caráter
indecisão
liberalismo
justiça
imaginação
aptidão
ordem
aparências
democracia
premonição
progressão
expectativa
consciência
civilização
diplomacia
negociação
estimulação
agilidade
inovação
despudor
sensualidade
flexibilidade
personalidade
imaginação
acrimônia
classe
inferência
resposta pronta
extravagância
discernimento

HOMENS FAMOSOS DE LIBRA

Idealistas imponentes e artistas conceituais

Sting
Eminem
John Lennon
Thom Yorke
Bruce Springsteen
Bob Geldorf
Brian Ferry
Peter Tosh
Matt Damon
Viggo Mortensen
Michael Douglas
Montgomery Clift
Richard Harris
Hugh Jackman
Tim Robbins
Liev Schreiber
Isaac Mizrahi
Ralph Lauren
John Lithgow
Jon Favreau
Guy Pearce
Jeremy Davies
Jeremy Sisto
Steve Coogan
Buster Keaton
Marcello Mastroianni
Jerome Robbins
Peter Max
Tom Petty
John Mellencamp
Jackson Browne
Tommy Lee
Thomas Dolby
Snoop Dogg
Flea
Pele
Meatloaf
Shaggy
Divine
Luke Perry
Mark Hamill
Richard Barone

no vestuário: o libriano apela para um visual de clima retrô; malgrado a elegância, pode parecer um sujeito cheio de pose. Sem dúvida, existe uma surpreendente verdade arquetípica no fato de esse filho de Apolo estar impondo, e, como aquele, encampando o que foram previamente atributos das mulheres, sob a regência de sua deusa feminina. Em resumo, ele não se veste do jeito mais másculo do pedaço. Num clima a Oscar Wilde, ele pode ser extravagante ao extremo, misturando e combinando cores ou padrões com audácia, harmonizando peças de alta costura e da moda barata numa mistura instigante, transformando a vestimenta numa forma visível de transgredir o conformismo social. Para ele, o indivíduo é aquilo que se imagina ser. Sequer lhe passa pela mente a possibilidade de parecer falso ou artificial. De todos os signos astrológicos, este talvez seja o que tem mais dificuldade em dizer até a menor mentira; quando se esforça por fazê-lo, perceptivelmente evita fazer contato visual. Mas sua inerente franqueza pode ser considerada uma atitude demasiado agressiva de tolerar.

Consumado artista do zodíaco, o libriano é sua própria e maior obra-prima viva: não se limitando ao vestuário, ele é, porém, o diretor de criação de seu dia, de sua vida inteira. O corte de cabelo é freqüentemente tão ousado quanto seu sentido de moda — Chanel com nuca raspada, pajem à Príncipe Valente, ou melenas de roqueiro cuidadosamente despenteadas são alguns de seus visuais favoritos. Como os cabelos são por vezes ondulados ou crespos, ele poderá preferir usá-los soltos, adotando uma estética hippie-chique. Justiça se faça a seus detratores, o libriano tem mesmo alguma coisa de falso. Não há como ignorar que orquestrou sua aparência. Conforme denota aquela lista de homens famosos do signo, o libriano é um homem que visualiza a si mesmo — forma-pensamento falante e ambulante. Sua imaginação é famosa pela hiperatividade, e tipicamente antes mesmo de andar o nativo já está interpretando os milhares de personagens que lhe fermentam nas idéias, o que, desnecessário dizer, deixa os pais desconfiados, pois numa idade tão tenra ele já parece pronto para atuar, em vez de ser apenas ele mesmo. O que os pais não percebem é que essas caracterizações massivas são o próprio indivíduo. Você se lembra do lema "nós somos"? Cada "lado" de sua personalidade é catalogado na formação de seu psiquismo singular. Assim como o libriano é o tipo eclético por natureza, que se mete em dúzias de interesses artísticos e recreativos, ele é, em seu íntimo, uma personalidade múltipla. Sua mente é uma parede coberta de personagens, da qual ele retira suas variadas caras. Mas o que pareceria psicose, para o libriano é um processo psicológico natural. Nenhuma parte dele é absolutamente falsa.

Mas o fato é que o artifício — a palavra se deriva de *arte* — é inato ao único homem nascido sob este signo estelar inanimado. Mas a arte não é também um artifício? Ela não imita a vida? Ou será o contrário? O libriano é uma exploração viva dessas questões essenciais. Ele representa a vida vivida como um tipo de arte performática, que indaga: será que isso não se aplica a cada um de nós? Admitidamente, organizar e coordenar o coral de indivíduos que compõem sua personalidade naturalmente facetada exige uma alta dose de orquestração, no sentido mais estrito da palavra.

Sexo + Sexualidade

Desde seus tempos de criança, o libriano se sente diferente. Os pais, reconhecendo a imaginação, a personalidade e os cacoetes do filho, talvez o rotulem de "especial"; porém, com mais freqüência, ele é simplesmente considerado "diferente" ou "esquisito". Quando o libriano atinge a adolescência e a sexualidade entra em cena, ele sente-se incapaz de competir, principalmente em físico, com os marombeiros que estão atraindo a atenção das meninas. Depois de desfrutar profusa companhia feminina durante a infância, ele pode se ver de repente rebaixado à posição de amigo. E diante de tal desvantagem, custa-lhe obter reconhecimento como entidade sexual. Adequadamente, ele pode se sentir uma combinação excessivamente equilibrada de traços tradicionalmente masculinos e femininos, precisando sempre se defender contra as alfinetadas dirigidas à sua sexualidade aparentemente dúbia. Mesmo o libriano mais hétero do planeta terá sua sexualidade desafiada pela população mais estereotipada e simplória. Durante a adolescência, ele talvez chegue a duvidar de si mesmo, atribuindo a sensação de ser "diferente" a uma orientação sexual alternativa, o que talvez não seja o caso, mesmo quando o nativo é homossexual: ele apenas sofre de uma permanente crise de identidade, tendência que infelizmente contribui para transformá-lo num alvo inequívoco para os avanços dos homossexuais masculinos. Em busca de auto-realização, muitos librianos farão experimentos sexuais com outros homens, por vezes sob a instigação de um garoto mais velho e atento à inata propensão exploradora do nativo. Afinal, de uma forma ou de outra ele está em busca daquele amor fugaz. Para alguns, este é o ponto de partida para a adoção de um estilo de vida gay. Quase sempre até o libriano mais hétero será um indivíduo extremamente simpatizante da causa gay, reconhecendo em si mesmo o que pode ser apenas uma bissexualidade

★

Roger Moore
George C. Scott
Jason Alexander
Mickey Rooney
Mario Puzo
Johnny Carson
Ed Sullivan
Lenny Bruce
Bispo Desmond Tutu
Gandhi
Jimmy Carter
Lech Walesa
Vladimir Putin
Stanley Kramer
George Gershwin
Dizzy Gillespie
John Coltrane
Chubby Checker
Art Blakey
Glenn Gould
Luciano Pavarotti
Ray Charles
ee cummings
T.S. Eliot
Michelangelo
Antonioni
Pedro Almodovar
Shel Silverstein
Truman Capote
Oscar Wilde
Gore Vidal
F. Scott Fitzgerald
William Faulkner
Harold Pinter
Arthur Miller
Eugene O'Neal
Arthur Rimbaud
Auguste Lumiere
Le Corbusier
Alberto Giacometti
Caravaggio
Robert Rauschenberg
Mark Rothko
Shaun Cassidy
Peter Finch
Rex Reed
Jeff Goldblum

REGÊNCIA DO CORPO

Libra rege a parte inferior da coluna, a região lombar, e os rins e o apêndice; problemas físicos comuns incluem distúrbios renais e o lumbago. Os rins realizam um equilíbrio próprio, pesando e eliminando substâncias indesejadas.

puramente teórica. De fato, nativos de Libra de ambos os sexos sustentam o argumento de que todas as pessoas são inerentemente bissexuais. No mínimo, ele pode estar entre os caras que dão longas olhadas para outros caras no vestiário masculino, tão predispostos a se encantar esteticamente por uma forma masculina divina, quanto o estão pela forma de uma mulher adorável, dadas as mesmas condições.

Em todo caso, o libriano hétero raramente é homofóbico. Para cada afirmativa de que o libriano Eminem mostra esse tipo de preconceito, haverá quem garanta que essa raiva é dirigida a si próprio. Na verdade, às vezes o "personagem" libriano adota uma máscara de "bad boy", totalmente planejada para evitar aquela sensível energia venusiana que leva a maior parte dos Linus librianos a sair correndo em busca do metafórico cobertor de segurança, nem que seja para chegar de volta usando o cobertor em algum lance de moda espetacular, como aquele personagem acaba quase sempre por fazer. Qualquer que seja a forma da manifestação, o chamado vestuário artificial do libriano é na verdade confeccionado com o próprio tecido de todas as sensações de inferioridade que o acossam, destinadas todas essas firulas a distrair os outros, e, na verdade, ao próprio nativo, de qualquer sofrimento verdadeiro que possa sentir por trás de seu artifício artístico. Em geral, ele é demasiado esclarecido, do ponto de vista intelectual, para julgar os outros a partir da raça, do credo, da cor de pele ou da orientação sexual. Efetivamente, o nativo acredita que sua mentalidade de livre pensador é o que lhe oferece a melhor oportunidade de impressionar os demais, principalmente as mulheres que lhe impressionam o gosto exigente. Pouco à vontade para competir nas arenas mais rústicas da bravura masculina, — freqüenta com mais desenvoltura a quadra de tênis ou a pista de esquis que o campo de futebol ou beisebol —, ele se dedica a fomentar suas qualidades urbanas, na esperança de fazer média com as mulheres que procuram nadar em águas tão culturalmente sofisticadas. Porém, isto é mais fácil de dizer que cumprir: o libriano é quase sempre bastante infeliz no amor. Com certeza, alguém tão espirituoso e encantador será uma divertida companhia para sair; mas o *bon vivant* libriano não é prontamente considerado um bom "material para casamento". O libriano é aprumado, polido, ou mesmo principesco — como recém-saído de alguma escola de polimento imaginada por ele próprio. Mas por que, indagam as mulheres, ele faz tanta celeuma ao próprio respeito? A resposta é singela: não é porque possa fazê-lo, mas sim porque quase sempre precisará fazê-lo, pois tal comportamento é tipicamente um subproduto dos meios de sobrevivência emocional de que lançou mão na infância. O aperfeiçoamento se torna, portanto, a mais surpreendente meta de chegada na vida de qualquer libriano. Ele nos ensina, por meio do exemplo, que não precisamos necessariamente aceitar a "posição" em que nascemos; que podemos desenhar nosso próprio projeto de vida, um que combine com a pessoa que vemos como sendo nós, nas mais altas expectativas que temos a nosso próprio respeito. O lado negativo, entretanto, é que o libriano tem muita dificuldade em se sentir satisfeito consigo mesmo, ou com suas realizações. É este para ele o desafio específico: aprender a apreciar sua presente situação, a qualquer altura, caso queira ver o valor de sua vida continuar a subir. O nativo é a prova viva do velho ditado que diz que você precisa amar o que tem para conseguir o que deseja. Este é o exato paradoxo kármico que serve de fundamento à condição libriana.

Infelizmente, a abordagem autônoma e artística do libriano à vida não impressiona as legiões de mulheres que estão procurando segurança no parceiro — um golpe adicional contra o nativo de Libra em sua busca de amor duradouro. Ele sempre terá namoradas, mas quando se trata de casamento ou de qualquer forma permanente de relacionamento, descobre que as mulheres não conseguem assumir um compromisso: ele apresenta ao mesmo tempo um "excesso" (de idéias, leia-se: bazófia) e uma "escassez" (de substância, leia-se: dinheiro na mesa). Para se associar ao dândi libriano será preciso uma mulher dotada de visão prospectiva e toneladas de confiança. A fé depositada por esse tipo de parceira estável, coisa a que ele não está acostumado — pois seus próprios pais não levaram a sério suas ambições elevadas, tentando dirigi-lo para atividades mais rentáveis — funcionaria, ironicamente, como um encantamento para ajudar Libra a lucrar com seus próprios e variados conceitos criativos. Ele retribui o favor: por bem ou por mal, o libriano vê aqueles a quem ama sob a melhor luz possível — uma percepção idealizada a que os demais acham difícil corresponder. Em relação aos outros, o nativo tem esperanças tão elevadas quanto em relação a si mesmo, o que freqüentemente lhes traz sentimentos de inferioridade quando fatalmente não conseguem se mostrar à altura. Apesar de inspirador, o fato de ser visto através das lentes cor-de-rosa do libriano também pode constituir uma janela para as deficiências do indivíduo.

Em certo sentido, o libriano assume o papel de Pigmalião, no ponto em que o papel foi abandonado pelo precursor virginiano: o nativo de Virgem, desejando transformar uma mulher em seu ideal, procura desbastar, esculpindo-a à maneira de Svengali, ao passo que o libriano contempla a mulher como um produto artístico acabado, como Galatéia sobre o pedestal, admirando-a

LANCES ERÓTICOS

NATIVO HÉTERO

mulheres dominadoras
mulheres altas
belezas clássicas
modelos
veneração (ativa)
cabelos longos e lisos
pele de alabastro
beijar
lamber
decotes
cunilíngua
trivial não-variado
voyeurismo
masturbação feminina
submissão leve (passiva)
mulher por cima
penetração lateral
lamber
chupar
morder
manipulação dos mamilos (ativo)
triângulo mulher / mulher /homem
casais
clubes privês
literatura erótica
brincar com mamilos (passivo)
toques sensuais

até que, graças à sua apreciação carregada, termina por fazê-la ganhar vida (e retribuir os sentimentos dele). Tamanho é o poder do amor, na visão do nativo de Libra. E, de acordo com essa analogia de Galatéia, o nativo é atraído por mulheres esculturais, quando não monumentais, de beleza clássica, aquelas que na avaliação dele são perfeitas obras de arte. Isso coloca mais um empecilho à possibilidade de lhe garantir uma ligação amorosa, pois o Pip zodiacal nem sempre consegue conquistar o afeto das altivas Estellas (que significa "estrela") deste mundo. Naturalmente é só uma questão de percepção: reconhecendo apenas o bom, ou só o perfeito, o libriano empurra a mulher de seus desejos para cima daquele pedestal, seja ou não universalmente reconhecido que Gwyneth Paltrow poderia interpretá-la na versão cinematográfica da vida dele, ou quer ela queira ou não se empoleirar ali, para começar. Até a história de Dickens, do duvidosamente amado Pip, é uma remodelagem de alguns dos mitos do romance apolíneo, dos quais o mais famoso é a perseguição do deus à ninfa Dáfne (significa "honra"), que preferiu ser transformada numa árvore a ter que namorar um verdadeiro deus considerado, em todos os aspectos, um galã. Mas mesmo na transformação da ninfa num loureiro vemos um poder específico do amor apolíneo de Apolo: trata-se de um sentimento enobrecedor, uma expressão da atração do deus pelos altos ideais, qual personificados por certo tipo de mulher, que se identifica com a honra. Da mesma forma, o amor e o apreço do libriano são capazes de ter um profundo efeito transformador numa parceira em potencial. Contemplando-se no admirativo olhar dele, ela se verá como um simulacro das expectativas superiores acumuladas por ele sobre ela, e assim, sistematicamente, começará a ver a si sob aquela mesma luz. O amor do libriano realmente confere poder. Ele não procura estimular a dependência. Pelo contrário, deseja que seus amados se sintam livres e realizados, de forma a nada mais precisarem da parte dele, ou de qualquer outro, que simplesmente amar e ser amado.

Naturalmente, a barricada de bondade e de luz por trás da qual se esconde o libriano, só lança uma sombra mais sinistra sobre a vida dele, e sobre seu psiquismo. O nativo absorve tudo, racionaliza o absorvido, e depois compensa qualquer desvantagem com um otimismo quase sempre exagerado, quando não com uma extrema euforia. Mas isto é a ópera *I Pagliacci* — o departamento de dramaturgia do zodíaco: o libriano é as duas máscaras teatrais da musa, juntas — a tragédia e a comédia. De fato, apesar de todo o clima de Poliana que emite, ele reprime pelo menos outro tanto em decepções: meio vazio, meio cheio, eis aí o dilema do libriano. Os pratos da balança inclinam-se para um lado e para o outro, constantemente, o dia inteiro, como bem poderiam atestar quem ama o nativo.

Como o homem cardinal-ar da astrologia, o libriano é mentalmente ativo, sempre fazendo planos e adotando filosofias, e inventando tragicomédias (todos os librianos são dramaturgos). Ele busca a ação psicológica afinada com o experimental, de preferência ao puramente físico. Seu personagem eternamente a pleno vapor, ele está continuamente em busca de atingir algum objetivo; este não é um signo que fique esperando sentado. Libra encarna seu lema "nós somos", e uma relação com o nativo pode lembrar um dueto ou uma maratona de dança demasiado prolongada. Todo diálogo tem carga emocional. Cada decisão precisa ser tomada por um comitê, pois os relacionamentos são uma democracia a dois (por que, afinal, Dafne fugiu de Apolo? À semelhança do libriano, talvez ele desse demasiado trabalho). Cheio de idéias na cabeça, ele transborda de projetos. Além disso, é notoriamente ansioso e se impacienta em realizar. Boas intenções. Grandes Expectativas. Todo dia ele prepara o leque abrangente de atividades que invariavelmente não consegue cumprir, contrariado pela rigorosa cobrança de si mesmo. Mas para ele, a decepção é de praxe — é seu estado de espírito aproximadamente a metade do tempo. Conforme sabem os amigos e inimigos do libriano, ele chega a extremos, transpirando quantidades iguais de talento e de tormento. A vida com o libriano tem suas tensões, mas lembre-se, ele parece prosperar com elas: como numa balança, a vida é uma gangorra, ou melhor, uma corda bamba. Lançando-se mundo afora na perseguição de suas aspirações cada vez mais altas, o nativo pouco a pouco vai adquirindo refinamento. Com graça e serenidade apolíneas ele finalmente alcança a felicidade.

Até que isso aconteça, ele talvez tenha conflitos com seu idealismo no relacionamento, de modo a porventura levar a parceira a se despencar facilmente do pedestal sobre o qual a colocou. Infelizmente, dado o rigor que aplica a si mesmo, basta uma fração dessa dureza aplicada à parceira para causar grandes danos emocionais. Por muito apreciativo, ou de fato lisonjeiro que ele seja, pode ser no mínimo igualmente cruel e cortante. As flechas de Apolo provocavam as mais dolorosas feridas imagináveis. Os elementos com os quais o libriano mais se debate em sua vida são as conflitantes necessidades de liberdade e de compromisso — o *casamento* e o *divórcio* são ambos atributos da Sétima Casa —, e quase sempre ele projeta no ser amado a culpa por esse dilema, quando se sente sufocado por alguma circunstância ameaçadora. Ao buscar estabilidade e casualidade em igual medida, ele está querendo o impossível.

LANCES ERÓTICOS

NATIVO GAY

rapazes mais jovens
homens héteros
casados
modelos
rapazes bonitos
cabelos longos
escandinavos
masturbação mútua
contato corporal
ginastas
nadadores
surfistas
skatistas
pele de mármore
bissexualidade
triângulos
artistas
paisagistas
brincar com mamilos (ativo)
genitália pendurada
voyeurismo
analíngua (passivo)
submissão e disciplina leve (passivo)
trilha de pêlos no abdômen
spas
saunas
termas
hedonismo
vestuário
jogadores de futebol
sexo oral (ativo)

O libriano tampouco deixa o idealismo fora do quarto de dormir. Para ele, o sexo deve ser, numa palavra, bonito. O clima e até a iluminação devem ser exatamente isso, preferencialmente uma fria névoa azulada parecida à luz do crepúsculo regido por seu signo, pois sua visão da atividade sexual é bastante lírica, sem tentativas nem vacilações, mas sim uma vagarosa viagem erótica, com muitos momentos de escalada, até atingir um final avassalador e bem-sucedido, que não deve deixar em falta nem a ele, nem à parceira. Ao colocar tamanha cobrança sobre si mesmo na cama, o libriano talvez acabe ficando muito "encucado" com o desempenho. Em conseqüência disso, ele se concede preliminares detalhadas, decidido a gratificar a parceira desde o começo, nem que seja como medida preventiva, atormentado pela perspectiva de não lhe proporcionar o Big Bang durante o intercurso. Em contraste com seu signo oposto de Áries — adequadamente chamado o Carneiro —, o libriano utiliza o cérebro de preferência a qualquer outro atributo de que talvez disponha. O menino Vênus é muito mais erótico que explicitamente carnal, e suas manobras de alcova são artisticamente de bom gosto, em vez de serem obviamente pornográficas. Muito a propósito, ele é um amante "light", superficial, porém cheio de improvisos. Quando beija uma mulher na boca, no pescoço, nas orelhas, ou em qualquer parte, o libriano emprega habilmente a respiração — profundas inalações ou um sopro quente — para despertar zonas erógenas ocultas. Ele é mestre do toque suave, traçando levemente com os dedos as curvas do corpo da amante, permitindo que a expectativa dela cumpra um papel na excitação. Ele é o mais intuitivo dos homens no terreno sexual, e parece funcionar no plano astral, movendo as mãos sobre o corpo da parceira como se lançasse um feitiço psíquico de excitação, buscando estimular-lhe a aura tanto quanto as partes do corpo. Ele quer fazer a amante se contorcer de grandes expectativas antes que sequer lhe tenha lambido um mamilo. Nunca é necessário muito tempo para o libriano levar a parceira ao orgasmo, depois de semelhante aquecimento. Uma especialidade específica deste consumado lingüista é a arte do oral: seu estilo é profunda estimulação, lenta e regular, misturada a toques inesperadamente rápidos e leves, deixando intervalos entre as aplicações de suas criativas manobras de língua. Ainda assim, apesar do que pode parecer uma forma de intercurso brilhantemente manufaturada, o sexo com o libriano não exclui a pura paixão. A maneira organizada pela qual se expressa sexualmente emerge de um "lugar" de verdadeira emoção e inspiração. Como em qualquer representação artística de sucesso, o libriano foi abençoado com a capacidade de canalizar seu ardor para uma técnica habilmente aperfeiçoada.

Mas para quem tiver interesse numa trepada de verdade, para valer, o nativo de Libra não é o homem indicado para a tarefa. Mesmo quando bem-dotado — visões de Tommy Lee surgem na memória —, ele está inclinado a compartilhar por igual a experiência do intercurso, em vez de tomar a iniciativa e proporcionar à parceira a foda máxima de sua vida. A exemplo da nativa de Virgem, a vizinha astrológica mais próxima, o homem de Libra foi projetado para um estilo tântrico de relação sexual. Comprometido com sua vagarosa modalidade de construção participativa do ato sexual, ele poderá atingir com a parceira altos níveis de êxtase no prazer. Ao adotar para o sexo uma abordagem mais característica da ioga — visões de Sting acodem à memória —, o ato erótico com o libriano pode se transformar numa experiência transcendental. O homem de Balança é tipicamente sábio quando risca de sua cogitação o projeto do sexo de resultados. Pois, se algo tiver de dar errado no quarto de dormir, a ejaculação precoce provavelmente encabeçará a lista. Felizmente, o que talvez falte em tenacidade ao perfeccionista do zodíaco, ele compensará com medidas preventivas, quando não com repetidas performances sexuais.

Como seria de esperar de um homem nascido sob o anti-séptico princípio apolíneo, o libriano não suporta sujeira no quarto de dormir. Ele mal consegue se controlar, quando rola para um trecho molhado da cama, não querendo um lembrete tão eloqüente daquilo que a maioria dos outros signos poderia considerar só o indício de excitantes bons momentos. Mas há distintas vantagens no comportamento cerebral do libriano na cama; a mente emerge como o mais atuante dos órgãos sexuais que possui: nosso pequeno deus da profecia parece praticamente adivinhar o desejo de uma mulher, tocando-a como tocaria um pintor, sabendo onde colocar a próxima pincelada; tocando uma mulher no improviso, como se fosse um piano. Engenhoso e atento, o libriano, ao contrário de muitos homens, considera o prazer da parceira atrelado ao seu e de tão solidário com ela (ou ele), faz questão de que goze primeiro, ou sozinha. O mesmo ocorre em todos os aspectos de sua vida. Se ele compartilhar um sanduíche, faz questão de oferecer a metade maior, simplesmente porque detestaria ser causa de parcialidade. O lema "eu equilibro" forçosamente acarreta a escolha do palito mais curto. Como o cérebro é de longe a ferramenta mais poderosa, sexualmente ou não, do nativo de Balança, ele pode, em casos extremos, acabar tão mergulhado no erotismo que este substitua qualquer contato real, físico, pois lhe parecem instigantes as experiências anti-sépticas e indiretas. Sofisticadas dançarinas de *strip-tease*, tele-sexo, auto-erotismo e também elaborados jogos mentais de dominação e submissão, fantasias voyeuristas são território do libriano. Projetando suas expectativas eróticas na atmosfera, ele talvez imagine tensão sexual onde ela não existe. Mesmo seus relacionamentos platônicos podem ser carregados e ambíguos — uma enorme interrogação sempre fica pairando no ar. O sexo grupal também se afina com sua atitude coletivista. Entretanto, se por acaso envolvido em tal encenação, o libriano assumirá o papel de mosca na parede. Curioso sexual, ele acredita que tudo deve ser experimentado pelo menos duas vezes. Raramente se investe psicológica ou emocionalmente e é singularmente capaz de sair incólume da maioria dos enredos sexuais. Mesmo no intercurso íntimo a dois, o nativo adota uma perspectiva impessoal, e fica excitado em ser usado como um objeto animado, uma ferramenta sexual do prazer da amante. De fato, nada lhe dá mais tesão que uma mulher ser incapaz de saciar-se dele, usando-lhe gulosamente o falo, de todas as formas, para seu próprio prazer masturbatório.

Em sua visão fria e distanciada da atividade erótica, o libriano não acredita em transformar o sexo num assunto palpitante. Ele tem aversão às normas, e despreza os rótulos sexuais. Como um dos signos verdadeiramente bissexuais do zodíaco, ele é especialmente paradoxal em termos do que o atrai sexualmente. Como reflexo de sua localização na roda astrológica, ele se sente bem intermediário. Colocado no papel de mediador entre os pais numa idade tão precoce, ele aprende a ver os dois lados da argumentação na eterna guerra dos sexos. E com muita freqüência, a posição do meio é onde ele prefere ficar. Para resumir, o libriano costuma gostar de triângulos, tanto da variedade duas mulheres e um homem, quanto dois homens e uma mulher. Ter uma parceira bissexual é uma possibilidade especialmente excitante para ele, pois as possibilidades parecem infinitas. Com duas mulheres ele talvez prefira ser praticamente ignorado, autorizado a relaxar e observar a ação — a não ser, naturalmente, que esteja sendo usado como um “consolo”. Ele também gosta de ir para a cama com um casal hétero, embora a pretexto de compartilhar “com um colega”, e qualquer contato homossexual (opa!) parecerá acidental. Como se a natureza paradoxal do libriano não fosse bastante confusa, ele sente atração pelos homens mais heterossexuais e, ao mesmo tempo, pelas mulheres mais ambíguas.

Mas a atitude libriana de liberdade amorosa não impede que ele tenha aquelas *ligações de vida inteira* atribuídas à sua Sétima Casa astrológica. O sexo é aparentemente irrelevante: por mais liberado e sexualmente ambidestro que porventura seja o libriano, seu objetivo principal sempre será a união com o indivíduo. Ele está muito mais interessado no compromisso de compartilhar uma vida emocional com um parceiro à luz do dia que naquilo que efetivamente acontece na cama no escuro da noite. Malgrado seu impulso de coisificar a si mesmo, ele anseia mesmo é por amor. Mesmo quando bissexual, o nativo precisa se ligar a uma pessoa, de forma monogâmica, pelo menos em teoria, e tipicamente a uma mulher. Embora o homem de Balança esteja mais sujeito que a maioria a experimentar uma relação homossexual, ele é, ironicamente, o menos inclinado a se identificar como gay. Num aceno à sua Sétima Casa dos *opostos*, Libra tem dificuldade em se fundir emocionalmente com alguém do mesmo sexo. Fervoroso admirador da beleza masculina, sente-se facilmente inclinado à atração física pelos homens. Mas no fim das contas, dois homens na mesma casa, e que dirá dois "passaralhos" debaixo da mesma coberta, costumam lhe parecer redundante, inclinando demasiadamente a precária sensibilidade da Balança numa mesma direção.

Por muito que a vida com o libriano hétero pareça bastante liberal, o homem gay do signo leva muito mais longe sua política de abertura sexual nos relacionamentos. De todos os homens gay, o de Libra talvez seja o que tem menor inclinação natural para um relacionamento estável. Sua atração por homens que se comportam como heterossexuais, que parecem sê-lo e de fato se identificam como tal acabam por fazê-lo se relacionar com os personagens que beiram o bissexual — casos de "enrustidos" — e com os quais ele compartilha uma abordagem homoerótica, mais que estritamente homossexual, ao contato com pessoas do mesmo sexo. Bem a propósito, muitas das primeiras experiências do libriano gay são com homens mais velhos, supostamente hétero e invariavelmente casados. Com seu ar de menino bonito e conduta ambígua, o nativo consegue fazer com que praticamente qualquer homem cogite da possibilidade de dar uma voltinha no lado selvagem. Talvez sua atitude descontraída em relação ao contato homossexual faça o sexo parecer algo corriqueiro, pouco mais importante que um aperto de mão ou, mais exatamente, uma queda-de-braço. O libriano lembra quiçá uma Lolita masculina, precocemente provocando quaisquer fantasias homossexuais submersas que outro homem possua. Como o próprio nativo de Balança não está planejando se tornar o esposo de alguém, a agenda sexual descompromissada que projeta é extremamente conveniente para esses curiosos bissexuais, assegurando uma atmosfera discreta na qual explora desejos ocultos.

O visual suave e infantil do nativo — característica que mantém até já bem entrado na meia-idade — costuma atrair um homem mais dominantemente inclinado. Embora o libriano sempre esteja aberto a explorar seu lado receptivo, ele irá, como compensador do zodíaco, buscar em algum momento o equilíbrio, assumindo uma posição agressiva na cama. Entretanto, ele gosta que seus homens sejam homens, e assim aprende, em geral, a aceitar uma vida passada por baixo. Não dizemos que ficará assim para sempre: uma necessidade de ordem e controle proíbe o nativo de ser perpetuamente o consumado submisso. Em vez disso, pode ser descrito como um passivo agressivo. Como seu correspondente hétero, o nativo gay gosta de manter leve e vivo o sexo, mas alguns dos homens ativos que atrai forçam a mão um pouco mais do que em geral lhe agrada. Adepto do oral, ele não é especialmente talentoso, porém, no departamento garganta profunda. Já o sessenta-e-nove é de praxe, salvo alguma diferença, no cardápio sexual do nativo de Balança.

Particularmente mobilizado por conservadores de terno e gravata, o libriano interpreta até o final seu exímio ato de franco-atirador, nos relacionamentos de mesmo sexo, derivando prazer do fato de ser mais ousado, ou até mais maluco que o círculo habitual de amigos no parceiro. Nos casos em que induziu o parceiro a assumir a homossexualidade, o libriano se delicia em agitar os severos jantares e reuniões de negócios a que talvez seja convidado pelo amante, avaliando as reações dos circunstantes a seus comentários e suas opiniões políticas liberais perversamente francas. Os artistas, ele acredita, foram postos no mundo para provocar, e o libriano sente-se no dever de virar o barco dos códigos conformistas de conduta. Jamais um tipo insosso, ele costuma terminar por ser a alegria da festa — e seu comparecimento só faz aumentar a popularidade do amante. Efetivamente, o libriano gay faz refletir sobre o parceiro uma luz favorável, virtude que eles podem usar igualmente para obter outras vantagens. Sempre atento à possibilidade de novas e excitantes experiências, o nativo poderá, de vez em quando, tentar atrair uma terceira pessoa para o quarto de dormir, desejoso de dar ao amante uma visão de sua interação com um afortunado "estranho", numa trama que o parceiro fará bem em acolher, pois, com ele ou sem ele, o libriano sempre busca apimentar a vida sexual com uma ocasional infusão de variedade.

Casais

Hétero

Homem de Libra / Mulher de Áries
Aliados desde o começo, compartilham o anseio de liberdade sexual e expressão intelectual. Como casal, consideram-se uma elite exclusiva, têm um cunho especial quando outros endossam essa percepção. Na cama, ela é o agressor.

Homem de Libra / Mulher de Touro
Eles demoram muito a aquecer, mas depois a coisa ferve. Cada um investe muita energia na saúde emocional do outro. Nas artes, parceria incomparável. No sexo, as imaginações são estimuladas: interpretar papéis é um ritual.

Homem de Libra / Mulher de Gêmeos
Aonde ela vai, ele vai atrás: o libriano é passivo em comparação com a geminiana empreendedora. Eles têm algo a provar — a conseqüência é o sucesso. Em seu acelerado estilo de vida, a atividade sexual é comodamente secundária.

Homem de Libra / Mulher de Câncer
A abertura é o tema permanente do par: a sexualidade é um assunto liberal para o libriano, dando à canceriana a permissão de se soltar. O repertório erótico sempre será original. Cenários bissexuais são estimulantes.

Homem de Libra / Mulher de Leão
A adulação os leva a todo lugar: a validação é a base de seu vínculo jovial: ele aprende a contemporizar; a energia dela é contagiosa. Na cama, a leonina é quem manda; no entanto, o libriano está contente de bancar o passivo.

Homem de Libra / Mulher de Virgem
Amigos estáveis, em luta para alcançar um relacionamento. Ambos podem ser mimados. Começo liberal pode se tornar abuso da liberdade. Com esforço consertam a situação. No sexo, ela quer ser arrebatada; ele não se empenhará tanto.

Homem de Libra / Mulher de Libra
Mais afinados que a maioria dos casais de mesmo signo, eles compartilham uma estética, centro de sua camaradagem de claque. Balanças de ambos os sexos forçam a barra das experiências. No sexo são vanguardistas, experimentais.

Homem de Libra / Mulher de Escorpião
Ela parece do tipo auto-suficiente; a atitude aristocrática dele é instigante. Ambos são atraídos por um estilo de vida grandioso. Eles são mais felizes na companhia dos amigos. O sexo oscila facilmente do precioso ao perverso.

Homem de Libra / Mulher de Sagitário
Os recursos intelectuais dele combinados com as capacidades comerciais dela criam uma parceria poderosa e profunda. Ele é a musa dela. O casal prova que é possível ter tudo. Sexualmente, estão interessados em outros casais.

Homem de Libra / Mulher de Capricórnio

Uma contradição — torturante gangorra emocional, experiência transcendental. A necessidade de status mascara as inseguranças; o sucesso parece uma forma de superar o passado. Na cama, muita bagagem. Mas o tempo alivia a carga.

Homem de Libra / Mulher de Aquário

Definidos pela inventividade e rebeldia, a alguns parecem estranhos. Pensadores abstratos, eles compartilham afinidade mental — causam impacto no ânimo um do outro. O entusiasmo se converte em fanatismo. Na cama, não há falhas.

Homem de Libra / Mulher de Peixes

Casal etéreo, élfico, predisposto à sensibilidade emocional. Podem se perder em comportamento adverso, inclinando-se à hipocondria e procrastinação. Uma profunda conexão produz obras de arte. O sexo é uma forma de escapar.

Gay

Homem de Libra / Homem de Áries

Áries e Libra formam um impressionante pacote — e sabem disso, pois a vaidade é seu traço definidor. A vida comum é estruturada, mas a Balança luta por equilíbrio sem oscilação. O ariano quer um toque de couro em seu libriano.

Homem de Libra / Homem de Touro

Touro é o ideal homoerótico de Libra. Além do físico, compartilham o amor às coisas refinadas. A vida social é uma forma de arte. Comidas e bebidas são copiosamente consumidas. Cada um se orgulha do outro. O sexo é uma intensa exploração.

Homem de Libra / Homem de Gêmeos

Esses garotos deviam concordar em discordar. Mas há uma forte atração: parece ir para a cama com o melhor amigo. Discussões acaloradas levam à ardente reconciliação sexual. Para ambos, a azaração devia ser divertida, brincalhona.

Homem de Libra / Homem de Câncer

Para o radical libriano o canceriano é um afeminado. Mas o homem da Balança é famoso por abrir exceções, principalmente no que envolve sexo. O canceriano se ajusta a uma certa dose de escândalo em sua vida, ao demais, impecável.

Homem de Libra / Homem de Leão

Diferenças ideológicas são um impedimento aqui. Leão é dogmático; Libra é liberal. Mas um pouco de debate animado estimula. No sexo, é mais simples: Libra assume o comando, incitando insistente os desejos mais profundos do Leão.

Homem de Libra / Homem de Virgem

Como realçam o mútuo caráter bonachão, as escapadas facilmente caem no excesso. Para quem olha de fora, parecem mesquinhos, exclusivistas. Eles passam momentos memoráveis. O sexo tem mais a ver com a devoção que com a decadência.

Homem de Libra / Homem de Libra
A distensão é dinâmica prevalente na associação da balança dupla: para evitar conflito, escolhem a rápida reconciliação. Desapegar-se é mais fácil que lidar a sério com a questão. A comunicação sexual também pode ser uma luta.

Homem de Libra / Homem de Escorpião
Escorpião é desconfiado — Libra parece bom demais para ser real. O libriano suporta o sadismo do Escorpião, mas não por muito tempo. O sexo é uma luta pelo poder; Libra geralmente perde e talvez procure um amante menos ameaçador.

Homem de Libra / Homem de Sagitário
Juntos, são supercriativos, tendo explorado os limites de expressão, por vezes com resultados deslumbrantes. Na cama, Libra é escravo do feitiço poderoso do Sagitário. Carência de aventuras pode levar à mistura com sexo grupal.

Homem de Libra / Homem de Capricórnio
Libra é como um sopro de ar fresco na vida do capricórnio. Socialmente, estão absolutamente coordenados. Talvez até se vistam iguais. No sexo, a intriga: Libra se fascina especialmente com o físico sarado e firme de capricórnio.

Homem de Libra / Homem de Aquário
Buscando no mercado uma alma gêmea, Libra encontra o homem de Aquário, compartilhando uma detalhada história de vida. Segue-se uma amizade sincera, que talvez não resista às complexidades de um compromisso mais profundo.

Homem de Libra / Homem de Peixes
Como casal, eles são complexos: o pisciano é imprevisível, o libriano se desequilibra facilmente. Além disso, gostam da vida em alto estilo — e quem segura a batalha doméstica? Ao primeiro sinal de problemas, jogam-se na cama.

A mulher de Libra

a enfeitiçante

A libriana é a ativista do zodíaco: a mais íntegra das nativas da roda zodiacal, ela não consegue se separar de suas elevadas convicções. Em sua opinião, o mundo precisa ser redesenhado, pois a ele faltam os próprios ideais que mais urgentemente ela procura projetar. Quando percebe algo errado, não consegue deixar de se esforçar para corrigi-lo — a esfera da justiça humana é seu domínio especial. Dona de uma mente poderosa, faculdade finamente ajustada e somente eclipsada por seu tipo especial de beleza etérea, a libriana, entre todas as mulheres, é a mais formosa — raramente merecendo o rótulo de ardente ou mesmo abertamente sensual —, mas neste particular, e em muitos outros, a aparência da libriana pode ser enganadora. Valorizada por seu encanto recatado, ela talvez se arrisque a ser objetificada como peça decorativa, como namorada classuda, usada pelos homens para sua própria validação ou como meio de impressionar os demais. Enquanto isso, em matéria de amor sua plataforma é se ligar a um verdadeiro amigo e igual, um livre pensador liberal capaz de compartir seu inflamado amor pelas artes e obras estéticas, e também suas opiniões políticas e visões igualitárias quase sempre radicais. Anticonvencional nos relacionamentos, ela está aberta ao sexo casual com alguém de idêntica mentalidade, genuinamente desconfiada dos relacionamentos legalizados de longo prazo. Quando se compromete com um homem, exige fidelidade total: o inferno não conhece fúria semelhante ao da mulher libriana desprezada. Notoriamente atraída por outras mulheres, independente de sua identificação sexual, agradam-lhe principalmente as mulheres

Vii

PRINCÍPIO

Com o sétimo princípio zodiacal, a dissonância de Virgem dá lugar à consonância de Libra e de seus preceitos apolíneos de ordem, razão e beleza. A arte substitui a mera função, e as regras sociais são impostas sobre a natureza de formas livres. A libriana representa a igualdade dentro da visão masculina apolínea de civilização, sustentando firmemente seus ideais, representando a autoridade feminina no mundo. Seus lemas "eu equilíbrio" e "nós somos" expressam sua necessidade de levar e ser levada a sério.

extremadas — sofisticadas supermodelos feministas, exageradamente lindas, ou radicais beligerantes de megafone em punho; ou, caso possa escolher, uma verdadeira combinação das duas coisas.

Signo + Mente

O planeta Vênus rege o signo de Libra, assim como o de Touro, mas aqui, no sétimo signo do zodíaco, essa esfera celestial tem por foco o plano mental e social (signo de ar) em oposição ao nível material (signo de terra) da existência. De tal forma que, exatamente como a taurina anseia por uma existência substancialmente ideal, realçada por seu amor às coisas bonitas e uma concentração em sua própria aparência, a libriana está mais preocupada com idéias originais — altos conceitos e ideais filosóficos — que possa projetar no plano ético. Tal como Apolo, deus da luz e da ordem, é o principal arquétipo do nativo de Libra, a própria Vênus-Afrodite astral é a padroeira celestial designada, com justa razão, para a nativa de Libra. Deusa da beleza, da graça e do encanto, cujo planeta homônimo representa os princípios universais de união, equilíbrio e harmonia, Vênus-Afrodite não manifesta literalmente seu poder na personagem de Libra como faz na de Touro, que personifica esses preceitos no âmbito tangível e pessoal. Aqui, no signo da Balança, a beleza, a graça e o encanto são elevados à condição de princípios abstratos. Assim sendo, a libriana vê o mundo como um sistema de ordem inerentemente divina, um ambiente unificado regido pela lei cósmica de causa e efeito, no qual a justiça precisa ser feita. Na mitologia, Líbia é a deusa Libera (a Astroarca dos gregos, a Astréia dos romanos), a Senhora da Balança, que representa os efeitos igualadores do karma no universo. E quem tiver conhecimento íntimo com uma libriana concordará imediatamente que quando ela entra num recinto, não dá para deixar de pensar: chegou a juíza. De fato, seria difícil apontar um indivíduo mais inequívoco, de mentalidade mais ironicamente estreita até em suas ideologias mais liberais, mais dogmática na expressão de seus princípios mais elevados. Em sua defesa, cabe admitir que as intenções da libriana são tipicamente pelo bem democrático, pelo menos na opinião dela. Estritamente falando, não importa a dureza da forma ou da maneira assumidas por suas proclamações, essa inteligente filha de Vênus age por amor, embora não como expressão pessoal, mas sim como um preceito universal.

Em termos simbólicos, constitui um direito de nascença da libriana melhorar o mundo, da mesma forma como o libriano tem por preocupação sua própria melhoria. *Avaliar* cada situação com que se defronta e depois adotar o curso de ação adequado — ou partir para rápidos julgamentos ou ações reativas, discutivelmente adequados — é a forma pela qual ela vive a vida. Bem ou mal, a libriana sempre dá o passo seguinte, como forma de devolver o equilíbrio à sua existência. O aperfeiçoamento é seu modo operacional. A personagem Amélie, do filme francês homônimo, fazendo jus ao próprio nome, é uma consumada libriana: por amor, transforma em missão de vida consertar todos os erros perceptíveis que atormentam e fazem sofrer os circunstantes, tal como está decidida a punir os causadores de tais tormentos. Esta é, em resumo, a libriana — uma distribuidora ambulante e falante de retaliação kármica, seja sob a forma de prêmio (graça) ou de vingança (fúria). As Graças são emanações da deusa Vênus-Afrodite, e seus pavorosos alter egos são as Fúrias — ambas são também consideradas variações dos Fados. Em termos psicológicos, as Graças e as Fúrias correspondem, respectivamente, ao *carisma* (encanto materno) e ao *miasma* (maldição materna). Este poder ambíguo da deusa dos Fados, de balança em punho, é a herança arquetípica da libriana. Ela é a altaneira suma sacerdotisa do zodíaco, uma personagem miticamente dotada como feiticeira, quais as clássicas figuras de Circe (uma personificação do ciclo kármico, sendo a sílaba *ka* adequadamente o sétimo som mágico no antigo Egito) e sua sobrinha Medéia, que é o aspecto gracioso da furiosa medusa. Conforme conta a lenda, Medéia era uma bruxinha boa que ao sofrer uma injustiça tornou-se malvada, matando os filhos num enérgico ato de miasma.

O signo de Libra está associado com a faixa etária 42-49 anos, o famoso apogeu da vida da mulher, quando ela muda seu foco da gestação dos filhos para a criação dos filhos: educando, ensinando e preparando a prole para a vida adulta. De fato, esse período se distingue pelas atividades de distribuir conhecimento, instilar ideais e desenhar os futuros destinos daqueles que temos sob nossa proteção. O personagem literário que mais intensamente imortalizou esse período de apogeu é a senhorita Jean Brodie — o nome Jean significa graciosa e misericordiosa, e Brodie se deriva de *broderie* (bordado), pois a personagem carismática é, como todas as deusas dos Fados, uma tecelã de destinos. Pela vida afora a libriana se inspira nesse arquétipo primal, assumindo eternamente o papel de livre pensadora, quando não livre agente, instrutora que ilumina e confere poder aos demais, colocando efetivamente seus pupilos no desempenho dos papéis que a ela parecem adequados. Tal qual Jean Brodie, a senhora

♀

SÍMBOLO PLANETÁRIO

O criptograma de Vênus — o círculo do Espírito acima da cruz da matéria — representa a mente divina. Chamado o espelho de Afrodite, reflete a imagem da correção libriana, dando novo significado à expressão "a mais justa de todas". Visto igualmente como um cajado, retrata a capacidade da libriana de lançar seus desígnios sobre o mundo, urgindo os demais a examinar os próprios princípios.

QUADRANTE DO SIGNO

Os quadrantes zodiacais correspondem aos planos metafísicos da existência: físico, emocional, mental e espiritual. O Terceiro Quadrante é o da percepção mental, principalmente no que se refere à existência. Para a libriana, a importância maior se concentra no âmbito abstrato do pensamento consciente e na projeção de ideações éticas na sociedade. O poder subjetivo embelezador de Vênus é mentalmente objetificado em conceitos adoráveis como justiça, arte e ordem social.

CRIPTOGRAMA DO SIGNO

O emblema libriano sugere o equilíbrio entre o dia e a noite, o verão e o inverno — o equinócio de outono introduz este signo. Libra é o único signo que possui um símbolo inanimado. A Balança representa a igualdade dos sexos. Astréia, a Senhora da Balança, era a deusa da justiça e da lei kármica. As mulheres librianas inspiram respeito como "símbolos" do bem. A nativa é emblemática, especialmente para os homens, que consideram-na um pendente, tendo o termo o significado alternativo de contrapartida e de adereço ornamental.

ELEMENTO + QUALIDADE

O elemento ar tem conotação da experiência mental e social. A qualidade cardinal significa um chamado à ação e à iniciativa. No conjunto, o que melhor ilustra a combinação cardinal-ar específica de Libra é a luz e todas as suas formas simbólicas: o mundo visível, a realidade, a "bondade", a ordem, a verdade e a iluminação.

da Balança emite julgamentos abrangentes, sentenciando os demais a uma vida vivida com o carimbo de seus rótulos e instruções permanentes, ainda que subjetivos. Qual uma mãe que observa, depois pesa, os pontos fortes e fracos dos filhos que está criando, a libriana atribui um propósito a todos que encontra, particularmente aqueles indivíduos que lhe podem ser úteis. Entretanto, ela vê os outros em seu melhor ângulo, de tal forma que muitas vezes eles têm dificuldades em corresponder às suas expectativas. Ela poderá por vezes errar o alvo, fazendo pré-julgamentos apressados; superestimar ou subestimar os talentos dos outros, ou, um de seus defeitos mais notáveis, deixar de identificar plataformas secretas oportunistas. Tão preocupada está a libriana com conceitos grandiosos, colocando suas belas noções e idéias onividentes "no mundo", que pode se esquecer das complicações da vida, manifestadas bem à sua vista.

Para este signo, o único cardinal-aéreo (ativo-mental) da astrologia, o conhecimento não só constitui o exclusivo poder, como também uma força que pode, e deve, ser dirigida propositalmente. Como o primeiro signo da segunda metade da roda astrológica, que dá início ao Terceiro Quadrante do zodíaco — o quadrante do âmbito metafísico da mente e da percepção —, Libra representa o lado oposto da interpretação da existência como originalmente manifestada pelo primeiro signo do zodíaco, o de Áries, a "oitava" mais baixa e o chamado "oposto". O signo masculino de Áries, regido pelo machista Marte, é seguido pelo signo feminino de Touro, regido pela delicada Vênus; o signo masculino de Libra também é governado por Vênus, exatamente como o seguinte e feminino signo de Escorpião é regido por Marte. Para resumir: Libra é a Sadie Hawkins do zodíaco, no qual Vênus, considerada o princípio passivo feminino, se transforma agora na força ativa deste signo masculino. E da mesma forma que a energia ativa-masculina pode ser caracterizada pela condição física explícita e crua associada com Áries, o signo portador da lança, a energia ativa-feminina em Libra é o poder invisível e espiritual da mente, personificado pelo poder daquela feiticeira-sacerdotisa portadora do cajado. Em Touro, o amor, a graça, a beleza e o encanto são posses físicas e sensuais, atributos passivos destinados a atrair um parceiro. Para a mulher de Libra, aqueles nomes se transformam em verbos: amar no sentido de apreciar e melhorar; agraciar no sentido de embelezar e honrar, e também de oferecer a graça sob a forma do perdão e da misericórdia, componentes essenciais para o ideal geral de justiça que a senhora da Balança representa com tanta veemência. E o encanto, como a graça, é capaz de denotar uma mágica própria, pois ambos podem ser sinônimos de uma espécie de invocação.

Assim como a escritora-filósofa libriana Florence Scovel Shinn intitulou seu famoso tratado sobre a magia do pensamento positivo *Your Word Is Your Wand* [Sua palavra é sua varinha mágica], este mantra parece estar codificado no psiquismo de cada mulher nascida sob Libra. À semelhança de uma antiga sibila ou feiticeira, a libriana é aparentemente capacitada, de acordo com a combinação cardinal-ar de seu signo, a empreender ação no plano astral. Enquanto o homem autocriativo do signo usa intrinsecamente essa habilidade para se transformar num personagem-ideação de sua própria imaginação, a libriana foi antes abençoada com o talento de projetar pensamentos no éter, como sortilégios, na deliberada intenção de ver seus desígnios se materializarem. Em termos simples, a libriana possui uma convicção tão exagerada em seus ideais notórios que os *concretiza,* trazendo-os à vida. De fato, é uma força da qual ela deve tomar as rédeas de forma consciente, pois até seus menores caprichos costumam lançar raízes, tamanho é o poder de uma sugestão de sua vontade. Efetivamente, como a supervisora astrológica da atividade kármica, ela comprova o velho ditado "cuidado com o que você pede". A pequena magistrada do zodíaco raramente desperdiça tempo ou energia mental em interesses ou causas que talvez não venham nunca a render os efeitos desejados. Ela programa sua vida e não é do tipo de ficar sentada, ociosa, e depois ir passivamente na onda. No entanto, seus planos exatos são muitas vezes mantidos em segredo. Libra sempre parece que se mete por acaso em dadas situações — visto de fora, sua vida parece encantada —, mas a verdade verdadeira é que ela é uma cuidadosa conspiradora, uma mulher que se dedica muito a abrir caminho para oportunidades das quais teve a premonição de se aproximar. Ela sabe — e que esta seja uma lição para todos nós — que para conseguir o que se deseja na vida é preciso se comportar como se já o possuísse. Agindo assim, descobre que a vida conspira a seu favor; qualquer que seja a estrada de sucesso escolhida pela libriana, este virá fatalmente a seu encontro. Assim é a energia de Vênus, que trabalha ativamente no plano astral: a nativa se esforça para formar uma perfeita união entre si mesma e as circunstâncias almejadas, não importa quão elevadas, ao se identificar psicologicamente com elas. É necessário um tremendo esforço mental, porém, ao enviar as mensagens corretas, ela convence primeiro a si mesma, e depois aos outros, de que é, na verdade, um indivíduo de primeira qualidade, construída da melhor fibra humana. Conseqüentemente, está sempre aperfeiçoando o desdobrar do tecido de sua vida. A nativa de Libra define a condição de escolhida, e assim se prepara para o melhor que a vida tem a oferecer.

POLARIDADE

As mulheres de signos masculinos (ar, fogo) não estão alinhadas com a polaridade de gênero do próprio signo, representando em vez de encarnar a combinação qualidade-elemento do signo. A nativa de Libra procura lançar luzes (cardinal-ar) ao estabelecer miríade de formas-pensamento e ideais elevados. Como a conselheira que ilumina o zodíaco, a libriana se bate pelas causas de seus íntimos, com os quais procura compartilhar um elevado amor "cortesão".

7

NÚMERO DO SIGNO

O número da ordem divina no universo: a luz se compõe de sete cores; as escalas diatônicas na música são feitas de sete notas; como no modelo da semana, o mundo foi criado em sete dias. Existem sete virtudes, sete pecados mortais, sete pilares da sabedoria, sete sacramentos, sete céus. As sete irmãs, também conhecidas como as Plêiades, na mitologia grega, eram filhas de Afrodite-Vênus, deusas da justiça e do destino.

42-49

ASSOCIAÇÃO DA FAIXA ETÁRIA DO SIGNO

A faixa etária associada com de Libra: o *apogeu* da vida para a mulher; o foco está quase sempre colocado em ser mãe e criar os filhos. O momento culminante — o pico do poder sexual, e também da ideologia pessoal. Tem-se uma influência enfeitiçante sobre os demais; e o poder mental culmina.

PSICOLOGIA

A libriana por vezes sofre de um complexo de superioridade, e pode ser sectária, avessa e queixosa. O medo à intimidade lhe impede assumir compromisso, levando-a a fugir às pressas dos relacionamentos, aparentemente sem remorso. Propensa a ser egoísta e errática, ela tende para a promiscuidade como forma de se provar passional. Devido a uma natureza altamente competitiva, dificilmente faz amizade com outras mulheres.

Uma lista de famosas mulheres librianas — inclusive gente como Greer Garson, Helen Hayes, Gwyneth Paltrow, Emily Post, Julie Andrews, Angela Lansbury, Eleanor Roosevelt, Susan Sarandon, Olivia Newton-John, Deborah Kerr, Catherine Deneuve, Barbara Walters e Linda McCartney — revela que as mulheres nascidas sob signo da Balança são freqüentemente irrepreensíveis, até certo ponto: boas moças incomparáveis, ou até impecáveis (no mínimo, não se pode deixar de pensá-lo a respeito delas). Na verdade, a libriana invariavelmente detesta semelhantes rótulos, embora forçada a admitir que muito contribuiu para a criação de tal imagem. Seja assumindo uma postura política de alta correção, seja afetando um ar de altivez ou interpretando de alguma forma o papel de suma-sacerdotisa da sociedade, a libriana vive sua vida num pódio, num pedestal ou num púlpito de sua própria autoria. Embora perceba a todas as outras mulheres como, de uma forma ou de outra, afundadas no pantanal da própria condição feminina, ela simplesmente adota o que presume ser seu lugar de direito no mundo: como uma igual do homem.

Embora sem intenção de dominar o companheiro, nunca desejando nem mais nem menos que uma união equânime, a libriana não consegue senão parecer que está "acima" da maioria dos homens. Ela se dedica a viver uma existência ideal, um relativo estado de perfeição que percebe como um absoluto — uma dinâmica sintomática de seu signo, distinguido como é pela projeção neste mundo, de forma objetiva, da energia subjetiva de Vênus. Afinal, Libra é o signo da arte, estado ideal em si, o qual, embora eternamente ligado à esfera da subjetividade (opinião), está discutivelmente programado para alcançar o absoluto (verdade). Para a libriana é essencial sua vida imitar a arte e/ou vice-versa, até o infinito. Indubitavelmente, Libras de ambos os sexos são verdadeiros artistas, mas enquanto o homem do signo é sua própria e mais eloqüente obra-prima, a nativa constrói gloriosas composições de sua experiência.

Os demais somos simplesmente parte integrante da construção de seu mundo perfeito, afinal, o mundo pertence a ela, que lhe dirá se você é ou não bem-vindo a ele. Ela é, numa palavra, superior. E para a mente libriana, isto não é ruim, desde que a nativa continue otimista quanto a encontrar um companheiro igualmente de primeira qualidade. Para ela, os homens, em geral, se enquadram em duas, quiçá três categorias: os que se sentem atraídos pela exaltada estatura dela, embora com muita freqüência em busca de proveito próprio; os que talvez fiquem excitados em derrubá-la de seu pedestal, convencidos de que "brincar no chão" é o que ela realmente precisa; e um sujeito ocasional, de auto-estima igualmente desenvolvida, que constitui a combinação perfeita para ela.

Se recuarmos para a infância da libriana, encontraremos as sementes de sua intolerância já lançando raízes. Em geral, a nativa do signo da Balança tem uma infância idílica, caracterizada pela presença de pais amorosos e desprendidos, que lhe concedem cada capricho ou, e isto é muito mais típico, ela é o produto de um lar divorciado. No primeiro enredo a libriana é testemunha de um casamento-modelo, que outorga aos pais poderes separados, mas equivalentes, no relacionamento e também na influência sobre a educação dos filhos — a libriana é quase sempre a filha de dois individualistas voluntariosos. Os pais são, em geral, extrovertidos, liberais, interessados nas próprias carreiras, e tratam a criança libriana como igual. Neste caso, a filha é vista com indulgência, considerada a criança perfeita — não lhe sendo preciso fazer uma grande demonstração, como o libriano, para ganhar um rótulo honorável —, e continuamente recebe a impressão de ser incapaz de errar. Instilada com tanta confiança, a pequena libriana nascida sob Vênus, chamada de benemérita menor, espera que assim, indefinidamente, prossiga sua vida encantada. No segundo enredo, no qual os pais da libriana são conflituosos, a dinâmica doméstica é marcadamente diferente. Entretanto, sua resultante determinação em favor da perfeição ainda emerge, e pode-se dizer, com espírito vingativo. Aqui, seu paradigma de acasalamento se fundamenta em cortar as perdas — *casamento* de *divórcio* são ambos atributos da Sétima Casa astrológica de Libra. Ao contrário do nativo do signo, cujos pais notoriamente incompatíveis continuam juntos apesar das diferenças, criando no filho a tendência à racionalização, ou mesmo à estanquização da experiência, a nativa do segundo enredo é, ironicamente, alvo da mesma mensagem da perfeita princesa libriana mencionada antes: a de que ela não precisa "se esforçar", nem se conformar com o estado de coisas. Situações e pessoas, até as que amamos, ela conclui, são dispensáveis, quando não lhe servem aos propósitos e ideais. Não surpreende, então, que desde o começo nos sintamos avaliados pela libriana, como se ela nos estivesse escaneando o psiquismo com uma lanterna de luz intensa, pesando nossos pontos fortes e fracos, julgando se merecemos ser conhecidos ou mantidos como amigos.

ARQUÉTIPO + MITO

Libra personifica o arquétipo da suma-sacerdotisa, da feiticeira vidente, da deusa conselheira — emanações psicológicas de sua padroeira Afrodite-Vênus — como os Fados, as Musas, as Graças, as Górgonas, as Fúrias, símbolos do poder feminino. As Fúrias eram redentoras kármicas para os crimes cometidos contra as mulheres — aqueles que rompiam o *jus naturale*, ou a lei materna. Elas atormentaram Orestes, por matar a mãe, Clitemnestra, embora Apolo (o arquétipo masculino de Libra) o tenha absolvido, apoiando-se na imposição do regime patriarcal. A feiticeira Medéia/Medusa (que matou os filhos numa inversão vingativa do credo de Apolo), como sua "tia" Circe (a roda circular do destino kármico), são manifestações de Astarte, a estrela da manhã ou Vênus Astral, também chamada Astréia, a Senhora da Balança de Libra — deusa soberana da lei.

Corpo + Alma

Para a libriana dar "entrada" a alguém, o requisito pode ser desde uma tarde de bate-papo até um mês de vagas interações; e o tempo todo ela se reserva o

BÍBLIA +
LITERATURA

Libra se baseia no arquétipo da grande prostituta da Babilônia, demonização da deusa Astarte ou Ishtar, cujo nome significa "luz do mundo". Ela é a legisladora e a juíza. A Medéia de Eurípides imortalizou a feiticeira como uma feminista justiceira que busca vingança por ter sido lesada. A obra de Muriel Sparks, *The Prime of Miss Jean Brodie* [*A primavera de uma solteirona*, na versão para o cinema], retrata uma deusa da fortuna mascarada — referindo-se a um bordado —, uma tecelã dos destinos alheios. A Estella de Dickens é a figura estelar das *Grandes Expectativas* de Pip. Em *Doce pássaro da juventude*, de Tennessee Williams, Heavenly é o objeto da afeição de Chance, esperançosa de ser para ele a boa estrela, ou amuleto da sorte.

direito de sair fora. Entretanto, apesar de sua tentativa característica e muito consciente de parecer distanciada, existe nela algo luminosamente atraente. Conforme sugere seu criptograma de Balança — o símbolo é lido alternativamente como o Sol poente ou como Vênus, a primeira estrela da tarde (brilha, brilha, estrelinha) —, a libriana tem uma qualidade estelar que motiva os homens a azarar mais depressa a ela que às outras mulheres do zodíaco. Mas, evidentemente, suas projeções astrais precedem-na: dificilmente ela é abordada de uma forma brusca ou indelicada, e até um total estranho sentir-se-á inspirado a pigarrear, alisar o cabelo com a mão, e adotar seu melhor comportamento antes de falar, ou gaguejar, sua primeira palavra de apresentação. Desde o começo, o homem não sabe onde está pisando em relação a essa nativa — a expressão facial da libriana é tanto calorosa e receptiva quanto altiva. Conforme sugere o signo-símbolo, ela parece pairar sobre algum horizonte remoto. Com certeza, a mensagem que ela está enviando é confusa; uma atitude enigmática, a prudente nativa descobre, permite-lhe ganhar tempo para decidir se atribui à pessoa alguma posição em sua vida ou se a rejeita completamente. A decisão sempre caberá a ela, o que talvez explique por que sentimos a inconsciente necessidade de impressioná-la com um sentido meritório. De fato, é notável observar como os indivíduos mais estimados acabam às mesuras e salamaleques na presença da juíza aparentemente imparcial do zodíaco. Enquanto isso, o teor reservado de seu julgamento deixa aos demais pisando em ovos.

A exemplo de seu planeta, Vênus, que apenas aparenta ser uma estrela — refletindo a radiância do Sol de volta a nós, mortais, aqui na Terra —, Libra não fabrica necessariamente a beneficência que parece estar distribuindo. Nem mesmo no pior estado de humor, ela não consegue senão transpirar um sentido de bondade e de luz. Isto é a bênção para Libra, e também uma maldição: assim como as atrizes nativas do signo são freqüentemente obrigadas a lutar contra a caracterização em papéis de mulheres corretas, quando não, reprimidas, a típica libriana emite uma aura exemplar, que atrai a ela as pessoas, os homens em particular, como crianças travessas para Mary Poppins. Embora estejam constantemente se defendendo dos avanços masculinos, dificilmente estes são de natureza estritamente sexual. A libriana preferencialmente passa uma imagem de mulher ideal a quem o homem deverá fazer o pedido crucial, embora não necessariamente com a exclusão de outros pedidos — ela não é inteiramente imaculada ou de aparência inocente. Ao contrário da nativa de Virgem, que a precede na roda zodiacal, a libriana não é um personagem feminino tão pesado ou carregado a ponto de representar o vórtice da responsabilidade moral para os homens. Pelo contrário, ela pode comunicar a vibração exatamente oposta: muitos homens supõem que a vida com a refinada libriana de elemento cardinal-ar seria um verdadeiro passeio — o homem imagina que encontrou uma mulher etérea que não está presa aos grilhões deste mundo, mulher com quem ele imagina irão decolar seu próprio espírito e aspirações mais altas. Este é o ar promissor retratado pela nativa. Naturalmente elegante e composta, ela atende às especificações até da visão mais sexista da feminilidade, apesar de ser uma feminista de primeira ordem. De fato, ela é demasiado aprumada e classuda para dizer a um dos milhares de homens que se apaixonam por ela que desapareça de sua vida. A libriana sempre se sobrepõe, descartando até as situações mais angustiantes ou difíceis com uma palavra ou sorriso amável, ou com pedido de desculpas de sua parte.

Pelo modo como é capaz de iluminar um recinto, não há que estranhar os homens esperarem que ela ilumine suas vidas. Com o tempo, a nativa se torna muito consciente da capacidade de acender, e nem sempre ser capaz de apagar seu encanto radiante. O estranho é que, em matéria de feições, a libriana não é a mulher classicamente mais bonita do arraial astrológico; por vezes fazendo lembrar um duende, quando não um garoto, ela faz, mais do que uma primeira impressão poderia sugerir, o gênero feiosa-bonita. Mas semelhante descrição não soa como um insulto para a nativa, que realmente é grata por qualquer leve aspecto absurdo de sua aparência, na esperança de que ele consiga eclipsar a perfeição que os outros estão eternamente projetando sobre ela. A habilidade de solapar sua beleza torna-se importante para a Senhorita Balança, que desenvolve a capacidade de passar desapercebida pelas pessoas. Porém, sair com visual de quem acabou de acordar, vestida apenas num suéter de moletom cinza e um par de jeans detonado não é suficiente. Ela precisa, conscientemente, decidir não parecer atraente, fazendo um pouco de feitiço para manter contida sua energia radiante. Pelo mesmo critério, não importa o quanto a libriana pareça exausta, basta que decida parecer linda, e todos os circunstantes terão dificuldades em tirar os olhos dela. Ela possui *glamour* no sentido mais abstrato da palavra; não somente os encantos físicos que sua irmã taurina freqüentemente cultiva tão desesperadamente, mas uma capacidade mental automática para ligar, ou desligar um ar tão carismático, de fato encantador, que freqüentemente suplanta a aparência real. Como a palavra *glamour* vem da mesma família etmológica da gramática, vemos novamente a conexão libriana palavra-varinha mágica. Pelo visto ela tem consciência do poder que exerce sobre nós: uma forma segura de localizar uma libriana é pelo jeito travesso de seu riso reprimido, como

CASA ASTROLÓGICA

união
cooperação
parcerias a dois
confrontação
parcerias comerciais
casamento
contratos
acordos
contemporização
processos jurídicos
tratados
reação pública
o que nos falta
distância de si mesma
avós
agentes
identificação com terceiros
união com terceiros
igualdade
harmonia
o sexo oposto
conflitos conjugais
atração
equilíbrio
coletividade
outras pessoas
divórcio
ruptura
adversários/detratores
contato íntimo
quem nós atraímos
ligações amorosas
reciprocidade
karma
compensação
comércio
relações públicas
probidade
imparcialidade
guerra
unificação

PALAVRAS-CHAVE

bondade
graça
encanto
glamour
idealismo
justiça
aprumo
elegância
desenho
honestidade
artes
consciência
civilidade
compostura
contradição
aquisição de poder
confrontação
edificação
ornamentação
asserção
independência
compensação
polimento
iluminação
vaidade
aspiração
sufrágio
integridade
fascinação
força
sensibilidade
refinamento
configuração
não-conformismo
diplomacia
romance
sugestão
ressentimento
despeito
beleza
integridade

se a existência toda fosse uma grande piada cósmica cuja graça só ela entende. Pense bem: Kate Winslet, Suzanne Somers, Heather Locklear, Gwen Stefani, Olivia Newton-John, a adequadamente chamada Jenna Elfman, e também Gwyneth, todas elas parecem igualmente em cócegas quando diante do público. Se olharmos de perto a libriana, começaremos a notar os pequenos detalhes e imperfeições de seu rosto — uma boca excessivamente cheia de dentes, os cabelos finos, as orelhas grandes e pontudas, a pele manchada, a garganta protuberante como a de uma tartaruga —, características sem as quais ela poderia simplesmente parecer demasiado etérea ou sobrenatural. Para não esquecermos de que ela nasceu sob um signo masculino, a evidência está nos traços que são a marca registrada da libriana, como os ombros largos, as mãos toscas e marcadas de veias, os quadris estreitos ou outros atributos mais abertamente hormonais como um discreto pomo de Adão, uma leve trilha de pêlos descendo umbigo abaixo, ou uma voz densa e rouca que por vezes se quebra como a de uma adolescente. Entretanto, esses traços fazem-na parecer mais companheira — dando um toque masculino à sua delicada feminilidade, o que lhe aumenta a afável acessibilidade e evita que sua persona de suma-sacerdotisa se torne proibitivamente pouco atraente. De fato, apesar de todas as qualidades poderosamente encantadoras, nada parece impedir a libriana de ser considerada um amuleto de sorte, ainda mais deslumbrante quando pendurada no braço de um homem.

De certa forma, a aparência física da libriana desmente sua necessidade de ser respeitada pela capacidade intelectual. Para começar, ela quase sempre tem cabelos louros, embora num tom sujo. Mesmo quando a etnia lhe dá uma pele escura, em comparação com outras mulheres da família, ela será a mais clara de todas. Se o mesmo rótulo fosse mais prontamente aplicado à sua mente judiciosa, a libriana talvez não se esforçasse muito para esconder aquele seu sorriso matreiro. A pele parece desprovida de poros, embora por vezes seca e escamosa; as faces se ruborizaram intensamente a cada emoção registrada. Os olhos, independente da herança racial, são claros: azul-acinzentados em vez de azul cristalino, verde-avelã ou castanhos com pontos dourados. O rosto da libriana é sereno, exceto por aquele eterno semi-sorriso; os olhos também parecem risonhos. Ela apresenta fortes malares no rosto arredondado, bastante carnudo e que raramente aparece tenso ou esticado. A boca tem o arco perfeitamente desenhado, amplo o suficiente para evitar a aparência de lábios finos. Mesmo de estatura acima da média, a nativa raramente é imponente — em conseqüência, há poucas supermodelos do signo —, e apesar da boa altura, ela tende a ser um pouquinho franzina. Um fiapo de gente, ela geralmente se enquadra nos chamados tamanhos "perfeitos": manequim 38, sutiã 40, e sapatos 37. Nas compras, a nativa não perde tempo, aparentemente capaz de usar qualquer coisa. Muitas são notórias freqüentadoras do varejo barato, atraídas por estilos retrô que projetam uma clássica atitude de classe trabalhadora — a Sétima Casa é a dos *avós*, e a libriana emula especialmente a(s) avó(s), principalmente se a estimada senhora foi uma profissional liberal. Roupas de *tweed*, ternos de corte alfaiate e outras modas nostálgicas definem seu estilo característico. Em geral, dona de longas pernas, e esbelta, a libriana não tem problema em usar um biquíni: com os ossos da bacia dramaticamente protuberantes, as laterais do biquíni puxadas sobre eles, ela atrai os olhares disfarçados dos passantes quando está, digamos, pegando uma cor na praia — coisa que nunca deveria fazer sem protetor solar de fator máximo. A barriga é tipicamente musculosa, e a região lombar regida por Libra fortemente sustentada, em contraste com a do nativo do signo, de articulação fraca. De fato, cada um de seus movimentos, como se ela fosse uma garota-propaganda de Pilates, parece derivado deste poderoso "centro". Da mesma forma, ela é uma exemplar estudante de dança, de mergulho, de *skate* ou outras atividades atléticas que exijam muito controle físico e um extraordinário senso de equilíbrio. Os esforços da libriana em qualquer esporte são como poesia em movimento; mesmo quando enfrenta uma estafante dificuldade física, ela não consegue evitar a impressão de que tudo é fácil de realizar — como nas demais tarefas de sua vida — com graciosidade excepcional.

REGÊNCIA DO CORPO

O signo de Libra rege a parte inferior da coluna, a região lombar, os rins — os órgãos que pesam e eliminam o que não é necessário — e o apêndice. Distúrbios físicos comuns incluem problemas renais e lumbago. Vênus rege os atributos femininos no corpo, o estrógeno e o fluxo centrípeto do sangue de volta ao coração.

Sexo + Sexualidade

Enquanto outras mulheres podem dar os olhos da cara para serem valorizadas pela população masculina, a mulher de Balança tem necessidade de lutar contra semelhante adulação. Ao contrário de seu chamado signo oposto de Áries — uma nativa que tipicamente evita os atributos femininos explícitos, para ser tratada em igualdade com o homem —, a libriana desfruta dos atributos femininos regidos por Vênus, porém não vê razão para isso estereotipá-la na sociedade numa posição de segundo sexo. Ela assume suas diferenças de gênero, mas não sente que estas devam excluí-la de ser considerada absolutamente igual. Incomoda-a o fato de que, por ser mais bonita ou mais delicadamente construída

MULHERES FAMOSAS DE LIBRA

Namoradas corretas e feiticeiras sociais

Gwyneth Paltrow
Catherine Zeta-Jones
Kate Winslet
Catherine Deneuve
Brigitte Bardot
Monica Bellucci
Mira Sorvino
Jane Siberry
Jenna Elfman
Elisabeth Shue
Carole Lombard
Rita Hayworth
Joan Fontaine
Deborah Kerr
Olivia Newton-John
Linda McCartney
Alicia Silverstone
Heather Locklear
Suzanne Somers
Cheryl Tiegs
Lorraine Bracco
Susan Anton
Anita Ekberg
Britt Ekland
Julie Andrews
Angela Lansbury
Victoria Tennant
June Allyson
Susan Sarandon
Sigourney Weaver
Greer Garson
Angie Dickinson
Julie London
Glynis Johns
P.J. Harvey
Gwen Stefani
Ani DeFranco
Mya
Neve Campbell
Janeane Garafolo
Suzzy Roche
Sharon Osbourne

que um homem, tenha dificuldades em receber reconhecimento para sua mente, em particular, ou para seus importantíssimos princípios.

Nascer sob o único signo inanimado do zodíaco é um fenômeno que não se pode enfatizar o bastante, se quisermos entender a personalidade da libriana — ou se ela tiver que se reconciliar plenamente consigo mesma. Para os homens do signo, a condição de Balança fomenta a necessidade de um forte conceito de eu — o nativo se sente inerentemente irreal ou antinatural, seus "problemas" referentes a superficialidade, artificialidade e plasticidade em seu caráter notoriamente indeciso. No caso da nativa do signo, entretanto, para quem a certeza raramente ou nunca chega a constituir um problema, a qualidade inanimada de seu signo não aponta para nenhum sentido de irrealidade em sua noção de eu, mas antes para um desejo inegável de impressionar o mundo com seus princípios elevados. Podemos dizer que o libriano é uma idéia, ao passo que a libriana representa os ideais. Ela é emblemática, símbolo vivo do que é bom e correto, figura representativa de diretrizes morais absolutas — leis — que devem ser estabelecidas para garantir a ordem social e a igualdade. Ela é a mulher de mentalidade mais nobre do zodíaco, e, no entanto, sua aparência agradável e formosa por vezes desmente a seriedade de seu ativismo. Como o irmão de Libra, ela pode ser vista superficialmente, embora em seu caso seja a uma luz extremamente lisonjeira (embora, em sua opinião, vaidosa).

Uma conseqüência negativa da aparência etérea da libriana é fazê-la ser mal interpretada como bonita, porém superficial — uma reação automática de insinuar que lhe falte a paixão, senão a coragem, de suas convicções. Principalmente numa sociedade regida pela clássica rede da influência masculina, a libriana luta para não ser considerada apenas uma vitrina ideológica. À semelhança de Brigitte Bardot ou Catherine Deneuve, por exemplo, ambas atrizes que emprestaram suas figuras para modelo do busto de Marianne, a encarnação feminina da República Francesa e de seu credo idealista — *Liberdade! Igualdade! Fraternidade!* —, a libriana muitas vezes se transforma no rosto de formosos princípios, eclipsando todas as lutas pessoais em que se pode ver envolvida. Gwyneth Paltrow, a neo-Deneuve americana, é uma persona simbólica, cuja presença na consciência do público significou o retorno ao entretenimento inteligente no cinema hollywoodiano — ela confere classe à indústria; mas este é um papel que lhe foi designado, em vez de algum que ela possa ter escolhido pessoalmente. À parte a notoriedade global, todas as mulheres de Libra combatem, na vida pessoal, esse tipo de coisificação gloriosa. Ao conhecer uma libriana, a maioria dos homens projetará sobre ela o significado simbólico exaltado. Ao contrário de outras mulheres que talvez precisem combater a objetificação sexual, a libriana luta para não ser moldada em pedra como uma espécie de Marianne doméstica, e colocada num pedestal que não desenhou. Para a maioria dos homens, ela parece o perfeito troféu, e para um punhado deles nunca parecerá outra coisa. A libriana sente-se traída por seu aspecto físico: demasiadamente o tipo "mulherzinha", e de modo ainda mais irritante, o tipo "boa esposa", suscita os avanços de uma enxurrada de homens que vêem nela uma candidata preferencial para o casamento de Sétima Casa e uma concebida existência de contos de fada. Entretanto, antes que alguém diga "garagem de dois carros", a libriana aprende a parar em seco esse tipo de homem. Assim como Jean Brodie contrariando o que considera a petrificação do *status quo*, a nativa de Libra levanta sua cabeça de medusa, convertendo em pedra os desígnios simbólicos de um homem em relação a ela. Entretanto, essas lições de amor não chegam necessariamente de modo fácil, e a vida amorosa da libriana pode ser uma sucessão de erros e acertos.

A libriana poderá se preocupar às vezes em obter ascendência sobre os homens, exagerando na tomada de posição contra o fato de que a tratem como objeto. Para essa filha da Vênus astral, um signo cardinal-ar com ênfase no poder dos princípios, o amor com maiúsculas não é só mais uma palavra de quatro letras a ser lançada a esmo. Haverá decerto normas inerentes de conduta que esta mulher, a juíza do zodíaco, espera ver seguidas à risca. Só em torno de uma diva libriana como Leonor de Aquitânia poderia ter surgido a tradição medieval do "amor cortesão", um movimento que conforme a expressão sugere envolveu a nobreza e uma certa ordem no modo como devia se manifestar o paradigma de todas as paixões — por ironia, de forma um tanto desapaixonada. Leonor, segundo assinalaram os historiadores, estava altamente consciente dos ideais que buscava fomentar. Pela adesão a um código de cavalaria (adaptado das lendas, como a de Arthur e seus cavaleiros, tão populares naquele período) os homens podiam cortejar suas preferidas com justiça. Esta é com certeza uma visão apolínea do amor, visão das paixões humanas sendo elevadas acima dos desejos lascivos do corpo e civilizadas em condutas estabelecidas. Não é de se admirar que o movimento haja marcado um florescimento na arte regida por Libra — poesia, prosa e músicas escritas e levadas à cena por trovadores e jograis (muito dos quais, sabemos agora, eram mulheres), além de pinturas e profusões de bordados e tapeçarias que teriam se rivalizado com os de qualquer tecelã deusa dos fados. A arte de cortejar tornou-se assim uma mania do século XII, o cavalheirismo fictício transformado em comportamento

Rachael Leigh Cook
Fran Drescher
Lynn Anderson
Romy Schneider
Helen Hayes
Lillian Gish
Eleanora Duse
Sarah Bernhardt
Heather Watts
Emily Post
Marcia Kilgore
Donna Karan
Madelyn Kahn
Barbara Walters
Margareth Thatcher
Eleanor Roosevelt
Doris Lessing
Florence Scovell Shinn
Carrie Fisher
Penny Marshall
Wendy Wasserstein
Annie Liebovitz
Martina Navratilova
Martina Hingis
Jane Smiley
Janet Gaynor
Mary McFadden
Ethel Rosenberg
Frances Willard
Edith Abbot
Lilly Langtry
Katherine Mansfield
Anne Rice
Edith Galt Wilson
Margot Kidder
Melina Mercouri
Lotte Lenya
Eleanor da Aquitânia
Juliet Prowse
Linda Hamilton
Moon Zappa
Jenny Lind
Sarah Ferguson
Linda Darnell
Rona Barrett
Annette Funicello

humano factual, do qual sobreviveram resquícios que estão fortemente impregnados na moderna cultura ocidental. Pela introdução de costumes que deixavam nas mãos das mulheres o poder de conceder amor, uma corte opulenta cresceu, efetivamente, em torno de Leonor em Poitiers, atraindo nobres de terras distantes, seduzidos por essa dinâmica de precisar merecer a mulher, em oposição a comprá-la, de uma forma ou de outra, ou simplesmente arrebatá-la em alguma versão medieval do estilo dos trogloditas. A conquista de uma mulher nobre, na tradição do amor cortesão, refletia o valor pessoal e a conduta ética de um homem.

Na juventude, a libriana atrai grande quantidade de alpinistas sociais e futuros motores da sociedade, decididos a elevar o valor de seu próprio patrimônio por meio de associação com ela — homens ambiciosos apostando na libriana para ser sua rainha da sorte. Desnecessário dizer, ela aprende a se precaver nos namoros, examinando os homens com quem marca encontro, como se fosse um advogado decidindo se aceita ou não o caso de um cliente. Às vezes, contrariando o bom-senso, ela se apaixona por um homem de mentalidade tradicional, desejosa de interpretar o papel de perfeita anfitriã, desde que sinta que o relacionamento lhe permitirá liberdade de perseguir suas próprias paixões — e nem todas elas de teor elevado. Na verdade, a libriana é um ser agressivamente sexual — não se deixe enganar por aquele frio distanciamento venusiano —, uma mulher faminta de sexo tanto quanto, ou até mais que de beleza, verdade e bondade. Como esta sofreguidão inata poderá, em raras instâncias, escapar até mesmo à percepção dela, não é de surpreender que a aspiração de um homem por sua mão, em casamento, talvez não se baseie na atração física, mas sim na necessidade de edificação moral. Essa dinâmica pode ser, em grande medida, culpa da própria libriana, a qual, em seu afã por experiências elevadas, ignora a relevância de sua sexualidade, reprimindo a natureza animal em favor de preocupações mais nobres.

Da obra de Philip Barry, *The Philadelphia Story*, nos vem à memória a famosa personagem Samantha Tracy Lord (o nome do meio, do hebraico Samuel, o proeminente juiz e soberano do Antigo Testamento, significa "ouvinte", enquanto o sobrenome assinala seu sentido de divindade). Uma verdadeira deusa vestida num longo branco drapeado, ela é asperamente crítica, de fato inflexível no perdão à fragilidade humana; assim, atrai um noivo que não a ama, necessariamente, mas sim à nobreza que ela representa. Neste caso, nobreza significa seus princípios e de seu aristocrático estilo de vida. A certa altura, ela sofre uma queda do estado de graça, por força de algumas trapalhadas cômicas com álcool e libido, e ao perdoar suas próprias imperfeições aprende a perdoar as deficiências alheias, principalmente seu outrora bêbado ex-marido, que dispensou em função do vício. Da mesma forma, o obstáculo maior entre a libriana e a felicidade romântica é por vezes não tanto a perfeição simbólica que os homens lhe atribuem, mas sua própria disposição a acreditar nisto — vaidade mais fundamentada na suposta perfeição moral que na beleza física.

Freqüentemente, a libriana acaba envolvida numa relação séria antes de perceber as paixões que está mantendo sob pressão. Quando essas paixões são de natureza estritamente sexual, ela poderá se sentir como a Deneuve em *A bela da tarde* (uma equivalente diurna da dama da noite), interpretando o papel de uma impecável esposa ou namorada, enquanto, pelo menos em termos metafóricos, sua libido cativa finalmente se liberta, lançando-a num frenesi sexual de proporções quase equivalentes à prostituição. Ainda mais debilitante para ela que a privação carnal, entretanto, é a privação do poder intelectual, embora, tipicamente, os dois aspectos andem juntos. Especialmente se a libriana tiver se amarrado com algum executivo sedento de status, sob o disfarce de ser a noiva perfeita, acabará finalmente revelando-lhe que levou mais do que pagou. Como Samantha Stephens, de *A Feiticeira*, seriado televisivo americano, versão da Belle cheia de segredos escusos interpretada por Deneuve, ela precisará comunicar ao amante mortal que possui poderes extraordinários. Quanto à bela feiticeira do zodíaco, nada pode substituir a liberdade de exercitar sua mente — sede de sua modalidade específica de criatividade — que está ligada à fonte, situada mais ao sul, de seu desejo sexual. A estimulação mental é o afrodisíaco da Vênus astral libriana. E qualquer relação que lhe exija a supressão do intelecto também irá anestesiar os impulsos eróticos. No mundo das idéias criativas, domina a libriana de elemento cardinal-ar, com seu avançado intelecto; até o marido Darrin Stephens não tarda a entender que Samantha é mais brilhante que ele em bolar *slogans* comerciais eficientes; e de fato, quando "autorizada" a trabalhar sua magia no plano intelectual astral, como feiticeira ou como maga publicitária de bastidores, ela fica muito mais feliz no território doméstico, além de especificamente na cama. Igualmente, a libriana telegênica que, aliás, tenha um discurso inteligente, é vista por muitos homens como sendo a proverbial mulher por trás do grande homem, que confere a ele o poder de ir à luta e conquistar no mundo profissional (quando não faz para ele, em segredo, o dever de casa).

Como arquétipo primordial que vive e respira em cada libriana, Medéia (mídia?), a extraordinária princesa-feiticeira, foi procurada pelo famoso

LANCES ERÓTICOS
NATIVA HÉTERO

homens mais jovens
artistas
sensitivos
corpos lisos esculturais
antebraços com veias
sexo matinal
sessenta-e-nove
cuidados estéticos
depilação (ativa)
pernas cabeludas e musculosas
europeus
travestismo
piercing nos mamilos e no umbigo
romances românticos
cabelos longos e lisos
bissexualidade
rapidinhas
quartetos
posições invertidas
voyeurismo
lamber
morder
chupar
fantasias homem/homem/mulher
celebridades
homens ricos e mais velhos
intensa manipulação dos mamilos (passiva)

guerreiro Jasão para ajudá-lo a alcançar seus objetivos heróicos. Isto é exatamente o que a nativa de Libra representa para os homens; e mesmo que tenha até agora conseguido contornar todos os pilantras oportunistas que buscavam algum belo paradigma de virtudes, para exibi-lo vida afora em sua própria exaltação, a libriana ainda está astrologicamente programada para assumir o caso da pessoa amada, defendendo a causa desta de uma forma que beneficia mutuamente aos dois. Em primeiro lugar, como Medéia, Libra é a original diretora de criação, relações-públicas ou agente de talentos, singularmente qualificada para lançar o parceiro, como a semente, no éter da consciência do público. Ela é a divulgadora número-um do zodíaco, e fará todo o possível para acelerar o ritmo das atividades de seu principal protegido. Para ela, os interesses intelectuais e artísticos caminham lado a lado com o investimento romântico. Em segundo lugar, ela normalmente desempenha as mesmas funções profissionais que o amante, e ajudá-lo a realizar é parte integrante de seu próprio trabalho ou posição profissional — não surpreende que, em geral, esteja envolvida até certo ponto com a mídia.

Valorizando a verdade artística acima das demais virtudes, ela se sente atraída por aqueles Jasões independentes que já demonstraram autonomia ao fazerem sucesso por conta própria. Esse tipo de homem fala mais alto ao amor da nativa à liberdade — as mulheres que só procuram segurança, na opinião dela, são vítimas do *status quo*. Mesmo quando prefere o executivo convencional, a libriana acalenta esperanças de que seu homem esteja operando a partir de um "lugar" de integridade criativa, afinal, o que atraiu Samantha foi o artista em Darrin, e não o publicitário. Ela não tem intenção deliberada de trabalhar em conjunção com o amante, pois este arranjo tem um jeito de codependência; em vez disso, ela busca a interdependência, de forma que seus esforços possam contribuir para os objetivos dele, ao mesmo tempo em que alimentam os dela. O que a atrai, em primeiro lugar, é a auto-suficiência de um homem. Desde criança ela aprendeu que a união só é à prova de fogo quando fundada naquele perfeito equilíbrio de autonomia e cooperação. Enquanto for sua decisão atuar como apoio, ela fará seu quinhão igualitário, e tudo irá às mil maravilhas. A não ser, é claro, que descubra estar sendo usada. Neste caso, muito cuidado! Só para lembrar, o mito de Medéia não termina bem: ao descobrir que Jasão tem outra princesa na jogada, Medéia destrói tudo o que ela e ele criaram juntos (os filhos) numa truculenta, porém exata representação simbólica da fúria retaliatória total da libriana. Vindo de alguém tão leal, o tratamento brutal é recebido com um choque. E como recompensa por compor a injúria com o insulto, ela irá buscar vingança em múltiplas modalidades. Dessa forma, personifica verdadeiramente o princípio de retribuição kármica instantânea.

Mesmo quando tudo permanece em brancas nuvens no relacionamento, a libriana só se entregará ao compromisso ao longo do tempo e em pequenos incrementos. Principalmente se vier de um lar desfeito, sua típica indiferença destina-se a manter à distância o sofrimento que ela sentiu e testemunhou na infância. De fato, esta própria distância, do lado negativo, leva a nativa a ser pretendida pelos homens; do lado positivo, ajuda-a a funcionar objetivamente nessas notórias relações que misturam amor e trabalho. O fato de não investir demais, depressa demais também lhe permite conservar amizade com os ex, muitos dos quais freqüentemente integram seu círculo íntimo de amigos — uma atitude tão casual seria impossível de manter para a maioria de nós. Mas com suas contínuas paixonites, ela não pode se dar ao luxo de se apaixonar facilmente. Seletiva em questão de visual, a mulher de Balança é a maior namoradeira de modelos masculinos do zodíaco, pois seu signo — também masculino — regido por Vênus se preocupa com a beleza masculina. E quanto mais lindo o rapaz, melhor: ela sente atração quase sempre por homens mais jovens, imberbes e discutivelmente andróginos, não se entusiasmando pelos tipos toscos e peludos de machões do bando. À semelhança de Sadie Hawkins, a nativa não hesita em fazer o primeiro movimento em direção a um homem, pois sexo é algo bastante casual. Mesmo quando atingido diretamente por essa fêmea estelar, o homem considera a agressão da parte dela uma anomalia lisonjeira, convencido de que ela é a princesa recatada que aparenta ser — quer dizer, até cair de boca na braguilha dele. Só então o sujeito vai se ligar de que essa gatona que com todo gosto ele levaria para casa e apresentaria à mãe é capaz de levar algo para casa por iniciativa própria.

Na cama com a libriana não há papéis sexuais fixos ou responsabilidades padronizadas a cumprir. Sua importante insistência na igualdade se evidencia, surpreendentemente, quando ela e algum jovem Apolo ficam nus, dois lindos andróginos a se defrontar, cada um definido apenas pelo respectivo órgão sexual. Assim como afetuosamente chamamos o nativo de Escorpião o lésbico masculino do zodíaco, podemos argumentar que a nativa de Libra é o gay feminino, com a mentalidade supermasculina de seu signo livrando-a de considerar o sexo uma experiência emocionalmente carregada. E ela se permite abordar o sexo do ponto de vista superficial de dois companheiros necessitados de intercurso. Dessa forma, a libriana se relaciona muito mais prontamente à qualidade diretiva da mente masculina do que o faz com a visão feminina

LANCES ERÓTICOS
NATIVA GAY

mulheres altas e poderosas
africanas
escandinavas
modelos
atletas
mulher com mulher
bares femininos
garotas roqueiras
masturbação mútua
montar
compressão das coxas
massagem erótica
submissão e disciplina (passiva)
cuidados estéticos mútuos
advogadas
políticas
luzes acesas
estilo chique
cueca feminina
nádegas altas
exibicionismo mútuo
jogos mentais
amizades-rolos
pênis para dupla penetração
veneração (ativa)
sexo a três
humilhação masculina
provocação
coito prolongado

tradicionalmente subjetiva; e assim, com o companheiro ela é naturalmente tão agressiva quanto ele. Assumindo a responsabilidade por seu próprio prazer, ela também retira a pressão de cima do homem — entretanto, não chegará a objetificar o amante a ponto de usá-lo como um consolo, daquela forma ultra-agressiva que a ariana poderia adotar. Em vez disso, há uma sensação generalizada de masturbação mútua para quem vai para a cama com a auto-suficiente nativa de Balança.

No quarto de dormir a libriana tem algo de especialista em eficiência, perita em conseguir que o trabalho seja feito, mais que ardentemente abandonada ao processo. Se o orgasmo for o objetivo, ela não fará rodeios para obtê-lo rapidamente, e depois prosseguir com sua rotina normal. Em geral pouco adepta a maratonas sexuais, não é o tipo que gosta de ficar transando durante horas. Em harmonia com seu nascimento sob o signo da luz, ela prefere as sessões de preliminares, com o intercurso ocorrendo no momento certo, e culminando na apoteose — esta é outra manifestação de seu desdém geral por homens deliberadamente machistas que ela detestaria descobrir. Seu ato sexual favorito é o sessenta-e-nove: ela parece derivar tanto prazer em praticar sexo oral no homem quanto em ser, ela própria, objeto da mesma prática — ao passo que a combinação dos dois atos simultaneamente sendo realizados, o inerente yin-yang, isto é que realmente lhe parece o máximo. E basta a lembrança do ato para mexer com seus hormônios. A libriana tipo A sempre está consciente dos próprios atos na cama, e a imagem mental de si mesma e um amante é para ela altamente erótica. Bem a propósito, gosta de observar a si mesma com o parceiro, seja num espelho bem situado ou revendo a seqüência numa gravação de vídeo doméstico. Se a câmera estiver gravando ela poderá se soltar mais, nem que seja para evitar um desapontamento quando posteriormente assistir à sua fita pornô particular.

A nativa de Libra está confiante em seu desempenho sexual, consciente de que possui talentos de especialista. O sexo oral é sua província especial, e ficar na posição de provedora é uma viagem-cabeça para ela, que se empolga em segurar seu homem, literalmente, pelas bolas. De fato, trata-se de uma fantasia típica de mulher libriana a idéia de manter indefeso um homem ao brincar com seu orgasmo, levando-o à beira do abismo somente para arrefecer e fazê-lo implorar pela consumação. Nesse tipo de preliminares provocadoras, e também no intercurso, ela é intuitiva, econômica de movimentos, e mistura criativamente velocidades, pressões e posições. Ela mantém os olhos abertos — as luzes estão acesas —, alimentando a excitação por meio de olhares e ruídos que provoca no amante. E o que é melhor: tudo isso lhe ocorre naturalmente. É raro haver algo planejado ou artificioso em seu repertório erótico. Ela detesta palavras lascivas, e também gemidos e ruídos simulados. Pessoa sexualmente silenciosa, ela é da escola que acredita que falar é perda de tempo. Entretanto, depois do coito, espreguiçando-se na cama, não exclui a possibilidade de comentar ou elogiar os pontos altos da performance do par, pois a libriana adora se demorar nos vibrantes momentos de depois, e apesar de sua aparência imaculada, não se incomoda com uma atmosfera sexual desarrumada. Para ela, os homens não são tão "estrangeiros" quanto para muitas mulheres, e por isso sua repulsa pelo sexo masculino é tão pequena quanto é grande a reverência. Admitidamente, os homens que escolhe são com freqüência tão lisinhos e bonitos quanto ela, o que não torna muito forçada sua capacidade de sentir semelhante grau de empatia.

Num relacionamento estável, ela pode se encarregar do regime de cuidados estéticos do companheiro, cuidando, depilando e polindo o amante para deixá-lo ainda mais parecido. Para a libriana, a intimidade gera aparentemente a necessidade de se envolver em rituais estéticos, afinal, de forma consciente ou não, ela está decidida a fazê-los virar tantas cabeças quanto for possível para um belo casal.

A nativa de Libra é uma personagem bastante convencional em sua preferência erótica, e não uma pessoa capaz de se sentir atraída por ambientes de alguma forma depravados. Embora, como seu irmão de signo, possua um forte componente bissexual, para ela um triângulo amoroso desperta pouco interesse. Caso fosse optar por semelhante formação, ela iria ironicamente preferir acrescentar à mistura um homem, em vez de uma mulher, e só pela curiosidade de ver o parceiro explorar quaisquer fantasias ocultas que pudesse acalentar. Como no caso das nativas de Gêmeos e Peixes — as preeminentes simpatizantes da causa homossexual no zodíaco —, para a libriana o homem gay encerra uma fascinação. Diferente dos outros signos, ela não os procura em busca de amor. Ao contrário, se sente como uma deles. A libriana personifica a inversão de gênero: com os homens ela é pouco feminina, lembrando muito mais um dos amigos deles que porventura parecesse uma linda mulher — ou seja, um sujeito machão que estivesse preso no corpo de uma recatada debutante. Por outro lado, quando explora o interesse sexual em outra mulher, a libriana adota um caráter ultrafeminino. Tipicamente, sente-se atraída por mulheres ainda mais femininas que ela mesma, dotadas de qualidades exuberantes e exageradas, além de objetivos igualmente competitivos, pois toda a veneração que recebeu na vida, desde o momento em que emitiu seu primeiro edito, não é nada em comparação com a total reverência que conduzirá em seu vínculo com uma mulher desse calibre. Independente da identidade sexual, a libriana tem, em geral, uma visão idealizada do lesbianismo — o amor romântico de duas mulheres é muito mais temido que qualquer envolvimento com um mero homem mortal. Isso certamente explica por que ela tende a evitar a inclusão de atividades com outras mulheres em suas ligações hétero. As mulheres não deveriam jamais ser objetificadas — os homens, sim; as mulheres, não.

A parada fica ainda mais alta com a libriana dita lésbica — e fazemos a ressalva porque até a Balança que mais se identifica como gay deixará levemente entreaberta a porta da heterossexualidade, para o caso de sentir o impulso de revisitar o sistema peniano. A sexualidade para a libriana é uma grande área cinzenta (seu cérebro), na qual tudo é possível e os rótulos não encontram pronta aplicação. Em geral, a mulher pela qual se apaixona é uma encarnação icônica dos ideais mais elevados ou mais radicais da libriana. Com tal amante, a nativa poderá quase assumir o papel de iniciada, e considerar a parceira uma espécie de suma-sacerdotisa. Agora, com os papéis invertidos, a nativa agirá como um Pigmalião intencionalmente obsequioso para uma figura de Galatéia de proporções galácticas. A escolha libriana de interesse amoroso feminino poderá perfeitamente chocar os amigos e a família, pois suas parceiras são quase sempre radicais que parecem extraterrestres em contraste com o mencionado e petrificante *status quo*.

Sofisticação e espírito militante parecem se combinar na libriana gay, aparentemente a inventora do conceito da "lésbica de batom". A beleza (domínio de sua regente Vênus) associada com a energia objetiva masculina de seu signo compõe uma plataforma sexual explícita que exige o plantio de bandeiras políticas — desde que estas também sejam bonitas. A nativa lésbica endossa o conceito de que as mulheres são realmente o mais belo sexo, e sua própria sexualidade se apóia na exploração da beleza feminina. Para todas as librianas, a aparência é a principal preocupação, mas no caso dos relacionamentos da nativa lésbica as aparências se convertem num destaque quase estranho: sua parceira preferencial é por vezes, em grande parte, uma versão ultrajante da nativa em matéria de aparência — mais alta, notavelmente voluptuosa, mais enfaticamente vestida na moda de vanguarda ou nas tendências mais raras da moda retrô; usa *piercings*, tatuagens, maquiagem dramática; exuberante em sua linguagem corporal; e tipicamente tem o tom de pele e cabelos, e a mesma etnia que a libriana. Elas são cópias uma da outra, entretanto a nativa de Balança continua a ser a versão mais recatada das duas. Altamente sociável, a libriana gosta de freqüentar os ambientes, misturando-se com uma multidão chique. Ela adora fazer uma entrada espetacular com a amante, ligando seu encanto inerente ao nível máximo, despertando olhares e cochichos daqueles que ela percebe como espectadores invejosos e reverentes. Esse tipo de desfile lhe desperta excitação sexual; e, no entanto, embora bastante exibicionista, ela nunca o é abertamente, pois se compraz na sugestão e na sedução — na titilação — e não na demonstração óbvia.

A libriana é uma criatura homoerótica, e, para ela, a idéia do amor sáfico sempre será o mais instigante. Tem uma visão urbana de sua sexualidade gay — como se esta fosse algo que a definisse como sofisticada —, na qual o ato é propriamente quase acidental, como se ela e as namoradas tivessem por acaso caído juntas na cama. Enquanto isso, não lhe faltam oportunidades, atraente que é para a maior parte do mundinho gay feminino como a consumada mulher feminina. Assim como sua própria sexualidade não está gravada na pedra, ela também sente atração por mulheres igualmente reticentes, mais bissexuais que propriamente homo, e esta dualidade intrínseca acrescenta uma emoção à sua vida sexual. Ela não aceita ser enquadrada, e considera a existência estritamente lésbica tão estreita enquanto viver exclusivamente dentro do sistema hétero. Ela e a amante quase nunca sofrem de heterofobia; de fato, não estão acima de entreter um ocasional jogo de poder enfeitiçante com algum desavisado homem de visual de modelo — não só para lhe utilizar o cobiçadíssimo equipamento, mas para vivenciar a pura excitação da sedução.

Na falta de qualquer papel específico que sinta compulsão por preencher — pois não é uma submissa fã de machonas dominadoras, nem a gata de cabelo curtinho que afivela o consolo *strap-on* —, a libriana que *na qualidade de* mulher forte e feminina deriva prazer do ato sexual com uma mulher forte e feminina, não está absolutamente interessada em ver nenhuma delas emular na cama o comportamento masculino. Seu repertório habitual inclui infinitas sessões de beijos ardentes, lambidas, mordidas, o uso dos dedos, sexo oral e outros, criando um mosaico de sensações táteis destinadas a excitar a amante em todos os pontos ao mesmo tempo. Sua mesinha-de-cabeceira contém sempre alguns brinquedinhos de praxe — principalmente vibradores e pênis de penetração dupla, pois ela adora "fazer uma dobradinha" para um orgasmo mútuo perfeitamente cronometrado. Para a mentalidade libriana, afinal, onde come um, comem dois, ou melhor, duas. À parte alguma admiração heróica pela amante, a igualdade entre parceiras é crucial para a libriana, que raramente se aventura em missões solitárias no cenário social gay. A estimulação é o foco principal de seus vínculos. Adequadamente, muito pouca atenção é dirigida àquele esforço de cuidar e construir um ninho, tão definidor da maioria dos casais de lésbicas. Para ela, a vida deveria ser uma farra a duas, repleta de eventos culturais, bazares beneficentes, discussões literárias e musicais e outras atividades recreativas ou intelectuais. A libriana e sua companheira devem ser amigas em primeiro lugar, e amantes em segundo; mas se o romance esquentar, ela continuará companheira da vida inteira de alguém que poderia facilmente ter sido apenas mais uma, da série de ex-namoradas.

Casais

Hétero

Mulher de Libra / Homem de Áries
Ela busca romance descomplicado; ele parece o perfeito parceiro desobrigado. Desde o começo, lutam pelo poder — ambos voluntariosos, quando não combativos. Na cama, reconciliação: o sexo é silencioso, mas pode beirar o perverso.

Mulher de Libra / Homem de Touro
Ela irrompe na vida dele, introduzindo novas experiências sensuais. Eles se deliciam em todo tipo de excessos. Talvez o vínculo nunca ultrapasse o superficial — eles estão em "lugares" distintos —, mas a conexão erótica é séria.

Mulher de Libra / Homem de Gêmeos
Há um fluxo natural — ritmo fácil no qual eles caem, às vezes para sempre. Se um tenta dominar, a rotina deles vira tédio. Liberdade criativa é crucial. O drama sexual é alheio a personagens tão tranqüilos — é só sossego.

Mulher de Libra / Homem de Câncer
Ele é o raro homem "normal"; no princípio ela parece demasiado superficial. A relação pede tolerância. No auge, eles são harmoniosos e hilariantes. O sexo alivia tensões: o canceriano é tão passivo que a libriana tem o poder.

Mulher de Libra / Homem de Leão
Eles se conectam pela equivalência intelectual, inspirando ao outro uma mentalidade mais progressista. Dupla acelerada e laboriosa. Na cama, estão vinculados: o sexo é divertido e relaxado — sem complicações nem tabus.

Mulher de Libra / Homem de Virgem
Geralmente um casal amoroso e de boa índole. Freqüentemente encontram um ao outro quando estão livres de encargos. Com a libriana a vida se torna produtiva. O que a eles falta em fogo, o casal compensa sobejamente em ternura.

Mulher de Libra / Homem de Libra
Mais afinados que a maioria dos casais de mesmo signo eles compartilham uma estética, centro de sua camaradagem de claque. Balanças de ambos os sexos forçam a barra das experiências. No sexo são vanguardistas, experimentais.

Mulher de Libra / Homem de Escorpião
Cada uma desarma a outra, experiência inédita, pois não estão acostumadas a se render. Com o tempo, as "vizinhas" zodiacais percebem os traços comuns. Com a relaxada Libra o sexo significa a remoção das "camadas" do Escorpião.

Mulher de Libra / Homem de Sagitário
Ela está em território desconhecido; ele relaxou em companhia tão tranqüila. Na cama, ela se solta, acessando os anseios mais libidinosos. Ele, enfeitiçado, conquistou uma mulher sofisticada, que deseja lhe satisfazer cada desejo.

Mulher de Libra / Homem de Capricórnio

Formando um clube cultural de dois sócios, esses personagens traçam seu próprio roteiro de vida, participando com paixão dos mundos da moda, da arte, das comunicações. Sua vida sexual, embora secundária, é igualmente progressiva.

Mulher de Libra / Homem de Aquário

Singular, espontâneo, marcado pela constante mudança e a intensa afeição, o casal é raridade. São reservados, possessivos. A atividade sexual é elaborada, enérgica e devoradora; mesmo como caso passageiro, o sexo é inesquecível.

Mulher de Libra / Homem de Peixes

O pisciano é o maestro que orquestra a vida de Libra, talvez com mão pesada. Ela, sua musa, não lhe consegue resistir à inspiração. O melhor: as colaborações se transformam em clássicos. O sexo é exploração sensorial do êxtase.

Gay

Mulher de Libra / Mulher de Áries

No brilho dos olhos da outra, um desafio: quem é o animal sexual mais evoluído? Antagônicas desde o começo, elas processam as tensões como agressividade erótica represada. O ato sexual é o lado mais selvagem de cada uma.

Mulher de Libra / Mulher de Touro

Tudo começa como uma quedinha. A taurina explora a feminilidade; a libriana experimenta a androginia, permitindo aflorar anseios latentes. Na cama, Libra comanda, demonstrando pela amante toda ordem de atenções sexuais.

Mulher de Libra / Mulher de Gêmeos

Inclinações estéticas e uma visão em comum: expressar-se em todos os aspectos da vida. Envolvem-se facilmente numa ligação libertadora e estimulante. Caso descomplicado em que as duas parceiras vicejam — no sexo e em todos os pontos.

Mulher de Libra / Mulher de Câncer

A canceriana parece ótimo partido, mas ela também cai sob o fascínio da libriana vivaz. Essa relação é romântica — presentes são trocados constantemente. Em casa, elas estão cercadas de beleza. Na cama, o clima é tudo.

Mulher de Libra / Mulher de Leão

A libriana banca a difícil, abstendo-se quase sempre até a leonina insistir determinada. Socialmente, um par superficial. Focadas em interesses pessoais, talvez não se aprofundem. Sexualmente, o estímulo vem da confrontação.

Mulher de Libra / Mulher de Virgem

A libriana adora estar apaixonada; a virginiana está constantemente se apaixonando. Numa parceria, cada uma busca a perfeição. Nada parece suficiente. Na cama, Libra é uma dama e Virgem anseia por mais demonstração e desejo.

Mulher de Libra / Mulher de Libra
O casal é, no mínimo, complicado. O constante esforço de cada uma para superar a outra é excitante. O sexo é urgente — as adoráveis librianas se envolvem numa batalha erótica que deixaria apavorado quem tivesse o coração fraco.

Mulher de Libra / Mulher de Escorpião
Elas têm objetivos contraditórios: cada qual tolera a outra, sente uma secreta superioridade. Culpa do ciúme, que leva as duas ao mau comportamento. A deslealdade é a ação incorreta. Na cama, a libriana é atipicamente devotada.

Mulher de Libra / Mulher de Sagitário
Elas são o ideal uma da outra, porém de formas diversas. A libriana desafia a amante a utilizar talentos inexplorados. Por sua vez, é colocada acima de limitações sexuais autoimpostas. Quase sempre é um romance para sempre.

Mulher de Libra / Mulher de Capricórnio
Nenhuma delas tem paciência com os tolos. São descaradamente elitistas. O foco é o reforço mútuo no campo profissional. A libriana elogia as realizações da amante *ad nauseam*. Na cama, a capricorniana encontra nova autoconfiança.

Mulher de Libra / Mulher de Aquário
Atração avassaladora. Elas vibram de energia física e intelectual. Libra se dedica a interesses artesanais enquanto a aquariana acelera o sucesso empreendedor. O conforto do lar encerra mais encantos que qualquer círculo social.

Mulher de Libra / Mulher de Peixes
Libra deseja reformar a lânguida pisciana, transformando-a em sua imagem. Não percebe que ela tem projeto próprio e as maquinações ocorrem no plano espiritual. Mesmo assim, a compulsão de repaginar a amante raramente se reduz.

O homem de Escorpião

o estranho

O nativo de Escorpião é um indivíduo severo, estrito em seu comportamento e sistema de valores. Estreitamente focalizado, ele sempre coloca suas necessidades acima de qualquer responsabilidade por terceiros. Figura solitária, quando não subversiva, ele se mantém à margem do que considera um mundo insensato. Para este homem sério, a vida é uma experiência emocionalmente carregada, que não deve ser desperdiçada em superficialidades — cada dia precisa ser agarrado e espremido, para se extrair dele todo proveito possível. O nativo é um personagem naturalmente investigador, propenso à sondagem dos mistérios da vida, motivado a arranhar além da superfície de qualquer situação. Não admira que outros o considerem intimidante: ele é capaz de provocar e por vezes tirar do sério qualquer pessoa com que entre em contato. Ao examinar uma circunstância promissora, ele imediatamente cogita de todas as armadilhas possíveis. O pessimismo, de fato niilismo, é sua percepção preferencial, o que o impede de ser enganado pelas falsas aparências, ao mesmo tempo em que lhe permite erradicar obstáculos escondidos em seu caminho. A mesma abordagem ele aplica ao amor, consciente, sobretudo, do sofrimento inerente deste sentimento. Relutante em fazer um investimento emocional, ele aguarda e analisa os parceiros potenciais, até se convencer de que a mulher visada possui a beleza interna equiparável à aparência e à personalidade brilhantes e radiosas pelas quais ele ironicamente se apaixona. Derramando atenção sobre a amante, ele procura ser tudo para ela, perpetuando assim uma existência insular. Quando se trata de homens, ele é atraído por alguém de riqueza e

VIII

PRINCÍPIO

O princípio ctoniano. Aquele da natureza invisível e do funcionamento interno do planeta, do cosmo e do subconsciente humano. Diretamente oposto à apolínea exploração libriana das aparências, o Escorpião não se preocupa com as formas, mas sim com o conteúdo velado da natureza — à parte a profissão ele é, no fundo, um cientista ou um detetive. O lema de seu signo "eu desejo" remete a seu segredo e motivações secretas característicos.

poder comparáveis aos seus, para a partir daí ser totalmente consumido por um vínculo psicológico e sexualmente intenso.

Signo + Mente

Escorpião é o único signo do zodíaco que tem dois planetas regentes, Marte e Plutão, cujas influências se manifestam em partes iguais, dando uma constante e redobrada força à sua maneira de abordar a vida. Marte é o regente solitário de Áries, o primeiro signo do zodíaco, seguido por Touro, signo governado por Vênus. Aqui, na segunda metade da roda do zodíaco, vemos o lado oposto deste padrão: Libra, signo masculino como Áries, é regido pela delicada Vênus, e seguido por Escorpião, signo feminino, impulsionado parcialmente pelo machão Marte. Assim como no signo de Libra, no qual a visão feminina de Vênus (subjetiva) é projetada no mundo visível objetivo (masculino) das aparências — dando origem ao pensamento conceitual, tal como o conceito de arte e outras ideais estéticas —, no signo de Escorpião o oposto é verdadeiro: a visão masculina (objetiva) de Marte é introjetada na esfera invisível subjetiva (feminina) do mistério, engendrando o pensamento investigativo, as ciências e outros sistemas dedutivos para descoberta dos segredos da natureza. A exemplo do libriano, que independentemente da profissão aborda a existência como o artista do zodíaco, Escorpião o faz como o cientista, filósofo, ou detetive da astrologia. Ele considera impossível aceitar a vida, sobretudo seu "prazer" arbitrariamente atribuído, sem pelo menos tentar descobrir parte do significado inerente. Não é de se admirar que o signo seja regente da Oitava Casa astrológica, que se ocupa, entre outros aspectos, da *regeneração*, do *sono* (a regeneração do corpo), do *sexo* (a regeneração da espécie) e da *morte* (a possível regeneração da alma) — alguns dos maiores mistérios da vida. Notavelmente, trata-se também da casa da *moradia do ser espiritual* do indivíduo, e é neste nível do eu que, de fato, vive o nativo de Escorpião, pois ele se preocupa com a descoberta de seus próprios segredos e desejos ocultos, não contente em se distrair com o que considera uma enfatuada participação na frivolidade externa. Ele prefere ficar sozinho, mesmo que jamais consiga escapar ao sentimento de solidão.

Como todos os signos fixos — o segundo de cada três que compõem cada um dos quatro quadrantes do zodíaco —, o Escorpião pode ser considerado uma reação aos excessos do signo oposto que o antecede, o de Libra, numa espécie de relação de ponto e contraponto. Enquanto o homem libriano é a personificação do princípio formal apolíneo no zodíaco, Escorpião representa o que é considerado o princípio ctoniano — *khthonia* e *khthonios* são sufixos que significam "subterrâneo" e que, respectivamente agregados aos nomes de deuses ou deusas, servem para indicar seu aspecto subterrâneo. Em *Personas sexuais*, Camille Paglia reconhece que o ctoniano é, sem dúvida, o oposto do apolíneo, usando o termo para substituir o princípio dionisíaco, o qual foi por longo tempo considerado a antítese do apolíneo. Em termos astrológicos, ela só tem razão em parte: a lógica indica que o princípio ctoniano "subterrâneo" seria o oposto do preceito apolíneo. Entretanto, o ctoniano e o dionisíaco não podem ser intercambiáveis, pois representam duas energias cósmicas distintas, com este último correspondendo muito especificamente, conforme veremos, ao signo masculino de Sagitário. De fato (e o nativo de Escorpião adora este tipo de descoberta), nossa interpretação do zodíaco revela que, contrariamente à crença acadêmica de longa data, o princípio dionisíaco não é absolutamente oposto ao princípio apolíneo, mas antes uma síntese das energias apolínea e ctoniana, exatamente como Sagitário constitui um amálgama, à semelhança de todos os signos mutáveis, dos dois signos que o precedem na roda zodiacal, encerrando assim um quadrante astrológico específico — neste caso, o signo "luminoso" de Libra e o signo de "sombrio" de Escorpião.

A natureza ctoniana do nativo de Escorpião não só determina sua abordagem científica aos mistérios da vida — sua inerente necessidade de provas —, mas também aponta para sua característica focalização em si próprio: aquilo que acontece em seu íntimo é só o que verdadeiramente lhe interessa. Sua natureza subjetiva se transforma no objetivo principal, no único fato da vida realmente digno de nota. No signo fixo-água de Escorpião, a energia assertiva de Marte é rigidamente enraizada em todas as esferas que o elemento feminino da água poderia sugerir — a emoção, o subconsciente, a intuição, o mistério. O fogoso Marte, preso no nível subterrâneo, compõe uma personalidade agressiva mascarada — e potencialmente explosiva. Também aponta diretamente para o regente secundário do signo, Plutão. Batizado em homenagem ao deus romano do mundo subterrâneo (em grego: Hades), o planeta controla as forças ctonianas invisíveis, nos âmbitos macrocósmico e microcósmico. Plutão é associado com as forças regenerativas do universo, como o crescimento celular ou as funções das raízes no mundo natural. A Oitava Casa de Escorpião também governa o *crescimento via eliminação*, que está relacionado com a queda das folhas numa planta, de modo a fazer reverter a energia para as raízes, a partir

SÍMBOLO PLANETÁRIO

Plutão está associado com as forças subterrâneas, tanto no sentido literal quanto metafórico. A energia do planeta está concentrada em desenterrar segredos e qualidades ocultas. O nativo de Escorpião não teme as forças escuras à espreita em seu subconsciente e investiga os demais, pressionando-os a revelar o que eles talvez não admitam nem para si próprios.

QUADRANTE DO SIGNO

Os quadrantes zodiacais correspondem aos planos metafísicos da existência: físico, emocional, mental e espiritual. O Terceiro Quadrante é o da percepção mental, particularmente no tocante ao conceito de existência. Para o Escorpião, a mente inconsciente é de interesse primordial; ele sente que a verdade existe na esfera oculta do psiquismo incomensurável. Para alcançar a realidade, afirma Escorpião, é preciso cavar. Uma vida bem vivida envolve a resolução de um trecho do criptograma em eterno desdobramento que constitui o nosso mundo.

das quais surgem os novos brotos. Escorpião é, naturalmente, um signo outonal que corresponde a tais ocorrências. O planeta Plutão funciona de forma muito parecida ao planeta Marte, porém no nível subterrâneo; seja como for, a combinação deles numa co-regência é uma ligação claramente orgânica. Podemos ver essa mesma conexão na mitologia, afinal, Hades-Plutão, vestido com a armadura e o elmo negro da invisibilidade, é uma versão subterrânea de Áries-Marte, o deus da guerra, ficando ligadas assim a guerra e a morte. Mas sobram os paradoxos desta ligação, revelando os tipos de mistérios que o nativo de Escorpião considera tão fascinantes. Marte, embora miticamente simbólico da guerra, é a força vital primordial do sistema zodiacal, como a indicar que a vida é uma guerra pela sobrevivência. Assim também, Plutão, a personificação mitológica da morte, está astrologicamente associado com a regeneração da vida. O nativo de Escorpião parece adotar essa compreensão paradoxal, pois seu caminho na vida é encarnar o lúgubre como meio de transcendência. Como considera o pensamento positivo uma tolice própria das Polianas, ele pisoteia o otimismo róseo e aborda a existência pela ótica do pessimismo e do niilismo, sob a premissa de que, a partir de tal ponto de vista, a vida só pode melhorar.

A diferença entre Escorpião e Libra lembra a diferença entre a noite e o dia. O nativo libriano, com seu diletantismo, em particular, está sempre "olhando o lado risonho", com a exclusão, segundo o Escorpião, das realidades mais ásperas da vida e as minas terrestres escondidas. O Escorpião considera que tais "personagens" estão assobiando no cemitério, em função de seus interesses superficiais e distrações sociais, em vez de se concentrar na confrontação dos demônios de cada um, ou confrontar o próprio medo, fracasso ou desprezo próprio em particular. Essa permanência na luz, segundo lhe parece, corresponde a se deixar cegar pelo otimismo e lançar uma deplorável sombra. Tal como o arquétipo libriano do deus da luz, Apolo, tem seu próprio eu-sombra, Píton, o deus do abismo, freqüentemente pronunciado na mesma emissão, Apolopíton, também o nativo de Escorpião é uma pura encarnação daquele arquétipo sombrio. O mesmo ocorre nos termos bíblicos: Lúcifer, o "portador da luz", quando lançado num abismo ctoniano se transforma em Satanás. A serpente, a cobra, o dragão, a aranha, a fênix, a esfinge e, naturalmente, o escorpião são todos símbolos sombrios, quando não diretamente assustadores, associados com o signo de Escorpião, que se distingue no zodíaco por uma série de figuras totêmicas. Adequadamente, o Escorpião se concentra nas realidades sombrias e visíveis da vida, muitas vezes se espojando em pura negatividade, na esperança de atrair uma sombra reversa — luz — para a própria

PICTOGRAMA DO SIGNO

O M do signo de Escorpião, como no caso de Virgem, significa a Mãe-Terra. A flecha voltada para cima, evocando a cauda do escorpião ou do diabo, retrata a preocupação do signo com a descoberta do que está subjacente à superfície. O Escorpião tem alguns símbolos associativos: a serpente retrata a exploração do mundo subterrâneo pelo signo; o dragão, uma preocupação com a riqueza; a fênix, uma capacidade de se erguer das cinzas da vida; e o escorpião assinala a tendência a paralisar os outros por meio de seu controle.

ELEMENTO + QUALIDADE

O elemento água conota emoção e intuição. A qualidade fixa denota a intensa concentração e magnetismo. O composto fixo-água específico do Escorpião é comparado ao gelo ou a outros cristais como o sal, ou as pedras preciosas e semipreciosas. O Escorpião deseja cristalizar numa sólida compreensão aspectos da experiência que permanecem misteriosos ou escondidos.

vida. O lema do signo é "eu desejo", o que aponta não só para a mera necessidade ou força de vontade, mas também para anseios mais profundos e, com freqüência, mais escuros que são desanimadores, ou até apavorantes de abraçar. Na visão do nativo, uma vida de desespero silencioso é o resultado direto da não-admissão dos verdadeiros desejos do indivíduo ou da fuga a encarar problemas psicológicos reprimidos. O problema é que para a maioria dos indivíduos é doloroso conectar-se com o que desejam realmente na vida, e pior ainda admiti-lo. E, no entanto, é por intermédio de semelhante compromisso absoluto com o desejo profundo, fechando as portas para todos os chamados caminhos mais fáceis da vida, que o indivíduo pode encontrar a exaltação — glória e distinção — ou, pelo menos, esta é a opinião do nativo do signo. Entretanto, há um preço a ser pago: esta vida dedicada exige o bloqueio de todas as distrações, que é exatamente o que ele consegue com seu comportamento aparentemente anti-social. Entretanto, ao fazê-lo, corre o perigo de se transformar num buraco negro vazio — destino ao qual não consegue escapar de todo.

Numa revelação que pode ser surpreendente até para o superdetetive Escorpião, sua principal preocupação na vida é não criar mau karma, ou, aliás, nenhum tipo de karma. Imediata antecessora do homem de Escorpião na roda astrológica é a mulher de Libra, a senhora da Balança que é a encarnação da lei do karma. A localização do Escorpião em seguida a ela sugere que ele iria procurar transcender esta lei kármica. E assim o faz: primeiro, na tentativa de evitar indevida interação pessoal, ele limita sua capacidade de constituir causa e efeito nas vidas alheias, e também a capacidade alheia de influenciar sua vida. Além disso, ao se fixar em seus próprios anseios mais genuínos, sempre buscando focalizar a energia para dentro na esperança de escavar verdades pessoais, o Escorpião evita a armadilha de criar mais sofrimento — arrependimento, ressentimento, repressão — como resultado de criar expectativas em relação aos outros, ou precisar corresponder às expectativas alheias. Claro, ele talvez se defronte com desilusão, medo e angústias — demônios que lhe cercam os desejos como um dragão à guarda do tesouro —, mas ao encarar tais sentimentos, ele talvez consiga matá-los. Ao fazê-lo, espera se sentir redimido; e conforme afirmam poetas e filósofos, é por meio da redenção que o indivíduo escapa à eterna, ou infernal (dependendo do ponto de vista e) roda do karma.

A exemplo de Orfeu, a quintessência da figura masculina de Escorpião, cuja descida e libertação do mundo subterrâneo de Hades é o símbolo da redenção, Escorpião endossa um modelo de existência que preconiza "descer ao inferno e retornar". Os ritos órficos, precursores dos sacramentos do

POLARIDADE

Os homens de signos femininos (terra, água) não estão alinhados com a polaridade de gênero do próprio signo, representando em vez de encarnar a combinação qualidade-elemento do signo. O homem de Escorpião, portanto, não está cristalizado à perfeição como a mulher de Escorpião, um belo diamante em bruto e/ou de sal da terra. Em vez disso, o nativo é um minerador dessas qualidades em outros, assim como busca desenterrar qualquer coisa bonita ou valiosa que possa estar oculta aos olhos do mundo.

8

NÚMERO DO SIGNO

O número do mistério. A bola preta do bilhar, a número 8, é um sinal de morte, terminando o jogo (da vida). O número é o símbolo do infinito, ou seja, não da morte, mas da regeneração, relacionada com a mensagem comunicada pela fênix totêmica. Ele não retrata apenas um ciclo de vida, mas uma espiral a girar eternamente para dentro de si mesma. Os ensinamentos cabalísticos associam o número 8 à riqueza material.

cristianismo, prescreviam regras e atos de ascetismo a serem observados para escapar ao ciclo de vida e morte. O resgate de Eurídice (a deusa da roda kármica) por Orfeu é uma encenação dessa escapada sob forma alegórica. E como admitiria qualquer de seus conhecidos e íntimos, ninguém mais ritualístico em maneiras que o nativo de Escorpião. Sua existência inteira, segundo lhe parece, é uma viagem solitária para as profundezas de seu próprio psiquismo, assim como é uma exploração, por vezes em termos ritualísticos, dos grandes mistérios da vida. Isso explica por que tantos nativos aderem a religiões organizadas ou sistemas filosóficos exigentes. Eles acreditam que pela dedicação a um paradigma formal estrito têm uma oportunidade de serem desviados das profundezas da danação dentro da qual se acreditam nascidos, infelizmente. Em resumo, sua esperança é de que o dogma adotado lhes devore o karma negativo.

O signo de Escorpião corresponde à faixa etária dos 49-56 anos, época em que o indivíduo poderá sentir o primeiro frio do outono se instalando. Para os homens, especialmente, o período se torna um momento de reflexão solitária, quando o indivíduo já não está mais distraído com a criação dos filhos ou a construção de uma carreira profissional. É também com freqüência a fase em que muitos homens se divorciam, começam outros casamentos, ou perseguem sonhos e desejos abandonados há muito. Pode ser um período doloroso, cheio da sensação de desilusão. Buscamos o verdadeiro significado e, dessa forma, a redenção para o tempo e a energia que desperdiçamos. Em certo sentido, o nativo de Escorpião é durante a vida inteira esse sujeito de cinqüenta e tantos anos. Como Orfeu, cuja religião mística introduziu para aqueles superficiais gregos apolíneos a noção de "pecado original", o Escorpião sente que nasceu num contexto de danação, por vezes ligado a uma formação de infância na qual ele era emocionalmente excluído, ou mesmo tratado como verdadeiro pária. O amor materno, sobretudo, foi seriamente deficiente para Escorpião, que tipicamente nasceu numa época tensa do casamento dos pais, quando a família estava lidando com dificuldades, ou em caso extremo, até com a morte. Talvez na primeira infância ele tenha sido percebido como um estorvo, em vez de acolhido como fonte de satisfação. E assim, ele se sente marcado; ao mesmo tempo, talvez tenha assumido o personagem que outros projetaram nele, transformando-se numa "verdadeira praga" para sua família, além de uma aflição para outras crianças, a quem infligia mais tormentos psicológicos do que físicos. A estrada que leva da rejeição à redenção será longa e árdua, e com freqüência ainda mais acidentada para os que entram em contato com o nativo,

49-56

ASSOCIAÇÃO DA FAIXA ETÁRIA

A idade da introspecção. Tempo em que entram em declínio os atributos externos e a pujança masculina. Os recursos internos são descobertos como fonte de felicidade. O Escorpião encarna a qualidade dessa idade durante toda a vida, concentrado nos anseios internos e nas atividades solitárias que o levam a carreiras nas quais seja deixado a seus próprios recursos. Muitos homens se divorciam durante essa fase, correspondente à energia do crescimento via eliminação, apanágio de Plutão.

PSICOLOGIA

O nativo de Escorpião sofre de desconfiança. Intrometido e agressivo, ele pode ser impertinente na infância. A provocação pode se transformar em verdadeiro abuso. Sua visão da sociedade é pessimista, o que pode levá-lo ao niilismo. Talvez sofra de comportamento obsessivo-compulsivo. Muito focalizado em dinheiro, pode ter uma característica maniacamente sovina. Basta sentir-se levemente contrariado por outros para, de imediato, congelá-los em sua vida.

principalmente em criança e jovem adulto. A boa notícia, porém, é que ele só irá ficando cada vez mais amável, à medida que forem envelhecendo, crescendo por meio da eliminação da dor adquirida no início.

A frase "As crianças podem ser muito cruéis" foi provavelmente cunhada em função de um menino de Escorpião, cuja maneira notoriamente diabólica distorce o modelo de abuso do poder da meninice, e tão nobremente encarnada, por exemplo, pelo rei-menino de Leão, numa espécie de mentalidade da sobrevivência do mais forte, ao estilo de *O senhor das moscas*, segundo a qual os fracos devem ser extirpados e exterminados. Não é de se surpreender que ele não faça amigos facilmente, incorrendo na ira de meninos mais gentis que poderiam, se provocados, lhe dar ainda um chute no traseiro. Naturalmente, seu hábito de atormentar os outros é apenas uma retaliação deslocada, fruto do tratamento recebido em casa, de irmãos mais velhos, que o tratam como se não fosse gente, com os pais omissos oferecendo pouco ou nenhum apoio moral. É possível que se organize em minigangues com outros valentões, agindo à margem da sociedade infantil, atacando qualquer garoto considerado fraco que lhe cruze o caminho. Por fim, superando com a idade tal comportamento, e tendo formado poucos vínculos, ou talvez nenhum, o Escorpião se retira para uma existência ainda mais típica de satélite. Enquanto isso, seu másculo planeta regente Marte o atira na puberdade precoce: de repente, ele é aquele garoto sentado ao fundo da sala, que desenha cenas de batalha e começa a ter barba, para grande repugnância de seus companheiros ainda infantis, que não conseguem evitar de rotulá-lo de "estranho". Ele tem onze anos de idade, brinca com bonecos de super-heróis, mas está praticamente coberto de pêlos — não é uma visão agradável. Pelo menos, não nesta idade.

Mas as garotas mais velhas vêem o que os contemporâneos dele não viram. Até mesmo alguma professora poderá olhá-lo com intenção libidinosa. Mesmo que deixemos de parte o enredo de tablóide, o fato é que o visual maduro do Escorpião costuma provocar sedução na idade precoce, com alguns avanços partidos de garotos ou homens mais velhos. Em todo caso, o comportamento sexual precoce parece habitual para o nativo de Escorpião, ao mesmo tempo despertando desejos ocultos e perpetuando uma sensação de vergonha, ou até de pecado. O desprezo próprio só torna mais venenoso o ferrão do Escorpião; embora a essa altura da adolescência ele forme algumas amizades, ainda assim passa uma imagem de algum Eddie Haskell atual, maltratando as "babaquinhas" deste mundo, no pleno sentido da palavra. De fato, de todos os signos masculinos, o Escorpião é o mais propenso a exibir um componente de

ARQUÉTIPO + MITO

O signo de Escorpião se inspira no arquétipo do deus do mundo subterrâneo, Plutão ou Hades. Além de deus da morte, ele é também o deus das riquezas, apontando para o reino "subterrâneo" que contém pedras preciosas, assim como a consciência humana contém verdades inestimáveis. O mito de Hades está centrado em seu rapto de Coré-Perséfone. O nativo de Escorpião, da mesma forma, chega ao núcleo da experiência com os outros. Hades usa o manto da invisibilidade. Como aquele, o nativo é um personagem sorrateiro que considera desdenhosa a atividade social convencional. Ele também se apaixona profundamente e procura arrebatar uma mulher para viver alguma experiência subterrânea privativa.

sadismo, e embora seja muito mais agressivo com os outros rapazes, também pode ser desumano com as garotas que não considere atraentes, provocando-as sexualmente com o ferrão da atenção negativa, enquanto projeta uma aura sexual "experiente" na direção daquelas que lhe agradam.

BÍBLIA + LITERATURA

O nativo de Escorpião se baseia no arquétipo de Satã, o lado sombra de Lúcifer. Um deus serpentino-fálico que impregnou a Mãe-Terra em cujo útero reside, ele espelha a persona subterrânea do Escorpião. A sedução de Eva pela serpente reflete o rapto de Perséfone por Hades. A lenda *A Bela e a Fera* evoca esses mitos. O pequeno demônio Escorpião é caracterizado por antagonistas como Jack em *O senhor das moscas* e Draco Malfoy (o dragão malévolo) na série de Harry Potter. O nativo de Escorpião, em seu aspecto mais subversivo, é comparado ao Grinch, um lagarto peludo de visão niilista, que cobiça o dinheiro alheio.

♂

O selo de Marte, co-regente planetário de Escorpião.

Corpo + Alma

Embora o nativo de Escorpião mantenha em segredo suas atividades libidinosas, as quais serão surpreendentemente poucas, ele é um indivíduo precocemente erotizado. Por ter-se sentido emocionalmente maltratado ou rejeitado na infância, quando ele atinge a fase adulta já está bastante insensibilizado para os aspectos dolorosos da interação humana. Assim como Plutão é o planeta mais externo do sistema solar, os homens regidos por este planeta são igualmente periféricos. O nativo de Escorpião descobre que fazer o gênero "solitário" realmente funciona no caso dele, sobretudo atraindo mulheres que o suspeitam de estar "ferido" ou de ser um sujeito "profundo", suposições quase sempre corretas. O oposto do tímido, ele é, porém, uma pessoa poderosamente presente quando confrontada, cara a cara, não obstante retendo tanto distanciamento quanto o permitido pela boa educação. Ele estabelece conexões objetivas e rápidas, tendo o cuidado de cumprimentar as pessoas certas, fazendo aparições sociais somente quando pressionado ou convocado a tanto, entrando e saindo furtivamente de reuniões nas quais passa desapercebido na maioria das vezes. Embora sua conduta seja ditada pelo sentimento de abandono social, o comportamento solerte característico do Escorpião só serve para fazê-lo parecer uma figura masculina ainda mais misteriosa e cativante. Numa alusão a seu arquétipo serpentino, ele tem um físico sinuoso, o tórax achatado, mas largo, como o de uma naja, com a musculatura oblíqua e a lateral afunilando-se para formar uma cintura estreita. Com freqüência exibe, entre os homens do zodíaco, a menor percentagem de gordura corporal, excetuando-se talvez o nativo de Áries, com o qual compartilha a regência muscular de Marte. Em visão lateral, a postura do Escorpião forma uma suave curva em forma de S, com o longo pescoço se estendendo ligeiramente para frente acima de ombros quadrados, porém caídos, cujas omoplatas se projetam dramaticamente; sua coluna é forte e mais flexível, com cada um de seus pequenos músculos perceptivelmente marcados sob a camisa, sugerindo que, em matéria de sexo, ele realmente se esforça. O tronco do nativo pode ser bastante alongado, o baixo ventre a se estender interminavelmente em direção à bacia protuberante, o que somado aos joelhos flexionados e ao centro de gravidade no peito do pé completa a forma sinuosa. Sua maneira elástica de caminhar faz lembrar uma serpente, que mesmo enrolada está pronta para o ataque. Mais alto que a média dos homens, mesmo assim ele não anda encolhido, porém lépido e insinuante em seus movimentos. Se há alguém capaz de se esgueirar por trás de você para lhe dar um susto ou fazer cócegas, é o nativo de Escorpião, que, num aceno ao manto de invisibilidade de Hades, pode dar a impressão de ter surgido do nada. Os nativos do signo são morenos, em sua maioria, combinando com sua típica conduta sombria e apreensiva. Alguns, entretanto, são tão pálidos e descorados, freqüentemente com os cabelos brancos da cor do gelo, que chegam a parecer vampirescos, uma aparência surpreendente tornada ainda mais dramática que a dos colegas trigueiros. Seja como for, ele tem na pele um brilho definido, uma transparência de cera que reflete o branco sob a luz. As fotografias do nativo freqüentemente, ao serem desenvolvidas, mostram uma mancha branca marcando o rosto — ele é incapaz de ser capturado, em qualquer sentido da palavra. Deixando de parte esse aspecto assustador, Escorpião é quase sempre o recipiente afortunado de uma pele mista, de modo que seu característico brilho pode ser atribuído a uma pele úmida que, por vezes, é também alternadamente ressecada, escamosa, e até branca de giz. Como o co-regente Marte está associado com funções corporais excretoras externas, o nativo pode ser profundamente transpirante, quando não peludo ou gorduroso, e o pictograma protuberante do planeta indica outros atributos anatômicos no que se projetam para fora.

O signo de Escorpião rege as glândulas reprodutoras de ambos os sexos, e esta região, tanto nele quanto nos outros, torna-se uma área de inflamado interesse. O nativo pode ser sexualmente obsessivo, elevando sua fascinação de um nível puramente físico a um nível bastante fetichista. E não é só: a regência do Escorpião sobre os órgãos sexuais parece determinar que este personagem serpentino — não há maneira delicada de dizer isso — tem um aspecto muito mais fálico que o permitido a qualquer homem. Para sermos francos, sua pessoa inteira faz lembrar um pênis. Em nada ajuda o fato de que ele tende à calvície prematura e por vezes prefere, em todo caso, manter os cabelos bem curtos. Estes são geralmente ásperos, duros, ou de algum modo evocativos de pêlos pubianos — normalmente avançando rosto adentro numa linha de implantação muito baixa ou formando um "bico de viúva", o que confere ao dono uma aparência ainda mais "encapuzada". É raro o nativo que tenha uma cabeleira

CASA ASTROLÓGICA

propriedade
finais
regeneração
psicológica
reconstrução/reforma
disfunção
assistência financeira
reforço moral
apoio espiritual
legados/fundos
testamentos
impostos
herança
seguro
segredos
comportamento
atitude sexual
clímax sexual
sexto sentido
renascimento
psicológico
o oculto
sono
pesquisa em
profundidade
investigação
exame
mistérios
patrimônio oculto
dinheiro alheio
mudança espiritual
morada espiritual
recursos materiais
compartilhados
fundos conjuntos
dinheiro do casamento
divórcio
conflito pela fortuna
riqueza para
glorificação
sacrifício pessoal
dependência material
dinheiro da empresa
controle/manipulação
coerção/intimidação

PALAVRAS-CHAVE

redenção
escuridão
transformação
profundidade
intensidade
insatisfação
escrutínio
ocultismo
riquezas
segredo
simbiose
persuasão
dogma
intimidação
niilismo
opressão
desdém
ardor
desperdício
obscuridade
obsessão
profecia
premonição
eliminação
exílio
avareza
inveja
ressentimento
enfatuamento
solenidade
opressão
provocação
vigor
teimosia
potência
inteligência
enigma
ascendência
licenciosidade
diligência
degeneração
contrição

de penugem, de fios muito finos. Como os da serpente, os traços faciais estão todos aglomerados no centro e no alto do rosto, e seus característicos olhos separados, sempre semicerrados, evocando sua associação de Oitava Casa com o *sono*, olhos quase sempre encimados por espessas sobrancelhas "monobloco", que só se submetem mediante depilação. A boca do nativo, uma fenda apertada com lábios de lagarto, dá uma impressão peniana tão notável quanto a cabeça e o pescoço, que formam um contínuo fluxo fálico, como se ele estivesse sempre tentando encostar o queixo no pomo de Adão. E não terminam aí as semelhanças fálicas.

Pelo fato de talvez ter sido um torturador na infância, o Escorpião adulto ainda obtém uma secreta excitação de atormentar outras pessoas. Em razão de sua natureza astrológica investigadora, ele adora lançar alfinetadas aos amigos e colegas de mesmo sexo, reservando às mulheres um ferrão semelhante, embora mais dissimulado. Ele se compraz especialmente em provocar, embora de forma tão mascarada que chega a ser imperceptível, as mais desmioladas de seu ambiente, com insultos casuais às que considera promíscuas entre as colegas de trabalho ou as conhecidas. Ele adora ver as pedradas e flechas passarem voando sobre a cabeça de suas desavisadas vítimas. Os jogos mentais são seu passatempo favorito. Sem jamais conseguir superar suas tendências de Eddie Haskell, sempre em busca de amigas e amantes capazes de não deixar passar em branco nenhum de seus insultos, por vezes disfarçados de humor, ele encanta os estereotipados Cleavers deste mundo, despistados e convencionais. Os indivíduos aprovados no teste combinado de inteligência e tolerância do Escorpião são autorizados a entrar em sua associação íntima, e nunca mais forçados a sofrer com suas farpas de provocação. Quando se trata de mulheres, principalmente, ele se apaixonará por alguém que consiga desarmá-lo, uma beleza honesta que se recuse a dignificar qualquer aspecto animalesco de sua natureza. Semelhante demonstração de caráter sal-da-terra é o que faz derreter o gélido coração do Escorpião, constituindo um fator muito maior para afetar seu interesse amoroso que qualquer excesso de beleza feminina. O sal, conforme sugere a expressão, é simbólico da cristalização de valores humanos internos aos quais o signo fixo-água (representativo de minerais, pedras preciosas e também do gelo) de Escorpião atribui um valor tão elevado. Apesar da opinião astrológica popular de que o Escorpião é alguma espécie de lúbrico ou obsessivo sexual, ele é, de fato, um dos mais argutos — se não o mais — dos homens do zodíaco. Em tal condição, e em sua secreta missão de busca pela perfeita bela sobre a qual soltar a fera, ele permanece um consumado agente secreto.

Uma lista de homens famosos do signo, que inclui os pintores Pablo Picasso e Francis Bacon, os fotógrafos Helmut Newton e Robert Mapplethorpe, os cientistas Jonas Salk e Carl Sagan, os escritores Albert Camus e Dostoievski, políticos que mexem os pauzinhos por trás da cena como Robert Kennedy, Spiro Agnew e Nehru, e exploradores do subconsciente como Hermann Rorschach ou Lee Strasberg, revela que este é um elenco de personagens encobertos fascinado com o aspecto ctoniano da vida: físicos, autores de romances de espionagem, correspondentes de guerra e outros subterrâneos, subversivos, quando não revolucionários. Essas não são pessoas otimistas, mas sim homens bastante crípticos, com objetivos não revelados e o figurino adequado. Muito a propósito, numerosos nativos de Escorpião se vestem como espiões: impermeável de gabardina, suéter de gola rulê, o volume do "007" freqüentemente marcado pelas calças ajustadas e elegantes, os glúteos notoriamente firmes e altos retesando o tecido. E não é à toa que o signo rege os órgãos sexuais: este nativo costuma ser mais saudável que qualquer outro nessa região; a serpente em geral robusta, bastante longa e marcada por veias, como são todas as extremidades dele, principalmente seus antebraços pitonescos. E sua personalidade serpentina característica, de falar macio com aquela voz quase sussurrante, combina com sua bela aparência reptiliana habitual, todos esses elementos parecendo desenhados com um propósito exclusivo — o de seduzir.

Em todas as circunstâncias em que se mete, sexuais ou de outra modalidade, o Escorpião não pode evitar parecer invasor, quando não agressivo, como um enxerido repórter ou detetive em missão de sondagem. Cada uma de suas observações parece ligeiramente cortante, como se destinada a escavar um pouco mais a mente do interlocutor, avaliando suas reações, como ele faz, em busca de brechas na armadura alheia. Adequadamente, o nativo não está acima de fazer comentários escatológicos ou apelar para um grosseiro "humor" obsceno destinado a provocar ou constranger. Continuamente escavando em busca da verdade, da história genuína por trás do mar sem-fim de silenciosos sorrisos desesperados. Sua constante busca do psiquismo das pessoas não é uma ambição cega. Pelo contrário, visa servir um propósito definido: ele é um perpétuo "minerador em busca de um coração de ouro", para tomarmos de empréstimo as palavras de um compositor luminosamente sombrio e nativo do signo.

REGÊNCIA DO CORPO

Escorpião rege o sistema reprodutor, os órgãos genitais, a bexiga, a uretra e o ânus. Há uma tendência para problemas genitais, doenças venéreas, pólipos retais, além de problemas de sinusite e das adenóides. Plutão rege o crescimento das células regenerativas e das gônadas.

Sexo + Sexualidade

HOMENS FAMOSOS DE ESCORPIÃO

Detetives da privacidade e mineradores de significados

Leonardo DiCaprio
Ethan Hawke
Joaquin Phoenix
Sean Combs
David Schwimmer
Kevin Kline
Matthew McConaughey
Dermot Mulroney
Dylan McDermott
Ryan Gosling
John Cleese
Jonathan Winters
Burt Lancaster
Chris Noth
Rock Hudson
Johnny Marr
Owen Wilson
Peter Jackson
Simon Doonan
Ben Foster
Ryan Adams
Adam Horowitz
Mike Diamond
Q-Tip
Rufus Sewell
John Derian
Art Carney
Mike Nichols
Brian Keith
Dennis Miller
Sam Waterston
Richard Burton
F. Murray Abraham
Charles Bronson
Michael Landon
Harry Hamlin
Henry Winkler
Richard Dreyfus
Roy Scheider
Bill Gates
Umberto Agnelli
Neil Young

Tal como o nativo está continuamente realizando uma profunda exploração do eu, assumindo seus mais significativos medos e desejos, em vez de ignorá-los, assim também ele acende o farol de seu metafórico elmo de Hades e mergulha nos corações, mentes e almas de outros numa tentativa subconsciente de inspirar o processo de revirar as raízes. Ele não consegue confiar em ninguém que pareça estar lhe escondendo algo. Como resultado, sua tendência é não confiar em muita gente. De fato, seu ferrão característico, ele constata, só consegue ferir aqueles que têm segredos escusos aos quais desejam proteger. Os mentirosos, os trapaceiros, os covardes, os enrustidos, ou aquelas pessoas que ficam disfarçando todo o possível para não enfrentar certas verdades em si mesmas... que se cuidem! Na adolescência, quando outros garotos estavam desesperadamente buscando conspurcar a própria inocência de alguma forma, o Escorpião já estava tentando curar os "danos" recebidos, tanto na frente doméstica quanto em suas prematuras experiências sexuais. Comparado aos demais, ele vive às avessas, não tanto à procura de deixar sua marca no mundo, mas sim de apagar as marcas que lhe parecem ter sido infelizmente impressas sobre ele. Em relação à criatividade, o Escorpião aborda a arte, como o faz com a vida, numa forma oposta à do libriano, que geralmente procura impor a ordem, quando não um verniz estético sobre o mundo, embelezando a superfície da experiência. A Serpente, ao contrário, gosta de enroscar-se e espojar-se na terra, enfurnando-se sob a superfície, e no que diz respeito à arte, especificamente, descobrindo, por vezes dissecando a natureza, ou permitindo aos mistérios desta operar sua magia.

O personagem ironicamente batizado Ricky Fitts, no filme *Beleza americana*, parece o consumado personagem de Escorpião. Ele é um excluído social, desdenhoso das firulas superficiais da sociedade, que precisa lidar com um antro de amor doméstico, canalizando sua atenção para a arte investigadora do documentário cinematográfico, que beira à invasão voyeurista da privacidade. De tudo o que documentou em filme, o que lhe parece mais bonito é uma longa seqüência de um saco de plástico levado ao sabor do vento — a própria natureza capturada como arte. Esta é, em resumo, a visão do Escorpião: a vida e a arte deveriam ser a natureza que revela seus segredos de beleza, assim como seus aspectos mais feios, e não a imposição de conceitos humanos à natureza. E o mesmo vale para o amor, que não deve ser buscado a partir de uma agenda predeterminada de perfeição, mas sim permitir que seja revelado por silenciosa espera e observação. Esta é, afinal, a exata dinâmica do mito de Hades: a sós em seu mundo subterrâneo, este deus sombrio teve uma visão da companheira perfeita; então, de um vôo rasante, arrebatou a saltitante Perséfone no alto de sua colina, depositando-a no trono que havia preparado. O conto de fadas *A Bela e a Fera* prossegue a partir daí, com o amor da solícita cativa Belle trazendo a redenção à fera peluda, que assim, por intermédio da afeição da amada, transforma-se num belo príncipe. O amor da vida do nativo de Escorpião, para o melhor ou para o pior, segue essas exatas linhas temáticas.

Condenada à vergonha e ao isolamento, a maioria dos nativos de Escorpião "apronta" na juventude, de forma destrutiva — adotando alguma forma de compulsão ou dependência no começo dessa fase, seja sob forma de drogas, sexo, comida, fúria ou maratonas de jogos de Masmorras e Dragões. Ainda assim, sua regenerativa energia plutoniana já estará enviando o nativo, quando ainda muito moço, para a estrada da redenção. Mal saído da adolescência e entrado na casa dos vinte anos ele já terá experimentado as profundezas do desespero humano. Assim, como qualquer indivíduo "em recuperação", o Escorpião se concentra, veementemente, em sua própria preservação, muitas vezes se tornando tão absorvido em si que perpetua sua costumeira alienação dos outros. Por ele, tudo bem. Ser "mal comportado" tem suas vantagens, ele descobre, pois deixa aguçada a curiosidade das mulheres que dele não esperam mais que sexo, fornecendo-lhe alívio sem compromisso, enquanto ele continua a buscar sua inocente e descuidosa Coré, cujo nome sugere a substância interna merecedora de seu esforço. Incorrer nesse tipo de interação sexual praticamente anônima conquista para ele, equivocadamente, a reputação de uma espécie de predador ou demônio insensível. De fato, nada poderia estar mais longe da verdade — até que o nativo encontre "a mulher ideal", ele sente que não pode se dar ao luxo de se distrair por relacionamentos imperfeitos, temeroso de perder o verdadeiro amor quando este se revelar. Um homem tão naturalmente libidinoso quanto este rapaz regido por Marte é impelido a se envolver em experiências puramente sexuais — dentro e fora — antes de voltar à espera da revelação do amor. Tão totalmente indireto é ele com essas parceiras sexuais temporárias que talvez não vá além de abrir o zíper e aguardar o serviço ser prestado, digamos, oralmente, permanecendo composto, quando não completamente vestido. Essa postura de "terceirização" é característica de Escorpião, e parte integrante da notória distância que insiste em colocar entre si e os demais. Trata-se de sua dinâmica dual particular: ser totalmente dominador em relação àqueles por quem pouco se importa, enquanto anseia

Gavin Rossdale
Larry Mullen Jr.
Lyle Lovett
Ike Turner
Dick Cavett
Dick Smothers
Larry King
Martin Scorsese
Danny DeVito
Ed Asner
Dylan Thomas
Albert Camus
Don DeLillo
Ivan Turgenev
Tiberius
Hermann Rorschach
Francis Bacon
Robert Mapplethorpe
Pablo Picasso
Auguste Rodin
Roy Lichtenstein
Stanford White
Paul Valéry
Fyodor Dostoievsky
John Keats
Sam Shepherd
Claude Lelouch
Louis Malle
Lee Strasberg
Peter Martins
Aaron Copland
Robert F. Kennedy
François Mitterand
Jonas Salk
Santo Agostinho
Edward Morehouse
Diego Maradona
Martin Newland
Príncipe Charles
Leon Trotsky
Ezra Pound
Art Garfunkel
Ted Turner
Kurt Vonnegut
Alistair Cooke
Voltaire

prodigalizar atenção ao verdadeiro e único amor. Entretanto, no outro lado do espectro, o nativo sempre acabará afirmando seu típico controle.

Sua atração por aquela mulher sal-da-terra que tenta capturar é uma faca de dois gumes — um toque da língua bifurcada da Serpente. Por um lado, ele valoriza semelhante alma impoluta, cuja pura expressão de feminilidade é exatamente o que a natureza, e não a sociedade, pretendeu. Como regra, ele gosta de criaturas pastorais torneadas e voluptuosas, ou mesmo sugestivamente generosas de quadris, benditamente ignorantes da afetação urbana ou do enfaramento. Por outro lado, por mais sexista que pareça — o machista Marte é seu co-regente, lembrem-se —, ele sente que uma garota rústica e sem artifícios será vulnerável à sua natureza compulsivamente controladora. Tal como Touro, seu chamado signo do eixo oposto, com o lema "eu tenho", é um signo de posse material, o Escorpião, signo de água, cujo lema alternativo é "nós temos" é um signo de posse emocional, ou mesmo espiritual. Afinal, ele é Serpente, um filho de Hades; e sua natureza demoníaca não deve ser desprezada. O mítico senhor do mundo subterrâneo não escoltou Perséfone polidamente a seu reino subterrâneo. Ele a atacou e arrastou, de corpo e alma, num único e deliberado movimento. Subconscientemente, o Escorpião sente que deve enganar aquela mulher "inocente", um sintoma de ter sido tratado como pária no passado. Para lograr isso ele se comporta de forma contrária ao que faz habitualmente — a trata como absolutamente preciosa, solidário e solícito a cada uma das necessidades dela. Às vezes, banca o sensível a ponto de dar náuseas. Há uma espécie de nativo de Escorpião — embora todos eles sejam culpados deste comportamento em alguma ocasião — que tão absorvido, de fato, tão sintonizado se torna com a mulher, que se poderia crer que o antigo machão se transformou numa garota. Ele é um exemplo da facilidade com que a natureza ctoniana feminina pode exagerar: antes de alguém dizer "menstruação", este homem estará fritando tofu, arrumando cristais e tricotando um porta-tampão, tudo isso em benefício do conforto e bem-estar da amada. Assim como a libriana é o homem gay da astrologia preso num corpo de mulher, o nativo de Escorpião é a mulher gay do zodíaco presa num corpo de homem. Entretanto, ao se lançar aos pés da amada, buscando lhe atender cada capricho e ser "tudo" para ela, o nativo deixa entrever suas reais intenções, sempre presentes: não quer que a mulher de sua vida deseje a nenhum outro senão a ele. Hades, cujo nome romano, Plutão, se bem nos recordamos, significa "riquezas", tentou compensar Perséfone pelo rapto sofrido, cumulando-a de pedras preciosas e outros bens subterrâneos. De fato, ela própria se tornou como uma gema engastada, fria e isolada em sua subterrânea experiência. Ele é aludido por vezes como o deus narcotizado, pois, como o Escorpião, induz a uma espécie de animação suspensa, conforme convém à associação de Oitava Casa do signo com o *sono* e também com a *morte*.

Para sermos justos, o próprio nativo de Escorpião deseja um estado de total absorção num relacionamento que nem cogite sequer da possibilidade de que a parceira não esteja igualmente inclinada. O elemento fixo-água conota concentração de emoção, e o Escorpião, ao expressar seus sentimentos, tende a congelar a amante onde está, transformando-a num elemento permanente de sua vida, quando não a paralisa no papel bastante limitado de ser tudo para ele. Escorpião espera que a companheira seja sua ligação com o mundo exterior e, com freqüência, assuma todas as obrigações — a casa, as crianças, todas as tarefas administrativas — naquilo que, indubitavelmente, se transforma numa relação cada vez mais enraizada, de forma que ele possa se aprofundar em suas próprias atividades típicas de carreira solo. O que aconteceu, ela se perguntará, com o homem que lhe preparava tratamentos caseiros de aromaterapia quando ela tinha cólicas menstruais? E caso nos esqueçamos, aquele mesmo compositor nativo de Escorpião também escreveu na letra da canção "um homem precisa de uma empregada", o que, em certo aspecto, não deixará de se transformar no hino natural do nativo reptiliano. E como a picada do Escorpião paralisa a presa, o macho do signo pode paralisar sua adorada vítima do amor. No extremo, o Escorpião, como seu colega de signo fixo, o leonino, pode ser um controlador do tipo Archie Bunker — de sobrenome alusivo à vida resguardada que leva —, esperando que sua Edith se antecipe a cada um de seus desejos, mas fique "paralisada" em relação aos demais. No entanto, como o seu verdadeiro eu ele só revela a Edith, ela o enxerga como ninguém mais consegue fazer. Assim também, o nativo de Escorpião só deixa sua profunda vulnerabilidade ser vislumbrada pela única pessoa a quem ama de verdade. Este monstro assustador que a maioria de nós enxergamos realmente precisa de carinho. Faminto de afeto, ele exige um toque do amor materno misturado na adoração oferecida pela amante. Por outro lado, no aconchego de uma relação verdadeiramente amorosa, ele também começa a expressar o amor, um processo penoso para quem foi desencorajado a tanto na infância. Em defesa do nativo, diríamos que ele sabe que a vida em sua companhia não é fácil, e quase precisa suprimir o impulso de pedir desculpas à parceira todas as manhãs ao acordar, em antecipação das dificuldades que ela talvez precise encarar. Às vezes, essa dureza assume uma forma extrema, pois, como no caso de

LANCES ERÓTICOS

NATIVO HÉTERO

louras
mulheres exemplares
tipos sal-da-terra
seios grandes
traseiro grande
inocência
cheiros corporais
pêlos corporais
fluidos corporais
sadomasoquismo (dominante)
dominação e disciplina (dominante)
provocar
fazer cócegas
torturar
tatear
manipular
analíngua mútua
penetração anal (ativa)
empregadas domésticas
secretárias
jogos mentais
arreios
coleiras
látex
couro
esportes aquáticos
masmorras
porões
gaiolas
equipamentos ginecológicos
encenação de cafetinagem
depravação

Perséfone, a parceira do Escorpião quase sempre foi removida do ambiente habitual no qual se formou e transferida para alguma região desconhecida. O nativo, naturalmente predisposto à melancolia, nada além disso pode fazer para lhe alegrar a existência; e, em todo caso, ela, em geral, não o verá muito. Fanático pelo trabalho, o Escorpião começa seu dia bem cedo e termina tarde, raramente reservando tempo para o ritual das refeições regulares. Mas o vínculo com o Escorpião é sobretudo uma ligação sem palavras, baseada na confiança, tipicamente isenta de constantes discussões ou excesso de análise.

O sexo desempenha um papel preponderante no reforço da relação com Escorpião — coisa que também já está implícita. De fato, o que freqüentemente transpira na cama com o Escorpião é demasiado lúbrico para se discutir à luz do dia. Ele talvez prefira estabelecer uma distinção entre a figura vigorosa e ensolarada a cujo lado desperta todas as manhãs e a mulher licenciosa (geralmente, criada por ele mesmo) com quem farreou na noite anterior. Em um aspecto, o sexo com um apaixonado nativo de Escorpião pode ser um caso suculento, o exato oposto das draconianas aventuras de outrora com o que basicamente eram orifícios anônimos. Com a mulher amada, ele mergulha de cabeça, deliciando-se com cada centímetro do corpo dela, sem repugnância a coisa alguma e ansioso por não deixar inexplorada nenhuma possível abordagem ao prazer. Para este homem, o desafio, entretanto, é reconciliar seus desejos sexuais mais obsessivos, freqüentemente fetichistas, com a necessidade de manter uma visão de pureza da parceira. O que não é fácil para alguém que, por exemplo, tenha orgasmos ao ver a namorada usando trela e coleira e latindo como um cachorro. Felizmente, para a maioria dos Escorpiões, a exigência em matéria de excitantes eróticos não é tão radical. Entretanto, existe uma típica necessidade de fazer uma ponte entre suas fantasias e seu medo de expressá-las para a pessoa a que mais ama. Ele só se sente mais animalesco; porém, não sendo pessoa de reprimir os próprios desejos, acabará lidando com eles de uma forma ou de outra. Assim sendo, precisará apresentar a parceira a seus prazeres lascivos mais "amenos", como o sexo anal, pois o foco é, em geral, o traseiro dela, porém sem ficar limitado a este. Igualmente, um pouco de dominação geralmente penetra no quarto de dormir do Escorpião, talvez no início como uma sugestão de impulso, para em seguida, entretanto, como tantas outras manobras eróticas que ele introduz sorrateiramente, integrar o rodízio como iguaria básica do repertório deles. Na cama ou fora dela, o relacionamento com Escorpião dá a sensação de se ter sido seqüestrado. Como ao longo do tempo pode, sistematicamente, isolar a parceira de toda interação social possível —

inconscientemente, ele lhe preenche o cartão de baile com as próprias necessidades —, assim, também, ele a (re)programa sexualmente, aclimatando-a pouco a pouco para compartilhar os desejos dele. Sua esperança é de que ela venha a ansiar por eles de própria vontade, e se ela o faz, ou não, é questão eternamente discutível. Afinal, com Hades a deusa da primavera, Core, acaba cristalizada na deusa Perséfone, rainha do mundo subterrâneo, uma cópia feminina do marido controlador (pelo menos ela tem seis meses de folga por bom comportamento, o que é mais que o obtido pela noiva do Escorpião).

Ecoando a órbita excêntrica de seu regente planetário Plutão, o nativo de Escorpião leva a amante para uma viagem não convencional às profundezas do desejo sexual — revelando-lhe os desejos ocultos — como forma de alcançar o apogeu do êxtase e, na verdade, a autodescoberta. A parceira deve reservar bastante tempo para as atividades sexuais, pois para o Escorpião o sexo raramente pode ser apressado ou simplesmente uma questão de ejacular. Pelo contrário, ele parece ter dominado as lições recebidas das amantes anteriores, muito mais experientes. O Escorpião assume total controle das atividades, virando a cabeça da parceira desde o começo; aumentando a expectativa, ele estabelece um clima de antecipação que a faz contorcer-se de excitação e frustração. Ele adora que a companheira fique deitada perfeitamente imóvel enquanto ele a acaricia e beija devagar, não lhe permitindo tomar nas mãos seus próprios assuntos urgentes. Ele pode até continuar vestido, deixando em desvantagem a parceira, usando seus dedos notoriamente grandes e longos para sondar e beliscar, deslizando-os sugestivamente ao longo do corpo dela. Para a mente do Escorpião, restrições ou vendas nos olhos só podem ajudar a manter o foco na pura sensação, assim como intensificar a atmosfera de sua rendição de todo poder. Agradando à parceira, o serpentino espera forçar da parte dela uma declaração de seu desejo urgente. O acúmulo de ardor sexual numa onda crescente é mais importante para o Escorpião que o alívio do tesão. Até depois de soltar a fera, ele pode obrigar a amante a implorar por ela, esfregando-a no rosto, nos seios ou na vagina, provocando-a e "torturando-a" com a ponta.

Ao abordar o sexo a partir deste ângulo, Escorpião está se exonerando da responsabilidade de ser tão naturalmente dominador na cama. Como foi mencionado, em geral ele é bem-dotado e possui bastante capacidade de resistência; o único senão seria o fato de levar tempo demais para atingir o clímax. Também, conforme convém à sua natureza, ele gosta de ir fundo, e por vezes só é capaz de ejacular quando sente que penetrou até o fim. Ele se coloca inteiro no ato sexual, parecendo se arrastar integralmente sobre a amante. Embora

LANCES ERÓTICOS
NATIVO GAY

senhor/escravos
sadomasoquismo (ativo/passivo)
dominação e disciplina (ativa/passiva)
penetração anal (ativa)
pornografia
esportes aquáticos
infantilismo
sexo oral em banheiros públicos
suor
o cheiro corporal
borracha
látex
couro
skinheads
deglutição do esperma (mútuo)
coprolagnia
anéis penianos
aparelho de sucção
anonimato
masmorras
grampos
porta-escroto
penetração manual ou do punho
depravação
obscenidade
escatologia
clubes privês
festas eróticas
roupas íntimas
cueca *slip*
meias
máscaras
mordaças
olhos vendados
capuz
tortura nos testículos
mamilos
marcar
perfurar
anfetaminas
estimulantes

raramente violento na cama — ele se move tão suavemente quanto indica sua associação com a serpente —, há uma aguçada aresta psicológica nas relações sexuais do serpentino. Um sintoma extremamente agudo de sua condição de fixo-água, que representa não só os sentimentos focalizados, mas também os paralisados ou bloqueados, é a notória criação de fixações. E, de fato, todos os sentimentos, inclusive o amor, não conseguem deixar de ter um sabor obsessivo para este nativo. Ele espera que a companheira corresponda a tamanha intensidade. No processo, ou melhor, como processo, ele emprega boas doses de controle mental, ainda que não passem de versões Disney de *A história de O*. Por vezes, dadas as suas fixações mais lascivas, o Escorpião percebe que a parceira jamais "chegará lá", mas ele tampouco espera, ou mesmo deseja, que ela o faça. Um pouco de submissão, umas encenações ou brinquedinhos são uma coisa, mas nem sempre param por aí suas necessidades mais extravagantes, e ele está certo, ao conservá-las fora do cardápio usual do quarto de dormir. Essas fascinações talvez se manifestem no acervo secreto de pornografia ou por intermédio do sexo cibernético, no qual possa explorar de forma indireta os jogos de senhor e escravo. No entanto, caso seja tentado por enredos mais elaborados, que porventura exijam figurinos em couro ou chicotes e correntes, o nativo quiçá estará melhor ao continuar solteiro. E ele sabe disso: não sendo o tipo de levar uma vida dupla, o serpentino é praticamente incapaz de esconder da pessoa amada algo tão pesado quanto uma vida sadomaso. Em tais casos, ele poderá conscientemente azarar as felizardas com quem tem uma conexão amorosa e conseguir alguma habitante feminina da noite que compartilhe suas fascinações fetichistas. Em circunstâncias tão extremas, a necessidade de controle do Escorpião só faz aumentar, e ele decididamente interpreta o papel principal neste teatro de jogos sexuais psicológicos, cujo repertório pode incluir escravizar mulheres predispostas a tanto numa masmorra de sua confecção, ou em clubes privados da madrugada que ofereçam tais recintos de comércio sexual. Atos de degradação e humilhação dirigidos a submissos declarados são exemplos radicais de sua necessidade de veneração psicológica e de extrema obediência à sua vontade poderosa.

A sexualidade do nativo de Escorpião é preta e branca, e decididamente hétero ou gay, sem uma zona cinzenta intermediária de hesitação. Ele não acredita em bissexualidade, ou seja, para homens — um sintoma adicional naquele sexismo que ele projeta, independente de sua preferência sexual específica. Tendo nascido sob um signo tão poderosamente feminino, o Escorpião hétero coloca as mulheres no pedestal (quando não amarradas e amordaçadas ali) e, apesar de suas fantasias de dominação ou, de fato, como resultado distorcido daquelas. Assim, aceita facilmente que, gay ou hétero, duas mulheres possam sentir atração mútua; entretanto, não consegue dar o salto no que se aplica a seu próprio sexo. Pelo mesmo motivo, o Escorpião gay se compromete de todo com sua identidade sexual, e quase sempre começa em idade precoce — na adolescência ele estimula a mesma sedução sexual estimulada por seu correspondente heterossexual — aceitando seus sentimentos homossexuais como fato, jamais entrando no proverbial armário, do qual já não necessita sair. Para ele, os homens sexualmente ambíguos não o são de fato: não passam de covardes em cima do muro, que ele gosta de ver derrubados. De acordo com o ideal ctoniano de que as pessoas são definidas por suas forças subterrâneas, incapazes de mentalmente escolher quem desejam ser, mas forçadas a assumir o que já são, o nativo atribui a homossexualidade à mera biologia. O fato de seu signo estar impregnado tão profundamente na natureza, e, portanto, na experiência feminino-subjetiva, manifesta-se a necessidade de se rodear de valorosas amigas, pois raramente faz amizade com outro homem gay ou, pior, com um grupo de tais companheiros. Ele prefere, então, ter um único amigo hétero, coisa que freqüentemente faz.

O nativo gay é tão solitário quanto seu irmão hétero: mais que tomar parte ativa no mundo, ele parece assombrá-lo. Como os homens heterossexuais do signo, ele gosta de trabalhar sozinho, de forma a ser pouco provável que se contente com um remoto escritório de executivo. Carecido de extrema solidão, ele freqüentemente é atraído por profissões que a exijam. Quer seja um cientista, um cartunista, um *designer*, um arquiteto ou algum tipo de super-herói, para o Escorpião um espaço individual de trabalho é da máxima importância, pois este covil serve como lugar de consolação e regeneração, além de produção criativa. Ele precisa ficar sozinho para funcionar, fato que muitas vezes escapa aos conhecidos que tentam envolvê-lo no bate-papo. O Escorpião parece olhar através das pessoas, como se elas não estivessem ali — o que quase sempre deseja fosse verdade. Pelo visto não dispõe de um só momento para gastar com qualquer um que não seja ele próprio. E este é um dos segredos de seu sucesso: ambicioso como é, mesmo quando jovem e em plena "escalada", ele jamais procura impressionar ansiosamente para deixar sua marca. Pelo contrário, muitas vezes foge à publicidade ou à adulação que poderia acelerar o ritmo de seu sucesso. Ele confia que irá fazer sucesso e não vê sentido em se sentir apressado ou pressionado. Portanto, lembre-se, se o Escorpião parece estar esnobando você, não vai aí nada pessoal. E no caso do Escorpião gay isso é especialmente verdadeiro.

O homossexual de Escorpião não tem namoros casuais. Como qualquer nativo do signo que se respeite, ele está se guardando para o amor autêntico, e pouco se interessa por interações substitutas. Na juventude, o nativo busca a companhia de um homem sofisticado com quem se fundir em todos os níveis. Enquanto outros rapazes de sua idade ficam trocando de bar e de namorado, o Escorpião pode ser encontrado na casa do mentor, recebendo instruções em coisas mais refinadas. Tipicamente, com nuances sexuais, o Escorpião vive o papel de "garoto" para essa figura de "pai" — no extremo, ele é treinado como escravo de um senhor intensamente dominador. Em certo grau, essa dinâmica é intrínseca, e materializa a posição submissa na qual o Escorpião pode ter sido seduzido durante a adolescência. Na maioria dos casos, ele sairá de sob a asa desse amigo e/ou guru sexual para se dedicar à perseguição séria e solitária de suas ambições. Em solteiro, o Escorpião pode providenciar um pequeno grupo de colegas de trepada com os quais compartilhar sua atitude pouco emocional e descomprometida em relação ao sexo. Mesmo sendo uma pessoa profundamente emotiva, o nativo não pode investir nem uma gota de sentimento no processo mecânico da experiência puramente sexual. Nessas circunstâncias, ele assume de praxe a posição ativa, recebendo sexo oral, antes de praticar sexo anal no outro. O desapego é fundamental, com a ênfase colocada em seu poder físico — muitos Escorpiões usam o anel peniano habitual para, digamos assim, reforçar essa impressão. Mas sua associação com tais indivíduos raramente, ou mesmo nunca, verá a luz do dia. Para aqueles com os quais interage das nove da manhã às cinco da tarde a vida pessoal do Escorpião continua a ser um grande ponto de interrogação.

Embora seguros da própria sexualidade, muitos homossexuais de Escorpião guardam completo sigilo do assunto, nem que seja para perpetuar uma aura de mistério. Mentes curiosas podem acabar totalmente banidas da sociedade com ele, caso se atrevam a abordar o assunto. Outros talvez o descartem como uma anomalia assexuada. Então, de repente, corre a notícia de que o misterioso Escorpião, que durante anos não deu a menor indicação de suas inclinações, está vivendo com um homem rico e famoso — quase sempre alguém ligado a seu próprio campo profissional. Respondida a grande pergunta, todos ficarão ainda se perguntando de que modo um sujeito tão isolado acabou encontrando uma celebridade tão importante. Na típica lógica do Escorpião, a pergunta contém a resposta: enquanto esperava a oportunidade, desobrigado de tantos outros envolvimentos dispersantes, o nativo se conservou disponível para atacar na oportunidade "perfeita", quando esta finalmente se apresentou. Invisível, ele estava construindo o alicerce psíquico para a inevitabilidade dessa ocorrência. Entretanto, o fenômeno pode ser explicado em termos mais práticos: por seu caráter distante, o homossexual de Escorpião cria uma mística de importância (pessoal); ao se concentrar na carreira, começa a receber o tipo de convites sociais sofisticados que finalmente se digna aceitar. Tudo o que ele precisa é ser apresentado a um figurão sexualmente atraente, e num piscar de olhos os dois estarão montando casa juntos.

Porque os semelhantes se atraem, o Escorpião está mais à vontade com alguém rico e poderoso — o nome de seu padroeiro Plutão, não nos esqueçamos, significa "riquezas" e dá origem ao termo *plutocracia*, o governo dos ricos — e, de fato, para o Escorpião dinheiro é poder. Além disso, a Oitava Casa é a casa do *sexo* e em particular a do *dinheiro alheio*, dois atributos que estão inextricavelmente ligados na libidinosa mente serpentina. Frente a frente com algum magnata, o altivo Escorpião volta subitamente à vida, fixando o homem com seu sugestivo olhar de fogo gelado. O que ele espera ver devolvido pelo olhar deste peso-pesado é o mesmo tipo de autoconfiança transmitido pelo seu. Ao contrário do irmão hétero, o Escorpião gay não gosta de vulnerabilidade. O que ele procura nos olhos de um homem é confiança, convicção e coragem, senão uma pontinha de crueldade czarista.

O sexo, o dinheiro e os mútuos interesses profissionais são os ingredientes perfeitos para o tipo de relação que o Escorpião consegue manter. Isto parece mais superficial do que é na verdade: por ser tão obsessivo em relação à carreira, deixando pouco tempo para um vínculo sério, faz mais sentido compartilhar a vida com alguém com quem ele possa se misturar profissionalmente, em algum contexto. A verdade é que ele, como sua contrapartida hétero, deseja compartilhar tudo com o parceiro — o Escorpião pode ser o homem mais exclusivista do arraial astrológico, no que se refere a seus compromissos românticos. Sexualmente, então, ele e o parceiro tentarão satisfazer toda e qualquer necessidade um do outro, embora o nativo seja o consumado ativo quando se trata de sexo casual, a relação amorosa quase sempre revelará seu lado submisso, sem eclipsar completamente suas necessidades mais dominadoras. De que consiste o cardápio do quarto de dormir, de uma noite para outra, só nos cabe adivinhar — entre o sórdido e o sublime, nada está excluído das possibilidades. A natureza ctoniana certamente não impede o Escorpião de passar por experiências escatológicas, mas o nativo só faz ao outro significativo o que aceitaria que lhe fizessem. Sexo grupal está geralmente fora de questão, e mesmo algum participante de um triângulo precisaria ser quando muito um michê glorificado, que pudesse ser usado pelo Escorpião e seu companheiro, como dois vampiros que atacassem a presa pelos dois lados. Afinal, quando se trata de amor e de sexo, o Escorpião acredita que se deve compartilhar, e que seja por igual.

Casais

Hétero

Homem de Escorpião / Mulher de Áries

Talvez não encarnem o ideal mútuo, mas é instigante seu temperamento igualmente desafiador. Um casal subversivo com uma dinâmica sexual complicada — os dois são quentes e pesados ao extremo. As preferências eróticas são exploradas em seqüência.

Homem de Escorpião / Mulher de Touro

O ilícito é inerente; eles se excitam com o tabu de estar juntos. No longo prazo, o amor deles pode ser paisagem estéril na qual quase nada germina. Mas uma extraordinária conexão erótica evita que se separem.

Homem de Escorpião / Mulher de Gêmeos

Ele está enfeitiçado — é ela quem lhe altera a percepção, da treva para a luz. Com o passar do tempo, ela espera que ele continue a ser confiável. O compromisso parece inabalável. Na cama, abundantes fantasias são reveladas.

Homem de Escorpião / Mulher de Câncer

O efeito dela sobre ele parece instantâneo — ela é a princesa que ele colocará no trono. Ela não teme a assustadora disposição dele. Raramente uma vinculação casual. O sexo é vigoroso e atlético; mesmo assim, sensível e íntimo.

Homem de Escorpião / Mulher de Leão

Casal estressado, decidido a obter êxito. Ela quer provar seu valor, a qualquer preço; ele capitaliza na credibilidade dela. Os gênios explodem a toda hora. As fantasias dele podem ser pornográficas, mas ela pode entretê-las.

Homem de Escorpião / Mulher de Virgem

Ela é um livro aberto; ele está em busca de alguém para escrever, mas conhecerá a história completa? Ela é personagem complexa. Achar termo médio pode ser difícil. No sexo, ele está no controle. Ela agradece por ser guiada.

Homem de Escorpião / Mulher de Libra

Um desarma o outro, numa experiência inédita, pois não estão acostumados a se render. Com o tempo, as "vizinhas" zodiacais percebem os traços comuns. Com a relaxada Libra, o sexo significa a remoção das "camadas" do Escorpião.

Homem de Escorpião / Mulher de Escorpião

Uma relação marcada pela obsessão material, psicológica e sexual. Intenso amor-próprio em combinação com sectarismo torna os dois bastante insuportáveis. Na cama, emoções já intensas alcançam um clímax orgiástico.

Homem de Escorpião / Mulher de Sagitário

O fulgor mundano de Sagitário é mantido encoberto — ela é uma valiosa mercadoria que só deve brilhar na esfera dele. Ele é um parceiro persuasivo — uma exceção. Ela se sente forçada a cometer atos que anseia por experimentar.

Homem de Escorpião / Mulher de Capricórnio

Ele jura tornar melhor a vida dela, aliviar seu estresse e ajudá-la a ter êxito. Ela é a fiel confidente dele. O sexo é mais satisfatório depois de uma discussão intensa ou de um diálogo inspirado. Uma mistura misteriosa.

Homem de Escorpião / Mulher de Aquário

Tendências anti-sociais são expandidas. Com o sentimento de superioridade eles se ligam num vínculo do tipo nós-contra-o-mundo, mas depois podem pelejar entre si. O sexo é primal, porém includente: o par gosta de mais parceiros.

Homem de Escorpião / Mulher de Peixes

Eles passam por devastadores altos e baixos — tudo é problema. Viver com ele acarreta por vezes mudar de locação. Com ela a seu lado ele alcança melhor remuneração. O sexo faz lembrar pugilismo; a trovoada é turbulenta.

Gay

Homem de Escorpião / Homem de Áries

Ligação elementar: o planeta Marte, sensual e agressivo, rege os dois signos. Áries e Escorpião compartilham compatibilidade física. Escorpião é quase sempre o instigador. Dinâmica emocional complexa, a raiva sempre presente.

Homem de Escorpião / Homem de Touro

Personagens evasivos e indiretos cuja ligação sexual permanece secreta. Desprezo e lutas de poder se imiscuem no vínculo. Uma clássica escaramuça masculina, como a de Caim e Abel. O sadismo do Escorpião pode ser a desgraça deles.

Homem de Escorpião / Homem de Gêmeos

Escorpião é subversivo; Gêmeos é a criatura feliz e brilhante que existe na pista interna da vida. Por vezes, é só um lance sexual — Gêmeos alimenta fantasias de prostituição e o severo Escorpião anseia por escravizar.

Homem de Escorpião / Homem de Câncer

Em público eles são mascarados e frios, mas não a portas fechadas. Seu objetivo: viver e amar até o êxtase, no estado sustentado de arrebatamento. Casal completamente compatível, que se mescla tanto mental quanto sexualmente.

Homem de Escorpião / Homem de Leão

Casal polarizado: Leão parece ensolarado demais para Escorpião, que fica mais tempo ainda na escuridão emocional, como para irritar o parceiro. Na cama, travam batalhas. Mas Leão se estimula com a força agressiva do Escorpião.

Homem de Escorpião / Homem de Virgem

Escorpião não procura chocar: aqui ele busca servir. Trata-se apenas de cavar fundo e aguardar a transformação. No sexo, também, o par procura alguma coisa além dos padrões — eles desenterram naturezas igualmente experimentais.

Homem de Escorpião / Homem de Libra

Escorpião é desconfiado — Libra parece bom demais para ser real. O libriano suporta o sadismo do Escorpião, mas não por muito tempo. O sexo é uma luta pelo poder; Libra geralmente perde e talvez procure um amante menos ameaçador.

Homem de Escorpião / Homem de Escorpião

Se eles podem gerar confiança — boa sorte —, antigos problemas são sanados e a vida fica cor-de-rosa. Caso contrário, as naturezas reservadas farão o oposto, tornando traiçoeiro o caminho. Na cama, cachorros velhos aprendem novos truques.

Homem de Escorpião / Homem de Sagitário

Sagitário é seduzido e chocado pelo sombrio Escorpião. A compatibilidade física é assegurada; a compreensão emocional demora. Grandes expectativas sexuais, com o flexível Arqueiro tendo problemas em corresponder a elas.

Homem de Escorpião / Homem de Capricórnio

Escorpião se inspira na desenvoltura e no vigor do Capricórnio. Como casal, a confrontação é o jeito de lidar com divergências — logo tais lutas se gastam. Mas a vida sexual deles vai bem: mesmo que se separem, terminarão na cama.

Homem de Escorpião / Homem de Aquário

Se buscam um sistema de apoio, poderão encontrá-lo no outro. Mas tornar realidade os planos comuns é difícil — eles precisam de um parecer de terceiros. Mesmo que se apaixonem e se desapaixonem, o sexo poderá mantê-los unidos.

Homem de Escorpião / Homem de Peixes

Casal pacífico e produtivo, principalmente se Peixes for o mais velho. Com o passar do tempo, cultivam uma estética de vanguarda que atrai os forasteiros. O sexo pode ser pouco delicado — Escorpião brinca de ser "rude".

A mulher de Escorpião

a exemplar

Ninguém faz uma opinião mais alta de si mesmo que a nativa de Escorpião. Dela é o indomável espírito que não pode ser penetrado nem pelo mais veemente dos detratores. Demasiado senhora de si para lutar, a nativa alcança suas ambições por meio de angariar seguidores que pavimentam o caminho, ou até estendem diante dela o tapete vermelho. Ela transpira, em doses iguais, encanto feminino e egoísmo agourento, convidando os parceiros potenciais a se aventurarem, porém por sua própria conta e risco. Incontestável mulher fatal do zodíaco, ela parece indiferente aos avanços de um homem, usando essa despreocupação para induzi-lo a trabalhar cada vez mais para lhe chamar a atenção. A nativa inventou o jogo de bancar a difícil, uma especialidade que lhe permite se insinuar no psiquismo daqueles a quem deseja, sem levantar um dedo. Ela é só mistério — provocando, desafiando e escondendo o jogo, enquanto mostra uma eterna cara de pau. Pressupondo naturalmente uma superioridade diante de todos com quem entra em contato, ela só consegue enxergar um homem em termos do que ele faz por ela. Com isso em mente, avalia cada candidato à sua afeição, pesando o inerente potencial do pretendente na qualidade de parceiro, co-genitor, e profissional bem-sucedido. Ela quer o pacote inteiro, e desconfia dos homens e das ambições deles, que considera mal planejadas. Num relacionamento, procura estimular as melhores qualidades do parceiro, enquanto suprime as piores. Com as mulheres, às quais geralmente admira mais que aos homens, seus vínculos são, desde logo, mais fundamentados no espiritual e no sexual. Sáfica por natureza, a nativa é altamente

Viii

PRINCÍPIO

O Princípio Ctoniano. Aquele da natureza invisível e do funcionamento interno do planeta, do cosmo e do subconsciente humano. O termo é derivado de *khthonia*, "subterrânea", mais um dos nomes de Perséfone. Relaciona-se às maquinações da experiência interna feminina — a terra sendo personificada como fêmea. As forças regenerativas do planeta e o processo reprodutivo das mulheres são questionados durante o "período de geladeira" associado com a chegada do outono e da menopausa. O lema do signo da nativa, "eu desejo", assinala as maquinações notoriamente secretas desta mulher fatal.

romântica em seus relacionamentos homossexuais, que sempre parecem ter um clima de namoro de colegiais.

Signo + Mente

O que está por trás: a nativa de Escorpião, regida ao mesmo tempo por Marte e Plutão, como fogo e gelo, a agressão causticante e a urgência sexual associadas ao primeiro planeta encapsuladas na energia gélida e elíptica do segundo. Fisicamente, o minúsculo Plutão rege as forças invisíveis e regenerativas do corpo, no nível celular, da mesma forma pela qual rege psicologicamente os mecanismos reformadores do subconsciente. De nossa perspectiva terrena, esse pequeno e remotíssimo planeta do sistema solar eleva-se a grandes alturas em certas épocas, e depois parece despencar muito abaixo da faixa média dos outros planetas no firmamento — representando os píncaros e os abismos da experiência humana. Assim também a fênix, um dos numerosos e misteriosos signos-símbolos do Escorpião, no relato mítico, mergulhou de uma grande altura, precipitando-se em chamas, só para emergir novamente da ruína de suas cinzas. Não surpreende, portanto, que Plutão, batizado em homenagem ao deus romano do mundo subterrâneo (para os gregos, Hades), esteja associado com o preceito astrológico da transformação por meio da eliminação. Originalmente, uma divindade feminina ancestral, Plutão foi durante certa época sinônimo de Perséfone, a qual involuiu mais tarde para a condição de esposa do deus masculino. Plutão-Perséfone também foi descrita no mito como tendo mergulhado nas profundezas do submundo, anunciando o outono, só para retornar ao ensolarado mundo da superfície na primavera. Esta é exatamente a mulher do signo de Escorpião: como concordará qualquer um associado à fênix feminina do zodíaco, não há como submetê-la. De fato, parece que quanto maior a queda sofrida, mais grandiosa se torna essa mulher, depois de sacudir a poeira. Pelo visto sua capacidade de se reinventar não conhece limites. Sobrevivente de primeira ordem, ela suporta os desastres naturais da vida, grandes e pequenos, transformando os revezes mais paralisantes em subseqüentes sucessos, numa perfeita expressão de seu transformador princípio planetário de crescimento por meio da renúncia.

Em Libra, o planeta anterior na roda astrológica, o superfeminino planeta Vênus rege um signo aéreo de idéias distintamente masculino. O resultado é uma bela visão apolínea do mundo da superfície, com seu obrigatório foco na ordem artificial, nas artes e nos ideais. Em Escorpião, uma regência masculina de Marte se submerge nas profundezas desse signo ricamente feminino, dando origem à visão ctoniana da existência. O termo, que significa "subterrâneo", denota o avesso da vida em cada aspecto, desde o larvar útero-túmulo da natureza em si até os recessos obscuros do subconsciente humano, e daí à química borbulhante ou à física vibrante da vida do âmbito microcósmico. Khthonia é ainda outro título dado à Deméter Negra ou Plutão-Perséfone, como ela é chamada em seu aspecto de deusa da morte. Aqui no Terceiro Quadrante da Mente do zodíaco, o foco de seus signos nativos — Libra, Escorpião e Sagitário — está principalmente voltado para a percepção da existência. Escorpião mergulha nessas realidades ctonianas subjetivas anteriormente mencionadas, especificamente as do subconsciente, com o propósito objetivo de isolar e catalogar, ou mesmo extirpar o que descobre ali. Enquanto a libriana, a *mais justa* de todas, coloca um espelho diante do mundo, pedindo aos outros que reflitam conscientemente sobre princípios e ideais elevados, a nativa de Escorpião é como Alice através do espelho, fadada a investigar o país das maravilhas de seu próprio psiquismo. Como nos dirá qualquer ator digno do sal que come, a isso se resume a arte dramática — a ter tamanha compreensão da própria vida interior que lhe seja possível inspirar-se nela à vontade. Não é de estranhar que tantas grandes atrizes sejam nativas do signo — elas possuem a necessária profundidade.

Ninguém tem mais domínio sobre os próprios sentimentos que a nativa de Escorpião. Como o único signo fixo-água do zodíaco, o elemento que simboliza emoção, ela procura controlar as sensações, de modo a não se deixar controlar por elas. Efetivamente, sua condição fixo-água poderá algumas vezes fazê-la parecer congelada. A energia remota de Plutão mantém contida a expressão impulsiva de Marte, permitindo à nativa um confortável distanciamento das emoções, o que quer dizer que ela raramente age sob o impulso destas. Em sua opinião, qualquer comportamento exagerado, sejam explosões de raiva, crises de choro, mostra de sentimentalismo ou mesmo excessivo entusiasmo ou enlevo, não passa de um escandaloso desperdício de energia que poderia, e deveria, ser destinada a outros usos. A capacidade de conter e controlar o que o restante de nós vivencia como sensações espontâneas transforma-a numa personagem impassível — ela é estranhamente composta quando sob pressão, ou em épocas de crise. Jamais perturbada por circunstâncias inesperadas, nem facilmente influenciada pela adulação, ou magoada por ofensas inequívocas, a nativa não se sente vitimizada, desanimada ou mesmo desafiada, malgrado as

SÍMBOLO PLANETÁRIO

O poder de Plutão é de transformação, é o crescimento por intermédio da eliminação, da regeneração e da renovação. De uma perspectiva terrena, o planeta se eleva a grande altura e mergulha a grande profundidade, ecoando a ascensão e a queda da fênix e a sazonal descida e retorno de Perséfone. É pelo exílio imposto a si mesma, eliminando as distrações da experiência superficial, que a nativa de Escorpião ganha insight, o qual, por sua vez, alimenta suas ambições mais elevadas lhe fornece um lastro.

QUADRANTE DO SIGNO

Os quadrantes zodiacais correspondem aos planos metafísicos da existência: físico, emocional, mental e espiritual. O Terceiro Quadrante é o da percepção mental, particularmente no tocante ao conceito de existência. O signo de Escorpião se relaciona com os recessos obscuros do subconsciente e exploração objetiva dessa esfera subjetiva.

♏

CRIPTOGRAMA DO SIGNO

De todos os símbolos associados ao Escorpião — dragão, serpente, aranha, escorpião, fênix, provavelmente será esta ave mitológica o mais apropriado ao caráter da nativa de Escorpião, pois ambas criaturas se elevam mais fortes depois da mais espantosa queda e combustão. No dicionário, a segunda acepção de fênix é "indivíduo de incomparável beleza ou excelência".

ELEMENTO + QUALIDADE

O elemento água conota emoção e intuição. A qualidade fixa denota intensa concentração e magnetismo. O composto fixo-água específico de Escorpião é comparado ao gelo ou a outros cristais, como o sal ou as pedras preciosas e semipreciosas. A nativa de Escorpião é essa gema, aperfeiçoada pelas maquinações internas de seu psiquismo pressurizado. Por mais absolutamente perfeita que seja, ela vê a si mesma como o sal da terra, uma mercadoria preciosa e (auto)conservadora.

intenções alheias de afetá-la dessa forma. Pelo mesmo princípio, a cristalização de fixo-água de sua vida emocional lhe determina vivenciar como fatos os próprios sentimentos. Outras pessoas têm humildes opiniões, mas a nativa tem todas os respostas. Sobretudo nos relacionamentos, tudo será tipicamente do jeito dela ou de jeito nenhum. As convicções da nativa não são negociáveis — suas preferências e aversões são definitivas, seus palpites inescrutáveis são lógicos, sua estrutura mental inteira é a consolidação de visões subjetivas transformadas num sistema rígido de verdades pessoais tão impermeáveis em sua formulação quanto a teoria da relatividade de Einstein, e igualmente fácil de provar.

A *percepção além dos cinco sentidos* é um dos atributos da Oitava Casa astrológica. De fato, a nativa é toda sexto sentido. Enquanto a libriana projeta suas formas-pensamento no plano astral, agitando a varinha mágica da idealização, a mulher de Escorpião opera ao contrário, fisicamente atraindo a si a experiência, como bola de cristal sintonizada para o que a vida pode reservar. Com semelhante vantagem, ela escolhe as oportunidades, evitando com perícia invejável a maioria dos obstáculos. Como todos os signos fixos, especialmente aqueles cujo sexo está alinhado com a polaridade de gênero (como as mulheres do signo feminino de Touro e Escorpião), essa mulher-aranha opera como um ímã. O que a nativa de Escorpião nos ensina, por meio do exemplo, é que menos é mais — que aqueles que lutam, batalham, perseguem e meticulosamente planejam suas ambições quase sempre conservam um foco muito estreito, ficando cegos para o contexto mais amplo, incapazes de reconhecer o que a vida talvez lhes ofereça naturalmente. Uma aranha, afinal, não necessita perseguir a presa. Da mesma forma, para não nos esquecermos que o escorpião é um aracnídeo, a nativa do signo não se sente compelida a fazer na vida acontecer ou a construir o futuro: como personificação da inteligência invisível da natureza, aquela que sabe o tempo sazonal apropriado para cada objetivo, a nativa espera sua vez, confiando no caráter cíclico da existência, subindo ao carrossel do tempo quando soa o momento certo. A paciência, para a Aranha do zodíaco, é a suprema virtude. No ínterim, ela passa o tempo todo tecendo uma teia perfeita para capturar o botim a que sente ter direito. Para ela, é fundamental preparar-se para seu próprio bem, que envolve principalmente a remoção de todo e qualquer obstáculo a acessá-lo.

Outra qualidade crucial da Oitava Casa, qualidade que particularmente diz respeito à psicologia da nativa de Escorpião, é o *sacrifício pessoal*, importantíssimo elemento de eliminação que dá origem ao seu crescimento pessoal e é, verdadeiramente, a substância de seu ser. Trata-se de uma dinâmica enraizada em sua primeira infância. A nativa nasceu numa época em que a vida familiar estava desorganizada, embora fosse, por vezes, um caos positivo, caracterizado pela mudança de domicílio ou pela mistura de muitas crianças. Os pais tendem a ser remotos, tanto no âmbito de indivíduos quanto no de casal, permitindo uma atmosfera solta e indisciplinada. O pai pode ser uma entidade especialmente ausente. Em vez de contribuir para a confusão, ou se perder na baderna, a nativa se torna, em vez disso, a voz da autoridade, independente de sua ordem de nascimento, assumindo um papel paterno e, em geral, organizando a bagunça doméstica, ao dizer, taxativamente, a todos os outros, o que fazer, e quando fazê-lo. Seu notório comportamento autoritário é bem recebido pelos pais, ao passo que os irmãos, vendo nela uma âncora, lhe garantem uma condição de ascendência, em troca do constante apoio e definição trazidos por ela ao mundo deles. A nativa e a mãe, um tanto mais leniente, trabalhando em conjunto, formam uma presença maternal completa — os Escorpiões costumam ter um relacionamento íntimo e respeitoso com suas mães. O enraizamento da nativa é considerado inestimável para todos os envolvidos, o que lhe conquista o papel de "tesouro" da família. Ao assumir uma posição tão vital, no entanto, ela geralmente sacrifica uma infância despreocupada, pois começa a escavar e a explorar sua latente maturidade muito antes de esta poder emergir naturalmente. A nativa anseia por tranqüilidade, tecendo aquela teia de aranha em torno de seus próprios problemas emocionais, para ruminá-los mais tarde. Desse modo, visa criar um ambiente mais estável no qual ela e os irmãos possam encarar miríades de desafios — escola, obrigações de família, formação de amizades e, por último, a negociação de problemas sexuais — a partir de uma perspectiva de calma. A família que tem uma nativa de Escorpião em seu meio é marcada por uma solidariedade entre irmãos, que se apóiam mutuamente num espírito coeso de sobrevivência, com ela liderando o grupo, fortalecendo-o com seu inerente senso de superioridade. Graças à ação dela em escavar e coreografar o chamado tumulto em que vivem, a pressão caótica da vida familiar é sistematicamente transformada num poder carismático. Para a mente (ctoniana) do Escorpião, é normal a vida ser aleatória e desordenada — ela só se transforma num extremo pandemônio em função de nossas reações de pânico diante dela. Se aceitarmos o caos, este irá, por sua vez, ceder passagem à ordem natural. O truque, ela aprende, é abrir caminho à providência pela obliteração de qualquer obstáculo que a esta se interponha.

POLARIDADE

As mulheres de signos femininos (terra, água) estão alinhadas com a polaridade de gênero do próprio signo, encarnando assim a combinação qualidade-elemento do signo. A condição de fixo-água da nativa de Escorpião significa que por vezes ela é tão gelada quanto possível. Suas convicções são firmemente fixadas. Ademais, ela é perfeitamente cristalizada em sua compreensão do eu, completamente convencida de suas motivações e inabalável em suas ligações afetivas.

8

NÚMERO DO SIGNO

O número da regeneração. A tradição equipara o número oito com a transcendência ao plano mais elevado de consciência. O número sinaliza a eternidade, com a forma espiral girando sobre si mesma, além de estar associado à capacidade de ganhar dinheiro e às posses mundanas.

49-56

ASSOCIAÇÃO DA FAIXA ETÁRIA

O período da menopausa. A interrupção da condição virginal, comparável à transformação da virgem Coré em Perséfone, seu aspecto de sibila. A mudança hormonal que ocorre nessa época coloca a mulher em contato com os mecanismos químicos invisíveis de seu corpo, dos quais o Escorpião está sempre consciente. Como na árvore a queda das folhas desvia a energia do crescimento para o nível interno das raízes, assim também essa fase significa a queda da última florada da fertilidade física em favor da fecundidade psíquica da sabedoria feminina.

PSICOLOGIA

A nativa de Escorpião é imperiosa. Seu gênero de complexo de superioridade rivaliza-se com o do nativo de Leão. A exemplo da congelada Perséfone, ela pode ser rígida, gélida e esperar que outros façam o que pede. Seu ferrão se manifesta quando ela se defronta com estranhos, dos quais sente um medo quase patológico.

Não surpreende que a nativa de Escorpião seja a personificação zodiacal da Deusa da Destruição: seu signo está impregnado de figuras do mundo subterrâneo, da vida póstuma, como Perséfone, pois a Oitava Casa astrológica de Escorpião governa o conceito de *morte*, e também de *regeneração*. Como indicam os símbolos de Virgem e de Escorpião, respectivamente, ambos estão relacionados, ao extremo, pelo fato de compartilhar o arquétipo de Deméter, sendo os Ms maiúsculos interpretados como variações da Mãe-Terra. Na mitologia, o aspecto virginal dessa deusa da terra, Coré, é raptado por Hades-Plutão, por ocasião do equinócio outonal, o que marca o final do signo de Virgem; mais tarde, ela se transforma em Perséfone, a sibila da morte — a Mãe-Terra enregelada —, que assombra o signo outonal de Escorpião. Perséfone, segundo todos os relatos, não ficou nada feliz; pelo menos, não a princípio. Como a nativa de Escorpião, a deusa viu inteiramente sacrificado o aspecto despreocupado de sua infância, embora no intuito de lhe proporcionar um poder suficientemente grande para deixar apavorados a todos, deuses e homens. Ela *é* a morte, é quem determina onde alguém vai passar a eternidade. Ela é a última palavra, a decisão final. Este é o mesmo papel que a nativa interpreta na vida — o de ser quem de fato dá as cartas em todos os seus relacionamentos. Com Perséfone sentada e imóvel em seu trono frio e enfeitado de pedras preciosas, a impassível nativa emite suas opiniões como decretos, decidindo o destino de todos os que encontra, sempre em termos daquilo que podem oferecer a ela. Outros praticamente não existem para a nativa, exceto na medida em que se relacionam a ela. A família existe. Os amigos existem. Os inimigos não — ela não tem nenhum, pois imediatamente elimina semelhantes distrações negativas de sua vida. Todas as pessoas são peões — ela apenas valoriza a alguns mais que a outros, propositalmente empurrando-os para diante neste jogo chamado vida.

Como Scarlett O'Hara, no romance *E o vento levou* (numa presumível referência a cinzas, senão a Ashley), a nativa de Escorpião toma as questões em suas próprias mãos. Personagem criada no romance por Margaret Mitchell e interpretada na tela por Vivien Leigh, ambas nativas de Escorpião, Scarlett é a encarnação do arquétipo de Perséfone. Precipitada na ruína, saqueada sua bem amada Tara (batizada em homenagem a Deméter gaélica) — destruída sua mãe e sua própria dimensão juvenil —, ela precisa se elevar das cinzas, qual uma fênix, não só para sua própria sobrevivência como também para a de sua estirpe inteira. Então ela assume seus problemas, veste-se com as cortinas, e dizendo: "bolas, amanhã eu penso nisso", começa a manipular alucinadamente as pessoas em torno para retomar a escalada. Margaret Mitchell chega a nos dar um Hades-Plutão sobre a forma de Rhett Butler vestido de preto. Plutão significa "riquezas" e os dólares de Rhett são o que Scarlett procura. Encarnando seus atributos de Oitava Casa de *sexo* e *dinheiro alheio*, a nativa de Escorpião não está necessariamente isenta de traficar um pelo outro. Ela não atribui à própria sexualidade nenhuma visão impoluta e puritana, não encontrando razões para deixar de usá-la para seu melhor proveito. Nada que a nativa faça pode, na verdade, diminuir sua auto-estima. E como vemos, as lutas e pressões da vida só logram torná-la mais resistente e valiosa para outros. Quer examinemos Perséfone paralisada em seu palácio de cristal, coberta de jóias por Plutão como recompensa por seu encarceramento, ou Scarlett, jurando "nunca mais voltar a passar fome", elevando-se das cinzas da calamidade para a nova fortuna como manteúda, a determinação desta mulher de condição fixo-água, na expressão do lema de seu signo "Eu desejo", só faz se tornar muito mais cristalizada em meio ao caos. Como o diamante, o gelo vernáculo — o mais duro, mais puro, mais perfeito cristal — seu valor e beleza, particularmente a do tipo "interior", só vão crescendo, quanto mais tempo ela permanece enraizada sob a pressão da natureza ctoniana.

A nativa de Escorpião embarca periodicamente em profundas descidas psicológicas, que em geral ocorrem apenas duas ou três vezes na vida, embora o episódio individual possa durar um ano ou mais. Não se trata de simples melancolia, porém de algo mais sombrio, de cores mais profundas, ou até turbulentas. A esfera ctoniana é a do feminino misterioso interno, e na qualidade de mais pura personificação dessa energia arquetípica, a nativa enfrenta tempestades subliminares a rugir-lhe no íntimo, apesar da tampa de frieza que procura colocar sobre estas. Nesses períodos cruciais de sua vida, que emergem como encruzilhadas, ela se sente extremamente forçada à auto-reflexão. Nessas circunstâncias, ninguém se compara a ela em capacidade de concentração, fato evidente se a observarmos no trabalho, principalmente em projetos criativos. Ela por vezes parece estar em transe. Essa mesma capacidade de isolar os elementos externos e mergulhar fundo no próprio subconsciente transforma-se numa certa maldição, por ela não ser capaz de subitamente, por encomenda, colocar uma tampa naquela conexão insondável que sente. Assim, enquanto outras pessoas talvez consigam reprimir a excitação subjacente do próprio psiquismo, ou não consigam, mesmo querendo, fazer contato com o funcionamento deste, à nativa não resta opção senão ser engolida pelo abismo, como Perséfone, e enfrentar cada último segredo, esqueleto, demônio, e carência que para a maioria das pessoas estarão à espreita no subconsciente, mas para

ARQUÉTIPO + MITO

O signo se baseia no arquétipo da deusa da destruição. Perséfone personifica a terra no período moribundo do ano, como o signo corresponde ao começo do outono na vida do indivíduo. Na opinião da nativa, a morte é uma porta para a transformação. Os mistérios de Elêusis associados com a deusa enfatizam a iluminação proveniente das trevas. Perséfone se relaciona à renovação — ela transformava mortais em deuses, padrão repetido pela mulher de Escorpião nas relações amorosas, nas quais freqüentemente se dedica a matar as imperfeições do parceiro ou parceira, para que este/ esta possa emergir como uma entidade mais divina. Ela também está associada com a Esfinge, que propõe os enigmas da vida e mata os homens que não os solucionam corretamente.

BÍBLIA + LITERATURA

Escorpião é o demônio feminino. Os antigos personificavam a morte como uma mulher, como a Mãe-Terra a cujo seio todos retornamos. O personagem da mulher fatal vive em figuras como Dalila, "a debilitadora", cujo nome significa "abertura", tanto a vagina quanto o túmulo. O sexo e a morte, ambos atributos da Oitava Casa de Escorpião são metaforicamente intercambiáveis. A mulher fatal na literatura usa o sexo como um recurso para seu próprio proveito. Scarlett O´Hara é a mais notória, cujo nome evoca o vermelho intenso associado ao signo; sua união com Rhett Butler, um diabólico personagem plutônico vestido de preto, coincide com a desolação da terra (Tara). *Alice no País das Maravilhas* também retrata a mulher de Escorpião, que mergulha intrépida em seu próprio psiquismo.

♂

O selo de Marte, regente co-planetário de Escorpião.

ela estarão construindo fogueiras e promovendo holocaustos ali mesmo. Por outro lado, seu lema "Eu desejo" não aponta para meros caprichos, porém sugere uma destilação de desejos e necessidades que se converte numa determinação diamantina. Quando finalmente ela assoma à superfície, tem um ar de calma mortal, como se estivesse totalmente renovada, qual sua fênix totêmica, sem nenhum vestígio dos tormentos que tinham ameaçado esmagá-la.

Corpo + Alma

A nativa de Escorpião tem uma expressão de expectativa, como quem perpetuamente observa e espera a ocorrência de um acontecimento, a chegada de alguém. Nos diálogos, ela antecipa cada palavra do interlocutor, quase sempre impulsionando a conversação com rápidos acenos de cabeça ou murmúrios de aprovação, visivelmente irritada ante a menor digressão. Às vezes, parece cismarenta, como se envolvida por outros pensamentos, ou marcando o tempo até poder intervir com sua própria vigorosa opinião. Essa preocupação provém da força das antenas perceptivas da nativa, que motivada a ler nas entrelinhas examina o clima em torno do que foi dito. Nunca satisfeita com o valor facial do discurso, ela varre o texto em busca de vestígios de subtextos, sinais de inautenticidade ou falsidade, notando a desenvoltura ou falta dela na voz ou maneirismos da pessoa. De acordo com sua condição de fixo-água, a nativa é como o cristal de uma emissora de rádio, captando sinais não verbalizados. Isso pode explicar seu olhar vazio, como de alguém em transe; ela parece procurar pistas sobre o outro mais com os ouvidos que com os olhos, abrindo todas as freqüências disponíveis para sua intuição notoriamente dotada de ajuste fino. Por vezes ela parece estar olhando através de uma pessoa, mantendo o controle silencioso de outras interações, sorrateiramente vigilante das mínimas idas e vindas. Quando alguém entra num recinto cheio, os olhos dela o encontram na porta de entrada; se naquele instante ela o acha interessante, sexualmente ou de outra forma, não o deixará escapar das vistas. Com olhar analítico, de quem pergunta: "Eu conheço você?" — ela observa o indivíduo, com os olhos oblíquos e o sorriso de esfinge sinalizando em silêncio sua curiosidade espicaçada. Lembre-se que ela é a mulher-aranha original do zodíaco — e essa criatura sedutora, para a qual o mundo inteiro é sua sala de visitas, convida a entrar em seu ambiente aqueles a quem considera "moscas".

Poucas mulheres se sentem mais à vontade em seu ambiente, seja qual for, que a nativa de Escorpião; e ao contrário de sua contrapartida masculina, que está eternamente a se esgueirar pelos cantos, ela realmente mergulha em seu ambiente. Não sendo o tipo de ficar pulando de festa em festa, nem mesmo de planejar mais de uma atividade para determinado dia, ela só deixará os confins acolhedores de seu domicílio se tiver certeza que, chegada ao local de destino, usando o recurso mais rápido possível — tomar um táxi para percorrer duas quadras não está fora de questão — poderá estacionar confortavelmente seu régio traseiro e ser paparicada. Conforme decidiu o destino, a nativa de Escorpião é naturalmente imóvel: qual um retrato bem pintado, cujos olhos parecem nos acompanhar por todo recinto, ela emite uma compostura glacial (fixo-água) e pode ser enregelada quando assim deseja. Sua expressão geral é de uma pessoa em animação suspensa, ou mesmo em eterno suspense. Ela deseja obter respostas, e induz os demais, particularmente algum amante potencial, a se revelar — mesmo o homem mais lacônico acabará lhe entregando seus segredos. Ela é a própria esfinge, que coloca os homens, principalmente, na maior saia justa, exigindo que falem rápido, enquanto ela permanece muda como um túmulo, tão fechada quanto convém à Perséfone do zodíaco, entronizada num transe eterno. Quando se digna a falar é sucinta, para dizer o mínimo, como quem guardasse consigo a maior parte de seus pensamentos, embora de forma óbvia. Mas ela consegue ser mais eloqüente com poucas palavras que qualquer outro ser do planeta, e quase sempre dá aos demais a sensação de que, mais que ter participado de uma conversa educada, eles receberam uma transmissão subliminar. Essa mesma capacidade é usada com grande proveito pela nativa que trabalha com palavras, como escritora, poeta ou compositora de canções. Entretanto, até a executiva de Escorpião poderá empregar metáforas melosas na descrição de eventos referentes a uma recente reunião de diretoria. Esta habitante do plano ctoniano, até na expressão mais banal comprova que a poesia é de fato a linguagem da alma, ou pelo menos é assim que se traduz para nós, em comparação com meros habitantes da superfície.

A nativa talvez pareça fria e calculista para outras mulheres, que podem ter a sensação de que ela está escondendo uma operação secreta por trás do desconcertante exterior glacial. Graças à combinação da regência do fogoso Marte e do gélido Plutão, a nativa mascara com uma aparência totalmente gelada qualquer calor que possua. Ignorando tal circunstância, os homens ficam cada vez mais balbuciantes, enquanto ela se limita a seu semi-sorriso de Mona Lisa, uma expressão que os historiadores da arte há muito atribuíram à

CASA ASTROLÓGICA

propriedades
finais
regeneração psicológica
reconstrução/reforma
disfunção
assistência financeira
reforço moral
apoio espiritual
legados/fundos
testamentos
impostos
herança
seguro
segredos
comportamento/atitude sexual
clímax sexual
sexto sentido
renascimento psicológico
o oculto
sono
pesquisa em profundidade
investigação
exame
mistérios
patrimônio oculto
dinheiro alheio
mudança espiritual
morada espiritual
recursos materiais compartilhados
fundos conjuntos
dinheiro do casamento
divórcio
conflito pela fortuna
riqueza para glorificação
sacrifício pessoal
dependência material
dinheiro da empresa
controle/manipulação
coerção/intimidação

PALAVRAS-CHAVE

destilação
orquestração
sedução
química
manipulação
opinião
compreensão
cristalização
destruição
precocidade
distância
possessividade
penetração
coexistência
desconfiança
servidão
hipérbole
regeneração
domínio
concentração
imortalidade
exclusão
convicção
reserva
coerção
resolução
decisão
perfeição
devoção
opressão
iniciativa
atração
sedação
auto-suficiência
serenidade
complexidade
isolamento
desejo
vingança
obsessão
intensidade
superioridade
indulgência

gravidez da modelo. Enquanto isso, aquela icônica modelo do artista era provavelmente nativa de Escorpião, uma mulher extremamente antecipatória, para sempre fixada no estado metafórico de quem está chocando algum plano. Quanto à questão concreta da gravidez, a nativa de Escorpião costuma ser a mais cismarenta do zodíaco. Apesar de sua característica descrição como uma harpia louca por sexo, ela raramente está buscando o sexo pelo sexo. Em vez disso, procura um parceiro permanente com quem se multiplicar. Enquanto não encontra, não lhe agrada a condição solteira, e em lugar de namorar, geralmente se mete num relacionamento sério após outro. Mesmo quando está convencida de que alguém não é o "homem de sua vida" ela ainda se comprometerá com ele, como passatempo, ou mesmo marido, ocupando a mente em transformá-lo à sua imagem — engolindo-o apenas para devolvê-lo, em sua opinião, melhor que quando o encontrou. Neste e na maioria de seus enredos românticos, a nativa acredita que faz um favor ao homem, pelo fato de estar com ele, seja por uma quinzena ou para sempre. Por muito que a afirmativa pareça vampiresca, qualquer homem com que ela se junte, de certa forma lhe pertencerá para sempre. Dada a marca indelével que deixa nos homens com quem vive, estes serão os primeiros a concordar.

O tipo de beleza da nativa é mais bem descrito como gótico. Ela é tão beatífica quanto a Mona Lisa, muito parecida à "eterna amada", em concordância com a sua designação arquetípica como a interminável Perséfone do zodíaco. Sua aparência tem mesmo um toque fantasmagórico: por vezes os cabelos são negros asa-de-graúna ou louros glaciais; a pele parece desbotada da cor original ou empoeirada de geada, quase sempre muito branca como alabastro. Mesmo as nativas de etnias escuras não serão muito mais claras que outros membros da família, porém de tonalidade bem mais aguada. Seus olhos enigmáticos, que nada revelam, são por vezes tão separados que fixá-la nos dois olhos parece impossível. A linha de implantação dos cabelos é baixa, e por vezes marcada por um bico de viúva, freqüentemente franjado com finíssima penugem de pêssego, tal qual o pescoço, o que lhe dá uma aparência encapuzada. A cabeleira em si, ainda que quase sempre lisa, é, entretanto, elástica e difícil de conter, o que lhe dá um aspecto lambido, a não ser que a dona consiga domá-la a duras penas. O nariz é tipicamente longo, reto e aquilino, contribuindo para sua expressão desconfiada, tanto quanto o sorriso notoriamente dissimulado — uma perfeita caricatura de boca em meia-lua. O pescoço, não muito longo, parece rígido; ela talvez dê a impressão de virar o corpo inteiro para encarar em qualquer direção dada, um sintoma, aliás, de sua postura fixa, lastreada. Os movimentos são bastante sincopados, em todo caso, e ela não é das melhores dançarinas do zodíaco. Os ombros são fortes sem serem quadrados; os braços, o pescoço e o colo são pálidos e luminosos; e o busto é tipicamente revelado em decotes, não importa a estação. Por vezes vestida ricamente em tecidos *devoré* — sua inclinação é pela moda minimalista ou retrô de primeira mão —, ela costuma mostrar muita pele, não por necessidade exibicionista, mas sim porque em decorrência de sua inerente sensação de privacidade, ela se esquece de que está à mostra.

Afirma-se que a marca de um grande ator de cinema é a capacidade de, com uma câmera enfiada na cara, num estúdio abarrotado de técnicos, sentir completa privacidade. Uma lista de famosas nativas de Escorpião — que incluem gente como Julia Roberts — revela que as estrelas mais bem-sucedidas, prolíficas e bem pagas da história da indústria cinematográfica foram e ainda são mulheres da Esfinge. Poderia parecer que não só a extraordinária beleza da Serpentina, mas também sua inata capacidade de ser tão íntima, ou melhor, visceral, diante das câmeras produz uma cativante impressão nas telas. Para resumir, a nativa de Escorpião está arrebentando. Ela derrama sensualidade, o que a transforma numa perfeita sereia na tela, além de um tesouro na bilheteria. Também não atrapalha o fato de ter um corpo de primeira qualidade. Esbelta e definida, mas ao mesmo tempo torneada e carnuda, a nativa obviamente se beneficia da influência masculina e atlética de Marte, em seu físico no demais regido pelo feminino-aquático — mesmo quando de baixa estatura, ela parece um sorvo de água longo e gelado. Em apreciação da influência serpentina de seu signo, os seios firmes, porém pesados, da nativa, apresentam mamilos devidamente indignados, um efeito, talvez, da combinação da energia externa de Marte e dos efeitos adstringentes de Plutão. Igualmente, a nativa típica tem cintura fina e quadris estreitos, sem nunca parecer ossuda ou masculina. Como a nativa de Áries, com quem compartilha a regência de Marte, e também uma tendência às pernas longas e ao corpo curto, ela pode se enfiar num par de jeans masculinos, sem problemas; e em seu corpo eles não ficarão pendurados de jeito masculino, mas sim colados a todos os pontos femininos. A exemplo dos seios, o volume muito feminino do ventre, e mesmo o monte de Vênus serão por vezes perceptíveis através das roupas — o que tem lógica, pois ela quase sempre está usando tecidos colantes. Mas a natureza da nativa de Escorpião é deixar as coisas soltas, pois não é fanática pela perfeição cosmética. Talvez nem seja extremamente meticulosa em seu regime estético, aplicando a maquiagem sem lavar o rosto, saindo sem passar desodorante, e só esporadicamente

REGÊNCIA DO CORPO

Escorpião rege o sistema reprodutor, os órgãos genitais, a bexiga, a uretra e o ânus. Há uma tendência para problemas genitais, doenças venéreas, pólipos retais, além de problemas de sinusite e das adenóides. Plutão rege o crescimento das células regenerativas e das gônadas.

MULHERES FAMOSAS DE ESCORPIÃO

Belezas perfeitas e almas-gêmeas profundas

Julia Roberts
Meg Ryan
Jodie Foster
Winona Ryder
Sally Field
Goldie Hawn
Grace Kelly
Veronica Lake
Bo Derek
Linda Evans
Vivien Leigh
Hedy Lamarr
Demi Moore
Frances Conroy
Lauren Ambrose
Famke Janssen
Tilda Swinton
Toni Collette
Chloe Sevigny
Cherry Jones
Ann Reinking
Martha Plimpton
Maggie Gyllenhaal
Lauren Hutton
Kay Thompson
Mariel Hemingway
Jane Alexander
Joan Plowright
Elsa Lanchester
Kim Hunter
Peta Wilson
Elke Sommer
Bibi Andersson
Kate Jackson
MacKenzie Phillips
Marlo Thomas
Parker Posey
Lisa Bonet
Louise Brooks
Marie Dressler
Tina Brown
Hillary Rodham Clinton

removendo os pêlos supérfluos com gilete, pinça ou cera depilatória. Totalmente à vontade em seu corpo, como logo descobrirá o novo companheiro, ela anda despida pela casa, sem se preocupar ao cruzar as pernas, sempre anunciando, embora inadvertidamente, suas "frutas vermelhas" regidas por Escorpião, que funcionam como sistema de orientação para esta mulher movida pelo sexo — exatamente como a própria romã de Perséfone lhe determinou a direção do destino.

Sexo + Sexualidade

Se há uma mulher consciente do que está feito sexualmente, é a nativa de Escorpião. O corpo feminino e a sexualidade são a representação humana do princípio ctoniano; seus misteriosos mecanismos internos, um laboratório intricado e oculto do qual surge a vida. A libido feminina, além de seu humor ditado pelos hormônios e pelas fases da Lua, escapam ao pensamento racional. O sexo é irracional, e seu funcionamento natural não se enquadra facilmente numa linda imagem de pensamento idealizado e amor elevado. E, como no caso de todos os mistérios da vida, o Escorpião tem deles uma compreensão muito maior que a dos demais. É o signo do sexo, e o conjunto de energias ativo-regenerativas de Marte e Plutão determina o ímpeto do amor, que para a dama subterrânea do zodíaco não é um impulso altaneiro e cerebral, "cortesão", mas sim clamorosamente químico. A nativa não precisa de nenhum homem que lhe faça sentir-se uma mulher natural: ela já nasceu assim. Escorpião transpira sexualidade, como se comemorasse cada feromônio liberado na atmosfera para ser sentido por qualquer homem. Ela tem opção: o símbolo de Escorpião pode ser lido como uma flecha emitindo sinais do *yoni*, assim como o criptograma de Virgem implica proteção da pureza — "foda-se", diz a nativa, no sentido mais literal. A atitude que adota diante da sexualidade reflete sua associação de signo com a faixa etária 49-56, que corresponde ao período da menopausa, que, simbolicamente, representa uma outra faceta da misteriosa sexualidade feminina: é impossível controlar a cessação da força reprodutora e regenerativa numa mulher. Essa associação etária certamente combina com a programação da regência ctoniana de Escorpião, espelhando a correlação daquele planeta com o crescimento pela eliminação e pelo desvio da energia vital no nível da raiz. A menopausa continua a ser um gigantesco mistério para médicos e cientistas, ao passo que os antigos, a exemplo de certas seitas da Nova Era, a viam como a chegada da idade da sibila, quando o poder de uma mulher para fomentar o crescimento físico no útero se transferia para o desenvolvimento de seu próprio poderio mental e espiritual, transformando-a na proverbial mulher sábia. Excusado dizer, quando atinge a menopausa a mulher é particularmente regida pelos hormônios ctonianos. Metaforicamente falando, a nativa de Escorpião passa a vida toda na menopausa, prematuramente madura desde cedo, sua psicologia é regida por uma natureza resignada e fatalista, sem mencionar o fato de que é notoriamente dada a alterações de humor, ficando alternadamente quente e fria em suas interações com terceiros. Num sentido estritamente carnal, em compensação, ela é bastante *blasé* em relação à atividade sexual, como se o advento do sexo fosse uma velha história. Ela não transforma em assunto momentoso a perda da virgindade, pois não se impressiona facilmente — antes até pelo contrário — diante do que os homens talvez tenham a oferecer, em matéria de atributos físicos ou desempenho na cama. Pode ser bastante perturbador, em todo caso, o fato de a nativa parecer tipicamente pouco impressionada ou em transe durante o intercurso; ainda há quem ache que pode ser totalmente desmoralizante a transa com ela, que parece o tempo todo estar reprimindo um bocejo.

Como a química é uma via de mão dupla, a nativa também se orienta pelo faro, o que talvez explique a ausência de um tipo favorito de homem. Confiando muito mais no sexto sentido que nos olhos, e ainda que saiba apreciar um garanhão quando tropeça em algum, ela definitivamente não se importa com aparência. Como habitante do Terceiro Quadrante Mental do zodíaco, a nativa procura o encontro das mentes, embora mais no sentido de conexão espiritual que intelectual. Ela precisa sentir uma vibração — o mesmo acontece com a química, pois a dinâmica de altos e baixos de Plutão exige a ocorrência de uma atração psíquica e genital. Em geral, de nada lhe importam os interesses e ideais compartilhados. Ao contrário, existe um vínculo silencioso baseado na necessidade mútua de fusão extrema, de se transformar numa só entidade, tanto quanto seja possível a duas pessoas. A nativa não se limita a acasalar. Ela, psiquicamente, faz uma abordagem ao parceiro idêntica à que aplica a si mesma — de lanterna e picareta em punho — mergulhando nas profundezas da personalidade do amante para ajudá-lo a desenterrar e concretizar plenamente tesouros de talentos ocultos, enquanto procura extirpar pela raiz e destruir os problemas ou hábitos negativos. Em harmonia com a natureza característica de mulher fatal da nativa de Escorpião, partes inteiras do homem a que se junta devem simplesmente morrer. Alguns homens não lhe permitirão semelhante

Anna Wintour
Pauline Trigere
Patti Page
Jane Pauley
Maria Shriver
Roseanne
Whoopi Goldberg
Rebecca Romijn-Stamos
Calista Flockhart
Sally Kirkland
Loretta Swit
Kate Capshaw
Tatum O'Neal
Joni Mitchell
Ricki Lee Jones
Bjork
Bonnie Raitt
Grace Slick
Maggie Roche
kd Lang
Ruby Dee
Sylvia Plath
Fran Liebowitz
Pascale Smets
Edith Head
Ruth Gordon
Mabel Normand
Fanny Brice
Imogene Coco
Barbara Hutton
Georgia O'Keeffe
Maria Antonieta
Shere Hite
Ethel Waters
Margareth Mitchell
Joan Sutherland
Florence Chadwick
Nadia Comaneci
Indira Gandhi
Petula Clark
Joan Sutherland
Marie Curie
Mammie Eisenhower
Brenda Vacarro
Helen Reddy
Marla Maples

poder de execução; outros acorrerão sequiosos, felizes por encontrar uma companheira tão disposta a lhes servir de gestora e de mentora. Em todas as culturas, as deusas da morte possuíam um caldeirão de regeneração — mais uma interpretação da condição fixo-água do signo — dentro do qual os deuses ou heróis masculinos eram restaurados para a vida. Também os homens que se apaixonam pela mulher-aranha logo irão terminar dentro de semelhante guisado, pois ela pretende cozinhar um homem até vê-lo entrar na plena posse de si mesmo, ajudando-o a crescer, ao matar o que talvez o esteja retardando. Por muito Nova Era que pareça expressá-lo assim, a rainha do gelo de Escorpião lembra um cristal, utilizado para transformar a energia atmosférica, neutralizando a negatividade e permitindo vibrações mais benéficas.

Naturalmente, a nativa de Escorpião chega aos relacionamentos sem nada a perder e, certamente, nada a provar. Tendo sido condicionada desde a infância a pensar em si mesma como uma jóia perfeita, ela tem uma saudável autoestima — e não pense que deixará de notificá-la ao homem. Um de seus defeitos fatais, entretanto, é a incapacidade de admitir um erro cometido — pílula amarga para Miss Perfeição engolir — e às vezes ela perde amigos, ou até namorados, em função da absoluta aversão à humildade. De preferência, está programada para repetir o papel que interpretou enquanto crescia e, como resultado, desde cedo na vida estabelece compromissos sérios, ansiosa para começar a minar o psiquismo de algum macho. Ela é aquela namoradinha com pique de esposa, capaz de cravar as garras no sujeito ainda na oitava série, dizendo a ele o que fazer e o que não fazer — encontrando-se cara a cara com essa Perséfone, um rapaz tem até a sensação de estar encontrando o Criador. Experiente em matéria de sexo para a idade que tem, ela emite, desavisada, sinais que despertam a curiosidade dos homens mais velhos, e também dos rapazes de sua idade. Talvez até seja quem toma as iniciativas mais ousadas em direção ao namorado; e como sempre está namorando firme, talvez antes de completar os vinte anos já tenha deflorado uma série de rapazes. Entretanto, cada um a que se amigou romanticamente saiu melhorado por tê-la conhecido — os que sofrem do complexo de "santa e puta" terão superado essa situação para o resto da vida. Dona de muito respeito próprio, ela exige igualmente ser tratada como valiosa; entretanto, por também ser uma pessoa despudoradamente carnal, consegue demolir todos os arcaicos critérios duplos que um rapaz possa ter sobre as mulheres.

Todos os homens escolhidos pela nativa tendem a apresentar pelo menos um aspecto em comum: são filhinhos da mamãe. Mesmo sendo mais capaz que a maioria das mulheres para lidar bem com os machistas, ela deseja que o homem também possua esse tipo específico de deferência emocional pelas mulheres que lhe agrade plenamente à fantasia. Tão acostumada está a compartilhar o papel materno com a própria mãe, que rapidamente se liga com um homem ao balançar na frente dele os cordões do avental, contornando a mãe a quem o sujeito estava previamente amarrado. A mãe do parceiro é só a primeira de uma série de relacionamentos dele que ela coloca no gelo. Além dessa exigência, o que procura é "potencial"; e a um homem que acredita ter a vida toda definida, ela prefere um outro, ligeiramente inseguro de si e subdesenvolvido na compreensão dos meios de consumar suas ambições. Um homem de missão claramente definida representa um problema para Escorpião, complicando para acrescentar ao "guisado" os ingredientes necessários ao sucesso dele; mas um sujeito de conceitos elevados a quem falte o *know-how* para concretizá-los é exatamente o candidato certo para borbulhar no caldeirão dela. Quando a mulher aranha tiver encerrado seu trabalho nele, o sujeito será um excelente partido; mas ai do amante que for além de seus tacões — às vezes ela alimenta tanto a confiança de um homem que ele adquire uma atitude superior, chegando a dar a entender que poderia estar melhor se juntando a alguma outra. Muito cuidado! Diante de tal estado de coisas, o Escorpião dará uma ferroada tão dolorosa que reduzirá o companheiro, castrado, a um monte de escombros, ou promoverá uma campanha de "geladeira" capaz de congelar as bolas do cara. Com aquela saudável dose de machismo de Marte submersa por trás de sua aparência glacial, a nativa, quando as coisas se complicam, tem uma musculatura (metafórica) muito mais poderosa que a da maioria dos homens.

Por ser ela a Esfinge do zodíaco, sempre caberá ao homem de sua vida o ônus de pensar rápido, obedecer-lhe o comando, e voltar com os bens que ela exigiu. Ele, porém, não pode pedir absolutamente nada a ela — que não deve nada a ninguém e não oferece explicações dos próprios atos. Perfeita em qualquer aspecto, a nativa de Escorpião está completamente acima de qualquer suspeita. Suas opiniões sobre os outros são infinitamente bem recebidas, mas até em situações de profunda aflição ela mantém os lábios trancados, afinal, pedir ajuda a terceiros equivale a admitir fraqueza — coisa que ela simplesmente não admite. Com ela está tudo bem. Os outros é que precisam se aperfeiçoar. No tocante à sua própria carreira, ela se concentra somente em negócios internos. Embora notoriamente criativa não pode se incomodar com a opinião pública, deixando qualquer promoção de seus talentos para os marqueteiros da vida. E tal qual a Esfinge, ela acredita verdadeiramente em metáforas —

LANCES ERÓTICOS
NATIVA HÉTERO

pele morena
pêlos corporais
jogos anais (ativo)
penetração anal (passivo)
triângulo duas mulheres e um homem
voyeurismo
esportes aquáticos
axilas
cheiro de corpo
humilhação
trair o marido
sexo oral (ativo)
masturbação (mútua)
espelhos
brinquedos
artefatos
pornografia lésbica e bissexual
submissão e disciplina (ativa)
sadomasoquismo leve (ativa)
desconhecidos
intercurso vestida
literatura erótica
dor leve
morder
lutar
prepúcio
troca de roupa íntima

assim como seu talento de atriz se caracteriza por uma forte mas sutil "vida interior", assim também existe mistério poético em qualquer de suas iniciativas artísticas. Isso talvez explique por que o signo também apresenta algumas das melhores compositoras da música popular — Joni Mitchell, Bonnie Raitt, Maggie Roche, Rickie Lee Jones — e também outras artistas, pensadoras e cientistas que sondam o invisível mundo interior da mente e do corpo: a poeta Sylvia Plath, a cientista Madame Curie, a pintora Georgia O'Keeffe, as comediantes Roseanne e Whoopi Goldbeg, a pesquisadora sexual Shere Hite. Este não é um signo de frívolas estrelas *pop*: a notoriedade da nativa de Escorpião surge de sua exploração das profundezas da experiência humana. Ela é uma mulher insubmissa, comprometida com suas próprias vocações — os outros que se danem. A celebridade, própria ou alheia, não a impressiona. Essa total imersão em si mesma e em seus empreendimentos pessoais, quaisquer que sejam, é o traço da nativa que atrai os demais.

O mesmo ocorre com o amor e as relações sexuais. É preciso procurar a Esfinge, com sua posse de segredos universais e o poder contido neles. A Esfinge certamente não vem atrás de você; assim também ocorre ao homem que acaso se depara com a nativa: será tudo nos termos dela e no território dela. O parceiro deve estar preparado para se perder de corpo e alma num pacto com esta diaba, concedendo-lhe a posse total. Ela fará de tudo para ajudá-lo a realizar cada um de seus desejos, mas em retribuição, doravante ele lhe pertencerá. Ela simplesmente não se deixará de usar como escada — o homem que o tentar será espezinhado. Investir num homem é um trabalho de dedicação integral, pelo qual ela sente ter direito a remuneração. De fato, muitas mulheres de Escorpião sacrificam suas carreiras, pelo menos por um tempo designado, depois de amarradas ao casamento. Não surpreende que prefiram continuar solteiras tantas nativas de vocação artística intensa. Em todo caso, as mulheres fatais geralmente não duram nos empregos diurnos. Portanto, coitado do imbecil que tente se livrar da nativa de Escorpião que se sacrificou por ele. Se alguém vai lutar de unhas e dentes para se vingar de um cônjuge ingrato e infiel, pode apostar que será a nossa mortal Perséfone, com sua arma secreta e as energias belicosas de Marte — com a sorte que tem, terminará numa relação nova e melhor com seu advogado (ou com o advogado do ex).

Naturalmente, sob as melhores circunstâncias, esta agressividade e este poder inerentes têm suas vantagens: o sexo é uma atividade que explora o fogo oculto da nativa de Escorpião. Apesar da fachada de mulher fatal entediada, ela está ardendo por contato sexual, e sua urgência se torna mais irônica diante de seu tom impassível e insolente. Se há uma mulher capaz de forçar um homem a lhe proporcionar sexo oral naquele táxi que tomou para evitar caminhar algumas quadras, esta será a, digamos, descarada nativa de Escorpião, para quem a mais desinibida área de atividade será decerto a sexual. Talvez só a ariana, regida exclusivamente por Marte, seja igualmente tão explícita na cama. Entretanto, ao contrário do signo adequadamente denominado Carneiro, a nativa de Escorpião não está tão exclusivamente focalizada no aspecto físico do sexo; de preferência, está disposta a transar com o cérebro do parceiro tanto quanto com seu órgão mais evidentemente disponível. Notoriamente experimental, acima de tudo nos estágios iniciais do relacionamento, ela realmente sabe como seduzir um homem, prendendo-o pela fascinação, aquele vínculo psíquico que busca assegurar. Realmente provocadora, ela é capaz de bolinar o cara com os dedos dos pés por baixo da mesa, tatear com a mão ou até brevemente cair de boca, oferecendo titilação explícita para ficar eroticamente conectada ao parceiro o tempo todo. Em relação ao sexo ela não tem nenhum preciosismo. De fato, pode ser maquiavélica em sua utilização, empregando-o como um meio para obtenção de seus fins. Como emocionalmente investe tanto e tão depressa no homem escolhido — que talvez nem o perceba, em função da característica frieza da nativa —, ela talvez use o sexo como salvaguarda ao selar o contrato. Ela se derrama inteira na cama, removendo todos os obstáculos, no afã de garantir a própria posição entre as melhores transas dele, se não a melhor. Encarnando a combinação fixo-água (focalizado-sentimento) de seu signo, ela procura se converter na obsessão de um homem, na cristalização de seu desejo — esta é a principal forma pela qual o escorpião paralisa a presa. Pedindo a ele que fique imóvel e relaxe, ela parte para a ação, procurando agradá-lo com uma série de atos que a maioria sequer sonharia em realizar. Ela pode ser um verdadeiro súcubo, chegando a fazer sexo com o parceiro enquanto ele está dormindo. Para este personagem ctoniano, praticamente nada é grosseiro, pois suas mãos e boca podem encontrar o caminho para lugares onde o sol *não* brilha. Ela gosta de ir à raiz material do homem, familiarizada que está com áreas ocultas que funcionam como o ponto G masculino. Integralmente à vontade, a nativa é adepta de "engolir" ou, digamos, de condescender com o pé de um homem, ou suas axilas — para ela até mesmo os esportes aquáticos podem estar incluídos. Em geral considera mais excitante o modelo europeu de pênis, em vez do tipo padrão americano, preferindo as pessoas em estado natural. Ela gosta de homens não muito arrumadinhos — o tipo meticuloso que se depila com cera, faz a barba ou é asseado demais não vai durar em sua preferência —, exatamente

LANCES ERÓTICOS

NATIVA GAY

mulheres mais jovens
mulheres femininas
submissas
mulheres héteros
corpo de violão
sedução
jogos mentais
sexo anal (ativa/passiva)
afrodisíacos
fluidos corporais
tatuagens
piercings
pêlos corporais
dominação
submissão e disciplina
pesadas (ativa)
sadomasoquismo
(ativa)
manipulação (mútua)
dos mamilos
provocação
tortura
fantasias
uniformes
piercing nos órgãos
genitais
cafetinagem
troca de casais
penetração com dedos
punho
couro
masmorras
ejaculação
travestimento

como gosta de transpirar e diversamente molhar os lençóis, ficando totalmente excitada pelo saudável cheiro de corpo, principalmente o aroma almiscarado de um homem. Em raras instâncias entrará no chuveiro após o coito, e talvez até troque roupas íntimas com o amante para manter acesa a excitação durante o dia.

Os talentos orais da nativa deixariam envergonhadas muitas estrelas de cinema pornô. Naturalmente equipada com uma garganta profunda, engole avidamente o amante, e é capaz de acomodar até um membro tamanho-família. Ainda que a nativa demore um pouco a alcançar o clímax, sua explosão final pode ser extrema a ponto de deixá-la praticamente inconsciente. Para ela, não especialmente flexível, o sexo raramente é acrobático — ao contrário, é sua a versão do intercurso pesado, e facilmente entra no ritmo estável e sincopado. Afinal, tendo a serpente como um de seus símbolos — no pensamento tântrico, afirma-se que uma serpente fêmea, Kundalini, fica enrolada em torno do chakra básico, o da pelve —, Escorpião é o signo do sexo. Ainda mais tântrica que a virginiana, a nativa naturalmente sabe como despertar a serpente interior. Sua respiração durante o sexo trabalha em perfeita sincronia com os músculos da vagina — isso responde por qualquer demora no orgasmo, que deixa acontecer, em vez de forçá-lo a ocorrer. Ela funciona em uníssono com o ato sexual, o que parece colocá-la no estado de transe. Nem um pouco cerebral, para a nativa o quarto de dormir é um lugar onde não pratica jogos mentais, dificilmente dizendo uma palavra ao parceiro, embora possa emitir grande quantidade de sons guturais e primais. Totalmente perdida no frenesi erótico, a nativa não tem consciência da própria resistência. O parceiro precisa ser um sujeito robusto, com muita capacidade de sustentação, pois para ela a cavalgada é longa. Os "rapidinhos" nem precisam se candidatar; ela procura um homem vagaroso, sem pressa de chegar. E também precisa de sua dose diária. De fato, a nativa sempre tem a aparência de quem acabou de sair de uma boa refrega — o cabelo em desalinho, os lábios levemente inchados ou machucados, a marcha um pouco alterada (do inchaço, imagina-se), o apetite sempre aguçado. De fato, poucas mulheres se beneficiam tão prontamente da verdadeira alteração fisiológica provocada pelo alívio sexual. A nativa de Escorpião é famosa pelo jeito de quem acabou de transar.

De todas as mulheres do zodíaco, ela pode ser a mais aberta ao sexo anal. Agrada-lhe a inerente irreverência do ato, a ela que deseja ser mais avançada que suas amigas, chocando as mulheres mais pudicas de seu ambiente com relatos realistas dos novos truques que está tentando na cama. A variedade melhora o sabor das coisas, e a nativa se sente igualmente à vontade para comprar um pênis artificial ou uma camisola de renda. Se alguém vai ter um ou dois brinquedinhos eróticos escondidos na gaveta das calcinhas, este alguém será a nativa de Escorpião, sempre à procura de chegar a novas alturas por intermédio dos meios mais baixos e sujos imagináveis. Como sua contrapartida masculina, a mulher de Escorpião tem um traço levemente sádico. Ela deriva grande prazer de tornar indefeso um homem, amarrando-o e torturando-o com, no mínimo, um pouco de cócegas. Fantasias de disciplina se ajustam perfeitamente a seu programa psicológico — ela pode ser uma completa dominadora, capaz de se excitar ao escravizar um homem submisso, vendo-o implorar-lhe a atenção sexual, enquanto lhe pratica cunilíngua. Naturalmente, sua necessidade de controle raramente se manifesta de uma forma tão extrema ou fetichista — o típico é ficar dando ordens ao amante, dizendo-lhe onde tocar, lamber, mordiscar ou penetrar, e em que momento exato. A nativa nunca é uma donzela dócil que finja inocência ou ignorância para fazer o homem se sentir o máximo. Entretanto, por muito autoritária que notoriamente seja, raramente ela é ciumenta. De fato, as nativas são surpreendentemente abertas e compreensivas com os amantes que pisam na bola — sexo é sexo, e não um elemento do qual ficar moralmente dependente (contudo, ela não é assim tão reveladora sobre suas próprias atividades colaterais). Em algumas ocasiões ela poderá estar propensa a aceitar a presença de outra mulher, sendo a ocasional terceira parte usada de preferência como um brinquedo para diversão do casal. Em tais circunstâncias se extravasa o sadismo latente da nativa, pois ela talvez procure punir subconscientemente a outra mulher pelo simples fato de estar presente.

As mulheres bonitas são bastante excitantes para a nativa de Escorpião, especialmente com a latente energia masculina de Marte dentro dela inspirando o tesão clitorial diante de beldades naturais de rosto orvalhado. Gay ou hétero, toda mulher-aranha tem em si um toque de Safo. Às vezes, a nativa se irrita ante o efeito palpável que lhe causam as mulheres, pois ela nem pisca ao se defrontar com o mais gostoso garanhão imaginável. E não gosta de ser apanhada de surpresa. Para mascarar quaisquer sentimentos perturbadores, ela procura compensar, agindo de forma ainda mais superior, imediatamente assumindo a posição de poder. Quando realmente se identifica como lésbica, é notoriamente misteriosa a esse respeito; como sua vizinha astrológica libriana, ela não acredita muito em rótulos incontestáveis. Atraída pelo tipo de saudável moça comum, adota uma atitude de sabedoria mundana, tentando atrair como mentora e mãe postiça. As garotas mais femininas são as mais atraentes —

ingênuas bem torneadas, com o frescor das flores e igualmente gostosas de colher. Adotando uma atitude aberta, a nativa procura educar essas garotas, literalmente revelando os instintos sexuais que possam estar à espreita sob a superfície de um psiquismo tão virtuoso.

Bancando a mulher sofisticada, a nativa seduz aquela beleza ingênua, de forma tão sutil que no começo tudo parece bastante inocente. Pode começar por um convite para ir à academia ou para um tratamento de beleza ou simplesmente para pernoitar na casa alheia, entre garotas, com troca de confidências e sessão de pedicure, acompanhada de uma bebidinha ou taça de champanha. Entretanto, o papo muda logo de assunto, para o sexo, com a nativa interrogando a "amiga" sobre pormenores de sua história sexual, detendo-se na questão do contato lésbico. Por conta de seu poderoso instinto, a nativa confia bastante no próprio "radar". Ela adora fazer saírem do armário as histórias secretas de amor sáfico de uma mulher enrustida, na esperança de ser ela mesma a próxima página daquele capítulo. Embora na adolescência costumasse sair para a balada toda noite, como adulta passa ao largo dos bares de homossexuais, pois acha esses ambientes demasiado voltados para o sexo. Num certo nível, tem necessidade de estar entrando em território virgem, sentindo que a outra se emociona com a experiência como só poderia fazê-lo uma relativa novata. Apelando para a própria necessidade de controle, e como sempre no pleno comando das operações, a nativa aos poucos vai levando a outra por uma viagem erótica. Como a filha zodiacal de Plutão, ela mostra à amante as alturas de êxtase que se pode atingir por meio das profundezas das delícias sexuais — às vezes degradantes e pervertidas. Ao contrário de seu correspondente masculino, a nativa homossexual emenda uma relação atrás da outra, jamais ficando sozinha por muito tempo, às vezes acumulando duas ligações simultâneas. Sexualmente consciente desde tenra idade, ela terá tido muitas experiências nos tempos de colegial, quer iniciadas por superiores mais velhas em times esportivos, quer nos confins difusos das ligações com amigas íntimas. Se houve alguém capaz de ser a chefe de torcida, namorando o capitão do time só para secretamente, nos intervalos, esfregar pompons com as companheiras de torcida, este alguém era a nativa de Escorpião, cujas histórias lésbicas da juventude parecem romances eróticos, ou mesmo pornográficos, embora destinados a um público masculino. De fato, ela terá sido a primeira do bairro a se meter em diversões de grupo, com membros de ambos os sexos, se é que não promoveu alguma dessas sessões enquanto os pais estavam viajando. Sexo é poder para a nativa lésbica, que provoca as mulheres mais puritanas de seu meio — dinâmica que continua ao longo de sua vida adulta, pois ela arranha, ou mesmo fareja, a superfície dos padrões puritanos de outras mulheres, buscando corrompê-las com atos lascivos. Freqüentemente trabalhando em indústrias repletas de mulheres, tipicamente no alto do escalão, na qual seu autoritarismo recebe sua melhor utilização, a nativa tem a seu dispor um plantel de belezas para escolher, animais de estimação aos quais irá treinar para promoções e submeterá a seu poder. Faltando apenas o figurino de machona, ela interpreta Peppermint Patty para uma submissa Marcy, sendo decididamente a que usa as calças no relacionamento.

Quer misture ou não os negócios com o prazer, permitindo que uma relação profissional se transforme em sexual, a nativa de Escorpião é imperiosa com as garotas que conquista, acomodando-as lentamente aos hábitos sexuais dela. Escorpião emprega o elemento surpresa no quarto de dormir, introduzindo novas técnicas e brinquedinhos que irão continuamente empurrar a parceira para os limites — e antes de você dizer "grampos para seios", aquilo que talvez tenha começado numa conversa mole pode terminar muito mais para tapas que para cócegas. Homens ou mulheres, gays ou héteros, todos os nativos do signo favorecem um pouco de dor misturada a seu prazer, mas nesse particular a mais impositiva é talvez a mulher-aranha gay. Ela visa assegurar a dominância, apresentando a amante a novos níveis de excitação e lhe inculcando sua modalidade específica de sexo. Talvez seja muito mais compulsivo na questão sexual que sua irmã hétero, mas só porque esta tende a colocar a procriação no lugar da experiência puramente sexual. Ainda assim, a lésbica de Escorpiao, malgrado dominadora, também pode ceder ao instinto materno — ela é tipicamente a que escolherá se tornar mãe, em seus casamentos de longo prazo. De fato, ela tem esperança de interpretar todos os papéis possíveis em seu relacionamento, seja como provedora, cabeça de casal, mãe, mentora e mestra sexual. A parceira terá de se contentar, e, na verdade, se rejubilar como acompanhá-la fervorosamente, seguindo em sua esteira, amarrando todas as pontas soltas, atendendo aos pequenos detalhes da vida. A nativa de Escorpião para abrir caminhos na vida com golpes enérgicos precisa do amor de uma donzela tão amável.

Casais

Hétero

Mulher de Escorpião / Homem de Áries

Ela parece inatingível; ele luta por sua afeição. Indiferente no começo, ela acabará cedendo ao entusiasmo dele. Com freqüência, nada falta: boa aparência, sofisticação e dinheiro. A vida sexual deles é invejavelmente ativa.

Mulher de Escorpião / Homem de Touro

Ele é o tipo submisso que ela espera reformular. Qualquer aliança entre esses dois opostos astrológicos beira o obsessivo. É de se esperar a mútua dependência sexual: a paixão alcança os limites da selvageria.

Mulher de Escorpião / Homem de Gêmeos

Prova viva de que há atração química: o impulso forte demais para resistir — os feromônios estão voando. Outros aspectos são menos harmoniosos — ideologicamente existe oposição. No longo prazo, o tesão deles não diminuirá.

Mulher de Escorpião / Homem de Câncer

O canceriano exige uma mãe; a nativa de Escorpião é exímia cuidadora. Juntos, eles cultivam uma confortável coexistência. Prosperidade e progenia estão nas expectativas. Na cama, um erotismo total. Mas mamãe é a palavra mágica.

Mulher de Escorpião / Homem de Leão

A vida é um banquete — uma festa na qual eles devoram áreas separadas da experiência. Juntos, eles são "receptores". O casal tem fome de notoriedade. A prole é inevitável. A fome sexual de um pelo outro parece insaciável.

Mulher de Escorpião / Homem de Virgem

Eles se atraem pelos altos padrões, considerando-se de caráter moral excepcional. Ela ajuda a transformar idéias elevadas em ação concreta. Os amigos acham que a santidade deles é puro papo. Sexualmente, eles se combinam.

Mulher de Escorpião / Homem de Libra

Ela parece do tipo auto-suficiente; a atitude aristocrática dele é instigante. Ambos são atraídos por um estilo de vida grandioso. Eles são mais felizes na companhia dos amigos. O sexo oscila facilmente do precioso ao perverso.

Mulher de Escorpião / Homem de Escorpião

Uma relação marcada pela obsessão material, psicológica e sexual. Intenso amor-próprio em combinação com sectarismo torna os dois bastante insuportáveis. Na cama, emoções já intensas alcançam um clímax orgiástico.

Mulher de Escorpião / Homem de Sagitário

A boa sorte dele cria fortuna para os dois. A ascendência dela sobre ele é firme. O que cada um deseja individualmente é fortalecido pela relação, principalmente na cama: pela preservação da união, nada é recusado.

Mulher de Escorpião / Homem de Capricórnio
Aos poucos, ela insinua seu jeito na vida dele — desde que ela entrou, eles são inseparáveis. Ela assume o comando, o que convém à descansada abordagem à vida que ele adota: é uma diva. Também na cama ele está feliz em relaxar.

Mulher de Escorpião / Homem de Aquário
Uma tarefa árdua, mas que vale a pena. As restrições são removidas e não há nada que os impeça de alcançar o sucesso individual. Uma permanente atração sexual sustenta o casal na travessia das inevitáveis fases difíceis.

Mulher de Escorpião / Homem de Peixes
Parece que alguma coisa está sendo escondida. Na melhor hipótese, formam um casal confiante e consciencioso, com grandes sonhos que procuram realizar. Na cama, o decoro é a conduta de praxe. O sexo é contido, mas nunca burocrático.

Gay

Mulher de Escorpião / Mulher de Áries
Escorpião se porta como um prêmio — papel normalmente assumido por Áries. Na virada de mesa, Carneiro é vencida pelos sentimentos dedicados à sensual e ardente Escorpião. Este vínculo consumidor talvez não dure, mas é cheio de tesão.

Mulher de Escorpião / Mulher de Touro
A taurina provoca uma onda de choque na nativa de Escorpião, que por sua vez faz papel de guru da sugestionável parceira. Uma relação sexual pode evoluir devagar. Levará meses antes que seja arriscado um simples beijo.

Mulher de Escorpião / Mulher de Gêmeos
As duas se convertem em uma: desde o começo, são mais felizes a sós. Escorpião traz serenidade à nervosa geminiana. A pressão de ser tudo uma para a outra talvez seja esmagadora. Na esfera sexual, são proibidos os de fora.

Mulher de Escorpião / Mulher de Câncer
Ficar juntas significa alcançar o máximo potencial da parceria. As duas têm bagagem, mas a união trata as feridas antigas. O conflito pode cercar as tarefas domésticas. O sexo parece envolver sempre um elemento de surpresa.

Mulher de Escorpião / Mulher de Leão
Uma mudança: a agenda de Leão é inalterável; logo, Escorpião se obriga à confrontação. Quase sempre, ela simplesmente perde o interesse. O sexo é a forma de se recobrar do estresse. À luz do dia, é muito mais difícil de sanar.

Mulher de Escorpião / Mulher de Virgem
Virgem deve aprender com a feiticeira Escorpião a manipular seu próprio poder. Caso contrário, a força de Escorpião perderá estabilidade. Ambas se arriscam a perder o pé na situação. Na cama, a virginiana aceita a mentoria que lhe faltava.

Mulher de Escorpião / Mulher de Libra

Elas têm objetivos contraditórios: cada qual tolera a outra, sente uma secreta superioridade. Culpa do ciúme, que leva as duas ao mau comportamento. A deslealdade é a ação incorreta. Na cama, a libriana é atipicamente devotada.

Mulher de Escorpião / Mulher de Escorpião

Escorpião é sempre a mulher mais sedutora do recinto — então, quem ganha a parada? Como dois poderosos ímãs, elas se repelem. Para laços duradouros, buscarão uma mulher menos agressiva. Mas um mero arranjo sexual lhes convém.

Mulher de Escorpião / Mulher de Sagitário

Elas formam um casal enclausurado que com freqüência se muda para locais remotos. Juntas, levam uma vida de aprendizagem cujo foco é o eu. Ambas são eroticamente acessíveis, principalmente juntas. Elas se ligam melhor na cama.

Mulher de Escorpião / Mulher de Capricórnio

Um interesse conjunto em questões femininas ou direitos humanos irá aproximá-las. Como casal, estão em atrito constante. No entanto, a fascinação, quiçá obsessão, vai encontrá-las sempre juntas. Na cama, mantêm a frugalidade.

Mulher de Escorpião / Mulher de Aquário

Uma insólita ligação sexual que logo se torna séria. Assumindo o papel materno, Escorpião alimenta as ambições de Aquário. Na companhia da aquariana, Escorpião finalmente ganha respeito. Na cama, uma ou outra se sente eclipsada.

Mulher de Escorpião / Mulher de Peixes

Encontro predestinado no qual esses signos sensoriais de água se conectam. O destino obviamente as aproximou para um objetivo específico: curar a si próprias e aos demais. Desde o começo elas estão afinadas sexualmente.

O homem de Sagitário

o independente

O homem de Sagitário é o libertário do zodíaco. Extremista da independência, ele vive mais intensamente que qualquer um de nós. Sempre abalando os códigos e costumes existentes, ele pinta por fora das linhas da vida, colhendo êxitos por seus empreendimentos ao assumir grandes riscos. Sendo um personagem tão expansivo, o sagitariano encarna um senso de abandono, emancipando as situações de restrições impostas pela mentalidade estreita, restabelecendo padrões e introduzindo novas ordens. De direito, ele pode ser excessivo na atitude e na conduta, num testemunho vivo do ditame "viva em grande escala e pense em grande escala". O nativo de Sagitário nasceu para ser um cidadão do mundo — que é sua pérola — e aborda toda e qualquer experiência com uma exuberância desenvolta, quando não com um genuíno sentido de exaltação. Seu estilo de vida pode parecer imprudente, porém o estado que outros rotulam de "descontrolado" é por vezes, para ele, o estado natural em que se sente seguramente composto. Antes pelo contrário: as circunstâncias estáticas são as que o deixam descontrolado. No amor ele é desvairadamente romântico e efusivo — as emoções se manifestam de maneira exaltada, e as demonstrações de afeto são quase sempre exageradas. Fisicamente atraído por mulheres perfeitas, ao contrário da maioria dos homens, ele nunca se acovarda de dar um lance em direção a essas deusas. O sagitariano transpira uma energia indomada, uma sedução de renegado, que somadas ao característico físico vigoroso transformam-no em um solicitado símbolo sexual. Ele quer encontrar na parceira uma companheira capaz de compartilhar sua visão otimista da vida como uma grande aventura. Com os homens ele é um grande jogador, e só se junta com um amante que possua aparência e personalidade extraordinárias, além de uma mentalidade extremamente aberta.

♐ IX

PRINCÍPIO

O princípio dionisíaco de expansão, êxtase, exaltação e otimismo. Todos os signos mutáveis negociam as energias opostas dos dois signos precedentes na roda. O princípio apolíneo de civilização ordeira, de Libra, é sucedido pelo princípio ctoniano da natureza caótica, de Escorpião. O preceito dionisíaco pinta a civilização com um pincel rebeldemente naturalista. Isto é, em resumo, o romantismo, que permite ao fluxo de consciência tomar forma, desacorrentado. O lema do sagitariano é "eu vejo" ou "eu compreendo" numa alusão à sua visão psicodélica da vida. Outro lema é "eu penso", que sinaliza suas incursões no consciente coletivo.

Signo + Mente

Sagitário é regido pelo planeta Júpiter, batizado em homenagem ao rei dos deuses entre os romanos (Zeus dos gregos), que representa o princípio da expansão no zodíaco. A experiência do nativo do signo é motivada por uma inerente necessidade de crescimento, otimismo no sentido mais literal — excesso capaz de dar origem ao êxtase e, portanto, discernimento em saber quando o bastante já bastou. Como terceiro signo do Terceiro Quadrante da Mente na astrologia, portanto um signo mutável, Sagitário sintetiza a energia dos dois signos opostos que o precedem na roda astrológica, formando uma só compreensão coesiva da existência: o signo de Libra, com sua visão apolínea do mundo como um "consciente" lugar civilizado da luz (razão, ordem, beleza, harmonia social) é seguido pelo Escorpião niilista, com sua visão ctoniana (subterrânea) da existência como ambiente sombrio e misterioso, que enfatiza o funcionamento invisível da natureza e do inconsciente. O mutante Sagitário afirma que as duas perspectivas não são mutuamente exclusivas, que o mundo não é só feito de bondade e luz, nem só de sombras e pessimismo, mas é algo que transcende essa dualidade. No conjunto, a civilização humana e a natureza formam a Quimera, uma criatura mítica e metamórfica, simbólica da natureza cíclica da existência que incorpora os opostos numa roda infinita de experiências que se alternam. Adequadamente, nos termos modernos, a palavra *quimera* é definida como "devaneio" ou "sonho desperto", da mesma forma como descreve na ciência um organismo de ambos os sexos. Todos os significados, conforme veremos, estão encarnados no homem de Sagitário.

O sagitariano personifica o princípio expansivo dionisíaco, amálgama quimérica das forças apolíneas e ctonianas. Pense numa árvore destinada a simbolizar, como as colunas da arquitetura clássica, a ordem e a consonância apolíneas; depois considere as raízes da árvore representativas do invisível (ctoniano) emaranhado subterrâneo no qual a natureza está, não obstante, fazendo seu trabalho. O dionisíaco é, pois, uma amálgama dessas dinâmicas, uma vinha (Dioniso é o deus das vinhas) que reflete o emaranhado das raízes, porém acima do solo, no mundo visível, enterrando suas gavinhas naquelas árvores e colunas, em busca de apoio. E esta é a metáfora adequada para a forma pela qual o nativo de Sagitário conduz sua vida: ele apanha o que até o presente momento estava oculto, reprimido, selvagem ou proibido por tabus numa sociedade e constrói sobre isto uma nova civilização que reflete o interior desordenado do mundo natural. O filósofo Nietzsche associou o Romantismo à experiência dionisíaca, pois foi um movimento que evocou o tumulto subconsciente, assim como louvava essas formas na natureza. Entretanto, porque buscava se estabelecer no mundo formal — por intermédio da arte, da filosofia, da música e da arquitetura —, o Romantismo se envolveu em domínios que já estavam claramente estabelecidos como apolíneos. Esta é a eterna função da energia sagitariana: a de se manifestar como videiras de comunicação, ao entrelaçar sua expressão selvagem, espontânea, natural, ao redor dos pilares existentes da civilização. Em resumo, o homem de Sagitário é um independente, é o consumado livre-pensador que abala e reformula os pilares da civilização, a partir de dentro, ao contrário de algum forasteiro subversivo que procure derrubá-los.

Assim como o selvagem Dioniso está escalado para herdar o trono de Zeus, o sagitariano não é absolutamente sedicioso contra a sociedade estabelecida, da qual, ao contrário, ele se sente herdeiro. O nativo tem o direito astrológico a exercer influência em escala mundial. Uma vez de posse daquela, ele espera expandir livremente a *mente coletiva*, categoria que se encontra sob a regência da Nona Casa astrológica, ao trazer de volta à mistura a natureza. Este é o autêntico espírito que deu origem ao romantismo, ao transcendentalismo, e, aliás, ao movimento *beatnik* e ao *rock'n'roll*, gêneros que captam e depois canalizam as energias aparentemente aleatórias da natureza e do subconsciente para o marco, ainda que formal, de uma expressão única de fluxo de consciência. A mitologia reflete esse padrão: Dioniso, na verdade o Zeus reencarnado "nascido" da coxa de seu pai, é uma anomalia, um deus masculino da natureza que, não obstante, ganha um cobiçado assento no pódio do Olimpo. De fato, como o décimo terceiro, ele é o último deus a entrar no panteão, onde só existe lugar para doze deuses, sinalizando assim um novo começo (algumas variações da história afirmam que Héstia abriu mão de seu trono em favor dele). O orgástico e rústico deus do vinho e da chamada desordem é, de fato, a natureza como macho — certamente mais uma reviravolta —, significando, entre outras coisas, uma usurpação do patriarcado até neste mais divinamente feminino dos reinos. Nessas circunstâncias, Zeus já assumiu a função de mãe. Como a personificação viva do espírito dionisíaco, o homem de Sagitário encarna o até então

♃

SÍMBOLO PLANETÁRIO

A primeira letra do nome Zeus, como o próprio criptograma de Sagitário, retrata a evolução humana por intermédio da mente (o crescente), como extensão da cruz (um símbolo do plano material). Isto reflete a regência da Nona Casa das lições aprendidas mediante a experiência física da vida. O sagitariano encarna o sentido jupiteriano de aventura.

QUADRANTE DO SIGNO

Os quadrantes zodiacais correspondem aos planos metafísicos da existência: físico, emocional, mental e espiritual. O Terceiro Quadrante é o da percepção mental, particularmente no tocante ao conceito de existência. Para o Sagitário a importância se localiza na mente superconsciente e na imaginação. Ele busca a expansão para além do dualismo. Sem otimismo deslumbrado nem pessimismo sombrio, o sagitariano paira acima do conflito e alegremente participa das tristezas da vida.

informal feminino ctoniano, que se torna manifesto no diretivo macho apolíneo — o misto de animal selvagem e arqueiro humano encarnado como centauro. Qual uma parreira frondosa, ele se esparrama contra os baluartes da restrição civilizada, sinalizando desde logo sua ruína e veneração, o tempo todo casando à paisagem natural o que é obra humana: a arte, a ciência, a ideologia, enfim tudo o que é julgado progresso social, de volta à própria natureza.

Assim como há um método inerente na loucura de Dioniso, Sagitário não é um signo da desordem, mas sim de uma nova ordem. Quando primeiro vieram a público o expressionismo abstrato, o *jazz* ou as elucubrações igualmente improvisadas dos escritores e poetas e do movimento *beatnik*, pareciam erráticos, frenéticos, alucinados. No entanto, uma vez que se firmaram, esses movimentos se revelaram formas válidas destinadas a expressar as realidades subjacentes da vida. O nativo de Sagitário personifica essa energia aparentemente indômita, aleatória, que só o privilégio do tempo decorrido nos diz não serem tão absurdas quanto parecem no momento inicial. Na qualidade de único signo mutável de fogo do zodíaco, o Sagitário abre caminho a fogo pela vida afora, indomado pelas normas ou limites em vigor. É seu direito inato "atravessar para o outro lado" das restrições impostas, inclusive os confins de uma mentalidade excessivamente condicionada. Na astrologia, o fogo simboliza o espírito da vida, enquanto a mutabilidade sinaliza versatilidade e adaptabilidade. O sagitariano é a videira dionisíaca, adaptando sua força vital àquilo a que se pendura e que recobre. Dessa mesma forma, o nativo exibe as qualidades do raio, substância atmosférica variável do fogo que adequadamente se enrola, como a videira, em torno de árvores e colunas, num lampejo que é o próprio símbolo da onipotência, sendo a arma especial de Zeus — espetáculo que causou a morte da mãe de Dioniso e criou para ele a necessidade de ser o deus "nascido duas vezes", posteriormente parido da coxa-útero de seu pai. O sagitariano encarna essa exaltação desvairada, esse quimérico arroubo da fantasia, relacionando-se com o mundo como um ser onipotente, para o qual não existem impedimentos em alcançar seus sonhos mais desvairados. A Nona Casa astrológica, regida pelo signo de Sagitário, é, entre numerosos atributos, a casa das *aspirações*, na *mente superior* ou *mente superconsciente*, e também da *inspiração*, dos *sonhos*, das *visões* captadas, além de ser a casa da *necessidade de vivenciar a vida além dos limites comuns*. Trata-se de uma casa de exaltação, estado em cujos estertores o nativo continuamente se encontra. Ele se presentifica, tanto em pensamento quanto em ação, participando da vida em grande escala, seja nos negócios, nas viagens,

CRIPTOGRAMA DO SIGNO

A flecha da inspiração, disparada da cruz material. Este é o selo dos centauros, que eram magos ou xamãs, também chamados de magnetes ou "grandiosos". Sagrados irmãos de Zeus-Júpiter, eles eram operadores mágicos de metamorfose — a figura semi-eqüina/semi-humana era uma das formas preferidas. Afinal, se um homem pudesse escolher o que seria da cintura para baixo, a forma cavalar não seria tão má escolha.

ELEMENTO + QUALIDADE

O elemento fogo simboliza a energia vital, o espírito ou a força divina; a qualidade mutável simboliza versatilidade e mudança. A combinação mutável-fogo específica do sagitariano tem sua melhor descrição como o raio, o poder de deuses supremos como Zeus-Júpiter; essa força representa sagacidade e engrandecimento, estados de êxtase da consciência que podem atrair o sagitariano xamanístico.

nos esportes ou em seus empreendimentos de altos princípios filosóficos, ou tipicamente religiosos, ou de fato, xamanísticos.

Talvez a expressão mais eloqüente da mistura mutável-fogo do centauro, que combina todas as reflexões isoladas de seu psiquismo, é sua interpretação como metamórfico. Como irá admitir prontamente quem conhece intimamente o nativo, esse sujeito é um Zelig de sua própria autoria, continuamente perdido em uma de suas diversas identidades sedutoras. Como fazia na vida real o famoso impostor sagitariano Esternado Waldo Demaro, o Arqueiro poderá, num relâmpago, imaginar-se operando enormes mudanças em seu estilo de vida, embarcando em viagens incríveis, reais ou imaginadas, surpreendendo os supostos íntimos, que muitas vezes acabam desnorteados. Nunca se sabe quando ou onde o sagitariano irá reaparecer, e sob que forma, tamanha é sua liberdade de expressão. A Nona Casa também contém o inconsciente coletivo, mais todas as formas de *grandes negócios* e *comércio global* — e é neste nível abrangente que vivem os homens de Sagitário. Não é de se espantar que o signo esteja associado com as idades de 56-63 anos, aquela faixa etária em que um homem chega ao apogeu do poder e da influência, já não tendo nada a provar nem a perder. Durante toda sua vida o sagitariano encarna semelhante aprumo. Ele só pode se relacionar com o mundo como poderia um espírito onipotente — numa escala grandiosa —, lutando com suas associações íntimas como um alfaiate que só enxergasse à distância, incapaz de se concentrar no tecido (da vida) sob seus olhos. O símbolo do Arqueiro sagitariano representa a propensão deste homem a se projetar na distância, tanto em termos temporais quanto espaciais. Ele vive a vida armado de metafóricos arco e flecha, o que lhe exige segurar com firmeza (seus sonhos e visões de longo alcance) e também soltar com leveza (os relacionamentos familiares próximos, que por vezes necessita sacrificar para atingir os objetivos). As conexões são feitas no âmbito mais amplo, quer se trate de seu talento para se integrar a poderosas redes globais ou para captar o consciente coletivo em suas atividades criativas. De um jeito ou de outro, ele está dotado do sentido de onisciência. Adequadamente, os dois lemas de seu signo são "eu compreendo" e o coletivo "nós pensamos".

Enquanto isso, de todos os homens, o nativo de Sagitário é o mais prontamente aceito pelos outros homens. Presume-se que ele seja o verdadeiro homem entre homens — o eterno primeiro garoto a ser escolhido para o time de basquete. Ele facilmente se infiltra nos círculos íntimos de iniciações abusivas das sociedades exclusivamente masculinas, e é por intermédio dessa associação masculina que se sente confortado, validado e, principalmente, glorificado.

POLARIDADE

Os homens de signos masculinos (ar, fogo) estão alinhados com a polaridade de gênero do próprio signo, encarnando assim a combinação qualidade-elemento do signo. Assim, o nativo parece a personificação do espírito do fogo masculino — o *djinn*, ou gênio, que significa o "espírito paterno" herdado. Isto combina com o padrão arquetípico de Zeus dando nascimento a Dioniso, que assim herda o supremo poder masculino.

9

NÚMERO DO SIGNO

O número mágico. O termo é derivado dos magos, como os videntes que previram o nascimento de Cristo, que naturalmente foi gestado durante nove meses. Também se relaciona com a esfera da imaginação. O número sempre se reduz a si mesmo: se multiplicarmos o 9 por qualquer número (digamos 2) os algarismos do produto (18) sempre somarão 9.

56-63

ASSOCIAÇÃO DA FAIXA ETÁRIA

A idade do magnata, palavra derivada de *magnete*, o "grandioso", um sinônimo do centauro. O sagitariano encontra aceitação nas redes de influência deste mundo durante toda a vida. Personificando as qualidades dessa fase, ele transpira um sentido de serena legitimidade e realização, percebendo o mundo como quem fosse o dono de tudo o que está contemplando.

PSICOLOGIA

O sagitariano pode ser implacável, sentindo-se excessivamente otimista e expansivo graças à energia de Júpiter. Para ele, é complicado assumir compromissos e manter a fidelidade, pois o tesão pelas experiências é quem dá as cartas. Talvez seja impetuosamente experimental em relação a drogas e à atividade sexual, porventura se expondo a perigos. Custa-lhe reconhecer os limites da mortalidade, pois se considera mais que simples carne e osso.

Uma dinâmica tipicamente sagitariana exige o reconhecimento do nativo, seja qual for seu talento específico, por um grupo masculino de elite. Em geral, são os expoentes do campo escolhido pelo sagitariano ou de sua arena criativa que lhe reconhecem o gênio transcendental. Neste caso, o termo *gênio* não é nunca aplicado com leviandade. Originalmente, a palavra é empregada para significar "um espírito de ancestralidade paterna", um gênio ou *djinn*, portanto um espírito de fogo que mudava de forma, representativo da herança patriarcal. De fato, os privilégios de acesso do Arqueiro nesta vida sempre parecem originar-se do topo — no caminho do sucesso o sagitariano passa por cima de todas as etapas intermediárias.

Na vida conturbada do sagitariano, o pai dele, à semelhança de Zeus em relação a Dioniso, é uma figura calorosa, carinhosa e protetora, quase maternal, ao passo que a mãe disciplinadora autoritária e exigente é uma figura "paternal". Mas acima de tudo, o sagitariano é filho de seu pai, uma versão em miniatura do genitor, sobre o qual derrama profusa afeição. O nativo é muito mais comedido com a mãe, a quem se sente impelido a agradar. O pai é um tipo sentimental — todo diversão e jogos —, e mesmo assim um personagem ocupado, quase sempre ausente, preso ao turbilhão de viagens e cronogramas apertados geralmente associados a uma carreira criativa, glamourosa e até frívola. Nos momentos de folga, porém, o sagitariano freqüenta os lugares freqüentados pelo pai e participa de suas atividades, e, à medida que vai crescendo, acaba alegremente envolvido pela mesma rede de camaradagem masculina que o pai alimenta. Ele pratica os mesmos esportes que este, adota os mesmos passatempos e por vezes deseja emular-lhe o exemplo escolhendo a mesma profissão, ou algo parecido, ou alguma carreira que o pai quis seguir, mas não conseguiu. De forma mais significativa, o pai instila no sagitariano a importância de seguir seus próprios sonhos. Enquanto isso, a mãe tem das possibilidades do filho uma visão restrita que envolve sérios esforços acadêmicos ou empresariais. Por meio de insinuações ou de alusões diretas, ela usa as deficiências do marido à guisa de manual de instruções sobre o que não fazer na vida. Em conseqüência do desejo de se alinhar com o pai *e* de agradar à mãe, o Centauro se esforça por fazer o máximo... e colocar o máximo esforço na tentativa. Não sendo superficial como o eclético nativo de Libra, que fica mexendo várias panelas ao mesmo tempo, o sagitariano tem por objetivo brilhar em todos os empreendimentos — ele será o presidente do grêmio estudantil, o capitão de seu time, o protagonista das produções teatrais e, caso não lhe falte massa cinzenta para tanto, o orador da turma no dia da formatura.

Mentalmente, o sagitariano aprende a combinar num único modo de experiência tudo o que percebe como as necessidades de cada um dos genitores, talento que acabará aperfeiçoando sem precisar atingir as duas bases. Quando chegar à fase adulta, uma forma específica pela qual poderá matar dois coelhos paternos com uma só cajadada é ultrapassar o sucesso do pai (no mesmo campo deste ou numa carreira igualmente "divertida"), a tal ponto que a mãe não consiga encontrar defeitos. O nativo começa naturalmente a adivinhar uma terceira via que seja capaz de trilhar, uma visão quimérica e totalmente abrangente de seu futuro, graças à qual poderá conciliar o impossível: ele fará aquilo que lhe chega naturalmente, satisfazendo seus desejos (ctonianos) e deixando no mundo uma profunda marca suficiente para satisfazer qualquer plataforma civilizada (apolínea). O personagem do centauro em seu signo é o símbolo perfeito da combinação sagitariana de "natureza agreste" com "engenho humano" (segundo a lenda, esse ser mágico se metamorfoseia, e o disfarce de homem-eqüino é sua forma favorita). Também no âmbito mundano, subentende-se que o nativo tem tudo — coragem e inteligência —, porém o que lhe permite fazer pontos com os demais é seu talento para atinar com resoluções terciárias. Principalmente na vida profissional, ele constrói uma reputação de ser o "homem das respostas", uma espécie de mago capaz de inventar soluções que não exijam conciliação de parte a parte. Trata-se de seu talento especial para conceber visões expandidas, mantendo um (terceiro) olho na total incorporação de necessidades divergentes. Assim, o metamórfico do zodíaco se transforma em todas as coisas para todos os indivíduos, fomentando ainda mais — nele e também nos outros — a impressão de onisciência. Capaz de enxergar além das dualidades em preto-e-branco, ultrapassando qualquer área cinzenta de concessão, o sagitariano vive a vida em cores vivas. O fato de ser nativo da Nona Casa de *sonhos* e *visões* não é pouca distinção — a vida inteira do sagitariano é como um devaneio alucinado, com a realidade se desdobrando à sua frente como se ele a estivesse concretizando com sua imaginação.

Corpo + Alma

Como nos confirmarão seus íntimos, a expressão *não pode* simplesmente inexiste no vocabulário do nativo. Perpetuamente perdido na fantasmagoria da vida, ele talvez seja a mais aventureira das almas da roda astrológica. Agrada-lhe correr riscos, uma predisposição que resulta em grandes dividendos pessoais

ARQUÉTIPO + MITO

O signo de Sagitário se baseia no arquétipo da suprema divindade Júpiter-Zeus e seu filho favorito, Dioniso. Zeus deu à luz Dioniso, depois costurado em sua coxa regida por Sagitário, tendo-o resgatado do útero da mãe moribunda. O significado desse parto masculino? Dioniso, como o sagitariano, é acolhido pelo patriarcado. Ele é o único deus masculino da natureza no Olimpo, o que espelha a própria natureza agreste do Sagitário. Seu discípulo Tirésias era um metamórfico que assumia as formas masculina e feminina (entra em cena a experimentação sexual do sagitariano). Foi cegado por Hera, depois de tomar o partido de Zeus no debate sobre quem, homem ou mulher, teria mais prazer no sexo. Tirésias afirmou que era a mulher. Em recompensa, foi-lhe concedida a dádiva da segunda visão. Sua sabedoria se origina do fato de ter visto a vida pelos dois ângulos.

BÍBLIA + LITERATURA

Cristo é modelado em Dioniso. A comunhão cristã corresponde a um eco domesticado dos ritos orgásticos do deus do vinho, nos quais os fiéis devoravam o corpo dilacerado do deus, em seu representante humano. Tanto Cristo quanto Dioniso nasceram de virgens mortais e atraíram uma seita de seguidores. A agonia e o êxtase figura no romantismo e da literatura *beatnik*, que funde o beatífico e o massacrado numa terceira visão sagitariana. Mark Twain, um sagitariano cujo pseudônimo literário ilustra aquele mesmo "ponto intermediário", nos deu Huckleberry Finn, um rústico selvagem como o deus do vinho. Tom Jones encarna o excesso dionisíaco. Heathcliff, personagem de Emily Brontë, é a personificação masculina da natureza, e o romance *O morro dos ventos uivantes* simboliza o êxtase superconsciente alcançado por meio da expansão da mente e do espírito.

ou no advento do verdadeiro perigo. De todos os atributos da Nona Casa, aquele do *crescimento por meio da experiência* é o que se manifesta mais intensamente no Arqueiro — ele está propenso a se atirar no meio do mundo, adquirindo a percepção subjetiva proporcionada pelas emoções e a exaltação. Sobretudo, suas aventuras são reais, e o nativo aprende acerca do alcance de sua própria capacidade humana, pela prática de salto livre, montanhismo ou uma série de esportes e atividades radicais. Alguns sagitarianos embarcam numa viagem à consciência, de forma que este menino-prodígio, com sua capacidade de resolução de problemas emanada da terceira visão, acaba diplomado na posição de xamã completo, que busca sustentar seus lampejos de iluminação transformando-os numa busca visionária da vida inteira. Assim como Zeus, o arquétipo do Sagitário, foi dotado do poder do raio e passa o bastão a seu reencarnado ser e filho Dioniso, da mesma forma vemos que o poder pessoal do sagitariano surge de uma iluminação de sua própria condição, uma liberdade de embarcar na vida como viagem fantástica.

Na literatura, a alma sagitariana é personificada por personagens dionisíacos supernaturalistas como Heathcliff, Tom Jones e Huckleberry Finn, cujo autor sagitariano usava o pseudônimo Mark Twain (o ponto intermediário), o que ilustra com perfeição a perspectiva terciária, de terceiro olho, do signo. E na expressão de seu lado selvagem, de seu senso de aventura ou de indulgência, esses personagens, paradoxalmente, terminam encontrando a redenção social. Essa qualidade se evidencia em sagitarianos imaginativos da vida real como William Blake, Jonathan Swift, C.S. Lewis, Walt Disney e Stepen Spielberg, além daqueles que se voltaram para as drogas em busca de suas visões xamanísticas de êxtase — Jim Morrison, Jimi Hendrix, Keith Richards, Richard Pryor, Billy Idol, Greg Allman e Dennis Wilson — todos esses indivíduos que, indiscutivelmente, alcançaram a sintonia graças a estarem ligados. De uma forma ou de outra, o homem de Sagitário precisa encontrar alívio. Felizmente, a maioria trata de se desafogar no fluxo químico do esforço físico radical ou das aventuras emocionantes, em vez de buscar alívio nas substâncias. Os sonhos proporcionam aquela mesma alteração alquímica — para o sagitariano, lembre-se, a vida é um sonho. Estar num barato natural, mesmo aquele causado pelas endorfinas, contribui para a responsividade e o sentido de imortalidade característicos do nativo de Sagitário, ou melhor, corresponde a eles. Comenta-se freqüentemente que o sagitariano se ausenta — enquanto ainda estamos coçando a cabeça para entender, ele já está longe, perdido em seus audaciosos devaneios. Igualmente, quando faz o exigido comparecimento ao convívio social, tem no rosto uma expressão alucinada, distante. Em conseqüência, muitas vezes é acusado de timidez ou esnobismo. No entanto, ele não tem nenhuma dessas duas características — mas só uma inexplicável combinação das duas. Mesmo pressionado por uma multidão, ele espera continuar desimpedido, evitando contato visual, resmungando uma desculpa, ou demonstrando por outros meios a total falta de entusiasmo, quando abordado por algum estranho comunicativo. Em suma: por ser do tipo que raramente procura convívio, o sagitariano, apreensivo, procura um canto espaçoso em que possa se aboletar confortavelmente, de costas na parede como para se manter o mais longe possível da muvuca e ao mesmo tempo poder observar os acontecimentos. Ele certamente transpira um ar de superioridade, intencional ou não; por vezes, os circunstantes mal lhe atingem a altura dos ombros. Mesmo quando ele não é alto, manifesta generosidade em certas partes do corpo, como a cabeça avantajada, os braços e pernas volumosos, o imponente tórax abaulado e outras porções exageradas da anatomia.

Independente do tamanho do corpo, a linguagem corporal do sagitariano poderia ser descrita como esparramada: ele está sempre de pé com as pernas abertas ou ginga para frente e para trás como o tenista aguardando a jogada, estica os braços para cima, arqueia as costas, senta-se com as pernas abertas, reclina-se como se, qual Dioniso, estivesse eternamente sentado no confortável divã. Esta ampla expressão pessoal, alusiva à energia expansiva de seu planeta Júpiter, tem um quê de arrogância, como se todos os presentes reunidos ali tivessem por único objetivo proporcionar diversão. Como todos os signos de fogo, o sagitariano é de fato um homem entre homens (porém com um toque especial, conforme veremos) e irá atrair um círculo de homens — sempre às voltas com o que lembra fanfarronice de vestiário masculino, ele faz constantes comentários causadores de grandes explosões de riso espontâneo que se dissolvem a seu redor quando vai saindo com seu típico sorriso de satisfação pessoal. O tempo todo ele avalia com os olhos todas as mulheres ao alcance da vista, quase sempre pelo critério da atração sexual, descartando ousadamente as que não lhe satisfaçam os critérios estritos e chauvinistas, embora velados. Por mais autoconfiantes que sejam, as mulheres, em sua presença, podem acabar reduzidas a tímidas colegiais. O Sagitário, acrescente-se, parece legitimado, qualidade que nem mesmo seu famoso tipo de humor autodepreciativo consegue desmentir.

Uma lista de famosos e nativos de Sagitário, que inclui gente como Ben Stiller, Jon Stewart, Harpo Marx, Rodney Dangerfield, Garry Shandling,

CASA ASTROLÓGICA

aspirações
mentalidade superior
educação superior
subconsciente
visão de mundo
direito
religião
ética
princípios
filosofia
psicologia
intensa cogitação
longas viagens
transações estrangeiras
estrangeiros
grandes empresas
comércio/importação/exportação
igrejas como refúgio espiritual
clero
parentes por casamento
netos
insight
humor
opinião pública
decisões jurídicas
energia universal
lições aprendidas
segundos casamentos
autoprojeção
pensamento sistematizado
conceitos sociais manifestos
carreiras editoriais
carreiras no ensino
desenvolvimento da sabedoria
síntese intelectual
transmissão de princípios
atividades culturais
evolução da consciência

PALAVRAS-CHAVE

expansão
experiência
exaltação
êxtase
gênio
romantismo
fluxo de consciência
sucesso
imposição
autoconfiança
prontidão
agilidade
erudição
exploração
filantropia
generosidade
libido
auto-satisfação
descontração
sagacidade
ação violenta
entretenimento
aquisição
especulação
lucro
exploração
valentia
ostentação
exagero
demonstração
comoção
embelezamento
abertura mental
extravagância
voracidade
visualização
legislatura
procrastinação
teoria
excitação
impetuosidade
irresponsabilidade
potencial
vacilação

James Thurber, Flip Wilson, Redd Foxx, Buck Henry, Dick Van Dyke, Tim Conway, Noël Coward, Richard Pryor, Woody Allen e Mark Twain revela que este é um signo de cômicos, humoristas e satiristas. Entretanto, até um artista como Woody Allen, que faz o gênero "pobre-diabo", transpira uma atitude petulante, tendo *cojones* para, continuamente, se colocar em seus filmes como o galã romântico, ligado a mulheres lindas e, com freqüência, suspeitamente mais jovens. E todos os sagitarianos encarnam uma ousadia comparável, acreditando-se merecedores da mulher mais sedutora, amorosa, atraente — a lista de superlativos se estende ao infinito — do mundo. Como nativo da Nona Casa das *aspirações*, o sagitariano não se limita a aspirar ao sublime, ele conta com isso. A magnificência é assumida em todos os aspectos de sua vida. E apesar da tendência a ser asperamente bem apessoado, até os nativos esteticamente mais deficientes podem ser notórios conquistadores de mulheres lindas, deixando atônitos os circunstantes e suscitando a clássica pergunta: ela está *mesmo* namorando este cara? Ao mesmo tempo, em consonância com seu excêntrico regente planetário, quando o sagitariano é atraente, o é excessivamente e, consciente disso, colocará sua impetuosa autopercepção em uso prolífico.

Mais que qualquer outro nativo, o de Sagitário é uma fantasia feminina de sexo turbulento e dominador ganhando vida. Ele possui uma masculinidade aberta, um poder predatório e um abandono natural que o transformam no garanhão consumado, quer possua ou não um equipamento volumoso à altura de seu cavalo simbólico, o que, pelo visto, é uma possibilidade imprevisível, capaz de ir de um extremo ao outro. Ao mesmo tempo, tudo o mais sobre sua grande personalidade fala de uma excitante cavalgada sexual. Upa, upa! Aparelho genital à parte, o sagitariano costuma ser um homem grande — desengonçado, ou até um pouco desastrado, de ossos largos e membros avantajados. Os ombros são quase sempre de largura invejável, ainda que não perfeitamente retos; os braços encordoados de músculos espessos, as mãos másculas em geral toscas e calejadas, independente da profissão, o que só aumenta seu encanto saudável e lascivo. A cabeça tipicamente volumosa é coberta de uma densa cabeleira, às vezes espessa ou rebelde, como pêlos de cachorro, talvez formando um batente ou um penacho, originado de uma região média natural. Entre as sobrancelhas existe um amplo espaço plano — local de seu "terceiro olho" tornado ainda mais evidente pelo contraste com os olhos pequenos ou melancólicos, olhos de cachorrinho, oblíquos, lembrando amêndoas polpudas. A testa pode parecer ossuda ou protuberante, com a forma do rosto estreitando-se nas têmporas, depois afundando profundamente nos malares, e voltando a se encher no maxilar e no queixo carnudo. O nariz é quase sempre achatado, as narinas frementes, os lábios cheios e sensuais, naturalmente a se elevar nos cantos criando um sorriso de coringa que em geral deixa à mostra mais gengivas que dentes, e estes são pequenos, quadrados e consideravelmente espaçados. A boca distensa lhe confere uma aparência tranqüila, pacífica, por vezes ofegante. O sagitariano tem uma inclinação especial por caprichosas formações de pêlos faciais — moscas, cavanhaques, costeletas —, sem mencionar uma preferência por *piercings* no rosto, na língua, nos mamilos, no umbigo ou até em outros lugares. O estilo de vestir é similarmente fantasioso, às vezes exagerado nas cores ou demasiado explícito ao seguir a moda esportiva. Não importa o quanto seu traje é brega ou chique, ele fica puxando as roupas, como se estivesse muito desconfortável, visível evidência da ardente necessidade básica deste homem de ficar "ao natural".

O sagitariano tem um torso robusto e relativamente tenso — ele está sempre sofrendo distensão muscular ou se contundindo de outras maneiras, conforme evidenciado por acessórios da moda como talas, muletas e tipóias —, o que pode explicar por que ele parece estar sempre mancando, mesmo no mais formal dos ambientes. Seu corpo é naturalmente firme, com músculos bulbosos ou nodosos, peitorais arredondados e bem definidos, e um abdômen facilmente modelado num "tanquinho". Contudo, apesar da poderosa musculatura geral, merecem destaque as coxas de aço regidas pelo signo, que se prolongam para os flancos nitidamente indentados e o traseiro de pedra, tudo isso visível sobre as roupas, convertendo-se no alvo da maior parte do desejo que ele desperta numa mulher. De fato, as mulheres mais cerebralmente transcendentais, considerando-se imunes às meras aparências, podem se apanhar palpitantes de desejo depois de uma olhada na parte posterior do Centauro. Embora esse garanhão não seja líder de mercado na categoria tamanho do pênis, a aparência atlética geral do sagitariano sugere incansáveis roladas no pasto. Qualquer suposição dessa ordem será absolutamente correta: graças a incomparáveis vigor e capacidade de resistência, esse potro corcoveante pode cavalgar por toda a noite, sem dar sinal de precisar reduzir a marcha ou jogar a toalha; considerando sua incomparável e perene capacidade de penetração, é de se agradecer o fato de não estar equipado com um cavalo. Naturalmente, há muitas desvantagens em alguém ser rotulado "a melhor foda inconseqüente do planeta"; mas durante sua juventude, e já bem entrado na fase adulta, o nativo não vê a coisa assim. Em vez disso, tem por principal preocupação encontrar uma parceira

REGÊNCIA DO CORPO

O signo de Sagitário rege as coxas, os quadris, os glúteos, os nervos ciáticos; Júpiter rege a glândula pituitária, que controla o crescimento, e o fígado, que limpa de toxinas o sangue. Entre as afecções comuns do sagitariano incluem-se a dor ciática e o reumatismo.

HOMENS FAMOSOS DE SAGITÁRIO

Bruxos e cidadãos do mundo

Brad Pitt
Benjamin Bratt
Brendan Fraser
John F. Kennedy Jr.
Jeremy Northam
Jim Morrison
Greg Allman
Jimi Hendrix
Frank Zappa
Ben Stiller
Jon Stewart
Steve Buscemi
Woody Allen
Walt Disney
Samuel L. Jackson
Ozzy Osbourne
Mark Ruffalo
Jake Gyllenhaal
Rodney Dangerfield
Steven Spielberg
Jean-Luc Godard
Terrence Malick
David Mamet
Kirk Douglas
John Malkovich
Kiefer Sutherland
Cyril Cusack
Keneth Branagh
Frank Sinatra
Joe DiMaggio
Ricardo Montalban
Christopher Plummer
Harpo Marx
Charles M. Schulz
Phil Donohue
Rich Little
Robert Goulet
Paul Schaffer
John Mayle
Randy Newman
Garry Shandling
Richard Pryor

cuja abordagem ao sexo se assemelhe à sua: que seja uma viagem eletrizante na qual não se deve deixar de explorar nenhum possível caminho para o prazer.

Sexo + Sexualidade

O sagitariano tem uma sorte incrível com as mulheres. A partir do momento em que possui uma libido, ele descobre que tem amplas oportunidades de agir em relação a esta. Na adolescência, seu atletismo característico o transforma num herói e num galã para as garotas de hormônios em ebulição às quais ele parece atraente naquele nível visceral. Tipicamente, em sua mocidade o sagitariano terá transado mais que a maioria. O sexo será mais uma atividade a lhe oferecer as características emoções que busca. Ele pode acabar viciado nesse comportamento, principalmente em seu desejo de experimentar o êxtase do clímax. Quando não estiver fazendo sexo, estará pensando em fazê-lo, ou, como freqüentemente ocorre, desfrutando o sexo sozinho. De todos os machos do zodíaco, não há masturbador mais notório que o sagitariano — e não só como um rápido meio de alcançar um fim, mas freqüentemente como um elaborado processionário do prazer. Mesmo quando envolvido numa fogosa relação sexual, ou namorando em série como costuma fazer, o sagitariano ainda irá desfrutar sua prática do onanismo. Para a mentalidade desse dionisíaco filho de Júpiter, a quantidade pode ser tão significativa quando a qualidade, quando se trata da experiência erótica: todo sexo é bom sexo, e ele deseja experimentá-lo com as mulheres, e às vezes também com os homens, de todos os tamanhos, formas, descendências e disposições. Felizmente para o nativo, seu próprio gênero de aparência física e virilidade explícita encontra apreço generalizado. Ele personifica, mais que a maioria, o tipo de homem com quem as mulheres tecem fantasias — um personagem carismático, mas despreocupado, naturalmente atlético, mas um tanto desleixado e não lapidado. No mundo selvagem das conquistas sexuais, o sagitariano é considerado caça grossa. Embora ele às vezes preencha as mais desvairadas fantasias da imaginação de uma mulher, talvez muitas delas prefiram relegar tal indivíduo à esfera da fantasia ou do sexo casual, optando por homens mais dóceis e realistas para parceiros de longo prazo.

Apesar do desejo de variar as parcerias sexuais, o nativo, depois de ter caído na gandaia, está procurando uma relação monógama e permanente. Ele busca uma importante fusão com alguma mulher disposta a se unir profundamente a ele. Naturalmente, sua típica procura de parceira ideal será entre uma população de mulheres com visual de modelo — ele se pergunta: por que não? — e, no entanto, mais que a beleza ele valoriza o senso de humor, uma natureza jovial e inquieta. Ainda assim, o sagitariano se excita ante o encantamento, orgulhoso de circular por aí levando a reboque uma beleza inspiradora de assombro, na qual os outros homens com certeza ficarão de olho. O Arqueiro, a quem raramente faltaram encontros, começa a atirar cada vez mais alto, em sua tentativa de conquistar um relacionamento, comprazendo-se no desafio e na emoção que oferecem as atividades romanticamente elevadas. Por vezes, o que acha mais atraente na parceira é a exuberância ou mesmo a fama; mais uma vez, o motivo não é a busca de projeção social, mas sim a sugestão de aventura em semelhante associação. A notoriedade, principalmente do tipo global, é um atributo de seu planeta regente, Júpiter, mais uma expressão da natureza expansiva do sagitariano — mais é mais, maior é melhor. Por esse mesmo princípio, o nativo não se mete em relacionamentos frívolos, casuais: ou ele dorme com alguém e segue em frente, mandando um ocasional cartão-postal para o caso de resolver aportar novamente naquele cais, ou procura envolver por inteiro uma mulher em sua vida, como um grande conglomerado engole uma empresa menor e vital.

Para ficar com o nativo de Sagitário no longo prazo, a parceira deve entender a inutilidade de resistir a ser absorvida em sua visão imaginativa da vida. Esta rara e disposta mulher que ele encontra por acaso talvez já possua uma elevada visão pessoal da existência, embora o sagitariano seja atraído por alguém a quem possa destrancar as portas da percepção, expondo uma parceira mais insular a sua modalidade específica de otimismo deslumbrado. A ironia, entretanto, é que a parceira deve ser tão segura de si a ponto de nunca se sentir ameaçada pela necessidade dele de realizar tamanha transformação espiritual. Raramente tentará mudar as qualidades externas ou aspectos superficiais da parceira — mas, pode-se perceber uma marcada alteração em sua aparência física, à medida que passa a conviver com ele — pois, como Dioniso, "o Libertador", o sagitariano deseja libertar o eu subliminar da amada de todas as limitações psicológicas e emocionais. Afinal, alguém tão expansivo quanto ele exige uma companheira igualmente esfuziante, flexível, ou mesmo elástica. No afã de levantar o espírito dela, nosso ebuliente Sagitário, sem normalmente se dar conta, termina por transformá-la, com o tempo, numa versão feminina de si próprio. As companheiras de Woody Allen — Louise Lasser, Diane Keaton e Mia Farrow — acessaram sua Maria Ninguém interior por intermédio da

Sammy Davis Jr.
Dick Van Dyke
Flip Wilson
Red Foxx
Buck Henry
Ossie Davis
Spike Jonze
Tim Conway
Don King
Tom Waits
Billy Idol
Harry Chapin
Mario Cantone
Asa Somers
Denny Doherty
David Merrick
Noel Coward
Billy the Kid
Winston Churchill
Jacques Chirac
Andrew Carnegie
Toulouse-Lautrec
Paul Klee
Ludwig von Beethoven
James Thurber
Adam Clayton Powell
William Safire
Jonathan Swift
C.S. Lewis
Rainer Maria Rilke
Thomas Beckett
V.S. Pritchett
William Blake
Eugene Ionesco
Jean Genet
James Agee
Gustav Eiffel
Mark Twain
Andre Gide
Bruce Lee
Friedrich Engels
David Carradine
Robert Hand
Gustave Flaubert
Keith Richards
Donny Osmond

associação íntima com ele. Outros exemplos são abundantes: o verdadeiro amor de Sinatra foi Ava Gardner, seu alter ego livre, lindo e solto. O superícone pop masculino Joe DiMaggio ficou eternamente associado ao superícone *pop* feminino Marilyn Monroe. Kenneth Branagh encontrou seu paralelo em Emma Thompson. Ben Stiller encontrou sua contrapartida em Christine Taylor; Benjamim Bratt, em sua sombra feminina Talia Soto. Até mesmo Jennifer Aniston baixou do salto alto e aumentou seu apelo de bilheteria ao se amarrar no flanco, regido por Sagitário, do maridão boa-vida Brad Pitt. O que o nativo quer é resgatar uma mulher do pântano na mediocridade, especialmente o resultante do medo ou das convenções sociais. Ele tem esperança de expandir os horizontes externos para ela, e ao mesmo tempo lhe ampliar a visão interna — o autoconhecimento é a razão de ser e a finalidade da experiência, do ponto de vista do homem de Sagitário. Ironicamente, imagina que a forma mais simples de sua amada alcançar esse estado é tomar por modelo a ele, a autonomeada figura emblemática do espírito ilimitado.

A obra-prima do sagitariano James Thurber, *My World and Welcome to It*, resume perfeitamente a atitude do Arqueiro diante dos relacionamentos amorosos, e, que dirá, da vida em geral. Um outro significante entra em sua experiência — jamais se dá ao contrário — e, no entanto, sua percepção da existência é tão expansiva e imaginativa que o parceiro jamais precisa se sentir constrangido ou limitado ao jogar segundo as regras informais do sagitariano. Enquanto o homem de Escorpião, nativo da Oitava Casa do *sono*, parece praticamente narcotizar a companheira, o homem de Sagitário, à luz da Nona Casa de *sonhos* e *visões*, deseja estar na mesma "viagem" que a companheira, para se fundir com ela tão completamente quanto possível, sobretudo no nível superconsciente. Em nenhum outro lugar fica ilustrada de forma mais nítida e irônica a associação de seu signo com a *mente coletiva*. Como um dos quatro signos mutáveis do zodíaco, o sagitariano tem na fusão sua modalidade específica de síntese das forças opostas inerentes da vida. Para ele, um mais um corresponde a um. No entanto o nativo e seu verdadeiro amor criam juntos, ao mesmo tempo, algo maior que a soma de suas duas partes individuais.

Para o sagitariano, uma relação amorosa adquire vida própria: é a encarnação da perspectiva terciária que constitui sua marca registrada. Para ele, é quase impossível deixar de olhar de fora para si mesmo e a amante, uma tendência que se manifesta principalmente como uma exagerada romantização (não é de estranhar que os poetas românticos sejam descritos como exploradores do dionisíaco). O homem de Sagitário encarna um exacerbado senso de realidade, no qual a experiência em si, e não menos a de seus relacionamentos, se transforma numa criança mágica espiritualizada que precisa ser protegida e celebrada. Não há homem mais inclinado a comemorar suas ligações amorosas com propostas exageradas, tais como cobrir de presentes a mulher amada, arrebatá-la para uma excursão de surpresa, ou outras tantas demonstrações características como espalhar pétalas de rosas pelo quarto todo para comemorar uma ocasião especial — todos os dias — ou tornar solene a experiência sexual. Uma dinâmica potencialmente prejudicial à condição de filho zodiacal do expansivo Júpiter é a incapacidade de perceber a experiência sob outra perspectiva que não o típico distanciamento de grande angular do Arqueiro. Como algum megaempresário promovendo uma fusão importante, o sagitariano adquire uma companheira, movimento que ele subconscientemente considera uma contribuição para o crescimento de sua "empresa". Da mesma forma, seu exagerado ego de signo de fogo está convencido de que qualquer mulher se beneficiaria imensamente da associação com ele. O foco é então dirigido à força fomentadora da consolidação deles, de preferência às suas necessidades íntimas e individuais, conforme vivenciadas pessoalmente ou no contexto do vínculo. Para sermos justos, o nativo está igualmente despreocupado com o que considera as minúcias de sua própria vida — raramente parando para analisar, e que dirá, curar, quaisquer fissuras psicológicas ou emocionais que acaso tenha sofrido. Ele naturalmente armazena sua enorme energia para usar na consecução de aspirações mais altas. E espera que a companheira faça o mesmo: nunca se afundar, mas, sim, continuar navegando a quimera da vida. Apesar de todas as hesitações, começos e golpes a que recorre o signo de Gêmeos, seu oposto no eixo, para explorar o poder do pensamento positivo, o homem de Sagitário, pelo contrário, quase sempre parece incapaz de desligá-lo. Por essa razão, muitas parceiras em potencial sentem que ele não "lida" com suas questões internas o suficiente para sustentar um relacionamento saudável. O que essas descrentes não entendem é que o nativo lida com seus conflitos intrínsecos por meio de deixá-los queimar à vontade, até que estejam calcinados.

A liberação de energia é um tema importante do sagitariano. E juntamente com esportes radicais e viagens de aventuras, o sexo é uma área na qual o Centauro realmente se solta. Nenhum homem se abandona mais em sua abordagem que o sagitariano, invejavelmente livre de inibições e inseguranças (mesmo aqueles Arqueiros com, digamos, deficiências, irão compensar manifestando muito mais aprumo irresistível). O nativo encarna o conceito de que ao se soltar

LANCES ERÓTICOS
NATIVO HÉTERO

mulheres altas
louras
escandinavas
comissárias de bordo
massagem erótica
mulheres casadas
anonimato
verbalização
inversão de papéis
meia-calça
meias de náilon
pansexualidade
onanismo
triângulo homem/homem/mulher
trenzinho
troca de casais
bissexualidade
homoerotismo
orgias
hedonismo
exibicionismo
veneração
sexo ao ar livre
sexo em público
pele de oncinha
fantasias de mulher desatinada
jogos de caça e captura
encenação de gigolô
jogos anais
drogas
asfixia

sexualmente o indivíduo inevitavelmente elimina qualquer imperfeição ou fracasso. Ele está isento dos impulsos de auto-satisfação de seu irmão de signo de fogo, o ariano, e também de qualquer compulsão a satisfazer a parceira, fator que atormenta tantos homens. Como o nativo transcende uma dualidade tão explícita quando a pitorescamente descrita como "bicho de duas cabeças" — inerentemente despreocupado com seu próprio prazer ou o da parceira —, ele pode se dissolver na experiência do ato sexual mais plenamente que qualquer um, homem ou mulher. O sexo, por natureza, conduz ao êxtase; no entanto, sobretudo para os homens, sustentar esse estado de arrebatamento representa um certo desafio. Não, porém, para nosso eterno amante, o sagitariano: abençoado com a capacidade de "tornar-se um só" com o ato carnal, apesar da premente tensão de proporcionar orgasmo, ele pode relaxar ainda mais dentro do prazer crescente e ficar no platô por bastante tempo, sem perder o controle. Enquanto isso, a amante colhe os benefícios óbvios. Comenta-se freqüentemente que o sexo com sagitariano é, numa palavra, superlativo. Às vezes (embora nem sempre), sem que o nativo se aperceba, sua característica entrega à experiência sexual permite à mulher, a autêntica receptora da natureza, agarrar o bastão (desculpem o trocadilho) e sair correndo com ele.

Da mesma forma como o sagitariano deseja libertar de convenções a mulher amada, ele busca livrá-la de quaisquer inibições sexuais: nada consegue deixar o nativo mais excitado que ver uma mulher se entregar ao sexo. A partir de sua perspectiva terciária característica ele vê a si mesmo e à amante como uma só unidade — um ser quimérico composto de partes masculinas e femininas, o homem másculo, misto de libertino sexual e libertador, que oferece a proverbial chave para abrir uma mulher ao pleno escopo da experiência erótica. O nativo é o único homem que se identifica com o princípio inerentemente sublime do prazer no íntimo de uma mulher, coisa que se sente singularmente qualificado para acessar e para levar a novas e ilimitadas alturas. Se por mais não fosse, o homem de Sagitário parece abrir mão de seu próprio prazer no interesse de aumentar o da companheira. Aqui entra em cena o mito caracteristicamente sagitariano de Tirésias: quimérico sacerdote/sacerdotisa humano do novo deus arquetípico, esse devoto de Dioniso é famoso por suas revelações sobre a sexualidade racional. Numa disputa entre Zeus-Júpiter e Hera-Juno, sobre o tema de quem consegue retirar mais prazer do sexo, se o homem ou a mulher — as duas divindades alegavam que o sexo oposto gozava melhor que o próprio —, Tirésias foi chamado a estabelecer a diferença, por ter vivido, durante certo tempo, tanto como homem quanto como mulher. Reza a lenda que Tirésias, concordando com o lado de Zeus, alega que as mulheres derivam mais fruição da experiência erótica — curiosamente, nove vezes mais prazer, para sermos exatos —, conclusão por cuja conta foi cegado pela deusa. À guisa de compensação, Zeus pede a Atena que conceda a Tirésias o dom da segunda visão, aquela característica visão do sábio sagitariano. De fato, em termos de sexo, o sagitariano personifica a perspectiva de Tirésias, combinando o pensamento objetivo masculino com uma inigualável empatia pelo sentimento feminino. O signo de Sagitário retrata essa batalha paradoxal dos sexos vista de uma perspectiva de terceira parte, que, como o Tirésias de segunda visão e segundo sexo, vê a vida por dois ângulos ao mesmo tempo.

Para resumir, se alguém vai ter um espelho no teto acima da cama é o Arqueiro, o qual, condicionado pelo símbolo do signo, é naturalmente distanciado de qualquer efeito da flecha veloz que acaso esteja atirando. Este é o problema do ato sexual com o sagitariano: por muito presente e penetrante que seja o intercurso, fica a sensação de que o nativo está em outro lugar, como se vivenciando uma experiência de sair do corpo. O homem de Sagitário, como Dioniso, pode representar os princípios da desordem, da loucura ou do êxtase orgiástico, mas, à semelhança daquele esplêndido deus masculino, ele próprio por vezes estará tão indiferente quanto possível. Mesmo nos extremos estertores do arrebatamento sexual, o nativo pode deixar na parceira a sensação de que ele está de certa forma no papel de observador, às vezes mostrando um sorriso quase voyeurista, independente do papel ativo que obviamente estava desempenhando na tentativa de dar prazer a ela. Com ou sem espelho, ele se enxerga numa espécie de perspectiva aérea, trabalhando, em sua visão mental, para se tornar um fotogênico símbolo sexual, ou talvez oferecendo uma longa, contínua e inestimável seqüência. Numa alusão à associação dionisíaca do nativo com a videira, ele é notório, em sua conduta espontânea e "contorcida", por se derramar todo sobre a amante, por vezes com resultados orgásticos. Efetivamente, o sagitariano parece encarnar aquilo de que as mulheres sentem mais falta no homem: a necessidade de abraçar e se enroscar, coisa que o nativo faz com paixão e persistência. Em todo caso, ele é aleatório em sua maneira sexual — tudo vai a todos os lugares, e é impossível prever onde pousarão em seguida seus dedos, sua língua ou seu pênis. Tipicamente, ele adora pernas e bundas, pois seios lhe causam excitação às vezes pouco maior que seu próprio peito. Talvez por mera preferência a esta área ou porque ela representa um senso muito maior de tabu, o sagitariano, como seu vizinho de Escorpião, costuma forçar mais a barra a favor do sexo anal que a maior parte dos homens (para a maior parte das

LANCES ERÓTICOS

NATIVO GAY

fisiculturistas
atletas
ativo com ativo
sedução de homem hétero
coxas fortes
musculatura dos glúteos
sexo em grupo
orgias bissexualidade
entregadores em domicílio
universitários
mauricinhos
militares
uniformes
policiais bombeiros
humilhação
suspensório escrotal
conjuntos esportivos e equipamento de equitação
estrangeiros
prepúcio
plugue anal
penetração anal (ativa)
analíngua (passiva)
parceiros violentos
violência
perversão
alucinógenos
ecstasy
variedade
parceiros múltiplos
brinquedos
consolos
acessórios
michês
prostitutos

mulheres, o sexo anal representa um marco importante, possibilidade que incita ainda mais a natureza expansiva do nativo). Agrada-lhe ver a amante ultrapassar os limites sexuais estabelecidos, na esperança de que ela algum dia lhe peça para fazer algo que havia originalmente considerado ultrajante. Para o nativo poder estar continuamente realizado por uma mulher, esta deve tornar-se mais hedonista, ou até mais despudorada em sua abordagem ao sexo, e, na verdade, à vida. Todos os dias o homem de Sagitário prova sua teoria de que a transcendência é alcançada por intermédio de um certo sentido de abandono. Não é de estranhar que ele possa ficar tão viciado em sexo, atividade na qual sempre há um novo ato a encontrar e uma oportunidade cada vez maior de baixar a guarda.

O nativo quer um intercurso longo de duração, frio de tom, mas sempre com um lance diferente: ele é simplesmente pervertido por natureza. Assim como gosta de enroscar seu corpo físico numa mulher, dando-lhe a sensação de ser tão onipresente quanto o próprio Zeus, ele também procura se infiltrar em todos os recantos do indivíduo psicossexual da amante. Explorador de fantasias, ele encontra motivação para descobrir desejos que podem estar latentes nos recessos da mente da amante. Talvez utilize brincadeiras eróticas, entretendo de leve a parceira em direções propositais, no processo de espicaçar-lhe a curiosidade e, inevitavelmente, abrir novos caminhos eróticos. O fato de ser a quimera do zodíaco por vezes significa misturar e combinar, em termos tanto de temperamento quanto de comportamento sexual — qualidade que pode se manifestar como uma simples troca de roupa íntima com a amante (biquínis de oncinha são seus preferidos) ou progredir, de modo mais elaborado, até a inversão de papéis, a troca de casais ou o pleno sexo grupal. Se há um sujeito capaz de gostar que a esposa ou amante afivele um pênis artificial e lhe dê o correspondente, este será o sagitariano, que desfruta a essência de inversão daquele ato. Sua famosa perspectiva de terceira parte significa que lhe agradam muito os triângulos — enquanto muitos signos talvez favoreçam alguém segurando a vela na cama que ele ou ela compartilha com o parceiro, o sagitariano costuma, ele próprio, ser aquela vela, cansado de ficar correndo atrás do próprio rabo (acreditem, ele o comeria se fosse capaz) — entrando feliz nas vidas dos casais que estão procurando arredondar sua vida sexual. Levando a reboque sua considerável reputação e notória capacidade de resistência, o sagitariano se prontifica a agradar a uma mulher com a requerida energia. Neste enredo, o que o deixa excitado não é só a idéia de a mulher carente de sexo implorar pelo gozo, mas o senso de humilhação dirigido ao marido ou namorado deficiente, comparativamente "inferior", também faz vibrar uma corda eroticamente sádica. Em certos casos, se todos estiverem dispostos a tanto, o Sagitário poderá até, levando as coisas um notório passo adiante, "bancar o ativo" para o outro homem e assim satisfazê-lo e envergonhá-lo simultaneamente diante da própria mulher. Este é o jogo de poder do sagitariano: provar que é muito mais sobre-humano que os demais e desaparecer. Para o melhor ou pior, num contexto puramente sexual, o sagitariano raramente se inspira para revisitar a mesma experiência — para ele, uma vez é em geral suficiente. O nativo imagina a si mesmo como o supremo gigolô: de fato, ao contratar um consorte de aluguel, é desejável que se trate de um sagitariano, construído para fornecer muito mais satisfação pelo mesmo dinheiro. Como persona sexual, o Arqueiro é ao mesmo tempo estonteantemente masculino e radicalmente liberal, o que permite infinitas possibilidades na procura do puro prazer.

De regra, o sagitariano é mais pansexual que bissexual. Quer se identifique como hétero ou gay, o Arqueiro está mais à vontade na companhia íntima de outros homens. Por natureza, ele encarna um sentido do homoerótico: totalmente impregnado da experiência hipermasculina, o mais hétero dos Centauros sente-se tão confiante em sua masculinidade a ponto de jamais se sentir ameaçado pelo mundo gay ou se sentir homofóbico. Numa típica reviravolta, o nativo faz lembrar mais a maioria das mulheres, no tocante às relações do mesmo sexo; platônicos ou não, os laços com outros homens são naturalmente fortes e íntimos. Em qualquer um dos dois casos, o sagitariano não costuma endossar o duplo critério homossexual que muitos homens adotam: o de que o ato sexual entre duas mulheres é um comportamento erótico natural não necessariamente definido como lésbico, ao passo que a menor sombra de atração entre dois homens significa fraqueza, provocando repulsa. Não importa para que lado balance, o sagitariano costuma aplicar igualmente ao mundo dos homens a mencionada visão que se tem da sexualidade entre mulheres. Relações íntimas com outro homem, de natureza sexual ou não, são consideradas expressões de legitimação masculina, da mesma forma como, digamos, o movimento lésbico é visto como um reforço ao feminismo como um todo.

Desde a adolescência, o sagitariano vive num mundo cujo tema é a testosterona, sendo ele o consumado garoto travesso que se atira de cabeça na experiência masculina. Na meninice, sofre notórias paixonites por colegas mais velhos, bancando agradecido o Robin de *Batman* ou interpretando outros papéis sutilmente insinuantes nos quais a veneração pelo herói possa encontrar um emprego construtivo. O menino-arqueiro visa agradar àqueles gigantes entre os quais ele vive, e será uma testemunha, ou um iniciado nessas passageiras fantasias homossexuais que invariavelmente surgem entre os adolescentes mais velhos e carregados de hormônios que ele tem como ídolos. Esse tipo de brincadeira erótica é parte integrante de muitas sociedades secretas dessa época, na qual esses atos são minimizados como antídotos à repressão sexual, uma liberação provisória enquanto se espera o momento de começar a transar com mulheres. "Compartilhar" com os rapazes pouco mais velhos por quem sente admiração predispõe o sagitariano a se sentir psicologicamente superior aos garotos de sua idade. Mais adiante, como adulto heterossexual, essa experiência dá ao nativo um sentido de total à vontade entre os companheiros de gênero, como se só ele se houvesse submetido a algum rito de passagem clandestino. Possivelmente manterá em relação ao sexo, durante toda a vida, uma atitude de vale-tudo, que inclui a atividade bissexual como não sendo "nada de mais" — e isso explica por que tantos sagitarianos se envolvem em relações duradouras com mulheres bissexuais, pois, na qualidade de casal, eles podem balançar para qualquer lado.

Na qualidade de homossexual, graças a sua qualidade másculo-chique, o sagitariano conquista uma condição elevada entre os companheiros, tornando-se tipicamente o legendário garanhão de aparência e comportamento hétero, com quem muitos homossexuais têm esperança de se ligar. O sagitariano gay tem uma masculinidade quase patológica. Como Áries e Leão, os outros signos de fogo, ele pode ser o consumado "ativo", e, no entanto, em matéria de parceiros, ao contrário daqueles outros personagens, ser atraído pelos etéreos meninos bonitos, ou até diretamente femininos. Por ironia, de todos os homossexuais do zodíaco, o sagitariano pode ser facilmente o mais misógino, como se tomasse demasiado literalmente o alinhamento astrológico de seu signo com a experiência patriarcal. Em seu específico mundinho gay, as mulheres são anátemas: ele encontra toda a feminilidade necessária no lindo Tirésias a quem busca amigar-se sexualmente. Como seu correspondente hétero, o Centauro gay empurra o amante para os limites, e sua atração pelos rapazes dóceis, tímidos, ou mesmo obviamente puritanos, é o ponto de partida desta grande fantasia. Suas necessidades românticas e sexuais combinadas são complexas: como um potro selvagem para o qual a presença dos animais castrados é uma influência calmante, um rapaz bonito e submisso costuma acalmar sua alma, ao passo que outros tipos agressivos como ele próprio representam um desafio, fazendo-o se acender, uma dinâmica que funciona melhor quando reservada para as atividades esportivas ou de outra natureza física do nativo. Com efeito, o sagitariano irá apreciar um grupo grande de amigos de mesma mentalidade, na maioria machões hétero, mas estes homens ásperos raramente são o tipo com o qual ele procura se acasalar. Além de influência calmante, o parceiro tímido e levemente afeminado pelo qual ele opta deve ser submisso o bastante para lhe dar a sensação de absoluto domínio dentro do intercâmbio sexual dos dois. É uma corda bamba: o nativo precisa de um amante que aceite tudo o que ele determinar, porém sem ser um passivo tão passivo que não ofereça uma luta estimulante para ceder às exigências que o sagitariano possa fazer.

Da mesma forma como as mulheres elogiam o desempenho do Centauro hétero, os homossexuais irão jurar que a melhor transa de suas vidas foi com um sagitariano. Entretanto, de forma típica, os namoros quase nunca vão além do sexo casual, principalmente por ser tão difícil para o Arqueiro localizar aquele parceiro perfeito que estará eternamente pressionado para desfrutar a excepcional experiência erótica que o sagitariano tem fama de proporcionar. O sexo perfeito, na mentalidade sagitariana, deveria sempre acarretar a avaliação do nativo como "exagerado", uma manifestação explícita de sua regência quantitativa de Júpiter. Empurrar o amante para os limites pode incluir sua exposição ao mundo mais "escancarado" da vida gay, levando a excursões pelos ambientes de ferocidade das festas grupais ou dos clubes privês, talvez convidando um outro personagem dominador para descobrir plenamente, ou mesmo explorar o lado submisso do amante, sempre em expansão. Contudo, mesmo em meio ao que se poderia considerar uma espiral caótica de depravação sexual, o nobre selvagem Centauro jamais parece perder o pé — coisa que nem sempre pode ser dito sobre o parceiro, ao qual ele inevitavelmente estará presente para "segurar". Para o sagitariano, parte da excitação consiste nisso: levar o amante à beira do abismo, chegar mesmo a empurrá-lo e depois cumprir seu supremo papel dionisíaco, não só de mestre da orgia, mas também de salvador. O relacionamento e, de fato, o sexo em si, com o homem de Sagitário são, efetivamente, um grande e longo exercício de confiança. Ele está numa viagem — e sabe disso: uma noite despendida com este extraordinário ser comprova sua capacidade de oferecer um tipo de viagem selvagem, fogosa, abandonada, que nenhum outro homem pode equiparar.

Casais

Hétero

Homem de Sagitário / Mulher de Áries

Rebeldes à autoridade, eles vivem bem à margem das normas. Ele é descansado e torto; ela é desobrigada e autônoma. Este supercasal facilmente encontra sucesso profissional. Em termos sexuais, mentes excepcionalmente abertas.

Homem de Sagitário / Mulher de Touro

Fixação à primeira vista. A colossal autoconfiança do Sagitário transforma a dupla. Nela, ele encontra uma "salvadora". Em termos financeiros, não falam a mesma língua. Ela é uma amante que satisfaz a exagerada libido dele.

Homem de Sagitário/Mulher de Gêmeos

Ela está viciada no sagitariano ousado e divertido. Eles estão em acordo absoluto — os corpos se encaixam como um quebra-cabeça. Como outros aspectos da vida em comum, o sexo é trepidante, com ciclos de franca experimentação.

Homem de Sagitário/Mulher de Câncer

A ele não assusta o gênio turbulento dela. Cansada de levar a vida a sério, ela encontra alívio na animada abordagem dele. Casal notoriamente indomado, eles podem viver intensamente. Na cama, enormes apetites satisfeitos.

Homem de Sagitário/Mulher de Leão

O romance deles é formal, envolto em etiquetas, e segue regras. Ela é presença protetora; ele é o garanhão que ela sempre buscou. Esperar é uma forma de fazer crescer a excitação — o primeiro encontro deles é explosivo.

Homem de Sagitário/Mulher de Virgem

Eles se encontram cedo na vida, muitas vezes ficam juntos nos altos e baixos. Ela é obscurecida ou "sacrificada" ao sucesso dele. À parte ressentimentos, a virginiana está feliz por ser útil. No sexo, não precisa de acessórios.

Homem de Sagitário / Mulher de Libra

Ela está em território desconhecido; ele relaxou em companhia tão tranqüila. Na cama, ela se solta, acessando os anseios mais libidinosos. Ele, enfeitiçado, conquistou uma mulher sofisticada, que deseja lhe satisfazer cada desejo.

Homem de Sagitário / Mulher de Escorpião

A boa sorte dele cria fortuna para os dois. A ascendência dela sobre ele é firme. O que cada um deseja individualmente é fortalecido pela relação, sobretudo na cama: pela preservação da união, nada é recusado.

Homem de Sagitário / Mulher de Sagitário

Como deuses no monte Olimpo, dois sagitarianos formam uma combinação mítica. Juntos sentem-se com direito à riqueza material que parecem buscar. Sexualmente, os Arqueiros são a matéria-prima das lendas.

Homem de Sagitário / Mulher de Capricórnio

Um casal irresistível, com uma atração icônica que impressiona e intimida qualquer um fora de seu círculo social. Entretanto, o foco é interno e a casa deles é um casulo acolhedor. Na cama, entretanto, é lascivo e muito indecente.

Homem de Sagitário / Mulher de Aquário

Parecem não combinar, mas é ilusão: ele encontrou com ela uma linha de sobrevivência. No par com Sagitário, a aquariana se prepara para futuro mais brilhante. Na cama, rompem o antigo comportamento — juntos são alternativos.

Homem de Sagitário / Mulher de Peixes

Desde o começo, entendimento não verbal: ambos sabem que é hora de parar de perseguir o amor. A vida boêmia é o estilo deles — ela é cigana de coração; ele troca o formal pelo informal. O sexo é caótico, sem rodeios, fabuloso.

Gay

Homem de Sagitário / Homem de Áries

Estes signos de fogo compartilham muitas qualidades: masculinidade palpável, amor por aventuras e um obsceno senso de humor. Mas, há discórdia: Áries é todo certinho; Sagitário não é. Na cama, tentarão tudo em dose dupla.

Homem de Sagitário / Homem de Touro

Uma força da natureza. Juntos, sentem-se capazes de dominar o mundo. Entretanto, há problemas — Sagitário assume o comando, Touro vai a reboque, demasiado predisposto. Talvez fosse preferível um enredo puramente sexual.

Homem de Sagitário / Homem de Gêmeos

A volatilidade é a senha deles. A natureza temperamental de Gêmeos não conhece limites; o Centauro é um sujeito ferozmente volúvel. Um dos dois pode não querer compromisso. Ao menos por algumas noites o par é incomparável.

Homem de Sagitário / Homem de Câncer

Câncer é duro de roer — especialmente defendido da mira de Sagitário. Logo fica óbvia a preocupação comum com qualidade de vida. Longo passado sexual do Arqueiro não devia proibir a parceria: Câncer também esconde histórias.

Homem de Sagitário / Homem de Leão

Juntos, dois homens másculos e poderosos vivem em escala ainda maior — Sagitário é especialmente ousado. A fortuna parece cercá-los. Também no sexo tiraram a sorte grande: é tudo um jogo; o comportamento extremo permite jogar mais.

Homem de Sagitário / Homem de Virgem

O virginiano é asseado; Sagitário é bagunçado. No começo, ansiosos na companhia mútua. Mas o amor das boas coisas os reúne. Companheiros de viagem ideais. Na cama, um pouco de desordem faz bem. Não há momentos de tédio.

Homem de Sagitário / Homem de Libra
Juntos, são supercriativos, tendo explorado os limite de expressão, por vezes com resultados deslumbrantes. Na cama, Libra é escravo do feitiço poderoso do Sagitário. Carência de aventuras pode levar à mistura com sexo grupal.

Homem de Sagitário / Homem de Escorpião
Sagitário é seduzido e chocado pelo sombrio Escorpião. A compatibilidade física é assegurada; a compreensão emocional demora. Grandes expectativas sexuais. O flexível Arqueiro tem problemas em corresponder a elas.

Homem de Sagitário / Homem de Sagitário
Juntos, os dois Arqueiros se polarizam em aspectos diversos de suas naturezas arquetípicas: o aluno e o mestre — principalmente na cama. Formam um casal todo-poderoso e personificam a força do pensamento positivo.

Homem de Sagitário / Homem de Capricórnio
Sagitário é uma escolha machista de companheiro. Entretanto, eles compartilham o humor satírico e a afinidade pela moda. Nas horas vagas, longas e preguiçosas sessões de sexo. Convidar um terceiro, talvez um estranho, é de praxe.

Homem de Sagitário / Homem de Aquário
Um par extremamente passional. Infelizmente, cada um se rende à sua própria instabilidade. A grandiosidade é uma armadilha — a mitificação pessoal os faz viver na ilha da fantasia. Cacoetes sexuais por vezes beiram o disparate.

Homem de Sagitário / Homem de Peixes
O Arqueiro admira e por vezes imita o equilibrado pisciano. É uma surpresa ver o sagitariano implantar seus ritmos (psicológico e sexual). Na cama, o que rola é escravidão: o sagitariano é um gladiador para o lascivo Calígula.

A mulher de Sagitário

a especialista

No majestoso concurso da vida, a nativa de Sagitário é a concorrente com maior probabilidade de levar a coroa. Figura radiante e régia, ela preside a experiência, emitindo um ar de merecimento em direção a tudo o que deseja. Para ela, o mundo é um lugar de abundância, no qual pode estender a mão e agarrar tudo o que lhe apeteça. Em sua opinião, lutar é um anátema: ela mantém os olhos sobre um prêmio específico de cada vez e, ao sentir que é o momento certo, dispara suas flechas de Arqueira com notável precisão, acertando os alvos de longo alcance ao mesmo tempo em que se mantém distante do tumulto da interação humana conflituosa. Ela parece a perfeita líder, do gênero que tem tudo: cérebro, corpo, beleza e a capacidade de acumular a devoção alheia tanto quanto acumula dinheiro no cofre. A fortuna, pelo visto, é seu direito inato. Personagem intensamente glamourosa, a sagitariana não se limita a se esgueirar para dentro das situações: na verdade, ela explode em cena. Enquanto isso, apesar de seu característico resplendor, ela tende a ser esquiva, por vezes abrigando ansiedade emocional e insuficiente auto-estima. Entretanto, seu lema é mais-mais-mais, tanto na vida profissional quanto na pessoal. Incapaz de viver só de amor, ela forma uma combinação bem-sucedida com um homem com quem partilha o prognóstico de “casal poderoso”, atraída por figuras paternas que condescendem com suas expectativas típicas de um conto de fadas. Por outro lado, no relacionamento homossexual, ela procura uma mentora rigorosa que possa expô-la a um mundo de conhecimentos e vastas influências culturais.

♐ IX

PRINCÍPIO

O Princípio da Expansão: exaltação, otimismo e experiência quantitativa. Na opinião da sagitariana, *mais* é mais, tanto material quanto culturalmente. Para a mutável nativa é tudo uma questão de exposição. Ela impõe ao mundo sua natureza feminina, expressando objetivamente uma supremacia de diva que, no entanto, se origina de seus desejos subjetivos dentro do tema binário da reverência e da adoração. O lema secundário de seu signo, "nós pensamos", comunica essa compreensão coletiva, ao passo que expressa um tom adequadamente majestoso.

Signo + Mente

A sagitariana vive uma vida de exaltação. Para ela, nascer sob o signo regido pelo poderoso Júpiter — o planeta que representa o princípio astrológico da expansão, do otimismo, do crescimento e da riqueza — significa não poder deixar de ver a vida como um estado cujas paradas serão perpetuamente altas. Até os aspectos mais cotidianos de sua vida parecem exacerbados. Comparável a um puro-sangue, alusão a seu signo eqüino, a nativa está construída para superar os demais e, na disparada, assumir seu lugar de direito no círculo dos vencedores, exaltando-se em glória e adoração. Na condição de mulher nascida sob o maior planeta do sistema solar, cujo homônimo, Júpiter (Zeus dos gregos) é o onipotente deus-soberano, a sagitariana retira sua energia arquetípica do equivalente feminino do deus, a suprema deusa-soberana Juno (a Hera dos gregos) que segundo o mito era a única divindade capaz de reduzir seu poderoso maridão a um personagem comicamente submisso. Assim também a nativa do signo é a quintessência da matriarca arrogante: personagem veementemente orgulhosa, até petulante, que se proclama um paradigma de perfeita feminilidade. Essa pomposidade é por vezes uma excessiva compensação pela falta de confiança na própria feminilidade; mas apesar disso ela exibe um elevado sentido de identidade que determina seja tratada pelo marido como uma rainha. Ela acredita piamente na santidade dos relacionamentos, sobretudo o casamento, e não aceita o menor desrespeito nesse particular. A condição de Hera como padroeira das mulheres e do casamento ressoa surpreendentemente verdadeira na ideologia da mulher sagitariana — como temas muito recorrentes nas obras das Arqueiras Jane Austen, Joan Didion, George Eliot e Louisa May Alcott, pois integram a vida de cada mulher-centauro que vive e respira neste planeta. Em todo caso, pelo ponto de vista da sagitariana, a independência pessoal e a vinculação permanente não se excluem mutuamente, nem entram em conflito. Ao contrário: para ela, o mais santificado dos casamentos oferece um meio de expansão, tanto em riqueza material quanto espiritual.

Assim como a relação mítica de Zeus e Hera representa o choque da combinação de dois sistemas de divindade, um patriarcal e outro matriarcal, os nativos de Sagitário de ambos os gêneros representam as ordens mais altas do poder no universo. Para o homem nativo de Sagitário, o pequeno Dioniso do zodíaco, o poder patriarcal constitui sua herança inalienável, como se entregue por Zeus numa bandeja de prata. Entretanto, para a mulher nativa do signo, a Hera da astrologia, altiva e poderosa, o senso de onipotência não é algo que lhe precise ser entregue — ele já é sua província especial. Contudo, ela quase sempre termina envolvida numa luta com o companheiro cujo ego masculino não aceitará facilmente a condição exaltada que a sagitariana tipicamente procura ganhar ou manter. A Arqueira quer que o parceiro seja tão poderoso quanto ela mesma — em termos modernos: abastado, bem-sucedido na profissão, socialmente estável, ou até célebre, e dotado de mente, corpo, e convicções morais saudáveis — para não fomentar ciúmes ou ressentimento no relacionamento. Além disso, qualquer pessoa menos ambiciosa e bem-sucedida que ela seria um corta-tesão, ao passo que um magnata, feito pelo próprio esforço ou não, sempre a deixará sexualmente excitada.

A autora sagitariana Dawn Powell escreveu certa vez: "Luxo é viver dentro dos limites de nossos recursos." Embora tal mensagem pareça nobre na superfície, a questão freqüentemente ignorada dessa afirmativa é que o luxo, para a mentalidade sagitariana, pode e deve ser obtido em qualquer nível econômico — para a Arqueira é o único elemento essencial. Entre outras coisas, a Nona Casa astrológica rege a *vida vivenciada além do cotidiano*, fator procedente em vista da associação do planeta Júpiter com a energia da expansão. No conjunto, essas influências instilam na mulher de Sagitário a necessidade de júbilo, sofisticação e glória. Ao contrário de seu correspondente masculino, para o qual a energia do signo funciona internamente, levando-o o tempo todo para os impulsos de experiência que expandem a mente, a sagitariana necessita de incremento externo, que se manifesta por uma série de formas, das quais não é a menor o desejo de ser vista como magnificente. Assim como o xamanístico Tirésias é o perfeito símbolo da masculinidade sagitariana — este vidente mitológico foi cegado por Hera por haver decidido contra ela numa disputa com Zeus —, a força cegante de Hera representa o tipo de poder que a sagitariana busca manipular. A cavalgada de Lady Godiva (literalmente "deusa-diva") é uma encenação medieval da exibição ritual ancestral da suprema divindade feminina no auge do poder, o momento de seu ciclo de virgem-mãe-sibila em que se encontra no máximo da majestade — seu ato de cegar Peeping Tom é um simples eco do mito de Tirésias e Hera. A capacidade de irradiar é o sintoma principal do poder divino no apogeu — o símbolo de Hera-Juno é um enfático asterisco na ponta de uma haste, apontando para a típica radiância da deusa — e é um flagrante majestoso da condição feminina encarnada pela sagitariana, num fotograma congelado. A nua Godiva montada em seu cavalo não é apenas emblemática da insubordinação feminina, mas pensando bem, a mulher montada, em toda a sua glória, é também a imagem perfeita do centauro feminino.

♃

SÍMBOLO PLANETÁRIO

Como símbolo de Sagitário, esse criptograma ilustra a superconsciência (o semicírculo) originado da experiência mundana (a cruz da matéria). Júpiter é chamado o planeta da sorte; e a sagitariana costuma encontrar o acaso feliz e a boa sorte em todas as viagens de sua vida. Como a flecha de Arqueira, sua radiância a precede.

⚵

O selo astrológico de Juno ilustra a natureza enfática de Sagitário.

QUADRANTE DO SIGNO

Os quadrantes zodiacais correspondem aos planos metafísicos da existência: físico, emocional, mental e espiritual. O Terceiro Quadrante é o da percepção mental, particularmente no tocante ao conceito de existência. Para a sagitariana importa a habilidade de projetar uma imagem de quem ela se imagina ser. A nativa vive uma vida de otimismo, tão magnânima quanto materialmente inquisitiva, em contraste com a expansão (mental) interiorizante do nativo do signo.

Sagitário é o único signo zodiacal do elemento de mutável-fogo; embora possamos atribuir a semelhante designação um grande número de interpretações e encarnações, é a imagem do raio — aquele fogo mutável no céu — o que melhor expressa o significado extremamente vívido do signo. Sagitário, como o nome implica, está associado com a *sabedoria*, a *intuição*, os *sonhos* e as *visões*, tradicionais atributos da Nona Casa. Como Lady Godiva, a nativa do signo deseja demonstrar seus pensamentos e sentimentos de uma maneira tão deslumbrante (qual um raio) que deixará uma marca indelével na mente das pessoas — expandir com os próprios conceitos a mentalidade alheia significa uma influência global sempre crescente. Outro conceito de Nona Casa, a *mente coletiva*, é algo que ela busca ativamente infiltrar e influenciar com ideais caracteristicamente dirigidos à concessão de poder, sobretudo o feminino, nem que seja pelo fato de a sociedade ter ditado que fosse a reboque, na viagem socioevolucionária do mundo, o gênero a que ela pertence.

Sagitário é o signo terceiro e final do Terceiro Quadrante do zodíaco, que está principalmente associado à capacidade mental. Efetivamente, como o signo mutável deve ser uma fusão das influências ideológicas dos dois anteriores — Libra e Escorpião representam, respectivamente, o pensamento objetivo (consciente) e subjetivo (subconscientes) — a localização do sábio Sagitário (superconsciente) na roda zodiacal nos informa que a evolução em direção à espiritualidade, representada pelo Quarto Quadrante subseqüente, consiste em adotar uma perspectiva de terceira visão que combine essas modalidades consciente e subconsciente. No plano cósmico, o Sagitário está concentrado na comunicação com a *consciência universal*, o desenvolvimento de uma *mente superior* que conecta a todos nós num nível psicológico e filosófico, superando assim as limitações de nossos pensamentos do estado de vigília. Tudo isso é uma forma intelectualizada de dizer que a Arqueira naturalmente dirige sua mente para além de quaisquer condições externas ou feridas emocionais limitantes, malgrado o quanto sejam traumáticas. Aliás, o oposto é verdadeiro: quanto mais circunstâncias ela precisa superar na vida, mais se afasta de qualquer influência prejudicial, em direção ao que vê como uma experiência de vida consumada e exaltada. Com mais freqüência, sua mente superconsciente guia o caminho para ambientes e profissões pessoais nos quais ela possa retirar recursos de uma rede global de pensadores, ou mesmo reunir seus próprios seguidores, no mundo acadêmico, editorial, comercial, empresarial, científico, jurídico ou religioso, pois todas essas atividades se encontram sob a influência da Nona Casa de seu signo.

Independente da arena escolhida, a sagitariana sente profunda necessidade de causar impacto. Ela encarna o provérbio "Conhecimento é poder" — desde cedo, é uma estudante-modelo, dedicada a conseguir as notas mais altas, que mais tarde lhe sirvam de passagem para se afastar do ambiente de sua infância. Em forte contraste com seu signo diametralmente oposto de Gêmeos, cujo domínio é o doméstico e o familiar, a sagitariana é de nascença uma cidadã do mundo, e toda a educação que recebeu dá a sensação de uma inspeção na alfândega. Seus pais tendem a preencher certo modelo: a mãe é uma personagem dominadora, fútil e mimada; o pai é o campeão da simpatia, e mesmo assim quase incapaz de atender à constante e tremenda cobrança da esposa. Embora explicitamente autoritária, a mãe é quase sempre uma pessoa fraca, uma perua indolente e ressentida contra a obrigação de colaborar com o esforço de carregar o próprio peso. O pai está se lixando para as responsabilidades. Nada satisfaz a mãe da sagitariana, uma materialista de primeira ordem, que joga pesadamente a culpa pela própria frustração sobre os ombros do marido. Este é, tipicamente, uma espécie de aventureiro, freqüentemente um meninão que prefere gastar todo o dinheiro ganho com esportes radicais ou interesses culturais, passatempos, viagens para pontos distantes ou outras excursões dispendiosas. Não surpreende que a sagitariana seja por vezes o produto de um lar desfeito. Mesmo quando os pais continuam casados, a mãe pode se extraviar na busca por aquele fugidio *tudo* de que sente falta, recheando a carteira e/ou pagando ela própria a despesa das extravagâncias cometidas, com a renda gerada por uma carreira individual, tipicamente iniciada tarde na vida, sem mais objetivo que o ganho financeiro. Ou pode simplesmente querer "se impregnar" de um estilo de vida luxuoso pelo convívio com as pessoas do lado rico da sociedade. O pai da nativa só se afasta mais em suas típicas excursões, retirando-se emocionalmente do afeto da esposa e lamentavelmente sacrificando por vezes os laços de proximidade com os filhos, sobretudo a Arqueira, que é a mais atingida por essa dinâmica em seus anos de formação. Ela se sente puxada em duas direções opostas. À semelhança da mãe, com a qual por último partilha um laço comum de rancor quando os tempos ficam difíceis, a sagitariana deseja mais da vida do que poderia ser considerado suficiente segundo padrões razoáveis. No entanto, ansiando pelo amor do pai, ela o glorifica como aventureiro interessante, muito mais do que ele o é na realidade. Pelo mesmo critério, endossa a visão materna que o rotula de fracassado, da mesma forma como consegue ver o lado dele na história — o fato de a mãe ser uma inveterada devoradora de dinheiro. Como forma de lidar com a situação, a

♐

CRIPTOGRAMA DO SIGNO

A Arqueira de Sagitário está armada com a capacidade de projetar desejos e efetuar mudanças de longo alcance. A vontade humana surge do domínio do plano físico. Os objetivos terrenos são ramificações orgânicas de sua percepção da existência como experiência expansiva, abundante. Ela tem fome de bens temporais e de conhecimento mundano. O principal lema de seu signo é "eu entendo", que remete para a necessidade de abordar o mundo com o conhecimento do especialista.

Arqueira concentra sua atenção para além dessa avassaladora dualidade doméstica, focalizando-a no futuro. Ela visa metas específicas de suas ambições de longo prazo, por vezes pousando em certo rumo profissional e começando a persegui-lo já na adolescência, desde que tal ocupação preencha dois requisitos: primeiro, que praticamente assegure uma grande recompensa financeira, suficiente para impressionar a mãe; e segundo, que ofereça o tipo de empreendimento cultural ou audacioso capaz de excitar a imaginação do pai. E estes serão também os dois pré-requisitos que buscará com insistência no parceiro.

É desnecessário dizer que a sagitariana faz muito no sentido de exercer o papel parental para si mesma. Se há algo que sua educação lhe ensina é a capacidade de ver os dois lados de qualquer argumento abrangente, uma qualidade que lhe permite evitar sentir ressentimento. A sagitariana é notavelmente inclinada ao perdão, ou melhor, ela não reconhece exatamente quando está sendo prejudicada, um efeito colateral de não admitir que possa ter sido abandonada emocionalmente na infância — o que ela geralmente foi (por vezes, ao você criticar uma nativa, ela irá de alguma forma, com um agradecimento, conseguir torcer as palavras, em sua própria mente, transformando-as num elogio, feliz com o fato de você ter estado pensando nela). Incapaz de ver o mal, e quem dera todos pudéssemos pensar assim, ela não consegue nunca imaginar a si mesma como tendo feito algo errado. Isso também é resultado da formação na infância: ela lida com a inquietação emocional por meio de se tornar a consumada realizadora, e raramente conseguirá ver a si mesma como outra coisa, cega, portanto, às próprias deficiências. De fato, ela talvez seja a tal ponto uma personalidade tipo-A, que os professores se preocupam com que esteja trabalhando em excesso e caminhando para uma queda. A sagitariana é notoriamente madura, responsável e extremamente profissional desde cedo, o que conduz com a associação de seu signo ao grupo etário 56-63. Embora com freqüência seja uma garota bobona, ou mesmo desengonçada ou desastrada, muitos adultos de visão aguçada poderão localizá-la como uma beleza potencialmente espetacular. Este é só um exemplo, numa série de instâncias da vida inteira, de como a sagitariana vivencia uma atualização de si mesma — durante a adolescência, quando a maioria das garotas está de olho na aparência, ela está preocupada com os resultados do Provão, com os estágios e com garantir previamente o ingresso à universidade de elite que escolheu.

De todas as mulheres do zodíaco, a sagitariana é a mais orientada para o futuro. Por ter dificuldade de viver no presente, ela está propensa a distúrbios de ansiedade. Para ela, a relva sempre parece mais verde lá na frente, e talvez

ELEMENTO + QUALIDADE

O elemento fogo simboliza a energia vital, o espírito ou a força divina; a qualidade mutável, um apelo à versatilidade e à mudança. No conjunto, a combinação mutável-fogo específica da sagitariana é mais bem descrita como uma certa radiância ou glória. Este é o tipo de encanto que a sagitariana manifesta, algo que afirma em silêncio sua condição de força a ser levada em conta.

POLARIDADE

As mulheres de signos masculinos (ar, fogo) não estão alinhadas com a polaridade de gênero do próprio signo, representando em vez de encarnar a combinação qualidade-elemento do signo. A sagitariana projeta sua radiância (mutável-fogo) para o exterior, exibindo-se na esperança de que outros queiram se confortar em sua gloriosa presença. Ela insufla nos demais aquele fogoso espírito de otimismo, e instilando confiança e levando-os a desabrochar em versões mais vibrantes de si mesmos.

experimente contínua insatisfação com as próprias circunstâncias, não importa o quão estelares sejam. A nativa é notoriamente atormentada pelo pensamento dos caminhos que deixou de escolher. No entanto, como uma flecha disparada, ela é quase sempre catapultada para os pontos altos na vida, posições de liderança que lhe são asseguradas e que, embora visadas por ela, podem trazer a sensação de demérito ou de inadequação. Isso contribui ainda mais para o sentimento de pânico ou impostura, a sensação de ter saltado certos passos e lutas que todos os demais precisariam atravessar. Esta é uma dinâmica clássica da sagitariana, e que a deixa extremamente constrangida. Enquanto o nativo do signo não consegue deixar de ser a encarnação de uma perspectiva de terceira via em relação à vida, não sendo objetivo nem subjetivo em sua visão, mas sim, terciário, qual o bissexuado Tirésias a enxergar a vida pelos dois ângulos ao mesmo tempo, a nativa do signo leva essa experiência um pouco além. Nossa Godiva sente que é a pessoa que está sendo continuamente observada a partir daquela perspectiva de terceira visão, como se uma câmera estivesse sempre a filmá-la, colocando-a em exposição. A experiência é sempre intensificada e estranhamente comemorativa para a sagitariana, como se ela fosse alguma rainha sob constante escrutínio do público. Dentro da mesma tendência metafórica, em sua vida profissional, a nativa ascende a posições de comando, invariavelmente chamada a liderar outros, em sua qualidade de "perita", embora por vezes não se julgue à altura. Entretanto, como bem podemos imaginar, ela faz muito jogo de cena — sempre de alguma forma simulando, o que só faz alimentar seus sentimentos de ser... ora, uma fraude. Com o tempo, entretanto, ela acabará por nivelar as coisas, aprendendo, na prática, a executar as elevadas funções de que se encarregou. Para ela, a vida é um treinamento em serviço, cujos desafios encara com um sorriso feito de massa de modelar, e um brilhante talento para delegar responsabilidade. Transferir poder a outros é sua típica chave para o sucesso, pois compensa a possível deficiência de conhecimento com a confiança nos que a apóiam, que cumprirão suas ordens, e — é melhor que o façam — contribuirão para sua boa imagem.

9

NÚMERO DO SIGNO

O número mágico da iniciação ou bênção. Palavra de significado duplo, do francês (*blesser*=ferir). Os especialistas indicam que a palavra nove se deriva da raiz do hebraico que significa "contemplar". A iluminação cegante de Hera ou Godiva é inerente ao número. Há nove planetas no sistema solar, nove meses de gravidez, nove corais de anjos, segundo o misticismo judaico.

56-63

ASSOCIAÇÃO DA FAIXA ETÁRIA

A idade da especialidade. Essa época da vida sugere uma certa condição glorificada pela qual uma mulher pode interpretar ao máximo o papel especializado de anfitriã ou embaixadora. É uma fase honorária, na qual o indivíduo se sente merecedor do estado excelso de figura de proa, o tipo de posição de poder, consideração e influência ao qual a nativa sente ter direito todos os dias de sua vida.

Corpo + Alma

A sagitariana adora ser vista; de fato, vive para ser vista. Sua majestosa entrada num recinto vale por uma declaração de que não espera, mas sim, garante que todos os olhos a estarão observando. Tendo nascido com a compreensão da força das primeiras impressões, está sempre determinada a causar uma gloriosa primeira impressão. Devagar, às vezes com exagerados pavoneamentos ao entrar num ambiente social, ela se deixa anunciar pela voz, por um riso, uma fanfarra implícita, como a que saldaria a entrada de Hera nos salões do Olimpo. E como a elevada e poderosa rainha dos deuses, a nativa não passará desapercebida, subestimada ou de alguma forma ofuscada pelo brilho de alguém. Para ela, a vida é tanto pompa quanto circunstância, e cada dia é vivido como uma celebração — da mesma forma, ela própria espera ser celebrada. Desde que seja recebida com atenção e apreço, a nativa é uma figura sorridente, animada, que decididamente cintila, como se estivesse literalmente acesa por dentro — o branco dos olhos estreitos lampeja, a pele fulgura, a saúde e vitalidade se irradiam de cada poro de seu ser escultural. Mítica, a sagitariana é a texana bronzeada do zodíaco, criatura nem um pouco vacilante de sutileza, mas eternamente dedicada a dar a vida a tudo que possui. Conforme revelará uma rápida olhada numa lista de sagitarianas notáveis, o signo se orgulha de uma coleção de mulheres engalonadas — Jane Austen, Louisa May Alcott, George Eliot, Willa Cather, Emily Dickinson, Rita Mae Brown — que conseguiram brilhar através das barreiras sociais e artificiais e por vezes fazer com que suas histórias fossem ouvidas. Pelo visto, a fama planetária, contra todas as probabilidades, é um direito hereditário da nativa do signo. Personificando o aprumo altaneiro de Hera, a sagitariana encarna a grandeza da mulher, provando que o chamado segundo sexo possui tanto vigor, ou até mais, que o homem mais elevado e poderoso. Adequadamente, a garota de Centauro não pode evitar parecer uma figura potente, por vezes imponente — literalmente semelhante a Juno — pois ela é uma figura adequada de beleza arisca, quando não diretamente eqüina, qual ilustra com eloqüência o visual de sagitarianas como Kim Basinger, Daryl Hannah, Jane Fonda, Jamie Lee Curtis, Susan Dey, Tina Turner, Maria Callas, Cicely Tyson, Dionne Warwick, Dorothy Lamour, Liv Ullman, Lee Remick e Betty Grable. De fato, nenhum signo pode exibir um conjunto mais notável de lindas, glamorosas amazonas, retratos vivos e palpitantes de superfeminilidade, verdadeiras deusas que pareceriam ultrapassar a compreensão do homem mortal. E é isto mesmo que ela quer: especialmente em sua busca por um parceiro, a sagitariana está interessada em atrair nada menos que um ícone de masculinidade igualmente exaltado, que a seu ver esteja pairando acima dos demais. Como uma futura rainha adornada em toda a sua glória resplendente, ela desfila diante dos olhos de admiradores, tomando um enorme cuidado com a aparência — não sendo criatura de sutilezas — para projetar uma imagem

LEITURA PSICOLÓGICA

À semelhança de um puro-sangue, a sagitariana pode ser agitada e nervosa. Ela é propensa a ataques de pânico. O hábito de se projetar tão "muito adiante" na vida pode levá-la a se sentir inadequada ou fraudulenta. Numa manobra compensatória ela adota uma atitude imperial para se convencer de que merece o sucesso. A nativa tem uma necessidade patológica de ser querida. Ela é bajuladora e freqüentemente cai num quadro de duplicidade. Pode ser excessivamente materialista e sucumbir a uma atitude de Maria Antonieta.

de diva capaz de eliminar qualquer homem que não tenha a confiança e o carisma necessários para representar uma parceria compatível.

A sagitariana possui naturalmente os ingredientes necessários para encenar tão deslumbrante demonstração. Saudável, e de uma beleza nutrida a milho, ela é tão sadia de corpo quanto de ambição consciencioṡa. Nascida com uma estrutura atlética, de ossatura e tendões sólidos, ela tem tanto potencial de menino travesso quanto suas colegas de signo de fogo — Áries e Leão; porém, ao contrário destas, ela nem endossa o próprio estabanamento nem o dissolve no estilo feminino de garota durona. Em vez disso, a nativa procura dominar suas qualidades mais robustas, fazendo um esforço extraordinário para se feminilizar de uma forma tão absoluta quanto só o conseguiria uma Arqueira que enxerga longe. Tipicamente, deixa o cabelo crescer numa cascata de cachos, que freqüentemente clareia, ao mesmo tempo em que remove com cera ou pinça, ou descolore qualquer pêlo supérfluo perdido em seu corpo ou rosto. Com sua testa protuberante — que o espaço côncavo do "terceiro olho" torna ainda mais pronunciada —, malares saltados, um nariz pequeno de narinas dramaticamente abertas, vincos nasolabiais profundamente marcados, lábios delgados e um maxilar forte, por vezes avançado, ela tem algo de extremo em seus traços fisionômicos. As feições cinzeladas podem lhe conferir um jeito másculo ou masculinamente bonito, coisa que ela tenta com esforço compensar, afinando as sobrancelhas e tornando mais espessos os lábios com recursos cosméticos, além de feminizar variadamente a aparência. De ombros largos e retos e braços poderosamente musculados, ela sabe usar roupas com drapeados, em vez de trajes ajustados que destaquem as estruturas, o que contribui ainda mais para seu ar de deusa — vestidos longos drapeados são uma escolha favorita da sagitariana em matéria de moda. Essa modelagem também disfarça uma cintura curta, ao mesmo tempo em que destaca sua característica mais favorável: aquelas pernas infinitamente longas, que ela exibe para máximo efeito. Deixar à mostra uma grande extensão de pele funciona muito bem para ela, cujo tipo natural de beleza é desde logo refrescante e alucinadamente promissor. Em harmonia com o símbolo de cavalo do seu signo, o corpo na nativa é aerodinâmico, os seios pequenos parecem um acréscimo posterior, e mal conseguem mascarar os peitorais pronunciados; o torso esbelto vai se estreitando na direção dos flancos enxutos e cintilantes regidos por Sagitário, e do traseiro bastante achatado. A pelve pode ser ampla, o que na comparação talvez faça parecer pequeno e tímido o púbis — em todo caso, tipicamente sem pêlos, nem que seja pela remoção regular com cera. A aparência é extremamente importante

ARQUÉTIPO + MITO

Não é surpresa a sagitariana ter características de Juno: ela se inspira no arquétipo da rainha celestial Juno (a Hera dos gregos). Ela é uma divindade insinuante, a diva essencial especialmente exigente em relação ao companheiro Júpiter-Zeus. A exemplo de Hera, deusa das esposas e da tradição matrilinear, a nativa exige respeito e dignidade para sua condição de mulher. A deusa em questão não era guerreira nem caçadora — seu poder é sua glória cegante. Ela provoca a cegueira de Tirésias quando esse sacerdote de Dioniso cerra fileiras contra ela numa discussão. Da mesma forma, a sagitariana não gosta de que a desafiem nem que lhe digam que está errada. Hera-Juno despreza especialmente o herdeiro de Zeus, Dioniso, da mesma forma como a própria nativa de Sagitário protege o supremo poder que invariavelmente manipula uma sociedade dominada pelos homens.

BÍBLIA + LITERATURA

Sagitário se inspira no livro de Rute, cujo nome significa "amiga-parceira". O texto delineia as antigas leis e costumes matrimoniais, como as que dizem respeito a Hera-Juno, deusa das mulheres. Na cavalgada de Lady Godiva — imagem da fêmea do centauro —, ela acaba causando a cegueira de Peeping Tom, o poeta vidente da "Balada de Thomas the Rhymer". Esta é uma releitura do enceguecimento de Tirésias por Hera, na qual Tom recebe a mesma visão xamanística à guisa de compensação. A Jane Eyre (Eire, Hiera ou Hera) de Charlotte Brontë, uma mulher em luta contra o preconceito social, termina com um homem cego. O tema sobrejacente da obra da sagitariana Jane Austen é a corte e o casamento. A Jinny (Juno) de Virginia Woolf em *As ondas* é uma diva tão soberba quanto sua homônima.

para a sagitariana, ciente de que seu corpo é a melhor propaganda para atrair um companheiro superior. A Arqueira de mente visionária não deixa pedra sobre pedra quando se trata de se reformar até parecer alguma rainha mimada que, notamos num olhar, é estritamente digna de um rei.

Dona de tamanha visão perspectiva, além de ter nascido sob o poder ilimitado do planeta Júpiter, a sagitariana enxerga além dos obstáculos, e estabelece com sucesso seus alvos, sexuais ou não. O problema, entretanto, é que ela por vezes exagera em se colocar "na linha de frente" e nem sempre está à altura dos desafios emocionais de interpretar o projetado papel da especialista icônica. O resultado é uma certa desconexão, na qual, embora venda a imagem de impo-nente luminar, ela simultaneamente recua para uma personalidade de garotinha, numa tentativa de autoproteção psicológica contra as elevadas expectativas — em relação a si mesma — que instila nos demais. Essa dicotomia de caráter é muitas vezes interpretada pelos homens como um encanto descompromissado, do tipo inevitável; enquanto as outras mulheres poderão interpretar-lhe a desajeitada falta de artifício como sendo mais uma flecha que a nativa guarda no cestinho de manipulações automotivadas. Em relação à simples apresentação física a sagitariana também pode ser culpada de ultrapassar o alvo, montando produções de "perua", na tentativa de deixar na poeira suas origens de menina pobre ou modesta — embora ela nunca seja capaz de escapar completamente das raízes de planta rasteira de seu signo eqüino. Simplificando, a sagitariana pode ser demasiado óbvia, vestindo-se como uma perua — ou seja, para se exibir —, de tal maneira que veicule seus objetivos visados. Se estiver decidida a chegar à presidência da empresa, por exemplo, ela usará os trajes mais conservadores e o penteado mais armado de laquê do planeta. Se quiser ser vista como atualizada, usará uma escandalosa réplica dos modelos do último número da revista *Vogue*. Na infância, por buscar inerentemente os elogios, a sagitariana pode ter sido a consumada participante de concursos de beleza infantis, aquela menina que implora aos pais que a deixem competir, em vez de ser empurrada por eles a tanto. Ela anseia por ofuscar, sendo notoriamente atraída por cintilantes paetês, modelagens exageradas e cores berrantes. Este não é o signo representativo do que há de "melhor" da vida, mas sim do que há de "maior". De todas as novidades caras a nativa comprará dois exemplares. Pelo jeito ela não tem uma gota de timidez no corpo, e que dirá uma peça de roupa burocrática em seu guarda-roupa. Ela é uma diva declarada e decidida, embora às vezes seja uma deusa do mau gosto, se é que precisa ser divinizada.

A sagitariana é muitas vezes catapultada para os mais altos postos profissionais, parecendo ter saltado de vara por cima da concorrência, segundo seus detratores, só porque tem o visual. O que a maioria deixa de reconhecer é que ela na verdade se colocou na posição: aquela encenação de garotinha encabulada não é realmente jogo de cena, mas uma reação da parte dela ao perceber que é a mulher mais faminta de poder (leia-se implacável) do arraial astrológico. Em parte por não querer se ver como filha da puta, e em parte pelo remorso de por vezes agir como tal, ela procura ainda mais derramar mel. Principalmente com os homens ela faz pose de inofensiva, ou até de passiva, procurando, inconscientemente, contrabalançar seus propósitos. Inclinando a cabeça ao falar, fazendo bocas e bicos, em concordância enquanto escuta, com sua voz notoriamente relinchante subindo e descendo de aparente entusiasmo e excitação. Ela faz questão de tocá-lo enquanto conversam, talvez correndo a mão pelo braço dele numa atitude tranqüilizadora ou mesmo coquete, literalmente alisando a pessoa, enquanto metaforicamente faz o mesmo. Dessa forma, sugere estar totalmente disponível, o que, é claro, ela nunca está. A nativa fica visualizando cada vez mais para diante, avaliando de que forma suas ações e comportamentos atuais impactarão suas ambições, consciente de que ouvir com atenção (ou simular que o faz), enquanto parece atraente, é a forma de fazer amigos e influenciar pessoas. Ela também é óbvia na linguagem corporal, que freqüentemente se reduz a grandes doses de caras e bocas, cruzar e de cruzar de pernas, e outras ações que projetam uma persona excitável e sequiosa. Num aceno a sua otimista projeção de Júpiter, ela é a mais convincente praticante da aquiescência nesse negócio que chamamos vida. Nunca, jamais, ela irá derrubar uma idéia. Sempre convence os demais de que eles podem fazer tudo o que resolverem realizar, e é justamente o tipo de pessoa apreciativa que todos querem para amiga, para fazer captação de recursos numa sociedade, para gerente financeira ou para parceira sexual permanente. Basta olhar nos olhos da sagitariana para tudo ficar perfeito neste mundo — tudo parece possível —, e aquela radiância sorridente e enganadora deixa um homem cego, não só para os medos que ele próprio talvez sinta, mas também para qualquer defeito que ela talvez possua.

Sexo + Sexualidade

Na vida profissional ou no quarto de dormir, o modelo operacional da sagitariana é fazer os demais se sentirem poderosos, freqüentemente por intermédio de

CASA
ASTROLÓGICA

aspirações
mentalidade superior
educação superior
subconsciente
visão de mundo
direito
religião
ética
princípios
filosofia
psicologia
intensa cogitação
longas viagens
transações estrangeiras
estrangeiros
grandes empresas
comércio/importação/exportação
igrejas como refúgio espiritual
clero
parentes por casamento
netos
insight
humor
opinião pública
decisões jurídicas
energia universal
lições aprendidas
segundos casamentos
autoprojeção
pensamento sistematizado
conceitos sociais manifestos
carreiras editoriais
carreiras no ensino
desenvolvimento da sabedoria
síntese intelectual
transmissão de princípios
atividades culturais
evolução da consciência

PALAVRAS-CHAVE

fortuna
glória
jactância
indiscrição
celebridade
legitimidade
vicissitudes
êxtase
imaturidade
hipérbole
agitação
luxo
lenocínio
beneficência
ambigüidade
vaidade
espírito de iniciativa
aventura
extroversão
realização
exuberância
exploração
liberação
desafio
arruaça
versatilidade
expectativa
ambição
ostentação
rivalidade
autopromoção
exposição
extravagância
merecimento
descontentamento
agilidade
sensibilidade
percepção

simples lisonja, que segundo lhe diz a experiência, deixa as pessoas maleáveis em suas mãos. Ela massageia os egos, enquanto cobre os circunstantes de adjetivos, e todos com quem entra em contato são considerados "o máximo em ... (preencha a lacuna)". Um dos lemas de seu signo é "nós pensamos" — o outro é "eu compreendo" —, uma alusão ao *coletivismo* da Nona Casa, que se traduz intensamente no comportamento essencial da sagitariana, especialmente quando em companhia de um homem marcado por ela como parceiro em potencial. Ela não só tende a concordar com tudo que o homem diz, fazendo sentir-se um verdadeiro gênio, mas também deixa claro que compartilha seus prodigiosos pensamentos, em todas as áreas, da política à filosofia existencial, a tal ponto que eles dois estão conectados cerebral e espiritualmente. A rainha da experiência intensificada, simplesmente não concebe que ela e o candidato podem ter, por exemplo, muitos pontos em comum — para ela esses sentimentos compartilhados traduzem a condição deles de almas gêmeas. E todos se sentem compelidos a brindar a cada intervalo, na companhia comemorativa da sagitariana, em grande parte talvez porque ela ficará o tempo todo propondo brindes, de taça em punho e olhos vidrados, numa apreciação exagerada do mero fato de se haverem encontrado. Naturalmente, ela atrai uma grande quantidade de hedonistas, ou mesmo de verdadeiros parasitas, que não enxergam além de sua aparência de festeira empolgada. Para esses oportunistas, não é nada positivo o fato de que, aos admirados olhos dela, eles pareçam exaltados epicuristas. Ao menos pelo momento, pois tão pronto se convence de que um homem tem problemas evidentes, ela lhe aplica o rótulo de "fracassado", e passará completamente ao largo de sua companhia no futuro — ironicamente, à luz de sua natureza notadamente generosa, a nativa de Sagitário será a mulher menos inclinada a relevar defeitos ou imperfeições de um homem. Esta é uma área na qual ela simplesmente não consegue ser compassiva.

A vida da sagitariana é vivida no eterno círculo dos vencedores; embora inicialmente suponha o melhor acerca de todos, ela não sente solidariedade diante de provas em contrário. Embora nativa do signo zodiacal da benevolência, o que se aplica em certas situações, a Arqueira por vezes, malgrado sua consciência de abundância, não tem uma compreensão altruísta dos menos afortunados que ela. Essa insensibilidade se manifesta de algumas formas discretas: por um lado, ela é notoriamente ríspida com as pessoas em posição de serviço — por exemplo, garçons, faxineiros, camareiras, balconistas —, a quem considera inferiores, incapaz que é de fazer aquele soberano cérebro sagitariano entender que se trata de funções, e não de provas de desigualdade. Mais obviamente, ela quiçá evite envolvimento em causas humanitárias, exceto talvez para assinar um esporádico cheque. Alternativamente, pode ser culpada de uma atitude bastante Maria Antonieta em relação ao desvalimento. A impressão é a de que, programada demais para o otimismo, não logra ser consistentemente consciente do sofrimento — ele simplesmente não se enquadra em sua visão exaltada da existência. Da mesma forma, quando se trata de escolher um companheiro, seu regente Júpiter subitamente entra em ação. Chamado o benemérito superior, o planeta confere sorte nos planos astral e material — ao contrário de Vênus, a "benemérita inferior" que, por exemplo, enfeitiça a vida da nativa de Libra somente no plano ideológico/astral. E enquanto a moça de Balança pode facilmente viver com um artista faminto, desde que ela e o parceiro levem uma vida ética e criativa, a sagitariana não está assim tão desejosa de sacrificar a grana por uma mente sã. Por que deveria contemporizar, ela se pergunta, quando poderia ser capaz de ter as duas coisas? E ter o máximo de tudo, ela acredita, exige dar o máximo, de sua parte.

A sagitariana pode ser tão pouco sutil em sua abordagem ao homem almejado que, por vezes, seria capaz de bancar o homem-sanduíche para anunciar seu interesse amoroso (e sexual). O poderoso elemento de mutável-fogo (energia vital mutante) de seu signo significa que a sagitariana coloca em ação por completo seu eu espiritual, no intuito de se transformar numa presença tão radiosa que deixe o ser amado cego para qualquer outra pessoa. Naturalmente, a formação da sagitariana lhe determina adotar uma forma de agir extremamente positiva. Por ter perdido muito em termos da ligação mãe-filha, ela não consegue deixar de compensar demais o que se refere a questões de feminilidade. Efetivamente, menos pode ser mais, um fato que ela não consegue entender. Assim como notoriamente açambarca demasiado em circunstâncias profissionais, delegando pesadamente aos subordinados e por vezes deixando o caos na sua passagem, assim também ela adota uma visão inflacionada de seus sentimentos ou relacionamentos românticos. A sagitariana consciente dos eventos precisa celebrar, e até alardear, os menores avanços na progressão de uma relação amorosa, colocando no parceiro o ônus de comemorar todo e qualquer dos aniversários mais irrelevantes que eles talvez tenham partilhado — "Um brinde, meu amor, à primeira vez em que vimos o outro fazer pipi!" Quem dera todos tivéssemos tamanho entusiasmo pela vida — a sagitariana ensina ao mundo, por meio do exemplo, como comemorar de fato nossa existência.

A perspectiva de terceiro olho da nativa não passa da excessiva intelectualização das emoções, da necessidade de telegrafar sentimentos em vez de

REGÊNCIA DO CORPO

O signo de Sagitário rege as coxas, os quadris, os glúteos, os nervos ciáticos; Júpiter governa o fígado (lidando com o estilo de vida abastado da sagitariana) e a glândula pituitária, portanto, o crescimento. Distúrbios comuns podem incluir dores ciáticas e reumatismo. A regência do signo sobre os flancos garante à sagitariana o mais belo par de pernas do pedaço.

simplesmente mantê-los em privado. Para ela, pouquíssimos momentos de sua vida são deixados sem verbalizar, pois seu senso inerente de estar sendo observada com lentes se transforma numa espécie de compulsão de ser vista. Ela poderá, por exemplo, contar aos amigos os pormenores do que deveria ser um interlúdio romântico privativo a dois. Semelhante comportamento seria irritante, caso não fosse originado de um lugar tão destituído de estratagemas — é praticamente impossível não se deixar envolver pela honesta exuberância da nativa. Em algum momento, entretanto, ela precisará "cair na real" e se conectar com algumas das idéias mirabolantes que tem de si mesma com aquilo que ela realmente sente no íntimo. Esta é essência da natureza mutável de seu signo — ela deve justificar o mundo de aparências (a visão apolínea de Libra) com sua experiência visceral (a perspectiva estritamente subterrânea do Escorpião). Ainda bem que a maioria das sagitarianas acaba por enxergar a lacuna, preenchendo quaisquer vazios emocionais que o idealismo de longo alcance inicialmente criou. Entretanto, antes que ela consiga realizar com sucesso sua atualização emocional na vida, a sagitariana irá tropeçar, cambalear e cair, num padrão bastante estabelecido de experiência, principalmente nos relacionamentos amorosos e sexuais.

Levando tamanha dianteira a seus contemporâneos na adolescência, tipicamente buscando se afastar, na fase universitária, da experiência da infância, ela anseia por encontrar um rapaz cujo estilo de vida combine com o que ela desejava ter sido, e já se apronta para se projetar em semelhante ambiente e começar mais um trecho de seu notório jogo de atualização. Não há como evitar: por mais superficial que isso pareça, ela se liga aos homens que, em certa medida, tiveram uma educação muito mais privilegiada que a sua. A Arqueira interior consegue convencê-lo de que um certo rapaz, tal qual uma profissão específica, é o alvo que ela deve acertar; e assim faz todo o possível para conseguir fazer essa conexão amorosa. Entretanto, seu gigantesco sentido de valor próprio não consegue endossar uma dinâmica tão unilateral, na qual ela seja o perseguidor. Numa típica maneira sagitariana, adota quanto ao homem uma abordagem ao mesmo tempo subjetiva e objetiva: a nativa agarra o namorado "mauricinho" sob a premissa de que ela é um prêmio tão valioso quanto (pensa que) ele é, ou até mais. Pois, como seu correspondente masculino, ela procura uma vulnerabilidade no parceiro que lhe permita infiltrar-se e, em certo sentido, assumir o controle. Com muita frequência, uma jovem sagitariana se liga a um personagem que, dono de fortuna ou títulos, ainda assim se sente desautorizado por sua extração social; tão freqüente é a ocorrência que a dinâmica

MULHERES FAMOSAS DE SAGITÁRIO

Dignatárias deslumbrantes e mestras-de-cerimônias

Julianne Moore
Judi Dench
Cicely Tyson
Patty Duke
Jane Fonda
Jennifer Connelly
Lucy Liu
Kim Delaney
Katie Holmes
Alyssa Milano
Christina Applegate
Liv Ullman
Jane Birkin
Diane Ladd
Virginia Mayo
Eleanor Holm
Irene Dunne
Jennifer Beals
Susan Dey
Kim Basinger
Lee Remick
Jamie Lee Curtis
Mariel Hemingway
Kathryn Crosby
Bette Midler
Maria Callas
Edith Piaf
Tina Turner
Tina Weymouth
Tyra Banks
Marisa Tomei
Sarah Paulson
Teri Hatcher
Madchen Amick
Cathy Moriarity
Jane Kaczmarek
Geraldine Page
Betty Grable
Julie Harris
Mary Martin
Dorothy Lamour
Lillian Russell

de "remédio" do relacionamento será uma via de mão dupla — ela irá curá-lo de qualquer carência emocional, enquanto ganha o senso de vantagem de que sente falta. De aparência naturalmente esplêndida, a sagitariana decididamente fala mais alto à vaidade do homem, pronta como está a assumir o papel de esposa ou namorada-troféu e sair correndo com ele. Em consonância com a filosofia sagitariana de que o futuro é agora, ela costuma se casar cedo, ansiosa para assumir a posição de jovem especialista da sociedade, de forma que até seus elevados objetivos profissionais possam ser abordados de uma posição confortável, e não do desespero faminto. Se a personificação da Hera do zodíaco não fosse mais que isso, ela seria a consumada rainha-consorte que faz um bom casamento, aceitando alegremente tudo o que essa distinção possa lhe oferecer, nem que seja funcionar como degrau na escalada para o exercício de seus próprios poderes.

Com semelhante companheiro, a sagitariana encontra todas as mordomias que lhe faltaram durante a infância e a adolescência. Durante algum tempo, ela se deixará corromper por todo o luxo adicional que sua ligação amorosa possa oferecer. Naturalmente, se ela e o parceiro forem verdadeiramente da mesma espécie, sua condição de casal poderoso resistirá ao teste do tempo. Entretanto, conforme infelizmente ocorre com mais freqüência, aquele elemento de conciliação que a nativa aceitou ao assumir um personagem rico, mas fraco, poderá voltar à cena para acertar-lhe o traseiro vestido num chanelzinho básico. Em algum momento os problemas ou deficiências que, no afã de colocar a carreira profissional na pista preferencial, ela possa ter ignorado começarão a trazer desgaste a seu verdadeiro eu: a outrora independente estudante da vida que, ao esperar mais da existência, encarnava plenamente o espírito aberto e versátil que constitui o signo mutável-fogo de Sagitário em sua essência. Adequadamente, aquilo com que a sagitariana deve se (re)conectar na vida é o que na Antiguidade era devidamente aludido como a *juno* interior, o espírito-deus pessoal de uma mulher, cujo equivalente masculino, o *gênio*, ainda é usado para significar "indivíduo inspirado". Talvez seja necessária uma vida inteira de indagação metafísica para a sagitariana reconhecer a si mesma como a resposta da realidade à Jeannie (novamente Juno) da série televisiva *Jeannie é um gênio*, uma mulher que faz a opção de circular por aí mostrando o umbigo vestida de biscatinha, embora seu poder pessoal lhe permita tirar da água, de um sopro, qualquer homem.

Eis, em resumo, o paradoxo da sagitariana: apesar de seu poder pessoal, cerebral ou de outra espécie, ela ainda deseja ardentemente, no âmago de sua

Christina Onassis
Anna Nicole Smith
Sheila E.
Joan Armatrading
Sinead O'Connor
Dionne Warwick
Rita Moreno
Nelly Furtado
June Pointer
Britney Spears
Christina Aguilera
Monica Seles
Billie Jean King
Chris Evert
Florence Griffith Joyner
Lesley Stahl
Susan Seidelman
Caroline Kennedy
George Eliot
Edith Cavell
Louisa Mae Alcott
Jane Austen
Madeleine L'Engle
Frances Hodgson Burnett
Joan Didion
Helen Frankenthaler
Christina Rosseti
Willa Cather
Margaret Mead
Emily Dickinson
Madre Mary K. Drexel
Violette Verdy
Ada Byron
Mary Todd Lincoln
Rainha Mary da Escócia
Carol Alt
Margaret Mead
Terry Garr
Ellen Burstyn
Katarina Witt
Deanna Durbin
Amy Grant
Carrie Nation
Jaye P. Morgan
Christina Ferrari
Helen Eisenbach

alma, ser vista como mulher fisicamente desejável, sedutora e de fato passiva ("sim, Amo" pode facilmente ser acrescentado à lista de lemas da sagitariana). Entretanto, como a Jeannie da telinha, uma coisa que a sagitariana não consegue suportar é ser ignorada, nem mesmo ligeiramente. A falta de atenção a deixa bastante desconfiada, com sua imaginação extremamente entregue à suposição de que a tonelada de atenção que não está conseguindo despertar está sendo desviada para alguma outra mulher. Sagitário é famosa por essas projeções. Quase sempre um sintoma de sua própria insatisfação, pois a inveja, um traço notoriamente característico de Juno, pode ser uma distração de sua própria e tão conhecida carência. De fato, por muito cruel que seja ao avaliar outras com quem sinta uma certa rivalidade, ela é tipicamente muito mais infeliz em sua vida pessoal, mesmo relutando em admiti-lo. Em termos práticos, aqueles casamentos potencialmente poderosos em que a sagitariana por vezes incorre, prematuramente, tendem a ser, antes de tudo, curvas de aprendizagem em seu caminho para a plena compreensão daquilo que deseja do amor. Em conseqüência, muitas sagitarianas se casarão pelo menos duas vezes na vida.

Se há uma pessoa capaz de superar um relacionamento será a sagitariana, sobretudo se houver sacrificado sua vida sexual pela garantia de renda ou herança. Particularmente à medida que se aproxima do apogeu sexual, ela insistirá em encontrar um companheiro que consiga acessar seu gênio feminino numa quantidade cada vez maior de níveis. Como a maior parte daquilo que a jovem sagitariana busca inicialmente no companheiro representa o estilo de vida que procura levar, ela e o primeiro amor ou marido talvez acabem se preocupando em excesso com questões profissionais, de modo que a vida em comum adquire um clima de colaboração empresarial, em vez de intercâmbio conjugal. Tipicamente, uma drástica falta de conexão sexual é o que leva a sagitariana a correr atrás de novas oportunidades românticas. Para sermos justos, cabe mencionar que ela é por vezes menos que libidinosa em suas primeiras ligações; mas, de todas as coisas que a Arqueira ignora em favor de manter os olhos postos no futuro, a mais extremamente vingativa no acerto de contas com ela é sua própria sexualidade. A condição de metade de uma parceria profissional empalidece diante do desejo da nativa de ser adorada e nada mais. Como sua natureza é ansiar por coisas melhores, um companheiro complacente poderá certo dia descobrir chocado que a esposa acabou de fugir com alguém mais solvente, mais bem-sucedido, mais bonito, mais talentoso. Mais, mais, mais. O lance das Jeannies, afinal, é que não devem ser negligenciadas, se desejarmos vê-las continuar a fazer sua mágica mutável-fogo na vida de um homem

— inspirando aquela crença de que nada é impossível de conseguir. De fato, na fábula a única maneira de roubar o gênio é apreciá-la mais que seu dono atual. E é assim que as coisas funcionam para a nativa, caso vá sair do relacionamento. Ela raramente sai por iniciativa própria, mas de preferência se transfere de um homem para outro e em direção ao máximo de apreço e benefício mútuo.

Predisposta a querer o máximo da vida, a sagitariana por vezes, enquanto ainda jovem, pode facilmente fazer uma conexão amorosa com um homem mais velho. Sem nunca fazer o gênero noivinha tímida, ela nasceu para ser madame, a mais flagrante evidência da associação de seu signo com a faixa etária 56-63 anos. A maioria dos homens capazes de preencher seus requisitos como "realizados" são cavalheiros mais velhos e distintos. Mesmo se a ligação inicial for com um parceiro da mesma idade, o casal agirá como mais velho — enquanto os contemporâneos estiverem indo a shows de *rock* e comendo no dogueiro da esquina, a sagitariana e o companheiro estarão indo à ópera e formando uma adega. Essas demonstrações de esplendor funcionam como afrodisíaco para a nativa, porém, com demasiada freqüência o materialismo se converte no foco principal, enquanto o sexo e o amor vão ficando para trás. De fato, uma concentração desproporcional em "bens" pode transformar a sagitariana num dos personagens mais espiritualmente deficientes da roda zodiacal. Entretanto, no que se refere ao enriquecimento da alma, ela terminará também passando a limpo esse aspecto. Indomada, a Arqueira continuará a desejar a Lua, raramente atribuindo ao luxo o fracasso de seu relacionamento, decidida como está a ter tudo na vida. Com um homem mais velho, ou estrangeiro, ou ambos — como a leonina ela sente tesão por forasteiros, mas enquanto a nativa de Leão caça os gatões latinos ou mediterrâneos, a sagitariana tem uma queda por nórdicos, cujo estoicismo inerente considera instigante —, a nativa do Centauro espera ser igualmente desejada pelo fato de ser mais jovem e, em comparação, exótica. Uma das notórias qualidades da Arqueira é um enorme senso prático, que se manifesta em sua característica realocação para terras distantes, tipicamente por intermédio de algum cortejo extravagante, como uma rainha coberta de jóias enviada de barco para se casar com seu rei.

Tendo finalmente agarrado seu Mr. Big, um daqueles que a cobre de sinceras atenções e presentes, nossa divina Miss Godiva está ansiosa para mostrar sua gratidão. À luz do proverbial talento exibicionista do signo, ela é uma amante generosa e altamente entusiasmada. A sagitariana usa o casamento insatisfatório dos pais como um guia estrito do que *não* se deve fazer. Porém, como lhe falta

LANCES ERÓTICOS
NATIVA HÉTERO

executivos
atletas
presentes luxuosos
jantares e vinhos
espontaneidade
nortistas
tipos nórdicos
bajulação
lisonja
homens casados
pênis avantajados
penetração profunda
tenistas
coxas e glúteos durinhos
exibicionismo
mulher em cima
sexo por trás
posições em pé
meias longas
ligas
fotos
vídeos
espelhos
encenação de garotinha
fantasias com o pai
o chefe
sexo oral
sessenta-e-nove
encenação de garota de programa
sexo em pé
poder de resistência

LANCES ERÓTICOS
NATIVA GAY

mulheres mais velhas
mentores
intelectuais
atletas
amazonas glamourosas
sósias de celebridades
dinheiro
viagens
mulher com mulher
trivial não variado
sexo ao ar livre
massagem erótica
veneração (mútua)
beijos intensos
aconchego
abraços
exibicionismo
strip-tease
danças eróticas
banhos
cuidados estéticos
spas
banho turco
penetração (passiva)
orgasmo vaginal
ponto G
carícias anais (passiva)
esfregar
montar
tribadismo
vibradores
consolos
submissão e disciplina (passiva)
triângulos
casais
bissexualidade
homens voyeuristas

uma fundamentação essencial nesta área, seus relacionamentos sempre têm um clima de fantasia — sua vida amorosa precisa ser cintilante e glamourosa; a casa que partilha com o marido é quase sempre ridiculamente bem decorada e os corpos de ambos, malhados e queimados de Sol à perfeição. Independente de sua aparência atual, a sagitariana costuma imaginar a si mesma como uma gatinha esbelta de longas pernas — esse estado de espírito é o perfeito exemplo da focalização do signo na matéria, em detrimento da mente. Entretanto, se a nativa for até mesmo razoavelmente atraente, a casa pode estar repleta de espelhos e fotos de sua dona, por vezes em poses de estúdio altamente estilizadas. A mensagem aqui é de que o amante tem por ela tamanha adoração que precisa a cada passo ser lembrado de sua Godiva.

A sutileza não é, decerto, um ponto forte dessa noiva-menina de Júpiter, cuja energia quiçá esquisita proporciona eloqüentes mostras de afeto, por vezes muito públicas. De qualquer forma, a maioria das conexões amorosas da nativa de Sagitário são feitas no local de trabalho; onde outros podem considerar tabu, a rebelde mulher de Centauro não vê necessidade de se apegar ao decoro estrito, caso apareça o sujeito certo de terno e gravata. Raramente, no entanto, ela irá se misturar com um subalterno, embora lhe pareça emocionante alimentar a central de fofocas com histórias de que estava bolinando com o pé, por baixo da mesa, um sensual executivo de escalão superior. Quando está num relacionamento, não consegue deixar de propalar sentimentos, alisando o companheiro todo e se esfregando nele, na presença de terceiros, inspirando silenciosos resmungos de "Procurem um motel!". Da parte do amante, a sagitariana precisa de demonstrações visíveis de devoção, do tipo em que possa se enrolar como se num xale de angorá, a prova de que ele deve estar igualmente empolgado. Adequadamente, ela adora dormir toda enrolada e pendurada no amante; um banho de chuveiro com ele é mais uma forma de representar para aquela câmera eternamente ligada. Transferindo para o quarto essa tendência de se exibir, nunca se ouviu tantos gemidos, guinchos, ou até mesmo relinchos a todo volume. Na perspectiva daquelas lentes de terceira parte, a nativa tem na mente uma visão fantástica da aparência que deve ter o supremo ato sexual. A escalada do sexo a tais proporções cinematográficas pode levar o amante a se sentir incapaz de proporcionar satisfação. De fato, é preciso que o homem tenha um ego poderoso, sem mencionar uma impressionante capacidade de resistência, para se mostrar à altura das expectativas sexuais carregadas da sagitariana; e para não se sentir desinflado apesar da entusiasmada babação de ovo da companheira.

Sem rodeios: a fêmea do Centauro é a rainha no tamanho. Principalmente em matéria de circunferência, se o parceiro da sagitariana pretende durar, é melhor que tenha o pênis mais grosso que seu rolo de dinheiro. Orientada para resultados, a sagitariana faz questão de ter um orgasmo durante todo e qualquer interlúdio sexual, e se o companheiro for razoavelmente bem dotado, ela estará feliz em assumir o comando a partir daí. Ela é autocentrada na cama, uma verdadeira partidária de que cada um deve assumir a responsabilidade pelo próprio prazer. Certamente, nada poderia excitar mais a nativa que ela própria: não bastassem suas fotos por toda parte, geralmente há uma profusão de espelhos no ambiente, nos quais ela pode ver refletida a si mesma, antes, durante e depois do coito. Da mesma forma como os cavalos de verdade são vaidosos (os eqüinos passam o tempo todo conferindo a própria imagem nos espelhos, quando trotando ao longo de um circuito em recinto fechado), assim também a sagitariana adora ficar se olhando nos arroubos da paixão, principalmente quando tem um homem ajoelhado a seus pés. Não que lhe agrade um homem passivo em si, mas precisa se sentir elevada pela experiência pessoal, jamais rebaixada ou tornada submissa ela mesma. Sua posição favorita é por cima (de preferência se observando), cavalgando o parceiro até o orgasmo. Ela gosta de ser oralmente estimulada, embora não seja uma fixação, e não é muito adepta da retribuição. Tal como na vida profissional, ela é a consumada delegadora na cama, constantemente dando ao parceiro delicadas indicações, quando não instruções diretas, sobre como lhe aumentar o prazer. A ação está concentrada, na maior parte, da cintura para baixo, pois seus seios geralmente oferecem pouca coisa em matéria de excitação erógena.

O controle é importante para a sagitariana durante o ato sexual, e com seu corpo tipicamente atlético, em especial suas coxas e pernas fortes, ela consegue sustentar posições vigorosas por mais tempo que a maioria das mulheres. O que lhe falta em flexibilidade, ela compensa sobejamente em puro vigor. O entusiasmo, entretanto, parece levar a nativa só até este ponto. Os homens talvez assinalem o quanto ela está diferente na cama, em comparação com o que se poderia imaginar sobre ela, baseando-se no grande acúmulo de rituais de corte, ou, aliás, de preliminares, nas quais ela se contorce e geme. A nativa irá experimentar, e em áreas que muitas mulheres nem pensariam visitar; mas quando se trata de questões específicas, a nativa é basicamente uma "menina bem comportada" que apenas se imagina alguém de gostos exóticos. O maior grau de perversão a que chega é na exploração de suas tendências exibicionistas; a maioria das sagitarianas gosta muito mais de se masturbar para o namorado que sozinha. Assim como o nativo de Sagitário eleva o próprio onanismo a novas altitudes, da mesma forma sua contrapartida feminina transforma em arte a masturbação, comprazendo-se na capacidade de ofuscar o amante com demonstrações graficamente elaboradas de auto-satisfação, em que o ato de bancar a "safadinha" se transforma num certo fetiche para alguém tão naturalmente agradável e saudável quanto a nativa. Além disso, ela se considera obrigada a realizar esses espetáculos, se pretende ser considerada "espetacular". Apesar de todos os seus defeitos, ela decididamente não acredita em propaganda enganosa. A sagitariana se atribuiu grandeza, projetando tanta majestade em sua ligação com um parceiro imperial que não desmoralizará a relação com algo menos que uma supertransa no quarto. Novamente, na hora do show nossa caprichosa Arqueira deve se mostrar à altura da imagem pessoal projetada em pré-produção, e cumprir o prometido. Entram em cena mais razões para a ansiedade reprimida e sua insinuante suspeita de mérito próprio questionável, típica do signo. Bem no fundo ela tem uma atitude inerentemente reservada, em relação a sexo, mas sente-se compelida a acrescentar um pouco de pompa a cada circunstância carnal. Infelizmente, na cabeça dela, naquele momento, tudo parece muito mais bonito que no meio da balbúrdia suada, e que dirá no momento de trocar os lençóis da cama — razão suficiente para contratar uma empregada. Na maior parte do tempo, a sagitariana está realmente apaixonada pela sedução e pelo romance. Entretanto, mesmo seus atos mais íntimos têm um clima exibicionista sempre presente, uma arena sexual específica na qual a sagitariana poderá exagerar.

Há um clima do filme *Nove semanas e meia de amor* em relação à modalidade sagitariana de extravagante interesse erótico, conquanto numa versão um pouco pasteurizada. O que atrai é o sentido de levar a público sua vida sexual com o parceiro. Nessas circunstâncias, eles estão o tempo todo se apalpando disfarçadamente e dando uns amassos, mesmo nos melhores restaurantes e nos eventos de maior prestígio. A vida, para a sagitariana, deveria ser sempre um crescendo; um constante estado prolongado de preliminares exageradas. De fato, nossa Lady Godiva até aprecia uma dose saudável de valor de choque. Quanto mais projeta uma imagem de sensual-promíscua, mesmo para completos estranhos, mais ela passa a se enxergar como tal, uma referência àquela permanente viagem erótica mental em que se encontra. Ela precisa se ver como alucinadamente sensual, e Deus nos livre se o companheiro sinalizar o contrário. A visão periférica do namorado ou marido é bastante para fazê-la cair num ataque de ciúmes; ante a menor percepção de que alguma outra mulher atraiu o olho do amante, a sagitariana é capaz de entrar em erupção durante dias e dias de explosões e recriminações. O ciúme é o defeito mais fatal da nativa de Sagitário. Por ironia, e de fato hipocritamente, se ele estiver numa relação morna, ela irá flertar alucinada e abertamente com outros homens, quase sempre os maridos ou namorados das miríades de casais amigos que compõem o grosso de seu círculo social. As pessoas, na mente dela, venham os pares, e como mulher casada, especialmente, ela tem pouco contato com mulheres solteiras. Entre outros atributos, Hera é a deusa do casamento e a nativa compartilha com a irmã de signo Jane Austin a obsessão por aquele vínculo sagrado. Seqüências com casais, embora em geral sem se tratar de suíngue, propriamente, estão muitas vezes entre as fantasias alimentadas pela nativa. Essas imaginações normalmente começam e terminam, como deveriam, com o "outro homem" se sentido desesperado por tê-la — como sempre, ela precisa ser a mulher mais desejada na história.

O signo de Sagitário não se destaca pelo grande número de nativas estritamente lésbicas. Em todo caso, independente de como se identifica sexualmente, a nativa é natural e fortemente atraída por outras mulheres fortes. Como a leonina, colega de signo de fogo, ela tipicamente se cerca de um cortejo de mulheres no local de trabalho, que recebem a "delegação" de fazer o que ela deseja. Entretanto, como chefe, ela é quase sempre uma líder serenamente benigna, que jamais lança mão de jogos mentais, nem abusa sutilmente de suas "vadias" como faz a leonina. Assim também, quando se trata de uma relação homossexual, ela não está procurando subjugar a outra, como faria sua prima felina do signo de fogo. A exemplo de seu relacionamento com os homens, ela se sente atraída por líderes bem-sucedidas, auto-realizadas, que personificam uma condição social, educacional, financeira ou intelectual mais elevada que a sua. A nativa se apaixona por mulheres que são tudo o que ela gostaria de ser, entrelaçando o tesão e a inveja numa paixão ardente que exibe mais que simples nuances narcisistas. No espírito imperialista sagitariano, ela consome esses traços e gostos que mais cobiça nas outras mulheres, às vezes englobando-os na própria personalidade em eterna expansão, ainda que de uma forma tosca, muito daquele jeito como uma menina de escola sofre paixonites e segue o modelo das abelhas-rainhas populares. Hétero ou gay, ela será uma namorada sensacional, carinhosa e generosa ao extremo, fisicamente demonstrativa e segura de si o suficiente para andar de mãos dadas ou de braço com a namorada quando caminham pela rua. Até uma sagitariana heterossexual de carteirinha considera o lesbianismo absolutamente normal e natural. Como é sua natureza, a sagitariana hétero poderá desfrutar diversas amizades que oscilam entre a amizade próxima e a íntima. Um vínculo sexual entre ela e uma colega pode ser outro sintoma da reprimida necessidade de proximidade e de identificação de gênero, que remonta aos dias de sua egocêntrica mãe. Em todo caso, a sagitariana é eroticamente carregada em relação às mulheres; uma mulher feminina e exagerada em seus caprichos que naturalmente se relacionam ao luxo. Ela freqüenta spas e *resorts*, faz massagem ou maratonas de cuidados estéticos ou de compras, derivando um senso de poder do fato de serem uma dupla de amigas que saem para detonar. Ela precisa da validação, independente da orientação sexual da afeição — dos homens ela geralmente está segura, mas se preocupa por ter despertado ressentimento e ciúmes em outras mulheres (como vemos, há sempre um toque de vaidade até mesmo em suas emoções mais modestas), e está ansiosa por se mostrar capaz de sentir afinidade com outras mulheres. Se um beijo súbito, depois de uma conversa íntima ou de um excesso de vinho, tiver acontecido entre a sagitariana e uma amiga próxima, terá sido centenas de vezes.

Quando a Arqueira se identifica diretamente como gay, sua apreciação das mulheres extraordinárias torna-se ainda mais manifesta, pois muito cedo ela se liga a professoras, chefes e outras mentoras do gênero que a inspiram naquele nível subconsciente tipicamente sagitariano. Com essas figuras ela pode criar intensos vínculos sexuais e psicológicos que por vezes não duram mais que alguns meses. Aí está o problema: os tipos pelos quais sente atração — mulheres fortes e independentes — preferem continuar a sê-lo. Enquanto isso, ela é uma amante dedicada, que ritualmente proporciona tanto prazer quanto possível à parceira, com igual fervor e reverência. Obediente aos caprichos da amante, ela poderá ser mais experimental na cama que sua correspondente hétero. Lembre-se, procure sempre a vaidade: como parte integrante da atração por ganhadoras do prêmio Pulitzer, presidentes de empresas, e modelos-atletas de salários astronômicos, a sagitariana se vê como a versão (geralmente mais jovem) de uma amante sobre a qual procura imprimir, ou até exercer, adequada tutela para seus mais elevados objetivos, que sintomaticamente seguirão as mesmas diretrizes, ou quase, dos da amante. A expansiva Arqueira deseja entrar no mundo de sofisticação no qual a amante habita, qualquer que seja, tanto ou mais do que quer se enfiar nas calças dela. Para a sagitariana, a possibilidade mais instigante é conseguir os dois objetivos — uma amante que realmente deseje e que também represente o importantíssimo elemento da porta aberta.

Casais

Hétero

Mulher de Sagitário / Homem de Áries

Ela é decerto portadora de mensagens sexuais; ele reage prontamente. Eles partilham a consciência do corpo — a cultura física é por vezes um fetiche. Sexo desinibido, espontâneo; sem muita empolgação, mas tampouco entediante.

Mulher de Sagitário / Homem de Touro

Por terem tanto em comum — principalmente a necessidade de atenção — eles entram em conflito nas coisas essenciais: a maior alegria dela está no mundano; ele prefere os prazeres domésticos. Entretanto, do ponto de vista sexual é suntuoso.

Mulher de Sagitário / Homem de Gêmeos

Ela vive em grande estilo; ele aprova tal expansão, vivendo vicariamente. Ela acredita que a força dele equilibra a fraqueza dela. Sexo sensorial, preliminares coquetes. Ela encoraja os truques e toques mais libidinosos dele.

Mulher de Sagitário / Homem de Câncer

Ela é imprevisível, e ele não sabe lidar com isso. Sexualmente, ela cai na categoria da transa de fantasia. Ambos partilham uma ideologia sentimentalizada. Ela usa o sexo para amarrar o afeto dele. Na cama, ele será James Bond.

Mulher de Sagitário / Homem de Leão

Vigor e entusiasmo é o que eles compartilham. Dois egos colossais, juntos em seqüência, produzem um dos poderosos casais quintessenciais da astrologia. Na cama, ele é robusto e sempre alerta; ela o acompanha em sua disposição.

Mulher de Sagitário / Homem de Virgem

Ele vê potencial — uma beldade inteligente — e se prepara para esculpir a sagitariana segundo sua visão grandiosa. Ele é a rocha, escada para a ambição dela. Na cama, ela espera que ele esteja ardendo de desejo: será que sim?

Mulher de Sagitário / Homem de Libra

Os recursos intelectuais dele combinados com as capacidades comerciais dela criam uma parceria poderosa profunda. Ele é a musa delas. O casal prova que é possível ter tudo. Sexualmente, estão interessados em outros casais.

Mulher de Sagitário / Homem de Escorpião

O fulgor mundano de Sagitário é mantido encoberto — ela é uma valiosa mercadoria que só deve brilhar na esfera dele. Ele é um parceiro persuasivo — uma exceção. Ela se sente forçada a cometer atos que anseia por experimentar.

Mulher de Sagitário / Homem de Sagitário

Como deuses no monte Olimpo, dois sagitarianos formam uma combinação mítica. Juntos, sentem-se com direito à riqueza material que parecem buscar. Sexualmente, os Arqueiros são a matéria-prima das lendas.

Mulher de Sagitário / Homem de Capricórnio

A sofisticada sagitariana e o classudo capricorniano são atraídos para os melhores círculos da sociedade, avançando com suavidade rumo ao sucesso através da camada social de sua escolha. Na cama são atrevidos e sem limites.

Mulher de Sagitário / Homem de Aquário

Eles se encontram e suas vidas viram de pernas para o ar. No começo, são formais; depois, de repente, vêm o amor e o casamento. O aquariano aprende a derramar atenção na cama — a estimável Arqueira não aceitaria menos que isso.

Mulher de Sagitário / Homem de Peixes

Cada um precisa se isolar um pouco para sobreviver ao vínculo azafamado. A liberdade pode ser o modo operacional; o resto é secundário. Ele a deixa segura da própria atração sexual. Ela encontra novas formas de fazê-lo decolar.

Gay

Mulher de Sagitário / Mulher de Áries

A competitividade cria uma saudável tensão sexual. Áries é o caráter mais aberto; Sagitário mantém suas emoções atipicamente escondidas. A armadilha no caso é a superficialidade. Mesmo assim, é um par doméstico e acolhedor.

Mulher de Sagitário / Mulher de Touro

Elas são um atestado da boa vida. Mesmo com a taurina facilmente saturada pelos luxos simples, a sagitariana não consegue parar de querer mais, cada vez mais. Ainda que no final acabem amigas, perdura uma conexão erótica.

Mulher de Sagitário / Mulher de Gêmeos

Uma dupla vencedora. A geminiana vai na aba do chapéu da sólida sagitariana. A parceria delas significa mais poder profissional. Mas negócios e prazer misturam-se muito bem. Na cama, a questão é ver quem manda mais.

Mulher de Sagitário / Mulher de Câncer

Elas encarnam diferentes aspectos da condição feminina — aqui a atração de opostos também causa irritação. Contrastes físicos são explorados pelo potencial erótico. Entretanto, no âmbito emocional, o casal está lutando.

Mulher de Sagitário / Mulher de Leão

Uma clássica combinação: a amizade é primordial, mas sexualmente elas não sofrem. As altercações sobre as despesas extravagantes entram em erupção. A vida é glamourosa. O sexo tem sabor de luxo. Mimar uma à outra é uma paixão.

Mulher de Sagitário / Mulher de Virgem

Elas abordam a vida, e o amor, de forma muito diversa — o vínculo está fadado a ser estressante. Inconsistência e falta de confiabilidade são armadilhas persistentes. É preciso contemporizar. O sexo também explicita o conflito.

Mulher de Sagitário / Mulher de Libra

Elas são o ideal uma da outra, porém de formas diversas. A libriana desafia a amante a utilizar talentos inexplorados. Por sua vez, é colocada acima de limitações sexuais auto-impostas. Quase sempre é um romance para sempre.

Mulher de Sagitário / Mulher de Escorpião

Elas formam um casal enclausurado que com freqüência se muda para locais remotos. Juntas, levam uma vida de aprendizagem cujo foco é o eu. Ambas são eroticamente acessíveis, sobretudo juntas. Elas se ligam melhor na cama.

Mulher de Sagitário / Mulher de Sagitário

A sagitariana é mais espontânea e social na presença da irmã de signo. Mas uma ligação permanente se mostra difícil de sustentar: com tão pouco tempo ocioso, ninguém está lidando com os dilemas. O sexo é vigoroso e revitalizante.

Mulher de Sagitário / Mulher de Capricórnio

Cada uma vê na outra um degrau. A audácia de Sagitário e o senso prático de Capricórnio se combinam; aumentam para elas a influência e a afluência. Na cama, a disputa lasciva para decidir quem manda. Ambas são exibicionistas.

Mulher de Sagitário / Mulher de Aquário

Tudo é possível. A sagitariana coloca na mira o plano grandioso da aquariana e acerta em cheio: a parceria delas vale a pena. Casal sensual, que torna público seu tesão. Estão cercadas de circunstâncias propícias ao êxtase.

Mulher de Sagitário / Mulher de Peixes

A sagitariana parece muito agressiva para a pacifista pisciana. Posteriormente, a Arqueira admira e chega a temer os profundos poderes intuitivos da parceira. Juntas, têm um objetivo maior. Na cama, ambas são passivo-agressivas.

O homem de Capricórnio

o obstinado

O nativo de Capricórnio é o mais sofisticado do zodíaco. Um anacronismo de primeira ordem, ele é uma anomalia viva que mesmo ao existir num mundo inteiramente moderno consegue fugir a todas as coisas novas e culturalmente convencionais. À semelhança de um nobre deposto, ele é ao mesmo tempo grandioso e imponente em sua conduta, além de perpetuamente entediado, melancólico e desiludido em sua visão de mundo. Não há nada que consiga impressionar ou excitar muito o capricorniano; sua plataforma pessoal é permanecer imperturbável e distante em qualquer circunstância, encarnando uma extrema sensação de relaxamento que permanece para ele a perpétua razão de ser. Uma irônica amálgama de sensibilidades sofisticadas e prosaicas, o nativo é ao mesmo tempo um epicurista autodidata e um brincalhão gaiato, um autêntico sibarita que coloca em primeiro lugar na vida a busca de prazer e diversão, enquanto continua a ser uma pessoa genuinamente humana que não teme o trabalho pesado. Para o capricorniano, a vida é um banquete, e ele é o primeiro na fila do bufê, jamais sentindo a necessidade de lutar ou se estressar, o que, em sua opinião, só leva ao sofrimento. Quando se trata de amor, ele sente atração por uma mulher com valores tradicionais, quando não com sólidos investimentos de fortunas antigas, uma pessoa com quem possa partilhar um estilo de vida tradicional, no qual ele tome a dianteira e ela fique alegremente a apoiá-lo e a aprovisioná-lo com uma vida doméstica estável e funcional. Por mais arcaico que isso pareça —

X

PRINCÍPIO

O Princípio da Conservação. Para o homem de Capricórnio, a experiência pode ser bastante qualitativa — ele considera odiosos, para dizer o mínimo, os arrivistas ávidos e espalhafatosos deste mundo. Ele é o líder da velha-guarda arqueológica, determinado a sustentar o que está sancionado. Para inspirar a verdadeira cultura a essa placa de Petri chamada vida, o capricorniano procura bloquear certas influências, para a alma da civilização poder florescer; ele considera um alimento para seu próprio espírito um certo grau de abnegação.

em matéria de relacionamentos o nativo é uma relíquia —, sua companheira perfeita é uma espécie de esposa senhorial disposta a endossar a visão convencional que ele tem da família, embora sem contestar sua autonomia. Nas relações homossexuais, o Bode é atraído por personagens pastorais e sem artifícios, jovens saudáveis da zona rural e caipiras ingênuos, que ele gosta de apresentar às suas desencantadas frivolidades.

Signo + Mente

Saturno é o único regente do signo de Capricórnio, e em termos astrológicos representa, entre outros, o princípio da Restrição e da Contenção. Capricórnio contrasta assim fortemente com o signo anterior, o de Sagitário, regido por Júpiter, que sinaliza expansão e crescimento. Na mitologia, Saturno (o Cronus dos gregos) é o pai de Júpiter (Zeus), pelo qual foi deposto. O reinado daquele idoso titã, a mítica Idade de Ouro, termina com sua derrubada pelo Zeus olímpico. Esses dois deuses representam perfeitamente a diferença entre os nativos de Sagitário e Capricórnio — o primeiro, o arquétipo do herdeiro, o arrivista Zeus, está no caminho que leva à ascensão; o último, o arquétipo caído, o antiquado, o deposto titular do poder, o "vovô" Cronus, está a caminho da saída. O capricorniano, cujo signo é adequadamente associado com a época da aposentadoria, a faixa etária dos 63-70 anos, personifica durante sua vida inteira, para melhor ou para pior, essa energia em declínio. Pelo lado positivo ele é saturnal, amante da boa vida, tendo cumprido suas obrigações, além de dotado do sentido de serena felicidade e prosperidade. Por outro lado, ele é saturnino: tristonho, melancólico ou por vezes desanimado ao extremo, demasiado cauteloso ou até simplesmente preguiçoso. Observe-se que o animal totêmico do Capricórnio é uma Cabra Marinha, o que aponta para a contradição de um espírito caprichosamente decidido, mas que ainda assim é arrastado para baixo por sentimentos escusos ou tropeços sentimentais. Um eterno aposentado, o capricorniano está eternamente aberto a planos espontâneos ou caprichos súbitos. De todos os signos masculinos do zodíaco é o menos focalizado em ambições, seja em termos de vida profissional ou mesmo pessoal.

Como a Décima Casa astrológica associada com seu signo é uma casa de *status* social e financeiro, uma antiga concepção equivocada postulou que nosso cabrito montês de rabo de peixe é o verdadeiro alpinista social. Isto dificilmente se aplica. Como seus arquetípicos Cronus-Saturno, o nativo considera o status algo que já traz de nascença — aliás, ele o vê como o direito inato de qualquer pessoa — mas, metaforicamente falando, essa montanha ele já escalou. O que ele encarna é o inevitável complemento do poder e do status — Capricórnio personifica o declínio gracioso, o notório dissidente ou retirado do zodíaco (adequado à cauda escorregadia e limosa da Cabra Marinha), que encara com muita prudência as próprias grandezas ou conquistas. Até os mais famosos capricornianos parecem estar caindo constantemente em algum tipo de declive, quando não de deplorável degradação, depois de atingir os píncaros de qualquer montanha que busquem escalar. Cair em desgraça, o nativo prova pelo exemplo, é parte integrante da conquista de alturas que outros poderiam apenas sonhar — sabendo que a glória fugaz é vislumbrada, porém jamais agarrada para valer. Naturalmente, os capricornianos mais notáveis do mundo escorregarão de volta a sua proverbial perspectiva descontraída da existência (ou comportamentos decadentes de conciliação), de modo tão silencioso e modesto, que o resto do planeta raramente notará suas periódicas retiradas para um "período ocioso", quer se trate da alegria e proteção da vida familiar, da neblina do hedonismo ou de um mergulho na melancolia, todas estas distintas possibilidades do nativo do signo. A bem da verdade, não importa seu grau de fama, o homem de Capricórnio, qualquer que seja sua profissão, reserva entre suas conquistas mais destacadas alguns hiatos bastante extensos. À semelhança da nativa de Escorpião, que só cai para de novo se levantar das cinzas como uma fênix, nosso nativo de Capricórnio é ganhador de um título semelhante de eterno praticante da volta por cima. Naturalmente, essa propensão só contribui para perpetuar sua notória figura pública de pessoa seletiva, que em matéria de experiência prioriza a qualidade sobre a quantidade, nos empreendimentos profissionais, no convívio social ou na busca de relacionamentos românticos.

Outra séria concepção equivocada a respeito do signo de Capricórnio é a de que a regência de Saturno torna os capricorniano de ambos os sexos pessoas fechadas e restritivas, em comparação com seus expansivos e receptivos antecessores de Sagitário, regidos por Júpiter. Embora essa suposição talvez seja verdadeira na superfície, não podemos nos esquecer de que a roda do zodíaco, ao percorrer girando os signos, vai formando espirais infinitas, de modo que Capricórnio absorve a energia expansiva de Sagitário, contendo-a para mantê-la pura, como um lago ou manancial das montanhas. Saturno não é arbitrariamente limitante, em reação a Júpiter, simplesmente para sufocar a existência; em vez disso, Saturno possibilita reconhecer quando alguma coisa é

♄

SÍMBOLO PLANETÁRIO

Quase o inverso do pictograma de Júpiter, o selo de Saturno comunica preocupações materiais e terrenas (a cruz da matéria) que pesam sobre o espírito em evolução (a curva ou semicírculo divino). A restrição é a ordem do dia, e a luta contra as dificuldades funciona como um meio pressurizado que leva ao caminho da perfeição. Juntamente com a paciência e a disciplina, a estrutura é fundamental.

suficiente. A soberania de Saturno sobre o signo sinaliza preservação, em vez de proibição. A palavra *Capricórnio* significa "chifre de cabra", a cornucópia mítica, que foi o chifre da cabra Amaltéia a jorrar ambrosia, para alimentar Zeus em sua infância, enquanto este estava escondido de Cronus, seu pai infanticida. Este chifre da fartura simboliza perfeitamente a experiência do Capricórnio como a contenção e a preservação da abundância, e não a sumária restrição. Sem ter um recipiente como o representado pelo chifre, a fartura se torna excesso, derrame, desperdício e, daí, poluição. Logo, de que maneira todo este simbolismo explícito se relaciona na vida real com a pessoa de Capricórnio? A resposta é — de muitas maneiras.

Os nativos de ambos os sexos se preocupam extremamente com a autopreservação, sobretudo no âmbito espiritual, a "ambrosia" que procuram manter pura representando sua própria imortalidade — com apenas um gole do alimento dos deuses até os simples mortais tinham a garantia de vida eterna. Capricórnio é o primeiro signo do Quarto Quadrante final do zodíaco, que se ocupa metafisicamente com o nível espiritual da existência. A exemplo de todos os signos que iniciam um quadrante, a qualidade do Capricórnio é cardinal, distinguida por uma energia iniciatória, essencial. Trata-se do único signo de combinação cardinal-terra do zodíaco, e pode assim ser descrito como retratando a substância principal, essencial (cardinal) da matéria (terra), paralela à *estrutura* saturnal, preservadora da pureza da abundância inerente do universo.

São numerosas as implicações da condição cardinal-terra de Capricórnio: por um lado, o signo rege a pele e os ossos do corpo, a estrutura essencial, excluindo-se a carne e gordura, do ser físico. Tal qual a cornucópia que mantém o puro néctar dos deuses, o capricorniano considera o próprio corpo um recipiente, ou mesmo um templo. Nativos de ambos os sexos, principalmente as mulheres, parecem encarnar essa compreensão, com seu notório amor pelo exercício meditativo e pela moderação ao comer e beber — igualmente um tema da vida do nativo do signo, que o faz chegar a extremos. "Eu uso" é o mantra do capricorniano, o que, em sua melhor acepção, refere-se à capacidade de utilizar o eu como implemento de crescimento espiritual. Por esse motivo, muitos capricornianos mostram preferência pelo yoga e por outras disciplinas "espirituais". Por outro lado, este lema pode ter uma aplicação mais coloquial, se aplicado ao hábito do nativo de recorrer a substâncias, por vezes endêmico. A imagem essencial do cardinal-terra é uma montanha, um símbolo de importância, preservação e eternidade. Adequadamente, Cronus-Saturno é também

QUADRANTE DO SIGNO

Os quadrantes zodiacais correspondem aos planos metafísicos da existência: físico, emocional, mental e espiritual. O Quarto Quadrante ocupa-se da alma e da relação do indivíduo com o divino e o eterno. A religião pode estar ou não ligada a isso, mas o capricorniano aborda a vida de uma perspectiva da expiação, tendo o cuidado de não contribuir para o desperdício no mundo — seu lema "eu uso" tem por subtexto "o que já tenho".

♑

PICTOGRAMA DO SIGNO

A Cabra Marinha é o símbolo dos deuses de antigas culturas que trouxeram o conhecimento ancestral à humanidade, enriquecendo-lhe a vida. A porção peixe significa instintos primordiais e compreensão da lei natural, ao passo que a porção caprina indica uma aplicação metódica de semelhante conhecimento.

mencionado como o Pai Tempo, pois seu planeta homônimo significa disciplina, paciência e outros princípios afins, como perseverança e preservação, que a rigor exigem tempo. Naturalmente, os conceitos de eternidade e imortalidade indicam ter sempre o tempo ao próprio favor — um sentido que o capricorniano experimenta agudamente.

A rigor, para o capricorniano a vida pareceria uma longa visita ao clube campestre no qual ele desfruta de um distinto, conquanto desbotado, tratamento VIP. Mas ele não é um titulado ávido de glória, nem sequer um irascível sócio do clube. Ao contrário: o nativo dificilmente é rude ou arrogante, e seus verdadeiros companheiros na vida são por vezes as pessoas que estão nas chamadas posições subservientes, que transformam diariamente a vida dele em verdadeiro piquenique: garçons, atendentes de bares, carregadores de tacos de golfe, mecânicos, chefes de estado. Pois, na obsessão pela imparcialidade, o nativo tentará ser igualmente gentil com seu chefe e com o guarda-livros. Na verdade, como empregado, o capricorniano encarna o *status* honorário de seu signo, inspirando um certo grau de veneração, temor e respeito no ambiente profissional, por vezes até mesmo da parte de seus supostos superiores. Ele simplesmente desafia as ordens hierárquicas ou as cadeias de comando. Pode ser um deliberado perseguidor de objetivos modestos, assumindo tarefas que faria dormindo, aquelas que lhe proporciona tempo e a importantíssima tranqüilidade. Pois o nativo da Cabra está muito mais preocupado em ser rico espiritualmente do que próspero em termos financeiros. Isso posto, ele é notoriamente péssimo com dinheiro: sua atitude é de quem está se lixando para banalidades como as pilhas de contas e o aluguel atrasado. Se quiser voar para o Taiti, ele voará; se quiser comprar um Jaguar, ele comprará. Naturalmente terá encontrado o vôo mais barato, e acomodações em algum antigo hotel num delicioso estado de decadência, e o modelo que compra pode ser de vinte anos atrás, em precário estado de saúde. Nada disso importa. Como algum velhote, ele opina que já não se fazem carros como antes. O lema de seu signo "eu uso" poderia facilmente receber por complemento: "até chegar no osso", aquela parte essencial do corpo regida por Capricórnio. E quando seus gostos e caprichos ultrapassarem o limite do crédito, ele simplesmente pedirá outro cartão de crédito. A vida é curta demais para a gente se preocupar ou se privar dos prazeres. Além disso, sempre haverá a falência pessoal para resolver a parada.

Para o homem de Capricórnio, a vida é, metaforicamente falando, montanhosa. Como o caprichoso, porém sombrio deus caprino Pan, mais conhecido por farrear em sua nativa Arcádia (uma região montanhosa da Grécia,

ELEMENTO + QUALIDADE

O elemento terra conota materialidade e substância. A qualidade cardinal significa um chamado à ação e à iniciativa. Em conjunto, a combinação cardinal-terra específica do Capricórnio é mais bem descrita como a montanha, símbolo da preservação, um tema permanente para o restritivo e, por vezes, elitista capricorniano.

literalmente "lugar dos arcos"), o capricorniano leva a vida em terreno acidentado, definido pelos contínuos altos e baixos. Da mesma forma que Pan — o nome significa "tudo" — remete à abundância da vida, para o melhor ou para o pior — ele é um personagem caprichoso, que passa metade do tempo sofrendo de depressão e dos ataques de pânico de seu homônimo — o capricorniano acha a vida uma questão de equilíbrio. Ele é um boa-vida angustiado, que acredita em sua própria modalidade de dandismo, nem que seja por inércia: como a vida pode ser vista como uma experiência meio cheia ou meio vazia, ele prefere errar pelo lado otimista, se for o caso. As imperfeições humanas, em sua opinião, merecem ser aceitas, em vez de ignoradas, e, de modo algum, erradicadas. O nativo de Capricórnio nos mostra que, ao errar, o indivíduo se enriquece, tal como as sociedades começam a prosperar culturalmente quando entram em declínio. A palavra cultura, em si, significa um enriquecimento da experiência social, pois denota a fermentação, a formação de mofo e o apodrecimento, como uma cultura de bactérias na placa de Petri, a qual, para o nativo, representa a vida. Ele é, como Cronus, um refugiado caído de uma distante era de ouro, uma espécie de versão masculina da Tia Mame, que aprendeu as lições da vida na proverbial escola dos duros revezes. Pela vida inteira ele é o sobrevivente fundamental, personagem que tem uma inquietação transcendental apesar de todas as lutas do passado ou, de fato, por causa delas.

Infelizmente, o menino de Capricórnio não vivencia muito a infância. O pai é quase sempre uma figura distante, quando não debilitada, que deixa o Cabrito arcar com uma carga maior de responsabilidades domésticas masculinas que a de seus colegas. Em algumas instâncias, o nativo desempenha o papel de substituto de marido para a mãe, tomando o partido dela em questões emocionais, de forma que lembra o mítico Cronus conspirando com a mãe, Gaia (Terra), para destronar seu pai ausente, Urano (Universo). Mesmo quando presente no quadro, o pai do nativo é bastante remoto e o garoto aprende, talvez com o fato de o pai não comparecer às partidas de futebol da escola e coisas do gênero, que os supostos momentos de glória não trazem mais que o sentimento de vazio. Ele intui muito cedo o que muitos de nós levamos a vida inteira para apreciar: que toda eminência mundana é efêmera, estando sujeita ao Pai Tempo. De fato, capricornianos de ambos os sexos são crianças extremamente pragmáticas, ou até céticas, para as quais a vida nunca é preto-e-branco, bom ou mau, mas sim uma imensa área cinzenta, que raramente lhes dá motivo para pular de alegria genuína. Em casos extremos, a ativa criança capricorniana enxerga com muita nitidez através do véu das "róseas aparências",

POLARIDADE

Os homens de signos femininos (terra, água) não estão alinhados com a polaridade de gênero do próprio signo, representando, em vez de encarnar, a combinação qualidade-elemento do signo. Enquanto a mulher capricorniana é comparada a uma montanha de autopreservação, o homem do signo procura salvaguardar a cultura pela instituição de restrições e pela manutenção de tradições. Dessa forma ele sente que enriquece a alma da humanidade.

e acaba presa da sombria percepção de samsara — a consciência de que as circunstâncias da vida não passam de ilusão e sofrimento. Carregando um peso maior — uma quantidade exagerada de tarefas, e figurativamente, o peso emocional que é um aspecto inerente da fúnebre influência de Saturno sobre o signo —, o capricorniano se transforma na criança mais sobrecarregada de "bagagem". Na referência bíblica, ele é o proverbial bode expiatório, uma espécie de salvador, especialmente para os irmãos, assim mais capacitados a viver, pensar e sonhar livremente. O nativo é maduro demais para a idade que tem, e urbano de temperamento, transcendendo as típicas atitudes de cidadezinha do interior em cujo ambiente nasceu — a vida rural causa pouca impressão no sensível menino de Capricórnio, sobrenaturalmente polido. O personagem Holden Caulfield, em *O apanhador no campo de centeio,* do autor capricorniano J. D. Sallinger, é o retrato-modelo, talvez até autobiográfico, do nativo mirim: sábio e até grisalho, malgrado a pouca idade, ele é patologicamente consciente de samsara, enojado pela modernidade, cuja falsidade considera enfatuada, assumindo o ônus do pecado social ao mesmo tempo em que se transforma numa vítima sacrificial dos "pecados" pessoais de todos os circunstantes. Na verdade, ele é deixado a pé, exatamente quando deseja apanhar, aliás, salvar outros inocentes, pois estes também são vítimas da queda. Incidentalmente, *caul* é definida como uma protuberância ou um pico, dos quais um campo repleto faria lembrar aquela mesma Arcádia montanhosa onde nosso Pan por vezes tristonho teme se aventurar — um lugar metafórico onde os desavisados podem facilmente cair e um bode expiatório salvador poderia apanhar algumas dessas almas desprevenidas.

Como Holden, além de muitos outros personagens masculinos de Salinger, membros de sua fictícia família Glass em particular, o homem de Capricórnio vive até certo ponto como um refugiado que pertence ao passado e dele escapou (vem mesmo a calhar o fato de que, residindo na região montanhosa de New Hampshire, o recluso Salinger acabou por encontrar uma Arcádia para si mesmo, um porto seguro afastado não só de muitas inconveniências modernas, mas também de uma falsidade discutivelmente enfatuada do mundo). *Santuário*, que significa um recuo e também um templo, é a palavra que comunica exatamente o tipo de duplo significado que todo homem de Capricórnio enxerga metaforicamente na vida. A montanha é, mais uma vez, o perfeito símbolo da condição capricorniano de cardinal-terra, ao mesmo tempo em que, por vezes, é muito o tipo de ambiente no qual ele irá procurar se refugiar, fugindo das grandes ilusões do mundo. Este lugar de encontro entre o céu e a

10

NÚMERO DO SIGNO

O número do zênite. Dez é a combinação de tudo o que o precede, o começo de um novo conjunto de ordem. A maioria dos esquemas numéricos é construída sobre sistemas de dezenas, centenas, milhares etc. Isto representa a relação do homem com a perfeição natural, pois os seres humanos têm dez dedos para contar. Há dez mandamentos ou proibições regidas por Saturno.

63-70

A ASSOCIAÇÃO DA FAIXA ETÁRIA

A idade da aposentadoria. Este é um período marcado pela retirada, um antídoto à generosidade da vida nos anos anteriores. É uma época de voltar àqueles ossos descarnados regidos por Capricórnio. Durante toda a vida o capricorniano encarna esse espírito de desprendimento, atendendo a seus objetivos com uma incomparável serenidade — esta é uma de suas qualidades mais encantadoras.

terra vem sendo considerado, ao longo das culturas, um ambiente extremamente sagrado, o supremo *sanctum* — do monte Olimpo ao monte Sinai e por aí afora. Pináculo de experiência material adequado ao estatuto associado com a Décima Casa do signo, ele retrata, figurativamente, um meio físico para um fim espiritual. Nessa condição, o Capricórnio emprega a existência corpórea da vida, e qualquer materialismo que cruze seu caminho, como um veículo de elevação de seu arrebatamento súbito. Falar é fácil, mas o capricorniano não é automaticamente um Moisés cujos cabelos ficam grisalhos num encontro-relâmpago com Deus. Entretanto, ele pode estar a caminho de semelhante comunhão, pois figurativamente falando ele é Holden Caulfield, prematuramente encanecido, um símbolo da sofisticação do nativo, e igualmente de sua potencial iluminação espiritual. O caminho da montanha é trabalhoso, é uma batalha ladeira acima, pelo menos metade do tempo, mas que compensa lutar — transcender o material *por intermédio* do material. Entretanto, o obstinado do zodíaco (leia-se, dissidente ou apóstata) estabelece seu próprio ritmo nessa viagem particularmente acidentada que se chama vida, atingindo grandes alturas, alternadas com quedas pessoais, por vezes buscando um porto seguro para sua existência semelhante a uma montanha-russa, com os braços metaforicamente estendidos para ajudar outros a conseguirem o mesmo.

Corpo + Alma

O nativo de Capricórnio é, de longe, o mais afetado personagem masculino da roda astrológica; e embora a afirmativa pareça uma ofensa, não é. Pois o homem caprino se dá ares de importância desde pequenininho, e ao chegar aos 20 anos suas diversas e notórias poses terão se tornado tão extremamente entrelaçadas em seu psiquismo que aquilo que nos outros seria percebido como pretensioso, transparece nele como uma orgânica segunda natureza. Talvez como uma manifestação da faixa etária 63-70 anos associada ao signo, a excentricidade antiquada do capricorniano é por vezes estranhamente representada em seu estilo característico de vestir: um visual clássico e informal, parecido com o que o avô dele teria usado cinqüenta anos antes. De fato, dada a regência de seu signo da Décima Casa astrológica da *tradição*, se alguém aparecer em algum lugar usando calças de xadrez, um cardigã e até uma echarpe no pescoço, este alguém é nosso capricorniano retrô. Mesmo na juventude seu vestuário evoca um sentimento de aposentadoria recente, afinal ele se veste de acordo com a evidente identidade de alguém que conquistou o direito de botar as pernas para cima e relaxar. Ele transpira indiferença, aparentemente de cada poro de seu forte e tendinoso físico, já de si perpetuamente inclinado, ou mesmo reclinado, pois se recosta nos móveis ou reclina o corpo ao longo de todo o comprimento da parede. Tanto na atitude física quanto no discurso o capricorniano comunica que vive, por vezes quase ridiculamente, no momento presente; podemos testemunhar sua inerente propensão, em todos os sentidos da palavra, a se *demorar* — especialmente no passado.

O mundo, segundo a visão capricorniana, está em decadência, fato evidenciado não só pelo vestuário e as maneiras do nativo, mas também por seu amor às gloriosas relíquias de eras passadas, sejam carros de colecionador, cidades antigas, instalações sociais veneráveis, ou maneiras e encanto europeizados de outras pessoas. Ao entrar em qualquer ambiente social, ele será facilmente localizado como o mais representativo exemplar de descontração que você já viu. Mesmo quando não é bastante alto, ele aparenta sê-lo, pois tem as medidas perfeitas para ser o notório cabide de roupas que é. Vestido até os dentes, mas de uma forma tão sofisticada e casual, em tons característicos de cinza, ardósia, carbono e prata, ele exibirá, entretanto, alguma espécie de floreado — um corte de cabelo da moda, uma gravata pastel, a notável ausência de meias soquetes, um elegante relógio antigo, seu característico anel de sinete no mindinho ou, uma verdadeira herança, aquela echarpe no pescoço. Empunhando com firmeza um martíni seco, um manhattan ou um old-fashioned, essa figura legendária dificilmente passa desapercebida numa festa, falando, como costuma fazer, numa voz grave e apenas audível, por vezes com uma perfeita pronúncia shakespeareana, o que pode parecer algum tipo de encenação. Mas, não, aqui não está nenhum farsante, nenhum bajulador ou puxa-saco de empresa. O capricorniano simplesmente não procura impressionar, principalmente em suas atividades profissionais. Ele leva a vida como se tudo não passasse de um longo e lânguido cruzeiro para sua homônima ilha de Capri. Ele jamais aparenta preocupação ou ansiedade na conduta, e quer seu rolo de dinheiro seja grande ou pequeno, ele é descontraído quando se trata de gastar, sentindo, em virtude de sua localização astrológica saturnal, que nada tem a perder.

Basta dizer que ao nativo agrada muito bancar o diretor social, tipicamente sendo cortejado em escala facciosa, até no meio de um concorrido evento. Deslizando o corpo elástico para algum recanto sossegado, ele se espreguiça, comprazendo-se em seus sermões notoriamente sarcásticos e ladainhas simplificadas sobre todo e qualquer assunto cultural deste mundo — desde que

PSICOLOGIA

A melancolia atormenta o capricorniano, que pode ser sombrio como uma nuvem de tempestade. Ele parece quase apaixonado pelo sofrimento, pouco propenso a fazer mudanças positivas quando surge a oportunidade. O nativo pode ser um elitista — fechado a novas pessoas e idéias. Tende a se concentrar no passado, e está quase patologicamente desatualizado. É um notório sabe-tudo, e teme a competição.

ARQUÉTIPO + MITO

O signo de Capricórnio se baseia no arquétipo do deus caído: Cronus-Saturno é a deposta divindade regente da idade de ouro. Seu festival, a Saturnália, era iniciado com uma fase de expiação (repleta de sacrifícios de bodes). O nativo também se inspira no deus caprino Pan, um personagem deprimido — *tragédia* significa "a canção do bode" —, sujeito a assomos de lamentações melancólicas que inspiravam o *pânico*. O deus Pan habita a Arcádia, região montanhosa que simboliza a vida como uma série de altos e baixos, coisa de que o capricorniano entende. Os sátiros eram os libidinosos seguidores caprinos de Pan, que deram origem ao termo *satiríase* — um incontrolável impulso sexual no homem —, que não deve ser confundido com o sentimento *saturnino* ou melancólico. O capricorniano pode exibir as duas qualidades.

acontecido vinte anos atrás. Pode-se apostar com segurança que ele não estará discutindo acontecimentos atuais, pois a essência de seus relatos se concentra em alguma ocorrência de um passado glorioso e a moral de suas histórias sempre envolve algum tema nostálgico, com a conversa tendo por fecho algo do gênero: "Bons tempos aqueles...". O Capricórnio deixará claro que já viu de tudo; e o que ele não conhece — assuntos novos — fingirá conhecer, manobrando rapidamente o discurso em direção ao *velho* território, mais familiar. E Deus nos livre de deixar o papo ir morrendo; para o obstinado do zodíaco, isso equivaleria a uma falha em termos de obrigação cultural e polidez. O capricorniano está à mão para fazer o restante de nós nos sentirmos integrados num mesmo tecido social — razão pela qual os arrivistas declarados do planeta efetivamente contam com seu apoio. Por meio do exemplo, Capricórnio nos ensina que as pessoas não deveriam trabalhar tão intensamente para escalar, mudando coisas ou se colocando à prova nesta vida, de outras maneiras. Pelo contrário, ele personifica o sentimento de se ajustar comodamente e aceitar as coisas como são, mesmo num revés. Embora viva até certo ponto marginalizado, sobretudo quando deixado por conta própria, ele é também um ser extremamente gregário quando na companhia de terceiros. Naturalmente, tem seus lugares favoritos — estabelecimentos bem conhecidos e restaurantes antigos — para os quais convidará um grupo rotativo de amigos e conhecidos, preferindo estar em território familiar, servido por rostos conhecidos, que o tratarão com atenção suficiente, porém nunca excessiva.

Perfeita combinação para os ambientes antiquados que aprecia, o capricorniano personifica um encanto clássico, e seu visual faz lembrar ídolos das matinês de cinema de outrora. O ator capricorniano, por exemplo, "se distingue" por ser um cavalheiro encantador, elegante, e embora dono de uma sensibilidade original, por vezes bizarra, que se não estiver flagrante em sua imagem pública, se manifestará numa vida privada pouco puritana — Cary Grant, Danny Kaye, Anthony Hopkins, Mel Gibson, Ted Danson, Denzel Washington, Jude Law, Jared Leto, Jim Carrey, Andy Kaufman, Elvis Presley, Ricky Martin, David Bowie e Rod Stewart são só alguns dos personagens psicologicamente complexos do signo, com o típico furinho no queixo. Conhecido por mostrar aprumo e sofisticação, o nativo parece ter parado no tempo: até seu físico esbelto indica que nunca chegou perto de um moderno aparelho de musculação. Com boa forma natural, o corpo do capricorniano é mantido assim à custa de esportes casuais e métodos consagrados pelo tempo, tais como a corrida, a natação ou uma tarde passada na esteira ou na quadra de tênis.

Tipicamente mais alto e enxuto que a maioria dos homens, ele talvez caminhe levemente inclinado, a coluna curvada na altura dos ombros retos, mas delicados, como se num eterno dar de ombros de resignação. De fato, o nativo deixa escapar uma série de suspiros audíveis no decorrer da conversa, como alguém resignado a desistir deste mundo agitado, preferindo deixar as coisas tomarem seu próprio rumo. Ironicamente, embora seja um personagem cordato, o Capricórnio também é bastante imponente, pois sua desenvoltura lhe confere uma impetuosa confiança e uma presença forte e tranqüila. Num reflexo físico de um espírito tão sangüíneo, este sarcástico sofisticado tem uma estrutura pesada e estável, erigida sobre ossos grandes e resistentes — seu signo rege o esqueleto — e, bem a propósito, ereções bastante firmes. De fato, todas as extremidades do nativo, incluindo as mãos e os pés, são da variedade longa, espessa e coberta de veias.

O capricorniano é uma enganadora combinação de beleza juvenil com aspereza angustiada e agreste. Embora possa ter a pele macia e nutrida de um bebê, sua testa pode ficar profundamente marcada de rugas bem cedo na vida, o rosto marcado por profundos sulcos do nariz à boca. O rosto é freqüentemente marcado por sinais e propenso a mostrar uma sombra de barba cortante e densa. Os olhos separados e geralmente escuros, de forma alongada, são franjados de cílios lustrosos e longos; o nariz é ligeiramente achatado; a boca ampla e carnuda é rosada e úmida como a de um bebê, os dentes frágeis e leitosos — os capricornianos por vezes mandam capear os dentes; e como se marcado pelas patas fendidas de alguma mitológica divindade caprina, o nativo geralmente traz aquele notório furinho no queixo — um dos títulos do deus caprino Pan/ Baal é "deus da fenda". Como Pan, também, o capricorniano pode ter um corpo peludo, que, apesar da estrutura pesada, ainda tende a ter ossos delgados. Em comparação com o torso alongado, as pernas do nativo podem parecer curtas, o que lhe dá um baixo centro de gravidade e uma marcha articulada no quadril, tornada ainda mais notável pelo arco formado na região lombar e glútea. E embora as pernas sejam delgadas e também cobertas de pêlos densos e ásperos, os tornozelos talvez pareçam espessos e robustos, num desmentido de que eles, tal como todas as articulações do nativo, regidas por Capricórnio, são sujeitas a lesões. No todo, seu corpo é lépido, tendinoso e sedutor, embora salvo, por uma rigidez dos movimentos, de parecer excessivamente adolescente. O peito pode ser ligeiramente côncavo, com mamilos insignificantes; e a barriga, embora nem sempre sólida, é com quase sempre achatada, recoberta com uma trilha de pêlos que avança para o púbis. A "mala" é, em geral, frouxa e

BÍBLIA + LITERATURA

O signo de Capricórnio está associado com o "bode expiatório" e o Dia do Expiação ou Yom Kippur. Azazel equivalia a Baal-Gad, o deus caprino e o grego Pan. A expiação é um tema capricorniano, e o nativo busca limitar, restringir e realmente se arrepender. O mais enfático personagem capricorniano é Moisés, um escalador da montanha, que retorna com uma lista de dez restrições e uma nova cabeleira da cor da neve. Holden Caulfield, apesar da pouca idade, já tem cabelos grisalhos; ele também sente que o mundo necessita se arrepender de seus excessos "hipócritas". Como *O apanhador no campo de centeio* ele tem esperança de salvar outros da queda. A incapacidade de fazê-lo é a derrocada de Seymour Glass, personagem do Salvador-réu de Salinger. Os capricornianos cumprem em suas famílias o papel do bode expiatório, carregando pressões emocionais indevidas.

CASA
ASTROLÓGICA

prestígio
utilidade
honra
o passado
conteúdo
reputação
posição
estatura
metas de longo prazo
progresso
ambição
demonstração de talentos
velha-guarda
escalão executivo
autoridade
governo
como somos vistos
como somos avaliados
influência
autoridade paterna
favor ou desfavor
relações comerciais
autodisciplina
organização
pessoas em posições elevadas
hierarquia social
estabelecimento do eu
influência materna
tentativas de assumir o comando
trabalho árduo
títulos profissionais
paciência
honra profissional
interesses externos
trabalho voluntário
complementação
vínculos com sistemas políticos
corresponder às circunstâncias
causa e efeito

pendurada, apresentando um falo bastante carnudo, assim como testículos baixos, sinal de calma inerente nos machos do reino animal, juntamente com outros sintomas visíveis de sua associação com a faixa etária dos 63-70 anos. Igualmente, os nativos costumam ficar grisalhos mais cedo que a maioria dos homens do zodíaco — têmporas encanecidas que conferem aquele característico ar de sofisticação, por vezes quando ainda estão na casa dos vinte. Afinal, é no papel de figura cosmopolita e erudita que o capricorniano espera atrair as pessoas pelas quais ele se acha romântica e sexualmente atraído.

Sexo + Sexualidade

Na juventude, o capricorniano é notoriamente atraído por garotas e mulheres mais velhas, que mesmo superiores a ele em idade são continuamente surpreendidas e desafiadas pela natureza amadurecida do nativo. Por ser alto e um tanto desgastado ainda na adolescência, ele pode induzir uma mulher a lhe atribuir uma certa idade. Por ironia, o capricorniano típico, embora buscando uma certa forma de cuidado por parte da mulher, não exige orientações nem instruções: ele está tranqüilo e sereno, confiante na própria capacidade de alcançar por iniciativa própria as metas ambicionadas. Embora talvez deteste admitir, o que ele quer é alguém que, mais que cuidar dele, lhe organize o entorno. Dificilmente o nativo sente atração por mulheres dominadoras, preferindo os tipos aparentemente tímidos e retraídos, ou ainda mulheres inexpressivas ou candidatas a solteironas, que de outra forma iriam murchar no canteiro, e nas quais ele sente que encontrará proteção, devoção inconteste, ou diretamente servilismo. Às vezes, ele prefere "material usado" — garotas experientes, com um histórico, lhe parecem mais autênticas que as autodenominadas debutantes, cuja conduta ele considera suspeita. A rigor, o nativo é atraído por totais inocentes, com resultados incertos em casos extremos, ou por mulheres que não fazem rodeios quanto à própria experiência pregressa.

Ainda que em geral tenha sido popular na escola quando garoto, o típico capricorniano sofre uma prematura queda de seu prestígio social, de tal forma que, ao atingir o ensino fundamental, ele já era. Como nosso infeliz Holden, o adolescente capricorniano é muitas vezes rotulado de esquisito pelos colegas, que não conseguem entender sua complexidade e inata melancolia. Além disso, ele vê com tanto tédio as tendências atuais que parece estar fora de sintonia com os contemporâneos; por tais motivos atrai as zombarias, e também por entrar cedo na puberdade, chamando uma indesejada e incômoda atenção. Por menos que lhe importe a opinião de outros rapazes, ele fica mortificado, porém, em ser exposto ao ridículo diante das garotas, principalmente aquelas populares, que estabelecem o tom para todos demais. A Décima Casa também determina *como o mundo nos vê e avalia*, logo, as críticas são sentidas com muito mais intensidade pelo capricorniano. Na verdade, essa atenção negativa não passa de uma deturpação dos sentimentos eróticos que ele desperta no sexo oposto; e embora as garotas depois se atualizem em termos hormonais e comecem a se oferecer a ele, já terá sido feito o estrago capricorniano de praxe. Mas tudo isso já está escrito: a partir daqui, o Bode, mesmo cortejado com muitas bajulações, receberá impassível toda essa babação de ovo, tendo adquirido forte alergia a qualquer grupo privilegiado, e estará a salvo da influência de sua própria vaidade ou orgulho. Enquanto isso, ele vai para onde o amor está — quase sempre para garotas que têm na cabeça uma trilha sonora de Janis Ian, e estão ligadas em seu fascínio não-conformista de desajustado e em partilhar sua visão dissidente da existência. E mal você diz "nós dois contra o mundo" o nativo faz uma conexão sentimental com as ninfas retraídas, da mesma forma como ele próprio está se tornando astutamente sofisticado. Sem ser maníaco por visual — reconheçamos em seu crédito —, ele deixa a seu precursor de mentalidade superficial, o sagitariano, o hábito de dar valor às aparências externas. Em vez disso, ele se concentra, embora demasiado, na beleza interior das pessoas. Pode-se argumentar que por se sentir por baixo o nativo tende a "visar baixo", em razão de se sentir rejeitado pelas garotas fisicamente lindas que realmente lhe interessam, à semelhança de Pan incapaz de pegar todas as ninfas que persegue. Por outro lado, tratando-se do capricorniano, sempre haverá prós e contras em todas as questões.

A questão fundamental, quando se trata de sexo e relacionamentos, ou, aliás, de qualquer objetivo de vida, é que o nativo decididamente não consegue lidar com a competição. Isso o transforma num personagem singular, pois todo êxito alcançado foi obtido de maneira tão característica que isso o coloca sozinho numa categoria exclusiva — ou então, ele não está no páreo. Eis o modo operacional essencial do típico nativo do signo: entrando numa arena da percepção humana, seja de nível íntimo ou global, ele começa por cima, pelo alto da pilha. Pense nos filhos da família Glass de Salinger, já no auge da fama em tenra idade, sem outra direção a seguir senão para baixo, suas vidas transformadas num longo desenlace de anticlímax. Tal é a experiência do nativo de Capricórnio. Se conseguir um novo emprego, será apresentado como uma espécie de menino

PALAVRAS-CHAVE

dissidência
recessão
fortificação
asserção
cálculo
estabelecimento
decadência
austeridade
refinamento
fantasias
sabedoria
profundidade
duração
repressão
exclusividade
inacessibilidade
maturação
imprudência
determinação
duvidar de si
pessimismo
fatalismo
desenvolvimento
domínio
sofisticação
aprendizagem
ostentação
obsessão
estatura
economia
prestígio
perfeição
tradição
resposta pronta
ímpeto

HOMENS FAMOSOS DE CAPRICÓRNIO

Cruzados da cultura e dissidentes decadentes

Jude Law
Cary Grant
Danny Kaye
Olivier Martinez
Orlando Bloom
Ralph Fiennes
Jim Carrey
Andy Kaufman
Nicolas Cage
Mel Gibson
Denzel Washington
Cuba Gooding Jr.
Jared Leto
Patrick Dempsey
Elvis Presley
David Bowie
David Sedaris
Kid Rock
LL Cool J
Michael Stipe
Jean-Michel Basquiat
Paul Thomas Anderson
Todd Haynes
Kevin Costner
Jon Voight
Ted Danson
Robert Duvall
Trevor Nunn
Rowan Atkinson
Ricky Martin
Dave Matthews
Stephen Stills
Michael Nesmith
Davy Jones
Howard Stern
Bill Maher
Harry Shearer
Steve Allen
Charles Nelson Reilly
Ray Bolger
Quentin Crisp
Stephen Hawking

prodígio cuja posição elevada é no mínimo precária. Na cultura popular, o capricorniano não se limita a explorar só uma fatia específica do sentimento da época: ele personifica o pináculo daquele gênero com uma forma culminante: havia o rock'n'roll e então apareceu Elvis. Havia o boxe e então apareceram Joe Fazier e Muhammad Ali. Havia o galã hollywoodiano, e então apareceu Cary Grant. O grande romancista americano, e então, J. D. Salinger. E a lista prossegue indefinidamente. Para sermos francos, a modalidade culminante da grandeza capricorniana é quase impossível de manter. Entretanto, a Cabra Marinha sabe o momento exato de escorregar de volta para a obscuridade, autoimposta ou não, e (como o tempo está sempre a favor dele) se reorganizar antes de navegar sua próxima crista de onda. O mesmo padrão de picos e vales, herança arquetípica do deus decaído Cronus-Saturno, se aplica também às relações pessoais do nativo. Em novos vínculos românticos, ele é visto como um excelente partido, principalmente pelos amigos e familiares da nova parceira. As pessoas acorrem a lhe demonstrar deferência. Ele é o líder, ambientando a parceira, armando a festa. Ele é o favorito de todo mundo e tem tudo para dar certo. Mas não tarda a cair em desgraça, porque deixou transparecer sua natureza humanamente emocional e, de repente, todos que o consideravam o sujeito mais feliz do mundo não conseguiram aceitá-lo entregue à depressão. Eis outra razão pela qual ele freqüentemente escolhe mulheres tímidas, inferiorizadas ou noivas de catálogo como parceiras românticas: para poder sofrer todas as quedas pessoais que (ele sabe) podem lhe acontecer, sem ter de enfrentar o desencanto desdenhoso de pessoas que (ele pensa que *elas* acham que) lhe são "superiores". A ironia é que apesar da fama de não se impressionar com os aspirantes à celebridade, o próprio Capricórnio gosta de se sentir uma estrela, pelo menos nos círculos modestos que consegue reunir a seu redor. Ele é como um czar deposto, ainda fazendo sua pantomima de realeza dos tempos dourados para cortesãos-dublês de garçons. Ele é o máximo, a estrela oxidada no alto de uma árvore de Natal de alumínio, o equivalente masculino da Tia Mame ou de Nora Desmond, e a *pièce de résistance* muito saturnal; em outras palavras, "o limite". Para ele, o desafio seria visar tão alto quanto possível no amor, sem se conformar com segundas opções, e ainda assim assegurar o mesmo estilo de vida descontraído com uma linda garota que tenha os dotes intelectuais e espirituais (leiam-se: expectativas) que lhe tocaria partilhar com alguma dócil noivinha da realeza do Franistão.

O personagem que o capricorniano Cary Grant interpretava na versão cinematográfica de *The Philadelphia Story*, de Philip Barry, ilustra num feliz acaso a versão masculina dos relacionamentos. O homem "decaído", neste caso um ex-alcoólatra, C. K. Dexter Haven, está melhorado, e não piorado, pelas agruras da vida. Seu nome ("seek right haven" [procuro o porto certo], pois *dexter* é o oposto de *sinister*) já está dizendo tudo: ele está procurando um porto, uma fonte, conforme sugere o nome, de segurança e santidade; em resumo: o modo capricorniano. Mesmo seu totem, a Cabra Marinha, entidade que é metade animal terrestre, metade peixe, já está mostrando que ele estará caminhando com mais desenvoltura em alguma enseada. Mas a segurança pode ser uma armadilha, fomentando a complacência do nativo, que infelizmente considera os relacionamentos, em primeiro lugar, uma fonte de conveniência, e em segundo, uma fonte de amor. De todos os homens do zodíaco, o capricorniano é o mais inclinado a desacreditar inteiramente do amor, e por vezes, em sua enfadada sofisticação, acaba por jogar fora o bebê com a água do banho do que ele considera artifícios sociais e hipócritas. Tipicamente, trata-se de uma desculpa subconsciente. Nosso melancólico Pan deseja, na idade adulta, evitar os sentimentos de decepção sentimental que experimentou na juventude. Da mesma forma, o velho do zodíaco não quer se ver forçado a trabalhar tanto e nem a conciliar sua maneira de ser. Qual C. K. Dexter Haven, após fazer uma tentativa de amar a mulher que na verdade adora, Tracy Lord, um monumento de virtude, ele só vivencia uma queda característica — os princípios mais valiosos e éticos da mulher só provocam nele seu comportamento mais decadente, quase à guisa de desafio. É uma atitude característica do homem de Capricórnio: exacerbar a sofisticação, quando confrontado com paradigmas complacentes de correção. Há na retidão moral algo que o deixa tentado a empurrá-la garganta abaixo da sociedade. E assim o casamento dos dois vai para o espaço — o veleiro do casal, o *True Love*, vai para as docas — e eles se divorciam. Naturalmente, no momento em que C. K. dá um tempo em seus cacoetes decadentes e a senhora Lord desce do salto alto, eles se juntam de novo. Esta é a dinâmica exata pela qual o capricorniano por vezes precisa passar, se quiser ter uma percepção da própria capacidade de amar de verdade. No entanto, não há como enfatizar bastante o fato de que o capricorniano perderá de vez este barco. Ao cogitar de dar o mergulho, principalmente no casamento, bastaria perceber que evitaria muito mais a angústia emocional se enfrentasse corajosamente seu amor de mulheres inteligentes e desafiadoras, com um projeto de vida e expectativas (sim, até mesmo relativas a ele) do que evitaria ao buscar "arranjos" seguros, fáceis e convenientes. Em geral, estes são tudo, menos o que interessa. Entretanto, parece que este sujeito melancólico prefere sentir

Sir Isaac Newton
Louis Pasteur
Ben Franklin
Martin Luther King Jr.
Anwar Sadat
Isaac Asimov
Henry Miller
J.D. Salinger
J.R.R. Tolkien
A.A. Milne
Jack London
Robert Bly
Carl Sandberg
Kahlil Gibran
Alvin Alley
Rod Stewart
Robert Palmer
Maurice Gibb
Robin Gibb
Cab Calloway
Jimmy Buffett
Muhammad Ali
Joe Frazier
Rod Serling
Matt Lauer
Albert Gore Sr.
Woodrow Wilson
Howard Hughes
Aristotle Onassis
Cardeal O'Connor
Conrad Hilton
Phil Spector
Mao Tse-tung
J. Edgar Hoover
Jim Bakker
Dennis Hastert
Konstantin Stanislavsky
William Howell Masters
Marilyn Manson
William James
Anthony Hopkins
Richard Nixon
Henri Matisse
Carlos Castaneda
Alan King
Oliver Hardy

REGÊNCIA DO CORPO

O signo de Capricórnio rege os ossos e o esqueleto como um todo, além dos joelhos e da pele. Problemas nos joelhos são típicos, como também afecções cutâneas causadas pelo excesso de preocupações ou pela repressão das emoções. Saturno também está associado à vesícula e ao baço.

pena de si mesmo e levar uma vida de inquietação emocional e mediocridade, a ceder um milímetro ou fazer a menor concessão para ficar com o tipo de mulher que realmente faz seu coração bater. Infelizmente, essa batida com freqüência só lhe recorda que tem algo frágil, capaz de se partir com muita facilidade.

Existe também uma boa parcela da população masculina capricorniana que endossa a antiquada crença de que as mulheres estão no planeta para procriar e obedecer de outras formas às ordens de um homem. É nesse ponto que pode se manifestar negativamente a *tradição* da regência de Saturno sobre a Décima Casa; em geral o que acompanha esse tipo de personalidade do nativo de Capricórnio é a estrita adesão a uma organização religiosa. No que diz respeito a crenças espirituais, o capricorniano pode ser ultra-rígido e dogmático ou viver numa nuvem de incenso. Pode-se dizer que ele entende demasiado literalmente o aspecto bíblico da subida de Moisés à montanha, contido em seu signo. Para esse tipo de homem o casamento pode estar menos relacionado ao amor que para o nativo emocionalmente debilitado. Uma atitude devota substitui a postura decadente, e ele talvez oculte sua vocação subjacente para a degradação sob o estilo de vida temente a Deus, do qual o casamento pode ser parte integrante. Aliás, os desejos libidinosos reprimidos serão porventura sua razão de levar uma existência católica, ou seja "amplamente aceita", independente da religião ou apesar de não ser adepto de nenhuma. Seja qual for sua rotina, para o cabrito, o metafórico errante da montanha, os relacionamentos não são um passeio, e tampouco o são para o parceiro dele.

Mesmo o típico capricorniano sofisticado da cidade grande, que segue vida afora em queda livre, verá os relacionamentos como lugares seguros onde aterrissar. E o nativo, como o preeminente casadouro serial do zodíaco, poderá ficar se casando de vez em quando. Entretanto, a partir do momento em que encontrar uma esposa complacente, disposta a se conformar com a estrutura do vínculo criada pelo marido para atender às próprias necessidades, ele detestará deixar a relação. E como pode ser quase patológico em sua busca de um vínculo seguro, o capricorniano talvez não tenha pruridos em se casar por dinheiro. Afinal, um homem precisa comer, e só Deus sabe o quanto. Adequadamente financiado, ele com alegria trocaria seus laços baratos por laços valiosos, novinhos em folha, desde que, naturalmente, viessem de um estabelecimento do velho mundo, digamos, de algum endereço em Savile Row. Autodidata de primeira linha, o capricorniano típico passa a juventude inteira cultivando a mente com estudos intelectuais, religiosos ou filosóficos, ao mesmo tempo em que aperfeiçoa seu conhecimento do traquejo social. Nesse respeito, ele se considera um bom partido, merecedor de transmitir à parceira seu inestimável conhecimento, às vezes em troca de uma mesada. Dessa forma, uma herdeira tímida, deselegante e religiosa poderia facilmente se tornar a companheira mais compatível do nativo de Capricórnio. Ele vê uma certa praticidade em fazer um bom casamento; se alguma forma de afeto, ou sua cautelosa modalidade de amor for um subproduto, tanto melhor. E enquanto isso, a característica boa aparência e o fascínio impecável lhe garantem um cantinho seguro no coração da parceira, apesar do eterno distanciamento impossível de abordar do nativo. Esses relacionamentos pré-fabricados atraem o capricorniano pela mesma razão que o leva a fazer aqueles movimentos súbitos e gigantescos na vida profissional ou no sucesso criativo: é sua natureza, tal qual a do arquétipo Cronus, começar do alto e depois ir vagarosamente encontrando seu patamar de conforto nas situações. E assim, quando localiza aquela mulher que é um porto seguro, ele realmente derrama todo o encanto e coloca toda a energia em deixá-la deslumbrada de forma que, antes de percebê-lo, ela já está gerindo a casa e os negócios dos dois, enquanto ele escorrega para ainda mais longe, para o retiro em que consiste sua vida. Ele também acha que quanto mais peso e sofrimento emocional uma mulher já estiver carregando, maior a probabilidade de se dispor a carregar igualmente os dele.

E o fato de nosso bem produzido bode expiatório carregar um peso metafísico não o impede de descarregar tudo sobre a parceira. Em parte, este é o objetivo: casar-se com um capricorniano lembra receber um avô idoso em nossa casa, para sempre — e a semelhança não fica só no figurino. Em seus vínculos, o nativo espera colher o benefício de receber cuidados, ao mesmo tempo em que desfruta da liberdade e do respeito devidos a um viajado e sábio ancião (essa dinâmica suscita uma interpretação bastante negativa do lema do signo "eu uso"). O signo está associado com princípio de posição elevada que o nativo percebe como o direito de nascença. Como os iguais se atraem, o Cabrito é naturalmente atraído pelos ricos e poderosos, nas atividades profissionais quanto na busca de parceira. Apesar de talvez ter sido criado no lado pobre da sociedade, o capricorniano se encaixa destramente nos ambientes elevados e socialmente arcadianos. Os principais magnatas e especialistas deste mundo costumam simpatizar de imediato com este sujeito, pois ele é uma sociedade histórica ambulante, e, ainda mais importante, consideram-no o par perfeito para as filhas solteironas. Amores à parte, ao Cabrito também não perturbam as inquietações sexuais, que dificilmente são um fator determinante em sua escolha de parceira, o que não deixa de ser irônico, afinal poucos homens

LANCES ERÓTICOS

NATIVO HÉTERO

mulheres mais velhas
submissas
pele escura
cabelo escuro
asiáticas
latinas
fantasias de repressão feminina
seios pequenos
quadris grandes
submissão e disciplina
troca de casais
dominação
escolares
espancamento
mulheres primitivas
nativas
corseletes
roupas com amarrações
humilhação
voyeurismo
cafetinagem
ser traído
penetração anal
cunete
masturbação feminina
bibliotecárias
enfermeiras
cabelos presos em coques
máscaras
capuzes
transexuais

vivenciam os níveis mais elevados dos impulsos libidinosos, tão familiares a ele. Os desejos eróticos podem irritá-lo um pouco, uma distração indecorosa que ele busca subconscientemente subjugar, ou mesmo submergir em prazeres mais socialmente civilizados como champanhe, caviar ou coleções de gravatas de seda.

Mesmo quando cortejada pelo nativo, uma mulher pode ter dificuldade em discernir se ele está ou não sexualmente interessado. Entretanto, o satirismo, definido como desejo sexual incontrolável no homem, não foi em vão batizado assim para homenagear o arquétipo caprino. Porém, quanto mais intenso o desejo, mais o nativo busca restringir o domínio exercido sobre ele, a pressão psicológica, e, que dirá, o estresse físico, continuamente aumentando até explodir. A impressão que se tem é de que tudo o deixa excitado, e suas sensações mais lascivas, aquelas que abalam sua identidade sexual, constituem tormento sem fim. Especialmente na juventude, com a influência de Saturno pesando tanto sobre ele, todo impulso sexual parece carregado. Ele é uma figura eternamente trágica, como Hamlet (sinônimo de *porto* ou *enseada*) — a própria palavra *tragédia* se origina da palavra grega *tragoidia*, que significa "a canção do bode". E convenhamos, não há maneira fácil de dizer a esses Hamlets do mundo, contempladores de caveiras, que procurem pegar leve.

Com o passar do tempo, a ironia se torna mais aguda, pois o nativo refreia cada vez mais sua atividade sexual, justamente quando suas tendências mais libidinosas começam a emergir — a repressão daquela poderosa e saudável libido é o que termina por desviá-lo em direções mais pervertidas. Quando jovem, seus desmesurados impulsos e fantasias extravagantes privam-no da possibilidade de buscar um relacionamento com uma virgem inocente de sua mesma idade; em vez disso, ele opta por uma mulher experiente, ou mesmo bem desgastada que, segundo acredita, não se chocará com as ruminações eróticas mais grosseiras de sua parte. Quando finalmente se dispõe ao casamento com, digamos, uma parceira segura e notoriamente puritana, ele precisará fazer outros arranjos para satisfazer seus anseios mais lúbricos. Assim como a Décima Casa rege os *interesses fora de casa*, que se manifestam no fato de ele poupar os detalhes cotidianos da existência a sua parceira, dublê de donzela, assim também ele poderá encontrar alívio com uma terceira pessoa para seus mais chocantes impulsos sexuais, quase por cortesia, longe de casa, nem que seja para não perturbar a parceira. Naturalmente, a solução perfeita seria formar uma parceria duradoura com uma mulher capacitada a ser mãe da prole numerosa que o capricorniano costuma ter, e que na mesma medida esteja aberta e desejosa de se envolver em todas as condutas escusas que o Bode nem sonharia apresentar à companheira. Esta é a trágica falha de relacionamento do dramaturgo do zodíaco: ao ocultar de seu outro significativo extensas áreas de si mesmo, ele por vezes acaba preso nessa vida com uma pessoa de tipo seguro para a qual ele só pode voltar depois de realizar aqueles desejos. O que o Sr. Hamlet ou o Sr. Haven precisam entender é que este enredo de porto seguro é uma via de mão dupla: o paradigma de virtudes que é a esposa do capricorniano, e mãe de seus filhos pode, e, na verdade, deveria ser alguém que tivesse tantas inclinações esdrúxulas quanto ele mesmo, de forma que juntos pudessem explorar seus conceitos mais ousados, mantendo os segredos decadentes um do outro seguramente trancafiados no seio de seu relacionamento. Em seu afã de negociar uma relação funcional, porém desapaixonada, o nativo só aumenta a produção de bagagem sexual reprimida; porém, se admitir suas inclinações mais baixas e dissolutas, dando a elas livre curso com uma parceira de mesma inclinação, uma verdadeira feição pode conseguir borbulhar e chegar à superfície do belo pântano do tesão recíproco do casal.

A sofisticação, em seu sentido mais puro, significa ausência de simplicidade. Logo, chamar o complicado capricorniano de sofisticado número um do zodíaco acerta em mais de um alvo. As fantasias dele e seu comportamento sexual real não são questões diretas, mas sim compostas de camadas de desvios, fetiches e uma série de deficiências pessoais. Sua modalidade de sexo é devassa e às vezes mais depravada do que a maioria das pessoas sequer consegue imaginar. No centro de seu desejo está o interesse pelo contraste, que tipicamente se manifesta com o nativo assumindo o papel de senhor aristocrático, seja sutil ou totalmente fantasiado e maquiado, enquanto a mulher interpreta a perfeita donzela ou despenseira. Talvez essa inclinação pela humilhação e degradação se manifeste como simples desejo de sexo-tabu, com penetração anal, seu lance pessoal favorito, ou até uma variação oral sobre o mesmo tema. Tal qual o seu chamado oposto, o canceriano, o nativo de Capricórnio também tem um fetiche em relação a mulheres vestidas como jovens núbeis, com a parafernália completa de penteado maria-chiquinha e *baby doll*. Também causam surpresa, por outro lado, as relações descritas nas histórias de Salinger, envolvendo homens adultos e meninas, como em "For Esmé — with Love and Squalor" [para Esmé — com amor e imundície], o que praticamente resume o sentimento confuso do capricorniano diante dessas inclinações mais lascivas, que, no caso de Seymour Glass, podem ter sido a causa de seu suicídio. Cabe perguntar, em "A Perfect Day for Banafish" [Um dia perfeito para o peixe-banana],

LANCES ERÓTICOS
NATIVO GAY

homens mais jovens
michês
prostitutas
físicos muito magros
posição por cima
analíngua
manipulação anal (ativo)
caubóis
fazendeiros
trabalhador braçal
couro
chaparajos
botas
brim
homens latinos e mediterrâneos
garçons
atendente de restaurante
inversão de papéis, passivos virgens
reservados
clubes eróticos
segredo
anonimato
veneração do corpo (ativo)
perversão
lubricidade
submissão e disciplina pesada (ativo)
travestismo
humilhação (ativo)
heterossexuais
bissexuais
anel peniano
piercing
bombas de sucção
fluidos corporais
esportes aquáticos
pornografia
tortura leve (ativo)
vagabundos
vadios
prostitutos

qual seria o peixe em forma de banana que Seymour apontava para a garotinha com quem estava brincando no oceano. Deixando de lado essas violações penais, o capricorniano talvez se interesse por uma dramatização na qual a parceira deve fazer tudo o que ele ordena; ele poderá até ficar excitado ao pagar pelo direito de ver executadas suas instruções eróticas. Seja como for, as práticas mais rotineiras do intercurso do capricorniano seguem um tema de passividade, no qual a mulher deve assumir grande parte da responsabilidade até pelo desempenho das ações mais óbvias, montada sobre o parceiro para a transa, enquanto este relaxa em sua típica modalidade de lazer. Em muitos enredos excitantes para o capricorniano, a parceira deve fazer coisas a ele, que vivencia uma dose maior de excitação quando certos atos representam um desafio, exigindo alguma prática, ou que dirá, um estômago forte, para fazer direito o trabalho. No entanto, a paciência é a virtude mais surpreendente do bode regido por Saturno; e para o deleite ou consternação da parceira, ele nunca tem pressa. Por vezes, o mais excitante na cama são coisas que ele terá compartilhado, na juventude, com mulheres mais velhas e experientes, que ele costuma atrair desde muito cedo. Experiências passadas, traumáticas ou eróticas, causam um forte impacto no capricorniano, que desejar reprisar os comportamentos prazerosos de uma era passada, às vezes de forma ritualística — são atos dessa natureza que ele mais teme abordar com as companheiras mais pudicas. Mas ele próprio deveria admitir que para o Bode sexual o maior estímulo é a idéia de corromper uma sacerdotisa puritana, da mesma forma como Dexter Haven deseja derrubar de seu pedestal patrício a nobre amada, a fictícia Tracy Lord, e explorar seu eu mais lascivo.

Em alusão à regência de Saturno sobre a Sétima Casa da *restrição*, o capricorniano é notoriamente titilado por mulheres empertigadas e aparentemente reprimidas, com sinais exteriores de puritanismo. Enfermeiras, secretárias, bibliotecárias, professoras, balconistas e caixas de banco encimam a lista daquelas a quem o Bode Marinho gostaria de arrastar para as profundezas da degradação bem-aventurada. De fato, suas imagens masturbatórias freqüentemente focalizam a corrupção dessas moças bem-comportadas. Quem afirmou que "os homens não passam cantadas em garotas de óculos" não tinha a menor percepção da psicologia sexual capricorniana. Talvez seja uma questão de intuir, ou imaginar, nesses personagens, a frustração e a subjugação semelhantes às vivenciadas por ele próprio. Apesar de achar provocante a idéia de uma mulher prisioneira dos próprios desejos, o nativo normalmente se detém a um passo de qualquer modalidade de sadomasoquismo — um pouco de submissão, talvez, mas ele realmente não curte chicotes e correntes. Em sua visão erótica, tipo *O amante de Lady Chatterley*, o estimulante é imaginar as constrições sociais tendo o corselete rasgado pelo desejo cru e rústico (decerto que ele prontamente se sentaria com toda comodidade, de pernas cruzadas, numa confortável poltrona e observaria um jardineiro tosco comer uma dama casta e supostamente pudica, ou qualquer trama que misturasse o digno com o sujo). Afinal, é terrivelmente sofisticado um homem permitir à própria parceira fazer sexo com outros homens; naturalmente, esta é só uma forma fantasiosa de dizer que o capricorniano fica excitado em observar uma mulher transar com outro homem — em sua lista de fantasias esta bate a possibilidade de vê-la tendo um rolo com outra mulher sensual. Ao contrário do virginiano, aqui não se trata de gozar por estar sendo traído; ao contrário, o que o faz gozar é a degradação da mulher. Portanto, nas fantasias dele, quanto mais brutal e violento o personagem com que ela se envolver, melhor. A idéia de brincar com outros casais é uma daquelas notórias necessidades que normalmente esconde da companheira. O que os franceses chamam de *échangisme* pode se tornar um hábito para nosso lúbrico nativo; o tom de sociedade secreta de que o termo se impregna combina perfeitamente com seus hábitos decadentes e sórdidos.

Ter sentimentos eróticos por outros homens é uma vivência da maioria dos homens de Capricórnio. Tão carregadas de peso emocional são tais sensações para o Bode, que fica difícil discriminar o que talvez seja uma fantasia passageira do que constitui um interesse latente. Na adolescência, ele terá talvez, como tanta gente, participado do proverbial rodízio de punheta; porém, terá banido essa atividade, para que não se transformasse numa conduta mais envolvida. O irônico é que ele transforma esses sentimentos e comportamentos em algo tão grande, detendo-se neles infinitamente enquanto se recusa a maiores envolvimentos que classifica de "errados", que a questão acaba por não se resolver, e ele prossegue vida afora com imensa interrogação no fundo da mente — os heterossexuais capricornianos se obrigam a superar esse comportamento, e os homossexuais do signo podem continuar bastante reprimidos. De qualquer forma, o capricorniano, sensível como é, fica mobilizado com a questão e continua solidário aos gays, muitos dos quais compõem a maior parte de suas amizades mais íntimas. Enquanto isso, nosso suspeito Bode Marinho tem um ar sexualmente indefinido. O satirismo inerente leva o nativo a erotizar as experiências e sexualizar a maioria das pessoas, o que o deixa mais predisposto a atrair as do mesmo gênero. Enquanto seu expansivo vizinho astrológico, o sagitariano, é direto em relação a sentimentos, desejoso de tentar tudo pelo menos uma vez (inclusive o sexo com outro homem), o capricorniano é tão essencialmente contido em suas emoções, tão rigoroso no que é "correto" e "tradicional", que o mero fato de ter impulsos homossexuais pode provocar surtos de intenso pandemônio psicológico. Mas, o nativo usa sua confusão inerente como usa um cardigã retrô-chique: ela é parte de um personagem sofisticado, que sinaliza aos demais que ele não se choca e que não há nada de cunho sexual que ele não tenha experimentado (nem que seja em suas fantasias férteis). É desnecessário dizer que o caráter sexual do capricorniano mantém as pessoas na dúvida. Por vezes ele é literalmente como o bode bissexual, bancando o hétero para a esposa e a família, enquanto mantém um ou dois rapazes em paralelo.

Contudo, mesmo quando admitidamente tão "esquisito" quanto uma nota de três dólares, o nativo detesta ser qualificado por outros, recusando os rótulos sexuais no mesmo momento em que levanta a saia para praticar sexo anal no sujeito que está de quatro à sua frente. É isso mesmo, foi o que dissemos. Embora talvez tenha uma série de namorados pela vida afora, e uma ou mais relações duradouras, o capricorniano raramente se estabelece com um parceiro num exclusivo papel doméstico. O Bode gay é um feixe de contradições, é o notório bofe vestido de *drag queen* do zodíaco. Ainda que trabalhe talvez no campo profissional erudito ou artístico, e esteja cercado de outros homossexuais bem produzidos e candidatos ao sucesso, em geral não é nesse *pool* que nosso Cabrito de rabo de peixe vai buscar suas diversões. O que realmente o atrai são os jovens rurais completamente sem artifícios, caipiras toscos e roceiros de comportamento hétero com fascínio e maneiras domésticas (e freqüentemente uma garota à espera na fazenda), rapazes que ele pretende virar de bruços num piscar de olhos. No alto de sua lista de prioridades consta algo sobre um personagem saudável e puritano agarrado a seus tornozelos, principalmente quando ele pode ser o primeiro a requisitar território virgem. Impossível deixar de lembrar o capricorniano autor E. M. Forster e seu personagem Maurice, na obra homônima, um suave e sofisticado tipo urbano com impulsos homossexuais que, como tantos nativos do signo na vida real, passa por uma forma de psicoterapia para se livrar desses pensamentos impuros, só para terminar encontrando a felicidade da auto-realização erótica nos braços de um rústico guarda-caça, Scudder. De fato, nada consegue desanuviar mais depressa o cenho carregado do nativo gay que uma alegre rolada no feno em companhia de um rústico descomplicado — com efeito, se pressionado para escolher seu personagem favorito no conjunto musical Village People, o nativo indubitavelmente escolheria o caubói. Capricórnio pode ser bastante fetichista em relação a tudo que cerca tais personagens, sentindo uma onda de excitação até mesmo diante de paramentos como botas, *chaparajos* e chapéu de copa alta. Da perspectiva astrológica, parece haver alguma segurança na ligação com um sensual empregado de fazenda que encarna uma estabilidade capaz de colocar o Bode numa sólida base sexual. Por ser um sujeito naturalmente altivo, ele sente que poderá botar os pés no chão ao se divertir com um homem desses.

Com esses adoráveis brutamontes que ele tanto admira, o capricorniano interpreta fundo o papel de Tia Mame, abrindo os olhos do amante para todas as delícias que o mundo metropolitano tem a oferecer, embora continue disposto a ser arrastado de volta à fazenda para confraternizar com a família do parceiro. A exemplo das divindades das culturas do Bode Marinho que trouxeram civilização aos bucólicos inocentes da Acádia rochosa, o capricorniano adora ser uma anomalia, alegrando-se em alimentar as galinhas, ordenhar as vacas ou, com seu talento para a mecânica, consertar um motor de trator, embora vestido numa cuequinha Gucci. Digamos que o nativo consegue devolver a jovialidade a seu temperamento extravagante. Ele é gloriosamente desajeitado e todos o adoram por ser assim, principalmente o amante, que se beneficia com todos os prazeres lascivos que o Capricórnio costuma proporcionar. Com uma proverbial fixação em bundas, ele concentra naquela região muitas de suas atividades na cama. Deliberado, por vezes ridiculamente absorto em sua concentração ali, ele espera extrair todas as reações possíveis pela estimulação daquela zona, de todas as maneiras. A penetração nunca é precipitada ou, aparentemente, centrada nele — de preferência ela se destina a transformar o seu másculo parceiro numa suplicante mulherzinha, o que outros talvez jamais seriam capazes de assumir. O nativo sabe que, ao olhar para eles dois, a maioria das pessoas iria suspeitar que seu típico parceiro, um garanhão bronco, era o lançador e ele, o apanhador, e o fato de que o oposto seja normalmente a verdade o deixa infinitamente eletrizado. E qual o hétero do signo, o nativo gay adota uma abordagem descansada à atividade sexual, tão cheio de considerações ao brincar com o amante, quanto o é ao fazer um arranjo de flores ou instalar um novo carburador. Quando chega o momento de retribuir o favor, o amante também deve estar preparado para ir com calma, geralmente um desafio no tocante ao sexo oral, dadas as notórias dimensões avantajadas do nativo e sua lenta escalada até o orgasmo. Da parte do amante será particularmente importante cultivar a paciência em relação à expectativa de demonstrações de puro afeto, afinal, poderá esperar uma vida inteira para ouvir o capricorniano dizer aquelas três palavrinhas, se é que algum dia chegará a dizê-las.

Casais

Hétero

Homem de Capricórnio / Mulher de Áries

Se estiver procurando complicação, ela se ligará ao complexo capricorniano. Uma combinação enrolada — dramática, caótica e confusa. As fantasias radicais são confortavelmente expressadas: troca de papéis sexuais, troca de casais, ou sadomasoquismo podem ser o trivial.

Homem de Capricórnio / Mulher de Touro

Ele costuma manter ocultas suas mulheres, mas não desta vez: ela é bonita e classuda, e existe para criar um ambiente estável no qual ele possa florescer. Juntos, levam uma vida de alto padrão: só o melhor satisfaz.

Homem de Capricórnio / Mulher de Gêmeos

No começo, eles parecem programados em ritmos diversos — ele é lento; ela é ligeira. No melhor, eles se ajudam a adaptar ao ritmo mais moderado. No sexo, ela se sente esnobada; mas ele sonha formas de liberar o desejo dela.

Homem de Capricórnio / Mulher de Câncer

Um primeiro e arrebatador encontro sexual abre caminho para um vínculo compassivo — seja como parceiros carnais ou mais comprometidos. A atividade erótica à beira do extremo — sexo estranho e vigoroso pode ser o padrão.

Homem de Capricórnio / Mulher de Leão

Dois personagens precoces, de independência individual diminuída quando em dupla. Ele é especialmente possessivo. Na cama, atividade ousada, talvez mais atrevida do que tentariam com outra pessoa. *Veneração* é a palavra-chave.

Homem de Capricórnio / Mulher de Virgem

Eles têm um plano: trabalhar em equipe, prosperar, viver em relativo luxo. Brincam de casinha assumindo papéis tradicionais. O sexo raramente é o foco. Surpreendente, em alguns casos o casamento é confortavelmente "aberto".

Homem de Capricórnio / Mulher de Libra

Formando um clube cultural de dois sócios, esses personagens traçam seu próprio roteiro de vida, participando com paixão dos mundos da moda, da arte, das comunicações. Sua vida sexual, embora secundária, é igualmente progressiva.

Homem de Capricórnio / Mulher de Escorpião

Aos poucos, ela insinua seu jeito na vida dele — desde que ela entrou, eles são inseparáveis. Ela assume o comando, o que convém à descansada abordagem à vida que ele adota: é uma diva. Também na cama ele está feliz em relaxar.

Homem de Capricórnio / Mulher de Sagitário

A sofisticada sagitariana e o classudo capricorniano são atraídos para os melhores círculos da sociedade, avançando com suavidade rumo ao sucesso por intermédio da camada social de sua escolha. Na cama são atrevidos e sem limites.

Homem de Capricórnio / Mulher de Capricórnio

Dois espíritos velhos. Belo casal de gosto refinado, eles se percebem como um pouco superiores. Os rígidos valores dela podem causar a ele alguma consternação. O sexo é lento e regular; eles são respeitosos, até corteses.

Homem de Capricórnio / Mulher de Aquário

Eles podem ser explosivos no convívio; logo, são extremamente ciosos de não provocar cenas. Entretanto, há muito bom humor na relação. Na cama, a intensidade emocional ganha sua melhor utilização: o sexo é ardente e desregrado.

Homem de Capricórnio / Mulher de Peixes

No começo são os melhores amigos — inspiram-se os sonhos mais ousados. Ela precisa abrir os olhos nublados; ele conta com ela para consciência coletiva do casal. A missão do capricorniano é gratificar a voraz amante pisciana.

Gay

Homem de Capricórnio / Homem de Áries

Áries é um ingênuo que venera o capricorniano bem-educado e mundano. Passada a fascinação, o foco se transfere para a amizade. Depois de um começo declaradamente sexual, o par poderá aos poucos se tornar abstêmio.

Homem de Capricórnio / Homem de Touro

O apreço mútuo talvez não seja verbalizado; o envolvimento sexual também pode ficar debaixo do pano. Amizade garantida — a combinação Touro-Capricórnio produz grandes amigos. Na cama, a habilidade manual do Bode atiça o desejo do Touro.

Homem de Capricórnio / Homem de Gêmeos

O lucro financeiro pode inspirar a união da dupla. Não é de se admirar que as tensões aumentem, se os recursos diminuem. Provocação mútua é forma de brincadeira — eles chamam de sarcasmo. O sexo é "sujo", quanto mais estranho, melhor.

Homem de Capricórnio / Homem de Câncer

Opostos zodiacais, eles enfrentam muitos desafios. Por trás das superfícies convencionais apresentadas espreita o conflito. No fim, o capricorniano é rotulado de vilão. Mas desde o começo o sexo, de tão bom, vira fetiche.

Homem de Capricórnio / Homem de Leão

O leonino se sente resgatado: ele é um neófito comparado ao capricorniano culto. Mas Leão aprende a aceitar a orientação de um sofisticado adepto social. Na cama, Capricórnio espera expor seu "caipira" a uma pitada de pecado.

Homem de Capricórnio / Homem de Virgem

Juntos, dominam cruciais lições de vida. Tipicamente, o retraído virginiano faz a perseguição. Capricórnio se descobre estranhamente apegado. Tudo começou com puro sexo e cada interlúdio parece novo, como se fosse o primeiro.

Homem de Capricórnio / Homem de Libra

Libra é como um sopro de ar fresco na vida do Capricórnio. Socialmente, estão coordenados. Talvez até se vistam iguais. No sexo, a intriga: Libra se fascina especialmente com o físico sarado e firme de Capricórnio.

Homem de Capricórnio / Homem de Escorpião

Escorpião se inspira na desenvoltura e no vigor do Capricórnio. Como casal, a confrontação é o jeito de lidar com divergências — logo tais lutas se gastam. Mas a vida sexual deles vai bem: mesmo que se separem, terminarão na cama.

Homem de Capricórnio / Homem de Sagitário

Sagitário é uma escolha machista de companheiro. Entretanto, eles compartilham o humor satírico e a afinidade pela moda. Nas horas vagas, longas e preguiçosas sessões de sexo. Convidar um terceiro, talvez um estranho, é de praxe.

Homem de Capricórnio / Homem de Capricórnio

Um dos mais raros casais de mesmo signo. Quando se reúnem dois capricornianos defendidos, cria-se um impasse por vezes insuperável. Ambos estão propensos a fazer pose — falta realidade. Cada qual irá procurar sexo fora de casa.

Homem de Capricórnio / Homem de Aquário

Capricórnio tem medo de ser assaltado pelo aquariano de ar estranho. Mas, no relacionamento, Aquário defende a causa do Capricórnio. Vida sexual excêntrica, por vezes conservadora, senão notável por sua natureza perversa.

Homem de Capricórnio / Homem de Peixes

Com Peixes, Capricórnio deixa emergir o lado serpentino. Porém, em vez de se expandir, fica mais sinuoso, talvez se perca. Mas têm formas inteligentes de capitalizar pontos fortes. É um esforço manter leveza na atividade sexual.

A mulher de Capricórnio

a adormecida

A nativa de Capricórnio é uma mulher de classe. A mais senhora de si, a menos ostensiva das mulheres do zodíaco é uma personagem mundana discretamente elegante, à qual os atributos externos, como celebridade, altas finanças ou estigma de família pouco impressionam. O respeito próprio é da máxima importância — muito pouco influenciada pela opinião alheia a seu respeito, ela se concentra em cultivar uma qualidade de vida que se distingue pela coragem moral e pela busca de conhecimento espiritual. Neste particular, a reputação é fundamental para ela, decidida que está a ser valorizada como pessoa de substância. A vida, em sua opinião, é uma estrada longa e árdua que exige o estabelecimento de um ritmo, além de cuidadosa negociação. A capricorniana, que não assume riscos levianamente, é difamada por ser deliberada, e até premeditada. A circunspeção, porém, é a chave específica de seu sucesso — ela nunca arrisca o que não tem a certeza de ganhar. Em vez disso, recorre deliberadamente a dar pequenos passos em direção ao sucesso, evitando atalhos que possam trazer uma ascensão meteórica em suas atividades profissionais ou pessoais. Acredita que não nos chega com facilidade o que vale a pena alcançar; ou melhor, não antes que se complete determinado ciclo. Ela assume uma atitude semelhante em relação ao amor e ao sexo, raramente se precipitando em relacionamentos, se é que o faz, mas sim deixando os vínculos florescerem com o tempo. Atraída por homens com inteligência criativa e intensa vida interior, a nativa apela para a necessidade

X
PRINCÍPIO

O Princípio da Contenção. Estrutura é um meio de conservação como um reservatório de água, com entrada restrita, mantendo as reservas puras, protegendo-as do desperdício. A capricorniana muda o foco da vida de quantidade (um conceito sagitariano) para qualidade. As carnucópias são um recipiente de doações, assim como a reserva e o conservadorismo da nativa de Capricórnio resguardam sua vontade de, antes que seja tarde demais, encontrar sua própria parte de doação na vida.

masculina de um relacionamento duradouro e significativo. A capricorniana é a consumada outra *significativa* — basta olhá-la nos olhos para perceber que ela não está de brincadeira. Seus relacionamentos com o próprio sexo tendem a ser menos pesados: notoriamente atraída por mulheres mais jovens, ela facilmente mantém um vínculo casual, mas eroticamente carregado.

Signo + Mente

Capricórnio é um signo regido pelo planeta Saturno, que representa na astrologia, entre outros atributos, o Princípio da Contenção, e os conceitos de reserva, recursos e recuperação, ideais que têm um significado especial quando se discute a nativa do signo. A palavra *Capricórnio* significa "chifre de cabra", a cornucópia mítica da fartura, a da cabra Amaltéia (a deusa Rhéa sob a forma de seu animal totêmico), que alimentou seu filho, o bebê Zeus, depois de salvá-lo das garras do marido dela, Cronus (Saturno, entre os romanos). Este, após devorar todos os filhos para evitar o cumprimento da profecia de que seria destronado por sua prole, foi imbuído a engolir uma pedra enrolada em cueiros, que a deusa disfarçou como se fosse o filho. Conforme assinalaram os estudiosos, Rhéa, o aspecto anagramático sibilino da deusa-rainha Hera, originalmente se chamava Rhéa-Cronus, possuindo ela também tais poderes agora atribuídos ao consorte, que sobreviveu até hoje como o Velho Pai Tempo. Conforme o mito sugere, Rhéa é uma deusa da preservação e a mulher de Capricórnio personifica esse arquétipo em toda a sua glória pesada e metódica. Como Rhéa a esperar a maturidade de Zeus, a garota de Capricórnio marca o tempo, esperando pelo momento de deslanchar seus grandes planos secretos. O ato de Rhéa ao contrabandear Zeus para longe significa, na superfície, a necessidade da capricorniana de salvaguardar e, acima de tudo, sustentar a vida criativa que lhe foi dada. Ela percebe aquilo a que certas tribos de aborígines americanos se referem como o "corpo longo" de sua vida: viver não só no agora, mas para o futuro e todos os tempos. Ironicamente, entretanto, por levar em consideração a totalidade de sua vida em cada ato mínimo que realiza, dosando o tempo apropriadamente, é provável que a capricorniana seja o indivíduo que vive mais conscientemente no presente que qualquer outro do zodíaco.

A energia de Saturno se manifesta como uma correção de curso, semelhante à registrada no mercado acionário depois de uma alta especulativa: e de fato a capricorniana encarna esse sentido de recuperação e realocação de recursos.

Nela encontramos uma pessoa pouco propensa a desperdiçar tempo e energia. Sua personalidade restritiva não visa à restrição em si, mas, sim, encarna o chifre da abundância: ela contém as benesses que percebe como seu direito inato — inteligência, saúde e uma capacidade geral de contribuir para a melhoria do mundo — no intuito de preservar esses recursos pessoais. Qual a deusa Rhéa, a nativa do signo quase sempre ri por último, no mesmo sentido em que a tartaruga acabou vencendo a lebre na corrida. Enquanto muitos, despreparados para os tropeços inevitavelmente distribuídos pela existência, apressam-se em alcançar os sinais exteriores do sucesso, a nativa geralmente dispõe dos elementos mínimos para enfrentar diretamente os desafios, solucionando-os antes de prosseguir o caminho — assim a competidora da vida termina de pé, enquanto tanta gente sai cambaleando. O tempo está a favor desta mulher regida por Saturno; e numa perfeita visão retrospectiva, ela é a proverbial adormecida, a que termina por conquistar importância depois de um longo período de obscuridade. Por meio do exemplo ela nos ensina a suprema virtude de seu atributo de Décima Casa, a paciência, ensinando-nos que nesta vida a precipitação só leva a pessoa ao envelhecimento prematuro. A nativa entende que a necessidade de ter cada vez mais coisas só consegue criar mais necessidade. Ao reduzir a quantidade de coisas e a urgência em possuí-las, ela preserva o reservatório de "abundância" de que se sente possuidora. Assim economiza a própria energia, e isso se nota: já bem entrada na terceira idade ela ainda parece bem conservada. Aliás, sua aparência vai se rejuvenescendo com o passar dos anos, como se ela estivesse vivendo ao contrário.

Capricórnio é o único signo de combinação cardinal-terra do zodíaco. A qualidade cardinal significa iniciativa, e tudo o que é essencial; o elemento terra representa a substância. O símbolo absoluto da combinação cardinal-terra é a montanha, o firmamento rochoso, o autêntico emblema da eternidade e da preservação prudente, o recipiente natural dos vales fluviais e, principalmente, os lagos, onde a água é protegida e pura. Adequadamente, o símbolo de Capricórnio não é simplesmente a cabra que escala montanhas, e sim uma Cabra Marinha. Por tradição, o pictograma do signo tem uma leitura: um animal chifrudo com rabo de peixe, ou uma montanha com um lago. Como o Capricórnio é um signo feminino (de polaridade negativa), a nativa *encarna* a combinação qualidade-elemento do signo: a capricorniana é, portanto, como uma montanha, uma elevada e solitária figura que só pode parecer emblemática a todos que a conhecem. As culturas ancestrais associavam as montanhas com as deusas da "grande mãe", da qual nasceram todos os deuses; e como o totem de

♄

SÍMBOLO PLANETÁRIO

Quase uma inversão do criptograma de Júpiter, o selo de Saturno retrata preocupações materiais e terrenas que pesam sobre o espírito em evolução. A restrição é a ordem do dia e a luta é um meio ou caminho expresso para a perfeição. É fundamental ter estrutura, paciência e disciplina.

QUADRANTE DO SIGNO

Os quadrantes zodiacais correspondem aos planos metafísicos da existência: físico, emocional, mental e espiritual. O Quarto Quadrante ocupa-se da relação do indivíduo com o eterno. A mulher de Capricórnio se concentra em adquirir uma existência espiritualmente significativa por meio de suas ações na vida. Ela quer fazer o melhor possível do que possui — seu lema é "eu uso" —, tratando seu corpo físico como um recipiente de energia espiritualizada.

♑

CRIPTOGRAMA DO SIGNO

A Cabra Marinha simboliza a ambição mundana (o bode terreno) alimentada pelo recurso espiritual (a porção peixe). Ela é um totem da deusa Rhéa como a Grande Mãe de terra e mar, que separou a natureza em sólido (ambrosia) e líquido (néctar). Ela nutriu a divindade (Zeus) com esses alimentos dos deuses, assim como a capricorniana é por vezes vista como fonte de sustentação espiritual. Para os antigos, os bodes eram um símbolo da expiação dos pecados.

Rhéia, por exemplo, a cabra tem importância como animal doador de tudo, fornecedor da carne e do leite que alimentam, e da roupa que protege. A égide original era uma pele de cabra, da qual se origina a moderna definição de preservação. A rigor, a civilização inteira do Egeu baseou-se na cabra, cuja forma foi tomada pelos deuses das culturas ancestrais. A mulher de Capricórnio personifica essa energia fundamental, representação viva e atuante das deusas da Grande Mãe ou da Avó. Bem a propósito, o signo de Capricórnio está associado à faixa etária 63-70 anos, que se manifesta por uma infinidade de maneiras na capricorniana.

Tal qual o nativo do signo, mas de formas menos óbvias e superficiais, a capricorniana é como uma volta ao passado, antiquada em seus valores, passatempos e interesses e, como uma velha senhora, meticulosa e exigente nos seus hábitos diários. Uma suposta solitária, ela facilmente se torna irritadiça num grupo de algumas pessoas. Mesmo quando vive um relacionamento, ela se concede um estilo de vida solitário, isolando-se do companheiro durante a maior parte de determinados dias. A faixa etária associada com o signo também se manifesta em seu típico modelo existencial parcimonioso. Uma minimalista de primeira ordem, ela evita acumular "coisas". Poderá mesmo encarnar aquele espírito ancestral do monge penitente e renunciar a muitas coisas em termos de posses materiais. Efetivamente, a comunhão espiritual é por vezes uma parte tão importante de sua vida quanto o é para os idosos, cujos pensamentos naturalmente se tornam mais focalizados na vida pós-túmulo. A morte também pode facilmente se transformar na preocupação constante da nativa, porém a aguda consciência da própria mortalidade é o que lhe permite valorizar o estar viva. Vemos na personagem dela, como uma das elevações alpinas do zodíaco, tudo o que a montanha vem representando milênios afora — pois é no alto destes cimos de cardinal-terra que os humanos podem comungar com Deus. E de fato, como no caso do monte Olimpo, do monte Sinai, e de grande número de outras moradas sobranceiras, é aí que habitam as divindades imortais. Foi aí que Moisés recebeu suas tábuas, muito saturninas, de recomendações restritivas; e aí que Jesus recitou seus sermões. Semelhante compreensão espiritual — a capricorniana endossa o conceito de vida como "dádiva" — só é alcançada nos píncaros onde nossa morada terrena se encontra com o céu. E nossa nativa montesa de Capricórnio está, desta maneira, em perpétua conferência de cúpula com aqueles elevados poderes. Isto empresta um novo significado à regência de Capricórnio sobre a Décima Casa astrológica de, entre outros atributos, *pessoas em lugares elevados*.

A Décima Casa, conforme poderia sugerir o lema do signo "eu uso", é a referente a *status, realizações* e *necessidade de se estabelecer por meios honrados — corresponder à situação, utilidade, responsabilidade, trabalho árduo* e *autodisciplina.* Sem ser do tipo que confia na sorte, como faz sua antecessora sagitariana, a nativa de Capricórnio está, em vez disso, cheia de fé ativa, o que se manifesta de variadas formas em sua vida. Para começar, ela adere à crença no poder espiritual benevolente que a sustenta pelos altos e baixos da vida, o que lhe permite manter a cabeça mais fria que a maioria das pessoas quando se depara com situações extremas de dificuldade ou de prosperidade. Além disso, age fisicamente, no grau compatível com a maioria dos leigos, como alguém que levasse uma vida religiosa, livrando-se dos excessos, sobretudo os do ego, e buscando naturalmente conservar o aspecto espiritual de si mesma. Em suma: ela usa sua vida para adquirir força espiritual, num testemunho vivo do ditado que afirma que "tudo que não mata, fortalece" e assim evita os atalhos e caminhos fáceis, alegremente gastando no trabalho os dedos de ossos regidos por Capricórnio, para conseguir da vida o que deseja — não só os frutos resultantes desses trabalhos, mas o desenvolvimento espiritual e o condicionamento físico pertinentes ao processo. Ao agir assim a Cabra Marinha desenvolve uma metafórica musculatura de sobrevivência que a maioria jamais chega a desenvolver. Na astrologia, a água simboliza sentimentos, intuição e os conteúdos amorosos da alma; e o aspecto aquoso do totem do signo representa um reservatório de bem-estar emocional que se purifica eternamente, e também representa uma sabedoria espiritual ancestral que é conservada pela adoção de um ritmo mais lento para perseguir os objetivos da vida, ritmo que, todavia, oferece sustentáculo mais duradouro para a sobrevivência. Como se fosse uma pequena xerpa, a nativa de Capricórnio quase sempre tem mais que a devida quota de bagagem emocional, quando não de verdadeira dor e mágoa, que sai carregando por aí. Mas ao contrário do homem do signo, que literalmente considera um estorvo tais aspectos de sua vida, a nativa de Capricórnio encontra um jeito de usar o sofrimento como trampolim para uma grande série de aplicações positivas, desde a inspiração criativa até a iluminação espiritual. Nada se perde para a capricorniana pragmática — ela tem o talento de transformar numa prática dedicada o que outros consideram um aborrecimento. Verdade seja dita, nem sempre a nativa é um raio de sol. Para muita gente, os amigos, colegas ou cônjuges capricornianos parecem bem soturnos. Em certo sentido, a totalidade de sua vida é uma longa noite escura da alma. Porém, isto lhe confere profundidade, além de fomentar nela um espírito de compaixão.

ELEMENTO + QUALIDADE

O elemento terra conota materialidade e substância. A qualidade de cardinal significa um chamado à ação e à iniciativa. Em conjunto, a combinação cardinal-terra específica do Capricórnio é mais bem descrita como a montanha, símbolo da preservação. A capricorniana se esforça pela auto-sustentação e pela edificação de seu espírito como um valioso recurso natural.

POLARIDADE

As mulheres de signos femininos (terra, água) estão alinhadas com a polaridade de gênero do próprio signo, encarnando assim a combinação qualidade-elemento do signo. A condição cardinal-terra da capricorniana determina que ela própria seja como uma montanha, uma torre de autopreservação e um caráter insuperável. Qual Moisés na montanha, ela é procurada na qualidade de comunicadora de normas reveladas pelas quais viver.

10

NÚMERO DO SIGNO

O número da eternidade. O dez é o ápice de tudo o que vem antes, e o começo de um novo conjunto de ordem, sendo reduzido a um. A maioria dos esquemas numéricos da Antigüidade foi construída sobre sistemas de dezenas, centenas, milhares etc. Ele retrata a relação do homem com a perfeição natural, pois os humanos têm dez dedos para contar. Há dez mandamentos.

63-70

ASSOCIAÇÃO DA FAIXA ETÁRIA

A idade da sabedoria. Afirma-se que a garota de Capricórnio nasce velha e vai ficando mais jovem à medida que envelhece. Entretanto, durante toda a vida ela a encarna, na sociedade, a seriedade de uma anciã — cautelosa, instrutiva, às vezes restritiva e admoestadora. Ela é reservada e conservadora no sentido mais estrito da palavra, dosando seu próprio ritmo em qualquer atividade empreendida.

Como o primeiro signo do derradeiro Quarto Quadrante do zodíaco, aquele que está associado com o âmbito metafísico da alma, a capricorniana cardinal-terrena pode agir como um cruzado, e acabar dedicando todo o seu ser a atividades espirituais. Figura emblemática dos princípios saturninos de correção e expiação, ela é naturalmente ascética, tanto no sentido do esforço de estabelecer uma forte conexão mente-corpo-espírito, como também no empenho de formar uma perfeita união com as energias essenciais do universo. Ela será no mínimo um gnomo da gnose — uma habitante da terra, decididamente lastreada, dotada de conhecimento inato do funcionamento espiritual. Joana d'Arc ou Teresa de Lisieux não poderiam ter nascido sob outro signo que não Capricórnio. Na primeira personagem vemos personificada no âmbito espiritual a cardinalidade física e ativa; na segunda, alcunhada "a pequena flor", vemos um surpreendente exemplo de redenção, por meio do rejuvenescimento consoante o tema específico do "assemelhai-vos às criancinhas", numa recuperação intencional da pureza e da inocência de pensamentos e de obras. Basta um olhar à capricorniana para sentir-lhe a santidade; a nativa não peca muito, nem facilmente. Parece tão sólida como a rocha dos tempos, fato que, para melhor ou para pior, transmite a impressão de que ela é uma zona de segurança, a proverbial preservadora da vida, papel que lhe poderá ter sido imposto muito cedo na vida.

A típica menina de Capricórnio nasceu num lar severo, numa fase em que os pais estão vivenciando dores do crescimento no casamento. Geralmente uma filha mais velha, na ordem de nascimento, ela é cumulada de responsabilidades, o que tende a roubá-la de uma infância descuidosa. A pequena capricorniana, por vezes sobrecarregada com algum tipo de trabalho doméstico, pode ser reprimida pelos pais absortos em si mesmos, que também deixam a seu cargo prover educação emocional aos outros filhos normalmente mais novos. Em casos extremos, a mãe é incapaz de se ligar à nativa ou sequer demonstrar um mínimo de afeição; o pai é por vezes um personagem emocionalmente distante, embora expresse verbalmente suas opiniões obstinadas, e com ele não é fácil criar intimidade. Entretanto, a nativa conseguirá se relacionar mais prontamente com o pai, por vezes compartilhando pelo menos uma conexão intelectual. Se ignorada, poderá encontrar formas autodestrutivas de clamar por atenção — problemas alimentares e outras manifestações semelhantes de perfeccionismo exacerbado podem entrar em cena. Há um certo nível de caos no lar original da capricorniana, que luta para conquistar um sentimento de privacidade, de tal forma que, no embaralhado da confusão cotidiana, ela parece perdida, ou mesmo esquecida. A jovem nativa é extremamente sensível, e as cicatrizes emocionais que adquire fazem-na parecer uma pessoa endurecida, reservada e até um pouco defendida. Demolir essa dinâmica pode representar seu típico processo de "enxugamento" quando se torna adulta. Quanto maior a altura alcançada em termos de ambições pessoais ou profissionais, maior parcela precisará jogar fora da bagagem que ameaça arrastá-la para baixo. A boa notícia é que geralmente ela o consegue. De fato, para a nativa, de modo algum a materialista que a maioria dos astrólogos afirma que seja, a vida consiste principalmente em livrar-se da carga. Entretanto, até a mais monástica das Cabras Marinhas tem um fraco por comprar produtos de bom *design* — qualidade é seu credo —, embora a riqueza material raramente constitua um fim em si. Ao contrário, a abundância financeira é um meio pelo qual a senhorita "eu uso" poderá mais prontamente adquirir o estilo de vida pacífico e despreocupado que lhe faltou na infância. Ela é capaz de gastar quinhentos dólares num par de sapatos, mas este será um dos poucos e preciosos pares que possui — a nativa é notoriamente cuidadosa com todos os seus pertences.

Durante seus anos de formação, a capricorniana é tipicamente a quintessência do tipo letrado, e muitas vezes fazem com que ela sinta que não deveria ou, pior, não poderia jamais contar com a própria aparência física. É a história do patinho feio na vida real: ela é a proverbial pessoa que desabrocha tarde, e por vezes, já bem entrada na adolescência, não teve ainda sua primeira menstruação nem consegue encher seu primeiro sutiã. E então, aparentemente da noite para o dia, ela floresce como mulher, mal preparada para lidar com o que percebe como atenção negativa para seus atributos físicos mais chamativos, que ela sumariamente começa a tentar disfarçar. Acima de tudo, deseja ser respeitada por seus dotes mentais, tendo adotado uma conduta estudiosa, principalmente como meio de ser notada e assegurar a própria sobrevivência emocional. O mundo das idéias, da filosofia e, de fato, todas as disciplinas das carreiras liberais e de belas-artes são para ela infinitamente fascinantes. A nativa se mistura facilmente com grupos de intelectuais, freqüentando cafés, visitando museus, providenciando cedo sua pré-matrícula e posterior ingresso aos cursos universitários mais progressistas e intelectuais. Porém, tendo sido criada numa família sexualmente repressora — o namoro pode ter estado sob proibição expressa — ela quase sempre demonstra uma desconcertante falta de consciência da atração natural que exerce, e às vezes não consegue expressar plenamente seus impulsos eróticos, quando estes afloram.

PSICOLOGIA

A espontaneidade é um problema para a capricorniana, que às vezes perde oportunidades devido ao excesso de cautela. Por ser excessivamente pragmática ela talvez reprima sua criatividade, assim como pode reprimir a própria sexualidade. Uma necessidade por vezes patológica de controle e estrutura pode levá-la a se tornar obsessivo-compulsiva ou sofrer de distúrbios alimentares.

Corpo + Alma

ARQUÉTIPO + MITO

O arquétipo associado com Capricórnio é a Grande Mãe ou a Mãe dos Deuses. O clássico termo *aegean* significa "da cabra", uma alusão à rainha titânida dos deuses, Rhéa, sob a forma de seu animal totêmico. Chamada Rhéa-Cronus, seu nome deu origem à palavra inglesa *crone* (sibila). É uma deusa da preservação, símbolo do sustento divino, deusa que procura assegurar a transmissão de sua sabedoria por gerações. Sob forma caprina, Amaltéia ("deusa-nutriz"), ela alimentou Zeus com seu *capricónio*, os chifres da abundância. Rhéa separou a terra das águas e foi a Montanha-Mãe de cujos leitosos picos nevados surgiram os rios correntes. Seu nome significa "escorrer ou fluir".

A nativa de Capricórnio parece a mulher mais intocável do zodíaco, e muito pouco do que lhe diz respeito indica um interesse em despertar a atenção ou a afeição do sexo oposto. A regência conservadora de Saturno sobre a capricorniana determina a concentração em si mesma, no cultivo de recursos internos pessoais, em lugar de qualquer preocupação externa com outros, ou com a solicitação de outros. Nem um pouco demonstrativa, a nativa é uma criatura terrena e elegante cuja ocupação principal é seu próprio contentamento, intrinsecamente alcançado por meio da proliferação progressiva da auto-estima. Não desejando ser abordada por ninguém no que considera um nível superficial — categoria em que se enquadram geralmente os avanços sexuais —, ela pode tentar encobrir sua boa, e às vezes extraordinária, aparência, usando roupas discretas, ou até decididamente pouco sensuais, em tonalidades escuras e sombrias, decidida a permanecer tão desapercebida quanto possível — o preto não é apenas sua cor favorita: é também aquela associada ao signo. Com os cabelos em geral presos para trás e os olhos notoriamente grandes, escuros e amendoados quase sempre ocultos por óculos de grau — suas órbitas ovais tendem à miopia —, nossa garota de Capricórnio tem algo que lembra, enfaticamente, uma bibliotecária. Como nos retratos cinematográficos e literários, essa personagem parece estar só esperando, se não estiver se coçando, para perder os óculos, desmanchar o coque e soltar a franga. Ela prefere realizar vagarosamente seu pleno potencial sexual, florescendo em seu próprio tempo, em vez de tentar causar algum tipo de impacto e, talvez, terminar atraindo experiências que não passam de fogo de palha. Pouco propensa a aceitar cantadas, ela se afasta do convívio social, levando tão longe por vezes a tentativa de parecer proibida que chega a desfeminizar a própria aparência. Uma lista de capricornianas famosas — que inclui gente como Diane Keaton, Maureen Dowd, Patti Smith, Sissy Spacek, Marlene Dietrich, Annie Lennox, Diane Sawyer, Joana d'Arc e a adequadamente batizada Marianne Faithfull — mostra uma série de belezas austeras que optaram por se masculinizar um pouco, usando calças de corte alfaiate, ternos e até uma gravata esporádica. A capricorniana boa-moça Mary Tyler Moore chegou ao extremo de entrar em guerra com os executivos da rede de televisão, nos anos 60, pelo direito de usar no *Dick Van Dyke Show* sua tradicional calça Capri(corniana).

Num nível mais profundo, a nativa é um tipo sério, e não uma bonequinha que aceite virar brinquedo de alguém. Para neutralizar semelhante tentativa, ela cultiva uma personalidade seriíssima, por vezes severa e intimidante que irá manter ao largo os azaradores e os puxa-sacos. De fato, a capricorniana parece ter inventado a altivez — é sua conduta de praxe para evitar que as pessoas se aproximem demais, física ou emocionalmente, ou de alguma outra forma. O homem capricorniano talvez se imagine um membro VIP de um clube de sua própria concepção, mas a mulher capricorniana é, em si, um grêmio exclusivo, e tipicamente não está aberta à adesão de novos sócios. Só os mais próximos, entre amigos e parentes, um círculo reduzido de pessoas queridas, experimenta algum dia a oferta altamente seletiva de sua afeição. No extremo, ela é o supra-sumo do autocontrole, a encarnação viva do arquétipo de sua(s) deusa(s) da preservação. Acima de tudo, está preocupada com a própria sobrevivência, principalmente financeira e espiritual.

Numa sala cheia de gente, a capricorniana acampará na periferia, enfiando-se num canto confortável, ponto de vista vantajoso de onde poderá observar as pessoas, às vezes durante horas, para cuidadosamente evitar a pressão concreta da multidão. Quando abordada por alguém, mesmo da forma mais inofensiva e casual, seu reflexo imediato é recuar, por vezes literalmente encolhendo o queixo nobre e retesando-se para trás como numa postura de carga. Pondo no rosto uma expressão vazia, ela só dará respostas rápidas e monossilábicas a tudo o que for dito, recusando-se a fazer contato visual, na esperança de podar firmemente pela raiz qualquer interação desnecessária. Especialmente desconfiada de elogios (embora por vezes secretamente eletrizada por eles), ela teme que esses comentários sejam precursores de uma verdadeira cantada. Confrontada com qualquer gênero de papo informal, gira nos calcanhares e bate em retirada às pressas, com uma desculpa econômica, embora sempre bem educada. De qualquer ângulo, ela é dura na queda e seu visual corresponde a tanto: tipicamente alta e de aparência aristocrática, tão reta em sua postura quanto em sua convicção moral, a Cabra não consegue deixar de ter um ar altivo. De cabeça bem erguida sobre o pescoço longo e delgado, ela literalmente olha o mundo por cima de seu proeminente nariz empinado; os olhos exóticos estão sempre atentos e defensivamente inquietos, com as sobrancelhas de arco perfeito arqueadas em suspeita e franzidas sob uma vasta fronte abaulada, distinguida por uma linha alta de implantação capilar que a predispõe àqueles típicos penteados severos de cabelos presos para trás. Embora possua malares fortes, estes costumam passar desapercebidos, em decorrência das bochechas robustas, em vez de afundadas; o maxilar e o queixo atrevido são proporcionalmente fortes. Embora deliberadamente arrebitado na ponta, o nariz é, em

BÍBLIA + LITERATURA

Capricórnio se baseia na deusa israelita Jael, uma cabra sinônima da bíblica Débora "abelha rainha" e da grega Rhéa, que, em forma caprina, vertia néctar e ambrosia. O protótipo capricorniano da "Mãe grandiosa" é tipificado por Sara, que significa "rainha ou trono", a sábia matriarcal da tribo de Abraão. A figura da sibila entrou nos contos de fadas como a Mamãe Ganso, com seus capricornianos manto e chapéu pretos, e como a sempiterna fada madrinha. Ela é a personagem Fairy Queenie, de Spencer, e a shakespeariana Titânia (Rhéa, a Titânida) de *Sonho de uma noite de verão*, que rouba o jovem príncipe, exatamente como Rhéa arrebatou o príncipe Zeus.

CASA ASTROLÓGICA

prestígio
utilidade
honra
o passado
conteúdo
reputação
posição
estatura
objetivos de longo prazo
progresso
ambição
demonstração de talentos
velha-guarda
escalão executivo
autoridade
governo
como somos vistos
como somos avaliados
influência
autoridade paterna
favor ou desfavor
relações comerciais
autodisciplina
organização
pessoas em posições elevadas
hierarquia social
estabelecimento do eu
influência materna
tentativas de assumir o comando
trabalho árduo
títulos profissionais
paciência
honra profissional
interesses externos
trabalho voluntário
completude
vínculos com sistemas políticos
corresponder às circunstâncias
causa e efeito

geral, carnudo, jamais fino; há um substancial espaço entre o nariz e os lábios, que são cheios e sensualmente desenhados, embora quase sempre distraidamente revirados para dentro ou franzidos para fora, numa espécie de beicinho, geralmente em sinal de desdém. Talvez em alusão à associação de Capricórnio com a capacidade de resistir aos embates, a garota caprina quase sempre manifesta evidência física da metafórica recuperação de seu signo, sob a forma de cicatrizes reais, tipicamente no rosto. É um lembrete visível de que na vida recebeu duros golpes, emocionais ou não.

Há uma forma segura de penetrar nas defesas da capricorniana: lançar-se num tópico de conversação que instantaneamente revele inteligência e, acima de tudo, insight. Ela se entretém com seu próprio e constante comentário astuto e está inclinada a debater também acerca das percepções alheias. A partir daí é possível ver uma súbita mudança em seu semblante, à medida que a cautela vai se transformando em concentração caprichosa; franzindo as sobrancelhas e apertando os olhos, ela irá acenar com a cabeça e estalar a língua em assentimento, caso entre no discurso algum comentário com jeito de crítica social. A nativa é uma aguda observadora, uma estudante da vida eternamente atenta e valoriza essas qualidades nos outros. Durante sua formação, muito para o desprezo dos colegas de turma que reviravam os olhos, ela era a garota que se sentava no meio da fila da frente, com os lápis bem apontados, pendente de cada palavra do professor. À medida que vai amadurecendo, continua a ser definida por um certo afã estudioso; este poderá acabar entrando em choque com os impulsos criativos inerentes que ela talvez possua — impulsos que pedem uma expressão informal. A seriedade, a estrutura e a erudição se fundem para formar uma sólida montanha de determinação que define o conflito essencial da garota de Capricórnio: como e quando abrir mão de sua típica reserva e abrir espaço para a espontaneidade e o acaso feliz. Ou, no caso de uma aventura romântica potencial, como passar da altivez à lascívia — transição particularmente difícil de ser feita pela capricorniana.

A típica circunspecção da capricorniana pode ser parcialmente atribuída à sua associação com a faixa etária 63-70 anos, o que também explica bastante seu estilo conservador e pouco adornado e o amor pelo preto funéreo, os óculos de vovó, as cruzes penduradas e outros amuletos religiosos. Da mesma forma, a nativa do Capricórnio dos picos de neve tem cabelos grisalhos precoces, o que, combinado à pele de alabastro, lhe dá uma aparência de mais velha durante a juventude. As capricornianas de etnias mais escuras também parecerão ter a pele mais clara e transparente que a das outras mulheres da família. Mas à medida que amadurecerem, o inverso irá acontecer, de tal modo que a nativa começará a parecer cada vez mais jovem. Com o passar dos anos, sua aparência física pouco mudará e tal qual a montanha ela parecerá o próprio símbolo da autopreservação. No tocante a exercícios físicos, as disciplinas meditativas como o alongamento, o yoga, o pilates ou a dança — formas que pedem a proverbial conexão mente-corpo-espírito — serão as mais atraentes para ela; além disso, em função de suas delicadas articulações regidas por Capricórnio, e principalmente em decorrência daqueles joelhos frágeis, a velhinha do zodíaco não se dá muito bem com atividades de alto impacto. O yoga, cujo domínio requer algum tempo de prática, combina em especial com a adormecida da astrologia.

A capricorniana não parece esportiva no sentido tradicional. Sua figura explícita de ampulheta exclui qualquer dinamismo de movimentos, assim como a estrutura óssea densa, freqüentemente pesada. Embora de ombros delicados, e braços longos e finos, a nativa em geral tem seios robustos, um par de cornucópias, uma cintura tipicamente estreita, que dá lugar a quadris largos, criando curvas anatômicas de ferradura — poderíamos dizer que ela parece uma pintura de Modigliani. E por ter a cintura muito baixa, ela raramente tem pernas longas; e embora feliz em expor os delicados antebraços, pulsos, panturrilhas e tornozelos, a capricorniana costuma esconder as coxas sólidas e o traseiro grande. Igualmente, a fenda entre as pernas é tímida e pouco expressiva, velada por um leve retalho de cabelos finos, as dobras genitais pouco pronunciadas, ao passo que o clitóris é protuberante e facilmente localizado. Malgrado tentativas externas de androginia é indiscutível a condição superfeminina da capricorniana quando nua. De fato, é monumental. Mesmo assim, o mais comum é precisar trapacear um pouco para conseguir que essa figura icônica de feminilidade abaixe a guarda e simplesmente pule na cama.

Sexo + Sexualidade

A nativa de Capricórnio não é o tipo de mulher que opta por uma rápida rolada no feno — ela precisa ter no mínimo um certo grau de familiaridade com um homem. Mesmo que fosse optar por um raro interlúdio imprevisto com, digamos, um desconhecido num trem, ela teria que vivenciar uma imediata conexão intelectual e, de fato, espiritual, de tal forma que o lance todo tivesse um clima de predestinação e não só de interação sórdida. Para a nativa, o único órgão cujo tamanho importa é o cérebro, e os sujeitos de óculos serão o alvo de

PALAVRAS-CHAVE

resistência
volubilidade
eternidade
posteridade
restrição
reserva
religião
paciência
promoção
recursos
refinamento
qualificação
flexibilidade
força
aristocracia
elegância
altivez
maestria
manipulação
sucesso
sociedade
fé
prática
obstinação
organização
método
distinção
convicção
reflexão
devoção
aspiração
afirmação
melancolia
dominação
convenção
trabalho
confiabilidade
prudência
cuidado
discrição
encorajamento
lealdade
vigor
constância

MULHERES FAMOSAS DE CAPRICÓRNIO

Sutis dinamizadoras e referências espirituais

Marlene Dietrich
Ava Gardner
Maggie Smith
Peggy Ashcroft
Diane Keaton
Sissy Spacek
Mary Tyler Moore
Helena Christensen
Christy Turlington
Kate Moss
Moira Shearer
Nigella Lawson
Ruth Reichl
Jane Horrocks
Jennifer Ehle
Zooey Deschanel
Vanessa Paradis
Bebe Neuwirth
Julia Louis-Dreyfus
Olivia Williams
Kirstie Alley
Tracey Ullman
Amanda Peet
Victoria Principal
Susan Lucci
Loretta Young
Yvette Mimieux
Linda Lovelace
Gwen Verdon
Tippi Hedren
Debbie Allen
Marion Davies
Dyan Cannon
Jean Stapleton
Margaret O'Brien
Gracie Fields
Butterfly McQueen
Joan Chen
Joey Lauren Adams
Joana D'Arc
Annie Lennox
Joan Baez

sua azaração. Tais sinais de vida inteligente, real ou imaginária, provocam sua curiosidade: mas se o homem acabar se revelando um autêntico intelectual, então, melhor ainda. Com certeza a capricorniana seleciona um homem guiada por uma certa vaidade, pois se acredita mais atraente para um "homem pensante" que para alguém que tem sobre o pescoço uma bola de futebol. Desde muito jovem ela criou aversão aos machões, por cujas flechas e pedradas foi muitas vezes atingida durante seus anos de patinho feio, quando encontrou consolação numa turma intelectualizada e artística entre cujos representantes mais cerebrais terá inspirado algumas paixões. É sua esperança que, a exemplo do que lhe aconteceu, os garotos de óculos tenham conseguido, com o passar do tempo, transformar-se em gatões com dotes artísticos. Desse modo, é pelos caras pensativos do pedaço que ela sente um fraco, os futuros Arthur Miller, J. D. Salinger ou Sam Shepard — rapazes altos e magros, de cérebros colossais. Desde pequena se encantava por homens que tivessem algum gênio aparente e a disposição potencial de concretizá-lo. Mesmo quando opta pelo casamento, a capricorniana raramente cogita da probabilidade de um homem lhe oferecer estabilidade financeira. Este baluarte da lógica regida por Saturno aprende, desde cedo, a se equipar de quaisquer fundamentos materiais necessários — parecendo mais velha que sua idade, a típica nativa terá começado a garantir trabalho remunerado para si mesma (com freqüência disfarçando a idade) antes mesmo da adolescência, por vezes guardando dinheiro para sua altamente antecipada incursão na vida independente, bem longe de casa. Ela acredita firmemente no direito humano, de fato, na responsabilidade humana de se elevar a todas as alturas possíveis de alcançar por meio da dedicação à vocação artística ou acadêmica do indivíduo. As necessidades da vida (por exemplo, dinheiro) devem, portanto, ser usadas como meio de adquirir esses fins, e não como um fim em si.

Os relacionamentos, como tudo o que a nativa empreende, são demonstrações de fé ativa. Ela segue seu instinto, discernindo o tipo de talento prodigioso latente num homem e que poderá, no devido tempo, dar origem a uma vida extraordinária — isto é, ela enxerga para além do mundano, categoria em que classifica certos luxos que deixariam babando outras mulheres (automóveis caros, restaurantes elegantes, jóias preciosas e todas as típicas demonstrações exteriores de riqueza podem parecer um desperdício extravagante para a ascética nativa, que prefere investir todo o dinheiro adicional em artigos que enriqueçam sua vida de formas mais significativas). Ainda assim, às vezes suas expectativas não pecuniárias sobre um homem são elevadas demais; ou ela poderá confundir maluquice com criatividade, papo furado com talento. Com freqüência, seus primeiros parceiros, embora notoriamente escassos, simplesmente não conseguem corresponder às esperanças que ela empilha sobre eles. De fato, há sempre um elemento de pressão na condição de companheiro da capricorniana, afinal esta senhora da montanha se converte na encarnação do próprio potencial do homem, ou mesmo da fugidia grandeza daquele — e no reverso da moeda: a incapacidade dele de corresponder a objetivos tão exaltados. Entretanto, cabe dizer que a nativa do signo é quase sempre culpada de algumas projeções, ou mesmo de hipocrisia. Amante exigente que pressiona o homem a enfrentar tremendos desafios, ela talvez não admita suas próprias esperanças e sonhos astronômicos. Essa dinâmica pode explicar muito bem por que a adormecida do zodíaco talvez desabroche tardiamente: em algum momento ela acabará aplicando a si aquelas mesmas expectativas, normalmente depois que o parceiro já não requer, nem deseja, ser tutelado por ela. É uma lição árdua difícil de aprender para a capricorniano, pois ela foi programada desde a infância a desempenhar o papel de cuidadora, sobretudo dos irmãos mais novos. Naturalmente existem homens que procuram esse tipo de maternação, e outros que o vêem como sufocante — ironicamente, o primeiro enredo termina mal, enquanto o último pode proporcionar a ela exatamente o chute no rabo de que necessita para manter o foco em si. Afinal, a melhor combinação é um homem capaz de alcançar nos próprios termos tudo o que a nativa previu para ele, enquanto ela desenterra e promove a si mesma de forma consistente.

Vale dizer, a capricorniana não atrai de pronto os boas-vidas deste mundo. Ela é uma mulher solene, e vê a vida e os relacionamentos como algo que exige muito empenho, isto é, caso haja intenção de colher benefícios no final. Relativamente falando, ela é considerada uma espécie de gigante moral, em cuja associação íntima a maioria dos mortais se sente deficiente, e mesmo diminuída. A vida, para esta criatura regida por Saturno, é um longo estado de recuperação, pois ela é tipicamente acometida de compulsões, mais ligadas a comer que a beber, ou de um certo vício de gastar dinheiro, do qual ela passa a vida em expiação com seu característico propósito solitário. Ainda assim, quando esses chamados demônios surgem, ela é notória por exorcizá-los daquele momento em diante, curando-se mais depressa que a maioria das pessoas. O problema, porém, é ter a expectativa de que as outras pessoas de sua vida façam o mesmo. De fato, é adequado que o Ano Novo caia durante o período de Capricórnio, pois a nativa do signo está continuamente às voltas com uma ou duas resoluções

Odetta
Naomi Judd
Janis Joplin
Patti Smith
Marianne Faithfull
Donna Summer
Dido
Sade
Mary J. Blige
Françoise Hardy
Sophie Tucker
Ethel Merman
Marilyn Horne
Renata Tebaldi
Crystal Gale
Charo
Eartha Kitt
Gelsey Kirkland
Katie Couric
Diane Sawyer
Cokie Roberts
Maureen Dowd
Judith Krantz
Zora Neale Hurston
Simone de Beauvoir
Anne Brontë
Clara Barton
Betsy Ross
Lady Bird Jonson
Elizabeth Arden
Helena Rubenstein
Condessa D'Agoult
Eva LaGalliene
Theresa Helburn
Dianne Von Furstenberg
Carolina Herrera
Cindy Sherman
Berthe Morisot
Gina Garan
Dolly Parton
Shari Lewis
Pat Benetar
Thérèse de Liseux
Patricia Neal
Gypsy Rose Lee
Faye Dunaway

saturninas. Ela transpira austeridade até na sua aparência contida e modesta; a tal ponto que às vezes se poderia dizer que, em seu voto de renúncia, faz lembrar uma freira. Basta olhar para ela, e um homem talvez desanime diante desse decidido baluarte de bondade. É natural considerá-la superior, mas corresponder-lhe à expectativa já chega a beirar o pesadelo. Capricórnio é o primeiro e único signo cardinal-terra, e projeta, como Van Morrison expressou certa vez, "aquele jeito de Everest"; a nativa é a proverbial batalha ladeira acima, que vale o sacrifício da subida, mas ainda representa um verdadeiro desafio, quando não uma barreira, para a maioria das pessoas. Ela faz pensar num clube exclusivo de um só participante, e desencoraja automaticamente a população da ralé masculina a cruzar o limiar gelado, enquanto ela, esperançosa, convida alguém igualmente presunçoso a tocar a proverbial campainha.

Quando a capricorniana encontra o homem que deseja — uma revelação intelectual, espiritual e física —, ela mantém os olhos no prêmio, e acaba garantindo formas sutis de fazê-lo iniciar a perseguição. Pois não importa o quanto é solicitado o homem que ela transforma no alvo de seu afeto — a nativa sempre conseguirá dar um jeito de virar o jogo, fazendo com que ela própria pareça o partido mais invejável. Sua abordagem às relações sexuais é a mesma que aplica a tudo mais: entra no jogo para ficar por muito tempo, e é singularmente capaz de concentrar a atenção em objetivos sérios, sem querer cogitar de nada de espúrio ao longo do caminho. Levando a reboque seus altos padrões, ela raramente perde tempo com os homens encontrados no caminho que assegura o romance bem-sucedido e que, em sua visão mental, por vezes ela vem pintando desde a infância. Não é de se admirar, portanto, que quando faz aquela conexão amorosa longamente esperada anseia por vê-la durar. Por este motivo, não é incomum vê-la casar-se com o primeiro namorado, o que faz, por vezes, relativamente jovem, movida pelo sentimento de que é mais madura, e, portanto, mais preparada que a maioria. Como a encarnação do arquétipo da deusa da preservação, a capricorniana isola o que percebe como positivo num homem e medita, ou melhor, reza, sobre a questão, colocando nele sua plena confiança, edificando-o a níveis até então inimagináveis. O conceito de prece é em si essencialmente capricorniano, pois significa um movimento cardinal para diante, sob a forma de fé ativa, no âmbito espiritual — o único tipo que pode mover montanhas. A nativa do signo, ao colocar tamanho investimento espiritual no homem que ama, se transforma para ele numa rocha, em sua âncora. Mas quando vê somente o que é bom no ser amado, pode com muita facilidade subestimar as qualidades negativas do amado. Com excessiva clemência,

REGÊNCIA DO CORPO

O signo de Capricórnio rege os ossos e o esqueleto como um todo, além dos joelhos e da pele. Problemas nos joelhos são típicos, como também afecções cutâneas causadas pelo excesso de preocupações ou pela repressão das emoções. Saturno também está associado à vesícula e ao baço.

ela se esquece da fragilidade humana — vive continuamente removendo suas próprias fraquezas — e, com freqüência, têm pouca paciência com pessoas que enfrentam dificuldades ou estão, de algum outro modo, sofrendo uma queda gradual. Sua atitude santarrona pode se manifestar na adesão a um sistema de crenças específico, embora em geral esteja a salvo de confiar na religião organizada, em função de seu notório pragmatismo, que lhe determina continuar com os pés firmemente plantados no plano material.

Para sermos justos, a capricorniana evita o que considera influências negativas, porque se percebe como extremamente suscetível a elas, predisposta como é a sentimentos saturninos — sentimentos súbitos e esmagadores de tristeza, quando não de desgraça pendente (a palavra tragédia vem do grego *tragoidia*, o que significa "a canção do bode"). E assim ela conscientemente se esforça todos os dias para transcender o pântano no qual poderia, de outra forma, se afundar. Essa arregimentação de forças espirituais dentro dela é freqüentemente considerada arrogância, um sentimento de embriaguez de si mesma. Mas, na verdade, ela precisa se manter acima do estado atual de coisas — aquele altaneiro "lugar" metafórico para o qual nasceu —, de modo a evitar cair no tipo de depressão a que estava sujeita na infância. Logo, os homens que representam um estilo de vida corriqueiro simplesmente não são para ela — que considera letais semelhantes relacionamentos, capazes de fazê-las se sentir morta por dentro. Numa parceria, ela busca o sublime, e assim é atraída pelos tipos exuberantes, extraordinários, por vezes excêntricos e erráticos, com quem a vida, ela imagina, jamais será tediosa. Por ironia, em geral é ela que impõe ao relacionamento normas e regulamentos básicos — a deusa Rhéa, cabe lembrar, trouxe "mandamentos" para o povo, da mesma forma como o fez Moisés; e a capricorniana espelha essa necessidade de impor restrições, mesmo a esses homens altamente intelectuais, por vezes dotados de talentos extraordinários — empresários, acadêmicos, filósofos, atores, dramaturgos, produtores — pelos quais invariavelmente se sente atraída. Entretanto, estabelecer as leis é realmente uma medida preventiva empregada pela cautelosa capricorniana para evitar o potencial conflito doméstico — esse tipo de perturbação cheira a mediocridade de segunda categoria, coisa que simplesmente não aceita. Afinal, o que busca é uma experiência amorosa inédita. Isso também explica por que a mais ponderada, de fato, a mais tradicional personagem zodiacal é famosa por se juntar com parceiros não convencionais, indivíduos aparentemente distintos dela. Entretanto, esses homens impetuosos que pareciam tão bacanas e originais no começo podem em breve se tornar cruéis e originais, e a nativa aprende

LANCES ERÓTICOS

NATIVA HÉTERO

homens mais jovens
cabelos escuros
crespos, ondulados
corpos esbeltos
universitários
intelectuais
ternos de *tweed*,
flanela
nariz grande
queixo furado
óculos
homens de uniforme
trabalhadores braçais
prestadores de serviço
estranhos
viajantes
executivos
veneração (passiva)
masturbação durante o intercurso
strip-tease
provocação
exibicionismo
dominação
fantasias professora/aluno
mãos e pés
salto alto
meias
ligas
lingerie
sedução (ativa)
entregadores em domicílio
papai-e-mamãe
posição de quatro
sexo oral (passiva)
tantrismo
espiritualidade
estoicismo
cheiro de limpeza
cheiro de sabonete

que viver com um homem demasiado divergente do paradigma social equivale a ter gula de punição, repetindo um padrão de infância ao qual ela buscou desesperadamente escapar.

Embora possa haver um elemento de oportunismo na típica escolha de parceiro da capricorniana — ela pode explorar-lhe o talento, transformando a administração *dele* na carreira *dela*; por outro lado, ela poderia copiar dele o criativo estilo de vida, na esperança de se tornarem bem-conhecidos como "o casal que..." — será mais exato, porém, dizer que ela se educa por meio de seus relacionamentos. Entretanto, raramente o faz com um mentor mais velho e mais sábio. Em vez disso, busca, subconscientemente, uma pessoa de mesma idade ou ligeiramente mais jovem. E nisto reside a barganha: ela desempenha um papel parental, como fez na infância, mas ao mesmo tempo aprende a brincar, algo que nunca teve real oportunidade de fazer, dadas as restrições de seus anos mais tenros. Por esse motivo, o parceiro da capricorniana deve, acima de tudo, ser um companheiro de brincadeiras. Pouco a pouco, por meio da recreação e do brinquedo, ela começa a ter acesso à própria criatividade, que esteve paralisada por tanto tempo. A parte informal da nativa, representada pelo rabo de peixe do símbolo capricorniano da Cabra Marinha, transforma-se no supremo recurso a que recorrer. Todo o seu talento sufocado e inexplorado, que ameaçava arrastá-la para a depressão, transforma-se finalmente no patrimônio mais valioso da nativa, o sustento do qual ela passa a viver, e aquilo que a mantém jovem, aparentemente, por eternidades. E assim ocorre à capricorniana, com freqüência, superar o companheiro de folguedo, dona que é de muito maiores doses de determinação e de represada inventividade a clamar por expressão. E dessa forma, em algum momento ela troca de papéis com o parceiro, que doravante deverá aprender a se tornar a rocha na qual ela possa se apoiar. E o patinho outrora desanimado e melancólico desabrocha efetivamente num cisne maravilhoso, sábio, e quase sempre maluquinho.

Nesse ínterim, os gênios criativos que a capricorniana geralmente prefere também sentem atração por ela. Com certeza, ela é uma energia apoiadora na vida de um homem, alguém que jamais lhe iria sugerir que mantivesse o emprego diurno. Ao contrário, as notórias demonstrações de fé da capricorniana são contagiosas, e o companheiro poderá em breve começar a ser remunerado pelos talentos que outrora só expressava na obscuridade. Ela é devotadamente leal e profundamente amorosa, esperando talvez um retorno demasiado baixo. A bem da verdade, é uma das mulheres de manutenção emocional menos dispendiosa do zodíaco — forte e independente, ela quase não viaja na maionese, raramente incorrendo em encenações de garotinha mimada que podem exigir excesso de atenção ou uma chuva de presentinhos. E pode parecer uma companheira bastante prática, tipicamente até menos frívola que a maioria dos homens. A nativa não se sente à vontade em receber aconchegos e cafunés — são coisas que jamais conheceu na infância, e que uma residual falta de confiança na própria feminilidade torna ainda mais proibidas. Por ter sido desencorajada a assumir seu eu sexual na adolescência, ela não tem grande compreensão do conceito de artifícios femininos. Azaração, principalmente, não é seu forte. Ela é honesta demais em essência para se envolver em tal comportamento escuso e falso, e com freqüência só começa a namorar depois dos 20, às vezes tardando todo esse tempo para perder a virgindade. Esta poderia ser a razão pela qual tantas capricornianas namoram homens mais jovens, e às vezes alguns tão mais jovens, principalmente quando mais maduras — ela quer vivenciar sua cota de homens no apogeu sexual, nem que seja para ver o que andou perdendo. A nativa descasada — e elas são muitas — por vezes se faz acompanhar exclusivamente desses rapazes inexperientes, pois eles lhe proporcionam prazer, porém lhe permitindo manter o controle psicológico, além de sua vida solitária. Em geral ela é menos intimidada por homens mais jovens, e que lhe despertam fantasias eróticas de "professora", principalmente no caso da nativa de carreira universitária. Além disso, ela simplesmente adora todo aquele frescor concentrado que o calouro de faculdade tem a oferecer.

Em forte contraste com sua vizinha astrológica, a sagitariana, a azaradora mais óbvia do zodíaco, a capricorniana é cuidadosa com as demonstrações públicas e explícitas, mesmo quando está numa relação estável, preferindo manter em privado sua vida particular. O que ela está procurando no vínculo não é intriga amorosa, mas um sólido arranjo funcional capaz de servir de cenário para tudo o que busca realizar como indivíduo. Seus vínculos não são do tipo ardoroso, e o sexo raramente é a motivação principal para formar uma parceria. Personagem sexual bastante conservadora no tocante ao cardápio erótico, ela considera a intimidade que o sexo proporciona uma fonte de segurança e conforto, muito mais que uma ginástica acrobática ou uma viagem psicológica. Entretanto, para nossa bibliotecária, o sexo ainda é uma grande coisa, pois ela provavelmente o descobriu relativamente tarde em sua vida. Libertar sua libido requer freqüentemente tanta persuasão quanto foi necessária para explorar seu espírito criativo — o sexo, o ato literal de criação, e a expressão artística estão trancados, senão bloqueados, dentro do mesmo "lugar" no armário emocional da capricorniana. Portanto, da parte do amante, a paciência será a

LANCES ERÓTICOS

NATIVA GAY

mulheres mais jovens
mulheres altas
esbeltas
curvilíneas
longos cabelos escuros
preliminares prolongadas
trivial não variado
mulher com mulher
penetração (passiva)
sexo oral (passiva)
veneração (passiva)
orgasmos vaginais múltiplos
manipulação dos seios (ativa)
massagem sensual
calcinha fio-dental, sutiã meia-taça
botas
saltos
cuidados estéticos mútuos
travestismo
pés
artelhos
mulher hétero
sexo casual sem compromisso
disciplina leve (ativa)
sexo sóbrio
aconchego pós-coito
intimidade
literatura erótica

suprema virtude. Nem é preciso mencionar que a atração sexual da capricorniana é tudo menos superficial, e para agüentar a liberação necessariamente lenta de um seu apetite carnal é preciso um certo tipo de homem — não há simplesmente como apressar o tesão da nativa. Ela está decidida a estabelecer o ritmo e não deve sentir que existe algum cronograma implícito na cama.

Não surpreende que a idéia de casamento não interesse especificamente à nativa: o mero conceito de estar legalmente presa a outro indivíduo lhe parece muito repulsivo, algo que entra em conflito com sua filosofia inerente: que todos nós estamos essencialmente sós — nascemos e morremos sozinhos —, e quando se trata de qualquer complicação jurídica, ela prefere ficar na dela. A perda de controle que o casamento assinala lhe parece aterrorizante, particularmente se ela estiver envolvida com um gênio errático; não lhe agrada a idéia de ser deixada a pé. Do ponto de vista sexual, tampouco acredita no conceito de "deveres de esposa", dificilmente tendo a capacidade de ligar o piloto automático só porque o parceiro espera que o faça. Não há meios de coagir ou mesmo de convencer a nativa a fazer alguma coisa, principalmente na cama. Tudo o que um homem precisa fazer é aplicar pressão, mesmo mínima — com as mãos na cabeça dela, por exemplo —, e todas as apostas sexuais estarão instantaneamente canceladas. Por essa razão o sexo anal costuma ser um definitivo impasse — o ato tem jeito de submissão feminina —, ao passo que transar de quatro pode satisfazer em seu homem aquela mesma necessidade, enquanto também atinge os pontos certos para a nativa. Além disso, a posição permite a livre manipulação do clitóris, por ela ou pelo amante. Por natureza, a nativa não é experimental, preferindo aderir à mesma rotina querida e confiável, até na mesma ordem, para saber o que virá em seguida. Em nenhum lugar se vê mais intensamente a necessidade de controle da capricorniana que no quarto de dormir. Cumpre lhe darmos crédito, reconhecendo que ela não exige muitas firulas para tornar especial o ato sexual; de preferência, procura alcançar uma certa grandeza aderindo a seu roteiro habitual. A nativa não acha o sexo enfadonho: para ela cada vez parece a primeira, por muito que tal afirmativa pareça um chavão. Esta é mais uma razão pela qual gosta de levar para a cama aqueles rapazes consideravelmente mais jovens — ela compartilha a sensação de novidade naturalmente sentida por homens ainda inexperientes em matéria de sexo. Na ligação com um parceiro mais velho, uma exuberância enlevada persiste como nota principal do relacionamento, particularmente palpável entre os lençóis. Talvez ainda mais que o prosaísmo do ato, a nativa considera excitante a mera expectativa do sexo, e o homem que depender de estimulação cada vez mais intensa não irá durar muito no mundinho dela, que sempre estará deslumbrada como uma colegial, alimentando eternas paixonites por homens adultos, quando não por aqueles recém-saídos da infância, deixando a mente vagar por todas as instigantes possibilidades românticas que poderiam se cumprir por algum feliz acaso.

Com relação à mulher de Capricórnio o fenômeno mais insólito é seu amor pela fantasia, em especial pela idéia de uma atividade sexual secreta. Ela inventa amantes oníricos em suas horas de vigília, possivelmente criando em algum momento de masturbação fantasias com o jardineiro, o mecânico, ou o carteiro. Por muito que isso lembre um enredo pornô, ela gosta de interagir com homens da indústria de prestação de serviços, cujo trabalho envolve serem corteses ao mesmo tempo em que cumprem o que ela manda. Talvez ela ofereça a algum deles uma xícara de café ou puxe uma conversa jovial que poderia ser considerada atípica pelos que a conhecem como pessoa ponderada e até lacônica. Mas apanhada fora da guarda, a nativa seria capaz de surpreender até os mais íntimos. Por vezes ela também tem um amante onírico "real", ou seja, uma figura que regularmente aparece em seus devaneios noturnos e com quem partilha um tema sexual recorrente, por vezes tendo orgasmos reais, o que pode dar choque no amante de carne e osso deitado a seu lado. O que ela vivencia em seus romances subconscientes é o ato sexual com um tipo insaciável e infatigável, espelhando o que realmente deseja na vida acordada. A nativa de Capricórnio pode ser rígida, porém nunca é frígida. Entretanto, já que as prioridades sexuais não encimam sua lista no relacionamento amoroso, transar com ela pode ser uma verdadeira questão de sorte. Em algum momento, como em tudo mais, perceberá a importância da satisfação sexual em sua vida e, se seu homem estiver pisando na bola, ela irá talvez procurar em outra parte aquele tipo específico de satisfação. É aí que entra em cena o incansável rapaz de vinte e poucos anos, e também a necessidade dela de se livrar do contrato matrimonial. A nativa não tem o menor conflito em satisfazer em algum lugar suas necessidades sexuais, ao mesmo tempo em que ainda devota seu pleno ser emocional a um relacionamento anterior. No que se trata de amor, o coração dela está sempre alerta; mas se outras partes de sua anatomia não estiverem sendo usadas em plena capacidade, a nativa poderá preencher aquela lacuna com alguém mais disposto e capacitado a ajudá-la. Sua atitude é sofisticada: o sexo constitui uma experiência isolada, algo que ela deseja que seja feito, e, aliás, bem-feito. Pouco importa estar apaixonada por um homem que não consegue lhe dar prazer, enquanto ela usar um amante que possa levá-la a altitudes sexuais passíveis de alcançar na maioria das vezes por meio do simples intercurso. Contudo, ela não acredita muito em paixão desenfreada, pois parece um "lugar" demasiado precário de se chegar. Afinal, ela está muito decidida a assumir a responsabilidade regida por Saturno, até mesmo por seu próprio êxtase. Ela poderá chegar a tentar restringir as expressões mais escaldantes do parceiro — de fato, se houver alguém capaz de, durante o ato sexual, emitir o típico sshhhhh! de uma bibliotecária, esta pessoa seria nossa comedida capricorniana. Para o argumento da nativa de que é melhor se conter, mesmo durante o sexo, há uma aplicação muito prática. Ela descobre, ao fazê-lo, uma intensificação de sua própria excitação. Graças ao teor gradual de sua escalada de excitação, é possível que a nativa alcance orgasmos num nível muito mais alto que a maioria das pessoas, constantemente adiando o gozo, até o momento em que for impossível deixar de fazê-lo. Falem-me de experiência de transformação: ao reprimir seu prazer, a nativa procura intensificar a pureza da experiência. Por esta habilidade, também, ela agradece à sua boa estrela pelo fato de ser mulher, afinal, com muita freqüência, testemunha a incapacidade de um homem dosar o próprio ritmo e prolongar o êxtase do ato sexual. A pressa é o que ela mais detesta nas pessoas, seja a precipitação em fazer amizades ou em tirar conclusões, delito de que acusa a maioria dos homens.

A capricorniana tende a sentir mais respeito pelas mulheres que pelos homens. Em geral, ela pode se relacionar melhor com o sexo oposto, mas quando encontra uma mulher que transcende os surrados papéis sociais, na posição de heroína — musicista, política, autora, artista — ou como alguém de sua própria vida, a nativa fica totalmente deslumbrada. Com freqüência ela tem a agradável surpresa de descobrir que tantas das mulheres fortes que procura emular, aquelas que tomam seus lugares num mundo ao demais exclusivamente masculino, nasceram sob seu mesmo signo. Ava Gardner, Marlene Dietrich, Berthe Morisot, Simone de Beauvoir, Janis Joplin, Zora Neale Hurston, Clara Barton, Eva Le Gallienne, Patti Smith e Dian Fossey, são todas elas nativas que fazem soar uma corda especial na capricorniana, que invariavelmente sente uma paixão por essas mulheres. Contudo, quando se trata de experiências concretas de lesbianismo, ela costuma sentir atração por moças bonitas (assim como pelos rapazes bonitos) que, espera, irão olhá-la daquela mesma forma exaltada. Entretanto, vive num mundo muito preto-e-branco, e em seu meio há poucas bissexuais. A capricorniana é inerentemente decidida demais para ficar em cima do muro, seja lá em relação ao do que for, e embora a nativa hétero possa ter sua quedinha por mulheres e a nativa gay possa se interessar vez ou outra por um homem, elas não se permitem ficar de bobeira na zona do agrião. Para esta mulher consciente dos limites a indefinição é anátema.

Embora raramente se coloque no papel de machona, nas relações de mesmo sexo ela será, porém, a pessoa que usa as calças. Vivendo ainda mais para si mesma que sua contrapartida hétero, ela assume a solidão, mantendo-se elevada e igualmente fora do alcance de alguma amante. Nos vínculos gays ela desempenha por completo o papel de mãe/professora, exigindo atenção e obediência em doses iguais. Ao mesmo tempo, encoraja a amante a ser senhora de si, a agir por iniciativa própria, exceto no que diz respeito a assuntos extracurriculares. A capricorniana, independente da preferência sexual, não consegue se sentar e analisar o funcionamento interno de uma parceria — mais que professar amor, ela o demonstra, o que requer da companheira auto-suficiência e confiança bastantes para dispensar tamanha leniência. Num fulgurante rasgo de narcisismo, a nativa é por vezes atraída por versões mais jovens, mais exóticas, e até estrangeiras, de si mesma. Até a nativa hétero tem suas fantasias sobre esse tipo de mulher que lhe chama a atenção: imagens especulares dela própria, que talvez tenham recebido uma educação mais esmerada que a sua. Chamemos a isso ciúme, projeção, transferência, ou o que for; mas essa nostalgia de uma vida que nunca viveu a atrai, com freqüência, a esses clones inexperientes que, a seu ver, tiveram benefícios que jamais obteve. Intimidada e ao mesmo tempo excitada por elas, e por se juntar a uma delas, a nativa tem a sensação de recapturar uma parte de si mesma — a ansiosa e humilde Rhéa abraçando seu aspecto de Hera mais juvenil e mais imperioso, conforme encarnado na amante. Em resumo: não adianta dizer à capricorniana gay que vá se foder; neste particular, ela já deixou você na poeira há muito tempo.

Mesmo sentindo um misto de amor e inveja por essas belezas ardentes às quais invariavelmente se liga, ela ainda precisará ser o alvo das atenções na cama. Ansiosa por ser agradada de forma tranqüilizante e deliberada, quer que a amante reserve tempo suficiente, particularmente nas práticas orais, enquanto ela fica deitada desfrutando a sensação. Não lhe interessa jogo pesado nem expressões urgentes — tudo deve rolar num fluxo contínuo e relaxado. O uso de *lingerie* sensual, por qualquer uma das duas, excita a nativa, que gosta de prolongada estimulação tátil, percorrendo de leve com os dedos o corpo da amante, demorando-se em todos os lugares certos, enquanto a outra faz o mesmo. O uso de consolos é de praxe, mas geralmente empregados pela companheira, sem pressa e no momento indicado, em combinação com outros meios de lhe proporcionar excitação. Entretanto, raramente ela está inclinada a retribuir o favor, da mesma forma como não é excepcionalmente pródiga no sexo oral, tipicamente propensa a aceder quando solicitada, mas de outro modo nada empolgada com a perspectiva. Simplesmente falando, ela preferiria que outra pessoa o fizesse. Embora não aceite que a parceira, pelas costas dela, tenha casos fora do relacionamento, a nativa fica mais feliz que a maioria em misturar outra pessoa aos trabalhos, sobretudo alguém que possa dar à outra o prazer que esta lhe dá. Ficar olhando, em todo caso, é um grande motivo de excitação para a nativa, que particularmente desfruta a sensação de segurar, abraçar e beijar a parceira enquanto uma terceira pessoa está proporcionando a maior parte da diversão. Como um casal, ela e a amante se consideram o máximo, sentindo-se invejadas por toda a população lésbica. A capricorniana orgulha-se dessa parceria de alto nível, real ou imaginada, e às vezes não consegue deixar de esfregá-la na cara das outras mulheres.

Casais

Hétero

Mulher de Capricórnio / Homem de Áries

Um par incomum. Fé cega da parte dela, combatividade da parte dele — a vida se transforma em cruzada. Mas independência é o mantra mútuo. Sexualmente, Capricórnio hesita menos com Áries. De fato, ela se submete à vontade dele.

Mulher de Capricórnio / Homem de Touro

Cada um encontra o par capaz de puro amor. Porém, mesmo esses signos terrenos emocionalmente alinhados — é raro um eriçar de penas —, ela, temendo ser traída, impõe restrições. Na cama, é necessária uma comunicação mais clara.

Mulher de Capricórnio / Homem de Gêmeos

Capricórnio é uma conquista para Gêmeos. Para ela, ele é um prazer culposo em sua existência austera. Mas compartilham interesses nas atualidades — moda, notícias, cultura. Na cama, ela assume o controle — ele não se queixa.

Mulher de Capricórnio / Homem de Câncer

Ele é o escoteiro dos sonhos dela; ela é a perfeita beleza pós-moderna. O oposto zodiacal é por vezes a contrapartida ideal, e é fácil achar um termo médio confortável e produtivo. O sexo é um processo lento de limar restrições.

Mulher de Capricórnio / Homem de Leão

Casal quase sempre poderoso e esnobe. Em comum, valores tradicionais, ética profissional antiga. Mas, emocionalmente diferentes, se desiludem — ela é caprichosa; ele espera aquiescência. O sexo é acolhedor, porém, cauteloso.

Mulher de Capricórnio / Homem de Virgem

Ele é quente na fria presença de Capricórnio. Ela é sua própria musa — um pacote de autopreservação. Juntos, percebem interesses educacionais e culturais. Na cama, o par forma uma força fetichista — sua rotina é lúbrica.

Mulher de Capricórnio / Homem de Libra

Uma contradição — torturante gangorra emocional, experiência transcendental. A necessidade de status mascara as inseguranças; o sucesso parece uma forma de superar o passado. Na cama, muita bagagem. Mas o tempo alivia a carga.

Mulher de Capricórnio / Homem de Escorpião

Ele jura tornar melhor a vida dela, aliviar seu estresse e ajudá-la a ter êxito. Ela é a fiel confidente dele. O sexo é mais satisfatório depois de uma discussão intensa ou de um diálogo inspirado. Uma mistura misteriosa.

Mulher de Capricórnio / Homem de Sagitário

Um casal irresistível, com uma atração icônica que impressiona e intimida qualquer um fora de seu círculo social. Entretanto, o foco é interno e a casa deles é um casulo acolhedor. Na cama, entretanto, é lascivo e muito indecente.

Mulher de Capricórnio / Homem de Capricórnio

Dois espíritos velhos. Belo casal de gosto refinado, eles se percebem como um pouco superiores. Os rígidos valores dela podem causar a ele alguma consternação. O sexo é lento e regular; eles são respeitosos, até corteses.

Mulher de Capricórnio / Homem de Aquário

Eles se misturam numa unidade de pragmatismo e propósito. Mas ela não sacrificará os próprios objetivos. Casal de notória competência. Na cama, um permanente curso para adultos — um rodízio dos papéis de alunos e professores.

Mulher de Capricórnio / Homem de Peixes

Em essência, amizade de carinho e respeito. Muito unidos, protegem-se mutuamente, com intensa lealdade e infinita compreensão: Capricórnio, em especial, serve de "salvadora" para Peixes. Naturalmente, o sexo é cheio de ternura.

Gay

Mulher de Capricórnio / Mulher de Áries

Para elas, a curva de aprendizagem é íngreme, com poderoso conhecimento adquirido: o aperfeiçoamento pessoal tem precedência; os interesses individuais são promovidos. A fascinação dura. O sexo é arrebatador — um caso de veneração.

Mulher de Capricórnio / Mulher de Touro

A taurina tira do sério a capricorniana: como alguém se atreve a tão exótico relaxamento? Para Touro, Capricórnio é uma sábia a ser venerada. Juntas, levam uma vida de princípios e de luxo. Na cama, Capricórnio comanda.

Mulher de Capricórnio / Mulher de Gêmeos

É uma experiência de aprendizagem. A geminiana tranqüiliza a intensa busca espiritual de Capricórnio ordenando-lhe, loquaz, que a supere. Mas na cama, quem se submete é a geminiana: sua amante exige a posição de comando.

Mulher de Capricórnio / Mulher de Câncer

Elas estão em busca de salvação — uma alma gêmea. Com Câncer, a Cabra Marinha aprende a ouvir a metade aquática de seu signo: a tendência a se debater emocionalmente. O principal é o perdão. Na cama, é preciso ter paciência.

Mulher de Capricórnio / Mulher de Leão

Um par sensacional — com estilo, ambição, ostentação. Fazer travessuras é a modalidade social das duas. Mas com uma madura capricorniana, a leonina vislumbra lições da vida. No sexo, é pureza em público e luxúria em particular.

Mulher de Capricórnio / Mulher de Virgem

Começou com uma explosão, pode acabar em pranto. Uma ou outra existe sem-cerimônia. Para isso funcionar, cada uma deve se comprometer com a compaixão. Na cama, dominação excita desejo. Porém, quase sempre o sexo parece estático.

Mulher de Capricórnio / Mulher de Libra
Nenhuma delas tem paciência com os tolos. São descaradamente elitistas. O foco é o reforço mútuo no campo profissional. A libriana elogia as realizações da amante *ad nauseam*. Na cama, a capricorniana encontra nova autoconfiança.

Mulher de Capricórnio / Mulher de Escorpião
Um interesse conjunto em questões femininas ou direitos humanos irá aproximá-las. Como casal, estão em atrito constante. No entanto, a fascinação, quiçá obsessão, vai encontrá-las sempre juntas. Na cama, mantêm a frugalidade.

Mulher de Capricórnio / Mulher de Sagitário
Cada uma vê na outra um degrau. A audácia de Sagitário e o senso prático de Capricórnio se combinam; aumentam para elas a influência e a afluência. Na cama, a disputa lasciva para decidir quem manda. Ambas são exibicionistas.

Mulher de Capricórnio / Mulher de Capricórnio
Juntas, sobem a escada em direção ao sucesso profissional, embora devagar. São grandes amigas numa viagem preguiçosa e extraordinária. Cultivar uma conexão sexual confortável também leva tempo, mas não há necessidade de correr.

Mulher de Capricórnio / Mulher de Aquário
Choque de personalidades no qual a aquariana tenta assumir autoridade — e a capricorniana não admite isso. Porém, formam um casal empreendedor, se a verbosidade não obstruir a ação. Na cama, Capricórnio leva a melhor.

Mulher de Capricórnio / Mulher de Peixes
Contratempo: a pisciana armazena tanta inveja, que atrapalha a intimidade — sexual ou sentimental. Resolvidos os problemas, o casal pode ser um dos mais criativos. A capricorniana se sente inteira; a pisciana aprende paciência.

O homem de Aquário

o visitante

O nativo de Aquário é o personagem mais alienado do zodíaco. Ele transpira um ar de desapego, sintoma irônico da notória associação de seu signo com a liberdade humana. No nível individual, ele se sente separado dos outros, ao mesmo tempo em que está, por vezes, predisposto a pertencer a um grupo social, uma classe ou mesmo uma filosofia ideológica que sejam maiores e estabelecidos. Na maior parte da infância e adolescência, o nativo é considerado meio esquisito, excêntrico em suas características percepções e predileções incomuns. Entretanto, embora de início tenha a sensação de ser uma esquisitice, o aquariano se transforma num vanguardista social, capaz de romper os moldes existentes e conjurar novas formas de ver o mundo. As hostes aquarianas estão cheias de pensadores visionários e cientistas que foram ridicularizados por suas idéias, antes de reconhecidos como verdadeiros videntes. De fato, o nativo tem o poder de vislumbrar verdades que ainda precisam ser provadas — como se enxergasse o futuro. Assim, não importa a ousadia de seu sistema de crenças, ele é o consumado homem de convicção, e seus característicos conceitos utópicos por vezes contagiam. Extremamente eficiente como guru — ou líder de seita —, o aquariano proclama com sua atitude: "Eu sei o que você não sabe." Dessa forma, os parceiros potenciais caem sob o domínio do sortilégio deste semideus/demagogo. Para as mulheres ele parece seleto e auto-suficiente em meio a um oceano de homens instáveis, só para exibir na cama seu lado notoriamente torto, ou mesmo sórdido. Tipicamente cauteloso em relação a outros homens, ele costuma preferir vínculos sexuais sem compromisso,

Xi
PRINCÍPIO

O Princípio da Variação. Segundo nos mostra o modelo de evolução das espécies, a sobrevivência depende de mutações que satisfazem as exigências da adaptação. A visão aquariana é de que a sobrevivência universal ou espiritual da humanidade está fundamentada em súbitas e novas incursões na vanguarda.

dando tempo ao tempo antes de estabelecer — por vezes, nunca — um relacionamento permanente.

Signo + Mente

O regente primário do signo de Aquário, o planeta Urano — Saturno é o regente secundário — representa o Princípio Cósmico de Variação e Independência no zodíaco. E como a encarnação masculina desse preceito, o nativo de Aquário é até certo ponto um pioneiro, se não for uma mutação humana que rompe com as tradições e a chamada normalidade. Lembra aquela variação genética que acontece numa espécie e que não obstante assegura sua evolução, um necessário desvio para evitar a extinção. O signo de Aquário representa a semente da mudança e isto freqüentemente transforma o nativo na proverbial voz solitária a clamar no deserto, alardeando um novo futuro que se anuncia no horizonte e que ele foi especialmente projetado para perceber. O criptograma de Urano, na verdade, é a letra H maiúscula do nome de William Herschel, descobridor do planeta, e lembra adequadamente um satélite projetado para explorar os confins do espaço, ou mesmo do tempo, e para enviar de volta a informação do que existe "lá fora". À semelhança do satélite, o nativo transmite uma nova compreensão para a humanidade como um todo — esta é sua missão individual e, por vezes, solitária. Ele é um explorador ideológico, de pensamento naturalmente prospectivo e progressista, notoriamente plantado na vanguarda da experiência humana, e é o homem que amplia os limites como ninguém, em quase todos os aspectos da vida. O conceito da era de Aquário (de começo previsto para 2020) relaciona-se com a mudança — a energia planetária de Urano é de irrevogável alteração, súbita e abrangente —, e o homem de Aquário representa sozinho o personagem humano como catalisador dessas drásticas revoluções no âmbito universal. Alguns (provavelmente, muitos deles aquarianos) acreditam que será durante esse período de nossa evolução que encontraremos extraterrestres. Enquanto isso não ocorre, o nativo tenta ao máximo encarnar por si mesmo aquele papel.

O homem de Aquário parece ridiculamente alienado e preocupado porque está, em certo nível, sempre perdido em revelações extravagantes. Este sujeito esquisito, que parece um visitante do futuro, já está vendo realidades que os demais levaremos muito tempo para assimilar. Mesmo fisicamente, o planeta Urano sinaliza "crescimento anômalo" num organismo, o que proporciona, conforme o célebre aquariano Charles Darwin foi o primeiro a teorizar, uma visão da norma provável da espécie em questão, pois a evolução segue a direção apontada pela mutação. O aquariano está apenas vivendo já agora aquelas probabilidades. E ainda que lhe possam colocar um rótulo de aberrante, em retrospectiva (onde os aquarianos são sempre percebidos em seu melhor ângulo) ele quase sempre será creditado por ter contribuído para o progresso da humanidade. Sua Décima Primeira Casa astrológica é a das *atividades reformadoras*, da *consciência social* e da *unidade espiritual*. Falando em termos de arquétipo, o Aquário é o distribuidor de imortalidade do zodíaco, um árbitro da mudança social e um progressista que nos oferece uma amostra do futuro da humanidade. No âmbito metafórico e espiritual, o nativo tem mais substância do que aparenta.

A história mais freqüentemente associada ao homem de Aquário é a de João Batista — a conexão aquariana está evidente neste caso. Ele foi um homem criado em liberdade, no deserto, vivendo a versão bíblica do estilo de vida alternativo, segundo nos contam, alimentando-se apenas de nozes e frutas silvestres. Nenhuma figura o supera como a voz solitária do deserto, o consumado "maluco-beleza" em estado permanente de revelação. A água, símbolo da divindade, é contida pelo Aquário, a imortalidade numa taça — a promessa de vida eterna, perfeitamente espelhada no ideal secular da evolução. Além disso, por meio do batismo, João iniciou o conceito de libertar do pecado original, pelo menos na vertente judaico-cristã (ele absolutamente não deu origem ao conceito, pois muitos dos ritos religiosos chamados pagãos envolviam a mesma dinâmica). Entretanto, o Batista é um dos propagadores da graça, permitindo àqueles com os quais entra em contato se livrar da marca da danação. No aquariano vemos encarnado o arquétipo masculino, não só como um purificador espiritual, mas como alguém que não vê razão plausível para a divisão entre experiência mortal e vida eterna. Por meio de suas visões alucinadas e de sua unção João Batista preparou o caminho para o Cristo, com freqüência simbolizado como o peixe habitante da água, da mesma forma como o signo de Aquário abre caminho para o peixe pisciano, cujo arquétipo masculino é o Messias.

Nas lendas arturianas, Merlin é o homem agreste dos bosques, um João Batista dos druidas, cujo nome significa a "contenção do mar", uma adequada imagem de taça — consta que possuía visão de raios X, que vivia retrospectivamente, vindo do futuro, e também que havia forjado um cálice mágico semelhante ao Santo Graal. Da mesma forma, Galahad é também um arquétipo

SÍMBOLO PLANETÁRIO

Urano é a personificação masculina do céu ou universo. O planeta sinaliza súbita mudança ou mutação em escala maciça e a introdução de ondas inteiramente novas no pensamento, na tecnologia, na descoberta ou na invenção. Os homens de Aquário, em especial, são os provedores dos efeitos extraordinários daquele planeta.

QUADRANTE DO SIGNO

Os quadrantes zodiacais correspondem aos planos metafísicos da existência: físico, emocional, mental e espiritual. O Quarto Quadrante se ocupa do relacionamento do indivíduo com a totalidade ou alma da humanidade. O nativo de Aquário visa fazer evoluir o espírito humano por intermédio de revelações, quando não de idéias revolucionárias, que ele procura firmemente estabelecer como verdades.

CRIPTOGRAMA DO SIGNO

Vemos aqui as ondas correntes, um símbolo do maná celestial, seja no sentido clássico da ambrosia líquida, que tornaria um mortal imortal, ou das águas do batismo, que igualmente permitem ao indivíduo entrar na vida eterna com Deus.

ELEMENTO + QUALIDADE

O elemento ar significa experiência mental e social; a qualidade fixa, intensa concentração e magnetismo. A combinação fixo-ar específica de Aquário implica um certo recanto do firmamento, quer se trate do céu ou de visões tais como o arco-íris. A combinação também simboliza a verdade, uma idéia fixa, sempre tão importante para o aquariano, cujo lema é "eu sei".

aquariano, isento de pecado original e assim capacitado a tomar posse do graal — *gala*, que significa leite, ou neste caso, maná, ou "leite divino", está contido no nome *Galatéia*, referente à deusa eterna doadora de vida, e na palavra *galáxia*, sendo a nossa própria a Via Láctea. No mito grego, o Aguadeiro, Ganimedes, a figura da constelação aquariana, encarna este mesmo papel de provedor, só que com um toque decididamente gay. Muito a propósito, Urano rege a homossexualidade: o Pai Zeus se apaixona por Ganimedes, um lindo pastor de rebanhos, e sob a forma de uma águia arrebata o moço, levando-o para o Olimpo, onde num piscar de olhos lhe garante a imortalidade e o instala como copeiro dos deuses, substituindo no posto sua própria filha Hebe (na verdade, sua esposa Hera, sob forma virginal). Essa metamorfose assinala na cultura helênica uma mudança em direção à elevação das ligações amorosas masculinas e da liberação sexual aquariana. Mais uma vez, a "água" é a ambrosia da imortalidade, o maná, a graça, a essência líquida da vida eterna. Esse notório rapto de Ganimedes representa a transcendência de um mortal para a experiência de êxtase espiritual, representação paralela às lendas bíblicas e arturianas. Na era de Aquário, e especialmente para a mentalidade do nativo do signo, a sexualidade e a espiritualidade podem caminhar lado a lado. O engraçado é que tem havido muitos líderes religiosos aquarianos. Não que seja engraçado no sentido risível, se considerarmos quantos deles, sob o disfarce da liderança religiosa, usam sua posição "divinizada" para meter na cama tantos devotos quanto possível — duas formas de êxtase combinadas numa só. A condição de homem nativo de Aquário não constitui o único pré-requisito para o fanatismo; porém, é uma predisposição que não pode ser relegada ao segundo plano. Em todo caso, a condição do aquariano é a de alguém congelado num fotograma no ponto de contato com o grande além, o eterno, o infinito, o universal e, por vezes, o galáctico, conforme evidenciado por tantos conceitos mirabolantes de famosos aquarianos.

Também em termos de mito, Urano é o universo, o preeminente deus Celestial masculino e pai dos Titãs, que gerou Saturno-Cronus, que gerou Júpiter-Zeus, os dois regentes e arquétipos associados respectivamente aos signos masculinos precedentes de Capricórnio e Sagitário. Urano foi despedaçado por seu filho Saturno, com uma providencial foice, só porque era um deus demasiado soberbo para seu próprio bem. Como sabemos, o Batista perdeu igualmente a cabeça. Assim, também o faz todo nativo de Aquário que se deixa extasiar demais por sua imaginação, quase sempre delirante quanto à grandeza dele. Aquário é o único signo de combinação fixo-ar do zodíaco: o ar simboliza a experiência mental e social; e a fixidez é só isso, uma firme determinação e uma concentração focalizada. Tomando-se as duas coisas em conjunto, o aquariano tem tais idéias fixas em relação à existência que até os pensamentos mais fantasiosos não podem deixar de lhe parecer verdades com letra maiúscula. Como a insanidade, também a genialidade parece firmada sobre esse tipo de sólida convicção — João Batista era ao mesmo tempo um profeta e um louco. Além disso, o Aguadeiro sente necessidade de converter outros a seu pensamento: o símbolo ondulado e aquoso de seu signo faz lembrar sinais elétricos, apontando para sua necessidade de fluir — concretamente, de verter em outros suas típicas revelações vanguardistas. Ele não se limita a pensar, ele sabe, pois o lema do signo é "eu sei". Urano, de cujo nome se originou a palavra *urina* — nos termos antigos esse fluido era sinônimo de sangue e sêmen —, fertilizou o mar quando foi castrado ou decapitado pelo filho; igualmente decapitado, João Batista criou um solo mais fértil para os ensinamentos do Cristo lançarem raízes — a chuva era associada pelos antigos com a micção do deus celestial e a fecundação do mundo. Ganimedes também significa "celebração da virilidade". No imaginário moderno, vemos o personagem de Dustin Hoffman no filme *Rainman*, misto de aberração e gênio, um *idiot savant*, que era aquariano até a medula. Nativo de um signo aéreo, o aquariano assume uma fertilidade ideológica, cultivando sementes da mudança social e intelectual no âmbito impessoal, abrangente, universal. Apesar de seu comportamento notoriamente desatinado, todo aquariano é um vidente, um "conhecedor" de verdades ainda a ser reveladas para o restante de nós, que, ao contrário dele, não temos o benefício e o sofrimento provenientes da bênção e da aflição de canalizar essas teorias em fatos.

À parte essas alusões matemáticas ao personagem do filme *Rainman*, o fato de ter tais idéias fixas caracteriza o aquariano como o homem mais calculista do zodíaco. Para ele, não existe ação isolada. Cada um de seus movimentos contribui para a implementação de sua plataforma grandiosa. Se há alguém que formulou um plano-piloto para a existência, este será o aquariano, eternamente consciente de dirigir seu destino, não deixando nada ao acaso, buscando controle não só das forças ambientais externas, mas também daquelas forças naturais que estão em ebulição dentro dele. Afirma-se que o nativo é um ser impessoal, fato que não poderia ser mais verdadeiro; mas ao elucidar o típico desapego emocional do nativo em relação aos outros, muitos estudiosos da astrologia deixam de perceber que é, igualmente, desapegado de seus próprios sentimentos. Majoritariamente, ele considera seus sentimentos distrações,

POLARIDADE

Os homens de signos masculinos (ar, fogo) estão alinhados com a polaridade de gênero do próprio signo, encarnando assim a combinação qualidade-elemento do signo. O homem de Aquário é uma revelação em si mesmo, perdido em suas próprias convicções — ou seja, extremamente convicto de certas verdades. À semelhança de João Batista, ele é com freqüência uma voz solitária a clamar no deserto.

11

NÚMERO DO SIGNO

O número da revelação. Com este número, uma página foi virada: após a completude do dez, o onze significa a primeira "revelação" de uma nova ordem. José, com sua túnica onírica multicor, é o décimo primeiro filho de Jacó, aquele que foi abençoado com o poder da revelação.

70-77

ASSOCIAÇÃO DA FAIXA ETÁRIA DO SIGNO

Período da vida em que o indivíduo se prepara, em algum nível, para a conexão final com o grande além. Esta pode ser também a época da segunda infância, o que certamente confere novo significado ao termo "renascido".

quando não obstáculos, à consecução dos objetivos elevados que fixou com firmeza na mente. Ele é a personificação do domínio da mente sobre a matéria, e está totalmente convencido de ter o poder de mudar tradições testadas e comprovadas que percebe como antiquadas ou universalmente injustas. Da mesma forma ele irá desenraizar qualidades indesejáveis de sua própria natureza. Aquário rege a Décima Primeira Casa astrológica, a das *esperanças* e *desejos* do indivíduo, e também do *comportamento adotado*, e, portanto, enquanto o resto da população zodiacal está, à sua própria maneira, procurando se reconciliar com a própria identidade, em uma das milhares de variações do tema "Conhece-te a ti mesmo", este não é o caso do aquariano, que em vez disso procura encarnar a idéia de quem ele deseja ser — no futuro — sem se preocupar com o lugar de onde "terá vindo". Até suas aspirações mais mirabolantes nunca são consideradas um delírio, mas sim um objetivo alcançável, que ele se programa para atingir, quase matematicamente, sem deixar espaço para hesitações. Apesar da associação de seu signo com a liberação sexual, mais agudamente ilustrada pelo musical *Hair* da Broadway, o aquariano pode até procurar suplantar a sua própria natureza sexual, se a considerar conflitante com sua idéia fixa da maneira como deseja, em última análise, ser (auto) percebido. Seu regente, Urano, o planeta da inovação e da mutação, lança o nativo desde o momento inicial num caminho de invenção própria. Assim, o Aguadeiro se transforma no fruto de sua própria e fértil imaginação, o que poderá lhe conquistar a reputação de ser inventado, e também a de ser criativamente original.

Bem a propósito, o signo de Aquário está associado à faixa etária de 70-77 anos, uma época em que os pensamentos do indivíduo podem naturalmente se voltar para a mortalidade e, portanto, para o significado do encontro com o proverbial grande além. Também poderá ser a época de entrar numa "segunda infância". A essa altura da vida a pessoa volta a se tornar mais dependente de outros, o que remete ao ideal aquariano de um sistema de civilização socializado, do tipo todos-por-um. A insensatez da velhice é algo que o homem de Aquário parece possuir a vida toda. Apesar de excêntrico, ele muitas vezes terá nascido, por ironia, de pais incrivelmente tradicionais. Os irmãos, por outro lado, parecem todos ajustados ao molde familiar. Ele destoa por completo dos demais. Como o velhinho encarquilhado do zodíaco, ele está constantemente tentando "acompanhar" os outros, enfrentando dificuldades em geral com o que os colegas podem considerar as lições mais fáceis do curso. Ele é um solitário, por vezes ocupado com jogos imaginários, perdido em devaneios, por vezes para constrangimento próprio, quando os colegas de escola o surpreendem falando ou cantando sozinho, rabiscando histórias ou desenhos malucos nos cadernos, ou simplesmente uma expressão deslumbrada e confusa quando chamam por ele. Para sorte sua, o nativo tem um ego pouco desenvolvido e o desprezo lançado pelos outros bate nele e cai. Sereno e contemplativo, o aquariano é, quase sempre, divinamente inconsciente de sua alcunha de desajustado social. Como aquele eterno senhor de 77 anos, ele está muito mais preocupado em fazer as pazes com o mundo, indiferente a todo apego e até mesmo à competição acirrada da escola secundária, intocado em seu sentido de mérito próprio e suficiência.

Tipicamente, seu pai, envolvido com atividades intelectuais, terá pouco contato com o filho no ambiente doméstico. A mãe será um tanto oprimida pela existência diária, ou mesmo um pouco deprimida ou fóbica em suas interações sociais, quase sempre imersa também em sua profissão ou na experiência da vida doméstica, a ponto de obsessão, quando não de reclusão. Talvez não seja muito calorosa a educação recebida, o que engendra ainda mais o característico distanciamento do nativo, o que, porém, se transformará para ele na graça salvadora. Ainda que seja uma espécie de Forrest Gump, um Owen Meany, às vezes brutalmente ridicularizado e atormentado pelos demais, isso pouco lhe importa. De fato, ao ser rotulado como o esquisito do lugar, ele deixa a mente viajar ainda mais para o espaço interno, em busca daquelas típicas verdades não descobertas que irão terminar se transformando em sua âncora neste mundo. Em caráter alternativo, ou por vezes simultâneo, ele buscará mais adiante um sentido de pertinência menos pessoal, aderindo a organizações ou se envolvendo em atividades ou esportes que o levem além da experiência normal, isolando-o do contato com os colegas de escola ou mesmo com os irmãos. Enquanto isso, na trincheira doméstica, ele recebe o tratamento do patinho feio, dado pelos irmãos que procuram pisá-lo, tentando conseguir o equivalente humano de jogar para fora do ninho esse pássaro estranho.

O nativo de Aquário é, em todos os sentidos da palavra, excepcional. Quando chega na altura do ensino médio, já terá ido pouco a pouco desaparecendo da tela do radar — o que outrora foi uma experiência de ser ridicularizado pelos companheiros se transforma num abençoado esquecimento social. Sua atenção buscará outros rumos: os colegas de turma talvez não percebam que ele está envolvido numa carreira de menino-prodígio do xadrez, ou que está cursando teatro avançado numa turma exclusiva de adultos numa cidade próxima, preste a conseguir alguns papéis consistentes no cinema ou no teatro, ou que já escreveu vários romances enviados em segredo para agentes e editores.

PSICOLOGIA

O aquariano tem uma autoconsciência quase patológica, como se cada um de seus pensamentos contivesse uma verdade esmagadora. Com freqüência ele se sente incompreendido pelo mundo, o que pode dar origem a comportamentos seriamente anti-sociais. Em ambientes íntimos, ele é arisco. Um típico distanciamento emocional pode se transformar em despersonalização. Naturalmente sintonizado com ideologias abstratas, o aquariano talvez se equilibre no limite entre a genialidade e a histeria delirante. Ele pode estar inclinado a desvios sexuais que outros consideram depravação.

ARQUÉTIPO + MITO

O deus Urano, homônimo do planeta regente de Aquário, é o universo, o superdeus celestial, exatamente como Aquário é uma espécie de signo aéreo exacerbado. O clássico Aguadeiro é Ganimedes, "amante da virilidade", de cujo nome provém o termo *catamito* — um menino mantido para fins de pedofilia. Zeus sentiu tesão por Ganimedes e voou para a terra sob a forma de uma águia, arrebatando o garoto e levando-o na volta ao Olimpo, para torná-lo o copeiro dos deuses. Se alguém for o proverbial guardião de piscina, este será o aquariano. Por suas agruras, Ganimedes foi tornado imortal. O desfecho simbólico é de que os aquarianos acabam apanhados (e arrebatados) por suas próprias visões da eternidade.

Pato maluco no quintal de casa, ele é percebido nesses ambientes distanciados como um futuro cisne. Mas semelhante dinâmica tem suas desvantagens: esse pássaro vulnerável e desengonçado pode atrair a atenção indesejada de libidinosos gaviões, expressão da década de 50 para definir a população mais pedocêntrica. Como seu arquetípico Ganimedes, ele pode ser visado por algum predador ou predadora prepotente, com um olho de águia para descobrir a beleza masculina virginal, que se precipite sobre o nosso aquariano e ofereça a ele o tipo de atenção pessoal e afeto que lhe faltaram até agora. E até o mais hétero dos Aguadeiros poderá entrar numa viagem gratuita que acabe por fazê-lo aterrissar em alguma espécie de Olimpo.

A imagem mais pungente da designação de Aquário como um signo da combinação fixo-ar é o desejo do nativo de alcançar um sentido de céu glorioso, aquele recanto fixo do céu onde a imortalidade é garantida. Dessa forma ele *é* Ganimedes, e alegremente se deixará arrebatar por outros — ele pode fazê-lo, ao passo que outros não; ele não tem a necessidade pessoal de manter intata sua individualidade, que ele próprio não reconhece. Para o aquariano, tudo é um espírito universal, algo que está para sempre expressado no mito e na literatura como o ar, o vento ou a respiração. Ganimedes é o copeiro, da mesma forma como Galahad ascende aos céus, de posse do graal. E igualmente, o nativo de Aquário está buscando, na vida cotidiana, empunhar o cálice de sua própria exaltação espiritual. Por vezes isto irá torná-lo suscetível a seitas e outras "religiões" sucedâneas. Por outro lado, talvez seja singularmente capaz de percebê-las como o principal sistema de crenças do futuro. Em todo caso, o aquariano não rende tributo ao ego, no mais estrito sentido psicológico, e por isso é facilmente arrastado para situações cerebrais, intensificadas e oportunidades de elevação nas quais a maioria de nós está pouco inclinada a se permitir embarcar, por temer a perda do próprio eu. Por meio do exemplo o aquariano nos ensina que a personalidade é uma ilusão e que todos estamos compostos das mesmas partículas atômicas presentes em tudo a nossa volta — ele já sabe que todos somos apenas poeira ao vento.

Corpo + Alma

O aquariano é quase mecânico em suas maneiras; seu temperamento decidido se traduz numa linguagem corporal retraída, que faz lembrar um robô, ou numa atitude física fria e defensiva — digamos que ele não é muito chegado a um abraço, pois até singelas demonstrações de afeto entram em conflito com sua programação cuidadosamente plotada. O interessante é que a palavra grega *kybernet*, que significa "timoneiro", originou o moderno termo cibernética, definido como "o estudo das funções de controle humanas", e também "o sistema mecânico projetado para substituí-las". Para o Aquário de mentalidade futurista, sob cuja regência estão essas ciências tecnológicas (além do gênero literário da ficção científica), a analogia não é irrelevante: da mesma forma como a ficção científica de hoje se torna o fato científico de amanhã, no devido tempo as maquinações do aquariano se transformam na realidade de seu ser concreto. No espírito adotivo de sua Décima Primeira Casa Astrológica, ele procura copiar aquilo que a maioria de nós admira em outras pessoas, assimilando-lhes as melhores qualidades em sua própria maquinação da existência. É claro que todos os seres humanos deixamos impressões nos outros; mas a diferença aqui é que o aquariano tem uma capacidade excepcional de escolher, conscientemente, quais as influências, e de quem, serão codificadas em seu próprio comportamento.

Não podemos esquecer que o nativo de Aquário, mais que envolvido em simples transformação, *constitui* a mutação, a encarnação da energia revolucionária, e, aliás, evolucionária — nos termos darwinianos, o desvio é a chave da sobrevivência. Numa avaliação do surrado tema da humanidade, Aquário é a anomalia, a vanguarda que está sempre forçando os limites humanos a avançar. Por vezes essa verdade metafórica torna-se intencionalmente óbvia na aparência do aquariano, produzido na última moda tecno, exatamente como na década de 60 ele pode ter sido o pioneiro da onda hippie em seu bairro, proclamando de forma gritante a mudança na sociedade. Em outras instâncias, temeroso do desprezo alheio por agitar sua bandeira considerada aberrante, o nativo cai no extremo oposto, tentando aparentar normalidade e adotando um estilo de vestuário padronizado de catálogo. Esses lances de conformismo são sua tentativa de conquistar aceitação na sociedade em geral. Entretanto, qual um solerte alienígena invasor de corpos, ele pode se parecer ao restante de nós, porém, qualquer comparação terminará tipicamente por aí.

Deixando de lado as piadas, a tendência aquariana a cooptar a experiência tem algo vagamente debilitante — como se o nativo visse nos demais os hospedeiros dos quais se alimentar para obter inspiração, conseguindo assim o combustível para seus fogos ambiciosos. Como seus companheiros de signos fixos — Touro, Leão, Escorpião —, o Aguadeiro tem uma atitude petulante, que o deixa mais preocupado com o que recebe dos outros que com o que lhes dá.

BÍBLIA + LITERATURA

O homem de Aquário é o arquétipo bíblico de João Batista, o aguadeiro provedor da verdade que viveu a vida se expondo, de maneira muito semelhante à do aquariano. Seu equivalente medieval é Merlin, que forjou o Cálice Sagrado. Também chamado Ambrósio, numa referência ao maná que oferecia, foi cristianizado como Santo Ambrósio. Merlin profetizou a chegada de Artur, assim como Batista é a vanguarda de Jesus. Essa dinâmica encontra um canal na obra de James Joyce, *Retrato do artista quando jovem*: Cranly pressagia a figura crítica de Stephen Dedalus. No filme *Matrix*, o personagem Morpheus faz renascer a figura do salvador, Neo.

CASA ASTROLÓGICA

consciência social
dinâmica de grupo
potencial de amizade
potencial de felicidade
atitude para com amigos
atitude para com associados
vínculos não emocionais
objetivos de vida
ideais de vida
amor recebido
apelo de massas
dinheiro ganho na profissão
trabalho autônomo
enteados/filhos adotivos temporários e permanentes
situações fora de controle
preocupações humanitárias
como percebemos os outros
clubes/claques/associações
esperanças e desejos
laços coletivos
nova ordem
vida extraterrestre
cacoetes/limitações
tecnologia
inesperado
mutações
trabalho por metas comuns
unidade espiritual
ligação mental com Deus
verdade impessoal
identificação dentro de um grupo
consideração universal
aplauso
liberação
acuidade mental

Principalmente em termos emocionais: sua Décima Primeira Casa nativa também está associada com *o amor que recebemos em escala maciça* e, embora seu inerente distanciamento lhe dificulte investir nos outros, ele tem uma desproporcional expectativa de receber aceitação, ou mesmo amor. Como, em regra, os signos de ar se preocupam principalmente com os planos intelectual, ideológico e social da experiência, o Aguadeiro de signo de fixo-ar anseia por segurança social, assim como busca a ratificação de suas idéias freqüentemente revolucionárias. Parte integrante da sina do radical de nascença é tentar infiltrar o pensamento dominante, e este é exatamente o processo pelo qual a vanguarda se transforma em velha guarda — na arte, na ciência, na política e na reforma religiosa —, desde tempos imemoriais. A lista de aquarianos famosos se distingue pelos pensadores, aliás, videntes, e com freqüência, místicos que estão anos-luz à frente de sua época — Mozart, Rasputin, Galileu, Copérnico, Thomas Edison, Júlio Verne, Bertolt Brecht, James Joyce, Franklin Delano Roosevelt, Thomas Merton, Abraham Lincoln, Charles Darwin —, todos eles procuraram encontrar na sociedade convencional condições de segurança para seu pensamento visionário. Naturalmente, nem todos os aquarianos são inventores geniais ou reformadores sociais, mas há um exaltado senso de convicção em todos os homens do signo, como se estivessem convencidos de determinadas verdades sobre a vida que ainda precisam ser provadas ou manifestadas. Esse aspecto transforma no arquétipo bíblico ideal do signo João Batista, ele próprio um Aguadeiro que vaticina a chegada de uma nova era.

Talvez o primeiro que se nota no aquariano seja aquela intensidade de João Batista, concentrado que está na causa em cuja defesa se empenha no momento, seu próprio interesse pessoal percebido como idêntico a uma razão de ser universal. Ele procura impressionar as pessoas ao mesmo tempo em que imprime sobre elas uma visão de vida utópica que está constantemente no processo de adquirir. Apesar da aparência calma e composta, principalmente nos olhos, que podem ser claros e gélidos, o aquariano revela um verdadeiro fanatismo em seu discurso, um traço tornado ainda mais irônico em justaposição com sua característica linguagem corporal contida. Se você encontrar um sujeito fisicamente confinado — os braços notoriamente colados ao corpo, como se numa invisível camisa-de-força — gesticulando freneticamente por meio da expressão facial, tentando em vão modular o descabido ardor de seu discurso, os olhos autoconscientes resvalando para os lados como se olhassem uma câmera imaginária, trata-se quase com certeza de um aquariano. Ele emprega uma dicção muito pessoal ao falar, por vezes melodramática, pontuando as declarações com onomatopéias de rufar de pratos — *ba-dum-bum-chh!* —, rindo de suas próprias piadas, com aquela câmera imaginária sempre ligada. Entretanto, como num assomo de empatia, ele subirá ou abaixará o tom de sua "teatralização" para se ajustar ao clima dos circunstantes. Para o nativo de Aquário, a experiência é uma comparação de dados de entrada e dados de saída, como indica o símbolo do signo, as ondas duplicadas — a cada palavra ou gesto ele imediatamente avalia a reação dos outros, como um computador processando informação. Pelo visto é uma luta para ele ouvir o que os outros dizem, como se estivesse reprimindo o impulso de reagir verbalmente; tem-se freqüentemente a impressão de que está morrendo de vontade de interromper. O contato visual tampouco é fácil para ele, pois freqüentemente se esforça para mantê-lo — isso também pode ser perturbador, afinal tem um olhar aguçado e estável, os olhos apertados e quase de lobo. Abordando as pessoas como o faz, com sua conversa untuosa, pode ser confundido com um tarado libidinoso, coisa que ele não é (pelo menos, não necessariamente). Contudo, aqueles olhos inquietos podem fazê-lo parecer um lobo mau que só está interessado na cestinha de doces das garotas — qualquer tentativa de parecer boa gente talvez só reforce a impressão de que realmente seja um lobo na pele de cordeiro. Mas a verdade é que ele está só tentando se enquadrar.

Diante da tendência do nativo a ser bonito e bem equipado, custa acreditar que ele provavelmente tenha sido um adolescente desengonçado. A maioria dos nativos é bastante alta, com um físico toscamente anguloso, embora em função da energia subitamente mutável de Urano ele possa subir de peso ou ficar inchado durante extensos períodos da vida adulta, assim como sofrer uma perda abrupta de cabelos — dificilmente uma calvície gradual. Urano rege as gônadas e a glândula pineal, que, em virtude de sua posição frontal do cérebro, foi considerada correspondente ao místico terceiro olho, e assim associada à clarividência. A essa glândula também se atribui a promoção do desenvolvimento acelerado. O crescimento anômalo, como o gigantismo, também está associado a Urano, e vestígios dessa disfunção podem se insinuar na anatomia do aquariano, muitas vezes para sua satisfação — embora, em alguns casos, para sua decepção, essa grandiosidade poderá centrar-se mais ao sul do objetivo desejado, e se instalar nas gônadas. Talvez por essa razão ele prefira ficar de pé a se sentar. Em todo caso, os aquarianos constituem a maior parte da clientela das lojas para manequins grandes, que terão começado a freqüentar muito cedo. Em geral, ele passa pelos surtos de crescimento da adolescência muito antes de seus companheiros, o que pode redundar numa fonte de sofrimento e

PALAVRAS-CHAVE

universalidade
egocentrismo
adoração
humanidade
veracidade
singularidade
inovação
rigidez
fanatismo
excentricidade
genialidade
originalidade
idealismo
perversidade
esperança
obstinação
independência
permutação
revelação
populismo
modernidade
pedagogia
solidão
separação
irregularidade
inclinação
complexidade
mistério
rebelião
curiosidade
experimentação
afabilidade
heroísmo
virilidade
desinteresse
autenticidade
exigência

HOMENS FAMOSOS DE AQUÁRIO

Gurus visionários e vanguardistas sociais

James Dean
Paul Newman
Humphrey Bogart
Clark Gable
Matt Dillon
Gene Hackman
John Barrymore
John Travolta
Michael C. Hall
Alan Cumming
Elijah Wood
Ashton Kutcher
Robbie Williams
Malcolm McLaren
Nathan Lane
Mark Spitz
Seal
Darren Aronofsky
D.W. Griffith
François Truffaut
John Ford
Milos Forman
Roger Vadin
Tom Brokaw
Norman Mailer
Jack Palance
Cesar Romero
Alan Alda
John Forsythe
Rip Torn
W.C. Fields
John Belushi
Edgar Bergen
Matt Groening
Bob Marley
Neil Diamond
Placido Domingo
Sam Cooke
Eddie van Halen
Phil Collins
Peter Gabriel
John Lydon

ridículo. Ele já terá se sentido diferente em função de sua personalidade incomum; e assim, acaba freqüentemente rotulado de esquisito, em mais de um sentido. Acrescente-se a isso o fato de que poderá ter problemas na escola, pois sua modalidade de intelecto é mais freqüentemente mal interpretada e, assim, raras vezes fomentada pelos conteúdos didáticos do ensino fundamental. Só mais adiante na vida escolar ele encontrará aplicação e algum nível de aceitação para sua forma avançada de pensamento abstrato e científico. Naturalmente, isto só fará sua condição de excluído receber definição mais específica como uma personalidade "cabeça". O fato de ter a cabeça grande não ajuda em nada — porque o nativo cresceu rápido demais durante a infância, seu corpo será franzino, dando à cabeça uma aparência desproporcional em comparação ao resto; e como se não bastasse, o aquariano costuma ter um crânio em forma de lâmpada, coberto de cabelos finos, ou ralos, com a linha de implantação alta, *a la* Mozart, de forma que às vezes ele lembra um pouco os desenhos de alienígenas feitos por aqueles que alegam ter sido seqüestrados por discos voadores. A crista das sobrancelhas é por vezes drasticamente pronunciada, ao estilo de Frankenstein, e o nariz é longo, delgado e de ponta aquilina — como numa alusão ao próprio rapto do aguadeiro grego Ganimedes por Zeus disfarçado de águia. No entanto, apesar de todas essas descrições tenebrosas, que podem transformá-lo no patinho feio durante a infância e adolescência, o nativo acaba se transformando, à semelhança do cisne, em um dos homens mais bonitos do zodíaco. Seu regente secundário, Saturno, talvez vá cuidando sem pressa do desenvolvimento do nativo, mas então, de repente, Urano cuida de dar ao aquariano uma masculinidade requintada, uma beleza arquetípica de Ganimedes, que leva uma boa quantidade de pretendentes, homens e mulheres, a se lançar à tentativa de arrebatar o nativo. Entre os gatões nascidos sob o signo se incluem os de olhos cristalinos como Paul Newman, Rutger Hauer, Peter Gabriel, Elijah Wood, Christian Bale, John Travolta e James Dean.

Grande parte do encanto do nativo de Aquário reside no fato de que ele foi, falando em termos gerais, um patinho feio. Pois não importa o quanto venha a se tornar devastadoramente lindo, o sucesso nunca lhe sobe àquela cabeça de mágico de Oz. Até as mulheres que se apressam a rotulá-lo de lobo não tardam a perceber que ele está menos envolvido com a aparência externa que embevecido com suas eternas revelações íntimas sobre a vida. Seu visual bonito é só um realce a mais, pois ele é robusto: conforme convém à sua designação zodiacal, o Aguadeiro é tipicamente abençoado com um atraente físico de nadador. Embora os aquarianos em geral preencham bem o calção de banho, a maior parte da "mala" consiste, por outro lado, no tamanho quase sempre gigantesco das bolas. Porém, Urano é, afinal, o planeta do inesperado, que se poderá manifestar quando esse despretensioso excêntrico sacar uma "arma" de proporções monstruosamente grandes. Seja como for, ele possui um tórax firme e compacto — mais definido que musculado —, braços tendinosos, e uma cintura praticamente curvilínea. Igualmente, poderá ter quadris cheios, as costas arqueadas e os glúteos exagerados, que lhe conferem um jeito feminino quando visto por trás, principalmente ao usar calças justas. Não ajuda em nada que sua marcha tenha um certo balanço. As pernas são fortes e entroncadas, os músculos da panturrilha especialmente bulbosos, enquanto as mãos e os pés, longos e afilados, indicam sensibilidade e expressão criativa. Entretanto, seu caminhar tem um jeito aparvalhado de pé de pato, que às vezes faz seu balanço virar um gingado. Mais claro de pele que os parentes, tem os cabelos contrastantes, tipicamente castanho-escuros ou mesmo negros, que se tornam grisalhos antes do tempo. Os característicos olhos claros às vezes fazem surgir suspeitas de que seja filho do leiteiro, pois os demais familiares podem ter olhos castanhos, o que acentua ainda mais sua condição excepcional. Ele não é especialmente peludo, em geral só um pouquinho, o que o faz parecer um habitante do futuro que tenha ultrapassado suas características de troglodita, afinal nada em sua personalidade indica que tenha algum dia arrastado mulheres pelos cabelos. Aliás, quem geralmente está pronto a ser agarrado é ele, desejoso de ser adotado por uma parceira devotada, que lhe dê a liberdade de ter suas singulares visões, enquanto o ajuda a ser assimilado pela sociedade convencional.

Num mundo em que os homens estão programados para afirmar algum tipo de plataforma pessoal, sexual ou não, o aquariano não parece vítima das maquinações de sua própria libido. Em conexão com seu arquétipo de Galahad, ele parece ter ultrapassado a atividade sexual, estando muito mais obviamente focalizado em seus elevados ideais, aspirações e uma típica necessidade de se sentir acima do tumulto da experiência humana fundamental. Pela perspectiva da objetividade externa, perspectiva que o visitante do zodíaco conserva até em relação ao próprio eu, uma pessoa movida pela sensação, pelas emoções, ou até pelos hormônios é repugnante. Ele assume o controle absoluto de seus desejos e faz questão de que eles nunca apareçam. O aquariano se orgulha de ser um homem evoluído; entretanto, o que ele freqüentemente acaba por conseguir é apenas reprimir seus impulsos naturais físicos, sensuais e sexuais, até que eles voltem a emergir, sob uma forma alternativa embora controlada. Mas, como Galahad, o nativo acredita que não se pode tomar posse daquele cálice

Graham Nash
Jack Nicklaus
Wayne Gretzky
John McEnroe
Michael Jordan
Christian Dior
Balenciaga
Charles Lindbergh
Charles Darwin
Galileu
Copérnico
Sir Francis Bacon
Thomas Merton
George Balanchine
Mikhail Baryshnikov
Edouard Manet
Robert Motherwell
Jackson Pollock
James Joyce
Stendahl
W.S. Maughan
Paddy Chayevsky
Langston Hughes
Anton Chekov
Charles Dickens
Sinclair Lewis
Jules Verne
Lewis Carroll
Christopher Marlowe
William Burroughs
Wolfgang Amadeus Mozart
August Strindberg
Franz Schubert
Franklin D. Roosevelt
Abraham Lincoln
Hadrian
Frederico, o Grande
Douglas MacArthur
W. Randolph Hearst
Bill Mumy
Fernand Leger
Sonny Bono
Ramakrishna
Joe Pesci
Garth Brooks
Stephen Crane

REGÊNCIA DO CORPO

O signo de Aquário rege as pernas, dos joelhos aos tornozelos, e o sistema circulatório. Urano está associado a súbitos distúrbios nervosos — ataques, espasmos, colapsos — além de crescimentos anômalos como tumores.

de imortalidade e alcançar alguma forma celestial de existência idealizada se você se permite ser puxado para baixo pelo desejo ou por alguma forma de apego. Sua aparente falta de animalidade sexual leva a parceira potencial a sentir que encontrou alguém especial, um homem que está muito acima dos restantes. Isto é naturalmente o que o aquariano deseja acima de tudo: assim como se acostumou a ser rotulado de esquisito na infância, ele agora espera capitalizar, na idade adulta, sobre sua condição excepcional. O que ele quer, e o que ele promete à parceira prospectiva não é um amor comum. Daí ele ser, por conseguinte, um partido difícil de agarrar, geralmente dando a impressão de não estar disponível, ou de estar de todo num outro patamar. Em geral, candidatos de ambos os sexos tendem a se oferecer ao aquariano, pois, pelo visto, o que não for uma disputa aberta por sua atenção talvez não deixe registro naquilo que é percebido como sua natureza altaneira. O aquariano, de forma não de todo inconsciente, faz as pessoas considerarem baixeza nutrir sentimentos eróticos por ele. Mas isto é, até certo ponto, um estratagema: o Galahad da astrologia não é tão puro e distante da lascívia quanto gostaria de fazer acreditar. Aliás, seu lado mais devasso, embora altamente secreto, supera o de qualquer outro nativo. Capaz de dispensar a companhia de uma linda mulher, consolando-a com tapinhas nas costas pela falta de sorte e fazendo-a sentir-se inferior, ele poderá, na noite daquele mesmo dia, acabar fazendo cócegas e dando enérgicas palmadas em alguma outra, talvez até por dinheiro.

Quando se trata de viver publicamente com uma companheira, o nativo insiste em manter uma posição exaltada. Ele espera veneração, não como o faz o atraente e robusto Adônis taurino, mas de uma forma muito mais soberba. O Ganimedes do zodíaco praticamente exige ser imortalizado; e a parceira deve colocar o aquariano num pedestal muito alto e mantê-lo ali, para que ele sinta, continuamente, que lhe estão pagando tributo pela simples virtude da existência do vínculo. Ele não vai brincar no chão, como um simples mortal; de preferência exigirá toneladas de estima. Por um lado, precisa de devoção cega. Mas, por outro, precisa que esta venha de alguém que ele considere igualmente de qualidade alta — senão a opinião desta pessoa não contará muito, a seu ver. Ele espera ser venerado por uma espécie de deusa ou de deus que inspire igualmente uma espécie de assombro nos demais. Na comparação com um vínculo do homem de Aquário, todos os outros casais poderosos empalidecerão. Só por essa razão o aquariano é muitas vezes rotulado de arrivista, de aparente alpinista social que procura se casar acima de sua extração. Embora isso talvez seja verdade, trata-se de um sintoma, mais que de um motivo para seus esforços.

Entretanto, o nativo do signo estabelece pouca distinção entre suas visões sociais utópicas e o que lhe pode parecer um paraíso social acolchoado, sendo capaz de ser o profeta do povo ao mesmo tempo em que busca o lucro pessoal. Por vezes ele é acusado de venalidade — tal e qual Ganimedes, à disposição de quem fizer o lance mais alto. Se e quando ele se casa com alguma suma-sacerdotisa da sociedade ou alguma locomotiva profissional, esta acabará deixando de ter destaque, trocando seu próprio prestígio pelo manto de principal discípula dele. Dono de um sistema calculado para o sucesso, o nativo precisa converter uma mulher a seu programa e reforçar cada capricho seu com acenos afirmativos. Ele não consegue, naturalmente, viver uma vida de debates ou mesmo de discussão de suas idéias, as quais, a partir do instante em que ele as concebe, devem ser imediatamente gravadas na pedra.

Não há ninguém a quem o aquariano considere superior. Sua convicção pessoal, portanto, é o segredo para assegurar os relacionamentos com as solteiras mais desejadas do planeta, mesmo quando ele próprio não é nenhuma beleza. É nisso que dá se considerar um deus. Em numerosas ocasiões a astrologia cometeu o equívoco de descrever o Aguadeiro como alguém socialmente liberado, e sexualmente antecipado, cuja vida parece encenada numa comunidade dos anos 60. Certamente, se semelhante estilo de vida fosse uma visão específica do homem aquariano, ela se desenvolveria concretamente. Mas o aquariano sente-se livre para visualizar o mundo segundo seu ideal utópico individual, qualquer que seja, e tudo e todos devem se conformar à sua percepção — ou ele simplesmente irá cortá-los de cena. O Aguadeiro é rígido no que diz respeito a seu modo operacional individual. Suas ideologias e sistemas de crença podem ser "grotescos", um resultado da regência de Urano, mas a forma como ele regula a própria vida em conformidade com essas filosofias existenciais de vanguarda é puro Saturno, distinguida como é pela eficiência temporal e pela atitude de feitor. Tomemos por exemplo o comunismo — uma visão política social que está sob a regência de Aquário —, ele é livre, liberal, e... bem, comunal por fora, mas por dentro está repleto de normas e regulamentos baseados no endosso a semelhante altruísmo. O mesmo acontece ao aquariano: ele governa seu informalíssimo sistema de crenças com foice e martelo firmes e maquinais. Adequadamente, ele não pode deixar de impor igualmente sobre os seres amados sua ética por vezes severa. Como todo guru, ele seduz a adepta potencial convencendo-a de que ele sabe o que mais lhe convém. Se ela seguir sua orientação, viverá da forma certa. E enquanto isso, o aquariano faz a amante se sentir especial, "eleita", e, assim como ele, feita de uma matéria excepcional. Então,

LANCES ERÓTICOS
NATIVO HÉTERO

mulheres dominantes
louras
ruivas
africanas
indianas
asiáticas
elfos
meninas levadas
executivas
sedução (passivo)
preliminares demoradas
pornografia lésbica
submissão e disciplina (passivo)
sexo oral (passivo)
sadomasoquismo (passivo)
lesbianismo
triângulo com duas mulheres
tele-sexo sexo virtual
controle mental (ativo)
troca de casais
orgias
perversão
fetichismo
esportes aquáticos (passivo)
carícias anais mútuas
privação (passivo)
clubes e grupos eróticos
masturbação feminina
ser traído pela mulher
humilhação
veneração (passivo)

ele irá ungir a parceira, borrifando-a metaforicamente com sua água divina, deixando-a beber de seu cálice. Assim, quase sempre atrairá mulheres seriamente carentes do amor paterno — aquelas que procuram por alguém "grandioso" para agradar e adorar —, exatamente como ele tende a transformar uma mulher em sua principal cuidadora. Subitamente, o auto-suficiente Aguadeiro parece incapaz de atar os cordões dos próprios sapatos. Isso acontece a toda hora: o aquariano transforma a mulher em sua hospedeira, dependendo dela para o sustento diário, enquanto se concentra plenamente em todos aqueles conceitos elevados e universais que lhe abençoam ou atormentam a mente. Ele se insinua na vida de uma mulher, apoiado na premissa de que um deus em forma de homem lhe irá oferecer orientação e proteção, e depois, pouco a pouco, vai se transformado naquele ancião de 77 anos que necessita de vistoria para não sair de casa usando meias de pares trocados (um traço não muito atraente num homem de 35 anos). Entretanto, essa incapacidade de prestar atenção às pequenas coisas significa que o aquariano está conquistando uma certa grandeza em escala universal.

A Décima Primeira Casa é a do *amor que recebemos* em comparação com a Quinta Casa do *amor que damos*, associada ao chamado signo oposto do Aquário, o Leão. Ambos os signos se preocupam com a autoridade, o que, para o aquariano, com freqüência se traduz em suas desejadas atividades sexuais. O ardente leonino, que é muito convencional em suas preferências eróticas, ficaria chocado em saber que o indiferente aquariano manda bem no quarto de dormir, desde que, naturalmente, este não seja um ambiente demasiado banal e previsível para servir de cenário ao desempenho do Aguadeiro. Nem preciso mencionar que o aquariano é provavelmente a personalidade sexual de menor nível de envolvimento emocional. Assim, ele não se importa de usar o sexo para subir na vida, pois semelhante comportamento não consegue tocá-lo pessoalmente. A regência de Urano sobre a Décima Primeira Casa está associada com liberdade por meio da repressão, o que permite ao aquariano se virar com muito pouco na vida graças à eterna repressão dos próprios sentimentos, coisa que qualquer ex-mulher do Aguadeiro atestará sem dúvida: ele não costuma demonstrar o menor remorso em cortar relacionamentos que custaram décadas para construir. Também vemos essa dinâmica em suas atividades sexuais, afinal ele irá viajar até os limites extremos da atividade erótica, enquanto seu papel concreto nesses enredos permanece incrivelmente contido. Por exemplo, uma típica inclinação sexual do aquariano é a ação disciplinar, como espancar a parceira, ou mesmo algum prática mais radical. É notória a excitação que sente ao humilhar a companheira. O Aguadeiro pode possuir diversos lençóis de borracha, mas nunca se envolver em ditas perversões que ultrapassem o ato de abrir a braguilha e se aliviar em cima da colega de brincadeiras, numa expressão tremendamente gráfica da regência de Urano sobre a urina. Para esse homem que se proclama um deus, até sua própria urina deveria ser considerada um maná, como se caído do céu. Com certeza ele não é um personagem sexual corriqueiro. A rigor, quanto mais puro e cavalheiresco nosso Galahad se mostrar em público, mais lascivo e depravado será talvez em particular. Mas é aí que a coisa pega: o nativo geralmente percebe seus relacionamentos como parte integrante de sua vida pública, e não da vida privada — daí, em geral não será a esposa quem vai ficar aos guinchos, enrolada naqueles lençóis de borracha. De fato, ela talvez vá se tornando cada dia mais carente, do ponto de vista sexual, à medida que avança o relacionamento com o aquariano.

Mesmo que o nativo apresente mais desvios sexuais que a maioria, resultado direto da regência planetária torta, sua abrangência erótica tende a ser incrivelmente focalizada e específica. Tal como ocorre com suas tendências ideológicas, este signo de combinação fixo ar elabora os pensamentos até transformá-los em preocupações. Como ele é de longe o indivíduo mais monomaníaco da roda astrológica, sua interação sexual sempre tem um clima de intercurso mental. As salas de bate-papo da Internet centradas no interesse sexual foram feitas para o aquariano, pois ele pode se entregar democraticamente a seus desejos com parcerias cada vez mais variadas. Como não é "galinha" só no universo virtual, o nativo também irá encontrar mulheres para sexo anônimo em tempo real, preferindo encontros isolados a sessões permanentes de sexo casual. Dada sua típica interação indireta, ele pouco se preocupa em guardar um pouco para gastar em casa, com a esposa em geral dedicada, que conclui que seu marido genial só está cada vez menos interessado em sexo, seu eterno Galahad valentemente guardando a própria pureza com redobrado vigor. A bem da verdade, a centelha mágica dos relacionamentos tende a se apagar muito facilmente para o aquariano, e esses laços devem então ser complementados com bastante regularidade, quando não diariamente, por essas vagas aventuras mencionadas anteriormente. Mas no final ele acabará ansiando ainda mais por alguma coisa.

O Aguadeiro, com sua visão ultra-idealizada, terá talvez uma excessiva preocupação com a forma ou com a aparência do amor, mais que com o conteúdo concreto de seus relacionamentos. Como a maioria das pessoas, ele gosta mais do começo do namoro, da emoção da novidade; mas ao contrário dos

LANCES ERÓTICOS
NATIVO GAY

homens mais velhos
mentores
peito cabeludo
pênis avantajado
prepúcio
homenzarrões
motoqueiros
hippies
skatistas
skinheads
suspensório escrotal
meias soquetes
conjuntos esportivos
posição por baixo
cunete (passivo)
sexo oral
deglutição
grupos
anonimato
submissão e disciplina pesadas (passivo)
sadomasoquismo leve (passivo)
perversão
depravação
escatologia leve
mictórios públicos
bares gay
termas
caminhoneiros
trabalhadores braçais
penetração com o punho (passivo)
enemas
esportes aquáticos
plugues
grampos
bombas penianas
pornografia
estimulantes
contenção
jaulas
tipóias
provocação
tortura (passivo)
testículos pendurados
manipulação dos testículos (ativo)
travestis
transexuais

demais, ele costuma a tal ponto se apegar ao sentimento de frescor, que procura por vários meios manter viva essa intensa sensação de exaltação. Quando se trata de casamento ou de um relacionamento importante, ele costuma agir como um novato ao emprego, no qual, enquanto estiver atravessando algum fase de orientação, não terá que se esforçar muito e fazer o trabalho de gerenciar a empresa do amor. Para o nativo, o Mork de Ork do zodíaco, tudo parece novo e ele engendra tamanha afeição pela companheira, que esta, pelo menos por um tempo, vê como encantadora e genuína a exuberância juvenil dele. Mantendo os vínculos no âmbito superficial, ele se apega de tal modo ao aspecto de namoro do amor que chega a beirar o ridículo, comemorando cada aniversário insignificante com presentes, ou um jantar comemorativo, ou uma viagem curta. Ele é tão exagerado nos elogios, na adulação e nas demonstrações públicas de afeto por sua mulher que os estranhos poderiam supor que ele e a companheira estão em lua-de-mel, mesmo no decorrer das tarefas do dia-a-dia. A existência cotidiana é excessivamente corriqueira para nosso arrivista habitante do Olimpo, que faz o possível em sua conduta para intensificar até mesmo a circunstância mais comum. Com muita freqüência a parceira do aquariano será o tipo de mulher que exige constantes louvores da boca para fora, por falta de capacidade, pelo menos no início, de lidar com sentimentos mais profundos e com os desafios da vida. É como se, no tocante ao casamento em particular, o aquariano se ausentasse no momento em que o padre ou juiz de paz acabasse de dizer as palavras "na alegria e na..." — não precisa dizer mais nada, ele pensa.

Outro sintoma de sua sede de emoções é aquela típica necessidade de provocar (ou até espicaçar) as pessoas, para suscitar o que pode ser descrito como a adoração das massas. A associação de Décima Primeira Casa aquariana de *relacionamento global* e *comunidade em ampla escala* significa que atenção generalizada, e não individual, é realmente o que este homem necessita. Qual um líder de seita religiosa, fanático e polígamo, ele não pára jamais de procurar novas noivas para acrescentar a seu harém conceitual. Em todos os lugares que freqüenta regularmente estará instalada alguma mulher embevecida cuja afeição ele alimentou. Haverá sua executiva favorita no escritório, sua garçonete preferida no local onde almoça, a moça (raramente é outro homem) que lhe corta o cabelo ou aplica massagens, e por aí afora. Pendente no ar em torno dele, imaginam essas moças deslumbradas, está a possibilidade de que em algum momento ele se precipite sobre elas, levando-as para longe. Infelizmente, esses pensamentos também começam, com freqüência cada vez mais alta, a cruzar a imaginação da esposa ou companheira de longo prazo. Num novo relacionamento, o aquariano fará questão absoluta de ter relações sexuais com a parceira quase todo dia. Ele tem uma espantosa capacidade de se condicionar psicologicamente, sempre que necessário — afinal, aquelas filmadoras estão ligadas, à espreita da seqüência que fatura milhões. Em retribuição, o nativo só espera que a amante expresse tanto prazer com o desempenho dele quanto o que ela lhe proporciona. Ele é o sujeito que pergunta: "E aí, gostou?", e a mulher precisa colocar sua expressão mais entusiástica e garantir ao nativo que transar com ele, como tudo mais que o envolva, é absolutamente celestial. Deus nos livre de que ela acabe ficando entediada. O planeta Urano sinaliza mudança repentina, acidente e acaso feliz. E será em relação a esses temas que o aquariano montará sua defesa por ter encontrado um outro amor em outra, mesmo depois de anos do que parecia o casamento mais feliz do mundo. "É, aconteceu...", ele sustentará. O tesão predador, num vôo rasante, arrebata o Aguadeiro para novas formas de manutenção de sua imortalidade — em linguagem leiga: mulheres mais jovens. Ou, aliás, homens mais jovens.

Ninguém encontra maior dificuldade para negociar a própria sexualidade que o aquariano. É como se ele, por ser uma personagem naturalmente avançada, pudesse manter qualquer tipo de atividade erótica. Se puder ser imaginado, deve ser verdade — este é o raciocínio do nativo, e que por vezes o deixa totalmente apavorado. À semelhança de Ganimedes, a homossexualidade terá talvez sido empurrada sobre ele, de alguma forma, na juventude. E como este filho universalista de Urano tem o dom natural da ubiqüidade, seus desejos sexuais cobrem o mapa inteiro. Esta é a exata razão pela qual o aquariano precisa encontrar sua liberdade uraniana na repressão; coisa que no caso deste signo é absolutamente positiva. Portanto, nosso alto e formoso Galahad, com sua esposa de esmerada educação e seus 2,5 filhos poderá perfeitamente, e com a mesma facilidade, estar levando rapazes para o depósito de lenha, ou pondo moças no colo para umas palmadas amigáveis. Não faz diferença: pois permanece tão completamente na superfície da atividade sexual, o que lhe permite sair incólume da experiência de variados enredos, além dos mencionados episódios de pipi e palmatória, ele jamais é afetado profundamente por semelhantes interlúdios. Portanto, não se sente definido por eles. Dificilmente um aquariano heterossexual confesso não terá feito sexo com pelo menos um homem — raramente, também, o Aguadeiro essencialmente hétero terá feito sexo com tanta frequência que chegue a interferir no estilo de vida utópico que ele mais obviamente parece endossar. Com efeito, o nativo pode reprimir seus impulsos homossexuais, tendência que mais adiante dá origem a variados fetiches. Como a sexualidade é tão estigmatizada pela sociedade, o nativo poderá simplesmente "remover" da programação aquela parte de si mesmo.

Como o planeta Urano rege a homossexualidade, podemos dizer que ele rege também a homofobia: os Aguadeiros ficam particularmente histéricos em relação ao contato homem a homem, demonstrações que são medidas, contidas, mesmo quando o nativo se identifica explicitamente como gay. Independente da preferência sexual, o nativo de Aquário e da Décima Casa dos *conhecidos* sente-se efetivamente mais confortável em praticar o sexo casual e impessoal com diversos indivíduos que cultivar um relacionamento íntimo com um só. É por isso que quando ele se compromete com alguém em especial, tenta manter o foco na aparência do vínculo, e não em sua substância. O Rainman do zodíaco, portanto, tende mais a pulverizar-se no ambiente que a se derramar numa relação específica e talvez limitante. Para esse signo de elemento fixo-ar a atmosfera de qualquer relacionamento pode parecer, por natureza, estagnada e estagnante. Como João Batista, o nativo deve difundir a palavra, mesmo que seja ao próprio respeito, alcançando tantos devotos quantos for capaz. O aquariano, mais que a maioria, será praticante do sexo casual, ou mesmo anônimo. Desde a adolescência, quando pode ter sido forçado a "sucumbir" a uma trama sexual comprometedora, o nativo terá evoluído, por legítimo direito, passando de filhote desengonçado e vulnerável a predador sexual de garras afiadas. Enquanto outros signos tendem a repetir os padrões impressos sobre eles na infância, o aquariano evolui por meio da experiência, no esforço de superar qualquer sentimento residual de vitimização, e se torna uma espécie de personagem sexual obsessivo e controlador. Nada mais deverá violar sua liberdade pessoal da forma como, na infância, um episódio sexual não solicitado pode ter feito. O mantra silencioso do aquariano se converte em: *eu sei* que nunca mais deverá acontecer uma coisa dessas. Assim, diretamente, mesmo quando ele próprio for um brando Ganimedes, com uma bunda tão mole quanto a obra de arte moderna *Canyon*, de Rauschenberg — o personagem representado *como* um almofada amarrada ao meio por uma corda que a mantém suspensa (fixada) no ar, implicando um par de nádegas observadas por uma águia empalhada, o totem de Zeus, empoleirada acima — o aquariano irá virar a mesa e usar seu rechonchudo atrativo para máximo proveito.

Na transação, quem está realmente levando a melhor — Zeus ou Ganimedes? Jogando com sua sedução juvenil, o moço aquariano se torna imediatamente consciente de seu valor para homens mais velhos e poderosos que podem ajudá-lo a alcançar rapidamente o sucesso, permitindo-lhe poupar-se muitos anos de luta. De fato, o jovem aquariano homossexual é o consumado Aguadeiro, ou mesmo o proverbial guardião da piscina que acaba dando um jeito de herdar a propriedade de um amante/mentor mais velho, preterindo até familiares mais próximos. A falta de pudicícia em matéria de sexo com certeza contribui para sua causa. Ele tem um mecanismo embutido para o poder, aperfeiçoado desde tão cedo que o nativo acaba se insinuando na vida de indivíduos por vezes extremamente inteligentes ou artísticos. Não tendo grande interesse em só encontrar alguém rico e influente, ele está procurando se tornar o mordomo para um verdadeiro deus cujos talentos são a fonte da imortalidade. E o aquariano deseja receber a taça da proeminência, o que carregará como emblema de seu estado de graça corretamente herdado. Ele é um habitante do céu e deve viver uma vida excepcional e exaltada. A maioria dos aquarianos que estão em cima do muro quanto às próprias preferências sexuais, como é o caso de tantos, irão "se comprometer" a serem os amantes de um grande e glorioso homem divinizado.

Assim como uma considerável parcela dos heterossexuais aquarianos poderia facilmente nadar nas águas do mundo gay, também os Aguadeiros que se identificam como homossexuais sentem uma perene atração pelas mulheres. Quando se trata de rótulos, o nativo dá de ombros: se tivermos que pendurar uma etiqueta num aquariano de qualquer persuasão, não caberia chamá-lo bissexual, nem pansexual, mas ultra-sexual. Decididamente, a misoginia não faz parte de sua constituição. A bem da verdade, ele não se sente nem estimulado nem desestimulado pelo mesmo sexo, nem pelo sexo oposto. Sua comunhão com uma pessoa, até no âmbito sexual, fundamenta-se antes de tudo na qualidade das idéias dela (e no gênero, em segundo lugar).

Enquanto isso, o grosso das amizades do aquariano, a quem os homens parecem mais reprimidos pela obrigação social, será com mulheres extraordinárias, pelas quais ele é atraído em razão de um certo aspecto ousado de suas personalidades. Ou, em termos simples, o aquariano gay é aquele que tem as amigas fabulosas, e promove a própria escalada para o colo acolhedor das adoráveis mulheres promotoras de almoços, aquelas que atuarão como patrocinadoras de sua campanha de vida inteira para evoluir da condição de brinquedo sexual de algum gênio para um personagem igualmente exaltado, por próprio mérito. Deixando de lado os enredos de morte súbita e herança, nas quais ele simplesmente ocupa o trono desocupado de seu amante tipicamente mais velho, é de praxe o aquariano gay promover uma ruptura com o homem que lhe deu seu treinamento em imortalidade, e começar a construir um céu de sua própria autoria. Suas separações são notoriamente conturbadas, sobretudo porque, como ocorre com sua contraparte hétero, elas com freqüência surgem do nada, e aquele aspecto de Urano da mudança súbita é um doloroso golpe para as pessoas amadas. O que ele talvez faça, então, é encontrar para si um garoto doméstico, uma combinação de amante e serviçal exatamente como ele foi, que agora interpretará sem erro o papel de seu mordomo. Pensem no Cavaleiro Solitário e no índio Tonto — às vezes isto tem uma manifestação literal, pois o aquariano sente notória atração por homens pequenos e de etnia morena, por vezes orientais. Caso você ache insuportável a imagem de nosso proverbial mascarado transando com seu companheiro entre grunhidos e gritos de "kemo sabé", talvez seja útil perceber que são bastante platônicas as relações estabelecidas pelos aquarianos mais velhos. A submissão, vale mencionar, sempre será algo que todo aquariano procura inspirar principalmente em termos psicológicos, mais que físicos. E isto remete à verdade peregrina do signo: o sexo é (quase) sempre apenas um meio para chegar a determinado fim. O fato de que o Aguadeiro consiga ser mais avançado em sua atividade sexual quase nunca tem a ver com seu próprio desejo. Ao contrário, é um sintoma de seu típico desapego em relação a este. O que todo aquariano busca, independente de sua sexualidade, é a autoridade suprema — um tal nível de controle que, como o do Big Brother, possa facilmente passar desapercebido. Assim, ele se habilita a preencher o vácuo, fixando o ar em torno das coisas, para criar verdades como as que os outros estão sempre buscando. Destituído de sentido individual, ele se contenta em ser o que outros desejam que seja, aquele proverbial elemento que está "faltando" na vida das pessoas.

Casais

Hétero

Homem de Aquário / Mulher de Áries

Ele tem um efeito de sobriedade; o temperamento remoto dela reflete o dele. Cada um habita uma esfera separada — o efeito geral é meditativo ou desemparelhado. Sexualmente, eles são irrestringíveis. Pode haver carência de limites.

Homem de Aquário / Mulher de Touro

Alta tensão reinante exige exploração. Ela deve abandonar expectativas anteriores. Para ele, é hora de cair na real. Outro aviso: cada um deve cuidar de não contradizer o outro sempre. Detalhe salvador: o sexo é de primeira.

Homem de Aquário / Mulher de Gêmeos

Adesão instantânea. Codependência pode ser armadilha. Ligados pelas emoções, arrebatados pelo sexo. No melhor, encarnam o poder do pensamento positivo. Se não, realidade se dissolve em desilusão. Apetites sexuais incontroláveis.

Homem de Aquário / Mulher de Câncer

Ele se dedica, assume responsabilidade pelo sentimento de dela. Num constante processo de catarse, o casal se exaure e se exalta. No sexo, nem sempre combinam: ela precisa de intimidade; ele é mais feliz com um certo desapego.

Homem de Aquário / Mulher de Leão

Uma impressão indelével foi causada. O vínculo deles se desenvolve por emulação — ela talvez o imite. Promover as ambições é a motivação primordial. Ele é inventivo e erótico; ela precisa de uma expressão sexual direta.

Homem de Aquário / Mulher de Virgem

Eles nasceram de novo — desde o começo há uma nuance espiritual. Entretanto, há um elemento de proibição: ela pode ser muito mais jovem ou ter antecedentes totalmente distintos. Na cama, a mesma mentalidade e muitas surpresas.

Homem de Aquário / Mulher de Libra

Singular, espontâneo, marcado pela constante mudança e a intensa afeição, o casal é raridade. São reservados, possessivos. A atividade sexual é elaborada, enérgica e devoradora; mesmo como caso passageiro, o sexo é inesquecível.

Homem de Aquário / Mulher de Escorpião

Uma tarefa árdua, mas que vale a pena. As restrições são removidas e não há nada que os impeça de alcançar o sucesso individual. Uma permanente atração sexual sustenta o casal na travessia das inevitáveis fases difíceis.

Homem de Aquário / Mulher de Sagitário

Eles se encontram e suas vidas viram de pernas para o ar. No começo, são formais; depois, de repente, vêm o amor e o casamento. O aquariano aprende a derramar atenção na cama — a estimável Arqueira não aceitaria menos que isso.

Homem de Aquário / Mulher de Capricórnio

Eles se misturam numa unidade de pragmatismo e propósito. Mas ela não sacrificará os próprios objetivos. Casal de notória competência. Na cama, um permanente curso para adultos — um rodízio dos papéis de alunos e professores.

Homem de Aquário / Mulher de Aquário

Eles se sentem sobre-humanos, parecendo viver num estado de eterna exaltação. Para ele a meta é a perfeição; para ela o foco é melhorar a condição humana. Sobra pouca energia para a atividade sexual, que precisará ser agendada.

Homem de Aquário / Mulher de Peixes

Restauração e expiação são as chaves desse dedicado relacionamento. Chegou a hora da compensação — emocional e financeiramente, a vida traz ao casal plena retribuição. Sexualmente, também estão se compensando de todas as perdas.

Gay

Homem de Aquário / Homem de Áries

Áries pode precisar de mais afeto do que Aquário planeja oferecer. Mas quando tudo funciona, a individualidade e a independência aguardam. De certa forma, o sexo é comodamente casual. Outros casais com freqüência entram no mix.

Homem de Aquário / Homem de Touro

Um vínculo destinado a ter lastro. Cada um ciente de que encontrou o parceiro perfeito. O dinâmico aquariano apresenta a seu garoto taurino novas e estimulantes situações, sexuais ou de outra ordem. Eles levantam o perfil profissional um do outro.

Homem de Aquário / Homem de Gêmeos

Fantasia geminiana de ser devorado por um homem grande e mau — Aquário é o signo "supremo" do zodíaco, por vezes assustador. Esta é uma viagem dinâmica e estimulante para dois rapazes intelectualmente bem dotados.

Homem de Aquário / Homem de Câncer

Câncer conduz Aquário a percurso de vida mais tradicional — para o homem lunar, sucesso é ganhar dinheiro. Sacrificar a criatividade ao padrão econômico gera ressentimento. No sexo, virada de mesa: Aquário assume autoridade.

Homem de Aquário / Homem de Leão

Eles existem para apoiar-se mutuamente. Leão não tarda em reavaliar o estilo de vida, rever prioridades. Aquário cria a nova ordem deles — seu governo assume precedência. Amor passional libera o Leão de duvidar de si.

Homem de Aquário / Homem de Virgem

Uma relação libertadora sinaliza mudança de vida para Virgem e despertar sexual para Aquário. Mas a liberdade tem preço: a ansiedade aumenta e o virginiano se sente inquieto. Na cama, os rapazes acreditam em mau comportamento.

Homem de Aquário / Homem de Libra

Buscando no mercado uma alma gêmea, Libra encontra o homem de Aquário, compartilhando uma detalhada história de vida. Segue-se uma amizade sincera, que talvez não resista às complexidades de um compromisso mais profundo.

Homem de Aquário / Homem de Escorpião

Se buscarem um sistema de apoio, poderão encontrá-lo no outro. Mas tornar realidade os planos comuns é difícil — eles precisam de um parecer de terceiros. Mesmo que se apaixonem e se desapaixonem, o sexo poderá mantê-los unidos.

Homem de Aquário / Homem de Sagitário

Um par extremamente passional. Infelizmente, cada um se rende à sua própria instabilidade. A grandiosidade é uma armadilha — a mitificação pessoal os faz viver na ilha da fantasia. Cacoetes sexuais por vezes beiram o disparate.

Homem de Aquário / Homem de Capricórnio

Capricórnio tem medo de ser assaltado pelo aquariano de ar estranho. Mas, no relacionamento, Aquário defende a causa do Capricórnio. Vida sexual excêntrica, por vezes conservadora, senão notável por sua natureza perversa.

Homem de Aquário / Homem de Aquário

Notoriamente desapegados um do outro. Não é de se admirar que este par incomum de aquarianos esteja lutando para encontrar um território emocional comum. Sexualmente, até a mais leve infidelidade causará a ruptura do relacionamento.

Homem de Aquário / Homem de Peixes

Espíritos auto-satisfeitos: finalmente Aquário e Peixes param de tentar a mudança. Pureza espiritual é freqüentemente o modo operacional de um com outro. Juntos, eles param de se estressar. Na cama, os egos são abandonados.

A mulher de Aquário

a visionária

A nativa de Aquário é uma inspiração. Sua disposição natural é ver alegria em todas as situações, e consegue fazer com que pareçam divertidos os piores acontecimentos. Para ela, que recebe cada dia com um espontâneo e pueril deslumbramento, o mundo é dolorosamente bonito, pois a nativa está aberta a qualquer acaso feliz e animador que possa surgir no caminho, enquanto vai cumprindo suas tarefas, despreocupada. Pouco lhe importam as tendências mundanas ou os sinais exteriores de suposta sofisticação — ela é o proverbial pino quadrado que não se encaixa na convenção social. A aquariana pode ser uma excêntrica, apreciadora do que é original, e não nem um pouco afetada em relação a si mesma ou à própria aparência. Ela é a pintora informal do zodíaco, que não tem medo de arregaçar as mangas e se sujar para expressar o conteúdo de seu coração. Mesmo quando comprometida num emprego de expediente regular em tempo integral — ela é dedicada e envolvida até o âmago —, costuma se dedicar nas horas de lazer a algum passatempo questionavelmente amalucado. No decorrer do tempo ela pode abandonar a segurança do contracheque mensal e apostar em sonhos que parecem delirantes aos demais. Sua escolha em matéria de homens é por vezes igualmente suspeita: ela sente atração por homens atrozes, despóticos ou megalomaníacos, que imagina carentes de amor, mas que no restante lhe oferecem a independência liberal que ela deseja, nem que seja por estarem demasiado envolvidos consigo. Ela pode ser a própria imagem da mulher que ama demais. Por outro lado, caberia indagar se ela ama bastante, em vista de seus relacionamentos

Xi

PRINCÍPIO

O Princípio da Diversidade. Aquário celebra a exclusividade e a excentricidade como meio de auto-expressão, mas também como forma de assegurar a saúde espiritual da humanidade. Tal como o *pool* genético não deve se tornar demasiado restritivo para não se debilitar, o conceito aquariano da diversidade espiritual garante a saúde da consciência coletiva, que deve mudar e crescer para poder sobreviver.

tão desapaixonados. Com outras mulheres ela adota um papel pedagógico, o de uma espécie de amável diretora de escola, em relações que invariavelmente combinam objetivos profissionais com uma vida pessoal compartilhada.

Signo + Mente

O signo de Aquário é regido principalmente pelo planeta Urano, aquele da "mudança repentina", que representa, entre outros, o Princípio Universal de Diversidade e Variação, e conceitos como mutação, revolução e evolução. Saturno é o regente secundário do signo, sinalizando o sentido de estrutura e disciplina de um capataz, o irônico meio pelo qual a aquariana se manifesta e, na verdade, se dedica ao cultivo de sua personalidade por vezes dissidente, quando não diretamente esquisita. Acima de tudo, a Aguadeira, como sugere a alcunha, está dedicada à renovação, uma tarefa para a vida inteira. Na mitologia, a aguadeira original dos deuses era Hebe, a chamada filha de Hera, a abelha-rainha do Olimpo — de fato, esta é a deusa Hera em sua forma de virgem. Anualmente, Hera mergulhava num poço para recuperar a virgindade, emergindo como Hebe, ou "Juventude". Na qualidade de copeira dos deuses ela servia a ambrosia, sustentadora da vida imortal, e sustento divino. É aí que entra em cena a aquariana: ela cumpre essa mesma tarefa na vida, sempre ocupada a alimentar aqueles com que entra em contato com a esperança afirmadora da vida, instilando autoconfiança nas convicções alheias. Ela por vezes é considerada a proverbial enviada de Deus, exatamente a pessoa a quem telefonamos numa emergência, a resposta a nossas preces. Este papel em que é colocada parece codificado em sua constituição astrológica: assim como a variação regida por Urano torna-se o próprio meio por cujo intermédio uma espécie evolui e, portanto, sobrevive, também a bela mutante do zodíaco, a aquariana, transforma-se para outros na graça redentora, não só no âmbito pessoal, mas também em escala social. A exemplo de Hebe, ela já foi "renovada" pela posse de uma abordagem à vida que é inerente e intelectualmente evoluída. A nativa não se agarra ao passado. De preferência, olha em direção ao futuro, conforme lhe dita seu regente planetário. A Décima Primeira Casa astrológica associada com seu signo é a dos *objetivos futuros*, além das *atividades reformadoras comunitárias* e a *identificação do eu com os objetivos de massa* — de direito, é também a casa da *unidade espiritual*.

Ao considerar o conceito de unidade espiritual, pensamos no fator comum que existe entre os povos, o que é obviamente uma interpretação. Porém, a coisa não pára por aí: existe a unidade do indivíduo em comunhão com o eterno ou, para cunhar outra expressão da Décima Primeira Casa, a *mente universal*. Com efeito, a aquariana é naturalmente abençoada com a compreensão de que qualquer separação entre a condição humana e a inspiração divina é pura ilusão. A vida, ela sustenta inerentemente, é uma experiência espiritual — porém a nativa não está pessoalmente envolvida em suas percepções subjetivas. Embora o aquariano possa ficar embevecido ante a sensação de compreensão reveladora, a nativa do signo não se apega a tal perspectiva. Ela está pronta a derramar democraticamente seu vigor divino, para todos que encontra, pois acredita que todo mundo merece vivenciar o céu na terra. Essa diferença também se espelha em cada um dos arquétipos dos signos sexuais de Aquário: Ganimedes era um arrivista mortal, escolhido por deus (Zeus) para portador do Cálice Sagrado, não obstante, grego; Hebe, que foi substituída por Ganimedes, é uma imortal "de nascença", contudo feliz por desempenhar uma função servil. Além disso, por ser uma deusa casada com outro arrivista mortal, Héracles (Hércules), cujo nome significa "glória de Hera", Hera, *na qualidade de* Hebe, é, por conseguinte, uma deusa "descendente", isto é, disposta a descer à Terra. Ao fazê-lo, eleva e imortaliza o cônjuge. Esse padrão encontra ainda um forte eco nos relacionamentos da aquariana. Com certeza, a Aguadeira é a encarnação viva dessas deusas descendentes, ou emanantes. Qual Hebe, ela não é pretensiosa em seu próprio estatuto "divino"; ao contrário, alegra-se em comungar com o homem comum, e até mesmo se envolver num romance com a população masculina particularmente arrivista do planeta. Da mesma forma, ela se inspira em outras deusas da emanação, tais como Íris (o Arco-íris), que é a mensageira de Hera, e Eos (a Aurora), cujo mito principal retrata seu amor por um simples mortal — sendo ambas as deusas personificações das manifestações naturais que retratam simbolicamente a esperança e a renovação.

A aquariana dificilmente tem em sua natureza algum traço de altivez ou de presunção. Ela não se apega ao desejo de prestígio, preferindo ser do povo, para o povo — tudo indica que abriu mão de preocupações mundanas ou materiais. Em consonância, o signo está associado com a faixa etária 70-77 anos, uma época da vida em que o indivíduo está resignado com sua própria e iminente comunhão eterna com o grande além, pouco lhe restando a provar, ou de que se preocupar, no plano terreno. A nativa do signo precedente, o de Capricórnio, botou essa bola para rolar: abandonando preocupações materiais, ela adota uma vida de ascetismo, sua forma de se distinguir como melhor que os demais. Para a nativa de Aquário, contudo, pouco se lhe dá que as pessoas

SÍMBOLO PLANETÁRIO

Urano é homônimo do deus do universo. O planeta sinaliza mudança em escala maciça e a introdução de ondas inteiramente novas no pensamento, na tecnologia, na descoberta, na invenção e na experiência social. A nativa de Aquário adapta-se facilmente a tais mudanças e ajuda os demais a se ajustar às tendências evolutivas.

QUADRANTE DO SIGNO

Os quadrantes zodiacais correspondem aos planos metafísicos da existência: físico, emocional, mental e espiritual. O Quarto Quadrante ocupa-se da relação do indivíduo com o todo ou alma da humanidade. A nativa de Aquário traz um sentimento de alívio e resgate para o mundo, ensinando a outros a se desapegar do peso de tradições e costumes ultrapassados, a libertar seus medos.

CRIPTOGRAMA DO SIGNO

As ondas: um símbolo do divino maná líquido, quer no sentido clássico de ambrosia, quer no de sangue do Santo Graal, que promete vida eterna, ou no de águas do batismo, sem as quais não se pode entrar no reino dos céus. Ele também recorda ondas de rádio ou de luz, que sinalizam novas idéias e invenção humana.

ELEMENTO + QUALIDADE

O elemento ar significa experiência mental e social, qualidade fixa, intensa concentração e magnetismo. A combinação fixo-ar específica de Aquário implica certo recanto do firmamento, seja ele o céu ou as visões como um arco-íris. A combinação também simboliza a verdade, uma idéia fixa, que é extremamente importante para a nativa, cujo lema é "eu sei".

meditem e sejam vegetarianas, ou que devorem quinze pacotes de batatas fritas gordurosas enquanto fumam e assistem a vídeos pornográficos. Ela transcendeu o hábito de julgar, e, o mais importante, não se põe à prova com expectativas de perfeição. A aquariana se aceita tal qual é, e evidentemente espera que os outros façam o mesmo. Essa encarnação viva de uma deusa da renovação é naturalmente generosa e considera seus próximos, os seres humanos, merecedores de absolvição, misericórdia, graça e, por fim, salvação. Mais que qualquer outro personagem astrológico, ela acorda de manhã pensando em como poderá ajudar outros a serem felizes. Numa alusão a uma de suas deusas patrocinadoras, e para cunhar uma clássica letra de canção dos Rolling Stones, "ela é como um arco-íris": seu sentido na vida, aliás, sua própria presença, parece destinada a inspirar e encorajar. Aberta e direta, com sua carinha sorridente e seu estilo brincalhão ela só pode nos alegrar o dia. Mostrando-se excelente ouvinte, ela retoma uma conversa do ponto em que foi interrompida, mesmo que se hajam passado meses ou anos. Não demoramos a perceber que ela é democrática até a medula, distribuindo seu alto astral para todos com quem entra em contato. Num primeiro momento ela poderá parecer a alma gêmea que estivemos esperando; mas, em consonância com suas padroeiras arquetípicas, aquelas deusas mensageiras que se encarregam da tarefa de aparecer distribuindo graças aos meros mortais, a aquariana é a mascote espiritual do zodíaco: ou seja, alguém que traz sorte; porém, a palavra *mascote* também tem a mesma origem etimológica que a palavra *máscara*. Apesar do notório amor por fantasias, a aquariana provavelmente não percebe que tem o direito inato a usar o proverbial nariz de borracha e os sapatos desmesurados. Ela é o alívio cômico do zodíaco e, portanto, da humanidade. A aquariana leva sua vida inteira como se na agitação da segunda infância (71-77 anos de idade), literalmente aproveitando todas as oportunidades para se fantasiar e representar. Até seu vestuário cotidiano tem algo de fantasia. Metaforicamente falando, seu disfarce favorito, depois do de palhaço, é o de líder de torcida, e ambos lhe garantem levar alegria e inspiração ao próximo. Alguns afirmam que ela o faz para compensar sua própria tristeza e decepção, o que não é estritamente verdadeiro: para sermos mais exatos, a aquariana canaliza a tristeza e a decepção pessoais *para* o encorajamento do próximo.

A disposição básica da aquariana, equivalente humano do logotipo da "carinha sorridente", está perfeitamente de acordo com sua condição de única mulher de signo fixo-ar do zodíaco: o ar simboliza o plano mental — o pensamento — na astrologia, da mesma forma como aponta para a experiência social.

Assim, a aquariana lida com idéias substanciais, dispondo-se a consolidá-las em fatos, isto é, em verdades com V maiúsculo. Uma pensadora como Ayn Rand só poderia ser aquariana, com sua filosofia do objetivismo fundamentada na concretude (fixidez) do abstrato (ar-idéias). Para ela, a abstração era real e o único mal era a irracionalidade. Com efeito, é conhecida por ter reagido emocionalmente à mais ampla abstração. O próprio conceito de *ismo* é, em si, intrinsecamente aquariano. Os homens do signo estão sempre na vanguarda da nova compreensão, perdidos mediante a revelação em seus vislumbres individuais de nova realidade. Em contraste, a nativa busca revelar a verdade aos demais. Em sua opinião, a experiência do divino-verdade existe no aqui e agora, como uma realidade onipresente, embora mascarada — e seu papel específico no planeta é rasgar os véus da ilusão que a encobrem. Na mitologia, Íris é a mensageira de Hera para a humanidade, perpetuamente trazendo "as boas-novas", sendo o arco-íris uma ponte entre a existência mortal e a imortal. Na vertente bíblica, como o nativo de Aquário está associado a João Batista, a nativa é Salomé. Seu número de *strip-tease*, a dança dos sete véus — um para cada cor do arco-íris — foi um ritual que retratava a deusa em sua forma "descendente/reveladora", descendo à Terra e destrancando as portas dos sete céus, graças a quê o amante dela, tipicamente um rei-sacerdote mortal que foi sacrificado, poderia alcançar a imortalidade e se tornar um deus. Nesta versão, o Batista é espiritualmente casado com Salomé (*shalom*, "paz") e sua decapitação representa o sacrifício ritual destinado a sua edificação. O arco-íris, na maior parte das culturas ancestrais, é a escada e a ponte por meio das quais viajamos até o "céu", seja por via da morte ou de transes reveladores.

Como um arco-íris, a aquariana é uma emanação de reforço positivo. A inspiração, palavra relacionada à simples respiração, é o próprio ar que respiramos em sua presença. Trata-se de nada menos que o espírito de elevação que a nativa tenta comunicar, no afã de ver realizadas as *esperanças* e *desejos* de Décima Primeira Casa dos indivíduos, graças a suas injeções de convicção. É desnecessário mencionar que a companhia dela pode causar dependência orgânica nos demais. A seu lado, as pessoas sentem-se incapazes de errar, tendência que pode sair pela culatra e alimentar complacência com a mesma prontidão com que acendeu a centelha da motivação. Este parece constituir, em certo grau, a intenção de seu "complexo de Poliana": agir como um bálsamo, ou mesmo oferecer salvação, são ações definidoras da nativa de Aquário. A lista de famosas Aguadeiras está cheia de mulheres que se erguem como faróis para conferir poder aos deserdados da sociedade, principalmente outras

POLARIDADE

As mulheres de signos masculinos (ar, fogo) não estão alinhadas com a polaridade de gênero do próprio signo, representando, em vez de encarnar, a combinação qualidade-elemento do signo. Ao contrário do nativo de Aquário, que se deixa prender por suas próprias verdades e visões universais, a nativa é uma revelação para outros, uma provedora de alegria, ou mesmo de alívio cômico.

11

NÚMERO DO SIGNO

O número da revelação. Com ele é virada uma página: depois da completude do dez, o onze significa a primeira "revelação" de uma nova ordem.

70-77

ASSOCIAÇÃO DA FAIXA ETÁRIA

Período da existência do indivíduo em que ele deixa para trás as preocupações e ambições mundanas e se concentra em apreciar as alegrias duradouras da vida. Este também pode ser o momento de uma segunda infância.

PSICOLOGIA

A aquariana em geral detesta a responsabilidade e reage à autoridade. Pode ser bastante fanática em seus interesses, suscetível a controle mental e ao fenômeno das seitas. Se existe uma nativa capaz de usar um capacete de alumínio e esperar pela nave-mãe é a do signo de Aquário. Ela pode sofrer de fantasias escapistas e manifestar comportamento anômalo.

mulheres e minorias: Susan B. Anthony, Rosa Parks, Betty Freidan, Helen Gurley Brown, Toni Morrison, Oprah Winfrey, Alice Walker e Ellen DeGeneres, todas elas pressionam as demais a se assumir, e, ao fazê-lo, alcançar novos níveis de dignidade e adiantamento pessoal. A aquariana representa, pelo exemplo, o poder da auto-ajuda. Isso talvez explique por que tantas das grandes escritoras são também aquarianas — juntamente com as romancistas mencionadas anteriormente, Edith Wharton, Virginia Woolf, Colette, Gertrude Stein, Ayn Rand e até Laura Ingalls Wilder e Judy Blume estavam entre os intelectos mais influentes e socialmente agudos a colocar a pena no papel. O meio literário é, por desígnio, destinado a alcançar o público mais vasto possível. De fato, ninguém supera a aquariana em adotar uma perspectiva populista — esta é, em sua personalidade, a qualidade dominante, cujas sementes foram plantadas bem cedo na vida dela.

Durante os anos de formação do pai da nativa, ele era considerado esquisito ou excêntrico. Tipicamente, será um homem sensível e criativo, se não for um artista frustrado cujas aspirações secretas encontram pouco espaço para aflorar nos confins da vida doméstica. A mãe é quase sempre muito pragmática, e pode até procurar reprimir os arroubos mais fantasiosos do marido. Ainda que lhe admire a natureza original e o espírito inventivo, em algumas instâncias ela talvez o recrimine abertamente como um tolo sonhador (e até sem valor). De qualquer forma, a aquariana se identifica com o pai, intelectual e espiritualmente, como fazem a maioria das mulheres nascidas sob signos masculinos (ar, fogo). E o pai talvez tenha algum "ateliê", que ela considera um lugar mágico e no qual, na infância, se sentirá extremamente cômoda e inspirada. Como o pai freqüentemente se refugia ali, em seu espaço sagrado, este é também um dos únicos ambiente nos quais ela pode criar um vínculo com ele, à margem de influências familiares mais utilitárias. Talvez leve fama de ter herdado as esquisitices paternas. Porém, ela se orgulha de ser considerada a filhinha do papai. Caso os pais se divorciem, a nativa sonhará com ir embora de casa e levar uma vida errante, talvez seguindo os passos do pai. A antiqüíssima dinâmica da infância de querer fugir com o circo foi indubitavelmente introduzida por meninas aquarianas do mundo inteiro que expressaram, alegremente, tal desejo. Desde cedo ela se sente diferente, porém, ao contrário da maioria, considera o fato positivo. A nativa está em busca de uma identidade e tem consciência do que está fazendo. Na escola, ela talvez seja um pouco marginalizada, pois qualquer tipo de conformismo lhe dá nos nervos. Ela irá mergulhar em cheio nos enclaves artísticos como os grupos teatrais ou musicais. Talvez pense em ser baliza, nem que seja para usar o uniforme gaiato. Afora isso, fica à distância da sociedade convencional, aderindo ao ambiente subversivo e rejeitado do café de intelectuais, repleto de outros desajustados vestidos de jeans da marca errada, que estão se lixando para os sinais externos impostos pela pressão de grupo.

Mesmo sem ser o tipo chamativo de garota que as pessoas consideram "precoce", as aparências podem enganar, pois sexualmente a aquariana talvez seja mais avançada que a maioria. No caso dela, entretanto, trata-se do subproduto de uma maturidade emocional adquirida cedo, e que a deixa equipada com uma cabeça sensata quando se trata de gerenciar rapazes e sexo. Ela é senhora de si, geralmente driblando o radar da mãe, que a considera demasiado bem-comportada para se meter em confusão. Coitada da mãe iludida: a aquariana é naturalmente aberta à experiência sexual, quase ridiculamente adulta no capítulo namoro, brincando de ser a mulherzinha para o namorado já no começo do ensino fundamental. Para começar, ela é uma personagem maternal, e quase sempre vai estar mimando algum garoto desde o primeiro encontro. Inevitavelmente, prefere os tipos marginalizados como o pai. Poderá sentir tesão pelo CDF excêntrico que usa protetor de bolso, o geniozinho musical que parece nunca ter apanhado sol, nem ter feito ginástica. Ironicamente, entretanto, a atração mais forte é por tipos pouco acadêmicos — fantasmas de seu grupo geracional que pelo visto só freqüentam a ala da escola onde está a oficina de carpintaria ou a de mecânica. Ela fica excitada pelos garotos habilidosos ou pelos malucos dos motores, nos quais sente mais coisas latentes do que poderiam sugerir os cabelos oleosos e as unhas sujas de graxa. Seu ponto de vista aquariano admira um rapaz que já esteja raciocinando fora do esquema, traçando seu próprio caminho à margem do conformismo desgastado da maioria dos adolescentes influenciados pela mídia pop. Ela sente que um homem desses está em sua mesma faixa de sintonia adulta, e talvez queira se comprometer para um relacionamento sério maduro, apesar do fato de não ter sobre o lábio superior mais que a penugem original. Com muita freqüência, aquela garota bonita, mas esquisita, que namora o mesmo cara durante os anos todos do curso secundário será nossa linda nativa excêntrica, para sempre imortalizada na memória coletiva dos colegas de escola andando pelos corredores com o parceiro, cada um com a mão no bolso traseiro do outro, o som das coxas vestidas de brim ou de veludo cotelê a se roçar no compasso do andar, num mesmo ritmo.

ARQUÉTIPO + MITO

A aquariana se inspira no arquétipo clássico da deusa da renovação ou deusa descendente, que se distingue por "baixar" do céu para comungar com os mortais, ajudá-los ou acasalar-se com eles. A copeira dos deuses é Hebe, Hera em sua forma renovada, devolvida à virgindade. É sob a forma de Hebe que Hera se casa com Héracles e assim lhe concede o dom da imortalidade. Eos, a deusa da aurora, inspira a esperança. Íris, deusa do arco-íris, desce deslizando por essa ponte colorida entre o céu e a terra, entregando à humanidade mensagens divinas de Hera.

Corpo + Alma

BÍBLIA + LITERATURA

Aquário se inspira na Salomé bíblica, cuja dança dos sete véus é uma encenação da descida da deusa pelo arco-íris. Este simboliza uma ponte para o céu, e cada véu colorido é uma chave para cada um dos sete níveis. O arco-íris também esconde o futuro, correspondendo à conexão de Urano com a evolução. Na literatura medieval, o Santo Graal associado ao signo era guardado pela rainha Repanse de Joie (Distribuidora de Alegria). A personagem da deusa descendente é retratada na peça *Um Bonde Chamado Desejo*, de Tennessee Williams, por Stella (estrela) que desce ao encontro de seu marido extremamente mortal, atendendo à invocação dele: *Stel-laaaaah!*

A nativa de Aquário é uma personalidade sem artifícios. O que você vê é o que você leva: mesmo quando atinge a fase adulta e abre mão do indefectível conjunto de jeans e camiseta (contudo, carregado de acessórios), ela busca roupas confortáveis. A aquariana nunca é presunçosa nem se interessa por aquisições materiais capazes de sugerir status e riqueza. Dificilmente se vestirá com modelos caros de marcas famosas, pois as etiquetas nada significam para a insuperável rainha da ponta-de-estoque. Além disso, prefere uma moda ousada e colorida, aos modelos sutis ou burocráticos. Mesmo ao comparecer a um evento elegante, não consegue deixar de acrescentar algum toque original — tênis, óculos de lentes coloridas, um chapéu desabado — quando não se veste de forma tão esdrúxula, dos pés à cabeça, que deixa quem está em volta com a vista confusa. Quando se veste no capricho, ela o faz como se por vingança. Gosta de modelagens femininas, mas sempre de certo modo deslocadas. Imaginem Laura Ashley totalmente lisérgica. Estamos falando de estampas graúdas, de tecidos iridescentes, de efeitos fluorescentes. Há ocasiões em que as roupas dela deveriam vir com um pacote de balinhas coloridas, em lugar de botões sobressalentes. E se você acha que ela é diferente no vestuário informal, prepare-se para uma surpresa: verdade seja dita, se alguém que não Mork de Ork ou qualquer outro do elenco de *Godspell* tivesse um par de suspensórios de arco-íris guardado no fundo do armário, esta pessoa seria a pirada da aquariana. Realmente, as nativas famosas que dispensarem a ajuda de uma estilista profissional acabarão num piscar de olhos na lista de mais mal vestidas. Aqui também é inconfundível a associação do signo com a segunda infância: quem abrisse o guarda-roupa da aquariana poderia jurar ter tropeçado com uma coleção Miss Marple, ou com o figurino completo usado pela atriz que interpretava a maluca da Tia Clara no seriado *A Feiticeira*, com as estolas de arminho retrô e tudo. Se a forma de se vestir não a denunciar o suficiente, haverá outros indícios para se localizar uma aquariana na multidão: com notáveis exceções, ela tende a ser baixinha, quando não infantil, em termos de estatura, com suculenta aparência rechonchuda no corpo e elasticidade na pele. Entretanto, apesar desses atributos juvenis, a correspondência do signo com as idades 70-77 anos está flagrante no rosto enrugado. De fato, a nativa por vezes se distingue por uma cabeça de aparência bastante envelhecida colocada sobre um corpo lépido. A resposta astrológica à renovada Hebe parece carregar, metaforicamente falando, os traços da sibila que foi outrora.

Ao ver pelas costas o que parece uma eterna adolescente, que ao se virar mostre um rosto ausente e antigo — de maçãs exageradas e bochechas encovadas — é provável que essa menina ingênua com jeito envelhecido seja uma aquariana. Ela é uma beleza original, que tem um nariz forte, adunco e borrachudo, uma expressão cômica, a boca notoriamente de cantos virados para baixo, numa careta, quando não o rosto franzido de um palhaço triste, acentuado ainda mais pela mandíbula inferior protuberante ou o queixo demasiado grande, ou ambos. O rosto é longo, mas as bochechas parecem infladas; os cabelos são brilhantes e flexíveis, mas por vezes tão armados que necessitam muitos produtos para se manter no lugar. Como resultado, ela talvez opte por cortá-los curtos, o que, em virtude da textura dos fios, tende a ficar parecendo um capacete. No entanto, apesar da aparência estranha do signo, que inclui gente como Jennifer Aniston, Mena Suvari, Christina Ricci, Heather Graham, Sheryl Crow, Jenifer Jason Leight, Farrah Fawcett, Cybill Shepherd, Margaux Hemingway, Stockard Channing, Minnie Driver, Florence Henderson, Geena Davis, Vanessa Redgrave, Laura Dern e Stephanie e Caroline de Mônaco, as aquarianas estão entre as belezas mais exuberantes do mundo, nunca entre as mais sutis. Os traços da nativa são exagerados, e numa alusão ao espírito daquelas deusas emanentes que encarna, ela literalmente irradia uma vitalidade que faz lembrar uma figura de desenho animado. Ela pode ter um ar meio aparvalhado, ser dona de um riso sonoro e infantil, a voz gorjeante, mas clara como um sino. Costuma ser extrovertida na comunicação, como uma atriz no palco, e mesmo numa conversa íntima, gesticula ao falar, quando as mãos cerradas não estão enfiadas nos bolsos, formando pequenos joelhos, para efeito de ênfase. O mais surpreendente é que a nativa é a autêntica moça dos olhos distantes, pois durante os diálogos parece dirigir muito daquilo que diz a algum ponto acima do ombro do interlocutor. Para começar, tem os olhos saltados, a flutuar girando dentro das órbitas, como se estivessem separados do tecido conjuntivo; e para ela representa um esforço fazer contato visual constante — o que é mais fácil de conseguir quando está ouvindo que quando está falando. Entretanto, é notoriamente atenta, assentindo com gestos de cabeça, pendente de cada palavra, inclinando a cabeça numa interrogação ou esticando o pescoço para frente com a expressão concentrada e receptiva. Adota uma postura casual, e dificilmente manifesta nervosismo ou impaciência na linguagem corporal. Ela é uma presença aberta e direta — seu espírito é tão voluptuoso quanto seu corpo costuma ser.

De tamanho pequeno a médio, os seios dela são, em geral, perfeitamente redondos, cheios, firmes e esfuziantes. Mesmo quando tem cintura alta, a nativa

CASA ASTROLÓGICA

consciência social
dinâmica de grupo
potencial de amizade
potencial de felicidade
atitude para com amigos
atitude para com associados
vínculos não emocionais
objetivos de vida
ideais de vida
amor recebido
apelo de massas
dinheiro ganho na profissão
trabalho autônomo
enteados
adotivos temporários e permanentes
situações fora de controle
preocupações humanitárias
como percebemos os outros
clubes/claques/associações
esperanças e desejos
laços coletivos
nova ordem
vida extraterrestre
cacoetes/limitações
tecnologia
inesperado
mutações
trabalho por metas comuns
unidade espiritual
ligação mental com Deus
verdade impessoal
identificação dentro de um grupo
consideração universal
aplauso
liberação

PALAVRAS-CHAVE

surpresa
amor
deslumbramento
idealismo
verdade
utopia
proselitismo
convicção
auto-respeito
peculiaridade
anomalias
humanismo
abstração
parentesco
provocação
individualismo
variação
iluminação
exceção
consciência
humanidade
autoconhecimento
reciprocidade
inspiração
universalismo
profecia
tolerância
boa vontade
disciplina
desapego
erotismo
generosidade
fortaleza
espírito boêmio
empatia
transcendência
compaixão
caridade

possui curvas acentuadas, com quadris largos, as nádegas e coxas ainda maiores, o que dá a ela uma aparência robusta, apesar da ligeira forma de pêra. Além de preferir blusas ajustadas ao tórax e *collants*, enquanto opta por saias largas e esvoaçantes e calças folgadas no traseiro, ela quase sempre enfeita os pulsos e as mãos quadradas e infantis com pulseiras e anéis em abundância. A Aguadeira em geral se embeleza e ornamenta com tatuagens e *piercings*, além de broches e adesivos com slogans, e outras decorações. Tipicamente, pode-se ver aqui e ali um toque decididamente jovial — um relógio de Mickey Mouse, um colar de contas do carnaval, e outros símbolos semelhantes de diversão e frivolidade. Ela deseja sinalizar, conscientemente, a despreocupação. A profissão escolhida costuma permitir tamanha liberdade de expressão pessoal, e ela em geral gravita em direção a carreiras em que possa trabalhar como autônoma. Quando trabalha para outros, é zelosa e diligente. As vocações pouco convencionais têm para ela um atrativo especial, sobretudo as que incluem um elemento de diversão. Falando sério: a faculdade de artes circenses é uma forma muito viável de educação superior para a aquariana.

Parece estar escrito nas estrelas que a aquariana de rosto de borracha sente uma concreta afinidade com a vida sob a lona. Seu planeta Urano rege a excentricidade, baluarte de muitas atrações principais do circo; contudo, existe uma conexão ainda mais primal: conforme assinalou Joseph Campbell em *O poder do mito*, nos ritos religiosos ancestrais os palhaços têm um sentido espiritual. Ao vestir aqueles trajes as pessoas virtualmente se transformavam em seres sagrados (normalmente em deuses da criação); o propósito da "forma engraçada e grotesca era evitar que as pessoas ficassem presas na imagem" — isto é, os disfarces evitariam desde logo que os fiéis levassem demasiado a sério a aparência dos deuses, pois ficar preso a certas aparências, ainda nas palavras de Campbell, "interrompe o contato com o mistério profundo". Em certo nível, a aquariana entende que ela é aquela deusa emanente que revela aos demais certas verdades inegáveis — o lema do signo é "eu sei". Por sua aparência levemente clownesca ela impede outros de idealizá-la ou colocá-la indevidamente num pedestal, coisa que poderia facilmente acontecer a uma pessoa tão "consciente" e "evoluída". Vistam-na num elegante terninho Donna Karan e ela se transforma em Oprah — você se lembra de "O" antes de contratar uma estilista? Pois é, até Ms. Winfrey seria muito mais venerada se não fizesse piadas bobas nem simulasse aquele atrevimento sulista das ruas. As mulheres aquarianas não querem ser vistas como gurus — esse é o tipo de prestígio buscado por sua contrapartida masculina, que na opinião da nativa pode ficar com ele todo para si. Com o humor, os sinais visuais extravagantes, ela quer deixar claro que, tal qual a deusa Íris, ela é apenas a mensageira. Até mesmo por motivos práticos ela detesta a responsabilidade de ser a proverbial dona das respostas: está protegendo seu tempo livre, pois é muito facilmente assediada por gente que busca o tipo de companhia tranqüilizadora que oferece naturalmente.

Certamente ela se alegra em ser a portadora da divina inspiração e da graça salvadora, mas não deseja ser divinizada. Assim, calçada num par de tênis vermelhos e dirigindo um velho fusquinha roxo com adesivos psicodélicos, ela mantém à distância a maioria dos candidatos a discípulo. O nativo do signo fica embevecido pela importância pessoal que lhe conferem suas revelações, ao passo que a aquariana tenta minimizar a própria relevância na equação de revelar a epifania aos demais. Ela está decidida a não perder a cabeça em decorrência das mensagens que pode estar comunicando. Rir até mesmo das situações mais sérias é o comportamento típico da aquariana, o que se nota por sua linguagem corporal, uma sinfonia de gestos como encolher os ombros, levantar as mãos e fazer caretas capciosas, todos eles destinados a demonstrar fisicamente que ela não se imagina a palavra final em questão alguma. Quando as coisas se complicarem, ela não quer que esperem de sua parte grande investimento de tempo e energia em alguém que não ela mesma.

REGÊNCIA DO CORPO

O signo de Aquário rege as pernas, dos joelhos aos tornozelos, e o sistema circulatório. Urano está associado a súbitos distúrbios nervosos — ataques, espasmos, colapsos —, além de crescimentos anômalos como tumores.

Sexo + Sexualidade

Emocionalmente, a aquariana não carrega muita bagagem. Ela detesta amizades elaboradas ou laços afetivos excessivamente dependentes. Desde cedo prefere alguém estável com quem possa compartilhar uma experiência de vida. Contudo, apesar do que poderia ser considerado uma prova em contrário, ela não é nem um pouco sentimental ou carente, e fica profundamente feliz na companhia do parceiro, mas também satisfeita de ter um tempo para si. O caso é que, em sua opinião, tanto faz. Ela também terá, em geral, uma única amiga íntima, companheira de vida inteira; porém, quanto ao restante, todos os demais não passam de conhecidos de convívio. Ela pertencerá a muitos *grupos* e *organizações* de Décima Primeira Casa, o tipo exato de interação desapaixonada que mais lhe agrada. Socialmente, porém, a aquariana nunca fará parte de algum grupo maior — ela não agüenta dinâmicas complexas e entrelaçadas. Particularmente, não consegue encarar conflito. Infelizmente, numa tentativa

MULHERES FAMOSAS DE AQUÁRIO

Provedoras de alívio cósmico e revelações constantes

Mia Farrow
Jennifer Aniston
Rene Russo
Vanessa Redgrave
Cybill Shepherd
Laura Dern
Geena Davis
Ellen DeGeneres
Ida Lupino
Florence Henderson
Donna Reed
Mena Suvari
Heather Graham
Christina Ricci
Portia DeRossi
Denise Richards
Bárbara Hershey
Greta Scacchi
Ann Sothern
Mildred Dunnock
Piper Laurie
Chita Rivera
Jeanne Moreau
Ingrid Thulin
Natassja Kinski
Katherine Ross
Anna Pavlova
Jean Simmons
Elaine Stritch
Morgan Fairchild
Blythe Danner
Charlotte Rampling
Dorothy Malone
Molly Ringwald
Sara Gilbert
Jennifer Jason Leigh
Zsa Zsa Gabor
Eva Gabor
Vanna White
Lana Turner
Kim Novak
Stockard Channing

permanente de nunca fazer marola, a Aguadeira poderá sublimar as próprias necessidades. Sobretudo no relacionamento com um parceiro despótico (pelo qual, por ironia, será atraída), ou no caso de algum homem menos prepotente entrar de carrinho, sua opção será acatar as ordens de seu homem. Ela é capaz de tamanha sujeição nos relacionamentos que as outras mulheres, em particular, irão considerá-la idiota.

Mas nem tudo é o que parece: conscientemente ou não, a nativa fará o jogo da complacência, para poder adquirir condições de negociar: se e quando resolver acabar com a festa, todos os indícios de empenho em fazer funcionar o relacionamento estarão acumulados a seu favor. Na qualidade de líder de torcida do zodíaco, ela sempre é a maior fã do parceiro — se as coisas saírem mal, ela sempre estará acima de condenação. A Décima Primeira Casa é a das *relações impessoais*, cujo impacto seus amigos íntimos perceberão quando ela sentir que a relação terminou. O fato de não lutar não significa que não se importa. Ela ainda irá contabilizando, e um dia, quando a pressão for excessiva, e a última gota fizer transbordar o copo, o parceiro só irá vê-la pelas costas, sumindo aos poucos no horizonte, enquanto vai embora para sempre. Ela nunca olha para trás — não é à toa que Urano é o planeta da mudança repentina. E coitado do homem forçado a acertar contas na justiça com a irrepreensível e ofendida aquariana. Para ele, temos duas palavras: Mia Farrow. Em certo sentido, podemos considerar bastante insidiosa a extrema cumplicidade da personalidade aquariana. Em retrospectiva, um homem talvez preferisse que ela tivesse reclamado dos problemas, em vez de continuar sorrindo através de uma longa lista de ressentimentos que talvez use posteriormente como pretexto para deixá-lo, e, mais ainda, de tanga. De tão totalmente definitiva, a partida da aquariana poderá fazer a relação inteira parecer uma miragem, como aquele proverbial arco-íris a se desmanchar no céu.

É importante analisar a razão pela qual a aquariana, para começar, se apaixona por homens megalomaníacos. A resposta simples é que, independente da dinâmica específica do casamento dos pais, a nativa se sente isolada do pai, ao qual invariavelmente se liga num nível de alma gêmea. Os dois são realmente feitos do mesmo barro, mas com o passar do tempo ele vai se tornando cada vez mais inatingível. Assim, o modelo de homem perfeito que ela tem é alguém naturalmente distante e independente, mas também, por ironia, sintonizado na mesma onda que ela, uma alusão ao ondulado signo aquariano e à combinação fixo-ar do signo, que pode ser interpretado como uma freqüência certa e segura. Desde a infância, ela procura seus namorados na coluna dos "incomuns", no afã de encontrar um companheiro extraordinário. Ela busca um tosco individualista — um revolucionário, um eclético, um independente, se não um herético —, alguém como o personagem Howard Roark, do livro de Ayn Rand (nem vamos entrar no mérito do significado de *The Fountainhead* para a nativa de Aquário), que tem elevadas aspirações *como* homem comum, isento de privilégios ou de muletas coletivistas, adivinhando sozinho seu próprio destino. O homem que nossa rosada radical considera mais instigante é o de mentalidade singular, com aquelas importantíssimas e grandiosas idéias fixas. Entretanto, o que ela pode por vezes acabar atraindo, ou melhor, por quem pode acabar se apaixonando, é um homem suficientemente delirante para se imaginar um grande gênio, sem preencher as condições necessárias para substanciar semelhante alegação. De um jeito ou de outro, ela vai rotular o brutamontes de incompreendido, exceto, naturalmente, por ela — empregando sua astuta sintonia aquariana, para não mencionar o mantra do signo "eu sei". Ela sente que o prodigioso candidato potencial só precisa de encorajamento, esperança e a coragem das próprias convicções, exatamente o tipo de apoio que nossa líder de torcida está preparada a oferecer. Mas, aí está o problema: por ser uma personagem tão cordata, ela faz realmente aflorar o sultão na maioria dos homens que de outra forma não seriam tão dominadores — o fato de que terminará às voltas com um monstro, ou mesmo que o criará é uma profecia que se cumpre já no enunciado. É mais um sintoma da associação de seu signo com anomalia e mutação — enquanto o nativo de Aquário pode ser um verdadeiro Frankenstein, a nativa por vezes termina por se transformar na noiva da criação do bondoso doutor. À semelhança de Hebe ao se casar com Héracles, sempre fica a sensação de que ela está se casando com alguém de extração inferior. O perfeito arquétipo feminino da aquariana na literatura é Stella (*estrela*, "um fragmento fixo do etéreo firmamento"), na peça de Tennessee Williams *Um Bonde Chamado Desejo*. Há uma clássica imagem dessa personagem descendo as escadas, como as deusas arquetípicas associados ao signo, para atender aos brados exigentes do marido, Stanley, um "animal" turbulento que consegue, porém, enxergar através das ilusões da vida. E aquilo que Stella deseja, e, aliás, toda aquariana também, é sentir-se verdadeira. Como a visão psicodélica do zodíaco, este siderado signo se sente, vez ou outra, excessivamente conceitual e, como suas deusas arquetípicas, tem a premente necessidade de brincar "no chão". O sexo é uma atividade específica que dá à nativa a sensação de estar com os pés firmemente plantados na terra firme. Williams deixa claro que isto foi o que manteve Stella casada com Stanley, a abandonada experiência erótica dos dois

Carol Channing
Tina Louise
Sharon Tate
Laura Ingalls Wilder
Alice Walker
Edith Wharton
Virginia Woolf
Colette
Germaine Greer
Ayn Rand
Gertrude Stein
Mary Lou Retton
Rosa Parks
Susan B. Anthony
Caroline de Mônaco
Stephanie de Mônaco
Leontyne Price
Carole King
Lillian Armstrong
Etta James
Jacqueline Du Pre
Melissa Manchester
Yoko Ono
Natalie Cole
Jéssica Savitch
Rainha Beatrix
Oprah Winfrey
Diana Oughten
Angela Davis
Betty Friedan
Evangeline Adams
Stella Adler
Virginia Johnson
Alice Neel
Toni Morrison
Helen Gurley Brown
Chynna Phillips
Jane Seymour
Amy Tan
Jill Eikenberry
Linda Blair
Tallulah Bankhead
Christie Brinkley
Susan Sontag
Barbie Benton
Corazon Aquino

sendo descrita como capaz de "acender aquelas luzes coloridas" — como um arco-íris, Stella, ao que tudo indica, goza em cores.

Nesta referência literária, expressa-se com muita eloqüência a tendência da Aguadeira a se envolver com homens que empregam uma espécie de controle mental sobre elas, mais um sintoma de fixo-ar (pensamento estagnado). A aquariana virtualmente pede por isso. Ela está sempre buscando um guru ao qual aderir conceitualmente e adotar para modelo. De fato, por trás da maioria das aquarianas de sucesso existe um homem que elas, de certa forma, imitam. Quando a relação funciona, é o perfeito encontro de duas mentes, é o supremo casamento espiritual. Mas, às vezes, a aquariana descobre que se meteu numa seita de dois adeptos, à qual é difícil se arrancar. Depois de se tornar, para um homem, a consumada chefe de torcida, a admiradora mais ardorosa, fica difícil recuar, principalmente quando ela acabou alimentando o fanatismo que cerca os conceitos mais pródigos, quando não prodigiosos que ele postulou. Talvez ela passe por uma seqüência de sérios relacionamentos de longo prazo, nos quais essa dinâmica continua a emergir, somente para usar seu notório "cartão preferencial de abandono de relações infernais", conforme descrevemos antes. Pela análise do efeito que seu constante perdão, ou mesmo sua postura de mulher-capacho, exerce sobre os Stanley Kowalski deste mundo (que ela pode reduzir a bebês chorões, caso ameace ir embora), temos uma visão do motivo pelo qual ela abandona seus vínculos tão abruptamente. Ela é obrigada a fazê-lo. Depois de ter sido um bálsamo/uma escrava para um homem, ela precisa se remover às pressas, como quem arranca um Band-Aid.

A nativa de Aquário é a graça personificada. Com sua infinita capacidade de perdoar, sua misericordiosa compreensão dos defeitos e imperfeições das pessoas, ela é capaz de enxergar, para além dos problemas, o bem legítimo nos outros, principalmente no parceiro. O problema é que a maioria dos homens abusa de seu espírito benigno, aceitando como ponto pacífico a conduta gentil e amável, o que cedo ou tarde irá obrigá-la a tomar o primeiro bonde que estiver saindo da cidade. Mas, a ponto de proclamá-la o saco de pancadas emocional do zodíaco, chegamos a uma conclusão: apesar das constantes decepções sofridas com os homens de sua vida, ela não desiste daquele modo característico de se entregar com altruísmo aos relacionamentos. Raramente entediada, a Aguadeira não perde uma gota de esperança daquela taça amorosa aparentemente sem fundo que carrega, desejosa de se derramar inteiramente nos braços de um novo homem. Naturalmente, ela desenvolve com o tempo a capacidade de discriminar, aprendendo a não jogar suas pérolas aos porcos. E aí está: por nunca haver contemporizado sua visão do amor extremamente generosa, aliás, altruísta, ela acabará enfim encontrando um homem capaz de apreciar toda a afeição prazerosa que ela está pronta a derramar, sem tratar com leviandade as necessidades dela (por vezes tremendas). A nativa está programada para *dar*, principalmente sob a forma de emprestar sua notória compreensão — eis o que está astrologicamente programada para fazer. E ao encontrar um homem no qual possa verter seus sentimentos sem necessidade de ser pisoteada, a aquariana conhece o êxtase. Por vezes acontecerá um antigo namorado aprender sua lição sobre a bondade da nativa, e subitamente fazer uma tentativa de reconquistá-la. ("Starting Over" [Começar de novo], uma ode de John Lennon para reacender seu turbulento romance com Yoko Ono nos vem à lembrança.) A energia de Urano é excêntrica e imprevisível. Sabe-se da ocorrência de coisas mais estranhas que a aquariana dar uma nova oportunidade ao amor de alguém que ela abandonou, ou ao contrário, que desertou de seu lado. Se há alguém capaz de perdoar o passado é a Stella do zodíaco, que, quando o amor lhe bate na face, consegue apresentar a outra face.

No tocante a relacionamentos, a aquariana pede muito pouco. Ela é uma parceira de baixa manutenção, cuja idéia de uma noite perfeita envolve pizza com cerveja, em vez de champanhe e caviar. E apesar da associação realmente enganadora do signo com a cultura hippie, ela dificilmente será uma natureba alternativa. A bem da verdade, ela por vezes não toma o devido cuidado com o bem-estar físico, e é igualmente descuidada com o ambiente. De todas as mulheres do zodíaco, a aquariana é a mais, digamos, casual em relação à casa. No que diz respeito à faxina e cuidados gerais, ela é excessivamente relaxada, decididamente a pessoa menos sofisticada do zodíaco, que ainda que residisse numa mansão em Beverly Hills tentaria viver como a Família Buscapé. O que poderia defini-la seria a ausência de retentividade anal: jamais seria a dona-de-casa que arruma a bagunça feita pelo marido e os amigos dele, que invariavelmente vêm invadir a casa dela, pois ali sempre estarão mais à vontade que em qualquer outro lugar, exceto o proverbial salão de festas. De preferência, ela fica no meio deles, com os pés em cima dos estofados, espalhando migalhas e sem usar o descanso de copos. É um sintoma surpreendente da despreocupação aquariana com bens materiais, mas com freqüência provoca a mesma reação causada em Blanche, a irmã de Stella, na primeira visita aos Kowalski. O ambiente da aquariana é tipicamente uma colagem visual, mais que um catálogo organizado dos acontecimentos de sua vida. Haverá efeitos da interminável série de notórios passatempos, que quase sempre incluem peças de artesanato

LANCES ERÓTICOS
NATIVA HÉTERO

homens mais jovens ou mais velhos
brancos pobres
caminhoneiros, motoqueiros
cabelos longos
rabo-de-cavalo
hippies
fanáticos
libertários
carícias pesadas
mordidas
corpo-a-corpo
veneração (passiva)
degradação (passiva)
humilhação
súplicas
pêlos corporais
cabelos no abdômen
axilas
cavanhaques
sexo casual
sexo sem compromisso
traição
triângulo homem/duas mulheres
tatuagens
piercing
marcar a fogo
pênis muito grande
prepúcio
sexo oral
deglutição (ativa)
sexo anal (passiva)
disciplina e dominação pesada (passiva)
fantasias de escravização
trajes de fantasia
máscaras
capuz
olhos vendados
poses
pornô caseira
manipulação anal (ativa)
inversão de papéis
esquisitos
excêntricos
marginais
fantasias de cativeiro
escravização

doméstico. As cortinas e colchas, assim como numerosas peças de vestuário, podem ter saído diretamente de sua máquina de costura. Haverá também toneladas de bibelôs e suvenires, pois sua disposição estética fundamental não é minimalista. Partidária de dar à casa onde mora um visual habitado, mostrará a tendência sobretudo no quarto de dormir; em matéria de decoração e de filosofia sexual a nativa não está acima, em geral, da possibilidade de fazer bagunça.

A formalidade não é uma palavra de ordem da aquariana. Ela detesta tudo que seja emproado ou puritano; de fato, muitas aquarianas são apreciadoras do *kitsch*, do brega regional, ou mesmo dos requintes da estética de baixa renda. Ela fica excitada por homens pouco cultivados, quando não verdadeiros peões, pelo menos em espírito. O sexo nunca deveria ser algo pasteurizado de plástico, mas sim uma libertação de todas as inibições. A atitude dela é condescendente — a nativa nunca é o tipo exigente, dominador, castrador; ao contrário, como ela dá a seu homem muito espaço, não querendo ficar envolvida, como fazem tantas mulheres, na parte majoritária das experiências dele. Afinal, a Décima Primeira Casa astrológica é a das *relações impessoais e não emocionais* (digamos assim, é preciso muita coisa para fazer a aquariana chorar). O elemento de desapego em relação ao parceiro ajuda a nativa a garantir que a vida sexual deles permaneça em excelente forma. Para a deusa zodiacal da renovação, haverá a sensação de que o sexo "sempre parece uma novidade". Para este signo regido por Urano, um feliz acaso e a surpresa sempre serão elementos importantes para manter renovada e excitante a experiência erótica. Não conhecer tudo na vida do parceiro, permitir aquele clima de mistério, mantém a aquariana na dúvida — ela passa a esperar o inesperado. O mesmo ocorre com o comportamento sexual em si. A espontaneidade é excitante para a nativa, cujas fantasias freqüentemente envolvem o ato de ser "possuída" abruptamente por um homem. Ela não gosta nem precisa de longas e demoradas sessões de contato corporal e românticos olhos nos olhos. Prefere gozar com o parceiro que a tomou de assalto vindo por trás quando, distraída, lavava a louça. O que mais lhe agrada são impulsos humanos reais e súbitos, e não ficar bolinando a perna do parceiro por baixo da mesa do restaurante durante horas, como preâmbulo das preliminares — isto é muito demorado e, francamente, frustrante. O lado animal do homem é o que exerce maior atração sobre ela, que se derrete toda pelos tipos agrestes, como trabalhadores braçais. Se há uma mulher capaz de dar uma trepada anônima e inesperada com o encanador, esta será nossa impulsiva aquariana, que, ironicamente, dada sua disposição ensolarada, saudável e um tanto comum, pode ser a última mulher da roda astrológica de quem se esperaria tanto.

Considerando que o supremo "tipo favorito" da aquariana é uma espécie de prodígio originário da proverbial baixa renda, um cientista motoqueiro, um guru de periferia, um filósofo mecânico, um gênio faxineiro, vemos na afinidade dela por homens de espécies híbridas incomuns não só prova da associação de seu signo com a energia mutante, mas também sua correlação com a experiência da mente divina se manifestando no homem comum. Esse é o tipo de sujeito que, no sentido literal e figurativo, tem futuro; isto é, ele é o homem do futuro, um indivíduo autoconfiante e poderoso que, como o herói Hércules, destrói os conceitos de barreiras sociais fundamentadas em algum ilusório sistema de classes. Num futuro regido por Urano, aquela mítica era de Aquário repleta de consciência social, "harmonia e compreensão", na qual a ordem do dia é o igualitarismo generalizado de Décima Primeira Casa, não haverá divisão entre operários da construção civil e degustadores de vinho. A aquariana procura agarrar agora este homem do futuro. Além disso, ela sai do sério por um intelectual com físico de animal sexual.

Para fazer girar aquelas luzes coloridas do teto é preciso esse tipo de homem, esses brutamontes que parecem capazes de usar uma certa dose de aspereza no trato com ela. O sexo não precisa ser significativo — ele é o que é. Mais exatamente, trata-se apenas de prazer físico. A aquariana não é uma sensualista, mas uma sexualista, e gosta de um homem que não fica enrolando. Ela quer que ele aperte todos os botões, de preferência todos ao mesmo tempo, com a menor cerimônia possível. Como personalidade sexual, ela também funciona no acústico, apesar do notório apreço por aparelhos de funcionamento a pilha. Na verdade, mais que qualquer outra mulher do zodíaco, a aquariana possui uma gaveta de, digamos assim, guloseimas, cheia de objetos cilíndricos de plástico colorido, preservativos de sabor intenso, dispositivos para fazer cócegas, e assim por diante. Para ela a atividade sexual tem a ver com diversão e jogos, e os brinquedos acabam sempre encontrando um jeito de entrar nos procedimentos entre ela e o amante. No entanto, ao contrário do aquariano, e em vista da associação de seu signo com a energia da variação, ela é surpreendentemente pouco depravada. Entretanto, ela não tem repressões nem qualquer sinal de culpa religiosa ou moral em relação ao sexo. Mais que um templo, seu corpo é um parque de diversões, e ela está especialmente à vontade com a estimulação artificial, seja como intensificação do sexo com um parceiro, seja como um feliz e solitário substituto do contato humano. Personagem pragmática no quarto de dormir, ela não se empolga muito em interpretar papéis, e seu número principal inclui variações do tema da mãe disciplinadora. Às vezes, ela

LANCES ERÓTICOS

NATIVA GAY

mulheres pequenas
humildes
corpos robustos
submissas
dominação
domésticas
garçonetes
secretárias
feministas
ativistas
meia-calça
ligas
mulheres héteros
femininas
predominância
voyeurismo
gozo facial
intenso controle mental
sadomasoquismo *light* (ativa)
depilação
cuidados estéticos (ativa)
sexo oral (passiva)
penetração (ativa)
travestismo
dildos
vibradores
brinquedos eróticos
disciplina (ativa)
manipulação dos mamilos (ativa)
perfurar
marcar a fogo (ativa)
exibicionismo
sexo em público
garotas de programa
triângulos

assume em tempo integral a personalidade de motoqueira, e curte posar de garota-propaganda das motos turbinadas, o tipo de garota que pode atrair os motomaníacos que ela geralmente prefere. Logo, seu guarda-roupa de alcova quase nunca é a *lingerie* de primeira linha — ela está mais para Frederick's of Hollywood que para Agent Provocateur, ou mesmo para Victoria's Secret.

É impressionante o teor de breguice da nativa para tão pouco tecido por centímetro quadrado de pele, mas ela não quer saber de nada mais glamouroso que náilon florescente. Não que necessariamente esteja ardendo de desejo de agradar sexualmente a seu homem, porém quer parecer a vadia assanhada que o faz. O casal poderá até documentar suas atividades na cama, seja com fotos ou vídeos estrelados por ela no papel de piranha atrevida. O grande barato para ela consiste em ser documentada, usando uma fantasia de tecido sintético, como a puta cósmica do zodíaco. Trata-se parcialmente de sexo e parcialmente de arte conceitual. Mas quando se trata da atividade em si, a mulher de Aquário é bastante direta em seus desejos: digamos que ela gosta de montar ou ser montada vigorosamente. No mais, fará tudo que agrade a seu homem, mas talvez se feche um pouco no processo, praticando sexo oral, mas sem curtir especialmente o lance. O sexo anal normalmente é tabu para a aquariana, que prefere reduzir ao mínimo o que pode ser considerado uma atividade invasiva.

A astrologia constantemente rotula a aquariana a rainha da orgia, pois a Décima Primeira Casa está associada com grupos; no entanto, esta é uma conclusão capciosa. Se lhe garantissem que não era obrigada a participar pelo fato de haver comparecido a semelhantes reuniões, ela provavelmente iria ali movida por sua característica curiosidade desapaixonada. Mas seu interesse em parceiros múltiplos não costuma passar daí. E para decepção de um parceiro que quisesse ver sua correta namorada aquariana gozar com outra garota, em geral ela não tem inclinação pela bissexualidade. Por ironia, praticamente não há nuances em matéria de sexo para essa criatura de mentalidade aberta.

Seria difícil encontrar no zodíaco pessoa mais investida de poder que a aquariana de identidade gay. Ela é um farol de confiança e auto-estima, a cujo redor costumam se congregar outras lésbicas, mesmo sem convite, passando a estimá-la como mentora, desde bem cedo em sua vida. A nativa gay pode se assumir cedo, encontrando grupos solidários e sistemas de apoio no âmbito dos quais pode freqüentar pessoas de mesma tendência. Contudo, por ficar pouco à vontade no papel de presidente do comitê de amor sáfico, ela não se inclina a politizar seu lesbianismo. À medida que a sociedade evolui como um todo, vai sendo diminuída a importância se saber se alguém é homossexual ou não; em alusão à regência planetária de Urano, orientada para o futuro, aquela que sinaliza mudança social em larga escala, a aquariana vive sua vida como se já estivesse numa civilização avançada, num mundo no qual preferências sexuais estão fora de discussão. E assim, sem grande esforço ou plataforma pessoal, a nativa exerce uma espécie de atração precursora para outros homossexuais, principalmente as lésbicas, que lhe desejam emular a atitude decidida e despreocupada. Para a nativa, no entanto, sua própria visão de vida como lésbica carece de importância em qualquer outro nível que não o pessoal.

A aquariana gay costuma ser bastante mais romântica que sua irmã hétero. Em regra, ela é uma figura dominante nos relacionamentos, por vezes evitando sinais externos e modas femininas em favor de um visual mais andrógino, quando não diretamente masculino, para combinar com sua mentalidade usual de moleca de rua. Não que seja decididamente masculinizada — de fato, a aquariana não aprova posturas radicais de personalidade, que considera sintomas reativos à pressão sociossexual. É antes uma questão de expressar sua condição natural: não tanto uma masculinidade latente quanto uma espontaneidade perene e infantil de garota travessa. Porém, ela jamais parece travestida; ao contrário, é uma pessoa esportiva de aparência saudável com um brilho malicioso nos olhos, e maneiras decididamente indecorosas que dão a impressão de que a qualquer momento ela sairá correndo lá para fora para construir uma casa na árvore. Esta é a modalidade específica de excentricidade aquariana da Aguadeira lésbica; e ela parece o mais liberado de todos os indivíduos nascidos sob o Aquário. Sua companhia é contagiosa: como no caso de todos os signos fixos, existe um elemento de magnetismo associado à personalidade dela, porém a nativa gay é muito mais irresistível. Ela terá um círculo próximo de amigos íntimos cuja amizade conservará pela vida afora, pois a escolha de companhias nunca será ditada pela orientação sexual. Seu melhor amigo é quase sempre um homem com quem circulará de modo extremamente amistoso — o mantra social da aquariana é *diversão boa e sadia*.

Qual uma jovem inexperiente que vê no amor uma novidade, a nativa gay está completamente transfixada pelo objeto de sua pura e genuína afeição. Esquecendo-se da barreira ou, neste caso, do muro, ela costuma sentir atração por mulheres de identidade sexual vacilante e vice-versa. À semelhança das heterossexuais do signo, a nativa gay também atrai uma boa quantidade de oportunistas, prontas a tirar vantagem de sua visão deslumbrada e ingênua sobre o amor. A questão é que ela é naturalmente galante e protetora em relação à amada, a quem freqüentemente cumula de presentes e mima com inesperadas saídas à noite ou viagens românticas. Tipos inescrupulosos podem se aproximar dela em busca dessas mordomias, contando, atrevidamente, com dádivas cada vez mais generosas, até que toda a dedicação dela pareça insuficiente. Ao contrário da nativa hétero, entretanto, a lésbica não passa por uma série de relações estáveis (nem adota os casamentos em série, por sinal). Em vez disso, prefere ficar solteira a sofrer mais uma desilusão, ou talvez duas. Quando assume o compromisso de uma relação estável, ela espera que vá durar para sempre; portanto, quando a coisa não funciona, tipicamente não é por falta de empenho de sua parte. Com freqüência fica tão devastada pela ruptura de vínculos que leva anos para se recuperar.

Num aceno à associação de seu planeta com o inesperado, em geral o amor encontra a nativa gay quando ela não está à procura. A parceira ideal será uma personagem retraída, porém quase sempre carinhosa, que goste da aquariana, primeiro e acima de tudo por sua inteligência desmesurada e, em segundo lugar, por seu típico senso de humor absurdo. Na verdade, um motivo para as pessoas cercarem a nativa é o fato de ser extremamente engraçada. Ela também pode parecer bastante intelectual, ainda que por vezes sua aparência lembre mais Dennis, o Travesso, que Ayn Rand. Uma boa combinação para a aquariana é uma mulher de índole parecida, porém modesta e naturalmente solícita. Em geral, um elemento acidental instiga o encontro das duas — algo que pode ir desde um pára-lamas amassado até uma apresentação casual feita por um amigo comum —, e antes que entenda o que está acontecendo, a nativa estará batendo papo, em seu inimitável estilo, enquanto a moça apaixonada fica pendente de cada uma de suas palavras. O interesse intelectual compartilhado é o que une a aquariana com a amante, uma fixação mental que talvez descubram ser mais fácil resolver agindo em dupla.

A nativa poderá freqüentemente se ver às voltas com relacionamentos em que precisará iniciar a parceira no lesbianismo. Uma figura paciente, embora dominante no quarto de dormir, a aquariana interpreta um papel ativo. Na cama, ela é definitivamente quem fica por cima, uma agressora que consegue se concentrar na mútua satisfação, em vez de na tarefa estrita de agradar ou de ser agradada. A paixão assume precedência sobre a delicadeza sensual, e a aquariana é ardente em sua expressão física, agindo com vigor e permanecendo fogosamente excitada e sôfrega por toda a duração do encontro erótico. Ela é notavelmente oral, mas, por outro lado, jamais se dedica a satisfazer a parceira sem que haja retribuição simultânea.

Todos os brinquedos com que brincam deverão ter duas pontas, num exemplo literal de como a nativa e sua amante permanecem para sempre ligadas fisicamente, adquirindo simbiose absoluta, chegando a funcionar como uma entidade, mesmo na cama. Se a aquariana alcança um certo grau de sucesso ou celebridade em decorrência de sua modalidade singular de intelecto, a parceira talvez atue para como agente, gerente ou, de alguma outra forma, elemento de enlace, defendendo a nativa. Em todo caso, depois de encontrar uma relação permanente desse gênero, tentará conservá-la para o resto da vida. O vínculo passará a defini-la, e a dupla alcançará tamanho grau de simbiose que começará a funcionar como uma entidade única e indivisível.

Casais

Hétero

Mulher de Aquário / Homem de Áries
Ela tem forte individualidade; ele é acessado emocionalmente por meio da associação deles. O crescimento intelectual é o resultado. O sexo é brincalhão e abundante. Na posição do missionário há mais prazer do que ela imaginou.

Mulher de Aquário / Homem de Touro
Ela se prepara para fazer um ninho com uma pessoa "normal". Ironicamente, ele está explorando o lado escuro de seu psiquismo. Mudanças enormes e desarraigantes ocorrem. Aquário está acostumada com mais paixão; para ele, ela é exceção exótica.

Mulher de Aquário / Homem de Gêmeos
A única preocupação deles é agradar um ao outro. Ele é para ela a trepada ideal; ela adora o papel de amante e mentora. O espírito de liberdade cria uma consciência social e política combinada. O sexo é robusto e licencioso.

Mulher de Aquário / Homem de Câncer
Ela é um grito de alerta. Ele é mais um choque de realidade que uma revelação — a hora de falar sério. Sociedade ideológica de duas pessoas, eles levam uma vida inspirada. Sexo transformador — escalar para ele, ampliar para ela.

Mulher de Aquário / Homem de Leão
Juntos eles são grandes e ousados, talentosos, porém imprevisíveis. Ele adota atitude contemplativa. Emergem as qualidades incomuns, extraordinárias, da aquariana. O sexo é passional, energizada pela inveja, e também pela estima.

Mulher de Aquário / Homem de Virgem
Eles são impelidos a cuidar do outro — ele investe infinita energia emocional. Em particular, vai contabilizando o muito que ela lhe deve. Aquário é menos egoísta. No sexo, jogo de senhor e escrava, papéis em constante rodízio.

Mulher de Aquário / Homem de Libra
Definidos pela inventividade e rebeldia, a alguns parecem estranhos. Pensadores abstratos, eles compartilham afinidade mental — causam impacto no ânimo um do outro. O entusiasmo se converte em fanatismo. Na cama, não há falhas.

Mulher de Aquário / Homem de Escorpião
Tendências anti-sociais são expandidas. Com o sentimento de superioridade eles se ligam num vínculo do tipo nós-contra-o-mundo, mas depois podem pelejar entre si. O sexo é primal, porém includente: o par gosta de mais parceiros.

Mulher de Aquário / Homem de Sagitário
Parecem não combinar, mas é ilusão: ele encontrou com ela uma linha de sobrevivência. No par com Sagitário, a aquariana se prepara para futuro mais brilhante. Na cama, rompem o antigo comportamento — juntos são alternativos.

Mulher de Aquário / Homem de Capricórnio
Eles podem ser explosivos no convívio; logo, são extremamente ciosos de não provocar cenas. Entretanto, há muito bom humor na relação. Na cama, a intensidade emocional ganha sua melhor utilização: o sexo é ardente e desregrado.

Mulher de Aquário / Homem de Aquário
Namoro intensivo para o casal. Sob o exterior sofisticado, dois indivíduos profundamente espirituais buscam fonte de inspiração. A vida sexual reflete essa profundidade. Na cama, movem-se como possuídos, ou mesmo enfeitiçados.

Mulher de Aquário / Homem de Peixes
Namoro intensivo para o casal. Sob o exterior sofisticado, dois indivíduos profundamente espirituais buscam fonte de inspiração. A vida sexual reflete essa profundidade. Na cama, movem-se como possuídos, ou mesmo enfeitiçadas.

Gay

Mulher de Aquário / Mulher de Áries
No começo, elas escondem o envolvimento. Mas o tabu é o que as mantém tentadas. Mesmo no compromisso formal, elas permanecem uma das combinações lésbicas mais eróticas e exóticas do zodíaco. A lascívia é um dado obrigatório.

Mulher de Aquário / Mulher de Touro
Na taurina, a aquariana encontra uma ávida platéia, alguém que ouvirá carinhosamente seus monólogos de alto nível, e aprenderá. O sexo é melhor quando conceitual. É tudo encenação exagerada e complicados jogos mentais.

Mulher de Aquário / Mulher de Gêmeos
Elas dirão que estava predestinado. Essa conexão é extremamente empática. Como casal, são insulares; nenhuma se sente obrigada para com os de fora, ainda que amigos. Na cama, cada qual é mais generosa que a outra.

Mulher de Aquário / Mulher de Câncer
Questões importantes afloram ao se juntarem essas irmãs sobrenaturais. A sintonia assusta. Entretanto, atravessam fases de luta feroz. O caos pode ser exaustivo. O sexo é como sua vida social: selvagem, intenso, frenético.

Mulher de Aquário / Mulher de Leão
Maior reciprocidade torna relação um êxito. Logo, Aquário deveria contornar algumas exigências de Leão. Melhor hipótese: elas formam um par engraçado — animado, excepcional. O sexo desabrocha quando a leonina se deixa conduzir.

Mulher de Aquário / Mulher de Virgem
Encontrando-se a meio caminho, elas se misturam — diferenças somem, semelhanças emergem. Dupla deslumbrante: criativa ao extremo. Os dias que passam juntas são um sonho. O sexo também é ponto de encontro de fantasia e realidade.

Mulher de Aquário / Mulher de Libra

Atração avassaladora. Elas vibram de energia física e intelectual. Libra se dedica a interesses artesanais enquanto a aquariana acelera o sucesso empreendedor. O conforto do lar encerra mais encantos que qualquer círculo social.

Mulher de Aquário / Mulher de Escorpião

Uma insólita ligação sexual que logo se torna séria. Assumindo o papel materno, Escorpião alimenta as ambições de Aquário. Na companhia da aquariana, Escorpião finalmente ganha respeito. Na cama, uma ou outra se sente eclipsada.

Mulher de Aquário / Mulher de Sagitário

Tudo é possível. A sagitariana coloca na mira o plano grandioso da aquariana e acerta em cheio: a parceria delas vale a pena. Casal sensual, que torna público seu tesão. Estão cercadas de circunstâncias propícias ao êxtase.

Mulher de Aquário / Mulher de Capricórnio

Choque de personalidades no qual a aquariana tenta assumir autoridade — e a capricorniana não admite isso. Porém, formam um casal empreendedor, se a verbosidade não obstruir a ação. Na cama, Capricórnio leva a melhor.

Mulher de Aquário / Mulher de Aquário

Efeito bola de neve: a união delas pode acelerar a queda de cada uma. Perda de controle, neurose e até paranóia são possíveis. O estresse prejudica a vida sexual. Mas, resta esperança: focar-se nelas próprias, e não nos outros.

Mulher de Aquário / Mulher de Peixes

Com a pisciana bonita e passiva, a aquariana fica um pouco masculina. Apoiadora, e até protetora, ela talvez achará a pisciana estranhamente indiferente. Mas na cama é um dos casais mais eróticos e propensos a alcançar o êxtase.

O homem de Peixes

o itinerante

O nativo de Peixes é a própria definição do homem que se fez por si. Mais que qualquer outro homem do zodíaco, ele foi abençoado com a capacidade de existir segundo seu próprio projeto, sem dúvida e sem dispersão. Ele não se estressa nem se esforça para alcançar o sucesso; ao contrário, pacientemente permite que seus planos sejam gestados, enquanto visualiza a si mesmo sendo no presente o que está decidido a ser no futuro. Ele nunca espera "chegar" aos objetivos, mas age como alguém que já os alcançou, e sua vida é uma longa profecia que se cumpre ao ser enunciada. Em geral, ele é atraído para profissões artísticas, nas quais sua imaginação possa se manifestar. Notoriamente desobrigado com todos que não ele próprio, não carrega quase nenhuma bagagem emocional ou psicológica, e por vezes recusa vestígios do passado, caso não convenham à sua auto-imagem tipicamente mítica. Não vê ironia em adotar uma personalidade, por vezes desdenhosa, que indiscutivelmente convém mais a seu espírito que aquilo que percebe como um eu arbitrário condicionado pelo nascimento ou pela educação recebida. O pisciano manifesta a alma dissoluta de um poeta, livremente autorizada a inventar a paisagem de sua própria experiência. Apesar de um certo verniz de sofisticação, em grande parte destinado a lhe permitir a penetração nos enclaves mais rarefeitos da sociedade, ele ainda tem preferência por mulheres toscas, não elaboradas — tipos agrestes, sem pudor, que proporcionam um senso de verdadeira ancoragem, permitindo-lhe assim vôos mais altos em termos criativos. Com outros homens, é homoerótico até a medula, sempre se equilibrando na tênue linha divisória entre a amizade e o declarado envolvimento sexual.

Xii

PRINCÍPIO

O Princípio da Dissolução — um sinônimo de morte, o signo de Peixes simboliza o retorno à sopa primordial. Feto metafórico em processo de renascer, o pisciano é simultaneamente o produto de traços herdados e da evolução. A dissolução também é um estado onírico, e o signo de Peixes representa a imaginação tornada manifesta. A dissolução também simboliza o amor, que abraça por inteiro a diversidade, dissolvendo-a num holismo da humanidade. O lema do signo, "eu acredito", é um mecanismo de transformação de sonhos em realidade.

Signo + Mente

Embora ao signo de Peixes seja atribuído Júpiter como regente secundário, dando aos nativos um fundo psicológico de otimismo e expansão, o regente primário do signo é Netuno, chamado o planeta do imaginário, o que significa, entre outras coisas, o universal Princípio de Dissolução no zodíaco. Assim, aqueles sob sua regência vêem a realidade como... bem, como dissolvida. Culturas e religiões ancestrais e contemporâneas, no mundo inteiro, falam do mundo visível como — para usar o termo budista — *samsara,* que se define como o ciclo de existência e o estado mental completamente impuro, causado pelo karma. O dissoluto pisciano, ao ver o mundo como uma pátina solúvel, é assim capaz de viver a vida além do véu deste ciclo, que é o significado de alcançar o nirvana, a libertação da roda da existência e, com isso, a obtenção de um estado mental purificado. Verdadeiro mestre do ilusionismo — Netuno é o planeta da ilusão —, o pisciano vê a vida como uma condição miraculosa, celestial, de que o nativo de Aquário, o signo anterior, só conseguia ter um vislumbre; a nativa de Aquário, a Salomé do zodíaco, personificava o próprio véu sendo retirado. O homem de Peixes é a figura original do vagabundo do dharma, um itinerante no plano espiritual e no metafórico, equipado com sua compreensão da verdade absoluta da existência — a de que o mundo de aparências não passa de ilusão, de vapor como tipificado por este signo mutável de água, e, por conseguinte, capaz de ser manipulado como tal. Netuno remete à vida vivida neste plano metafórico, e por isso o pisciano, poeta inato, é abençoado (ou amaldiçoado) com o dom de ver, na verdade, de existir, num nível semelhante ao que o pintor Piet Mondrian, um pisciano de primeira linha, alcunhou "Realismo abstrato" — o nível da realidade essencial, conquanto invisível. Para o melhor ou para o pior, o pisciano ensina ao restante de nós, por seu exemplo, que a vida real é aquilo que imaginamos ser. E na verdade o nativo vive uma vida de "fantasia" em cada sentido concebível do termo.

Para começar, o nativo de Peixes tem um talento natural para criar mundos fantasiosos, irreais, de dentro dos vastos recessos de sua imaginação, afinal possui uma visão romântica da existência, por meio da qual pode elevar as circunstâncias mais banais ou mesmo degradantes a um estágio sublime. Ainda que muitos nativos concretamente se dediquem a vocações criativas como a pintura, as artes decorativas, a dança ou a literatura, o fato é que a alma poética transparece em qualquer empreendimento do nativo. Em todos os casos, para a mente pisciana tudo é poesia. Por intermédio de Netuno, o signo está associado com a Décima Segunda Casa astrológica de *sonhos* e *impressões*, o que significa que o nativo percebe a realidade de forma extremamente subjetiva, motivado por seus sentidos internos e apreensões pessoais, mais que por sólidos fatores externos ou condições sensatas, cuja porção mais áspera ele simplesmente se recusa a reconhecer. A ignorância proposital, pode-se dizer, é a bênção do pisciano, e seu caminho pessoal para a perfeição, pois o nativo faz uma opção preferencial por habitar as águas de seu próprio subconsciente, com um deliberado menosprezo pelas influências, costumes sociais, obstáculos e limites externos que poderiam, de outro modo, emperrar seu projeto específico de vida. Personificação do velho ditado "a vida é o que fazemos dela", ele manifesta uma capacidade singular de eliminar de seu caminho qualquer coisa que possa turvar sua determinação de cumprir sua vocação específica. Ao contrário da maioria de nós que ficamos atolados em bloqueios emocionais, dúvidas pessoais, desajustes familiares, ou desânimo, o pisciano simplesmente não consegue ver esses empecilhos como tal; ao contrário, ele encarna o eu polivalente que imagina ser, e não se limita a superar os obstáculos, mas a obliterá-los, dissolvendo-os com um descaso direto, vivendo o sonho daquilo que sua vida deveria ser, independente de qualquer condição dada de nascimento ou formação, sobretudo quando estas forem decididamente traiçoeiras.

É interessante que a palavra *imaginar* também significa "criar", como no caso de criação de animais, isto é, desenvolvendo fatores de excelência ou beleza — a produção, o projeto, o cultivo ou a adaptação para a qualidade excepcional ou para a atração que agrada à fantasia — pois é exatamente isso o que o pisciano faz: ele propaga em si mesmo aquilo que localiza como seus traços mais refinados. Como o último signo astrológico, Peixes está associado com a faixa etária 77-84 anos e o advento não só da morte, porém, sendo o zodíaco um círculo, da reencarnação, que leva ao signo primário de Áries e sua representação do nascimento. O signo de Peixes é, com efeito, o alfa e o ômega — expressão associada a Cristo, a principal figura arquetípica associada com Peixes —, conforme se representa pelo símbolo do signo, dois Peixes voltados em direções opostas. Desde cedo os homens nascidos sob este signo levam a vida num metafórico estado uterino-tumular, no qual deixam se dissolverem as memórias indesejadas do passado, enquanto eles reencarnam, ou melhor, se recriam como um novo indivíduo. Para o nativo, o mundo é um útero destinado a alimentar e desenvolver os sonhos e desejos que ele tem. Além disso, ele percebe seu ambiente como fluido, e sua vida como um sistema que oferece alimentos que entram (reforço para seu desenvolvimento pessoal) e detritos que

♆

SÍMBOLO PLANETÁRIO

Netuno é o planeta da ilusão e da imaterialidade. Representa a necessidade de vivenciar a vida de uma perspectiva isenta de estrutura prática ou ideológica. Põe o pisciano em contato com planos invisíveis de inspiração, assim como pode deixá-lo aberto a experiências espirituais ou místicas.

QUADRANTE DO SIGNO

Os quadrantes zodiacais correspondem aos planos metafísicos da existência: físico, emocional, mental e espiritual. O Quarto Quadrante ocupa-se da relação do indivíduo com o divino e o eterno. Enquanto Capricórnio se envolve em práticas tradicionais e Aquário procura entender novas verdades reveladoras, Peixes combina essas forças por meio da aplicação prática de idéias evolutivas.

♓

CRIPTOGRAMA DO SIGNO

Os dois peixes divergentes são totens míticos de Eros e Afrodite. Eles representam o alfa e o ômega, e a construção yin-yang (masculino-feminino) do universo como andrógino primal. O peixe é um símbolo do útero; os Peixes em oposição significam, aqui, um sistema dualístico do alimento que entra e da matéria eliminada que sai.

ELEMENTO + QUALIDADE

O elemento água significa a emoção, principalmente o amor, e a intuição; a qualidade mutável, um apelo à versatilidade e à mudança. Em conjunto, a combinação mutável-água específica de Peixes tem por melhor descrição o mar, ele próprio uma metáfora do estado onírico, um caldo primordial do qual surgiram todas as formas de vida. Também implica neblina, névoa ou vapor, sinônimos de imaginação, sonhos e a chamada ilusão.

saem (remoção de dejetos psicológicos), uma lavagem de dispersões e outros detritos capazes de impedir a plena realização de suas ambições mais fantásticas — exatamente como um sistema uterino e concreto realiza a mesma função dupla de alimentar o feto ao mesmo tempo em que elimina seus dejetos. Navegar à deriva pela vida (como se estivesse num imenso tanque de isolamento) faz emergir as criações imaginárias notoriamente fantásticas do pisciano, quer artísticas ou puramente delirantes, da mesma forma como ele procura isolar e eliminar as atitudes ou atributos causadores de desperdício, e engendrar somente aqueles traços que convêm ao indivíduo que ele especificamente se imagina ser. O poder de Netuno sinaliza refinamento via seu mencionado princípio de dissolução, de forma que o pisciano, detentor desse poder planetário, emerge como um indivíduo radiante exatamente por sua capacidade, superior à da maioria, de deixar se dissolverem os obstáculos a seu sucesso. Independente de ter sido criado ou não na proverbial classe desfavorecida, o nativo costuma gestar características de bem-nascido, se imaginando uma espécie de aristocrata de requintado *pedigree*, por vezes para grande espanto dos pais. Ele se distancia da dinâmica familiar e assim consegue facilmente abrir mão do passado, sobretudo se a família entrar em conflito com sua auto-imagem principesca e pacífica. Para o pisciano, mesmo o que se consideraria uma origem humilde pode motivá-lo a eliminar de sua vida a família, da mesma forma como realiza uma espécie de cirurgia psíquica em si mesmo, decidido a livrar a mente de quaisquer associações impuras que possam impedir seus típicos planos de ascensão.

Apesar dos notórios arroubos de fantasia do nativo, ele é o personagem mais resoluto da aldeia zodiacal. Sua imaginação e determinação firme não se excluem mutuamente, porém se equivalem: para o nativo, desejo é propósito, e enquanto muita gente vê um conflito entre seus sonhos e sua realidade, o pisciano não sente esses pruridos. Para ele, a ambição e o desejo são impessoais — são manifestações do plano divino no indivíduo. Assim, seguindo seus impulsos, por altivos que sejam, o nativo acredita que está simplesmente cumprindo seu destino. Ele vê a ambição ou o desejo, mesmo de natureza sexual, como originados de uma fonte ou força divinamente inspirada, sobre a qual ele alegremente saltará e se deixará levar a reboque. Naturalmente, como na peça de Tennessee Williams *Um bonde Chamado Desejo*, em que a parada mais elegante era Campos Elíseos — o céu mítico onde se garante uma vida de eterna bem-aventurança para a nata dos mortais —, o nativo tem confiança em que, ao se dedicar, ou mesmo se sacrificar ao que percebe ser seu objetivo de vida, aquilo que está determinado por suas necessidades mais prementes, ele também irá adquirir uma certa imortalidade, um assento no pódio das conquistas humanas heróicas. De fato, viver os próprios sonhos requer um grande destemor diante da adversidade, o que o pisciano possui em abundância.

Chegados ao último signo, ao chamado final do zodíaco, tem lógica encontrarmos um indivíduo com tamanha resolução — termo que significa determinação, definição; portanto, uma resposta, ou uma solução. A própria palavra solução remete à energia de dissolução de Netuno e vem do latim *solutionem*, que significa "ato de soltar ou desamarrar" — a própria palavra *solver* vem do grego *selvo*, que significa "livrar, expiar, limpar, enxaguar", uma denotação adequada para este que é o mais importante dos signos de água. E assim poderíamos dizer que para a visão do nativo de Peixes, a chave deste pequeno enigma a que chamamos vida é abrir mão de nossos problemas — um processo de eliminação, ou de remoção de carga —, e a literal solução seria a liquidação de obstáculos, que ao desaparecerem revelam respostas que sempre estiveram presentes, porém bloqueadas. No entender do nativo, o céu está espalhado aqui, na Terra, e para vê-lo basta olhar para além do véu das ilusões da vida. O nativo não fica preso ao mundo das aparências; ele vive sua vida como um sonhador lúcido, que torna realidade as circunstâncias desejadas por meio de se concentrar e ignorar totalmente as distrações — tarefa árdua, como poderá atestar qualquer um que tenha acordado de um sonho. É o direito hereditário do pisciano estar em contato com sua única e verdadeira vocação. Tudo o mais é entulho — sendo os *refugos* um importante atributo da Décima Segunda Casa Astrológica, com toda razão considerada a lixeira do zodíaco. Sem compromisso exceto consigo mesmo, o nativo não tem uma obrigação emocional. Quem se envolver num relacionamento com ele deverá se dissolver em sua vida, encampando-lhe os objetivos, ou conservar a firme resolução de perseguir seu próprio caminho, "conformado" com o inerente isolamento acarretado pela relação com o pisciano. Se não for assim, os laços serão um obstáculo, e ele os cortará friamente para derivar em direção a seu destino designado pelos deuses. Em algum lugar, subconscientemente, ele sente que se uma relação conseguir sobreviver, malgrado a total imersão do nativo em... ora, em si próprio, então aquele laço também se qualifica como predestinando. Pois num mundo em que a maioria das pessoas leva uma vida de mudo desespero, o pisciano, ao assumir seus mais exaltados vôos da imaginação, pode alcançar uma espécie de profunda conexão com o propósito de sua vida — uma direção que outros talvez nem se permitam sonhar em alcançar.

POLARIDADE

Os homens de signos femininos (terra, água) não estão alinhados com a polaridade de gênero do próprio signo, representando em vez de encarnar a combinação qualidade-elemento do signo. O nativo de Peixes não é uma mistura difusa e onírica, como pode ser a nativa do signo, mas sim o indivíduo à deriva no mar de devaneios, como um sonhador lúcido, transformando suas intenções em realidade por meio da imaginação.

77-84

ASSOCIAÇÃO DA FAIXA ETÁRIA

A idade da morte: o nativo de Peixes vive como alguém confortavelmente à deriva em algum limbo assombroso, no qual suas intenções puras estão livres de distração e tudo parece possível. Cara de sapo, traços de feto, ele vê o mundo como um útero protetor, um tanque de isolamento, o que dá origem a seus notórios sonhos e fantasias.

PSICOLOGIA

O pisciano freqüentemente manifesta alguma forma de complexo de messias. Pode sentir uma inveja patológica do sucesso alheio. Hipersensível, tem propensão ao abuso de drogas e de bebidas alcoólicas. Pode também ser edipiano. "Sintonizado" com fenômenos místicos, talvez sofra de alucinações, paranóia ou esquizofrenia.

No entanto, ele talvez precise de toda uma existência para cumprir seu destino, pois não se põe em campo nem forma redes de apoio, mas sim vai navegando devagar em direção a suas metas — só por esse motivo ele notoriamente desabrocha tarde. E se tal não bastasse para tentar a paciência de um santo, a martirizada parceira de vida também deverá lidar com a atitude descuidada do pisciano no tocante ao dinheiro, assumindo o papel de guarda-livros, quando não o de banqueira, até que a notória criatividade do nativo comece a se traduzir em dinheiro sonante. Mesmo então, as questões materiais continuarão periféricas para ele, que acha que nesta vida tudo vem e passa, inclusive as pessoas. Mas o sacrifício é endêmico ao nativo do signo que baseia sua personalidade no arquétipo das divindades apoteóticas, aquelas que por meio do sacrifício da morte se transformam de homens em deuses. Cristo é o exemplo mais óbvio do personagem sacrificial. No mito de Cristo, consideram-se miraculosos tanto seu nascimento quanto sua morte. Da mesma forma, o signo de Peixes, um símbolo freqüentemente usado para a figura de Cristo, tem tudo a ver com a energia miraculosa. Como terceiro signo mutável no Quarto Quadrante da alma, Peixes representa a mudança transformadora no plano invisível, espiritual. Tanto o nascimento quanto a morte atendem a este critério, sobretudo se considerados juntos, como partes de uma mesma roda cíclica da vida, repetindo-se eternamente mediante uma série de reencarnações ou ressurreições. Nativo do único signo de combinação mutável-água do zodíaco, o pisciano tem uma vivência semelhante à de um ser divino para o qual o mundo é o líquido amniótico, uma experiência fluida que nutre e purifica, e naturalmente o transforma num virtual homem divinizado. Com efeito, o signo, e em particular seus nativos por vezes acometidos do complexo messiânico, nos lembram que não é necessária uma divisão entre os conceitos de deus e homem. Trata-se de uma energia ideológica que percorre as veias do nativo: a convicção de que foi colocado neste mundo como a encarnação de um ser supremo; embora mediante tamanho sacrifício, ou seja, a obrigação de aturar todas as atividades decepcionantes do resto da população rebelde e pouco refinada do planeta. Como poderá atestar qualquer um intimamente associado com o pisciano, ele transpira uma tolerância benigna, embora sutilmente paternalista, em relação aos outros, até suas pessoas mais queridas, sobre as quais lança um olhar paciente, porém desgostoso. Ele sempre se decepcionará ante as maquinações demasiado humanas de outras pessoas — ele próprio já terá cortado as pretensões, maquinações e lutas e deixado que se perdessem na correnteza. E enquanto isso, no entanto, ele sorri de forma reconfortante, ou até condescendente, ao restante de nós que estamos atolados em semelhante pântano.

A capacidade pisciana de transcender os ciclos habituais da existência humana encontra suas raízes na infância do nativo. Adequadamente, tudo começa no útero: por vezes a mãe passa por uma gravidez que se complica ou que coincide com uma fase extremamente estressante de sua vida. Quiçá algum problema tenha levado o pisciano a nascer antes do tempo ou com um leve defeito — dedos ligados, nos pés ou nas mãos, lábio leporino ou marca de nascença não são incomuns. A palavra *blessed* (em inglês, "bendito") origina-se do francês *blessé*, que significa "ferido", fato que, dado o arquétipo bíblico do nativo, torna quase premonitória a frase "bendito seja o fruto de vosso ventre, Jesus". Freqüentemente, o pisciano é o proverbial "bebê milagroso", cujo nascimento é auspicioso, apesar das complicações, ou justamente por causa delas. A mãe é uma potência dentro da família, embora talvez não especialmente carinhosa. Em vez disso, ela estabelece uma ligação bastante adulta com o filho, que pode ser estranhamente maduro para sua idade, uma relação de camaradagem por vezes constrangedoramente íntima, que dá origem a padrões edipianos no garoto. O pai costuma vê-lo como um estranho, com freqüência preocupado com o futuro de sua sexualidade, afinal até o mais hétero dos meninos do signo será um pouco vaidoso e afetado. Normalmente se instaura um curioso triângulo afetivo no qual a mãe se sente pouco à vontade para mostrar afeição pelo marido ou pelo filho, que parecem em eterno conflito. Quando chegar a adolescência o pisciano terá se transformado num tipo soturno e cismarento, um dos poucos aspectos de personalidade que retira de seu clássico padroeiro Netuno (o Posêidon dos gregos), cujo planeta homônimo rege esse rapaz tempestuoso. Posêidon se destaca na mitologia como figura sombria e borrascosa que raramente figura nos mitos. Qual Apolo, ele é um deus patriarcal, descrito como ávido e invejoso, que se apoderou de esferas de ação anteriormente regidas por deusas.

As provas cabais desse ato de usurpação são o fato de empunhar o tridente, originalmente um símbolo da deusa em sua forma tríplice, e também seu casamento com Anfitrite (a tríplice Afrodite do Mar). Essa aparente digressão é importante: a Afrodite-Mari equivale à Maria da tradição judaico-cristã, cujo nome é a sinônimo de mar (*mer*), o útero aquático de onde Jesus emerge. Nessa qualidade, Jesus é então análogo ao grego Eros (o Cupido dos romanos), que é, ao mesmo tempo, o mais velho de todos os deuses e o eterno bebê de Afrodite. Jesus, a exemplo de Posêidon, também é casado com a deusa tríplice,

ARQUÉTIPO + MITO

O pisciano se baseia no arquétipo de Eros (amor) que é ao mesmo tempo o filho de Afrodite e o mais velho de todos os deuses. Os Peixes do signo são Eros e Afrodite em sua forma animal-totêmica. Eros encarna a energia subjacente do universo, o amor, com o qual, na opinião do pisciano, tudo é possível. O homônimo planetário de Peixes, Netuno (o Posêidon dos gregos), deus do mar, personifica o "caminho intermediário" num mundo de opostos representado por seus irmãos, o Zeus das alturas e o Hades do mundo subterrâneo. O tridente de Posêidon é um tríplice falo, indispensável para copular com a esposa, a tríplice deusa Anfitrite, Afrodite sob a forma marinha. Posêidon significa "parceiro sexual da mãe".

BÍBLIA + LITERATURA

O signo de Peixes está associado a Cristo, para quem o peixe serve de símbolo. O peixe é também o totem do grego Eros. Cristo é amor exatamente como Eros também o é; Cristo é o filho de Maria, equivalente a Afrodite, a mãe de Eros. Ambas as figuras masculinas são personificações da força divina suprema no cosmos. Figuras de Cristo são abundantes na literatura: do Nicholas, de Chaucer, no "Conto do Oleiro", ao Jim Casey, de Steinbeck, em *As Vinhas da Ira*; ao Pai Tomás, de Stowe; ao Stephen Dedalus de Joyce; ao Aslan de C.S. Lewis em *The Chronicles of Narmia*. No filme *The Matrix*, ele é o salvador Neo. O pisciano como figura de Cristo é definido por sua total imersão na vocação.

pois, na qualidade de Deus, foi pai de si mesmo por meio de sua mãe, e tomou Maria Madalena para consorte — três Marias estão presentes nos momentos cruciais de sua vida de 33 anos, inclusive o da crucificação. Jesus é chamado o "peixinho", tal como a constelação de Peixes é considerada a representação conjunta de Afrodite e Eros, cujos totens são Peixes, a forma animal específica que costumavam assumir. Eros é amor. Jesus é amor. Como o pai, o filho e o Espírito Santo — a trindade masculina — são três pontos que criam um círculo, temos aí uma roda ou ciclo de vida personificado no mesmo ser.

Eis o pisciano em resumo: um produto de criação própria, concebido por si mesmo e autocontido, no qual o elemento de "espírito santo" significa o aspecto misterioso e invisível de sua personalidade, que é o poder de autoconcepção ocorrido sem cessar no útero protetor que é o mundo do nativo. O genuíno príncipe da paz do zodíaco é assim projetado para modelar o próprio destino, sem se imiscuir indevidamente nas prioridades alheias. Logo, não é surpresa sua recusa a participar até mesmo da dinâmica de sua família, tão cedo quanto à idéia lhe ocorre. A Décima Segunda Casa é a da *fuga* e do *refúgio*, e o nativo talvez passe os anos da adolescência entrincheirado em seu quarto, só interagindo quando obrigado. Mesmo na escola, encontrará um enclave rarefeito, em geral centrado no interesse artístico, no qual encontrará asilo. Depois das aulas ficará acordado até altas horas, sozinho, para trabalhar em projetos individuais, tipicamente artísticos ou musicais. Ele não é desajeitado, tímido ou ansioso por se enturmar, como o nativo de Aquário, que o precede na roda. Ao contrário, ele não se importa com os outros, vivendo na Décima Casa do *esquecimento*. É comum atrair muitas garotas, que consideram instigante sua sensibilidade cortante, além da inquietação extrema. Se questionado por outros rapazes, que suspeitam de sua masculinidade, ele dá uma de Jesus Cristo e oferece a proverbial outra face. Sua nobreza intocável atrai a maioria da população de desajustados da escola, que se tornam uma espécie de discípulos, elevando o nativo ao posto de defensor dos fracos e oprimidos, condição que irá defini-lo na fase adulta.

Corpo + Alma

Como todos os signos mutáveis, o pisciano vive num fluxo — por esta e outras razões será um amigo com quem não vale contar nas dificuldades. Preferindo conservar a liberdade de movimentos, e mesmo depois de estar casado por cinqüenta e tantos anos, ele gosta de socializar sozinho, em qualquer ambiente, às vezes abordando alguém que ele talvez estivesse observando em silêncio, para decidir se a pessoa proporcionará um interessante, ou melhor, um interessado diálogo. Decididamente, segue um roteiro de abordagem, uma fórmula verbal destinada a impressionar, composta de observações e frases de efeito aparentemente espontâneas. Graças a uma extraordinária capacidade de sintonia com as pessoas, localiza o clima psicológico delas e passa a jogar com ele. Portanto, se um homem lhe abordar de surpresa, digamos, numa festa, falando de coisas que resumem o que você estava pensando naquele momento, e acrescentando algum comentário espirituoso ou uma falsa conclusão, no intuito de estabelecer conversação, a probabilidade de que ele seja pisciano é de 90%. Aquele traço de *clarividência* de Décima Casa tem uma forma surpreendente de se manifestar. Ademais, ele transpira um jeito serenamente carismático, tornado ainda mais discreto pelo tom de voz que soa como uma dulciana. Ele adora se pendurar em estranhos, simultaneamente divertindo e impressionando os conhecidos — independente do sexo deles ou da identidade sexual do nativo — com suas tiradas inteligentes e seu conhecimento de mundo. Ele talvez seja um pouco amaneirado, ou mesmo afetado, com suas roupas elegantes e pronúncia requintada, qualidades indicativas de que foi criado no luxo ou, para alguns, de que é um grande boiola, ou ambas as coisas. A bem da verdade, mesmo o nativo mais hétero é notoriamente suspeito em sua orientação sexual, sendo um galanteador extremamente exagerado e culto — pense nos televisivos Félix Unger ou Frasier (ambos retratados por piscianos, respectivamente os atores Tony Randall e Kelsey Grammer), dois dos heterossexuais mais bichonas a enfeitarem a telinha. À semelhança dessas duas personalidades pomposamente afeminadas, embora não os atores que as interpretam, o nativo hétero em toda sua exuberância exagerada tende a acentuar a ambigüidade. Para sua consternação, o pisciano deve muitas vezes abrir passagem através da barreira de suspeita que cerca sua preferência sexual.

Em vista da inerente falta de machismo do pisciano, as mulheres em geral não se sentem ameaçadas, e sim curiosas diante do que supõem erroneamente serem avanços ardentes. Ele aparentemente investe na pessoa com tanta intensidade, e de forma tão imediata, que a expectativa seria de um relacionamento significativo, quando não um namoro, como continuidade natural. Também do ponto de vista físico o pisciano tem muito que o recomende. Apesar da aparência facial que lembra uma cara de sapo, sobretudo nos olhos normalmente saltados e a boca larga, sugestivamente rasgada, o pisciano em geral é o de

CASA ASTROLÓGICA

percepção extra-sensorial
imagens profundas
autocomiseração
evasão/aversão
saúde psicológica
força interior
fraqueza interior
submissão ao poder mais alto
atividades secretas
sociedades secretas
solidão regeneradora
lugares de reflexão
confinamento
isolamento
dificuldades/dilemas
negócios inconclusos
obstáculos
problemas ocultos
finais subliminares
saúde de uma sociedade
saúde de um casamento
cursos d'água
perigo invisível
desgraça atraída para si
engano de si mesmo
investigação
retaguarda
solidariedade
compreensão
estímulos misteriosos
fuga/êxtase
irrealidade
bem-estar público
ruptura de barreiras
espírito monacal
martírio
preocupações/tristezas
altruísmo
aptidão para as artes

PALAVRAS-CHAVE

sensibilidade
ocultismo
insight
propósito
sensualidade
empatia
novidade
poesia
galanteria
introversão
impressão
tormento
concepção
espírito itinerante
expiação
dissimulação
munificência
paz
beatice
submissão
abatimento
sonhos
exaltação
dissolução
frustração
realização
resignação
ritualismo
ilusão
conhecimento
premonição
irrealidade
preocupação consigo mesmo
sacrifício
repressão
intuição
pendor artístico
expulsão
exclusão
êxtase

melhor aparência, ou o mais bonitinho dos homens do zodíaco. Ele tem uma beleza distintamente feminina, como tantos modelos masculinos da atualidade, com os traços centrados e concentrados na parte inferior do rosto, o que lhe confere uma expressão inocente e infantil. A fronte é alta e descoberta, os olhos grandes e dramáticos tem um olhar suave e desfocado, emoldurado por sobrancelhas espessas e abrangentes. Embora seu cabelo seja tipicamente escuro, a pele é tão pálida que chega a ser translúcida, com as veias por vezes visíveis sob a superfície; os olhos são quase sempre de uma cor indefinida, verdes ou azuis chuviscados de marrom, ou de tonalidade tão escura que parecem cinza-ardósia. São olhos que, normalmente de uma qualidade leitosa, opaca, sugerem uma perspectiva velada, nublada ou impressionista. O nariz pontudo, apesar da ligeira forma de gancho, é por vezes salpicado de minúsculas sardas, independente da raça; os lábios são sensualmente cheios e carnudos, acima de um queixo quadrado, porém delicado. Aliás, muitos modelos de moda masculina são piscianos. Senão, ele costuma ser a proverbial versão-família do Ken, namorado da boneca Barbie, do zodíaco, como os gatões de verdade, tipo Kyle MacLachlan, Rob Lowe, Chris Klein, David Duchovny, Kurt Russell, Freddie Prinze Jr., Barry Bostwick e Pierce Brosnan. Possuir tanta beleza é provavelmente a razão pela qual os piscianos têm cruzado historicamente as fronteiras culturais e raciais com mais facilidade que outros homens. Na cultura popular, foram os afrodescendentes do signo que tiveram a transição mais suave para aquilo que constituía outrora a corrente majoritária da sociedade de hegemonia branca. Sidney Poitier, Nat King Cole, Harry Belafonte, Al Jarreau e Quincy Jones são todos homens de cor e pioneiros na infiltração da camada branca de classe média dos EUA. Além da excelente aparência e personalidade pacífica, os piscianos de qualquer extração também se superam em suas personas requintadas de boas maneiras, que se expressam com mais eloqüência nos padrões de fala com os dentes cerrados, típicos da alta sociedade, tal como o estilo de locução que teria representado um desafio para Thurston Howell III. Além de Randall e Grammer, são nativos de Peixes Jim Backus, David Niven, Rex Harrison, George Plimpton e James Mitchell. Mesmo quando são tipos problemáticos, o que tantos piscianos conseguem ser — a Décima Segunda Casa é também a do engano de si mesmo e da autodestruição, manifestações literais da dissolução — eles inspiram, por isso mesmo, uma espécie de solidariedade que outros homens não inspiram. Pense em Kurt Cobain, Bix Beiderbecke, James Taylor, Pier Paolo Pasolini, Jack Kerouac, Dean Stockwell e Robert Lowell, personagens que despertam compaixão por seus sofrimentos, enquanto outros nativos problemáticos de outros signos parecem apenas... bem, problemáticos. O fato de ser o mais requintado dos homens da roda astrológica explica bem o prolífico sucesso do pisciano, principalmente em suas atividades sexuais. Com uma decidida falta de animalidade crua e masculina, ele se torna o sabor favorito, em matéria de brinquedo sexual, de muitos homens e mulheres. De corpo notoriamente delicado por natureza, ele mais uma vez remete a uma espécie de masculinidade de manequim, que atrai os que preferem seu amante masculino com visual de quem acabou de sair das páginas de uma revista. E homem algum se aproxima tanto dessa descrição quanto o pisciano.

O pisciano típico exibe o que na indústria da moda é considerado um físico padrão, um perfeito manequim tamanho 40 longo, um sonho impossível para a maioria dos homens. E quanto mais extravagante o vestuário, melhor, pois o nativo tem um senso fantasioso de moda, com preferência por um estilo romântico inglês à la Lord Byron, que visivelmente reflete sua característica alma de poeta. Entretanto, no mundo da moda masculina, tradicionalmente minimalista, ele pode por vezes dar a impressão de ter assaltado o guarda-roupa de alguma produção de teatro de repertório, que esteja encenando *Pirates of Penzance*. O nativo costuma usar longos os cabelos tipicamente finos e ralos, também na onda dos românticos ingleses, ou talvez como propaganda explícita de seu complexo de Cristo. Por ironia, semelhante comparação, mesmo no sentido físico, é bastante adequada porque Jesus, infinitamente representado como uma beleza de cabelos longos e olhos azuis foi o modelo masculino original do mundo ocidental. Mesmo tendo infelizmente herdado o amor de seu poderoso arquétipo pelos cáftãs vaporosos e as sandálias franciscanas, o nativo também encarna a mesma atitude pacífica, o mesmo físico invejavelmente esbelto e a baixa percentagem de gordura corporal. As feições do rosto, esculpidas e angulosas, de maçãs salientes e maxilar delineado, dão lugar a um pescoço longo e gracioso, marcado por um pronunciado pomo de Adão e "saboneteiras" fundas. Os ombros são largos e ossudos, os braços, finos, porém definidos, tal qual o peito, que poderá ter uma qualidade afundada, côncava, que exige trabalho compensatório e intensivo na academia. O traseiro é alto, musculoso; as pernas são longas, finas, lembrando uma aranha. Os pés regidos por Peixes, como também as mãos, são delicadamente atenuados e ligeiramente eróticos. Entretanto, apesar dessa aparente perfeição corporal, sempre há algum problema no físico do pisciano — uma curvatura da coluna, as pernas arqueadas, os pés chatos ou outros "defeitos" estruturais. Embora ele não seja muito peludo, terá uma faixa escura e definida de pêlos que, partindo do umbigo,

REGÊNCIA DO CORPO

O signo de Peixes rege os pés, que englobam pontos de pressão conectados ao corpo inteiro, assim como o próprio signo é considerado um apanhado do zodíaco. Ele também governa o sistema linfático. Netuno está associado aos processos mentais, o cérebro e o líquido raquidiano. Há uma tendência para problemas nos pés, demência e distúrbios cerebrais.

descem diretamente pelo achatado ventre abaixo. A "mala" é frouxa e mole, embora o nativo seja normalmente dotado, com um pênis de proporções perfeitas em comprimento e diâmetro. Por ironia, há algo decididamente assexuado em relação ao corpo nu do pisciano, como se a nudez se destinasse a inspirar a apreciação estética, em vez da declarada luxúria. Talvez seja em função de sua definição anatômica geral, que lembra a de um modelo de croqui artístico, cuja composição corporal nos deixa maravilhados diante da magnífica forma humana.

Sexo + Sexualidade

Já nos anos da adolescência, o pisciano terá se distanciado da família, por vezes se mudando de casa tão logo possa, freqüentemente antes de alcançar a maioridade, ou senão vivendo na casa paterna como uma espécie de pensionista fantasma. Neste caso, entrará e sairá ao bel-prazer, quiçá desaparecendo por dias a fio. Na universidade, o colega de quarto ficará agradavelmente surpreendido ao constatar que o pisciano é uma presença fantasma, e permanece decididamente afastado da vida dos dormitórios estudantis. Tipicamente, ele irá se agarrar com uma mulher dominadora, por vezes mais velha que ele, cuja companhia manterá com exclusão de todos as demais. Desde que começou a sair com garotas, terá sido atraído por mulheres exuberantes e vistosas, tipos atrevidos e licenciosos com ambições criativas, ou ganas de fazer fama e fortuna, muito semelhantes às dele próprio. Sua vida amorosa também será muito inspirada em Noël Coward, pois ele adota uma persona de adulto eternamente entediado até da própria sofisticação — como quem já sabe e já viu de tudo. Nada, nem ninguém consegue pressionar o pisciano, que por inveja ou justificável desdém faz questão de solapar qualquer coisa ou pessoa que atraia as massas. E seu principal critério para escolha de uma parceira que o mereça é uma corroboração, verbal ou não, das opiniões dele. Inclinado por mulheres experientes, ele não se empolga com as garotas ingênuas que a maioria dos homens acha tão atraentes. O que ele procura na mulher é experiência, vivência. Ainda adolescente é atraído por moças mais velhas ou donas de uma fama, procedente ou não, de terem dado suas voltinhas. Parece que ele, tão ligado no nível subconsciente à natureza cíclica da vida, prefira transformar em santa uma puta questionável, que namorar alguma virgem intocada que, de direito, só poderá se tornar mais corrupta.

HOMENS FAMOSOS DE PEIXES

Crentes sonhadores e desenhistas supremos

Kurt Cobain
George Harrison
Ron Howard
Sidney Poitier
Harry Belafonte
Benicio Del Toro
Rob Lowe
Kyle MacLachlan
Aidan Quinn
Freddie Prinze Jr.
Peter Fonda
William H. Macy
Kurt Russell
Desi Arnaz
Sean Astin
Bruce Willis
Billy Crystal
Laurence Llewellyn Bowen
Edward James Olmos
Roger Daltry
Lou Reed
Kurt Weill
Phil Lesh
Jerry Harrison
Jon Bon Jovi
William Hurt
Jim Backus
Carl Reiner
Jackie Gleason
Tony Randall
Jerry Lewis
Tommy Tune
David Niven
Michael Caine
Barry Bostwick
Tom Courtenay
Rex Harrison
Mike Leigh
Neil LaBute
Robert Altman
Sam Peckinpah
Luis Bunuel

Embora na superfície isto não vá parecer muito lisonjeiro para os romanticamente ligados ao pisciano, a Décima Segunda Casa é freqüentemente aludida como a lixeira do zodíaco, associada que está com a *escória*; os sedimentos são o resultado intrínseco da energia de dissolução de Netuno, os vestígios da experiência e também da sociedade. Vimos essa dinâmica manifestada na atração exercida pelo nativo sobre os desajustados e apóstatas de seu grupo de colegas de escola, mas o mesmo padrão parece se aplicar também a seus relacionamentos amorosos. Até aquele tipo de piranha aparentemente bem rodada é considerada pelo nativo como uma pessoa que, por força da experiência, se tornou uma macerada destilação de feminilidade, refinada pelas circunstâncias, se não pelas dificuldades, até se converter a seu eu essencial, isento de fingimento, de ego, ou de outros sinais exteriores de falsificação humana. Quando uma mulher é destruída, ele acredita, sua alma se desnuda. E o que essa personificação do arquétipo de Cristo está querendo desposar é a alma, assim como — para usar sua tipologia de arquétipo grego — Eros-Cupido se casou com Psiquê (Alma). E se você conhece algo sobre este mito e o tratamento infernal a que a mãe dele, Afrodite-Vênus, submeteu a pobre Psiquê, terá uma idéia das pressões edipianas que invariavelmente atormentam o homem de Peixes. Nunca se sabe se sua escolha de parceira — surpreendente para a maioria das pessoas que o conhecem como ambíguo — é a principal razão do desdém materno para com qualquer garota que ele leve para conhecê-la, ou se esse tipo de conflito está só escrito nas estrelas. Seja qual for a razão, a mãe e a parceira do pisciano tipicamente não se harmonizam. Com o tempo, entretanto, elas talvez comecem a perceber que são como farinha do mesmo saco, se é que não fazem parte da mesma geração.

Para Peixes, o único signo da combinação mutável-água do zodíaco, a mutabilidade representa mudança e adaptabilidade, enquanto o elemento feminino da água simboliza sentimento, intuição e a origem primal da vida (é por isso que o batismo representa o renascimento). Naturalmente, como Eros é a força divina primária, o Amor, especificamente o de natureza sexual, é o ímpeto vital essencial. Assim, durante os períodos clássico e medieval da literatura, a água é metáfora de amor: para contê-lo, o indivíduo precisa ser um recipiente aberto, ao passo que ele escapa aos que tentam agarrá-lo para proveito próprio. O amor, como eles afirmam, não é egoísta. E este é o gênero de amor que o pisciano endossa. Ele não quer se apoderar da parceira, nem quer que esta se apodere dele. O itinerante do zodíaco, pelo visto, não pode jamais ser amarrado. Mesmo no casamento, o pisciano irá perseguir suas ambições

Marcel Pagnol
Vincente Minnelli
Bernardo Bertolucci
Pier Paulo Pasolini
Spike Lee
Quincy Jones
Ralph Nader
Alan Greenspan
Rupert Murdoch
Bobby Fisher
Enrico Caruso
Lord Byron
W. H. Auden
Edward Albee
Robert Lowell
John Updike
Jeffrey Eugenides
Philip Roth
Victor Hugo
Ovídio
Henrik Ibsen
John Steinbeck
Lytton Strachey
Wilhelm Grimm
Theodore Geisel
Tom Wolfe
John Irving
David Rabe
Keneth Graham
Constantin Brancusi
Pierre Auguste Renoir
Ansel Adams
Piet Mondrian
Hubert de Givenchy
Andre Courreges
Albert Einstein
Rudolf Steiner
George Washington
Edward Kennedy
Peter Graves
Johnny Cash
Michelangelo
Rudolf Nureyev
Vaslav Nijinsky
Jack Kerouac
Maurice Ravel

individuais, ainda que estas o levem a fazer viagens solitárias ou a se afastar da amada. De modo subconsciente ou não, ele parece sentir que uma mulher mais velha poderia entender o conceito de amor não dependente, nem que fosse por ter experiência própria de rudes golpes. Ele se arrepia de medo quando pensa em alguma falsa ingênua, que sem dúvida contará com ficar colada a ele no vínculo convencional. Pense naquele mito de Cupido-Psiquê, no qual o deus do Amor exige não ter de revelar a própria identidade, porém quer ser amado sem sequer revelar quem seja. Isto é amor incondicional, isento de qualquer atribuição de importância às aparências ou à propriedade. Ele busca na alma feminina por essa qualidade invisível. De fato, pode parecer que os conteúdos do psiquismo feminino estão mais prontamente visíveis ao olhar do pisciano que o modo de se vestir ou de se maquiar de uma mulher. Talvez como resultado da associação de Décima Segunda Casa com *isenção de barreiras sociais*, o nativo se apaixona por mulheres exageradamente anticonvencionais — malgrado a aparência meticulosa do nativo, sua parceira visivelmente incongruente pode ser a proverbial loura falsa, vestida de modo bastante escandaloso.

Ao contrário de seu signo oposto de virgem, o nativo de Peixes não é um Svengali consciente tentando mudar a aparência física da companheira. Como convém a nosso pisciano, ele provoca uma mudança na amante no nível invisível, subconsciente, de forma que uma mulher pode acabar transformada de dentro para fora. Ele sente atração pelas marginalizadas, que graças ao amor incondicional que lhes dedica, costumam sofrer uma alteração por vontade própria. Maria Madalena foi amada até mudar — Jesus não se limitou a escolher novas roupas para ela. Este é o efeito que o homem de Peixes tem sobre os amigos, e também sobre as amantes. Como não deposita expectativa alguma nas pessoas, aqueles que desejam conquistar seu afeto acabam dando pulinhos para agradá-lo — basicamente seguindo-lhe os passos, por vezes se esforçando intensamente para ganhar sua preferência. Desse modo, transforma em discípulos aqueles com quem *entra* numa relação amorosa, designados assim porque aparentemente o pisciano nunca se *apaixona* de per se. Sua forma de amar é tão remota e sem expectativa que beira à apatia. Por ironia, embora o nativo exija tanto da companheira quanto qualquer outro homem do zodíaco, as relações se concentram principalmente na pessoa dele. Não surpreende que o psicólogo comportamentalista B. F. Skinner fosse um pisciano, pois esses nativos interagem com as pessoas amadas, embora de forma subconsciente, segundo o sistema de premiação e castigo. Sem dizer sequer uma palavra, o nativo entrará ou sairá da sintonia com a parceira motivado pelo comportamento desta. Se estiver contente com a parceira, ela terá sua atenção. Se não, ele se desligará. E assim a esposa ou amante aprenderá a se ajustar a essas maneiras para poder ser premiada com seu vaguíssimo reconhecimento. Sempre fechado na bolha protetora, um sistema com caixas de saída e de entrada descrito por aqueles dois Peixes divergentes, o pisciano decide qual parte de sua experiência é carga jogada fora.

Mesmo no amor, o sistema de filtragem humano que é o nativo de Peixes foi, em certo sentido, projetado para não criar karma indevido. O pisciano inteiramente representativo é uma ilustração do mecanismo espiritual da eliminação de karma — entra o bom, sai o mau. Naturalmente, isto se ajusta à associação do signo com a morte: conceitualmente falando, o signo de Peixes tem a implicação de empregar aquele ideal de *fuga* da Décima Segunda Casa, sendo capaz de saltar fora do carrossel kármico (reencarnação) e de glorificar atman (a alma individual) e Brahma (a alma do mundo). Isto é o que o homem de Peixes está fazendo, aqui e agora, diariamente — só são autorizados a entrar no ambiente custodial do nativo os indivíduos que não criam apego kármico indevido. Portanto, ele deve, em troca, ser amado puramente e sem expectativa. A maioria das mulheres que tenta estabelecer uma relação romântica com ele termina cantando "não sei como amá-lo". Ele desafia as parceiras potenciais a amar de uma forma descrita pelos poetas: simultaneamente lhe concedendo a liberdade, permitindo-lhe fugir para a solidão das ocupações de sua vida. Esta é a dinâmica de que o nativo necessita para manter vivo o amor, uma dinâmica tipicamente desanimadora demais de suportar para a maioria das mulheres, ou, aliás, dos homens. Nem mesmo o sexo consegue ancorar o itinerante do zodíaco. Se conseguisse, as Madalenas do mundo às quais o nativo invariavelmente se liga poderiam confiar nos talentos de praxe, sem ter de mudar de atitude e comportamento para cultivar um vínculo amoroso com o insondável pisciano.

De todos os signos genéricos do zodíaco, o nativo de Peixes é, provavelmente, o de menor motivação sexual. E não é dizer que sua faixa de experiência erótica não ultrapasse o resto da população astrológica, porque, em geral, ela o faz; a questão é que o sexo não o afeta muito, de um jeito ou de outro. Ele poderia assistir a um vídeo pornô na companhia de um bando de velhinhas sem sentir o menor constrangimento. Da mesma forma, consegue entrar num ambiente de decadência sexual, mesmo como vago participante — o único tipo que ele poderá ser — e emergir incólume, sem o menor abalo residual para sua paz de espírito. Como personificação de Eros, o pisciano não se choca diante

LANCES ERÓTICOS

NATIVO HÉTERO

mulheres mais velhas
agressivas
robustez suculenta
beleza gótica
corseletes
ligas
meias compridas
pornografia pesada
prostitutas
inversão de papéis
submissão
escravização
sujeição (ativa/passiva)
humilhação (ativo)
sexo oral (ativo)
presente de colar de pérolas
pés
sapatos
voyeurismo
casais héteros
borracha
látex
esportes aquáticos (passivo)
ser traído/trair
infantilismo
batom
esmalte de unhas
trenzinho
masmorras
álcool
estimulantes
narcóticos
perversão
desconhecidos

de nada, e pelo mesmo princípio, não há nada que ache extremamente fascinante. Permanece do lado de fora da experiência sexual. Logo, é mais fácil para ele, por vezes, se colocar em ambientes como clubes eróticos, nos quais pode reconhecer e apreciar até mesmo a sexualidade mais explícita sem se envolver intimamente. O interessante é que em termos psicológicos Eros se refere aos instintos de autopreservação das pessoas. Aqui vemos o supremo paradoxo do pisciano, bem de acordo com este personagem cujos Peixes representativos do signo constituem o símbolo de yin-yang: em tudo que faz, o nativo é tudo e nada. Extremamente semelhante a Cristo, ele é capaz de descer ao inferno e voltar com seu inteiro ser imperturbável e intacto. Nenhum personagem irá tão longe em sua exploração do erotismo, o termo primariamente definido como a qualidade sexual de uma experiência, sobretudo aquelas de natureza anormal, em oposição ao sexo feijão-com-arroz, que para ele é simplesmente um tédio. Netuno é o planeta do imaginário, e a persona sexual do pisciano vive nesse reino fugidio. Portanto, o nativo aprecia o erotismo sofisticado e geralmente prefere filmar ou estrelar seus próprios filmes domésticos — alô, Rob Lowe — e não é jamais de considerar indecentes essas atividades. Aliás, sendo o único homem de combinação mutável-água, em termos metafóricos o pisciano não está alheio ao lodo primordial, razão pela qual ele poderia facilmente freqüentar um evento erótico, seja uma orgia ou as atividades de algum clube privado. Quando comparece, passa no local e talvez pare o tempo suficiente para jogar conversa fora com alguma mulher — levar um papo descontraído num ambiente cheio de gente, de corpos a gemer e se contorcer é a cara da inquietação pisciana — recrutando mais uma discípula, quando não fica pescando nas águas turvas daquele pântano à espera de alguma Madalena potencial que possa moldar e espiritualmente transformar em sua própria santa. Em tais circunstâncias, como poderia uma alma dessas deixar de ter a sensação de estar sendo salva? Com certeza, a presença do pisciano arrumadinho num lugar desses pode deixar desconfortáveis todos os demais; e apesar deste exemplo exagerado, o fato é que o nativo costuma forçar os outros, principalmente as parceiras potenciais, a sondarem a própria alma e a consciência e tentarem remover quaisquer empecilhos à própria paz de espírito. Ao contrário do observador pisciano, a maioria das pessoas que encontramos tateando no escuro de algum clube erótico faz isso em conseqüência de algum trauma ou compulsão do passado; portanto, elas não estão ali por opção.

Além de notoriamente puritano e artístico, o nativo também pode parecer bastante andrógino, ou mesmo assexuado — este é um caso em que as aparências não enganam necessariamente. E, dada a associação do nativo com o além, tem sentido que ele seja tão destituído de gênero quanto imaginamos que seja um espírito puro. Desde a adolescência poderá ter estado surpreendentemente consciente de que não é presa da própria libido, como são os demais. Mesmo em seus verdes anos, ele não percebe o sexo como um conceito novo ou estrangeiro, e a natural transcendência com que o considera faz o nativo sentir-se ao mesmo tempo estranho, e superior, aos outros homens em particular. Em vez de se considerar anormal, ele rotula os outros "inferiores" e se considera, na mesma medida, um ser supremo. O fato de não ser sexualmente prolífico não incomoda em nada o pisciano. Na verdade, sendo o impulso sexual básica e biologicamente dirigido à procriação e, portanto, ligado a outras energias criativas, o pisciano inerentemente canaliza para cima essas forças que podem estar dirigidas a seu ventre, em direção à sua mente imaginativa e a suas mãos habilidosas — mais que deficiência de libido, o que se dá é a conversão, por ele, dessa libido, no combustível artístico específico que emprega. O sexo não tem nada de excepcional, eis um truísmo pisciano que pode se estender a sua absoluta compreensão e clemência, caso a parceira saia dos trilhos e caia na cama com outro homem. O pisciano não é hipócrita: ele permite à parceira o mesmo tipo de liberdade pessoal que exige dela para si, deixando-a experimentar e cometer seus próprios erros. O próprio nativo não "trai" como regra, pois isto cria o tipo de bagagem kármica que ele simplesmente não consegue aceitar. Basta a sensação de liberdade: ele não precisa explorá-la, e raramente o faz, sobretudo quando tem um relacionamento dedicado ou um contrato de casamento. Pois o nativo está entre os homens mais estáveis, propenso a manter a relação com a mesma mulher, um vínculo cuja santidade cai no âmbito da esfera protetora de que ele se cerca eternamente. O casamento, em especial, é um útero em cujo interior ele pode ficar sonhando à deriva, e no qual pode se dissolver.

O outro motivo de o pisciano ser tão compreensivo com as aventuras extraconjugais da esposa é saber que nem sempre é capaz de prover o sexo vigoroso e pronto que tantas mulheres desejam. Seus relacionamentos são, acima de tudo, casamentos espirituais, e ele não se ressentirá necessariamente se a parceira buscar o luxo daquela experiência sexual substancial que não está inclinado a oferecer com assiduidade. Além disso, existe aquele velho problema do nativo para conseguir uma ereção. Às vezes, ele precisa de um ímpeto erótico mais forte que o mero impulso rotineiro. As parceiras de piscianos concordarão prontamente em que o sexo tende a ocorrer com mais freqüência quando o casal

LANCES ERÓTICOS
NATIVO GAY

héteros
homens casados
patrões
pais
homens solitários
pêlos corporais
africanos
escandinavos
ternos
meias três-quartos
motoqueiros
skinheads
sadomasoquismo leve (passivo)
submissão e disciplina pesadas (passiva)
borracha
látex
penetração anal (passiva)
remédios
anestésicos
marinheiros
masturbação
tortura (passiva)
humilhação
reservados
clubes eróticos
travestismo
meias-calças
marcar, perfurar
enemas
prepúcio
disciplina (passiva)
capuzes, vendas
mordaças

está longe de casa: tendo escapado aos confins da realidade habitual, o nativo descobre que seu pênis se tornou muito mais lépido. A necessidade de sair sorrateiro para transar, ou precisar fazê-lo escondido — seja em público, num trem ou num avião, ou mesmo saindo de fininho para outro aposento durante uma visita a amigos —, não é só um lance erótico teórico específico do pisciano: com freqüência, é uma parte prática e essencial do jogo erótico. Em certos casos, o exótico o atrai tanto que ele quase sempre só conseguirá talvez fazer sexo com desconhecidas, até prostitutas, enquanto seu próprio casamento se transforma numa experiência direta e espiritual. Bebidas e drogas, aquelas proverbiais receitas piscianas para o esquecimento, costumam oferecer uma muleta forte o bastante para manter em marcha, embora vacilante, a vida sexual do nativo. Entretanto, ele não precisa da dose de atividade sexual necessária à maioria da população masculina. A Décima Segunda Casa rege tanto o convento quanto a vida monástica, e o nativo e sua parceira, apesar das tentativas desajeitadas de manter as aparências em contrário, podem perfeitamente viver uma existência doméstica bastante casta. Naturalmente, desconfiadas como são as pessoas em relação à identidade sexual do nativo, os estranhos estão sempre propensos a tirar suas próprias conclusões.

Desde a remota infância o pisciano muitas vezes é gozado por parecer afeminado. Embora ele encare os insultos com um orgulhoso pacifismo, oferecendo a outra face e jamais dignificando semelhante ridículo, esse tipo de mexericos só contribui ainda mais para reforçar a assexualidade na natureza do nativo, em vez de forçá-lo a se reprimir ou a compensar em excesso quaisquer preferências que possa ter, ou não. Em vez disso, o nativo simplesmente se coloca acima da questão, varrendo-a para dentro da lixeira da Décima Segunda Casa. Em matéria de cirurgia psíquica em si mesmo, é o máximo que fará, diluindo a questão juntamente com qualquer outra preocupação problemática que cruze seu caminho. A última coisa que ele irá tolerar na vida é que lhe imponham qualquer tipo de estigma. Em vista da atitude ainda mantida pela sociedade diante da homossexualidade, ele prefere evitar a questão dos sentimentos homossexuais que possa por vezes abrigar, e se recusa a lhes dar o menor crédito. Tão prontamente irá podar pela raiz tais indicações que por vezes acabará sem ter nenhuma clareza do rumo para onde o vento poderia tê-lo empurrado. Em todo caso, este homem, um andrógino astrológico, nascido no signo zodiacal mais extremamente feminino, talvez seja o heterossexual mais afeminado que se possa encontrar, sem que jamais o menor pensamento gay lhe tenha cruzado as idéias. E mesmo quando o pisciano se reconheça homossexual, jamais irá admiti-lo formalmente. Uma fração inegavelmente homossexual de piscianos, entretanto, jamais poderia enganar a si mesma, e menos ainda aos demais, de que eles fossem outra coisa senão homossexuais de carteirinha. Este setor de piscianos gays biologicamente femininos, que desmunhecam e falam com a língua presa, se tivesse nascido numa tribo nativa de pensamento expansivo dos Estados Unidos, seria, indubitavelmente, apreciada e convidada para a tenda especial dos xamãs. Tão claramente anômalo é esse contingente de homossexuais piscianos que muitos deles ficam tentados e, de fato, se aventuram a fazer uma cirurgia de mudança de sexo. À parte essa parcela definida de piscianos inegavelmente gay, que, aliás, por vezes, de tão cativa de suas próprias instigantes naturezas relega ao segundo plano a questão do sexo, a sexualidade do pisciano hétero ou gay permanece nebulosa.

O nativo gay, com exceção do grupo que acabamos de mencionar, é, em geral, um personagem resistente, masculino, como seu correspondente hétero, completamente focalizado na carreira, também decididamente criativa, que pouco se importa com suas inclinações sexuais. Para começar, ele não se mistura muito com os outros homens, e o grosso de suas amizades consiste em mulheres simpatizantes da causa gay que costumam botá-lo debaixo das asas e instruí-lo nas coisas mais fascinantes, outrossim, mais delicadas, da vida. O nativo do signo, de qualquer persuasão sexual, nunca se deixa subjugar pelo materialismo, nem mesmo quando empenhado em atividades financeiras. Pelo contrário, ele procura comprar a liberdade e a oportunidade de colorir seu próprio mundo com o pincel imaginativo que empunha. Em sua alma, ele é um boêmio, e o nativo gay em particular habitará um mundo de marginalizados ou esquecidos artistas, cineastas, designers e outros inovadores (tipicamente como ele mesmo) que mostram uma certa visão cultural evolucionária. É isso que ele tem a esperança de fazer ficar impregnado em sua claque de amigas, para as quais muitas vezes faz o papel de sucedâneo de marido, indo à casa delas para consertar ou pintar algo, o tempo todo expondo essas amigas do peito à música, às artes e a outras influências semelhantes que lhe decoram a vida. Em tais relacionamentos pode-se ver de forma ridiculamente cristalina a conexão Jesus-Madalena. Dado que a nativa de Virgem, especificamente, se enquadra neste arquétipo feminino, o mundo está povoado de casais compostos de virginianas solteiras e homossexuais piscianos que as amam.

O pisciano gay é um itinerante ainda mais desobrigado que sua contrapartida hétero. Ele gravita em direção a profissões criativas que lhe permitam exercer toda a magia profissional que possui, indo de um lugar para outro. Uma carreira como fotógrafo, estilista, escritor e similares é a que mais lhe convém, uma função que não o obrigue a estar no mesmo lugar o tempo todo. Ele é famoso por conseguir aquele vôo incrivelmente barato para algum destino exótico e distante, sem levar consigo muita bagagem literal ou metafórica, além de mergulhar imediatamente naquele ambiente, convivendo e se misturando com estranhos e estrangeiros. Ele chegará mesmo a levar esse tipo de vida em seu local de residência, onde conseguirá um custo operacional notoriamente baixo — até um simples cômodo lhe basta, embora vá transformá-lo num paraíso de decoração, vivendo como se habitasse numa paisagem onírica de sua própria e elaborada criação. Desse jeito, fica livre para aceitar qualquer convite no feriadão, ou para, na ausência da dona, cuidar da casa de algum dos casais que compõem o grosso de suas amizades. Um órfão social, ele por vezes procura, em certo sentido, ser adotado pelos casais de amigos heterossexuais para os quais também poderá fazer companhia, preparar uma refeição, decorar um cômodo da casa ou consertar um vazamento em retribuição pelo afeto recebido. O nativo não costuma ter muitos amigos homossexuais. Como seu irmão hétero, ele é bem pouco libidinoso e cinicamente preconceituoso em relação às pessoas supersexuadas. Ao mesmo tempo, é incrivelmente sigiloso quanto ao tipo de atividades em que se mete, quando se aventura a botar as mangas de fora. Não lhe agrada muito freqüentar bares como meio de encontrar homens, ficando feliz em tomar uns tragos, porém desanimado ante o ritual de pegação e azaração: ele prefere ir diretamente ao assunto. Como na vida gay é maior a oferta em matéria dos ambientes escuros, vagos, oníricos que o pisciano de qualquer persuasão aprecia, não faltam ao nativo os locais que lhe tragam envolvimentos eróticos anônimos e fantasmagóricos. Ele nunca se atira no poço fervente e de alguma cena orgiástica; ao contrário, ele tem inclinações oralmente fixadas, do tipo que talvez procure realizar em outros homens ao sabor de sua fantasia. Entretanto, mesmo em tais ambientes, o pisciano bastante seletivo, é atraído para homens explicitamente masculinos, dos quais ele até poderá presumir que levem vidas heterossexuais do outro lado do véu. E isto é, aliás, o maior lance erótico para ele. Por ironia, ele tem um preconceito cínico contra homens que se intitulam bissexuais — sua outra alergia notória se refere a lésbicas. Entretanto, se encontra um homem que seja tenazmente apegado ao próprio rótulo de hétero, exceto pelo que possa estar propenso a fazer a sós com o pisciano, isto para o nativo já é o nirvana sexual. O nativo de um signo que se orgulha de ter Michelangelo, Pier Paolo Pasolini, Jack Kerouac e Lou Reed em suas fileiras, o pisciano é homoerótico ao extremo. Aquele tênue limite entre gay e hétero oferece a ele infinita fascinação, vinda dos dias de sua formação, nos quais sua primeira experiência foi, quase sempre, com um tipo machão, o chamado homossexual enrustido. A medida que amadurece, ele vai gravitando em direção a este tipos, que custam pertencer a determinadas extrações étnicas, principalmente na Europa meridional e África do norte, onde os limites entre gay e hétero são mais prontamente apagados. Excluindo-se a possibilidade de se mudar para uma vila de pescadores na Grécia, o notoriamente esbelto e bonito pisciano faz o máximo para agarrar esse tipo de homem, que, em geral, se limitará a ficar indo e vindo — uma relação composta de uma série de vagos interlúdios oníricos é realmente atraente para o nativo.

Casais

Hétero

Homem de Peixes / Mulher de Áries
Com este homem ultra-receptivo, ela se suaviza, estimulado o instinto materno. Ele precisa buscar a própria definição emocional ou a porta de saída. A relação sexual não é simples: ela quer intercurso longo e vigoroso; ele prefere aconchego.

Homem de Peixes / Mulher de Touro
Aliados: o apego emocional se desenvolve no ato. Ele está pronto a se comprometer. Se ela aceitar, a vida será pacífica e produtiva. Na cama, o foco principal é a diversão — ambos exigem bastante atenção brincalhona.

Homem de Peixes / Mulher de Gêmeos
Ele atrai como consorte, pendente das palavras dela. Juntos, dão plena atenção a ambições mundanas; outros aspectos com freqüência abandonados. Sexualmente, ela tem uma surpresa: o suave pisciano faz muitas exigências.

Homem de Peixes / Mulher de Câncer
Eles se pressionam mutuamente, embora de boa intenção. Um vínculo absorvente: ele especialmente descobre fardos antigos, e no processo encontra a cura. A canceriana também se abre. O sexo é o meio de escapar ao estresse.

Homem de Peixes / Mulher de Leão
Leão é um mistério que Peixes deseja solucionar. Resoluta, ela o persegue com intensidade de assustar. Juntos, as aptidões naturais dão lucro — tudo se realiza ao modo dela. A atividade sexual move-se no ritmo acelerado de Leão.

Homem de Peixes / Mulher de Virgem
A virginiana tem seu corpo invadido pelo persuasivo pisciano. Separando-se de todos os demais, este par é precariamente complacente — por vezes a preguiça acaba sendo sua derrocada. Na cama, ela começará a esperar o inesperado.

Homem de Peixes / Mulher de Libra
O pisciano é o maestro que orquestra a vida de Libra, talvez com mão pesada. Ela, sua musa, não lhe consegue resistir à inspiração. O melhor: as colaborações se transformam em clássicos. O sexo é exploração sensorial do êxtase.

Homem de Peixes / Mulher de Escorpião
Parece que algo está sendo escondido. Na melhor hipótese, são um casal confiante e consciencioso, com grandes sonhos que procuram realizar. Na cama, o decoro é a conduta de praxe. O sexo é contido, mas nunca burocrático.

Homem de Peixes / Mulher de Sagitário
Cada um precisa se isolar um pouco para sobreviver ao vínculo azafamado. A liberdade pode ser o modo operacional; o resto é secundário. Ele a deixa segura da própria atração sexual. Ela encontra novas formas de fazê-lo decolar.

Homem de Peixes / Mulher de Capricórnio

Em essência, amizade de carinho e respeito. Muito unidos, protegem-se mutuamente, com intensa lealdade e infinita compreensão: Capricórnio, em especial, serve de "salvadora" para Peixes. Naturalmente, o sexo é cheio de ternura.

Homem de Peixes / Mulher de Aquário

Namoro intensivo para o casal. Sob o exterior sofisticado, dois indivíduos profundamente espirituais buscam fonte de inspiração. A vida sexual reflete essa profundidade. Na cama, movem-se como possuídos, ou mesmo enfeitiçadas.

Homem de Peixes / Mulher de Peixes

Dinâmica estonteante. O destino parece tê-los reunido. Por vezes avançam aos tropeços, mas chegam à meta. A vida é intensificada — abordagem excessivamente emocional é possível armadilha. Na cama, as preliminares são cruciais.

Gay

Homem de Peixes / Homem de Áries

Por vezes um par puramente físico. O pisciano é geralmente superficial ao perceber o vigoroso ariano como mera ferramenta sexual. Sob semelhante influência corruptora, aflora o barbárico e triunfante espírito erótico do Carneiro.

Homem de Peixes / Homem de Touro

Peixes parece aquele "elo perdido" da vida do taurino. É uma ligação simbiótica. Estar com o Touro é como realizar um sonho. A vida produtiva, os objetivos profissionais são alcançados — e mais. Na cama, os motivos egoístas são deixados de lado.

Homem de Peixes / Homem de Gêmeos

Gêmeos é o "irmão caçula" do mentor pisciano. O estranho homem de Peixes abusará da influência, reduzindo a criado o ingênuo geminiano. O sexo é magistral, obra de arte erótica, além de chance para a dominação de Peixes.

Homem de Peixes / Homem de Câncer

Juntos eles exploram recantos remotos da experiência — a exploração espiritual é uma possibilidade. A busca espiritual amplia chances de sucesso do relacionamento. Famintos de romance os dois por vezes o encontram no outro.

Homem de Peixes / Homem de Leão

Dupla gay numa viagem cerebral. Choques de individualidades e disputas verbais são de se esperar. A contenção das emoções se transforma num jogo sem ganhadores. A paz é restaurada na cama — local onde os rapazes brilham.

Homem de Peixes / Homem de Virgem

Eles querem mudar o mundo. E vale a pena tentar. Mas um deles ou ambos podem chegar a extremos ao perseguir uma visão utópica. Contudo, escapam para a ideologia. Sexualmente são inconstantes, logo a variedade é fundamental.

Homem de Peixes / Homem de Libra

Como casal, eles são complexos: o pisciano é imprevisível, o libriano se desequilibra facilmente. Além disso, gostam da vida em alto estilo — e quem segura a batalha doméstica? Ao primeiro sinal de problemas, jogam-se na cama.

Homem de Peixes / Homem de Escorpião

Casal pacífico e produtivo, principalmente se Peixes for o mais velho. Com o passar do tempo, cultivam uma estética de vanguarda que atrai os forasteiros. O sexo pode ser pouco delicado — Escorpião brinca de ser "rude".

Homem de Peixes / Homem de Sagitário

O Arqueiro admira e por vezes imita o equilibrado pisciano. É uma surpresa ver o sagitariano implantar seus ritmos (psicológico e sexual). Na cama, o que rola é escravidão: o sagitariano é um gladiador para o lascivo Calígula.

Homem de Peixes / Homem de Capricórnio

Com Peixes, Capricórnio deixa emergir o lado serpentino. Porém, em vez de se expandir, fica mais sinuoso, talvez se perca. Mas tem formas inteligentes de capitalizar pontos fortes. É um esforço manter leveza na atividade sexual.

Homem de Peixes / Homem de Aquário

Espíritos auto-satisfeitos: finalmente Aquário e Peixes param de tentar a mudança. Pureza espiritual é freqüentemente o modo operacional de um com outro. Juntos, eles param de se estressar. Na cama, os egos são abandonados.

Homem de Peixes / Homem de Peixes

A frase predileta dos dois pode ser "vamos fugir". Sem controle, o par pisciano acaba escapando para atividades subversivas. Afora disso, uma vida chamada normal por vezes lhes escapa. No sexo, ambos contam com a experimentação.

A mulher de Peixes

a sonhadora

Embora seja a última mulher do zodíaco, a pisciana é a indiscutível prima-dona da astrologia. A proverbial mulher comum, ela é a combinação, e por vezes a deprimente compilação, de todas as outras mulheres que a precedem na roda. Paradoxo ambulante — todas as virtudes e todos os vícios reunidos numa embalagem enganosamente modesta —, ela é ao mesmo tempo vitimizada pela vida e vitoriosa sobre esta. Dotada de extrema empatia, a nativa personaliza a experiência a tal ponto que é incapaz de separar suas emoções até das circunstâncias mais remotas. Ela é o drama personificado, e faz a maior cena sobre cada sentimento e impressão que tem. A existência, para a nativa, é uma experiência de peso — avassaladora para sua natureza impressionável e nervosa. Por outro lado, ela parece muito durona, uma verdadeira sobrevivente, capaz de crescer em decorrência das experiências mais negativas; e, verdade seja dita, os golpes recebidos foram abundantes. Entretanto, a pisciana é uma criatura cultivada, e independentemente das condições em que foi criada, sempre haverá em sua conduta algo requintado. Ela anseia pela solidão, porém, por ironia, seus instintos escapistas exigem a presença de terceiros para cumprir-lhe as ordens; por isso, ela mantém uma necessária conexão com o mundo. Embora na juventude sinta atração por homens sensíveis e inexperientes, ainda mais frágeis que ela, acaba se estabelecendo no final com um homem assíduo que lhe dê tratamento principesco, oferecendo-lhe refúgio emocional e o carinho adequado. Com outras mulheres ela é ao mesmo tempo submissa e ciosa de seu afeto, inspirando a parceira a constantemente agradá-la e pacificá-la.

XII

PRINCÍPIO

O Princípio da Dissolução, sugerindo suscetibilidade e imaterialidade. A pisciana vive em abençoado esquecimento, uma alma desobrigada para a qual a vida significa um mergulho cada vez mais fundo nas realidades invisíveis e eternas da existência. O lema de seu signo, "eu acredito", deveria ser completado por "que só o amor transcende esta espiral mortal e mantém a roda da vida girando perpetuamente".

Signo + mente

Da perspectiva da evolução astrológica, poderíamos igualmente ter começado este livro com um capítulo sobre a mulher de Peixes, e não sobre o homem de Áries. O signo de Peixes representa o alfa e o ômega, e enquanto o ariano encarna a energia do nascimento, pois seu signo está associado à faixa etária de 0-7 anos, a pisciana encarna no zodíaco a faixa etária de 77-84 anos, o que representa o advento da morte. Pode-se compará-la ao caldo primordial de onde a vida surge, seja individualmente no útero ou, numa escala universal, do lodo inicial do qual saíram se arrastando os primeiros organismos. Peixes é o único signo da combinação mutável-água do zodíaco, apontando assim, entre outras interpretações, para o conceito de uma essencial maré de mudanças. Adequadamente, o planeta Netuno, nomeado em homenagem ao deus romano do mar (o Posêidon dos gregos), é o principal regente de Peixes, enquanto o planeta Júpiter é considerado o regente secundário do signo. O criptograma do tridente de Netuno ilustra uma espécie de trindade sagrada, que, no caso da nativa de Peixes, reflete a manifestação da deusa tríplice — as divindades femininas ancestrais assumiam tradicionalmente a forma tríplice. E apesar de todos os signos femininos anteriores à pisciana na roda geralmente se inspirarem num ou, por vezes, dois aspectos específicos de cada determinado arquétipo de deusa, a pisciana, metaforicamente, deriva sua persona da forma triplicada da deusa — virgem, mãe e sibila —, todas ao mesmo tempo. Embora pasteurizada na adorável deusa grega do amor que emergiu do mar de espuma naquela notória concha aberta, destituída de pais ou filha de Urano, cujo sêmen fertilizou as águas no ato de sua castração, Afrodite (a Vênus dos romanos) era originalmente a Grande Deusa ou a Mãe Marítima, reconhecida na tripla manifestação, que regia o nascimento, a morte e a vida, além de ter o amor em sua jurisdição. Ela também é chamada Mari, que tomou a forma de um peixe gigantesco e é, por conseguinte, o sinônimo da Maria cristã que significa "mar", apresentada em triplicata, por exemplo, na morte e no sepultamento de Cristo. Tomando de empréstimo a este pesado arquétipo, a pisciana, como a mulher comum do zodíaco, não deve ser tomada à ligeira. Ela é ao mesmo tempo tão beatífica quanto a Madona, tão mundana quanto Madalena, e tão misteriosa quanto aquela outra Maria que aparece e desaparece imprevisivelmente do folclore bíblico.

A manifestação concreta do legado arquetípico da pisciana é praticamente palpável. Para começar, como admitirá prontamente quem convive com a nativa, ela não tem uma personalidade fácil de situar. Ela se alterna em ser calorosa, distante, acessível, intocável, dignificada, mesquinha, correta e inescrupulosa. Neste momento, pode mostrar-se uma rocha emocional, e no momento seguinte estar aparentemente pronta a se desmoronar. É a melhor das amigas e é uma canalha traiçoeira. Conforme indica seu pictograma de yin-yang, dois peixes divergentes, ela é dois opostos fundidos numa irreprimível singularidade — curiosamente, igual à vida. A pisciana é o testemunho vivo da presença do bom e do ruim em todas as coisas, e pessoas, estando os opostos inextricavelmente ligados — a vida e tudo que vive nela expressam este mesmo paradoxo, lembra-nos a nativa. Esta é, portanto, igualmente adorável e detestável, exatamente como deveria ser qualquer diva que se respeite. Como uma sereia cantando sua canção hipnótica, que leva os que se deixam atrair por ela a se arrebentar nos rochedos ou a se afogar, a pisciana é a mais enganadora e encantadora das criaturas; porém, pode ser complicada, ou mesmo perigosa de navegar. De fato, Netuno representa o Princípio da Dissolução e o mundo das ilusões, do encantamento, das imagens e da vida vivida no plano metafórico, imaginário. A Décima Segunda Casa astrológica (sob regência de Netuno) é igualmente, entre outros atributos, aquela da *subjetividade sustentada*, o que conota uma espécie de estado onírico, um permanente estado de transe ou ilusão. Sejam bem-vindos ao mundo da pisciana. A água representa emoções e impressões, e também o amor e uma fonte femininas de divindade, e nossa mutante nativa é uma massa turbilhonante de noções subjetivas e imaginação contemplativa. Num certo nível, ela pode ser bastante delirante, imaginando verdades a seu próprio respeito — alguns chamariam isso de mentiras —, embora de forma tão convincente que ela mesma não pode deixar de lhes dar crédito. De fato, cada vez que a pisciana relata a mesma história (e ela se repete muito), o enredo vai invariavelmente ficando mais apimentado, a tensão vai crescendo e o papel dela no drama se torna igualmente mais exagerado e exaltado. Assim também ela aborda sua relação com o mundo a partir de uma perspectiva de dentro para fora, confiando em suas próprias percepções subjetivas, mais que em quaisquer fatos concretos externos para corroborar ou desmentir essas visões. Ela pratica mais que a maioria das pessoas esse exercício metafórico, razão pela qual o signo freqüentemente apresenta paranormais em suas fileiras — para a mente da pisciana, a prática conduz à perfeição na percepção extra-sensorial. As pessoas intimamente associados com a nativa estarão sempre aplaudindo ou reprovando a capacidade que ela tem de buscar e extrair os conteúdos do psiquismo alheio. Na verdade, ela estabelece uma conexão de alma com a consciência

SÍMBOLO PLANETÁRIO

Netuno é o planeta da ilusão e da imaterialidade. Representa a necessidade de vivenciar a vida de uma perspectiva isenta de estrutura prática ou ideológica. Ele transforma a pisciana num canal para planos indivisíveis de inspiração, da mesma forma como pode deixar aberta a mediunidade dela para experiências espirituais ou místicas de primeira ordem.

QUADRANTE DO SIGNO

Os quadrantes zodiacais correspondem aos planos metafísicos da existência: físico, emocional, mental e espiritual. O Quarto Quadrante ocupa-se da relação do indivíduo com o divino e o eterno. Enquanto Capricórnio pratica a fé ativa e Aquário se empenha pela verdade concreta, Peixes representa a energia do amor, o poder da criação e, de fato, a procriação.

♓

CRIPTOGRAMA DO SIGNO

Os peixes em direções opostas de que consta o signo são animais totêmico de Eros e Afrodite. Eles representam o alfa e o ômega, a construção yin-yang (masculino-feminino) do universo como o andrógino primal reunificado. É um símbolo do mundo como útero, e os Peixes constituem emblemas embrionários de um duplo sistema de nutrientes que entram e rejeitos que saem.

ELEMENTO + QUALIDADE

O elemento água conota emoção e intuição; a qualidade mutável, um apelo à versatilidade e à mudança. No conjunto, a combinação mutável-água específica de Peixes tem sua melhor descrição como o caldo primordial de onde surgiu toda a vida no nível universal; similarmente, todo ser humano foi formado no líquido amniótico do útero materno. A combinação também se caracteriza pela neblina, o nevoeiro e a espuma, como aquela da qual nasceu Afrodite.

espiritual de alguém, lendo a energia daquela pessoa, infiltrando-se graças à capacidade de captar e canalizar as vozes silenciosas e discretas dos demais. Sua habilidade de reconhecer e dialogar com a condição emocional ou moral dos outros pode ser assombrosa. Um encontro com a pisciana é quase sempre catártico.

Existe, naturalmente o lado negativo no fato de ser tão... bem, impressionável. Para começar, a pisciana pode ser uma verdadeira seguidora; principalmente quando jovem, deixa-se influenciar facilmente pelas opiniões e exigências alheias. A mulher comum do zodíaco foi projetada para usar tantas caras quantas são as pessoas que encontra, sentindo uma certa expectativa em cada encontro. Ela deseja ser amada universalmente. Se alguém olhar torto para ela, a sensível pisciana pode facilmente se desmanchar em lágrimas. No esforço para se socializar, ela talvez recorra a algum baluarte de resistência, principalmente bebidas alcoólicas ou drogas, que contribuem para seu típico desejo de viver, em certa medida, no esquecimento. A dissolução de Netuno é um conceito paralelo à associação do signo com o advento da morte, o proverbial retorno ao caldo primordial de onde saímos, como convém à condição de mutável-água do signo. A mulher pisciana sente com freqüência uma profunda necessidade de se dissolver: ela evita ficar em evidência em suas atividades, eternamente inclinada a preservar um completo anonimato. Como pessoa naturalmente excitável, ela talvez aprenda cedo na vida que umas rápidas cheiradas bastam para acalmar os nervos. De fato, a associação de Peixes com a Décima Segunda Casa, aquela ligada não só a *fuga da realidade*, mas também aos *bloqueios emocionais*, irá motivar a pisciana a mergulhar na bebida com mais prontidão que a maioria das pessoas.

A ironia é que, fisiologicamente, a pisciana talvez não tolere bem o uso de substâncias químicas sequer em doses mínimas. Como a filha zodiacal do confuso Netuno, ela é mais suscetível que muita gente a esse tipo de influência. Aqueles que seguiram caminhos em direção a algum tipo de iluminação mencionam com freqüência o crescente perigo de introduzir propriedades artificiais em seus corpos, à medida que vão alcançando níveis mais altos de realização espiritual. A pisciana nasceu com essa modalidade de abertura espiritual avançada, que parece deixá-la muito mais vulnerável à intoxicação profunda, e mesmo a episódios psíquicos, quando não psicóticos, em conseqüência deste uso. Não que isso vá conseguir facilmente impedir a nativa de tentar "ficar sumida". Entretanto, o fundo do poço profundo no qual ela baterá, inevitavelmente, fará surgir uma vida nova e dedicada — invariavelmente a nativa recuperada se torna uma defensora do bem-estar espiritual. Até lá, entretanto, ela estará em geral cuidando de medicar sua alma, de uma forma ou de outra, tentando escapar dos recessos mais escuros de sua mente subconsciente, que ameaçam destruí-la.

Desde suas recordações mais remotas, a pisciana é perseguida pelo passado. Embora indubitavelmente sinta amor pela mãe, a nativa vê a esta como se fosse um albatroz — tipicamente, a mãe é uma mulher pragmática atormentada pelo pessimismo, ou mesmo pelas dúvidas e medos paralisantes, e a pisciana se torna sua âncora emocional. O pai, em contraste, é um individualista despreocupado que se sente desobrigado em relação à vida familiar. Sensível, tem a alma de um poeta, mas o casamento não combina muito bem com ele. Pode ser um personagem imprudente ou azarado. Enquanto os outros irmãos talvez se aproveitem da relaxada dinâmica familiar para abusar da própria independência, ou mesmo expressar devassidão ou rebeldia, a nativa desempenha até o limite o papel de filha dócil e dedicada. Ela reprime sua necessidade de autonomia, trocando a vontade pessoal por uma certa martirização decorrente de ser a mais confiável. É assim que são lançadas as sementes do ressentimento. Numa alusão à associação de seu signo com *santuário*, ela leva por escolha própria uma existência bastante protegida. Para os colegas, ela é a proverbial menina pudica ou puritana, aquela que prefere ficar agarrada na saia da mãe, procurando conquistar toda a atenção possível do querido e inatingível pai, em vez de se focalizar na construção de uma vida social. O que percebe como a melhor qualidade do pai é a sensibilidade espiritual deste, aliás, sua vulnerabilidade, e a primeira coisa que procura num garoto é aquele mesmo ingrediente. Ela freqüenta outros tipos tão humildes quanto ela própria e, em geral, sente atração pelos afetados, cujas identidades sexuais potenciais são dúbias. No tocante à vida e ao amor, a pisciana é a pessoa mais patentemente irrealista do zodíaco, como se evidencia fragorosamente nas chamadas relações amorosas de sua juventude. Entretanto, por ser tão protegida, a menina de Peixes, nessa tenra idade é bastante arisca em relação ao sexo oposto, sentimento só exacerbado pelos episódios precoces de, no mínimo, alguma forma vaga de abuso, com os quais geralmente se defronta.

Talvez numa alusão à associação de Peixes com os temas de Décima Segunda Casa de *perigos ocultos* e *inimigos secretos*, a contida menina de Peixes parece tão desavisada que infelizmente poderá acabar sendo de alguma maneira visada por indivíduos libidinosos. Mesmo o episódio mais atenuado pode deixar abalada a nativa. Entretanto, como é de sua natureza, ela irá reprimir por

POLARIDADE

As mulheres de signos femininos (terra, água) estão alinhadas com a polaridade de gênero do próprio signo, encarnando assim a combinação qualidade-elemento do signo. A condição mutável-água de Peixes determina que a nativa seja como o oceano sempre mutável, e também como o caldo primordial ou útero protetor de onde surge toda forma de vida. O mar representa um ilusório momento de sonho, no qual a pisciana reconhece pouca diferença entre o que é imaginário e o que é verdadeiro ou possível.

12

NÚMERO DO SIGNO

O número da divindade. Considerado a mais alta vibração do número três, ao qual o doze é reduzido quando somamos seus dois algarismos. Há doze tribos de Israel, doze estações do calvário, doze signos zodiacais, doze deuses olímpicos.

77-84

ASSOCIAÇÃO DA FAIXA ETÁRIA DO SIGNO

A idade da morte. Esse período representa o sono da morte e a dissolução. A pisciana personifica um limbo ou uma espécie de estado onírico, o caldo primordial espiritual entre a morte e o renascimento. Ela vive naquela esfera misteriosa, e quase sempre é o recipiente psíquico de informação e inspiração que é comunicada da esfera imaterial.

PSICOLOGIA

A nativa de Peixes é, com freqüência, demasiado passiva e co-dependente. Está sujeita a sofrer de certos medos e ansiedades, inclusive a agorafobia, e é suscetível ao abuso de drogas e de bebidas alcoólicas. É capaz de viver num mundo de fantasia e ser patologicamente desonesta. Por vezes lhe falta ambição, apesar do amor ao luxo. Como parceira ou mãe pode ser inadequadamente despótica e superprotetora.

completo o incidente, e inconscientemente se tornará ainda mais arisca e suscetível à fragilidade emocional. Isso não só motivará uma necessidade de anestesiar de alguma forma seu sofrimento secreto e dará origem à sustentação subjetiva de uma realidade fabricada — a complexa rede tecida de mentiras casuais da pisciana, destinada a protegê-la das verdades dolorosas —, como também determinará sua preferência por homens que lhe pareçam inofensivos. Durante os anos da segunda e terceira décadas da vida, ela se juntará a homens perceptivelmente deficientes na necessária testosterona que lhes alimentaria o impulso de conquistar nossa nativa supostamente puritana. Por um lado, elá prefere as coisas assim — não consegue tolerar a realidade hormonal áspera do tesão de um homem que deseja possuí-la. Prefere viver um sonho pasteurizado daquilo que o sexo deveria ser, ao mesmo tempo em que busca apagar todas as outras realidades brutais da vida, o que ela evita principalmente ao não se afastar da segurança e da privacidade de sua casa, primeiro a dos pais, e depois seu próprio e encantado lar. Isso faz lembrar Sally Bowles, na peça *I Am A Camera* [Eu Sou uma Câmera], em cujo enredo se inspirou o musical *Cabaret*, uma personagem que tem um toque de complexo de Electra, como nossa pisciana, e então inventa para si mesma uma realidade inteiramente personalizada, pelo encantamento de sua própria imaginação, papel incidentalmente imortalizado na tela pela própria pisciana Liza Minelli. Como no caso de Sally Bowles, vemos a tragédia e a exaltação em co-habitação no caráter da pisciana, para quem a vida realmente deveria ser um cabaré. Aliás, o que a nativa nos ensina, por intermédio do exemplo, é que a existência é exatamente o que imaginamos que seja, fato que empresta um significado mais carregado para o lema de seu signo "eu acredito".

Ao contrário do nativo do signo, a nativa não se contenta em sonhar sozinha. De preferência, espera que outros acreditem no encantamento que ela cria para si mesma, de forma que todos aqueles que povoam sua vida se rendam à alucinação coletiva que é aquilo que ela se imagina ser. Além disso, pressiona os outros a serem tudo o que alucinadamente *se* imaginariam ser. Em função de seu lema, ela acredita no sonho de terceiros, inspirando-os, na condição de musa, e acabando por refletir a suprema convicção de que as fantasias do indivíduo são capazes de se realizar por força da crença em si. Afinal, apesar do que pode ser percebido como delírio, a identidade da pisciana é um literal produto de sua imaginação. Admitidamente, por ser a encarnação zodiacal do caldo primordial, a nativa está predestinada a imaginar toda e qualquer potencialidade conforme esta emerge de seu fértil poder fantasista. Assim, ela é a mulher mais fabulosa do arraial astrológico, no pleno sentido da palavra, desde o maravilhoso ao fabricado. Por ser filha de Netuno, planeta do maravilhoso, ou até do miraculoso, ela funciona como um conduto para essa energia — não é de se admirar que a Virgem Maria seja seu arquétipo bíblico. A própria noção do útero como ambiente miraculoso, o lugar de águas essencialmente mutáveis, tem uma lógica dentro da simbologia do signo de Peixes. No idioma grego, usa-se uma mesma palavra, *delphi*, para designar útero e peixe. E à semelhança do signo de Peixes, a mulher de combinação mutável-água é ela própria comparada ao útero, da mesma forma como, num paradoxo perfeito, representa um túmulo — os dois ambientes denotam os sentimentos de Décima Segunda Casa de *isolamento* e *esquecimento*, um estado onírico intermediário a pairar entre as oposições extremadas de vida e morte — a interpretação consumada dos Peixes em direções opostas que simbolizam o signo. Em suma, o fato de ser o alfa e o ômega se traduz em a pisciana se imaginar o supra-sumo da condição feminina. Apesar de seus começos emocionais modestos e parcos, ela cria ao próprio respeito um mito às vezes fenomenal que se infiltra em sua própria alma. Por fim, acaba se apoderando da personalidade exagerada de sua própria criação. E quem dera todos pudéssemos ter tamanha crença em nós mesmos, fosse nosso legado fundado em fato ou em ficção — mais duas das interpretações dos Peixes divergentes que se fundem numa realidade única na mente da nativa do signo. O fabuloso se manifesta como tal e nossa pisciana é a mulher mais exagerada a girar na roda astrológica. Numa alusão à associação de seu signo com a morte e a dissolução, ela aparenta abordar a vida com uma implícita visão retrospectiva que faz lembrar o velho lamento "Se eu pudesse viver de novo...", promovendo automaticamente esses reparos à medida que vai vivendo. Ela tem até a confiança de suas convicções mais ambíguas (ou será uma falta total de auto-estima?) para sentir que nada tem a perder em ser uma personagem tão extraordinária quanto possível. De uma forma ou de outra, a condição de diva está assegurada. Como a personificação da dissolução, a pisciana inevitavelmente se rende à vida, sacrificando sua humildade juntamente com a responsabilidade estrita que impôs a si mesma desde cedo. Ela é completamente desobrigada em relação aos outros, exatamente como é a figura zodiacal que mais depende dos outros. Esta é, afinal, a marca da verdadeira diva. Como a personagem de Tennessee Williams Blanche DuBois, na peça *Um bonde chamado desejo*, o retrato mais surpreendentemente nítido do arquétipo da mulher pisciana na literatura moderna, a nativa depende da bondade de todos, inclusive dos estranhos. Sua vida inteira é um longo exercício de

ARQUÉTIPO + MITO

O signo de Peixes está associado com a deusa tríplice. Ela é a mulher comum do zodíaco, personificando a feminilidade em todos os seus aspectos — virgem, mãe, sibila — ao mesmo tempo. Ela é Afrodite, a deusa tríplice primal, nascida da espuma do mar, cujo filho Eros é também, ironicamente, o mais velho dos deuses, pai do céu e da terra. E isso espelha Maria como a mãe de Cristo, que é também o deus da criação. A clássica imagem de Afrodite como a deusa do amor oferece uma visão subjetiva do caráter da pisciana, que exige mais adoração que qualquer outra mulher. As nove musas, a deusa tríplice em triplicata, retratam os talentos múltiplos da nativa. Os espíritos das águas, as nereidas, as sereias dos rios e mares retratam o modo como os homens freqüentemente se afogam por amor a ela.

confiança no qual ela se deixa cair em queda livre, acreditando plenamente que sempre haverá braços estendidos para apanhá-la.

Corpo + Alma

A nativa de Peixes causa comoção, mesmo sem percebê-lo. Embora se imagine uma pessoa muito tímida e refinada, ela possui a distinta capacidade de fazer as pessoas próximas perderem as estribeiras. À primeira vista uma delicada princesa, a nativa enlouquece um garçom com pedidos de troca de copos ou talheres que apresentem a menor mácula, insistindo em ser informada dos ingredientes e modo de preparar de cada prato do cardápio — sem nunca parecer satisfeita com as respostas — e pedindo a comida e a bebida com substituições e instruções especiais, devolvendo-as se estas não forem atendidas. No entanto, se depois disso o prato não estiver satisfatório, ela mergulhará em sua atitude de mártir e, conforme deixará claro, irá sofrer alegando que não deseja incomodar ninguém. Tarde demais. A perfeição, segundo as especificações subjetivas da pisciana, constitui uma preocupação para ela, que constantemente se decepciona com a falta de perfeição em sua vida. Às vezes, não há o que se possa fazer para agradá-la. Como Blanche, a nativa espera sentir a cada instante um encantamento que, sob a luz geralmente áspera da realidade, não pode senão lhe escapar. Como a Afrodite zodiacal, eternamente a emergir de novo de sua concha, a nativa de Peixes, em sua constante dependência dos demais, corteja continuamente a decepção, ou mesmo o desastre pessoal. Porém, quando tudo corre bem, parece mágica: ela fica o tempo todo aliciando admiradores que se esforçam em satisfazê-la. Sempre instalada no meio do luxo, embora tipicamente à custa alheia, ela não imagina o tumulto que é capaz de causar. Se há uma mulher disposta a ficar parada junto à porta acintosamente esperando que alguém se adiante para abri-la, esta é a pisciana. Verdadeiramente uma musa, em tal condição ela precisa receber a homenagem que lhe é devida; em compensação, garante às pessoas de sua vida a eterna dádiva da inspiração.

A pisciana se move como se estivesse num sonho. Sua linguagem corporal é tão lenta e meditativa, que mesmo quando desempenha atividades físicas pesadas desperta a suspeita de estar continuamente sob a ação de calmantes. Uma forma segura de identificar uma pisciana é pela maneira de comer: cortando os alimentos em pedacinhos administráveis, ela mastiga cada pedaço várias vezes, colocando o garfo de volta no prato e as mãos num gesto mimoso

BÍBLIA +
LITERATURA

A pisciana se baseia no arquétipo de Maria. Assim como está associada com a deusa tríplice, ela encarna as três Marias presentes em várias cenas bíblicas. Maria se equipara a Afrodite-Mari e personifica igualmente o mar. Seu vestido azul debruado de branco faz lembrar o mar e a espuma. O peixe é ao mesmo tempo o símbolo do Menino Jesus e do útero de Maria — no grego, a palavra para "útero" e "peixe" é a mesma. Nas lendas arturianas ela é Morgana, Igraine e Viviane. Lady Anne forma uma cena de "pietà" ao chorar a morte de Henrique IV, na peça de Shakespeare *Ricardo III*. Ela é a Ondine de Giraudoux e, na obra de Tennessee Williams, Blanche Dubois, cujo próprio "garoto" foi morto — Blanche usa o vestido de Maria, num tom de azul típico de Luca della Robbia. No filme *The Matrix*, o salvador masculino, Neo, é ligado à personagem feminina Trinity.

sobre o colo; na altura em que outros já terminaram, ela mal terá mexido no prato. É inteiramente graciosa em seu porte ereto, quer esteja de pé ou sentada, como quem equilibrasse o proverbial livro invisível na cabeça. Apesar da aparente compostura, entretanto, ela é inerentemente nervosa, e sua atitude plácida foi cultivada necessariamente ao longo dos anos numa tentativa de "manter tudo sob controle". Por vezes até as coisas mais simples podem fazê-la ranger os dentes — reunião sociais, em particular, desnudam a essencialmente frágil pisciana diante de um elemento para o qual ela simplesmente não foi projetada. A obrigação de ficar "ligada" faz com que ela se sinta perigosamente exposta, como Blanche colocada sob o foco de luz. E a ela não interessa muito ouvir as pessoas falarem de suas vidas, com exceção das pessoas que ama. Apesar de ter poucas amigas entre as mulheres, poderá ter um melhor amigo gay. Também estará cercada de gente que, de uma forma ou de outra trabalha para ela, e, por conseguinte é paga para aturar a excêntrica prima-dona pisciana. Ela se orgulha de ser uma tirana beneficente, e se empolga toda vez que deixa uma boa gorjeta ou permite à empregada levar para casa as sobras de comida. O que talvez não percebam o garçom ou a faxineira que a atendem regularmente é que eles são praticamente todo contato humano extrafamiliar que ela terá. O que se torna claro, ao analisarmos a nativa é que ela não só depende da bondade dos estranhos, mas que muitas vezes o faz com exclusão dos outros.

Solicitada a socializar, digamos, numa festa, a nativa geralmente foge para um cantinho, enchendo os ouvidos de algum personagem incauto — ela é naturalmente atraída pelo que percebe como tipos excluídos. Embora sua atitude paternalista seja inteiramente inconsciente, ela se pendura em qualquer pessoa do recinto que lhe dê a impressão de estar se sentindo deslocada (da forma como ela se sente). Portanto, se você detectar uma criatura de aparência algo dramática, que mostra nos gestos a elegância excêntrica de uma envelhecida candidata ao estrelato, batendo o maior papo com a única anã de etnia esquimó vítima de queimaduras e albina que está presente ao evento, pode ter certeza de que se trata de uma pisciana. A nativa não consegue bater papo nem contar histórias — ela só consegue dramatizá-las. Literalmente, canaliza experiência como meio de comunicação, fazendo sons exagerados, sorvendo o ar em grande haustos de surpresa, ou fazendo uma pantomima daquilo que está discutindo. Não fita o interlocutor nos olhos, pois está olhando para dentro, perdida em reviver individualmente até a ocorrência mais corriqueira. Os olhos são ao mesmo tempo saltados — embora semicerrados, mostrando-se na fresta das pálpebras pesadas —, nebulosos, enevoados e quase sempre oscilam em diversas direções

CASA ASTROLÓGICA

percepção extra-sensorial
imagens profundas
autocomiseração
evasão/aversão
saúde psicológica
força interior
fraqueza interior
submissão ao poder mais alto
atividades secretas
sociedades secretas
solidão regeneradora
lugares de reflexão
confinamento
isolamento
dificuldades/dilemas
negócios inconclusos
obstáculos
problemas ocultos
finais subliminares
saúde de uma sociedade
saúde de um casamento
cursos d'água
perigo invisível
desgraça atraída para si
engano de si mesmo
investigação
retaguarda
solidariedade
compreensão
estímulos misteriosos
fuga/êxtase
irrealidade
bem-estar público
ruptura de barreiras
espírito monacal
martírio
preocupações/tristezas
altruísmo
aptidão para as artes

PALAVRAS-CHAVE

dualidade
grandiosidade
ilusão
renascimento
clarividência
gentileza
fuga
devaneio
compunção
reflexão
beatitude
euforia
ilusão
visão
contemplação
devoção
decoro
complicação
inquietação
ofuscamento
divindade
atemporalidade
dependência
erotismo
incandescência
imperecibilidade
afetação
encantamento
abnegação
resolução
imobilidade
inspiração
fascinação
lazer
afluência
formosura
absolvição
ruminação
incerteza
imaginação

(quando ela bebe, o efeito se acentua ainda mais). Mesmo quando a nativa é bonita, seu rosto tem algo que lembra um sapo ou um embrião humano. Quando não foi particularmente abençoada com boa aparência, entretanto, ela pode lembrar algo como Edward G. Robinson travestido de mulher. Embora, por outro lado, este não seja o caso típico, segundo indica uma lista de famosas princesas piscianas de queixo pontudo, inclusive mulheres de rosto doce que lembra os de Elizabeth Taylor, Isabelle Huppert, Charlotte Church, Thora Birch, Cyd Charisse, Jennifer Jones, Claire Trevor, Jennifer Love Hewitt, Kristen Davis, Gloria Vanderbilt, Lee Radziwill, Paula Prentiss, Jennifer O´Neill, Vanessa Williams, Sharon Stone, Tea Leoni, Patsi Kensit, Niki Taylor, Ursula Andress, Kathy Ireland, Cindy Crawford — uma série de beldades com uma cota bastante alta de sinaizinhos na pele. Entretanto, muitas delas têm algo de sapo em seu visual bonito e exoftálmico, um traço espantosamente evidente nos rostos mais excêntricos de piscianas como Liza Minelli (herdado do pai housepisciano, Vincente), Drew Barrymore, Holly Hunter, Anna Magnami, Joan Woodward, Jean Harlow, Sandy Duncan, Glenn Close, Nina Simone, Irene Cara, Ruth Bader Ginsburg, Sally Jessy Raphael, Rue McClanahan e a sempre deliciosa e melodramática Tammy Faye Bakker. Outro aspecto revelador da pisciana é a tendência a falar pelo canto da boca — como quem só diz coisas confidenciais —, e também, no sentido figurado, a falar pelos dois cantos da boca. Numa alusão aos Peixes divergentes que simbolizam o signo, ela por vezes é acusada de defender os dois lados de uma discussão, pretextando concordar com facções opostas entre amigos, familiares ou no ambiente profissional. Tão puritana, ou mesmo pedante é a imagem que apresenta que as pessoas dificilmente iriam desconfiar de sua tendência a fazer intrigas ou a se vingar — mas, verdade seja dita, além de proverbial leva-e-traz, ela é a mais insidiosa das bisbilhoteiras.

A aparência tipicamente puritana da nativa pode ser enganadora. Ela é, afinal, uma das mulheres mais sexualmente oferecidas do zodíaco. Mas não é isto o que se nota a princípio. Ela apresenta, invariavelmente, uma imagem bastante moralista, virginal, quando não diretamente reprimida; os lábios apertados como numa tensa careta de desagrado, a pele em geral pálida e fina esticada no rosto e no pescoço, o que lhe confere uma aparência tensa e encordoada de bailarina clássica, mesmo que nunca na vida tenha posto nos pés uma sapatilha de balé. Ela prefere penteados ondulados, quer os cabelos sejam longos ou curtos, e dificilmente sairá de casa sem um toque de maquiagem, preferindo as sombras de olhos de nuance azul-esverdeado e os batons perolados. Quase sem pêlos no corpo todo, a pisciana tem quase sempre uma notável ausência de cílios e sobrancelhas, precisando usar um delineador para realçar aqueles olhos de cor por vezes insólita — dourado, verde-escuro, azul cobalto. A bem da verdade, só uma pisciana como Elizabeth Taylor poderia ter creditada com inconfundíveis olhos cor de violeta. De todas as mulheres do zodíaco, a nativa pode ser chamada a mais bonitinha, ou seja, raramente é uma beleza deslumbrante, mesmo quando é surpreendentemente bonita. O que a impede de exibir um rosto de boneca perfeito demais é o característico nariz adunco, embora minúsculo — um bico encurvado que se poderia usar para pegar peixes. E bem de acordo com seu caráter, a pisciana adota no vestuário uma estética muito feminina — preferindo cores surdas, malhas de ponto largo, e modelagens ajustadas na cintura, com corte princesa. Ela também pode ter um gosto muito Nova Era, e usar cristais, contas e talismãs como bijuterias. Em geral, adota um visual discreto, sempre decidida a parecer uma pessoa fina. Entretanto, embora deteste admiti-lo para si mesma, a máscara puritana, aliás, aristocrática, que ela exibe, é apenas um verniz delicado e que está implorando para ser quebrado.

REGÊNCIA DO CORPO

O signo de Peixes rege os pés, que englobam pontos de pressão conectados ao corpo inteiro, assim como o próprio signo é considerado um apanhado do zodíaco. Ele também governa o sistema linfático. Netuno está associado aos processos mentais, o cérebro e o líquido raquidiano. Há uma tendência para problemas nos pés, demência e distúrbios cerebrais.

Sexo + Sexualidade

Na personagem mítica de Afrodite, vemos a complicada visão do sexo adotada pela pisciana. Casada com o divino homem comum Hefesto, a grande deusa do amor é ardentemente perseguida pelo brutalmente masculino Marte, mas está enamorada do delicado "garoto" Adônis. O primeiro amor de Blanche DuBois, também é um jovem bastante frágil — como Adônis, o delicado sujeito morre em conseqüência do amor que ela acumula sobre ele. Apaixonada por esses tipos delicados, ela é depois expulsa da cidade por exagerar sua tarefa de professora em relação ao corpo discente masculino. O equivalente de Marte para Blanche é Stanley — na peça, ela até desconfia de que ele seja nativo de Áries, a personificação masculina do arquétipo de Marte-Ares; e seu Hefesto, com quem ela deseja se casar é o seguro e bonachão Mitch. Desconstruindo: a maioria das piscianas terá uma lembrança dolorosa, ou mesmo trágica de seu primeiro amor por aquele menino "sensível", um vínculo destinado a jamais se concretizar. A casa da família de Blanche, devidamente batizada Belle Rêve, simboliza seus belos sonhos, inclusive a delirante esperança (pisciana) de amor partilhado com um menino inofensivo e deficiente de hormônios. E a fantasiosa nativa é forçada a abrir mão de suas ilusões ao se confrontar com uma realidade igualmente áspera: os meninos bonitos pelos quais sente atração na juventude são, eles mesmos, por vezes atraídos pelos machões que a deixam arrepiada. Não obstante algum prolongado tesão por aquelas verdadeiras chaves-de-cadeia, a pisciana também acaba por perceber a atração que sente por aqueles animais sensuais, debatendo-se num delicioso conflito com os machos mais explicitamente libidinosos deste mundo, que desprendem um odor de abjeta animalidade para o característico e refinado nariz adunco da nativa. Ela sente, inerentemente, que estes homens de macheza explícita são praticamente uma outra espécie, completamente distinta da sua. Os míticos Vênus e Marte (Afrodite e Ares) são amantes arquetípicos, e ao mesmo tempo rivais irreconciliáveis, pois o amor e a guerra são os conceitos mais extremados e, no entanto, se ambos forem justos, metaforicamente relacionáveis e combinados no personagem do filho de Vênus, Cupido, o guerreiro do amor. Outra vez nos defrontamos com um paradoxo da mulher do signo de Peixes — ela sente atração e repulsão, em partes iguais, pelos machões deste mundo, cuja natureza a deixa excitada e extasiada; contudo, não consegue reconciliar esses personagens esteticamente masculinos com seu "lindo sonho" de vida, que nunca deveria incluir tênis fedorentos ou costas cabeludas.

Não há mulher mais rápida que a pisciana em se considerar ofendida em sua delicada sensibilidade. Seja sua disposição natural ou pretensão — para a nativa o real e o fabricado são uma coisa só —, a pisciana aparenta ser a mais puritana das princesas de sangue azul (azul é sinônimo de pureza, e a supostamente branca de neve Blanche, vestida de azul Luca della Robbia, uma cor retirada do traje de Nossa Senhora, cujo vestido azul, franjado de branco, é a antiga fantasia de Mari, e representa o mar debruado de espuma). A rigor, a nativa é tão propositalmente respeitável que este traço principal, para o melhor ou para pior, passa a definir a atração masculina pela eterna bela do zodíaco. Para começo de conversa, essa diva exageradamente composta, ou até soberba, continua a atrair todos os adoradores gay que cruzam o *gaydar*. E às vezes a atração vai muito além da amizade. Muitas piscianas não desejariam ser prontamente despertadas de uma ligação com um de seus característicos garotos de sonho: da posse de tantas qualidades sensíveis e decididamente femininas em comum com um homem que chegassem a ser suplantados quaisquer aspectos potenciais de sexualidade. Como a geminiana, a pisciana pode ser apanhada numa série de casamentos ou relações sérias a la Blanche ou Sally Bowles com homossexuais enrustidos, sem achar nem um pouco suspeito o desejo deles de

MULHERES FAMOSAS DE PEIXES

Rainhas dramáticas e divas quânticas

Elizabeth Taylor
Cyd Charisse
Drew Barrymore
Thora Birch
Anna Magnani
Rachel Weisz
Jennifer Jones
Joanne Woodward
Isabelle Huppert
Glenn Close
Juliette Binoche
Liza Minnelli
Sharon Stone
Vanessa Williams
Catherine Bach
Ursula Andress
Rachel Griffiths
Lili Taylor
Brenda Blethyn
Joan Hackett
Diana Barrymore
Kristen Davis
Holly Hunter
Kay Lenz
Jessica Biel
Jennifer Love Hewitt
Jean Harlow
Cindy Crawford
Niki Taylor
Kathy Ireland
Catherine O'Hara
Bernadette Peters
Lynn Redgrave
Ann Sheridan
Dinah Shore
Rue McClanahan
Tyne Daly
Tessie O'Shea
Mercedes McCambridge
Dana Delaney
Paula Prentiss
Patsy Kensit

redecorar a casa regularmente ao som das melodias tranqüilizantes de Liza com Z. Convenhamos: a nativa poderá, propositalmente, ter optado por semelhante ligação na qual ela e um homem igualmente melindroso podem viver uma vida retirada e assexuada — que ela não aceitará ser forçada a encerrar. Pois, em certo sentido, a pisciana pode ser bastante assexuada. Ela tem seus fetiches, que incluem aqueles rapazes inocentes, mas não consegue suportar facilmente o que considera a tirania sexual das relações heterossexuais. Essa filha de Netuno está mais interessada em efeitos especiais que em qualquer espécie de enredo dramático consistente. Da mesma forma como evita as realidades mais banais de sua formação e se dá ares extravagantes, assim também, sobre o sexo, ela forma e desfruta suas próprias ilusões, por cujo intermédio procura escapar à dinâmica mais crua daquela atividade. Em suma: sente repugnância pela concreta função carnal e as maquinações do sexo — o suor, os odores, a emissão de fluidos entram em completo choque com suas visões sonhadoras. Num aceno à associação de Décima Segunda Casa com *inibições* e *isolamento*, ela é a própria Intocável do zodíaco. Algumas piscianas se melindram a tal ponto com o sexo que, quando ficam grávidas, despertam nos amigos e familiares a suspeita de alguma forma de imaculada concepção. As nativas tendem a associar o sexo — por vezes inextricavelmente ligado a algum contato sexual inadequado que podem ter sofrido durante a infância — com a sensação de sujeira; e a pisciana se preocupa muito em lavar quaisquer pecados que localize em si mesma. Vemos tal fato na caracterização de Blanche, eternamente mergulhada em longos e perfumados banhos de banheira — a absolvição, quando não a extrema dissolução —, como Afrodite renovando virtualmente sua virgindade, o truque cujo segredo qualquer pisciana de carteirinha adoraria conhecer.

Além de atrair todos os homossexuais masculinos que estejam ao alcance de seu canto de sereia, a pisciana encantadora e falsa santa atrai homens heterossexuais, que a consideram uma mulher de alto nível, de classe, uma princesa digna de tratamento régio. Pobres idiotas e incautos! Eles não têm a menor chance: achando que a nobre pisciana é uma recatada personagem feminina digna de todas as melhores coisas da vida, um homem comum é capaz de fazer uma abordagem romântica à nativa pela perspectiva de que ela é boa demais para ele que, porém, lhe fará justiça. Tratando-a como uma musa insaciável, ele pode levar à falência seu espírito, ou mesmo sua conta bancária, tentando despertar uma resposta apaixonada para os tributos que paga. O que tipicamente receberá em troca é o luxo de chamá-la sua. O homem que a reivindica dessa forma adquire um estatuto comparável a circular por aí com algum

Jasmine Guy
Irene Papas
Nancy Wilson
Irene Cara
Keely Smith
Nina Simone
Queen Latifah
Lisa Sergio
Erika Badu
Alberta Hunter
Bárbara Feldon
Larraine Newman
Moms Mabley
Dorothy Gish
Anne Lee
Mia Hamm
Jackie Joyner-Kersee
Ivana Trump
Ruth Bader Ginsburg
Alice Hamilton
Gloria Vanderbilt
Lee Radziwill
Pamela Mason
Patty Hearst
Chelsea Clinton
Chastity Bono
Patricia Nixon
Benedicte Newland
Edna St. Vincent Millay
Elizabeth Barret Browning
Anaïs Nin
Diane Arbus
Janet Guthrie
Sylvia Beach
Harriet Tubman
Alice Hoffman
Adele Davis
Anne Wigmore
Sally Jesse Raphael
Lady Augusta Gregory
Rosa Bonheur
Tammy Faye Bakker
Jennifer O'Neill
Paula Zahn
Patricia Heaton
Claire Trevor

projeto-de-estrela de cinema do passado, tal é a afirmativa que ela faz, com sua mera presença, para toda e qualquer pessoa com quem entre em contato. Seja como for, informará aos presentes sua condição de mulher especial. E ao conseguir exibi-la como troféu, muitos homens consideram-se beneficiários de algum milagre cósmico. Procurar a razão pela qual ela está tão inclinada a se entregar a um homem que talvez nem ame equivale a perguntar por que será que os antigos casaram Afrodite, o símbolo máximo da beleza feminina, com Hefesto, o único dos deuses que era aleijado e feio. Resposta: ele é seguro e tão totalmente agradecido pelo fato de se ligar a ela que terá um baixo nível de exigência. Na maioria dos casos, a pisciana negocia a si mesma em relacionamentos que prometem um refúgio, um tipo de patrocínio provido pelo companheiro que poderá agradar a ambos. A nativa procura permanecer protegida dentro de uma espécie de aquário, no qual o parceiro irá salpicando tudo o que ela necessita para seu sustento, ao mesmo tempo em que oferece aquelas amenidades atraentes — o imóvel, a mobília elegante, as férias — que a impedem de acabar entediada. Sally Bowles é bem esse tipo de musa. Às vezes não há como agradar à nativa, pois ela continua a solicitar cada vez mais conforto e estabilidade, tendência distinta à de pedir objetos de luxo, enquanto não levanta uma palha. E, no entanto, é ela quem manda. Quando as circunstâncias não lhe agradarem, ou se isso ocorrer, ela não é mulher de abandonar o navio; mais exatamente, volta ao papel de martirizada que interpretava com tamanha presteza na infância. Abrindo caminho a suspiros através dos tempos difíceis, consegue fazer o parceiro se sentir igualmente responsável por tê-la decepcionado. Mais uma vez isto irá lhe garantir um grau maior de liberdade pessoal dentro da relação, pois o mínimo que o parceiro pode fazer é deixar em paz a pobre e sacrificada pisciana. O melhor que poderia acontecer, para todos os envolvidos, é que o bonachão do marido parasse de se comportar como um rato e se comportasse como um homem, enfrentando a nativa. Invariavelmente, ela descobrirá que essa demonstração de machismo da parte de um parceiro que considerava um frouxo, surpreendentemente irá deixá-la de pernas bambas. De fato, o relacionamento deles só sobreviverá depois que este homem se tornar menos dedicado. Pelo mesmo critério, a nativa gradualmente se permitirá acatar o latente animal masculino à espreita dentro desse tipo de companheiro, à medida que ele for progressivamente se afirmando, em graus palatáveis. De fato, toda a alergia metafórica da pisciana aos machões se baseia no medo inato ou condicionado de suscetibilidade ao poder deles sobre ela. Por outro lado, isso é com freqüência o resultado de algum desastroso episódio erótico de sua infância. Cedo ou tarde, entretanto, toda pisciana hétero irá, de algum jeito, ser forçada a encarar a natural atração que, como a superfêmea do zodíaco, ela sente em relação aos machos mais vigorosamente afirmados da espécie.

Exatamente como um homem gay considera a pisciana um ícone perfeito, o sujeito comum irá vê-la como um degrau acima; os machos dominantes, seguros de si e egocêntricos irão considerá-la uma fêmea classe A que precisa baixar ligeiramente a bola. Qualquer parceria pisciana com um homem de masculinidade inferior à feminilidade da nativa está precariamente nivelada.

Entretanto, existe tamanho abismo mental, ou mesmo psíquico, entre ela e o proverbial homem com H maiúsculo que a tarefa de fundir os dois não é fácil, exceto no âmbito da atração física. Parte integrante da puritana compostura da pisciana é sua característica repressão da energia sexual. Ainda tomando o exemplo de Blanche DuBois, o comportamento primitivo de Stanley inspira tamanha repulsa quanto a atração inata que ela sente por ele. Toda nativa de Peixes, não importa o quanto se esconda por detrás de um marido homossexual ou submisso, está se coçando de vontade de bancar Lady Chatterley para algum guarda-caça tosco e bonitão. No caso de Blanche, recém-saída do banho e levemente alcoolizada, que acaba sendo estuprada por Stanley, ela sofre um colapso nervoso tão sério que no final da peça está sendo despachada, embrulhada em azul *della Robbia*, para o manicômio — lembrem-se daquele fundo de poço profundo da pisciana. E, no entanto, segundo Gore Vidal, em seu autobiográfico *Palimpsesto*, Tennessee Williams alegou que Blanche acaba vivenciando uma plena recuperação e reivindica seu estatuto de diva abrindo a primeira loja de vestidos de Nova Orleans. O "sexo vigoroso" com Stanley despedaça as ilusões de Blanche, permitindo-lhe emergir como um indivíduo real e produtivo. Como todas as mulheres do signo, ela encontra sua verdadeira auto-estima, que tinha sido reprimida juntamente com a dor e o medo passados. Entretanto, uma boa trepada não é a única chave para o bem-estar da nativa. Sua faceta de mulher sedutora não substitui miraculosamente a madona virginal ou a sibila paranormal — essas duas de suas três faces mantêm sob controle as tendências libidinosas mais latentes da pisciana, mesmo quando emergem numa vingança surpreendente. A mensagem não é de que a pisciana Blanche realmente necessite do brutal Stanley para encontrar a felicidade. Ao contrário: apesar das vantagens de transar com uma figura sexual masculina direta, um sujeito áspero não é, ironicamente, macho o bastante para ela. Uma relação com um homem tão singularmente másculo tende a ser uma combinação explosiva, na qual os laços amorosos assumem notavelmente a dinâmica da

LANCES ERÓTICOS

NATIVA HÉTERO

figuras paternas ou homens jovens
homens sensíveis
visual andrógino
corpos depilados
nadadores
modelos
traços delicados
estrutura óssea
artistas
poetas
criadores
homens casados
destruição de lares
preliminares prolongadas
submissão
submissão e disciplina (leve)
sexo oral
sexo lento
semi-acordada
erótica
pornô *light*
analíngua (passiva)
cócegas provocação (passiva)
penetração anal (passiva)
dedos longos de pés e mãos
adulação
sedução passiva
mordiscar
lamber
penetração com almofada sob as nádegas
presentes
surpresas
sexualidade
literatura erótica lésbica
papel de prostituta
bebidas alcoólicas
narcóticos

guerra. Não, a encarnação zodiacal da deusa tríplice necessita de um homem mais completo.

Embora o tridente simbolize a deusa tríplice, é claramente um símbolo fálico. Empunhado pelos deuses masculinos — o hindu Shiva, Trefuilngid Tre-Eochair (o deus do trevo) na Irlanda dos celtas, Posêidon e Hades na Grécia, além do demonizado diabo cristão que gerou o anticristo na Blancheflor medieval, a donzela-lírio cujo símbolo é a flor-de-lis, símbolo do yoni, em forma de tridente — ele representa o tríplice pênis, exatamente o dote exigido para se acasalar com cada aspecto da deusa tríplice de Peixes, todos ao mesmo tempo. Assim também, para evitar decepções, a nativa precisa de um parceiro que seja uma combinação de todos os três aspectos da masculinidade que até agora apelaram para as variadas necessidades que ela manifesta. Conforme atestarão todos os que tiveram um relacionamento com a pisciana, ela pode ser a mais exigente e a mais difícil de satisfazer de todas as mulheres. Quer se trate de sua natureza arquetípica, que dita esta qualidade, ou de sua natureza que dá origem a comparações com as tríplices deusas cognatas, o enigma lembra o clássico dilema do ovo e da galinha, ou do alfa e ômega. O perfeito companheiro da pisciana, portanto, é um terço de objeto sexual, um terço de humilde provedor e um terço de animal masculino. Um homem precisa ter a chave de três pontas para acessar as múltiplas afeições da nativa — ele precisa ser emocionalmente sensível, materialmente solícito e sexualmente viril. Ela não exige um homem que ela possa controlar nem que seja controlador; ao contrário, a pisciana entrega ao homem a responsabilidade da relação, pouco propensa que é a assumir por si mesma este papel. Toda a responsabilidade é delegada a ele — mas deve ficar evidente que a ela cabe confiá-la, para começar. Mesmo nesse perfeito, logo, raríssimo, modelo de relacionamento, a nativa tentará se dissolver dentro da proteção do vínculo. Com a chave de três pontas, seu amante é o supremo guardião das portas, investido da obrigação de manter o mundo à distância. Não é dizer que a nativa não trabalhe fora, nem interaja com outros de algum modo — ainda que em muitos casos ela não queira —, mas sim que ser uma pisciana é ocupação de tempo integral. Ela fica totalmente absorvida em si mesma, além de se preocupar se estará ou não sendo bem tratada pelos demais. O parceiro é submetido ao mais direto escrutínio, pois a expectativa é de que demonstre o tipo de respeito devido a uma virtuosa madona, para expressar o tipo de desejo sexual que qualquer prostituta sagrada iria exigir, além de lhe oferecer o tipo de conforto material que ela merece, depositado a seus dedicados pés regidos por Peixes. Não obstante, o companheiro poderá descobrir que tudo isso ainda não será suficiente.

O desavisado cidadão que se apaixona pela pisciana acaba sempre levando mais do que pagou, o que em geral se revela no curto prazo. Para alguém que parece tão intocável e difícil de alcançar, ela espera que o vínculo se torne sério quase instantaneamente. Na verdade, a pisciana típica migra de uma relação importante para outra, na busca do príncipe encantado, e nesse meio tempo anseia pelo confinamento até mesmo de uma relação tumultuada, da qual possa depender. Quando encontra um homem que satisfaz seus critérios inconscientes do parceiro perfeito, não perde tempo e trata logo de assegurar o vínculo amoroso; por vezes, não está acima de usar o sexo como recurso para cimentar o interesse de um homem. Sua necessidade de atenção masculina beira a obsessão — fato evidenciado pela tendência ao ciúme quase maníaco, alimentado por sua imaginação notoriamente desvairada. Naturalmente, a desconfiança de que o parceiro corre atrás de qualquer rabo de saia que lhe cruze o caminho faz lembrar o roto que fala mal do esfarrapado. Na verdade, nada conseguirá deter a nativa, se der com os olhos num "macho dominante", cujo estado civil deixará de ter importância. Dissolvendo-se como sempre em cada experiência, a pisciana sexualmente tarimbada que teve suas ilusões gloriosamente esmagadas algumas vezes será extremamente complacente com as exigências de um homem no quarto de dormir, ou, aliás, em qualquer outro cômodo da casa. Isso é particularmente verdadeiro quando se trata de negociar sua entrada num novo relacionamento. Para sermos francos, ela pode puxar a carteirinha de puta quando sente que é preciso. Proporcionar a um homem uma profunda experiência sexual é a maneira mais rápida que ela conhece de submetê-lo a seu feitiço encantatório. A bem da verdade, não há mulher mais ligeira que a pisciana em fazer um homem cair de quatro, ou cair fora do casamento. Ela é a mulher que as outras odeiam confrontar num triângulo amoroso, pois sempre sai vitoriosa. Qual Afrodite no julgamento de Páris, ela sabe o que os homens querem, mais que sabedoria ou poder mundano: a melhor trepada imaginável, proporcionada pela mulher mais feminina que possam encontrar.

Onde mais se evidencia a natureza paradoxal da nativa é em seu comportamento sexual. Para uma criatura tão movida pela subjetividade, esta será provavelmente a única coisa na vida para a qual ela é inteiramente objetiva. Dificilmente terá impulsos tão prementes que cheguem a dominá-la, coisa de que até uma pisciana prolífica como Anaïs Nin parece escapar, em sua infinidade de experiências. Aliás, a pisciana se compraz no erotismo, mesmo sob a

LANCES ERÓTICOS
NATIVA GAY

mulheres dominantes
masculinizadas
mulher hétero
safismo
literatura erótica
beijos profundos
contato corporal
trivial não variado
masturbação mútua
sexo oral (passiva)
penetração (passiva)
tribadismo
compressão das coxas
espancamentos
higiene
plumas
cócegas
massagem sensual
strip-tease
penetração (passiva)
vibradores
pênis artificial
casal hétero
triângulo
papel de diva
pansexualidade
homem em paralelo
intimidades
monogamia
anonimato
desconhecidos

forma da leitura de romances baratos, pois ela própria possui talento para o exteriorizar o sexo, seja em sua própria escrita ou na impudente exploração do assunto em conversa destinada a ser, de outra forma, cortês. Essa dinâmica costuma acompanhá-la no quarto de dormir, onde está sempre aberta a atividades que deixariam outras mulheres de cabelo em pé. Não é que seja muito passiva, ou mesmo receptiva, mas sim suscetível aos desejos do parceiro. Parece não desejar senão daquilo que seu homem lhe solicita. Ela está extremamente disponível no momento, disposta a ceder à inclinação do parceiro, a "fazer um programa completo" em termos de sexo, e receptiva a toda e qualquer atividade oral ou anal, com a mesma desenvoltura. A nativa não é uma amante exaltada, e qualquer prazer parece pegá-la de surpresa. Por outro lado, nunca perde a visão imaculada e ingênua daquilo que o sexo deveria ser, e quando deixada a seus expedientes masturbatórios tende a fazer fantasias com algum garanhão adolescente de leve penugem sobre o lábio superior. Entre um intercurso e outro, parece recuperar sua própria visão virginal, uma bolha que é estourada continuamente, para sua deliciada surpresa. Ela simplesmente nunca espera desfrutar com tamanha intensidade as profundezas do deleite ou devassidão sexual, e o parceiro deve se preparar para lhe encarar a fonte inesgotável de participação prazerosa. É aí certamente o lugar onde o aspecto de machão do parceiro deve se tornar conhecido, pois uma vez que a pisciana tenha começado, com certeza não espera ter de parar tão cedo.

Entretanto, ela não é particularmente ativa na cama. É da condição de recipiente passivo que deriva grande parte de sua gratificação. Suas inclinações particulares, além do normal, costumam incluir ser atacada de alguma forma. Proverbial vítima do amor, ela pode facilmente ser persuadida a se envolver em um de jogo de submissão, desde que seja com um parceiro confiável. Do jeito que as coisas são, ainda que o casal esteja celebrando as bodas de ouro, o parceiro ainda terá para ela alguma estranheza, valendo o mesmo para ele, pois a nativa não é jamais uma pessoa capaz de discutir seu funcionamento interno com um homem — mais prontamente o faria na terapia de grupo ou num programa de doze passos. É necessário haver uma linha divisória entre os sexos, que lhe permita ficar mergulhada nos fluidos de sua própria imaginação, seja dedicada à atividade criativa solitária ou simplesmente alternando seus dias entre bons livros, boas sonecas e umas boas transadas à noite. Quando se trata de passar tempo com o parceiro, ela geralmente dedica toda a atenção e energia a ouvi-lo falar de suas atividades, questões e problemas mundanos e a lhe oferecer sua sábia consideração e aconselhamento. O mesmo ocorre no sexo

— tudo está centrado nele, afinal o maior gozo da nativa é observar um homem gozar com ela, dentro dela e em cima dela toda. Muito mais que partilhar com um homem uma sessão de expressão mútua ela quer se confrontar com o tesão dele. O sexo deve levar a pisciana até o limite, seja no intercurso rotineiro em que procure continuamente quebrar o recorde do número de orgasmos numa mesma noite, ou na dramatização das fantasias sexuais de um homem, principalmente aquelas que envolvem a imposição de controle sobre a pisciana a se debater no êxtase. Fantasias e submissão são abundantes, assim como as atividades nas quais ela consiga espicaçar ao máximo a natureza dominadora do homem.

O desejo de agradar ao amante — de fato um disfarce inconsciente para a própria satisfação — cessará abruptamente ante a simples menção de um jogo de erotismo lésbico em benefício do parceiro. A pisciana abomina a introdução de outra mulher no cardápio sexual, por ciúme excessivo de outras mulheres, e em geral por sua incapacidade de suportar a atenção de seu homem dirigida a qualquer outra pessoa. Afinal, ela trabalha com mais afinco que a maioria para satisfazer até as exigências mais aviltantes de seu homem; logo, não está disposta a ver sua sedução e o apreço dele diluídos pela aparição relâmpago de alguma vadia auxiliar. Mas, em definitivo, não é a idéia de um pouco de ação entre mulheres o que a desagrada. Verdade seja dita, a maioria das piscianas tem um lado sáfico que aponta para um critério duplo no que diz respeito ao contato homossexual: apesar de funcionar como um ímã para o homem gay, a nativa considera bastante repulsivo o conceito da atividade homossexual entre homens, e seria especialmente crítica do companheiro propenso ao troca-troca. Mas na questão da homossexualidade feminina, ela é mais leniente, para dizer o mínimo. Numa generalização grosseira, parece que uma grande parcela das nativas de Peixes possui um lesbianismo latente. Por vezes, a nativa é explicitamente bissexual e não o esconde. Muitas mulheres do signo, hétero ou mesmo casadas, têm fantasias homossexuais, para não mencionar amizades femininas que beiram à azaração. De fato, mesmo que não abrigue tais sentimentos, a pisciana estará cercada de amigas lésbicas — ela pode ser a "lésbica honorária" no meio delas. Com o passar do tempo, na medida que encara seus demônios, a nativa irá se perdendo cada vez menos em substâncias e mergulhando cada vez mais no meio de auto-ajuda que inevitavelmente a levará a ajudar outros. Isso motiva seu envolvimento em causas humanitárias e questões de bem-estar público em geral — uma manifestação positiva da dissolução pisciana, na qual ela se entrega a atividades altruístas e de profundo sentido de serviço ao próximo. Hétero ou gay, ela irá se associar cada vez mais com pessoas que percorrem caminhos semelhantes, dando espaço a si mesmas e removendo suas teias de aranha subconscientes. Em conseqüência disso, poderá encontrar homens e mulheres com problemas relacionados à dependência química. Estabelecer relações de amizade com essas pessoas é de praxe para a nativa, e o fato de que muitos desses vínculos se baseiam num código de anonimato é perfeitamente compatível com a associação de seu signo com sigilo e isolamento. Os laços com outras mulheres são geralmente formados seguindo a motivação e o tema da condição social feminina. No que se refere a sentimentos e preocupações ligados ao fato de ser mulher, inclusive o tópico das relações sexuais entre mulheres, a pisciana nem pisca.

Em concordância com esse eterno paradoxo representado pela pisciana, não há conflito entre as crenças ou comportamentos dos que se identificam como gay ou hétero (a maioria se considera bissexual). Para qualquer pisciana hétero haveria tão pouca importância em admitir tendência gay para quanto para a nativa lésbica seria terminar um relacionamento duradouro e ter uma ligação séria com um homem. No que diz respeito a preferências sexuais, ela é, numa palavra, ambígua. Seu modo operacional muda pouco, quer se envolva com um homem ou uma mulher: ela deseja ser acalentada e cuidada. Embora atraída por mulheres fortes cujas qualidades considera invejáveis, a admiração sairá pela janela no momento em que ela e a amante forem para a cama. Ali é a mesma velha história: ela deseja ser atendida, e em grande escala se furtar a qualquer forma substancial de retribuição. Não importa o quanto a atividade possa ser orgástica para a pisciana na privacidade do lar — aos olhos do público suas relações lésbicas podem parecer bastante assexuadas. De fato, quando o quarto de dormir está para a nativa "longe dos olhos, longe do coração", seu vínculo gay mostra uma espécie de vida monástica e conventual. Os relacionamentos são uma espécie de irmandade, baseada no aperfeiçoamento mútuo e impregnada de aspirações espirituais em comum. Entretanto, a nativa irá fazer o papel da dona-de-casa, planejando e preparando as refeições, ao passo que a amante voluntariamente assumirá o papel de provedora. A pisciana floresce em situações que lhe permitam deixar orgulhosa a parceira. Se a amante convidar os amigos a visitá-las, a nativa sempre se orgulhará de preparar a mais elegante das reuniões, discreta e despojada de cerimônia, sempre marcada por uma qualidade de deixar lembranças, conforme convém a essa criatura eternamente criativa, em cuja companhia as pessoas se sentem abençoadas pela capacidade de participar de algum desenrolar épico da vida, da forma como deveria ser vivida. O mundo da mulher nativa de Peixes parece realmente encantado, como se existisse fora do tempo, e aqueles que desfrutarem sua presença terão a sensação de escapar das banalidades da vida que tipicamente ameaça atormentá-los.

Casais

Hétero

Mulher de Peixes / Homem de Áries
Ele encontrou uma donzela extremamente recatada — poucas desejam tanto ser arrebatadas. De forma subconsciente ela busca sufocá-lo. Ainda assim, entram no jogo fácil de dar e receber. O sexo é carinhoso, com nuances edipianas.

Mulher de Peixes / Homem de Touro
Ela é a mulher superfeminina das fantasias dele. Devoção instantânea é toda a prova de que ela necessita: ele é o homem de sua vida. A harmonia está nas estrelas. O desejo sexual dos dois é urgente — cada um agrada e mima o outro.

Mulher de Peixes / Homem de Gêmeos
Em comum a sensibilidade refinada e cosmopolita, o mundanismo que permite viver em grande estilo, além do *status quo*. A abordagem agressiva à profissão significa que quase sempre são bem-sucedidos. Na cama, ela reina.

Mulher de Peixes / Homem de Câncer
Duas almas sensíveis, espíritos agudamente criativos. Com ele, ela mergulha numa vocação, chegando muito perto dos objetivos. Ele rompe as limitações emocionais pendentes. A cama é o caótico centro de atividade dos dois.

Mulher de Peixes / Homem de Leão
Ela é o barômetro espiritual do casal; ele mantém o romance rolando. Emocionalmente, ela endossa a busca dele pelo poder profissional. O vínculo deles oferece distanciamento dos demais. Na cama, ela é a estimável deusa dele.

Mulher de Peixes / Homem de Virgem
Apaixonam-se perdidamente, esquecidos os obstáculos. Mas os defeitos de personalidade se manifestam loucamente; quase sempre é uma existência sombria, ilusória. Sexualmente, ele a põe num pedestal — do qual a queda é fragorosa.

Mulher de Peixes / Homem de Libra
Casal etéreo, élfico, predisposto à sensibilidade emocional. Podem se perder em comportamento adverso, inclinando-se à hipocondria e procrastinação. Uma profunda conexão produz obras de arte. O sexo é uma forma de escapar.

Mulher de Peixes / Homem de Escorpião
Eles passam por devastadores altos e baixos — tudo é problema. Viver com ele acarreta por vezes mudar de locação. Com ela a seu lado ele alcança melhor remuneração. O sexo faz lembrar pugilismo; a trovoada é turbulenta.

Mulher de Peixes / Homem de Sagitário
Desde o começo, entendimento não verbal: ambos sabem que é hora de parar de perseguir o amor. A vida boêmia é o estilo deles — ela é cigana de coração; ele troca o formal pelo informal. O sexo é caótico, sem rodeios, fabuloso.

Mulher de Peixes / Homem de Capricórnio
No começo são os melhores amigos — inspiram-se os sonhos mais ousados. Ela precisa abrir os olhos nublados; ele conta com ela para consciência coletiva do casal. A missão do capricorniano é gratificar a voraz amante pisciana.

Mulher de Peixes / Homem de Aquário
Restauração e expiação são as chaves desse dedicado relacionamento. Chegou a hora da compensação — emocional e financeiramente, a vida traz ao casal plena retribuição. Sexualmente, também estão se compensando de todas as perdas.

Mulher de Peixes / Homem de Peixes
Dinâmica estonteante. O destino parece tê-los reunido. Por vezes avançam aos tropeços, mas chegam à meta. A vida é intensificada — abordagem excessivamente emocional é possível armadilha. Na cama, as preliminares são cruciais.

Gay

Mulher de Peixes / Mulher de Áries
Com prioridades muito distintas, Áries e Peixes sentem-se livres para proteger e promover os interesses mútuos. Juntas levam uma vida mais rica. Na cama, a pisciana é a consumada mulher fatal para a ariana ardente e apaixonada.

Mulher de Peixes / Mulher de Touro
No começo elas entram em choque. Mas é instigante. Em comum, os objetivos profissionais; trabalham no reforço das reputações mútuas. Às vezes, equilíbrio emocional é fugidio. Sexo indomado — a bem dizer, uma ginástica.

Mulher de Peixes / Mulher de Gêmeos
Do começo desfavorável, Gêmeos e Peixes constroem vínculo sólido. Em primeiro lugar precisarão remover ásperos conceitos preconcebidas. Por vezes, uma relação acidental, compulsiva. O sexo é muitas vezes uma reflexão posterior.

Mulher de Peixes / Mulher de Câncer
Elas vivenciam seu primeiro encontro como uma experiência "religiosa". Um vívido *déjà vu* acompanha uma intensa e inegável atração física. Um vínculo de longo prazo mudará as vidas delas. O sexo é exacerbado.

Mulher de Peixes / Mulher de Leão
Romântica e sem restrições, a relação é ora exaustiva, ora animadora. A pisciana se apega; mas a leonina precisa do próprio espaço. Profissionalmente, elas se combinam à perfeição. Na cama, a pisciana segura a amante pelo sexo.

Mulher de Peixes / Mulher de Virgem
Logo ao se encontrar, a imediata sensação das duas: vertigem. Mas a virginiana luta para tolerar uma pisciana imprevisível. Seus momentos mais notáveis são passados na cama: Peixes reage com extravagância; Virgem é verbal.

Mulher de Peixes / Mulher de Libra

Libra deseja reformar a lânguida housepisciana, transformando-a em sua imagem. Não percebe que ela tem plano próprio e as maquinações ocorrem no plano espiritual. Mesmo assim, a compulsão de repaginar a amante raramente se reduz.

Mulher de Peixes / Mulher de Escorpião

Encontro predestinado no qual esses signos sensoriais de água se conectam. O destino obviamente as aproximou para um objetivo específico: curar, a si mesmas e aos demais. Desde o começo elas estão afinadas sexualmente.

Mulher de Peixes / Mulher de Sagitário

A sagitariana parece muito agressiva para a pacifista housepisciana. Posteriormente, a Arqueira admira e chega a temer os profundos poderes intuitivos da parceira. Juntas, têm um objetivo maior. Na cama, ambas são passivas-agressivas.

Mulher de Peixes / Mulher de Capricórnio

Contratempo: a pisciana armazena tanta inveja, que atrapalha a intimidade — sexual ou sentimental. Resolvidos os problemas, o casal pode ser um dos mais criativos. A capricorniana se sente inteira; a pisciana aprende paciência.

Mulher de Peixes / Mulher de Aquário

Com a pisciana bonita e passiva, a aquariana fica um pouco masculina. Apoiadora, e até protetora, ela talvez achará a pisciana estranhamente indiferente. Mas na cama é um dos casais mais eróticos e propensos a alcançar o êxtase.

Mulher de Peixes / Mulher de Peixes

As piscianas precisam de constante validação verbal; por conseguinte, a relação pode ser exaustiva. Para dar certo, o casal deve depender mais da solicitude dos amigos. Na cama, elas também deveriam falar menos e brincar mais.

Este livro foi composto na tipologia Caslon Old face BT, em corpo 11/14, e impresso em papel off-white 70g/m², no Sistema Cameron da Divisão Gráfica da Distribuidora Record.